袁行霈 主編
趙爲民 程郁綴 副主編

歷代名篇賞析集成

明清卷〔下〕

高等教育出版社

篇目表

明清卷〔下〕

吳偉業

圓圓曲……黃天驥（一）

楚兩生行（並序）……周振甫（一〇）

登縹緲峯……周振甫（一七）

施閏章

浮萍兔絲篇……胡大浚（一九）

陳維崧

南鄉子·邢州道上作……商　偉（二三）

念奴嬌·讀屈翁山詩有作……張國風（二六）

賀新郎·牽夫詞……黃炳輝（三〇）

朱彝尊

來青軒……陳祥耀（三三）

賣花聲·雨花臺……高建中（三六）

桂殿秋（思往事）……馮統一（三九）

長亭怨慢·雁……張　璋（四一）

王士禛

再過露筋祠……周振甫（四五）

真州絶句（之四）……周振甫（四七）

秋柳（其一）……喬先之（四九）
江上望青山憶舊……張振孝（五二）
浣溪沙（北郭青溪一帶流）……商　偉（五七）
浣溪沙（白鳥朱荷引畫橈）……張碧波（六一）
查慎行
中秋夜洞庭湖對月歌……王景琳（六四）
舟夜書所見……陳志明（六八）
納蘭性德
蝶戀花（辛苦最憐天上月）……徐永端（七〇）
金縷曲·贈梁汾……黃天驥（七三）
長相思（山一程）……馮統一（七七）
侯文曜
虞美人影·松巒峯……徐永端（八〇）
方　苞
獄中雜記……黃秋耘（八四）
左忠毅公逸事……黃　克（八九）
沈德潛
刈麥行……丁　放（九四）
厲　鶚
蒙陰……張相儒（九六）
鄭　燮
濰縣署中畫竹呈年伯包大中丞括……喻　衡（九八）
袁　枚
起早……崔承運（一〇一）
苔……程郁綴（一〇三）
趙　翼
暮夜醉歸入寢門，似聞亡兒病中氣息，知其魂尚爲我候門也（其一）……黃壽祺　张善文（一〇五）
姚　鼐
登泰山記……周先慎（一〇七）
汪　中
哀鹽船文……齊治平（一一二）
黃景仁
雜感……喻　衡（一一八）
圈虎行……陳祥耀（一二一）
賀新郎·太白墓和稚存韻……錢世明（一二五）
張惠言
木蘭花慢·楊花……沈家莊（一二八）
水調歌頭·春日賦示楊生子掞……沈家莊（一三二）

舒　位
杭州關紀事 …… 錢仲聯（一三五）
蒲松齡
聊齋誌異
嬌娜 …… 劉敬圻（一四〇）
嬰寧 …… 羅永奕（一四七）
蓮香 …… 馬振方（一五七）
紅玉 …… 林冠夫（一六八）
促織 …… 黃秋耘（一七四）
綠衣女 …… 王立興（一八〇）
小謝 …… 徐仲元（一八四）
司文郎 …… 楊子堅（一九三）
張鴻漸 …… 吳組緗（二〇二）
恒娘 …… 何滿子（二一五）
葛巾 …… 藍　翎（二二〇）
香玉 …… 劉乃昌　張稔穰（二三一）
吳敬梓
儒林外史
范進中舉 …… 程郁綴（二三八）
魯編修招婿 …… 郁炳隆（二五五）
牛浦郎打官司 …… 趙慶元（二六七）
曹雪芹　高　鶚
紅樓夢
寶黛初逢 …… 張相儒（二七六）
劉姥姥一進大觀園 …… 李厚基（二九三）
黛玉葬花 …… 張振鈞（三〇八）
晴雯撕扇 …… 端木蕻良（三一八）
寶玉挨打 …… 吳世昌（三二七）
元宵夜宴 …… 陳毓羆（三四三）
尤二姐之死 …… 石昌渝（三七一）
抄檢大觀園 …… 姚晶華（三八三）
黛玉焚稿斷癡情 …… 李厚基（四〇二）
李玉
清忠譜
鬧詔 …… 周兆新（四二八）
洪　昇
長生殿
密誓 …… 尹恭弘（四三五）
驚變 …… 江巨榮（四四二）
孔尚任
桃花扇
卻奩（癸未三月） …… 劉加林（四四八）

罵筵（乙酉正月）……吳翠芬　張明（四五五）
張維屏
新雷……楊天石（四六四）
三元里……夏曉虹（四六七）
周　濟
蝶戀花（柳絮年年三月暮）……徐志嘯（四七二）
林則徐
出嘉峪關感賦（之一）……馮國華（四七五）
塞外雜詠（之一）……馮國華（四七七）
龔自珍
詠史……吳調公（四七九）
秋心（其一）……郭小聰（四八二）
秋心（其三）……林　薇（四八六）
西郊落花歌……魯歌　魏中林（四九〇）
夢中作四截句（其二）……林　薇（四九五）
己亥雜詩（之一）……曹　旭（四九八）
己亥雜詩（之二）……孫文光（五〇二）
十月廿夜，大風不寐，起而書懷……孫欽善（五〇四）
湘月……孫文光（五〇九）
浪淘沙・書願……孫文光（五一三）
病梅館記……方伯榮（五一五）
魏　源
天臺石梁雨後觀瀑歌……諸天寅（五一八）
三湘櫂歌・蒸湘……諸天寅（五二四）
三湘櫂歌・沅湘……諸天寅（五二七）
湘江舟行（之二）……曹　旭（五二九）
西林春
江城子・記夢……張菊玲（五三三）
黃遵憲
海行雜感（其七）……黃保真（五三七）
哀旅順……崔承運（五三九）
王鵬運
點絳唇・餞春……彭　靖（五四二）
陳三立
遣興（其一）……諸天寅（五四四）
文廷式
祝英臺近（剪鮫綃）……彭　靖（五四八）
朱孝臧
鷓鴣天・九日豐宜門外過裴邨別業……彭　靖（五五〇）

康有為
出都留別諸公（其二）……崔承運（五五二）
況周頤
蘇武慢・寒夜聞角……彭　靖（五五五）
譚嗣同
晨登衡嶽祝融峯（其一）……黃保真（五五八）
有感……黃保真（五六一）
望海潮・自題小影……鍾賢培（五六三）
章炳麟
獄中贈鄒容……姚奠中（五六六）
梁啓超
少年中國說（節錄）……黃保真（五六九）
寧調元
早梅疊韻……曹　旭（五七七）
秋瑾
寶刀歌……郭延禮（五八一）
黃海舟中日人索句并見日俄戰爭地圖……李怡荃（五八四）
滿江紅（小住京華）……尹龍元（五八七）
蘇曼殊
淀江道中口占……馮統一（五九〇）
柳亞子
孤憤……徐匋（五九一）
劉　鶚
老殘游記
白妞說書……楊子堅（五九四）

圓圓曲

吳偉業

鼎湖當日棄人間，破敵收京下玉關；慟哭六軍俱縞素，衝冠一怒爲紅顏。紅顏流落非吾戀，逆賊天亡自荒宴；電掃黃巾定黑山，哭罷君親再相見。相見初經田竇家，侯門歌舞出如花。許將戚里箜篌伎，等取將軍油壁車。家本姑蘇浣花里，圓圓小字嬌羅綺，夢向夫差苑裏游，宮娥擁入君王起。前身合是採蓮人，門前一片橫塘水。橫塘雙槳去如飛，何處豪家强載歸；此際豈知非薄命，此時祇有淚沾衣。薰天意氣連宮掖，明眸皓齒無人惜，奪歸永巷閉良家，教就新聲傾坐客。坐客飛觴紅日暮，一曲哀絃向誰訴？白皙通侯最少年，揀取花枝屢迴顧。早攜嬌鳥出樊籠，待得銀河幾時渡；恨殺軍書抵死催，苦留後約將人誤。相約恩深相見難，一朝蟻賊滿長安；可憐思婦樓頭柳，認作天邊粉絮看。遍索綠珠圍內第，强呼絳樹出雕欄。若非壯士全師勝，爭得蛾眉匹馬還。蛾眉馬上傳呼進，雲鬟不整驚魂定；蠟炬迎來在戰場，啼妝滿面殘紅印。專征簫鼓向秦川，金牛道上車千乘，斜谷雲深起畫樓，散關月落開妝鏡。傳來消息滿江鄉，烏桕紅經十度霜；教曲伎師憐尚在，浣紗女伴憶同行。舊巢共是銜泥燕，飛上枝頭變鳳凰；長向尊前悲老大，有人夫壻擅侯王。當時祇受聲名累，貴戚名豪競延致；一斛珠連萬斛愁，關山漂泊腰肢細；錯怨狂風颺落花，無邊春色來天地。嘗聞傾國與傾城，翻使周郎受重名；妻子豈應關大計，英雄無奈是多情；全家白骨成灰土，一代紅妝照汗青。君不見，館娃初起鴛鴦宿，越女如花看不足；香徑塵生烏自啼，屧廊人去苔空綠。換羽移宮萬里愁，珠歌翠舞古梁州。爲君別唱吳宮曲，漢水東南日夜流。

吳梅村的《圓圓曲》，以其特有的藝術魅力蜚聲文苑，它是繼白居易《長恨歌》以後最值得注意的歌行體長詩之一。《圓圓曲》寫的是明末清初著名妓女陳圓圓的事跡。史載崇禎年間，田畹以重金購買了蘇州名妓陳圓圓，獻給皇帝解悶。但崇禎皇帝不感興趣，田畹就娶她回家，自己享用，後來又贈給吳三桂爲妾。當時，社會矛盾趨於激化，明朝、清兵、農民起義軍三方對峙。指揮大軍鎮守山海關的明將吳三桂，是一支舉足輕重的力量。吳三桂本來曾有歸附李自成起義軍的打算，但他得悉起義軍攻入北京，陳圓圓被劉宗敏掠去，便立刻改變主意，轉向清廷，演出了勾引清兵入關的一幕。在滿、漢地主武裝的聯合攻擊下，農民起義被鎮壓下去，但明朝江山也從此改變顏色。曾經爲崇禎皇帝所倚重的吳三桂，成了清朝的開國功臣。

吳梅村是明朝的榜眼，當過翰林院編修。明亡時，他曾想上弔自殺，但被家人勸阻，苟且偷活，後來還不得不出仕清朝。這位著名詩人的思想十分矛盾。在特定的環境中，他不敢對清朝的統治說三道四；而作爲明朝遺老，對故國故君則不能忘情。明朝的滅亡，和吳三桂變節有直接的聯繫。吳梅村憎恨吳三桂引狼入室，於是寫了諷刺吳三桂的《圓圓曲》。但吳三桂是清朝新貴，投鼠忌器，詩人對他的鞭撻，衹能化之爲婉曲的冷嘲。因此，《圓圓曲》寫得縱橫捭闔，卻又煙水迷離，讀者需要仔細咀嚼，纔能理解其中眞意。

《圓圓曲》開始的四句是：

鼎湖當日棄人間，破敵收京下玉關；慟哭六軍俱縞素，衝冠一怒爲紅顏。

吳梅村劈頭就「掉書袋」，卻不是賣弄才學。因爲，他要說崇禎皇帝的死，可又不便明寫，衹好借用黃帝升天的故事。傳說黃帝鑄鼎於荊山，鼎成，黃帝便騎龍離開人間。後來因稱黃帝升天爲鼎湖。第二句，作者即寫吳三桂打敗了李自成。當時，吳三桂的勝利，靠的是滿洲鐵騎，不過作者絕不涉及人盡皆知的事實，這有意的回避，明眼人都懂得是怎麽一回事。第三、四句，寫得絕妙。詩人說：爲了給崇禎報仇，六軍慟哭，全師戴孝；而作爲主帥的吳三桂，衝冠一怒，卻是爲了一個女子。自然，吳梅村把明朝士兵寫成爲對崇禎皇帝無限忠心的一羣，實出於階級偏見。如果羣衆擁護崇禎，何來農民起義？不過，作者誇大了士兵的「忠」，便孤立了爲紅顏而「怒」的吳三桂。一經對比，吳三桂的廬山面目立即暴露，這拉大旗作虎皮的主帥，原來是個祇顧一己之私的小人。當然，吳三桂的降清，是由其階級本性決定，絕不能僅僅歸結到一個女子的得失上去。這是我們閱讀《圓圓曲》時所要注意的。而吳梅村寫作「衝冠一怒爲紅顏」，也是含有諷刺意味在內的。以上兩句，是全詩的主旋律。下文「若非壯士全師勝，爭得蛾眉匹馬還」；「全家白骨成灰土，一代紅妝照汗青」等句，就是主旋律的逐級遞進，它們前後呼應，一步步深化主題。

更妙的是，吳梅村扯下了吳三桂的幌子，又趕緊給他穿上堂而皇之的衣服：

紅顏流落非吾戀，逆賊天亡自荒宴；電掃黃巾定黑山，哭罷君親再相見。

這幾句話，以吳三桂的口吻道出。吳三桂譴責農民起義軍荒唐宴樂，表示要爲崇禎皇帝報仇，爲被殺的父親報仇，「哭罷君親」，纔見美人，氣壯如牛，儼然是個忠孝兩全的人物。實際情況又是如何呢，詩人一句不說，卻轉過筆去寫吳三桂與陳圓圓最初相見的情景。

相見初經田竇家，侯門歌舞出如花。許將戚里箜篌伎，等取將軍油壁車。

田竇，是漢代的竇嬰和田蚡，他們是朝廷貴戚，這裏借指崇禎皇帝的岳父田畹。吳三桂是在田畹家裏見到陳圓圓的。那時，田畹宴請吳三桂，宴會間，姬妾們花明雪豔，歌舞翩躚，吳三桂一眼看中了陳圓圓。田畹爲了籠絡他，衹好割愛，讓這會彈箜篌的美人，等候吳大將軍派出華美的車子來迎娶。

這一幕，倒敍吳、陳相見，引出了陳圓圓。詩人索性把讀者的視線再拉後一點，來一個倒敍中的倒敍，介紹了陳圓圓未遇見吳三桂之前的生活。

家本姑蘇浣花里，圓圓小字嬌羅綺；夢向夫差苑裏遊，宮娥擁入君王起。前身合是採蓮人，門前一片橫塘水。

史載陳圓圓原籍蘇州，浣花里則是唐朝名妓薛濤在成都居住的地方。作者把姑蘇和浣花里牽合在一起，藉以點出圓圓作爲姑蘇名妓的身分。陳圓圓曾經作過一個奇怪的夢，她夢見自己被一班宮娥擁進吳王夫差的宮苑裏，好色的夫差色授魂與，禁不住起身迎接。「前身合是採蓮人」一句，更坐實陳圓圓是西施轉世。作者由陳圓圓出生於姑蘇，聯想到曾在姑蘇建都的吳王夫差，虛構出一個夢境，這固然是讚美陈圓圓有像西施一样的容貌，更重要的是，把「荒宴」亡國的吳王夫差與平西王吳三桂扯到一塊，又表現出對人物的評價。眞是一石二鳥，出神入化。「門前一片橫塘水」一句，似是閑筆，但它像現代電影的「空鏡頭」那樣，頗能啓發讀者的遐想。

寫了陳圓圓的身世，作者順筆再寫她的經歷：

橫塘雙槳去如飛，何處豪家強載歸；此際豈知非薄命，此時衹有淚沾衣。

想當初，陳圓圓被田畹載走，侯門一入深如海，她衹有暗自悲傷。豈知道，事情的發展很難預料：

薰天意氣連宮掖，明眸皓齒無人惜；奪歸永巷閉良家，教就新聲傾坐客。

首先，吳梅村記述了陳圓圓碰上一連串不幸的遭遇。她被送入宮庭，不見天日，這已經够糟了，而皇帝對明眸皓齒的她不肯愛顧，她被接回「良家」去陪伴田畹老頭子，則更加倒霉。不過，經過高手指點能歌善舞傾倒了吳三桂的陳圓圓，不久命運就改變了。

寫長詩，講究抑揚開闔，何況陳圓圓遭遇的本身也相當曲折。由於她曾經是「貢品」，是田畹的「禁臠」，作者雖然沒有正面描繪她的容貌，但人們卻可以想象出她的綽約豐姿。吳三桂爲了她不顧一切鮮廉寡恥的原因，也不言而喻。另外，寫陳圓圓接二連三的倒霉，也爲她後來的飛黃騰達蓄勢。

坐客飛觴紅日暮，一曲哀絃向誰訴？白皙通侯最少年，揀取花枝屢迴顧。早攜嬌鳥出樊籠，待得銀河幾時渡；恨殺軍書抵死催，苦留後約將人誤。

這一段，是對上文「相見初經田竇家」的回應。作者細膩地敷寫吳、陳初見的細節：在宴會上，坐客們飛觴醉月，開懷豪飲；陳圓圓輕彈一曲，楚楚可憐。少年將軍吳三桂忘乎所以，和她眉目傳情。「揀取花枝」，是說他在羣雌當中選中了陳圓圓。據清代陸次雲寫的《圓圓傳》說：「圓圓至席，吳語曰：『卿樂甚！』圓圓小語曰：『紅拂尚不樂越公(隋朝的楊素)，矧(況)不逮越公者耶！』吳頷之。」圓圓說自己的命運比不上私奔的紅拂，用意非常明顯，她是希望吳三桂把她攜出「樊籠」，渡過「銀河」，與之相聚的。當然，她如願以償了，衹是軍情緊急，吳三桂把她留在北京，匆匆奔赴戰場。此一去，出了大問題。「苦留後約將人誤」，這「人」，指的是誰？是陳圓圓？是吳三桂？是明朝君臣？是廣大百姓？是作者自己？抑或包括上述的一切？作者沒有指明，他故意含糊其辭，讓讀者自去揣測，這一來，下筆愈泛，也愈耐人尋味。

相約恩深相見難，一朝蟻賊滿長安；可憐思婦樓頭柳，認作天邊粉絮看。遍索綠珠圍內第，強呼絳樹出雕欄。

「蟻賊」，是作者對起義羣衆的蔑稱。李自成攻下北京，陳圓圓便成了「思婦」，樓頭柳絮，紛紛揚揚，她會認作是山海關上的飛雪。就在這時候，陳圓圓爲劉宗敏所獲。綠珠，是晉代權貴石崇的愛妾；絳樹，是三國時代善舞的美人，詩人把綠珠、絳樹比喻陳圓圓，說劉宗敏包圍吳府，把她架走。

若非壯士全師勝，爭得蛾眉匹馬還？

在吳三桂的追擊下，農民起義軍潰敗，陳圓圓重歸吳三桂的懷抱。在詩人看來，壯士們全師西指，殞刀飲箭，爲的是陳圓圓的回歸，這實在不值得稱道。而作者不滿之情，卻又變個花樣，以讚揚的口吻說出，似乎他在讚吳三桂的決心和魄力。這樣的寫法，顯得筆勢飛動，靈心四映。

蛾眉馬上傳呼進，雲鬟不整驚魂定；蠟炬迎來在戰場，啼妝滿面殘紅印。

流落關山的陳圓圓，雲鬟蓬鬆，驚魂甫定；她梳着「啼妝」（一種髮式），殘脂未褪。吳三桂高燒銀燭，讓她騎馬進入軍營，此情此景，自然十分隆重體面，可是，在屍骨縱橫的戰場上舉行迎親典禮，實也不倫不類，所謂「哭罷君親再相見」云云，終於成了笑柄。

專征簫鼓向秦川，金牛道上車千乘；斜谷雲深起畫樓，散關月落開妝鏡。

隨後，詩歌轉入寫吳三桂陳圓圓相攜入陝。一路上，大軍吹吹打打，車馬如龍，神氣得很。到了四川，吳三桂在白雲深處建起亭臺樓閣，安置陳圓圓。每天，月牙兒落下，陳圓圓便對鏡梳妝，開始了優閑的生活。秦川、金牛道、斜谷和大散關，是川陝地名。這一帶是軍事要衝，比較荒涼。吳三桂於此營造金屋，安享溫柔與尊榮，氣氛很不協調。作者以不協調的色調互相反襯，與其說是讚美吳三桂對陳圓圓的寵愛，不如說是對他「荒宴」生活的感慨。

傳來消息滿江鄉，烏桕紅經十度霜；教曲伎師憐尚在，浣紗女伴憶同行：舊巢共是銜泥燕，飛上枝頭變鳳凰；長向尊前悲老大，有人夫壻擅侯王。

在雲南，吳三桂當了平西王，陳圓圓也當了王妃。消息傳到她的故鄉，引起了種種反響。歲月悠悠，一切依舊，浣紗女伴蹉跎白首，而陳圓圓則飛上高枝，人的命運，不同如此。這段話，詩人通過姑蘇人的感嘆，從側面表現陳圓圓的遭遇。

當時衹受聲名累，貴戚名豪競延致；一斛珠連萬斛愁，關山漂泊腰肢細。錯怨狂風颺落花，無邊春色來天地。

在蘇州，陳圓圓當然想不到會「飛上枝頭」，當初，她作妓女時，貴戚名豪，紛紛納聘，攪得她不勝其煩。後來，又顛沛流離，關山漂泊，誰知道時代的狂風把她吹落地下，又把她送上青雲，讓她享受鋪天蓋地的春光。命運之難料，一至於此。很明顯，上面幾句，是詩人通過旁人對陳圓圓的回憶、嘆息，記敍她的身世。由於吳梅村具有純熟的創作技巧，能够不斷地變換着記敍的手法，使讀者感到詩歌的情節騰挪變化，搖曳多姿。

在寫了旁人贊嘆之後，作者直接站出來說話了。

嘗聞傾國與傾城，翻使周郎受重名；妻子豈應關大計，英雄無奈是多情；全家白骨成灰土，一代紅妝照汗青。

傾城傾國指美人，周郎即周瑜，這裏借指吳三桂。「重名」，說的卻是反話。因爲，按道理，爲人臣者，應以家國爲重，豈能以妻子影響大局，但「英雄」情多，那也無可奈何。這番話，詩人表面上是替吳三桂分辯，其實是不動聲色地無情鞭撻。緊接着，作者索性挑明：陳圓圓成了歷史的人物，吳三桂則全家毀滅，就是這樁風流韻事的代價。在這裏，詩人連用兩個對偶句，逐級推進，把怨惡之情引上高峯。

詩的末章，詩人放眼古今，一唱三嘆，讓感情的激流迴旋而下：

君不見，館娃初起鴛鴦宿，越女如花看不足；香徑塵生烏自啼，屧廊人去苔空綠。

所謂「卒章見其志」，寫到最後，吳梅村回顧吳王夫差的下場，預示吳三桂決沒有好的結果。館娃、越女、香徑、屧廊等典故，都與夫差有關。歷史上，夫差何嘗不盛極一時，他建了「館娃宮」，供越女西施居住，宮裏有「採香徑」，「響屧廊」，後來人去樓空，一切煙消雲散。正在享受着無邊春色的吳三桂將如何，這是不言而喻的。

換羽移宮萬里愁，珠歌翠舞古梁州；爲君別唱吳宮曲，漢水東南日夜流。

這段是臨去秋波，純粹是愁懷抒發。換羽移宮，指奏樂。梁州，既是樂曲名，又是吳三桂駐地雲南的別名。詩人說，奏起梁州一曲，引起無限愁緒，另唱一首新的吳宮曲，更使人愁似漢江之水，日夜奔流，無窮無盡。整首詩，就在低迴的旋律和含蓄的意境中結束。

如上所述，《圓圓曲》通過敍述陳圓圓傳奇式的遭遇，諷刺了不顧大義的吳三桂。當然，吳梅村把吳三桂的背叛，僅僅歸結爲好色，這遠不能揭示出他的本質，同時，詩人也表現出對女性的狹隘觀念和對農民起義的反動觀點。但是，吳三桂確是歷史的罪人，他給人民帶來了苦難，因此，詩人對他鞭撻揭露，也有積極的意義。根據詩中「有人夫壻擅侯王」、「烏桕紅經十度霜」等句，我們可以大致推斷《圓圓曲》作於順治十年左右。那時，吳三桂尚是聲威顯赫，氣焰熏天。吳梅村竟敢在太歲頭上動土，這說明他頗具膽識。據說，吳三桂托人送去厚禮，要求吳梅村刪去此詩，看來，《圓圓曲》誅心之論，使作賊心虛的吳三桂狼狽不堪。至於吳梅村後來頂不住清朝的壓力，應詔出山，則是作者晚節不終的問題，與《圓圓曲》的創作無關。

在藝術上，《圓圓曲》有自己明顯的特色。第一，它用典巧妙。吳梅村臨終時說：「吾詩不足以傳遠，而是中之寄託良苦。後世讀吾詩而知吾心，則吾不死矣！」可見，在特定的環境中，他不能不以用典轉彎抹角地表達自己的難言之隱。當然，用典過多，會使詩意失諸晦澀，但若運用得當，也能推動讀者的聯想。《圓圓曲》反覆運用有關夫差、西施的故實，在撲朔迷離中透露真意，就是成功的一例。其次，《圓圓曲》構思奇譎。它有敍事，有抒情，時而旁敲側擊，時而倒敍插議，整個作品的格局，變化莫測，適足表現陰晴不定的時代以及吳三桂反覆無常的性格。作者甚至把事件發展的線索打亂，根據主題思想的需要，縱橫捭闔地揮寫。與此同時，巧妙地應用民歌的「頂眞」格，像「衝冠一怒爲紅顏」，緊接是「紅顏流落非吾戀」；「教就新聲傾坐客」，緊接是「坐客飛觴紅日暮」。這樣，詩的各個片段便勾連起來，收到了變化錯落而又氣足神完的藝術效果。

（黃天驥）

楚兩生行(並序)

吳偉業

蔡州蘇崑生，維揚柳敬亭，其地皆楚分也，而又客於楚。左寧南駐武昌，柳以談，蘇以歌，爲幸舍重客。寧南沒於九江舟中，百萬衆皆奔潰。柳已先期東下。蘇生痛哭，削髮入九華山。久之，出從武林汪然明。然明亡，之吳中。吳中以善歌名海內，然不過嘽緩柔曼爲新聲。蘇生則於陰陽抗墜分刌比度，如昆刀之切玉，叩之粟然，非時世所爲工也。嘗遇虎丘廣場大集。生睨其旁，笑曰：「某郎以某字不合律。」有識之者曰：「彼傖楚乃竊言是非！」思有以挫之。間請一發聲，不覺屈服。顧少年耳剽日久，終不肯輕自貶下，就蘇生問所長，生亦落落難合。到海濱，寓吾里蕭寺。風雪中，以余與柳生有雅故，爲立小傳，援之以請曰：「吾浪跡三十年，爲通侯所知。今失路憔悴，而來過此。惟願公一言，與柳生並傳足矣。柳生近客於雲間帥，識其必敗，苦無以自脫。浮湛敖弄，在軍政一無所關，其禍也幸以免。」蘇生將渡江，余作《楚兩生行》送之。以之寓柳生，俾知余與蘇生游，且爲柳生危之也。

黃鵠磯頭楚兩生，征南上客擅縱横。將軍已沒時世換，絕調空隨流水聲。一生拄頰高談妙，君卿唇舌淳于笑。痛哭長因感舊恩，詼嘲尚足陪年少。途窮重走伏波軍，短衣縛袴非吾好。抵掌聊分幕府金，褰裳自把江村釣。一生嚼徵與含商，笑殺江南古調亡。洗出元音傾老輩，疊成妍唱待君王。一絲縈曳珠盤轉，半黍分明玉尺量。最是大堤西去曲，累人腸斷杜當陽。憶昔將軍正全盛，江樓高會誇名勝。生來索酒便長歌，中天明月軍聲靜。將軍聽罷據胡牀，撫髀百戰今衰病。一朝身死豎降幡，貔貅散盡無橫陣。祁連高塚泣西風，射堂賓客嗟蓬鬢。羈棲孤館伴斜曛，野哭天邊幾處聞。草滿獨尋江令宅，花開閑弔杜秋墳。鵾絃屢換尊前舞，鼉鼓誰開江上軍。楚客祇憐歸未得，吳兒肯道不如君。我念邗江頭白叟，滑稽幸免君知否？失路徒貽妻子憂，脫身莫落諸侯手。坎壈繇來爲盛名，見君寥落思君友。老去年來消息稀，寄爾新詩同一首。隱語藏名代客嘲，姑蘇臺畔東風柳。

楚兩生行(並序)

吳偉業(一六〇九——一六七一)，字駿公，號梅村，江蘇太倉人。明崇禎四年(一六三一)會試第一，殿試第二，授翰林院編修。後參加復社。崇禎十七年(一六四四)明亡，南明福王朱由崧建都南京，召偉業拜少詹事，因與馬士英、阮大鋮意見不合，辭官歸里。居家十年，清世祖強迫他入京，出任國子監祭酒，一年後，藉口母病還鄉。他對於被迫出仕清朝，深表悔恨。他在臨死前寫的《賀新郎》裏說：「追往恨，倍淒咽。」「爲當年沉吟不斷，草間偷活」，落到「竟一錢不值何須說」。他的詩反映了多方面的生活，著名的敍事詩有《圓圓曲》、《永和宮詞》、《楚兩生行》等。《四庫全書總目》的《梅村集題要》，稱他早年的詩「藻思綺合，清麗芊眠」；遭亂後的詩，「激楚蒼涼，風骨彌爲遒上」。又讚他的敍事詩，「格律本乎四傑，而情韻爲深；敍述類乎香山，而風華爲勝。韻協宮商，感均頑豔，一時尤稱絕調」，認爲他的敍事詩，音節流美，本於初唐四傑體，但比四傑詩更富於情韻之美；敍事像白居易，更有風彩才華，感動讀者，認爲是當時最好的敍事詩。從這個評語裏，可以看出當時人對他的敍事詩的特別推重。

這篇敍事詩見於《吳詩集覽》卷五下。詩前有篇序，先看序。序裏敍述兩位藝人，一位叫蘇崑生，善唱曲；一位叫柳敬亭，善說書。蘇崑生，蔡州(今河南汝南縣)人。寧南伯左良玉駐軍武昌，崑生與柳敬亭爲良玉上客。福王在南京建都，重用馬士英。左良玉引兵討馬士英，到九江病死，部下潰散。崑生削髮入九華山。過

楚兩生行(並序)

了好久，到武林(在杭州)投奔汪然明。然明名汝謙，歙縣(在安徽)人。在武林爲湖山詩酒酒會，精於音律。然明死後，崑生到吳中(今蘇州)。吳中以唱曲著名全國，但不過唱新腔，唱得舒緩柔軟拉長聲調。崑生對於發音要分陰陽高低，對於詞句講音節分切調配，好像用崑刀切玉，非常明確。可是當時人不認爲他唱得好。他曾經到虎丘去，在廣場上有人唱歌，聽衆大集。崑生在旁聽，笑道：「某位演員用某字唱得不合音律。」有認識他的，說：「那個蠢人在私下亂說對不對！」那演員想挫折他，趁空請他唱一下，不覺屈服。但那位少年演員耳濡目染一般的唱法已久，到底不肯認輸，不向崑生請教。崑生也孤僻地難以與人相合。到海邊，住在太倉廟裏。在風雪中來看作者，因作者跟柳敬亭是老朋友，替他寫了小傳，故援例來請求，說：「我在外漂泊三十年，得到諸侯(指左良玉)的賞識。現在落拓困頓，來到這裏，祇願您說句話，跟柳敬亭一樣寫篇傳就滿足了。」柳敬亭最近在松江馬提督那裏，認爲他一定失敗，苦於無法脫身，在調笑中混日子，對軍政毫不相關。馬提督的災禍，他僥幸可以避免。」崑生要渡江，作者創作《兩生行》來送他。用這首詩來寄給柳敬亭，使他知道作者跟崑生交往，並且替他擔憂。柳敬亭，泰州(在江蘇)人，名逢春，本姓曹。流落江湖，曾在柳樹下休息，改姓柳。從松江莫後光學說書，極有名。後在左良玉幕府裏，待爲上客。左良玉死了，投松江馬提督，後死去。蘇是蔡州人，柳是泰州人。泰州，《尚書·禹貢》裏把中國劃分爲九州時屬於揚州，稱「淮海維揚州」，因此又稱「維揚」。蔡州和泰州，戰國時都屬於楚國，所以詩稱《楚兩生行》，行即歌行。「客於楚」，在楚地作客，這個楚指武昌。「左寧南」，左良玉以功封寧南伯。「幸舍重客」，戰國時孟嘗君接待客人，分上中下三等，客人住處也分傳舍、幸舍、代舍三等。幸舍重客，即住中等宿舍受中等招待，是被看重的客人。「嘽緩」，舒緩。「曼」，聲調拉長。「陰陽」，聲調分陰陽，如陰平、陽平。「分刌」，分割開；「比度」，加以調節。唱時對音的陰陽高低既分清，對詞語和句子的音節又分清和調節好。「崑刀」，即崑吾刀。《十洲記·鳳麟洲》：「西域獻崑吾割玉刀」，「刀切玉如切泥」。「栗然」，非常確切的樣子。「傖楚」，譏人粗鄙。「耳剽」，剽指剽竊，猶耳濡目染。「蕭寺」，梁武帝姓蕭，他造的廟宇稱「蕭寺」，後因稱廟爲蕭寺。「通侯」，秦代最高的封爵稱徹侯，漢避武帝名改爲通侯，這裏指左良玉。「浮湛」，猶隨波逐流。「敖

楚兩生行(並序)

弄」，猶戲弄。

吳偉業寫《楚兩生行》這篇敍事詩，爲什麽還要寫序呢？因爲詩要突出重點，有些事在詩裏寫不進去，所以要寫序來說明。那末這篇序爲什麽主要寫蘇崑生的事，對於更重要的柳敬亭的事，衹附帶提一下，或在蘇提到時寫一點，不專寫呢？因爲在序裏已經講到，他給柳已寫了小傳，所以不寫了。蘇要他寫傳，所以他在這裏寫序來講蘇的事。這是古人寫作講究避免重複，也使詩寫得更精練。就這篇序看，寫得也很精彩。左良玉死，寫他「痛哭，剃髮入九華山」，簡單兩句，寫出他對知己的深厚感情。再寫他的歌唱，具體地寫出他比當時全國最有名的吳中歌唱家更高，更精於音律，也感嘆當時人對他的不理解。最後寫他對朋友柳敬亭的深厚交誼。短短一篇序，對他這個人物作了多方面的刻畫。

再看歌行。這首詩可以分爲三段：第一段先寫柳敬亭，寫柳受到左良玉的推重和賞識，寫柳對左的知己之感，寫左死後柳的困頓。次寫蘇崑生，突出地寫蘇崑生的技藝。第二段寫蘇崑生跟左良玉的始終，寫他對左的深厚感情。第三段結合自己來寫，寫自己和兩人的交誼。

第一段從兩人投靠左良玉寫起，這是兩人一生中的重要經歷。「黃鵠磯」，在武昌西南長江邊上，即建黃鶴樓處，用來指武昌。「征南」，本於《晉書·羊祜傳》，晉封羊祜爲征南大將軍。這裏指左良玉封寧南伯，駐軍武昌。柳蘇兩人成爲左良玉幕府中的上客。吳偉業《柳敬亭傳》：「良玉奉詔守楚，駐皖城(在安徽潛山縣北)待發。守皖者杜將軍宏域。」「會兩人用軍事不相中，念非生莫能解者，乃檄生至，進之左。」「生拜訖，索酒，詼嘲諧笑，旁若無人。左大驚，自以爲得生晚也。」當時杜宏域與左良玉在軍事上有意見不合，杜把柳敬亭招來，送到左良玉處，柳的詼諧談笑，解開了左和杜的疙瘩。他像戰國時代的縱橫家，善於外交，故稱「擅縱橫」。這是指柳敬亭。左良玉死了，軍隊潰散，南明也亡了，所以稱「時世換」。「絕調」，絕世的音調，指蘇崑生的歌唱當世無雙。「流水聲」，《列子·湯問》：「伯牙鼓琴……志在流水，鍾子期曰：『善哉，洋洋兮若江河。』」「空隨流水聲」，指左良玉死了，沒有人賞識他了。絕調像伯牙的鼓琴，志在流水，也是徒然了。以上四句，點明兩人在左良玉幕府裏作客。「擅縱橫」指柳，「絕調」指蘇。以下分開

楚兩生行(並序)

來說，先說柳。「一生拄頰高談妙，君卿唇舌淳于笑。」寫柳敬亭不光會說書，還會談笑解紛。「拄頰」，指有閑情逸致。《世說新語·簡傲》：「王子猷(徽之)作桓車騎兵參軍。桓謂王曰：『卿在府久，比當相料理(近來應當辦事)。』初不答，直高視，以手版拄頰云：『西山朝來，致有爽氣。』」「拄頰高談妙」，指不辦事衹是高談闊論。「君卿唇舌」，《漢書·遊俠傳》：「樓護字君卿。」「爲五侯(王家一門五侯)上客。長安號曰：『……樓君卿唇舌』，言其見信用也。」「淳于笑」，《史記·滑稽列傳》：「淳于髡仰天大笑。」這裏指柳敬亭在左良玉幕府裏，不光是說書，他的話像君卿的唇舌，得到左良玉的信用；像淳于髡的笑，能够向左諫勸。左良玉死後，他因感恩痛哭。他的詼諧的話還可以陪年少的人。「途窮」，指無路可走。《世說新語·棲逸》註引《魏氏春秋》：「阮籍常率意獨駕，不由徑路，車跡所窮，輒痛哭而返。」他在窮困中再去投奔部隊，投松江馬提督。「伏波」，《後漢書·馬援傳》：「拜援伏波將軍。」這裏指馬提督。「短衣縛袴」，指穿軍裝。柳在馬提督軍中不喜穿軍裝。「抵掌」，指拍手說書，分到錢。「褰裳」句，撩起衣裳涉水釣魚。指柳在馬提督軍中的不得意。

下面講蘇崑生。「嚼徵與含商」，「商」兼指宮商，「徵」，兼指角徵羽。嚼徵含商，指唱時分別五音。「笑殺」句，指他笑吳中的唱新聲，不合音律。「元音」當指正音，即大調。「洗出元音」，指去掉不合音律的，纔能顯出正音來。「傾老輩」，使老輩傾心。「疊成妍唱」，樂曲中的前後曲一致的稱疊，如《陽關》三疊。「妍唱」，美好的唱腔。「待君王」，可以等待君王的召用。「一絲縈曳」句，歌音細得像一根絲那樣縈回搖曳，又圓轉得像珠子在盤裏轉動。「半黍」句，《世說新語·術解》：「有一田父耕於野，得周時玉尺，便是天下正尺。荀(勖)試以校己所訂鍾鼓金石絲竹，皆覺短一黍。」而玉尺比荀勖所用的尺子短一粒黍子。註稱「阮咸謂勖所造聲高，高則悲。」「後得地中古銅尺，校度勖今尺，短四分。」即勖尺長，故音高。這裏指蘇精於音律，能分辨正音。「最是大堤西去曲，累人腸斷杜當陽。」梁武帝有《大堤曲》，大堤在湖北宣城縣。「當陽」，縣名，在湖北。晉杜預封當陽侯，此指左良玉。良玉駐軍武昌，在湖北，所以用大堤、當陽來指他。《明史·左良玉傳》：「馬士英、阮大鋮用事，慮東林倚良玉爲難，築板磯城(在安徽繁昌縣西北大江中)爲西防。良玉嘆曰：『今西何所防，殆防我耳。』」這裏寫南明馬士英、阮大鋮防備左良玉，左良玉引兵東下病死，使人悲傷。

第二段寫蘇崑生和左良玉的關係。左良玉全盛時，在江樓大會賓客，誇耀那裏的名勝。蘇來索酒歌唱，那時中天懸明月，軍聲寂靜。左良玉聽罷，坐在交椅之上，感嘆自己衰老。「胡牀」，交椅。「撫髀」，《三國志・蜀書・先主傳》註引《九州春秋》：「(劉備)嘗於(劉)表坐起至廁，見髀裏肉生，慨然流涕。」髀，大腿。劉備經常在馬背上，髀裏肉消。後因久不騎馬，髀裏肉長，因此感嘆。左良玉一朝死了，他的兒子夢庚投降清朝。貔貅，猛獸名，比勇猛的軍隊。「橫陣」，橫排的軍陣。左良玉的軍隊潰散，不能布陣了。「祁連高塚」，《漢書・霍去病傳》：「爲高塚像祁連山(天山)。」「射堂」，射箭之堂。左良玉死後，衹留下像霍去病那樣高高的墳，使人在西風中哭泣；射堂裏左的賓客鬢髮像亂蓬，在嘆息；還留在孤館裏的衹能陪伴着斜陽；在天邊的民間野祭的哭聲有幾處聽到。「江令宅」，南朝陳江總做尙書令，他的故居稱江令宅。這裏極寫左良玉死後的荒涼情況：左良玉的故居已長滿野草，衹有崑生一人去憑弔。「杜秋」，杜秋娘，金陵女子，爲鎮海節度使李錡妾。這裏借指左良玉的姬妾，崑生去弔左的姬妾的墳。「鵾絃」，用鵾鷄筋做的琵琶弦。鼉，或稱揚子鰐，用它的皮製的鼓稱鼉鼓。這裏寫崑生追念左良玉生前，在酒樽前，彈琵琶的歌舞女不停地彈奏，鵾絃壞了屢次換過。軍中的鼓聲擂動，排開了江上軍隊的陣勢，這一切都完了。崑生衹憐自己未能歸鄉。「吳兒」，指吳中歌唱的演員。吳兒句謂：誰肯說不如你崑生呢？

第三段結合自己來寫。「邗江」，水名，從揚州西北流入淮河的運河，指揚州。詩人說，我想念揚州白頭老人柳敬亭，他靠了滑稽的說書或可僥幸免去至禍，你崑生知道嗎？在困苦中衹使妻子擔憂，還是脫身出來不要落到像馬提督那樣人手裏的好。「坎壈」，困頓。柳敬亭處境困苦，由於他名聲太大，所以人家不肯放他。看見你的冷落就想到你的朋友。年來老了，消息少了，遂寄給你同你朋友的詩一首。用隱語把兩人的名字藏起來，代客嘲笑的是姑蘇臺邊東風中的柳樹。揚雄寫了《解嘲》，稱「客嘲揚子」，客人在嘲笑揚雄，故曰客嘲。這裏的「姑蘇臺」點出「蘇」字，「東風柳」點出「柳」字，指蘇和柳兩人。

楚兩生行(並序)

楚兩生行（並序）

這是一首寫兩位藝人的敍事詩。寫藝人的敍事詩，最著名的是白居易的《琵琶行》，前面有一篇序。這首詩前也有序，但寫法不同，是創新之作。白居易的一篇序，點明自己被貶官後送客，聽見彈琵琶聲，找到了彈琵琶女，再問她的身世，感觸到自己的貶官。詩就從送客寫起，寫到聽琵琶聲，寫琵琶彈得怎樣妙；再敍彈琵琶女的身世，感嘆自己的貶官。序跟詩的寫法不同，內容是一致的。詩裏着重寫彈琵琶術藝的超妙，寫她的身世感觸。這首詩的序和詩，寫得完全不同。序裏着重寫蘇崑生流落吳中的經歷，寫他到太倉找作者寫傳的事，在序裏有替蘇寫小傳的意思，這就使序和詩各有重點。再看詩，從兩位藝人進左良玉幕府寫起，寫兩位藝人對左良玉有知己之感，寫左良玉死後，兩位藝人有身世之感，這裏也透露出對時世的感慨。對兩位藝人的寫法也不同。寫柳敬亭，沒有正面寫他說書的技藝，可能因爲已經寫了《柳敬亭傳》，所以從略了。卻寫柳「擅縱橫」，寫他「扺頰高談」，用「君卿唇舌淳于笑」作比，就是突出他不僅是一位說書的藝人，他還具有排難解紛的外交才能，還能得到左良玉信任，是能够向左良玉進諫的幕府人才。把藝人和游俠傳中的樓君卿和滑稽傳中的淳于髡加上縱橫家寫在柳敬亭身上，把柳的才能突出來了。再寫他的痛哭感恩，對左良玉有知己之感。這就用極簡練的話，寫出了柳敬亭是一位有多方面才能的藝人。

再看寫蘇崑生，蘇善於唱曲，詩裏對蘇的藝術作了描繪。「嚼徵與含商」寫他的分辨音律，「洗出元音」寫他能够唱出當時已經沒有的「古調」，「一絲縈曳」寫他唱音的美妙，「半黍分明」寫他辨音律的精嚴。這樣寫，跟序裏寫的相呼應，有替他作傳的意思。接下來寫蘇跟左良玉的關係，寫得跟柳不同。柳在左死前就走了，蘇在左死後還沒有走，「羈棲孤館」，弔左的高塚，悼念左的故居，弔左死去的姬妾，追念左生前的盛況，更爲傷悼。這篇裏對蘇更作了細緻的描繪。接着再寫柳，對他遭遇的關切。這樣把兩位藝人突出來了。在這裏也結合兩位藝人寫出了時世的感慨。「最是大堤西去曲，累人腸斷杜當陽。」南明小朝廷在岌岌可危的時候，還不知團結左良玉來北抗清軍，而是鬧內部分裂，自取滅亡，所以「累人腸斷」，爲左的死而腸斷，也爲南明之亡而腸斷。「一朝身死豎降幡」，左一死，部下投降清朝，「貔貅散盡」，這也是可感嘆的。「野哭天邊幾處聞」，左一死，天邊野哭，這裏當也含有明亡之痛。這樣，這首詩不僅刻畫了兩位藝人，還具有深厚的感慨，成爲作者敍事詩的名篇之一。這首詩，是作者在明亡後寫的，在風格上，正所謂「激楚蒼涼，風骨彌爲遒上」。正像杜甫稱讚庾信遭亂後之作時所説的「淩雲健筆」。

這首詩在音律上也有它的特點，正所謂「格律本於四傑，而情韻爲深」。初唐王、楊、盧、駱四傑的歌行體，跟白居易的歌行體，多用律句，幾句一轉韻，音節流美。這首詩也一樣。從「黄鵠磯頭楚兩生」的平仄平平仄仄平到末句「姑蘇臺畔東風柳」的平平平仄平平仄，絶大部分的句子都是律句。再看用韻，開頭四句用平韻，接下八句换仄韻，接下八句又换平韻，接下十句换仄韻，接下十句再换平韻，接下十句再换仄韻。這樣平仄交替换韻，也增加了音節的流美。更重要的，在詩裏反映了身世之感，含有對明亡的感慨，含有對「天邊野哭」的悲哀，使得詩的情韻比四傑的歌行或白居易的歌行更爲深沉。

（周振甫）

登縹緲峯

吳偉業

絶頂江湖放眼明，飄然如欲御風行。最高尚有魚龍氣，半嶺全無鳥雀聲。芳草青蕪迷遠近，夕陽金碧變陰晴。夫差霸業銷沉盡，楓葉蘆花釣艇横。

縹緲峯，是江蘇吳縣西南太湖中洞庭西山的最高峯，亦稱包山的最高峯。這個山峯的下面多空洞，作者《縹緲峯》詩：「其下多嵌空，天風吹不折。插根虚無際，縹緲爲險絶。」用白居易《長恨歌》的「山在虚無

登縹緲峯

縹緲間」，因稱縹緲峯。

這首詩見於《吳詩集覽》卷十四下，題是《登縹緲峯》。作者怎樣登上縹緲峯的，卻一筆不寫。這是詩人的創作，要避免重複。他已寫了首《縹緲峯》(見《吳詩集覽》卷三上)，寫登山，所以這裏就不寫了。那首詩寫登山：「細徑緣山腰，人聲來木末。籃輿雜徒步，佳處欣屬歇。躋嶺路倍艱，往往攬垂葛。」寫山的高，與登上山頂的困難。這首詩另外開闢一個境界，寫登上山頂後的所見。「絕頂」，指山頂最高處。登上絕頂看到太湖，放眼望去，看到太湖水的耀眼明亮。這裏的「江湖」是偏義複詞，即指湖，指太湖。這裏不用「太湖」而用「江湖」，是音律上的需要。這裏倘作「太湖」，那末這句除了押韻的「明」字不算，衹有一個「湖」是平聲，成爲犯孤平，要避免，所以稱「江湖」。還有跟意義有關，如李商隱《安定城樓》：「永憶江湖歸白髮，欲回天地入扁舟。」得到王安石的稱賞。江湖指在野歸隱之處，這詩正指在野的遊賞，用江湖正合。「放眼明」，用一「明」字正寫出太湖水的清明。這詩雖然不寫登山，但在第二句裏寫出了登山的感受，「飄然如欲御風行」。像《莊子·逍遙游》的「列子御風而行」，乘風飄行。登山是艱苦的，怎麼會有「御風行」的感受呢？《縹緲峯》詩裏寫坐着籃輿(竹橋)上山這一段路，加上「虛無縹緲」的聯想，因此產生「御風行」的感覺。三四句「最高尙有魚龍氣，半嶺全無鳥雀聲」，靳榮藩《吳詩集覽》註：「舊說：三語狀湖之廣，四語狀峯之高。」縹緲峯在太湖中，所以登上峯頂，好像還被太湖水氣所包圍，用「魚龍氣」來指太湖水氣，亦見太湖的不同尋常。說半山裏就無鳥雀聲，極見峯的高。以上四句寫登上絕頂的感受。

五六句寫登上絕頂所見：「芳草青蕪迷遠近，夕陽金碧變陰晴。」這裏的「青蕪」跟「金碧」相對，二者是並列的。這個「青蕪」倘作青草解，那就不並列了，「青蕪」當作芳草青而叢生的意思。杜甫《徐步》：「整履步青蕪。」這個「青蕪」才是青草。這首詩裏已經點明是「芳草青蕪」，這個「蕪」就不僅是草了。《爾雅·釋詁·釋文》：「蕪，蕃滋也。」生長加上「迷遠近」，這個「蕪」就有草的蕃滋叢生的意思，草又青又多，正好跟夕陽的金碧相對了。《縹緲峯》詩：「曜靈燭滄浪，滉瀁金光發。」太陽照在水面上，深廣的水上發出金光。范仲淹著名的《岳陽樓記》裏也寫到「浮光躍金」。這是金色。鮑照《登大雷岸與妹書》：

「從嶺而上，氣盡金光。半山以下，純爲黛色。」說明夕陽照在上面山壁上顯出金色，照不到的下面顯出黛色，也就是碧色。照見的是晴光，照不到的似陰，由於夕照的移動，造成陰晴的變換。結聯：「夫差霸業銷沉盡，楓葉蘆花釣艇橫。」《縹緲峯》詩：「杖底撥殘雲，了了見吳越。」殘雲散後，清楚地看到吳越。蘇州是吳王夫差建都的地方。夫差進軍中原，在黃池(今河南封丘縣西南)與晉國爭霸，歸來爲越王勾踐所滅。作者在《縹緲峯》詩裏，結尾處提到「丹砂定可求」，有求仙的想法。那首詩是在明朝寫的，所以登山而想到丹砂，這是當時人的一般想法。這首詩是在明亡後寫的，所以感嘆夫差的霸業銷沉完了，衹剩下楓葉蘆花和釣船了。

紀昀在《四庫全書總目》的提要裏，稱作者「遭亂後詩，激楚蒼涼，風骨彌爲遒上」。把這首詩跟他的《縹緲峯》詩比，在結尾處的寫法很不同。《縹緲峯》詩結句：「君看石上雲，飛過松間月。」寫一種清幽的境界，與求丹砂的想法可以相配。這首詩結尾提到吳王夫差，有弔古傷今的感慨。夫差是吳王，明朝開國的朱元璋，也曾稱過吳王，那末在弔古裏不正含有傷今嗎？在弔古裏不正是含意深沉，音節蒼涼，更具風骨嗎？

(周振甫)

浮萍兔絲篇

施閏章

李將軍言：部曲嘗掠人妻，既數年，攜之南征。值其故夫，一見慟絕；問其夫已納新婦，則兵之故妻也。四人皆大哭，各反其妻而去。予爲作《浮萍兔絲篇》。

浮萍兔絲篇

浮萍寄洪波，飄飄東復西。兔絲罥喬柯，裊裊復離披。兔絲斷有日，浮萍合有時；浮萍語兔絲，離合安可知！健兒東南征，馬上傾城姿；輕羅作障面，顧盼生光儀。故夫從旁窺，拭目驚且疑；長跪問健兒：「毋乃賤子妻？賤子分已斷，買婦商山陲；但願一相見，永訣從此辭。」相見肝腸絕，健兒心乍悲。自言「亦有婦，商山生別離。我戍十餘載，不知從阿誰？爾婦既我鄉，便可會路歧。」寧知商山婦，忽向健兒啼：「本執君箕帚，棄我忽如遺。」黃雀從烏飛，比翼長參差；雄飛佔新巢，雌伏思舊枝。兩雄相顧詫，各自還其雌。雌雄一時合，雙淚沾裳衣。

這首敘事詩，敘寫了一個淒戚感人而帶有傳奇色彩的故事。詩前小序，簡述故事梗概和作詩緣由；詩則具體描述故事中生動的一幕。序與詩，互相補充，結爲一體。

詩一開頭，推出的是一串兼具詩情畫意的鏡頭：

巨浪洶湧。茫茫水面上，細小的浮萍，隨波逐浪，東飄西蕩……

狂風驟起。危危枝柯間，纖弱的兔絲，任風撕扯，卷向遠方……

這是動蕩不寧的社會的寫照，也是詩中主人公悲慘流離命運的寫照。

這個開頭，使用了古典詩歌中爲人們所熟悉的意象。杜甫早有「相看萬里外，同是一浮萍」（《又呈竇使君》）的詩句，是以隨波飄蕩的浮萍表現飄泊的身世。《古詩十九首》中的「與君爲新婚，兔絲附女蘿」（其八），用纏繞樹上的兔絲草，描寫封建時代沒有獨立社會地位、衹能依附於男性的弱女子。它們都以其嶄新的意象而流傳詩史。本篇將浮萍和兔絲兩個意象結合起來，用以暗喻兩位女主人公，既寫其飄零，又言其婚姻不幸，含蘊更加豐富深厚；把它們置於狂風巨浪的環境裏，則更突出其處境和命運的悲慘。然而人生也會有轉機，弱者不能永受磨難。作者用「兔絲斷有日，浮萍合有時」兩句，對舉以見意，寫客觀物象，暗扣序中所說離而復合的故事，進一步揭示主人公的心理：離散既無力避免，聚合又豈得自主？離自可悲，合誠堪慰，但畢竟無力掌握自己的命運！所以接著用擬人的筆法，借浮萍、兔絲的對話點出離合哪可知的中心意思。

以上八句，爲第一段，以比興起，寄託人生聚散離合、不可測料之意，引出所敍故事，把讀者帶進了詩歌的藝術境界之中。

「健兒東南征」至「棄我忽如遺」二十四句，是故事正文，爲第二段。這一段，略去序中已作交代的故事的前因後果，集中筆力，突出描寫了夫婦四人路旁相見的悲慟場面，結構合理，剪裁至當。

「健兒東南征，馬上傾城姿；輕羅作障面，顧盼生光儀。」寫健兒攜妻，隨軍南征，而用鋪敍之筆，誇張渲染其妻的「傾城姿」。唯因有極端的美貌，纔引起路人的注目，生出故夫相見的情節；所以是對故事發展的必要鋪墊，而非多餘的筆墨。「故夫」一見，便「拭目驚且疑」，五個字，寫出動作、情態、心理，凝煉而傳神；暗示了以往夫妻感情的深厚和分離後無盡的思念。所以便有故夫對健兒的一段問話和請求。「長跪」，表現對掠去其妻的官軍的戒懼；「賤子」，是面對健兒的自謙之稱；「毋乃」，豈不的意思，乃明知爲「是」，而不得不以委婉口氣出之。幾個詞語的運用，符合雙方的身分與處境。自料夫妻關係已斷，和另娶新婦於商山的說明，是爲了釋健兒之疑，以提出夫妻相見的請求。「一相見」，是請求的目的，「永訣從此辭」是爲實現這最低願望忍痛說出的悲苦之辭。「相見」與「永訣」，如水火之難並存，深刻揭示了故夫內心的矛盾、痛苦與無可奈何。

以上十二句是一個層次，由健兒南征，引出故夫相見，寫了一個家庭的悲劇；以下十二句，則由夫妻相見的淒楚，引出健兒與商山婦別離的故事，寫了又一個家庭的悲劇。兩個故事，回環相扣；而以「買婦商山」爲連結的樞紐。

夫妻相見肝腸斷絕的淒涼場面，觸動了健兒的心弦，勾起了他對早已淡漠的往事的回憶，因而驟然生悲(乍，驟然)，而有了探問商山婦情況的願望。「爾婦既我鄉，便可會路歧」，是渺茫無把握、不妨試一爲之的口氣，與故夫既見其妻的情況不同；但也隱約地揭示了造成兩家悲劇的不同原因，與「但願一相見，永訣從此辭」的沉痛，用語自別，可見微意。「寧知商山婦，忽向健兒啼：『本執君箕帚，棄我忽如遺』」四句，便以商山婦之口，點明其遭遺棄的命運。造成這個家庭的不幸，其中誠然有健兒從軍遠戍及清初戰亂年代的客觀社會原因，但一個「棄」字、一個「遺」字，表達了對健兒的譴責，正是他的情愛不專，造成了商山婦的悲劇命運。

四人的巧遇，使矛盾有了解決的基礎，兩個家庭中三方的痛苦，是推動矛盾解決的力量；由此，纔可能使情節急轉直下，終於出現「四人皆大哭，各反其妻而去」的結果。故事儘管帶上了喜劇的色彩，其氣氛則是辛酸苦澀的。爲了不破壞全詩表現一場社會悲劇的基調，詩歌的第三段(最後八句)，用象徵的寫法，以禽鳥爲喻，暗示故事的結局。化實爲虛的手法，使詩意含蓄蘊藉，再造了詩美的境界。

本篇寫兩家男女離散聚合的故事，意在反映當時夫妻不能相保的悲慘遭遇，體現了強烈的現實主義精神。詩中兩個家庭的悲劇，其直接原因似乎祇是由於健兒的掠人妻和遺棄自己的妻子造成，但詩人在敍寫中卻沒有對他作過多的責備，將罪過全部歸於個人，更沒有把他寫成喪盡人性之徒，最終纔能出現四方「破鏡」皆得重圓的結局。這樣寫，引導人思索造成悲劇的社會原因，揭示了深廣的社會內容，更具有時代意義。

《清詩紀事》曾正確指出施閏章詩歌學習梅堯臣加以發展變化的淵源與特色。我們試將梅詩揭露現實、直抒人民苦難的代表作《汝墳貧女》、《田家語》與施閏章此詩作一對比，就可以看出它們在創作精神上的一脈相通與風格上的各具面目、各擅勝場。梅詩直樸、施詩婉曲，梅詩激憤、施詩溫厚，梅詩較具陽剛美(僅就《貧女》一類詩而言)，施詩較具陰柔美，所謂「愁苦之事，皆溫柔敦厚出之」(《清詩紀事》初編卷五)。如本詩不言社會動亂，而動亂社會的面貌可見，幾無怨憤之辭，卻潛藏着對時代苦難悲憤控訴的情感波濤，與梅詩直斥官府惡吏的兇暴，將人民呼天搶地的愁怨淋漓出之的寫法確實大不相同，但分別祇在外露與深含，其反映現實的意義則不可軒輊。柔不必不如剛，就詩美境界的創造說來，本篇自有優於《貧女》諸詩之處。

施閏章是清初順治、康熙年間一位關心社會問題、同情人民苦難的良吏，他用詩歌反映現實，爲民請命，有「今之元道州(指唐代著名現實主義詩人元結)」的美譽(《清史稿·文苑傳》)。其詩不但學梅堯臣，而且直溯元結、杜甫以至漢樂府。他主張詩要「言有物」(《蠖齋詩話》)，這是說要有深厚的現實內容；在方法上，則強調「譬作室者，瓴甓(瓦和磚)木石，一一須就平地築起」(《漁洋詩話》卷中)，即從生活素材出發，進行具體描摹，以創造詩境。本篇在序裏點明所記乃「李將軍言」，表明其「緣事而發」，並非出自虛構。然而他從生活中選取了這樣一件奇事，又突出描寫路旁巧遇這奇中之奇的一幕，把揭示時代生活的主題融注於對一個特殊的偶然事件的客觀描寫中，寓普遍於特殊，以小見大，奇而不失其眞，讀來既眞切動人，又顯得思想深邃。表現方法上不但有巧於構思、巧於剪裁的特點，尤能充分發揮古典詩歌比興象徵手法在創造意境上的作用。施閏章曾說過，「詩純用賦而無比興，則索然矣」，主張用比興將「許多難言處含蘊略盡」（《蠖齋詩話》），表現在本詩的立題和起結二段，均以物象喻人事，引發聯想，影射正意，「且不實說人事而人事已隱約流露其中」（《貞一齋詩話》），而拍中段對故事的正面敍述，敍寫結合，「事」、「象」互爲滲透，使全詩融爲一個不可分割的藝術整體，增加了形象美與含蓄美，創造了濃烈的抒情氣氛，顯得深厚雋永，是對《孔雀東南飛》、杜甫《新婚別》諸詩藝術經驗的綜合運用和創造性發展。

（胡大浚）

南鄉子

陳維崧

邢州道上作

秋色冷并刀，一派酸風捲怒濤。並馬三河年少客，粗豪，皂櫟林中醉射雕。

殘酒憶荊高，燕趙悲歌事未消。憶昨車聲寒易水，今朝，慷慨還過豫讓橋。

南鄉子

在清初詞壇上，陳維崧以其豪放不羈的風格贏得了廣泛的聲譽。同時人朱彝尊在《邁陂塘》一詞中曾將他與辛棄疾相提並論：「擅詞場，飛揚跋扈，前身可是青兕？」這「青兕」指的就是辛棄疾。後來朱孝臧又不避重複地強調說：「跋扈頗參青兕意。」在今天的語言中，「飛揚跋扈」不免有些貶意。可是究其原意，卻是說一個人興之所至而無所羈束。這是一種飛揚的意興和解放的情懷，是嚮往於超越因而也難以企及的境界。陳維崧生前身後被認作是辛棄疾的同路者，正在於他的詞作中貫穿着這一崇高的藝術追求。

然而，要在詞中「飛揚跋扈」並不是一件容易的事情。這不僅是因爲詞有嚴格的聲律要求，而且更在於它在長期的發展中形成了某種風格傳統和相應的心理期待。所謂「詩莊詞媚」便是一例。我們既已習慣於這樣的詞，自然也就期待着這樣的詞。因此，在聽熟了妙齡女郎的輕歌曼唱以後，偶爾看見關西大漢，持銅琵琶、鐵綽板，登場表演，我們之感到震驚，又豈待聽到他的歌唱呢？(見俞文豹《吹劍錄》所載對蘇軾詞的評價)關西大漢所以不見容於詞，正是因爲詞從來是屬於南國的女性的世界。在那庭臺小院、春花秋月的小天地中，有着愛的溫情和夢的撫慰，更有飄灑不盡的春雨，帶來渺茫的悵惘和懷戀。所謂「自在飛花輕似夢，無邊絲雨細如愁」(秦觀《浣溪沙》)便是這一情境的眞實寫照。而「一川煙草，滿城風絮，梅子黃時雨」(賀鑄《橫塘路》)則又正是「杏花春雨」的江南本色了。因此，韋莊在《菩薩蠻》中有「春水碧於天，畫船聽雨眠」的描寫，又有「遊人祇合江南老」的感嘆。這位來自北方的詞人，竟在江南的春雨中流連忘返了。江南因此便成爲詞的家園。

不過，歷史上畢竟也有過「關西大漢」式的詞章，蘇軾之後，自然要算辛棄疾了。辛棄疾終生都嚮往着北國的土地，他將這故國之思鎔鑄在「金戈鐵馬」的境界中，創造出不同凡響的詞章。五百年後，陳維崧這位出生於江南的詞人，也懷着同樣的嚮往，踏上了茫茫的中原古道，北國壯觀的大自然和它久遠的歷史氣氛第一次爲他展開了一個深沉而豪邁的世界。於是，在他的詞作中便不再是江南的綿綿春雨，而有了原野上豪爽的秋風，它是自由的空氣，也是解放的呼喚，詞因此便又一次在北方的原野上唱出了粗獷而豪放的歌聲。這首《南鄉子》正是這方面的一個記錄。

南鄉子

詞人在《南鄉子》的詞牌下註有「邢州道上作」。邢州即今河北邢臺，從「憶昨車聲寒易水，今朝，慷慨還過豫讓橋」的詞句可知，詞人當時已離開河北易縣，踏上邢州古道，向山西太原而來。詞的開篇提到的「幷刀」，也正是出產於太原一帶。這些地名告訴我們詞人離開他的家鄉已經有多遠，而「秋色冷幷刀，一派酸風捲怒濤」兩句，則使我們具體地感覺到，他這時是真正走在了北方的原野上。我們何以知道那深秋的寒意呢？或許衹要看看刀鋒上閃爍的冷光吧。其實，刀光之使人不寒而栗，本無待於天氣的寒冷。然而天氣的寒冷卻是因爲這刀光而被強烈地感覺到。因此，這「秋色冷幷刀」一句，從字面上看，類似於杜牧的「銀燭秋光冷畫屏」；從意思上說，則更近於盧綸的「大雪滿弓刀」了。秋色是寒冷的，秋風則更是寒冷得令人顫栗了，何況這時又是走在那波浪翻捲的河邊呢？「酸風」一詞寫的是寒風凜冽催人眼酸淚下的感覺，出於李賀《金銅仙人辭漢歌》中「東關酸風射眸子」一句。也正是得自於北方的秋風。不過李賀的筆下衹是「茂陵劉郎秋風客」，而這裏卻是「並馬三河年少客」，即曹植《白馬篇》所說的：「白馬飾金羈，連翩西北馳。借問誰家子，幽並游俠兒。」至於那個「客」字，則如《樂府詩集》在《結客少年場行》題下所註的那樣，「言少年時結任俠之客，爲遊樂之場」。既然游俠兒本也是結客而行，詩人便無妨加入他們的行列，於是有了「並馬三河年少客，粗豪，皂櫟林中醉射雕」幾句。三河少年游俠客，曾在古樂府中出過風頭，現在竟又到詞裏大顯身手了，而他們所到之處，便激發起豪爽奔放的感情。而這裏在「射雕」之前着一「醉」字，則更多了幾分灑脫的姿態。詞的下片因此也就由「醉」寫到了「酒」，而所謂「殘酒」，可知是喝了多時，所剩無幾了。酒在別的詞人那裏，喝到這個時辰，便不免會生出一點夢幻的感傷情調，如晏殊詞所說的，是「一場愁夢酒醒時，斜陽卻照深深院」。可是在這裏酒卻是使詞人想起了古代壯士的豪情，因爲他早已不是徘徊在庭院之中，而是縱馬於中原大地，這裏的一切，目之所見，耳之所聞，正無不喚起一種歷史的感情。那刺殺秦王的荆軻和高漸離，自然是再熟悉不過的，昨日車過易水，不禁有了「昔時人已沒，今日水猶寒」的感覺，而荆軻臨別的那一曲悲歌竟也餘音在耳了。這正如韓愈《送董邵南序》所說的，是「燕趙古稱多感慨悲歌之士」。何況剛離開易水，又來到古幷州的豫讓橋，那位發誓復仇的豫讓，不就是在這裏伏劍自刎的嗎？從易水向幷州，一路而下，詞人直是走在古老凝重的歷史氣氛中了。在這遼闊中原的背景上曾經演出過的那一幕幕驚心動魄、感天動地的歷史悲劇，彷彿是連翩出現，頓時活躍在詞人眼前。這時不由得要肅然起敬，也不由你不慷慨悲歌了！那麼，詞人拿起筆來，又怎能不擺落詞那與生俱至、由來已久的情調，而放手去捕捉這感情上最初的顫栗呢？這正是他之所以「飛揚跋扈」了。

當然，詞人在豪放之餘，也有另外的一面：「如今庭院隔天涯，記得沿街一樹粉梨花，記得花陰微露幾扇綠窗紗。」(《喝火令・偶憶》)這便又回到了江南的宜人景致和庭臺小院的家的氣氛。可是這畢竟是在回憶了，彷彿是追尋一個遙遠的消逝已久的夢境。在原野上行走的人們，偶爾懷念起那溫柔的夢的故鄉，也會是一往情深的。

(商偉)

念奴嬌

陳維崧

讀屈翁山詩有作

靈均苗裔，羨十年學道。匡廬山下。忽聽簾泉飈冷瀑。豪氣軼於生馬。亟跳三邊，橫穿九塞，開口談王霸。軍中毬獵，醉從諸將游射！　提罷匕首入秦，不禁忍俊，縹緲思登華。白帝祠邊三尺雪，正值玉姜思嫁。笑把岳蓮，亂拋博箭，調弄如花者。歸而偕隱，白羊瑤島同跨。

翁山，即屈大均的字。題目告訴我們，是屈大均的詩激發了陳維崧的創作靈感，使他寫下了這首詞。詞的上片寫屈翁山度過的崢嶸歲月；下片寫翁山娶妻華美、伉儷情篤，終於攜手南下、歸隱林泉的一段韻事。

兩位詩人年齡相倣，陳維崧長翁山五歲。陳維崧的詞風靡清初的詞壇，被譽爲詞家「巨擘」。屈翁山的詩，稱雄嶺南，聲名遠播大江南北。陳詞豪情奔放、意氣橫逸，上承東坡、稼軒之遺風；屈詩意象雄奇，想落天外，深得靈均、太白之餘韻。他們生當明末清初動蕩的時代，目睹國家的興亡、人民的苦難，深受家庭的民族意識的薰染。陳維崧的祖父于廷是東林黨的中堅人物。父親貞慧係復社名士，鼎革以後，埋身土室，十年不入城市。屈大均則親身投入抗清鬥爭，他的親友和師長之中，頗多抗清志士。屈大均奔走海內，渴望恢復。他的作品，在雍正、乾隆年間，被清朝統治者列入禁毀書籍之列。陳維崧、屈大均都具有豪放的性格，都喜歡廣泛的交遊。這樣兩位年齡相倣，性格、才情等均頗爲相似的詩人，他們在讀到對方的作品時，自然會有更多的相互理解、感情交流和思想上的共鳴。

翁山一生推崇屈原，自認是屈原的後代。平心而論，翁山的氣節、才華及其詩歌上的成就，確也無愧爲屈原的後人。所以，作者一開頭就點明，翁山爲「靈均苗裔」，爲全詞定下了很高的基調。「靈均」是屈原的字，「苗裔」即子孫之意。下面就寫翁山在廬山的事。「匡廬」即廬山。據傳說，殷周時，有匡氏兄弟七人，結廬於此，故名匡廬。「羨十年」兩句表面的意思是，我欽慕那翁山進廬山潛心學道，達十年之久。「學道」云云，其實是一種迫於形勢、爲了避免文字致禍而故意含糊其詞的說法。順治七年(一六五〇)廣州陷落，翁山二十一歲，削髮爲僧，法名今種，字一靈，以所居爲「死庵」。順治十年(一六五三)翁山二十四歲，入廬山「學道」。康熙元年(一六六二)又蓄髮返儒。從順治十年入廬山到康熙元年蓄髮返儒，其間恰好十年。可見，所謂「學道」，其實是一種掩護自己、以利鬥爭的策略。事實上，他也並沒有株守廬山，而是南北奔走，聯絡同志，以圖恢復。「忽聽」兩句，進一步展開具體描寫。屈詩有云：「廬山之奇在瀑布。」陳維崧抓住廬山這一最有特徵性的景物，用廬山的飛湍瀑流、奇麗風光，來映襯翁山的颯爽英姿、壯志豪情。「忽聽」兩句的意思是說，忽然聽到水石相激的巨大聲響，原來是那水簾似的崖泉飛瀉直下而引起的。「豗」即相擊。那瀑布氣勢之磅礴，超過了那奔馳的駿馬，使人看了，爲之神往，增添無限豪情。「軼」是超越的意思。

作者寫完廬山學道、對廬山的飛瀑略作點染以後，隨即騰出手來描寫屈大均遍遊北方邊塞的情景。「亟」即急的意思，「跳」是躍、躍過的意思。「三邊」，幽、并、涼三州，在漢代被稱爲三邊。這兒是泛指北方及西北邊疆。「九塞」，《淮南子》說：「九塞：太汾、澠阨、荆阮、方城、殽阪、井徑、令疵、句注、居庸。」在這裏，「九塞」泛指要塞險地。王業，指王者以德統一天下的事業，霸業，指霸者以武力稱霸諸侯的事業。王霸業是泛指定國安邦的大事業。翁山有詩：「茫茫王霸業，撫劍獨徘徊。」寫他來到關中，這兒曾經是秦、漢、唐三朝的發祥、建都之地，詩人撫今追昔，不禁滿腹惆悵、要撫劍徘徊了。在本詞中，翁山的「開口談王霸」，自然不是僅僅在發思古之幽情。他所謂的王霸業，說穿了，就是反清復明的大事業。「亟跳」三句的大意是，屈大均迅速地躍過邊疆，穿過了很多要塞，他一開口就是興國安邦的大事業。「軍中」兩句，緊接着展現翁山能文能武的一面，你看他在軍中，蹴毬狩獵，醉酒之餘，與將領們一起演習騎射。

縱觀上片，作者用鋪張揚厲的描繪，跳躍的節奏，迅速變換的畫面，突出了翁山生平的傳奇色彩，塑造出豪放不羈的詩俠形象。

上片寫豪情，下片卻出以柔情。上片寫騎射，談王霸，下片卻寫兒女情長。這種兒女情長的渲染，被安放在神奇壯麗的背景之中，所以，下片依然保持了上片那種豪放的基調，在豪放中又糅進了柔媚的色彩。在各種不同內容的處理中，保持豪放的基調，或糅以悲壯，或糅以憤激，或糅以柔媚，這正是陳詞的特色。

下片開頭三句，首句「提罷」承上，用壯語緊緊咬住上片。「入秦」二字，已暗逗末句之「華」(西嶽華山，屬陝西，即古代之秦)。末句「縹緲」趨下，用「思登華」三個字，輕輕挑起下面的柔情描寫。中間「不禁忍俊」一句，起了轉換氣氛的作用。這三句完成了上片至下片內容的轉換，也完成了感情與氣氛的過度與轉折。

爲了理解下片的含義，有必要了解一下屈翁山娶華姜的經過情形。據汪宗衍《屈翁山先生年譜》，華姜是榆林王壯猷的女兒，王壯猷抗清而死。「王(華姜)好馳馬習射，詩畫琴棋，無所不善，伉儷甚篤，先生以古丈夫、毛女玉姜避秦之地，而己所由得妻，因字之曰華姜，而自號曰華夫。」屈翁山有詩云：「汝舅趙驃騎，憐予華岳吟，因將窈窕慰文心」，「頻年失志臥林丘，正賴佳人慰四愁。」可見，華山在屈、王情緣中起了媒介的作用。當時清朝統治已趨於穩固，抗清鬥爭日趨消歇，翁山不免有淒涼寂寞之感。此時此刻，忽然得到這樣一位年輕貌美、情投意合的伴侶，得到一位抗清志士後裔的愛情，對於翁山來說，自然是一個莫大的精神安慰。了解了這些，下片的詩意也就豁然開朗了。

「提罷」一句，暗用荆軻刺秦王的典故。屈大均的詩集中，頗有一些歌詠荆軻的作品。其寓意極其明顯。翁山有詩云：「平生一匕首，爲子入秦來！」可作「提罷」一句的註腳。「不禁忍俊」即不禁好笑之意。「提罷」三句的含義是，你原先提了匕首，懷着反清復明的大志來到關中，說來叫人好笑，想不到高遠蒼茫的華山把你吸引住了。「思登華」，即暗指翁山對華姜的愛慕。下面兩句，作者把「思登華」的喻意挑明了。「白帝祠」，按《華嶽志》載，在華山南峯，創建於明。「三尺雪」，點明華姜出嫁正當深冬時分。「玉姜」是華山古傳說中毛女的字。翁山以古代隱居華山的古丈夫和毛女玉姜比喻自己和華姜。「白帝祠邊」兩句是說，正當華山白雪皚皚的時候，華姜渴望着嫁給一個可心的丈夫。翁山有詩「羅敷潭上昔相逢，鸞鶴相將太華峯。眞似秦時丈夫者，玉姜攜手上芙蓉」，可作陳詞「白帝祠邊」兩句的補充。下面三句，進一步用古神話傳說來點染翁山、華姜攜手暢遊華山的歡樂情景。「岳蓮」，指華山的蓮花峯，即屈詩中的「芙蓉」。「博箭」一典，見於《韓子》：「秦昭王令工施鈎梯上華山，取松柏心爲博箭，昭王常與天神博於此山。」屈詩中亦有「昭王博箭芙蓉裏，毛女琴聲瀑布間」二句。「如花者」係雙關語，可指傳說中的仙女，也可指華姜。這三句是說，翁山笑着攀上蓮花峯，亂拋着什麼，與華姜嬉鬧。最後兩句，仍借神話傳說，寫翁山夫婦南下歸隱的事。「白羊」，典出《神仙傳》：黃初平年十五，牧羊山中，有道士帶其到金華山石室中四十餘年。其兄初起後遇初平，問羊何在，平曰：「近在山東耳。」初起往視之，但見白石。初平乃與初起同往，平叱石曰：「羊起！」於是石皆變爲羊，數萬頭。「瑤島」指仙人居住的島。最後兩句是說，翁山夫婦攜手南下，過着神仙般的隱居生活。

下片用輕快的筆調，神話傳說的點染，華山奇景的映襯，寫出詩俠屈翁山似水柔情的一面，充滿了浪漫的色彩。合而觀之，全詞寫出了陳維崧眼中的詩俠形象，也寫出了屈詩浪漫主義的風貌。　（張國風）

賀新郎

陳維崧

牽夫詞

戰艦排江口。正天邊、真王拜印，蛟螭蟠鈕。徵發櫂船郎十萬，列郡風馳雨驟。嘆閭左騷然鷄狗。里正前團催後保，盡累累鎖繫空倉後。捽頭去，敢搖手。　稻花恰趁霜天秀，有丁男、臨岐訣絕，草間病婦。此去三江牽百丈，雪浪排檣夜吼。背耐得、土牛鞭否？好倚後園楓樹下，向叢祠亟倩巫澆酒。神佑我，歸田畝！

這是一闋以歷史事實爲依託的紀實詞。清順治十六年(一六五九)，鄭成功與張煌言合兵，進入長江，攻下鎮江，直逼清重兵鎮守的南京。清世祖福臨任命內廷大臣達素爲安南將軍，會同都統索渾、護軍統領賴塔等率師防守，並在沿江一帶抓丁抓夫，集結兵艦，沿江布陣，倉惶備戰。這闋詞就是以這個歷史事件爲背景，從清兵在沿江貧民區抓十萬船夫，逞兇肆虐，騷擾百姓，造成妻離子散、田園廢耕這個側面，反映戰爭帶給人民的無窮苦難，表現作者對清朝統治者的憤懣，對人民遭受蹂躪的同情。

上片內容分三個層次。首先擺出戰爭的態勢：戰艦布陣待命，內廷大臣達素被授予蛟龍形的印鈕，氣驕意滿。次寫戰爭的動員：在沿江州郡，清廷要徵召十萬船夫，動員令急如星火，似一陣颶風惡雨橫掃平靜的沿江千村萬落。最後描寫人民的災難：貧民區被騷擾得鷄犬不寧，清兵和地方官吏在前坊後巷搜捕船夫，把數不清的船夫，一個個揪着頭髮扔進船中，鎖在空倉裏。

下片內容分四個層次。首先點明船夫被搜捕時，正是禾稻揚花需要勞力的季節；次寫丁男在岔路口訣別的親人，又恰好是需要丈夫照料的病婦；再寫被徵召的船夫牽繩撐篙駛向長江下游，既要冒着濁浪排空吞噬帆檣的危險，又要像土牛挨鞭似的忍受着皮肉之苦；最後寫在家中的妻子「倚後園楓樹下」的思念和向荒野叢林神祠的禱告，表現人民歸鄉過和平勞動生活的強烈願望。

反映底層人民疾苦的紀實詩，從《詩經》到清詩是淵遠流長的；但在詞史上卻寥寥可數。陳維崧（一六二五——一六八二）生於明末清初大動亂的時代。他入清以後，補過諸生，但長期不仕，客遊四方，窮困潦倒，這使他有機會接近下層人民，同情他們的苦難。陳維崧《迦陵詞》有相當數量的篇什是反映民間疾苦的。這闋詞是其中的代表作之一。紀實詞容易拘限於具體事實，流於平板和淺露。但這闋詞對事件的描寫，採取虛實結合的手法；典型細節的描繪，更是維妙維肖。如用《史記·淮陰侯列傳》中劉邦在危困中不得已用韓信爲王，暗喻起用達素，也是迫於形勢。「蛟螭蟠鈕」表面上是喻顯赫人物的褒詞，實際上是對內廷大臣被封爲將帥的委婉的諷刺。「此去三江牽百丈」也是化用古籍所載和前人用語，和後一句「雪浪排檣夜吼」，形成一虛一實，象徵前程險阻，兩相映襯，情景更加逼眞。典型細節的選擇和描繪，是紀實詞的眞實性和可感性所必不可少的。上片「嘆閭左騷然鷄狗」是詞的畫面上的泛筆，「里正前團催後保，盡累累鎖繫空倉後，捽頭去，敢搖手」是典型細節的描繪，其藝術的真實性有着振撼人心的藝術效果。而這前後兩個小層次的點面關

賀新郎

係，既顯示了從搜捕民夫、騷擾村落，到把民夫押往船上逞兇肆虐的過程，也逼真地、形象地再現了清兵的兇殘和人民所遭受的非人待遇。泛筆和典型細節的結合，是紀實詞藝術地處理事件發展的重要方法。這闋詞在這方面提供了範例。

宋代的辛棄疾、陳亮用《賀新郎》這個詞調唱和，道出沈雄的愛國心聲。陳維崧也用這個詞調，爲人民的苦難大聲疾呼。清陳廷焯《白雨齋詞話》說「迦陵詞氣魄絕大，骨力絕遒」，是很有見地的。這一闋詞，從牽夫苦難的一角，展示明末清初那個大動亂時代，人民過着淒風苦雨般的生活。這闋詞像杜甫的「三吏」、「三別」、白居易《新樂府》、《秦中吟》某些反映人民疾苦的詩篇一樣，透露了被壓迫人民的呻吟、痛楚、呼喊和希望；這闋詞也和辛棄疾稼軒詞、陳亮龍川詞一樣，已不限於表現一己之情事，而去表現具有普遍社會意義的情事；詞的感情不是個人悲歡離合的感情，而是屬於當時人民的共同感情。「眞王拜印」的結果，帶給人民是什麽呢？不是五穀豐登、安居樂業，而是妻離子散，任人擺布；是送往死亡線上，是荒了好收成的季節，是讓病婦無人照顧，担憂受怕。這一幕幕的情景，是那樣活生生、血淋淋。詞人爲之沉痛，爲之疾呼！不論是「捽頭去，敢搖手？」「背耐得、土牛鞭否？」的發問，還是「神佑我，歸田畝」的祈禱，都蘊含着詞人淒苦沉鬱的感情。

應該指出，這種淒苦沉鬱的感情基調，和選用《賀新郎》這個詞調和仄聲中上聲二十五「有」、去聲二十六「宥」的詞韻有關。這闋《賀新郎》上下片各六仄韻，「有」「宥」通用。中古漢語上聲字拗澀，去聲字急促，作者選用上、去聲，表達這闋詞的感情基調，是十分合拍的。加上韻腳處的語言結構，大都是二音步和四音步的詞組，更使整個詞的節奏急促頓挫有致。如上片的「江口」、「蛟螭蟠鈕」、「風馳雨驟」、「騷然鷄狗」、「搖手」；下片的「草間病婦」、「排檣夜吼」、「土牛鞭否」、「澆酒」、「田畝」都是。龍榆生先生在《唐宋詞格律》《賀新郎》條說「用上、去聲韻部者較淒鬱」，從這闋詞看來，這意見是很正確的。

北宋詞分婉約、豪放兩種詞風。婉約詞的蘊藉含蓄、象徵暗示，豪放詞的使事用典、興寄鋪敍在迦陵詞中得到統一。這闋詞也不例外。豪放詞通常採用長調，而長調結構容易鬆懈零散、平鋪直敍、滑易淺露。因此，長調採用婉約的藝術手法，可以避免長調的短處。這闋詞用「蛟螭蟠鈕」比喻宮廷內臣，「風馳雨驟」象徵搜捕民夫火速流星，「好倚後園楓樹下，向叢祠亟倩巫澆酒」，暗示妻小的懸念和不安。這些暗喻、象徵、暗示等婉約詞的技法，也起到避免滑易淺露、平鋪直敍的弊病。對比、呼應的技法，是長調結構成分的「牽引力」和「合力」，是避免結構鬆懈零散的妙方之一。這闋詞的「蛟螭蟠鈕」和「騷然鷄狗」顯示權貴享樂和百姓災殃的對比；「雪浪排檣夜吼」和「向叢祠亟倩巫澆酒」，表現出離去的丈夫的艱險和在家女子的祝願的呼應；「稻花恰趁霜天秀」和「神佑我，歸田畝」的呼應，更顯出勞動人民迫切希望過和平安祥的生活的願望。這種在結構上的鈎連、牽引，在意念上的交會和貫通，在長調的詞中，產生了筆斷勢連、渾合湊泊的藝術效果。

紀實詞而不拘限於坐實，長調詞而不流於鬆散、滑易和平板，融婉約和豪放爲一體，擇詞調、詞韻適合表現淒苦沉鬱的感情基調，這是這闋詞的特點，也是迦陵詞成功之處。難怪乎《白雨齋詞話》稱讚迦陵詞是「情詞兼勝，骨韻都高，幾乎合蘇、辛、周、姜爲一手」了。

（黃炳輝）

來青軒

朱彝尊

天書稠疊此山亭，往事猶傳翠輦經。莫倚危欄頻北望，十三陵樹幾曾青？

朱彝尊

來青軒

朱彝尊，字錫鬯，號竹垞，又號醧舫、金風亭長，晚號小長蘆釣師。浙江秀水(今嘉興)人。生於明崇禎二年(一六二九)，卒於清康熙四十八年(一七〇九)。康熙十八年(一六七九)，舉博學鴻詞，授翰林院檢討，曾參與纂修《明史》。博通經史，擅長詩文，詞學成就甚大。力推南宋姜夔、張炎爲宗，風格清麗，聲律謹嚴，文采精妙，雅正深邃，爲清代浙西詞派領袖。與陽羨詞派領袖陳維崧齊名，號稱清初兩大詞宗。著有《曝書亭集》、《詞綜》等。

清初的著名詩人朱彝尊，明亡時纔十六歲。在清康熙十八年(一六七九)五十一歲時，受荐舉應博學鴻詞科考試中式，授翰林院檢討。從此在京做了十幾年的起居注日講官等職，到六十四歲才罷官歸里，八十一歲卒。他身分不同於明遺老，後半生出仕清室，詩詞中也很少留下明顯表露故國之思的作品。但在前半生，情況就大不相同。朱氏的曾祖國祚，是明朝狀元，官至大學士。祖父、嗣父都有官職，嗣父茂暉著有《禹貢註》。生父茂曙，明諸生、復社成員，著有《兩京求舊錄》、《春草堂遺稿》，入清不仕。在這種家世的影響下，他初期想以學術自顯，不肯出仕，以保留忠於明朝的志節，所以青壯年一直不出來應科舉考試。他忍受貧困，在家鄉和廣東、山西、山東等地，以教館、游幕爲生。據傳他曾和殉國明臣祁彪佳的兒子密謀響應鄭成功、張煌言進軍長江的活動，事敗一度逃亡自匿。在清初文網嚴密的情況下，他的詩詞，也反映了悼念亡明和關心人民疾苦的思想內容。

這首《來青軒》詩，作於康熙十年(一六七一)朱氏四十三歲時。前一年八月，他自山東遊北京。這年正月，他同友人潘耒、李良年、蔡湘等遊北京西山，寫了一些遊覽詩，頗有題壁傳抄之盛，《來青軒》是其中之一。來青軒，在北京西山香山寺內。香山是西山名勝，重巒疊翠，泉水流清，金、元、明的皇帝都在此營建離宮。香山寺是當時香山最大的寺院(舊址已毀)，據《帝京景物略》，明世宗幸香山寺時，說西山一帶，香山獨有翠色。以後明神宗就爲寺中殿側的一個軒堂題名「來青」。朱氏來遊時，距明亡已二十八年，這時他的故國之思，還沒有消除，因此就由「來青」這個名稱的觸動，引起他在詩中隱約地抒發了這種思想。

起句，「天書稠疊此山亭」，稠疊，謂多，意思是寺中軒亭有很多皇帝的題字。據《燕都遊覽志》，香山寺的「來青」、「鬱秀」、「清雅」、「望都亭」四個匾額都是明朝皇帝寫的。詩中竟稱亡國的前朝皇帝寫的字爲「天書」，其崇敬、懷念之情，從一「天」字露出「春秋筆法」，雖是隱約，但頗大膽。次句，「往事猶傳翠輦經」，接着說：明朝皇帝曾經多次乘車來遊此地。翠輦，皇帝乘坐的車，用這兩字，語氣沒有「天書」重，但也仍露敬戀之意。這兩句介紹來青軒名稱來歷及以前情況，用實寫起，比較直致，是畫龍身的普通筆墨；然而它爲下面兩句塑造了軀幹，便於後文的騰空運轉。着墨無多，作用切緊，也是顯得樸實簡練的。最後兩句：「莫倚危欄頻北望，十三陵樹幾曾青？」就輕妙地以畫首、點睛之筆，使整首詩變成盤旋空際、精神生動活現的神龍了。十三陵在今北京昌平，位居西山之北的天壽山下。從成祖到思宗，明朝皇帝死在北京的有十四個，代宗不建陵，共有十三個皇帝的陵墓建築在那裏。詩借「來青軒」的「青」字作生發基點和轉接關捩，表示不要再誇香山寺可以看到多少青翠山色了，倚欄北望，十三陵那片大山就沒有多少青松翠柏的顏色浮現了。國家一亡，皇陵的樹木就得不到保護，隨人砍伐；清朝統治者宣揚他們是從李自成手中得國，是爲明朝報仇，他們不敵視明朝，保護明朝皇陵。事實當然不是如此，十三陵的樹木可能是遭到砍伐傷害的。即使砍伐不嚴重，樹色猶青，但在留戀明朝的人看來，也會從內心喚起一種淒涼、黯淡之感，青也就不會見其爲青了。所以，陵樹不青是亡國的象徵；傷痛陵樹不青，是留戀故國的人的心情的寫照。詩把「來青軒」的「青」和十三陵的「青」，自然地聯繫在一起，不加評議，暗寓今昔對比之情，隱寄亡國之痛，純用白描，又寫得含蓄、深沉。「十三陵」句是畫首，「青」字是點睛，淡雲輕霧中，鱗爪隱現，而感情寄託的全龍，依然首尾可辨。

朱彝尊的詩，宗唐爲主，兼學宋人。有堆砌典故的，如《風懷二百韻》；有雄渾遒勁的，如遊山西諸詩；有通俗、活潑的，如《鴛鴦湖櫂歌一百首》及調廣東諸詩。這一首詩雖是白描卻寫得很含蓄，而且音節風調俱佳，在他的絕句中，應算上品。他有一首《百字令·度居庸關》詞，下片有這樣幾句：「十二園陵風雨暗，響遍哀鴻離獸。舊事驚心，長途望眼，寂寞閑亭堠。」思想內容和這首詩接近，可以參看。近人王文濡評這一首詩說：「從一青字，生出故國興亡之感，語愈蘊藉，意愈深長。」是中肯的。詩的妙處，就是善於抓一

個點，使這個點代表一片大面，透入許多深層；或者說使這個點變成能夠傳出全體精神的眼睛。（陳祥耀）

賣花聲

朱彝尊

雨花臺

衰柳白門灣，潮打城還。小長干接大長干。歌板酒旗零落盡，剩有漁竿。　秋草六朝寒，花雨空壇。更無人處一憑闌。燕子斜陽來又去，如此江山！

「人事有代謝，往來成古今。」千百年來，有多少志士豪俊、墨客騷人，面對物換星移的興衰滄桑，發出過深沉的唱嘆。這首《賣花聲·雨花臺》是清初浙派詞人朱彝尊的名作，譚獻曾有「聲可裂竹」（《篋中詞》卷二）的讚語。然而，當我們展讀吟賞之初，卻又常會產生這樣的迷惘，覺得它並無什麼特異之處：就思構而言，登臨覽勝，即景抒慨，是此類詩詞的一般模式，本篇亦未脫窠臼；從立意來看，這首詞既未包孕洞徹今古的深邃思想，也未閃現予人啓迪的哲理火花。那麼，在佳製如林的感時懷古詞的領地中，它又何以得佔引人矚目的一席？

「誦詩者，必先論其人」（《高舍人詩序》，《曝書亭集》卷三十八），「誦其詩尤必先論其世」（《天愚山人詩集序》，《曝書亭集》卷三十六），這是朱彝尊的主張。我們在探尋他的這首感時懷古詞的思想藝術底蘊時，亦當作如是觀。朱彝尊親歷了明清易代的社會變遷，目睹了「野哭千家聞戰伐」的動亂現實。他南逾嶺表，北達甌越，西北極於汾晉雲朔之間，廣行蹤，富交遊。一方面，震撼着一代士人心靈的異族入主的巨痛，也同樣化作他胸中的蒼涼咽塞之情；另一方面，在新朝鉗制輿論、迭興冤獄的高壓政策面前，他又缺乏正面抗爭的勇氣。誠如他自己所言，那「十年磨劍，五陵結客，把平生涕淚都飄盡」（《解珮令・自題詞集》）的時代悲慟，大半選擇了「空中傳恨」(同上)的表述方式。其感時懷古詞的個性印記，往往與此有關。

雨花臺在江蘇南京城南聚寶門外，相傳南朝梁武帝時，有雲光法師講經於此，感天雨花，故名。臺據岡阜最高處，爲金陵勝跡，登臨佳處。作者遊蹤至此，憑闌眺望，發而爲詞，因以爲題。大凡讀弔古傷今之作，總應尋繹兩條線索：一是感觸從何而起，二是寄慨內涵何在。「江南佳麗地，金陵帝王州」。南京是六朝舊都，也是一座與朱明皇朝國祚相連的名城。這裏是明朝開國時的京都，太祖皇帝的陵寢所在，清兵入關後，明福王弘光也曾在此稱帝。在這塊虎踞龍盤的土地上，可供憑弔的盛衰往事、前朝遺跡，可謂處處皆是。但是，叩擊心扉的具體媒介卻又因時因人而異。當此戰氛甫靖的易代之初，則是昔日金粉地的殘破荒落景象，激起了作者的興亡之嘆。

全詞以縱目遠引起首：灣畔惟見一片衰柳，潮水空自拍打荒城。「衰柳白門灣」兩句，渲染了空寂、蕭瑟的氛圍。「白門」，古建業城(南京)西門。西方金，金氣白，故稱。後遂爲南京的別名。接下來「小長干接大長干」三句，寫近瞰城南。大、小長干均爲南京地名，故址在南門外。市肆繁盛，商賈雲集。脂水膩流的秦淮河從這裏蜿蜒而過，歷來是畫船如織、笙歌徹夜的遊覽之地。而今映入眼簾的，卻是一幅「歌板酒旗零落盡，剩有漁竿」的荒涼畫面。繼而收回視線，轉寫登臨之處。這裏也同樣凋殘，同樣冷寂。往日風光，已成陳跡，惟餘秋草寒風，蕩然空臺，除了作者之外，再無其他遊人。憑高對此，愴然獨立，不禁觸緒紛來。結穴「燕子斜陽來又去，如此江山！」兩句，抒發了滄海桑田、浮沉盛衰之感。這首詞以景語爲主，脈絡明晰。上片寫登臨所見，由遠及近；下片扣回題面，弔古傷今。換頭「秋草六朝寒」一句，既是全城景色的概括，也是雨花臺現狀的寫照，似承似啓，意脈不斷。「憑闌」二字，落筆抒情主體，同時也點醒前文所述，均系眼前實景。在此敗落淒涼的背景中，復以神來之筆，將斜陽殘照、燕子翩飛一齊攝入。互爲映襯，再作鋪墊，遂發爲浩嘆。整首詞裏，雖惟最後四字直抒感慨，但景物鋪寫之中，無不飽蘊着感情，風調蒼涼，自具一格。

感時懷古詞，實際上是一種特殊的政治抒情詩。如果衹有簡單的思古幽情，就算不得上品。這首《賣花聲·雨花臺》所抒發的山河依舊而人事全非的追懷悲悼之情是強烈而沉重的，決非浮泛之作，對此當無疑問。然而，什麼是這種追懷悲悼之情的更具體、更深層的內容？卻又表達得比較含糊隱微。集注着詞人滿腔欲吐又吞之情的全篇結句，雖氣勢渾灝、涵蓋深廣，但顯而不切、似實而虛。康熙二年(一六六三)，朱彝尊寫過一首題爲《文丞相祠》的詩，對我們把握詞旨頗有幫助。詩云：「尙憶文丞相，當年此誓師。計成猶轉戰，事去衹題詩。竹柏空祠屋，牲牢尙歲時。鴟夷他日恨，異代有同悲。」詩中交織着的追懷故國的哀思和無力扭轉乾坤的悲慨，正是其感時懷古詞的思想基調。「異代有同悲」則透露了「空中傳恨」的意蘊。南京自古繁華，但在清兵南下時遭到了嚴重破壞。這首詞集中展示了整座城市的蕭條淒涼，而不啻是對某處勝跡的憑弔。雖然沒有觸及具體的歷史事變，也隱去了造成這些的直接原因，但是，若把它放到上述背景中去考慮，那麼，其間的聯繫是很清楚的。可以認定，詞人正是通過「空城」景色的描寫，側面反映了這一事實。涵蓋深廣的浩嘆之中，包孕着難以抵制又不能明言的亡國之痛、故國之思。

朱彝尊於詞崇尙醇雅。善於化用前人詩(詞)意，是這首詞的一大特點。例如，「潮打城還」化用了劉禹錫《石頭城》「潮打空城寂寞回」的詩意；「秋草六朝寒，花雨空壇」則從王安石《桂枝香·金陵懷古》「六朝舊事隨流水，但寒煙衰草凝綠」句中化出；「燕子斜陽來又去」兼用劉禹錫《烏衣巷》詩及周邦彥《西河·金陵懷古》「燕子不知何世，向尋常巷陌人家，相對如說興亡，斜陽裏」的意思。確能收到引人聯想、豐富意境的效果，有助於形成雅潔雋永的語言特色。基本上達到了「如自己出」的要求，應該說是成功的。「衰」、「盡」、「寒」、「空」等字，也都用得恰到好處，顯示了作者的功力。但畢竟稍隔，與自具隻眼，從實景中錘煉者有別。不過，其淵雅精嚴之長還是主要的。至於詞風之沉鬱朗健、蒼涼勁發，則更值得注意，在朱氏集中，此類作品亦不多見。

（高建中）

桂殿秋

朱彝尊

思往事，渡江干。青蛾低映越山看。共眠一舸聽秋雨。小簟輕衾各自寒。

世傳朱彝尊與其妻妹馮壽常(字靜志)有過一段不尋常的變愛，朱所著《風懷二百韻》和《靜志居琴趣》都是爲馮壽常作。這首《桂殿秋》(一名《搗練子》)沒有被收在《靜志居琴趣》中，但也是一首情詞。

這首《桂殿秋》僅僅二十七個字，調雖短小，卻藏有無數曲折。詩人在對同舟共渡、秋江夜雨往事的回憶中，重溫當日微妙的情懷與淒清的心境。詞的表情含蓄委婉，那一縷淡淡的、若有若無的情絲牽繫着讀者的心。詞的意蘊幽深，耐人尋味。它被推重爲清詞小令中的上品，絕不爲過，雖然並不足以代表朱彝尊的風格。

「思往事，渡江干」，作者所思的往事乃是渡江的一段情景。「江干」是江邊。這件往事發生在船上。無情的歲月沖淡了許多浮在心頭的記憶，而存留在詩人心底的這件舟中往事，歷經歲月的沖刷，依然清晰如在目前。「青蛾低映越山看」(「看」字讀平聲)這一句寫景，補足江邊的景象。「越山看」是看越山，「越山」泛指浙江一帶的山。「青蛾」本指女子的眉黛，一般用來譬喻山色，或形容山的輪廓如女子眉峯的曲線，此處義取後者。全句的意思是：看越山低映水中，其輪廓如女子蛾眉一樣美麗。這一句的句法兩次倒裝，爲的是調穩平仄和用韻，這在古詩中常見。

「共眠一舸聽秋雨，小簟輕衾各自寒」，短短的十四個字，寫出了一個清冷寂靜的秋夜，托出了兩顆難以平靜的心。詩人與舟中的旅伴各自歸寢後，卻又難以入眠，他們在黑暗中數着斷斷續續的打蓬雨點，輾轉反側，這情景恰如《西廂記》中張生所唱「隔花陰，人遠天涯近」。確乎如此，一板之隔，天涯咫尺，衹任憑那秋雨的寒，小簟的寒，輕衾的寒，伴隨着孤寂侵入肌膚，襲上心頭。

整首詞的語言平平淡淡，爲什麼會產生強烈的藝術魅力呢？關鍵在於詩人在詞中爲讀者留下了大量可供補充的藝術空白，這些空白激發、調動着讀者想象力，召喚讀者去追尋兩位舟中人感情世界的秘密。「青蛾」一句，在描述江邊風光之後用了一個「看」字，使人想到他們的目光衹有在水中纔能相遇。這一句暗暗地傳達了兩位舟中人心理上的某種契合和他們外表上的矜持態度。結尾兩句則更把這種朦朧的感情聯繫與他們之間必須保持的距離放在一起，卻又在共同感到的「寒」上悄悄地傳遞了心意相通的信息，表達了他們共同的惆悵與孤寂。

似一縷絲，又像一團絮，這似絲似絮的「情結」幽幽悵悵，纏在心頭，鬱在心底，眞是「剪不斷，理還亂」。無怪若干年後回憶起這段往事時，這種感情仍然能如此牽動詩人的心靈，令他久久低迴，不能自已。

「天下有情人皆成眷屬」？恐也未必。詩人在這首《桂殿秋》中追尋的往事，無疑是一場愛情悲劇，但也正因爲有這種心願難償，有情人不能成眷屬的悲哀，纔孕育出這樣飽含淒惋深摯之美的藝術果實。整首詞有如一聲深長的嘆息，從這嘆息聲中，我們可以體味到詩人那盡在不言中的心曲。

（馮統一）

長亭怨慢

朱彝尊

雁

結多少、悲秋儔侶，特地年年，北風吹度。紫塞門孤，金河月冷，恨誰訴？回汀枉渚。也祗戀，江南住。隨意落平沙，巧排作、參差箏柱。　別浦。慣驚移莫定，應怯敗荷疏雨。一繩雲杪，看字字、懸針垂露。漸欹斜、無力低飄，正目送、碧羅天暮。寫不了相思，又蘸涼波飛去。

朱彝尊的《長亭怨慢》，是一首詠物詞的佳篇。他借驚雁，抒發了他內心深處的感慨。詞調淒婉深沉，辭藻蘊藉雋永，是朱詞的代表作之一。

詞的上片，寫大雁爲秋風所迫，離鄉背井，飛向江南，以尋求自由安樂的境地。

起首「結多少悲秋儔侶」三句，寫：年年的北風，特地送來了蕭瑟的秋天，大雁被迫成羣結隊地逃離塞北，向江南飛去。年年有北風，歲歲須逃難，究竟結識了多少伴侶，連自己也數不清。這樣結隊而逃，倍覺秋日之可悲。由悲秋而怨北風，爲什麽年年有這無情的北風吹來，弄得不能安居樂業呢？特別是「紫塞門孤，金河月冷」的描繪，更是寫盡了北國的淒涼。「紫塞」指長城，「金河」在內蒙古，又稱黑河(此處的「金河」

或泛指秋水而言)。這兩句，刻畫出長城內外的孤寂淒涼，金河上下的寒天冷月，從天上到地下，淒淒慘慘，毫無生機，深入一層地吐露了北雁南逃的原由，襯托出環境險惡的氣氛。如斯，因果相循，筆墨有序；寓情於景，情景交融，活生生繪出一幅羣雁逃難圖。接着「恨誰訴？」，哀嘆在這樣的處境下，有誰敢於訴說，又向誰來訴說這種悲慘淒涼的境遇呢？

以上幾句，朱氏以白描的手法，寫了大雁離別北國的情景，爲下文的展開，作了鋪墊。接下去寫大雁過江後的短暫歡娛。

「回汀枉渚」，汀指水邊的平地，渚指水中的小洲，「回」與「枉」是曲折回環之意。此處描寫大雁從淒涼的北國，到達了水草豐美的江南，耳目一新，流連忘返，發出「也祇戀，江南住」的企願。於是「隨意落平沙，巧排作、參差筝柱」，其樂無窮。此處描寫羣雁在江南水鄉，起落在平沙之上，徘徊於汀渚之間，錯落有致，猶如筝柱。由筝柱而聯想到筝弦，由筝弦而聯想到古曲《平沙落雁》的幽雅曲調。「隨意」、「巧排」，即悠然自得之意，從而表達了大雁在逃脫困境後的那種輕鬆歡快的神態。讀之使人如臨其景，如領其情，又好似一幅江南落雁圖顯現在眼前。

合觀上片，分兩層。先寫大雁在塞北的遭遇：蕭瑟的寒秋，凛冽的北風，天上的冷月，地下的孤城，把塞北的氣氛，描寫得淋漓盡致。大雁在這惡劣的環境中無法生存，不得不偕親伴友，遠走高飛；經過長途跋涉，到了令人嚮往的江南。這裏「碧水繞汀渚，幽草傍岸生」，在那幽靜的水邊洲頭，自由起落，隨意休憩，過着安然自在的生活。作者用對比的手法，寫出了大雁逃離困境，找到了安樂之地。他用「紫塞門孤」、「金河月冷」寫塞北環境的嚴峻，以「回汀枉渚」、「隨意」「巧排」來狀江南水鄉的安逸。這一悲一喜的描繪，給人以「濃淡相兼，疏密相稱」(陳廷焯語)的雅正之感！

詞的下片，以寫「驚移莫定」爲中心，揭示了大雁在征途中驚恐不安的神情，委婉地透露了作者在異族統治下的難言之隱。

詞的過片，以「別浦」突然一轉，剎時間江南水鄉的美夢又破滅了。一別塞北，再別汀浦，把大雁的悲劇又一次推向高潮。而且朱氏以「別浦」作過片，承上啓下，既緊密，又警妙，不失爲詞壇高手。接着又以「慣驚移莫定，應怯敗荷疏雨」的精辟語言，道出了再次起飛的原因。由突然的行動，寫到內心世界的活動，從而揭示了大雁那種驚恐不定、惶惶不安的恐懼心理及其神態。特別是「慣」字、「應」字的運用，既簡練，又準確，含蓄有致，惟肖惟妙。因爲大雁習慣地意識到：此處亦非久留之地，在那疏雨敗荷之中，說不定還會遭人暗算。眞是心有餘悸，猶如驚弓之鳥，弄得風聲鶴唳，草木皆兵，在這驚恐之餘，別了水濱，再次升入雲霄，繼續遠走高飛，踏上新的征途。

接下去「一繩雲杪」二句，用極其形象的比喻，描寫大雁在飛行中隊形的變化，一會兒像一條繩子似的高掛雲端，一會又像「懸針垂露」般的書法字體，寫在高曠的秋空。唐玄度有十體書：一曰古文，二曰大篆，三曰八分，四曰小篆，五曰飛白，六曰倒薤，七曰散隸，八曰懸針，九曰鳥書，十曰垂露。此處用「懸針」、「垂露」來形容雁字變化的各種形態。朱氏描寫之細膩，由此可見。

「漸欹斜」以下，描寫大雁經過辛苦的長途飛行，漸覺氣力衰竭，不得不由高空翺翔轉爲低空滑行。此處遣辭簡潔，形象逼眞，一個「漸」字境界全出。下句，又以「正目送」相互照應，尤覺工妙。接着便是：面對着「碧羅天暮」的黯然景色，悵惘不已。一天的征途過去了，夜暮降臨，天蒼蒼，夜茫茫，空曠的秋夜，猶如在漆黑的大網之中，危機四伏，前途莫測。最後以「寫不了相思，又蘸涼波飛去」作結。此時此刻，憶起遠方的親友而又不能通個信息，無可奈何，衹有輕點寒波、在那暮色蒼茫中繼續向前飛去……。向哪裏飛去？何處纔是棲身之地？言猶未盡、情凄意切，把全詞推上了高峯，給讀者留下了不盡的想象餘地。

從全詞的結構看，大體可分三段。第一段，寫大雁帶着滿腔悲憤飛離塞北的境況；第二段，寫大雁到達江南後的自由與歡快；第三段，寫離別江南，在繼續前進中的複雜情景及其感受。總之，朱氏企圖通過大雁的經歷，來抒發自己的境遇和思想感情。寫的既眞實感人，又含蓄有致。

從另一個角度看，朱氏似乎還採取大雁三起三落的構思，但是每次的起落又各有不同。從「北風吹度」起，到「江南住」這是一起一落。又從「別浦」起，到「無力低飄」，這是二起二落，但是這第二落，並未眞正的落下去，接着便是，輕點寒波而又匆匆飛去。至於第三落，究竟落在何處？作者筆墨已盡，沒有講了。也就是說，大雁長途跋涉，它的歸宿究在何處？可說雁不知，人不知，凄凄然！茫茫然！由此可以看出，朱彝尊對全詞的安排，構思巧妙，起落有致，步步逼進，井然有序，眞不失爲清初巨擘，浙西領袖。正如陳廷焯所說：此詞：「感慨身世，以凄切之情，發哀婉之調，既悲涼，又忠厚，是竹垞直逼玉田之作，集中亦不多見」。

朱氏少年處於極其動蕩的明清交替時代，十六歲明亡，三十五歲南明抵抗運動結束。家處江浙，又是抗清鬥爭的前線，自然具有一定的民族意識。後來曾客調南北，到過長城沿線，寫有《消息·度雁門關》、《百字令·度居庸關》以及《金明池·燕臺懷古》等詞。五十一歲以布衣致仕，舉鴻博，授檢討，後因挾胥抄宮書而受刻被貶；復職後不久即假歸，專心從事著述。他的這首《長亭怨慢》詞，寫作年代不詳，是否還有具體情節所指亦不明。但從他的一生經歷看，前半生他目睹清兵南下，對江南人民的起義，進行了殘酷鎮壓；後半生又處於清廷收買與鎮壓並施的嚴密統治之下，升貶無常，禍福難測，惶恐不可終日，前途不可預卜。在此情況下，許多具有民族意識的知識分子，敢怒不敢言，祇好借物抒懷，免遭殺身之禍。這便是朱氏寫《長亭怨慢·雁》的時代背景。

（張璋）

再過露筋祠

再過露筋祠

王士禛

翠羽明璫尚儼然，湖雲祠樹碧於煙。行人繫纜月初墮，門外野風開白蓮。

王士禛(一六三四——一七一一)，字貽上，號阮亭，別號漁洋山人，山東新城(今山東桓臺)人。《四庫全書總目》的《精華錄》提要，稱：「士禛談詩，大抵源出嚴羽(《滄浪詩話》)，以神韻爲宗。」又稱「士禛等以清新俊逸之才，範水模山，批風抹月，倡天下以『不著一字，盡得風流』之說，天下遂翕就應之」。士禛論詩，引蕭子顯說：「早雁悲鶯，花開葉落，有來斯應，每不能已」(《漁洋詩話》卷上)。這種「不能已」的感情，不明白說出，借景物來透露，就是「不著一字，盡得風流」的含蓄寫法。他的描繪景物，意境清新，文辭明麗。他在《戲倣元遺山論詩絕句》裏稱「風懷澄淡推韋柳」，加上摹倣韋應物、柳宗元描寫景物的澄淡風懷，這就是他說的神韻。他的詩的好處在這方面。但在反映生活方面，表達眞實的思想感情方面都顯得不够，這是他的缺點。

惠棟《漁洋山人精華錄訓纂》，在目錄裏把這首詩列在「《高郵雨泊》庚子稿」後。庚子爲清順治十七年(一六六〇)，當時士禛二十七歲。據《漁洋山人年譜》，這年，他到揚州去做推官。八月，充江南鄉試同考官，到了南京。九月，因病回揚州。「露筋祠」，《訓纂》引王象之《輿地紀勝》：「露筋廟去高郵三十里。舊傳有女子夜(夜半子時)過此，天陰蚊盛，有耕夫田宿在焉。其嫂止宿。姑曰：『吾寧死，不肯失節。』遂以

再過露筋祠

蚊死，其筋見焉。」這首詩先寫想象中的這位女子，「翠羽明璫尙儼然」，「翠羽」，喻女人的細長眉毛，翠指黛色。《玉臺新詠》的傳玄《豔歌行》：「蛾眉分翠羽。」翠羽借娥眉來指女人的美貌。「明璫」：用明珠製成的耳飾，借指高貴的裝飾。「儼然」：神氣活現的樣子。照《輿地紀勝》所載，露筋而死的是位鄉下姑娘，不可能有明璫那樣高貴的裝飾，把她寫成盛妝的美女，是誇張，在作者的心目中，這樣把貞節看得比生命更重要的女子，是品德高尙的女子，應該給與美化，把她寫成美麗而高貴，才和她的崇高品德相稱。並用「湖雲祠樹碧於煙」來作陪襯，用雲來比煙，是習見的；用樹來比煙，像韋莊《金陵圖》：「無情最是臺城柳，依舊煙籠十里堤。」用碧來指雲，本於江淹《雜體詩》的擬《休上別怨》：「日暮碧雲合，佳人殊未來。」用碧雲是否有想望的含意。後兩句結合再過露筋祠的情境，「行人繫纜月初墮，門外野風開白蓮」。行人是坐船經過的，繫纜是在這裏停船，可能要去露筋祠憑弔。這時正是月初墮，看到門外野風開白蓮。這裏用了陸龜蒙的《白蓮》詩：「無情有恨何人覺，月曉風清欲墮時。」「月初墮」正切「月曉」，「野風」結合「風清」，「開白蓮」點明「白蓮」。陸龜蒙的詩，用「月曉風清」來配合白蓮花的高潔。在這裏，更用白蓮花來比露筋女的高潔。既寫眼前景物，又含有情意，這個情意不用一字點破，衹在描寫的景物中透露，這就是「不著一字，盡得風流」。寫的景物，有「翠羽明璫」、「湖雲祠樹」、「野風開白蓮」的清新明麗，加上情意的含蓄不露，這正是符合神韻的要求。

《漁洋詩話》卷上談到這首詩，說：「余謂陸魯望(龜蒙)『無情有恨何人見，月白(曉)風清欲墮時』二語恰是詠白蓮詩，移用不得。而俗人擬之，以爲詠白牡丹、白芍藥亦可，此眞盲人道黑白。在廣陵，有題露筋祠絕句云……(從略)正擬其意。一後輩好雌黃，亦駁之云：『安知此女非嫫母(醜婦)，而輒云『翠羽明璫』耶？』余聞之，一笑而已。」在這裏，士禛認爲寫景物應當遺貌取神。他讚美陸龜蒙的《白蓮》詩，正在陸不具體描繪白蓮的形態，用「月曉風清」來襯托出白蓮的高潔，用「欲墮」來寫白蓮的「有恨」。所以說這「二語恰是詠白蓮詩，移用不得」。因爲牡丹是「花之富貴者也」，即使是白牡丹，也有富貴態，不用「月曉風清」來襯托，對芍藥花也一樣。對這位露筋而死的女子，作者用白蓮來比她的貞潔，用「月初墮」和「野風」

來襯托，也顯出她的高潔來。正如陸龜蒙的《白蓮》詩：「素葯多蒙別豔欺，此花端合在瑤池。」認爲像白蓮花的高潔，應該生在仙人住的瑤池裏。既然白蓮花該生在瑤池裏，那末這位貞潔的女子，也該住到瑤池，像仙子一樣美好，正合用「翠羽明璫」來形容。翠羽形容她像仙子一樣的美，明璫寫她服飾的高貴，也極合適。這樣不寫作者對她的感情，通過對「翠羽明璫」的描繪，以及「湖雲祠樹」的環境描繪和「月初墮」、「野風」的襯托，來透露出作者對她的尊敬感情，這就是「不著一字，盡得風流」的神韻派詩。

(周振甫)

眞州絕句(之四)

王士禎

江干多是釣人居，柳陌菱塘一帶疏。好是日斜風定後，半江紅樹賣鱸魚。

眞州，今江蘇儀徵。這首詩在《漁洋山人精華錄訓纂》卷五下裏作《眞州絕句五首》的第四首。在目錄裏，排在「《維揚蕭尺木畫冊四首》壬寅稿」下面。壬寅是康熙元年(一六六二)，當時士禎二十九歲，這首詩當是那年寫的。按《漁洋山人年譜》，這年，他在揚州做推官。眞州在揚州西南六十里，《眞州絕句五首》之一稱：「揚州西去是眞州，河水清清江水流。」他對於眞州是比較熟悉的。這五首詩是春天做的，第二首說：「白沙江頭春日時，江花江草望參差。」第五首說：「江鄉春事最堪憐，寒食清明欲禁煙。」說「欲禁煙」，當是寒食節前寫的。第二首和第五首都寫明是春天，所以第四首也是春天寫的。

這首詩開頭兩句寫江邊的景物：「江干多是釣人居，柳陌菱塘一帶疏。」在江岸上多是漁民的家，那裏路邊種着柳樹，成爲柳陌，池塘裏種着菱，成爲菱塘，這一帶地方比較寬敞。後兩句更突出：「好是日斜風定後，半江紅樹賣鱸魚。」在這裏，「日斜」同「半江紅」聯繫，白居易《暮江吟》：「一道殘陽鋪水中，半江瑟瑟(碧綠)半江紅。」這裏的「日斜」指「殘陽」，斜日照在江上，一半照到陽光的是紅的，照不到陽光的是綠的，即水是綠的。在半江紅的美好風光中在樹下賣鱸魚。這裏不是「紅樹」，因爲在寒食前是沒有紅樹的。鱸魚是味美的，在「釣人居」那裏賣的鱸魚更是美好的。惠棟在《漁洋山人精華錄訓纂》裏引了宗梅岑《讀阮亭先生眞州絕句漫作》：「板橋山色晚秋初，楚澤眞州畫不如。我愛新城詩句好，半江紅樹賣鱸魚。」這首詩對於《眞州絕句五首》，特別推重這一首，還引用這首詩的末句稱爲「詩句好」。好在哪裏呢？指出「畫不如」。即「詩中有畫」，還勝過畫，畫出來也不如詩。這樣的詩，就是他提出的神韻說的範本，風格清新明麗，「半江紅樹賣鱸魚」，正顯出明麗來。這首詩的「詩中有畫」是可以畫出來的，清新明麗的風格，也可以在畫面上顯出來，所謂「畫不如」指什麼呢？該是司空圖《詩品·含蓄》的「不著一字，盡得風流」。作者在這首詩裏寫了如畫的景物，但他喜愛這些景物的感情，卻沒有一句話，可以說「不著一句」，因爲在個別字上還是表達了作者的感情的。如「好是日斜風定後」的「好」字，就含有喜愛的意思。所謂「畫不如」，像這個「好」字就不易畫出，並像「柳陌菱塘一帶疏」的「疏」字也含有讚美的感情，這種感情也不易畫出。在這裏，看到宗梅岑讚美這首詩的話，有問題，因爲他說：「板橋山色晚秋初。」看《眞州絕句五首》，第二首說：「行人記得曾遊地，長板橋南舊酒旗。」可見「板橋」是有根據的。從五首絕句看，雖然沒有一首提到山，但在另一首《眞州城南作》：「新月初黃映江出，遠山一碧送船歸。」遠山還是有的，那末說「山色」也有據。就是「晚秋初」落空了。正面已經指出，《眞州絕句》的第一首、第五首都是寫春天景物，哪來的「晚秋初」呢？原來宗梅岑讀「半江紅樹賣鱸魚」，讀成「紅樹」，成了「霜葉紅於二月花」，所以說成「晚秋初」了。可是這五首詩寫的是春天的景物，不在晚秋，是寫「半江紅」，不是寫「紅樹」，所以不對了。是不是這五首詩不是一時寫的，有的是春天寫的，這首詩是晚秋寫的呢？不是。因爲五首詩的第五首是「江鄉春事最堪憐」，是寫春事，是春天寫的，不可能第四首是晚秋寫的。再説不能説「半江紅樹」，因爲樹長在岸上，不在江裏，所以「紅」是指「半江」，是「半江紅」。不過這首詩讚美士禛的神韻派詩還是應該肯定的。

(周振甫)

秋柳(其一)

王士禛

秋來何處最銷魂？殘照西風白下門。他日差池春燕影，祇今憔悴晚煙痕。
愁生陌上黄驄曲，夢遠江南烏夜村。莫聽臨風三弄笛，玉關哀怨總難論。

王士禛(一六三四——一七一一)，字貽上，號阮亭，別號漁洋山人，山東新城(今桓臺)人，清順治十二年(一六五五)進士，官至刑部尙書。他雖生當明清易代之際，祖孫數代卻不絶功名仕宦；雖居高位，仍着力從事詩文創作，廣交文人學士，因而成爲公認的文壇領袖。爲矯正明代復古風氣，同時也爲了避免文字之禍，他在詩歌寫作和理論上創立了神韻派。而他自己的詩作卻既尙神韻又不限於神韻，弔古傷今，託物寓情，曲折地流露了故國之思，抒寫了末期封建社會士大夫文人的哀怨和感慨。《秋柳》組詩(共四首)正是反映這種複雜思想情緒和特殊美感的代表作品。

組詩寫於順治十四年丁酉(一六五七)。據作者追憶：「順治丁酉秋，予客濟南，時正秋賦，諸名士雲集明

秋柳(其一)

湖。一日會飲水面亭，亭下楊柳十餘株，披拂水際，綽約近人，葉始微黃，乍染秋色，若有搖落之態，予悵然有感，賦詩四章。」(《菜根堂詩集序》)當時作者二十三歲，風華正茂，文思泉湧。組詩一出，即以其意境清遠、情思綿邈、風流蘊藉、雅麗精工而風靡詩壇，傳爲佳話，其中第一首又寫得最爲深切感人。

首聯出語警策，定下了組詩的基調，點明了全詩的主題。蕭瑟的秋天本來就是令人銷魂的，中國文學史上的悲秋名篇眞是數不勝數。但何處爲最、何事何物爲最呢？那是西風殘照下南京城西門——白下門前的秋柳啊！古樂府《楊叛兒》詩：「暫出白門前，楊柳可藏烏。」李白《楊叛兒》詩：「何許最關人？烏啼白門柳。」白下門與動情的楊柳結下了不解之緣。

頷聯緊承上聯，把注意力集中在眼前的景物上，用有力的對比手法和出神入化的描繪，表現了秋柳開始搖落變衰的憔悴之態，寄寓了韶光易逝、好景難長的愁思。春天，映照着「燕燕于飛，差池其羽」(《詩經·邶風·燕燕》)的景象，春柳金條飄拂，近看如絲，遠望如煙，搖曳多姿，何等生機盎然。而眼前的秋柳，則開始葉黃條衰，在涼風晚煙中又顯得多麼淒楚冷落。

頸聯轉而展開廣闊的空間和悠久的時間，化用歷史典故，以空靈高妙的手法，更進一層抒寫了淒楚的秋柳所引發的人們的無邊愁思。唐太宗所騎戰馬黃驄驃，在征高麗時死於道，太宗哀惜，命樂工製《黃驄疊曲》。道旁有秋柳，伴着黃驄哀曲，不更能引起行人的秋日愁思嗎？晉穆帝司馬聃的何后出生時，羣烏夜啼，因名其村爲烏夜村。與前引《楊叛兒》詩結合起來，在江南烏夜村的秋柳上，羣烏夜啼，不也使遠在他鄉的遊子夢繞魂牽，更增秋日蕭瑟之哀感嗎？

尾聯既繼續用典，又大發議論，但並不顯得板滯，也不顯得枯燥，而是化用極有韻致的晉代王子猷請求聞名而不相識的桓伊吹笛的故事(見《世說新語·任誕》)，聯想起盛唐王之渙《涼州詞》的千古傳誦的名句「羌笛何須怨楊柳，春風不度玉門關」，歸結爲：再不要去聽迎風吹奏的笛聲了，因爲像王之渙的詩句所哀嘆的那樣，笛聲裏越是吹奏出《折楊柳枝》的曲調，越令人想起玉門關外「春風不度」，哪兒來的楊柳呢（王之渙詩句的本意是在諷喻朝廷「恩澤不及於邊塞」(楊慎《升庵詩話》語)，並不是科學判定玉門關外不可能有楊柳)?而眼前雖有柳十餘株，卻是秋柳，憔悴搖落，有也等於無了，怎麼能不令人與王之渙的詩句共鳴呢?詩句裏的千秋哀怨真是令人難以說也不忍言說了。

本詩不像傳統詩歌那樣，把楊柳與春風聯繫起來，而是寫秋柳，又把秋柳和傳統的悲秋主題結合起來，這樣就賦予了傳統的悲秋主題以新的具體而又深廣的社會歷史內容，其中包含幾個層次。

第一個層次是曲折表達了故國之思。爲什麼在濟南大明湖上寫詩，一開頭卻用了與南京白下門有關的典故，用來回答「何處」最爲「銷魂」的尖銳而深沉的問題?這是因爲南京是明代的開國之都，是明太祖陵園(孝陵)的所在地，且終明之世，南京一直是陪都，因而在北京陷落後，最早在南京建立了南明王朝。所以說這表達了詩人的故國之思，不應該被認爲是穿鑿。爲什麼所用的其他典故都是有關東晉和唐代的?說這樣表達了詩人的故國之思，看來也不應該被認爲是穿鑿。

第二個層次是表達了士大夫文人的新的更爲深廣的哀愁。與傳統不同，寫柳不寫春柳而寫秋柳，悲秋不悲白雁黃雲而悲楊柳，這表明詩人確實感受到了新的哀愁。不管詩人的自覺程度如何，它在客觀上反映了封建知識分子對社會行將徹底衰落的哀愁，因而這種哀愁比過去顯得更爲深沉廣遠。

第三個層次是，詩人的這種預感和哀愁符合歷史的進程，因而也與人民羣衆的思想感情和實際利益有了相通之點和共同之處。

這樣，本詩的美學意義也就具有雙重性。一方面它是用高度的藝術水平和獨創的藝術風格表現出來的帶有消極色彩之美，即悽惋的飄零搖落之美，哀怨的愁思綿邈、傷感難禁之美;另一方面又能爲人民羣衆所理解和接受，在當今時代受到有分析的肯定和批判的繼承。因此本詩和整個《秋柳》組詩的影響也就有了雙重意義:既在當時引起了強烈的共鳴(正如詩人在《漁洋詩話》中所得意地記述的那樣:「予少在濟南明湖水面亭賦《秋柳》四章，一時和者甚衆。後三年，官揚州，則江南北和者，前此已數十家。閨秀亦多和作」);到現在也仍然廣爲流傳，爲我們所賞析和借鑒。

(喬先之)

江上望青山憶舊

王士禎

揚子秋殘暮雨時，笛聲雁影共迷離。重來三月青山道，一片風帆萬柳絲。

王士禎的《江上望青山憶舊》共有兩首，這裏選其一首。

詩的第一句「揚子秋殘暮雨時」落筆便用「揚子」二字點明了地點。「揚子」是揚子江的縮寫，也就是長江。詩人爲什麼把長江寫成「揚子」呢？原來古人把鎮江、揚州一帶的長江稱爲揚子江，因爲那裏有個地方名叫揚子津。王士禎在《眞州絕句》中曾寫過：「揚州西去是眞州，河水清清江水流。」眞州就是現在的江蘇省儀徵縣，在揚州西南，作者由揚州去江寧辦事，船過儀徵縣，眼中所看到的「青山」就在這裏，它正在揚子津一帶。如果寫成「長江秋殘暮雨時」，那範圍太廣，可以是重慶，也可以是江陵，而用「揚子」二字，就把行船的具體位置暗示給讀者了。「秋殘」，點明了季節，「暮雨」，點明了時間。秋風瑟瑟，暮雨瀟瀟，詩人正泊船在揚子江邊。寥寥幾字畫出了一幅秋江夜雨圖。但是，僅僅描繪出這樣一幅畫面，還算不得什麼藝術功力，如果寫不出景外之景，也就談不到「神韻」了。下面我們再品味一下他的篇外之意吧。「揚子秋殘暮雨時」這七個字，表面看來字字寫景，實際上字字有情。「秋殘」二字，按正常的寫法應該是「揚子殘秋暮雨時」，這樣，「秋」和「雨」都是名詞，「殘」和「暮」都是形容詞做定語。意思是蕭索凋殘的秋天，黃昏日暮時的細雨。現在詩人把「殘秋」寫成「秋殘」，這就出現了不同的意境。因爲「殘秋」，側重寫「秋」，是客觀地觀察秋天的景象，而「秋殘」，側重寫「殘」，則是突出主觀上對秋天凋殘的感受。前者衹能說明這是什麽樣的秋天；而後者則描繪出秋天是怎麽樣了，因而感情色彩就有了濃淡之别，詩意也就有了深淺之分。如果細加品味，這個「殘」字，既有其時間的概念，說明這是晚秋，又隱含着秋氣襲來，秋聲凄厲，秋色蒼涼，秋容憔悴之意，而這一切，又都是詩人心中感受到的，因而秋景之中已經浸入了詩人蕭索孤凄的情感。這就是移情入景，緣景生情的藝術手法。「秋殘」已經足以使人悲涼，然而又加「暮雨」，風雨夜江，孤舟停泊，景色迷茫，用這種加倍渲染的手法，更加重了情感的濃度。詩人並沒有說出此時此刻他在想什麽。是送别好友呢，還是思念家鄉？這些詩外的韻味，祇有讀者去體會了。王士禛的絶句很講究詩意的起承轉合。第一句起筆勾出了背景，展示出人物所處的具體環境。第二句便緊承前面的環境氣氛，在獨特的背景上描繪出一幅動態的圖畫：「笛聲雁影共迷離」。「迷離」就是模糊不清。正在秋風瑟瑟，暮雨瀟瀟之中，忽然又不知從哪裏傳來了哀婉凄涼的笛聲，與此同時，又聽到長空中幾聲雁叫，放眼望去，朦朧中一行大雁在煙雨中向南方飛去。笛聲若斷若續，雁影忽現忽隱。這裏的「笛聲」和「雁影」，是詩人在秋風暮雨中，刹那間同時捕捉到的兩種事物，用一個「共」字，把兩種事物聯在一起，「共迷離」的「共」字，又是詩人主觀上的感受，它幻妙地溝通了客觀之景與主觀之情，把分别作用於聽覺和視覺的「聲」和「影」有機地融合起來，把地下的音響和天上的形影相互交織起來了。古人寫詩常把「笛聲」和悲愁哀怨連在一起。用笛聲喚起心聲；而北雁南飛，又往往寄託着遊子的離愁别緒，何况這雁影又是在秋殘暮雨中拖着凄楚的笛聲飛去，又怎能不觸發主觀上的愁思呢？從環境氣氛上看，「共迷離」緊承前面的「暮雨時」，二者又有着内在的因果聯繫。正因爲夜暮垂臨，江天迷茫，纔看不清空中的雁影；也正因爲風吹暮雨，雨點擊打着山林和江水，纔聽不清從遠處傳來的笛聲，所以，「迷離」二字，既把秋容、黑色、笛聲、雁影等客觀景物作了眞實的再現，又把詩人感受景物時的迷離悵惘之情作了微妙的揭示，進而增加了詩的神韻。

從以上分析中，我們可以體會到詩意的雋永和境界的深遠了。但是這樣分析還是不够的。詩人的高明之處還在於：這兩句所寫的並不是眼前景，而是意中景，他寫的不是當前實有的，而是心中儲存的。這個景物是

江上望青山憶舊

詩人心靈的底片上的感光折射，展現在讀者面前的是重新洗製出來的半年前的照片。這種奇妙的構思，在前人詩中是少見的。李商隱在《夜雨寄北》中曾經寫過：「君問歸期未有期，巴山夜雨漲秋池。何當共翦西窗燭，卻話巴山夜雨時。」那是先寫眼前實景，然後再寫想象中的未來虛景。而王士禛卻是反過來，先寫過去存留在心中的景物，對眼前的景物來說它是虛景；然後再寫實景：「重來三月青山道，一片風帆萬柳絲」。這樣，就把兩幅畫面疊印在一個鏡頭上，利用同一個空間，描繪出不同時間的兩種景物，表達了兩種環境中的不同心情，這就是這首詩在藝術構思上的獨到之處。

第三句「重來三月青山道」，用「重來」二字陡然一轉，一下子宕開了前面的詩意，更換了新的畫面。這次重新來到的地方，就是去年秋天夜雨泊船的地方。到這裏，詩人纔開始描寫眼前的實景。「重來三月青山道」，字句清新，音節響亮，展現出明朗開闊的境界。「重來」二字，既是承接前面秋殘暮雨的內在紐帶，又是轉入新意再抒情懷的媒介，說明這是舊地重遊，雖然地點沒變，但是時間推移，眼前的景象和內心的感受已經完全不同了。詩人用「重來」作爲疊印鏡頭的環扣，就在原來的位置上重疊了新的畫面。從時間上看，這是個大幅度的跳躍，從秋天寫到春天；從空間上看，雖然地點沒變，但視野驟然擴大，迷茫的雨夜，化爲萬里晴空，投入眼中的是無邊的青山碧水；從表意上看，這是個由悲到喜的急轉，情緒劇變，境界全新。讀到這裏，原來秋雨黃昏的陰暗畫面突然消逝，彷彿無數巨大的光柱把青山和江水照得通明，眼前的景象是那樣鮮豔，那樣絢麗，它和「笛聲雁影」的朦朧、「秋殘暮雨」的境界形成了鮮明的對照。你看，江水清清，羣山碧透，百花競豔，萬木爭榮，這又是多麽喜人的景色！「青山道」三字，音調宏大，境界廣遠，一個「青」字，不僅點出山的顏色，而且表現出春天的無限生機。這裏不說「山路」、「山徑」，而寫「山道」，顯然不是崎嶇山徑和羊腸小路，而是青山之下，傍着江岸通向遠方的一條大道，在這裏觀賞景物，真是「山陰道上，應接不暇」，詩人賞心悅目之情躍然紙上。

第四句，「一片風帆萬柳絲」，「一片風帆」是寫江面，「萬柳絲」是寫江岸，這是從船上同時向兩個角度攝取的。「風帆」是寫船，「一片」，極寫小船的輕，它像是一片樹葉浮在江上，又像是一片彩雲從天際飛來，給人以飄忽輕快的感覺。「一片」，還襯托出長江的波翻浪湧的氣勢。按照通常的說法，「一片」，往往是形容物體的薄度，它所展開的是一個平面，船是立體的，它有船身的高度，絕不是片狀物體。但是爲什麽說是「一片」呢？其實這是把船身放江水中來寫的。長江水深浪緊，飛花吐沫，在濤擊浪湧之中，小船似乎載浮載沒，遠遠望去，衹見白帆，不見船身，於是在人的視覺中便感到它是薄薄的「一片」了。妙就妙在用「一片」二字既寫了船，又寫了水，既烘托出長江的水勢，也暗示江面的寬闊和江水的綿長。人們可以看到：水天相接，茫茫無際，一葉扁舟出沒其中。作者越寫船小，越能顯出江面闊大，越寫船輕，越能顯出水深浪急。本來「一片」輕舟，順流而下，已經够快了，再加上春風鼓起白帆。小船乘風破浪，宛如水上輕鷗，江上銀燕，那飛馳的速度，那愉快的心情，那令人心曠神怡的美的境界，讀者是可以想見了。

寫詩有如作畫，作者深得疏密相間的美學道理。寫船，用「一片」來形容，是從平面上來描繪它的廣度之小；寫樹，用「萬柳絲」來描狀，又是着眼於物體的長度，同時又起到了少中見多，以淡襯濃的效果，從而更見出千樹萬樹的繁茂景象。寫船，極言其輕。寫樹，又極言其「柔」，輕柔之中蘊含着早春時節春光的嫵媚。作者抓住具有江岸特徵的柳樹來寫，而重點又放在春風拂煦中的柳樹枝條上，就更能引起人們的聯想。試想，輕舟順流而下，兩岸萬柳紛披，一棵棵柳樹連接起來，像千萬條銀色絲線織成的彩練隨風飄舞，這是多麽春意盎然的景象！請注意，這個「絲」字用得極妙。正因爲樹多，船快，又是遠望，自然會感到那無數柳條就像絲線一樣；而「絲」，又柔軟，又堅韌，用它來形容春柳隨風婉轉的形態，非常親切，非常生動。作者在描狀客觀景物時，還善於從相對的事物中寫出心中的特殊感受。例如「一片」和「萬柳」，無論它們的數量和它們的體積，都形成了鮮明的形象對比，「一」和「萬」數字的錯綜組合，白帆和綠柳彩色的協調配置，更增加了意境的優美，同時也暗示出詩人此時心中的喜悅。這首絕句分析到這裏似乎已經是情景齊備，意境全出了。但是，這還不够的，我們還要進一步品味一下它的「韻外之旨」。這就要從「萬柳絲」的「絲」字上來開掘了。這首詩是憶舊，追述往事，懷念故人，景物之中必然含蘊着主觀上的情思。這個絲線的「絲」，和思念的「思」是同聲和韻的，在這外界的「萬柳絲」中，也有情感的「萬縷思」，我們從這萬條柳絲和萬道思緒的雙關語中，可以想象出詩人對舊友的懷念和對往事的追憶，而且這種思緒不僅繁多又是綿綿不絕。因此，這個雙關的「絲」字，既扣緊了詩題中的「憶」，也是和前面的「重來」、「迷離」、「暮雨時」等詞語所表達的情致是前後呼應，意脈相連的。這就是這首詩的「韻外之味」。

這首絕句集中地體現了王士禛「神韻說」的理論。王士禛主張「詩畫祇取興會神到」，寫詩作畫，要發揮藝術想象，神到之處，要有精深淡遠的意境。寫詩不僅要展示形象，而更重要的是深化爲意象。所謂意象，就是主觀的意和客觀的象融合爲一的意境。物象是有限的，而意象則是無限的，猶如揚子江祇有一個，而詩人心中的揚子江卻是千變萬化的。詩中景物的無限由詩人情感的無限而產生；而情感的無限，又由景物的無限所觸發。二者有機地交觸，便構成了這首詩的渾圓的藝術整體。

下面，我們再從這首詩的整體藝術上做一分析。

首先，這首詩不同於一般的即景抒情、託物寓志的寫法。詩人的獨到之處，表現在致力於寫出情中之景、意中之境。詩中所描寫的是江蘇省儀徵縣境內的青山一帶的景物，而青山之景已爲人們所常見，一般的描繪是沒有任何意義的。關鍵在於怎樣纔能把生活中的實景上升爲藝術的美景，並通過詩的意境給人以美的享受，這就需要詩人的匠心提煉了。意境的基礎單位，首先是形象，詩人正是緊緊抓住形象來表現詩意的。他在描寫形象時，絕不是客觀的臨摹，而是向大自然索取主觀的情思，在不同景物甚至是同一景物中都能注進自己的主觀感受，因而他所寫出的就不祇是單純的客觀形象，而是主客觀統一的意象，客觀的境界和心中的境界已經完滿地統一起來，構成了具有美學意義的詩的境界。

其次，這首絕句構思精巧，別出心裁。從時間結構上看，詩人是先寫過去，後寫現實。明明是陽春三月來到青山之下，眼中看到的又明明是豔麗的景物，但是他偏偏不從眼前的實景寫起，而是先寫半年前的秋殘暮雨的夜江，這正是緊扣詩題中的憶舊而生發出來的一種藝術想象。先寫過去的秋，後寫眼前的春，把秋與春兩幅畫面疊印在一個鏡頭上；從空間結構上看，詩人採用了上下相形、高低交織的寫法。前兩句是由低到高。從低處的揚子江頭，到空中的暮雨，再到天上的大雁；後兩句，是從高到低，先寫高聳的青山，再寫山麓的大道，最後寫到水上的行船和岸邊的綠柳。再通過風聲、雨聲、笛聲、雁聲、江濤聲的合聲交響，便構成了高低相形、聲色畢現的活動着的立體圖像，從審美角度來說，詩人是把想象的空間和現實的空間結合起來，既在同一空間中，展現出不同時間的畫面，又在不同的時間裏，充分發揮了同一空間的作用，從而增大了生活的容量，突出了情感的變化。

此外，這首詩的布局也極有層次：每兩句爲一組，每組可以各自獨立，同時又是相互聯繫的整體。前兩句是虛寫，後兩句是實寫。前兩句用暗淡的筆調寫悲，是爲一藏，後兩句用明麗的畫面寫喜，是爲一露，這是一種上虛下實，先藏後露，由暗轉明，悲喜交替的寫法，構成了乍開乍闔，大動大搖的奇麗景象。這種精巧的布局，給人以對稱的美感，和諧的美感。詩人還巧妙地運用了數量的對比來描狀景物，例如，以「一片風帆」對「萬柳絲」。「一」和「萬」的錯落，更增加了景物的參差的美感和變換的美感。這首詩的色彩也是經過精心的調配的：白帆、綠柳、碧水、青山，形色對照，濃淡相宜，斑斕絢麗，更給人以色調上的美感，一首小令，詩意如此醇濃，含蘊如此豐富，實在是清代詩歌中不可多得的珍品。

（張振孝）

浣溪沙

王士禎

北郭青溪一帶流，紅橋風物眼中秋，綠楊城郭是揚州。

西望雷塘何處是？香魂零落使人愁，澹煙芳草舊迷樓。

浣溪沙

王士禛的這首《浣溪沙》作於一六六二年夏秋之際。當時他在揚州供職，常往來於城北，途經紅橋，見荷塘環繞，綠樹掩映，每有作詩的興致。而西望雷塘，遙看迷樓，追想六朝舊事，又不免生出幾分江山依舊而人事已非的感情。於是，徘徊感嘆之餘，便寫下了這首小令。

這首小令從文字上說並不難讀，甚至沒有更多需要解釋的地方。但是這並不等於說，它的意藴便可以一目瞭然。王士禛論詩主神韻說，着意於平淡深婉的韻味，因此往往是在有限的篇幅內、平常的詞句中，調動起詩歌語言的多義性和暗示性，以獲得幽深杳緲的言外之意。這首《浣溪沙》正可以做爲這方面的說明。

我們都知道，詩歌是最爲經濟的語言，爲此它常常要選擇那些富於啓發性的詞彙，以一當十，以少勝多。這些詞彙往往是在詩歌自身的傳統中被賦予了特定的含義，或者是因爲同人們日常生活中的感情息息相通而能够觸發起更爲豐富的聯想。從某種意義上說，正是這樣一種語言創造了詩歌自身。

我們首先來看「北郭青溪一帶流，紅橋風物眼中秋」和「香魂零落使人愁」這幾句。青溪在揚州城北，曲折蜿蜒，有如衣帶，因此有「北郭青溪一帶流」的詩句。但是細細想來，這「一帶」卻又並不如此簡單。王維《歸嵩山》：「清川帶長薄，車馬去閑閑。」彷彿是一川清水連帶出那草木叢林的，誰說得清是清川如帶呢還是長薄如帶？王維的另外一首詩又說：「貧民依谷口，喬木帶荒村。」（《酬虞部蘇員外過藍田別業不見留之作》）杜甫的《夜宴左氏莊》也說：「流水暗花徑，春星帶草堂。」「帶」字的虛化於是有了點飛動而又渾融的意味，何況這裏在「一帶」之後又緊跟着一個「流」字呢？清溪因此在它的流動之中，便與北郭及環繞於其間的景物山水打成一片，渾然不分了。彷彿是書法中那富於滲透力的線條，在它經過之處，便將周圍的空間一同帶動了起來。顯而易見的是，這裏如果僅僅將「一帶」理解成爲「像一條帶子那樣」，未免就有些刻畫和纖巧，而事實上，這首詞的好處正在它深融一體的感覺。這衹要再讀「紅橋風物眼中秋」一句，就不難有一個更深切的體會。詩人登橋四望，視野之中是一片秋天的景色。這裏的「眼中秋」正如同李白的「峨嵋山月半輪秋」，乃是將一種秋天的感覺與秋天的情致和盤托出。「秋」早已是詩詞中熟悉的詞彙，擺在這裏自然就會喚起許多的聯想，詩人因此也就不必具體地去描寫它。他衹是用了「紅橋風物」四個字來烘托逐漸接近於成熟的秋天的色彩。所謂「紅橋」固然本不必是紅色的，但是它在字面上卻帶來了溫暖成熟的感覺，並且由於被放置在「風物」之前，似乎也就從「橋」擴散漫延出來，籠罩在四周所有的景物之中，而這最終是自然地毫不勉強地落在了那一個「秋」字上。這些詩歌語言因此便有了相互生發的啓示性，使得我們左右逢源，走進了一個無限的世界。至於「香魂零落使人愁」一句，也正是如此。所謂「香魂」，即指「花魂」，是用了擬人化的寫法，借人的靈魂來寫花的那一點精神。不過，在許多場合下，詩人們又祇是用「香」來修飾「魂」，即借着花香來寫人的靈魂。而這時，《離騷》中「香草美人」的比喻也彷彿在那裏若有若無地提示着這種聯想。李賀的《秋來》因此說：「雨冷香魂弔書客。」後來《紅樓夢》寫到林黛玉之死，也說：「香魂一縷隨風散。」這幽怨寂寞的靈魂便瀰漫在清淡的花香之中了。由此看來，同樣一個詞，同樣一個比喻，卻可以從兩方面來使用，喻體和被喻體原也能够相互轉換，這也正是詩歌語言多義性的所在了。在「香魂零落使人愁」這一句中，「香魂」顯然還是指荷花而言的。不過，又有誰能說，詩人的哀愁僅祇是爲着花開花落呢？詩人向西詢問雷塘的去處，那裏埋葬着隋煬帝，連同那六朝的繁華一夢。而今時過境遷，又何必向着一片凋殘的荷花去尋問他的消息呢？我們固然不必說「香魂」指的就是隋煬帝，但是在它的背後正暗暗隱伏着一個久已逝去的夢境。於是，一種繾綣而艾怨的情思便形成了這篇作品的感情基調。詩人在《紅橋遊記》中寫到：「予數往來北郭，必過紅橋，顧而樂之。登橋四望，忽復徘徊感嘆。當哀樂之交乘於中，往往不能自喻其故。王謝冶城之語，景晏牛山之悲，今之視昔，亦有然耶？」這不正是「香魂零落使人愁」一句的最好的註釋嗎？

這首詞寫的是自古繁華的揚州，而提到揚州，我們就自然會想到「誰知竹西路，歌吹是揚州」、「十年一覺揚州夢」一類的詩句。這些聯想給詩歌帶來了特定的歷史氣氛，也將我們引進了一種夢幻般的情境。更何況這裏還有雷塘和迷樓作爲它昔日繁華的見證！雷塘是隋煬帝的葬所，迷樓則是他遊玩之處，將它們相提並舉，所謂「西望雷塘何處是，……澹煙芳草舊迷樓」，正是大有深味的。而這兩句其實又本於杜牧的「煬帝雷塘土，迷藏有舊樓」（《揚州三首》其一）。了解了這其間的一點聯繫，也就是詩句的「出處」，讀來就是更別有會心之處了。從這個意義上說，詩歌語言的傳統性往往也正是它的暗示性的所在。

浣溪沙

爲着進一步說明這一點，我們不妨還順帶說一說揚州的月亮。唐代詩人徐凝曾有《憶揚州》詩云：「天下三分明月夜，二分無賴屬（一作「是」）揚州。」於是在以後的詩歌中，明月似乎就格外地鍾情於揚州。杜牧的《揚州三首》說：「誰家唱水調，明月滿揚州。」《贈揚州韓綽判官》又說：「二十四橋明月夜，玉人何處教吹簫。」揚州與明月因此有了一點特殊的微妙的聯繫，寫揚州便不免要寫到明月，而寫到揚州的明月，似乎又別有一番情致。王士禛因此在《浣溪沙》其三中也寫到：「橋邊人醉月橫斜」，這句詩如果還多少有些可讀之處，也是因爲借了揚州明月的光。這在詩人也許是出於無心，但從讀者看來卻變得多少是有意了。李商隱有詩說：「一自高唐賦成後，楚山雲雨盡堪疑。」其實，揚州明月又何嘗不是如此呢？

當然，詩歌語言的暗示性得力於他們自身的傳統性，但這卻不等於說，越到後來的詩歌也就越佔便宜。如果後來的人們不能有新的發現和創造，不能爲傳統的詞彙帶進更豐富的生活的聯想，那麼，詩歌的語言也就會流於陳腐和空洞，失去它新鮮的啓發性。毫無疑問，在後來的詩歌懂得如何向揚州明月借光之前，倒是揚州明月先借了詩歌的光。那最初的發現與創造，才是最值得紀念的。因此，如果說徐凝和杜牧開始集中地寫了揚州的明月，那麼王士禛在這裏則最先屬意於揚州的紅橋了。他幾首《浣溪沙》所寫的景物都是以「紅橋」爲中心的，除了本篇的「紅橋風物眼中秋」，還有「垂楊影裏見紅橋」、「浦口雨來虹斷續，橋邊人醉月橫斜」。這後一句中的「虹斷續」，就是《紅橋遊記》中「有橋宛然如垂虹下飲於澗」的意思。詩人如此集中在「紅橋」的描寫上，是爲着讓後人們寫到「紅橋」時，便有如寫到蘭亭就會想到王羲之的《蘭亭集序》那樣，自然地聯想到他《浣溪沙》中的情境。詩人在《紅橋遊記》中說：「予與諸子聚散不恆，良會未易遘，而紅橋之名，或反因諸子而得傳於後世，增懷古憑弔者之徘徊感嘆，如予今日，未可知也。」這與其說是爲着給揚州創造一個歷史名勝，倒不如說是想爲詩歌帶來一個新的詞彙。它雖然衹是一個地名，卻包含有特定的聯想並能夠觸發相應的感受。但是，詩歌語言的這種特殊的暗示性，卻並不是可以輕易獲得的。這不僅要在生活的感受中水到渠成地形成，並恰到好處地提煉出來，也需要詩人們以不斷的寫作，將它沿襲下去並且豐富起來。如果說前者基本是受制於一種必然性，那麼後者則多少要依賴於偶然性了。詩歌語言正是在這種必然性與偶然性的微妙的支配下，形成和發展的。揚州明月之所以在詩歌中大放光明，原因也便應該從這兩方面來尋找。而至於這裏的「紅橋」，後來卻並不像詩人想象的那麼美妙，大概除了專爲憑弔王士禛而作的詩以外，它並不能贏得詩人們的青睞。它仍然祇屬於王士禛自己，而沒有成爲一個富於暗示性的詩歌詞彙。這也正是詩歌語言之所以來之不易了。我們讀這首《浣溪沙》似乎可以從這方面得到某些有益的啓示吧。

（商偉）

浣溪沙

王士禛

白鳥朱荷引畫橈，垂楊影裏見紅橋。欲尋往事已魂銷。　遥指平山山外路，斷鴻無數水迢迢。新愁分付廣陵潮。

紅橋是揚州秦淮河上一小橋，揚州的名勝。王士禛二十九歲爲揚州推官，在揚州時期有《紅橋遊記》記其與友人袁于令、杜濬、陳允衡諸人遊冶事，所謂「貽上在廣陵，晝了公事，夜接詞人」（吳梅村語）是也。當時作者寫了三首詞，這首詞是第二首，它抒發了詞人遊揚州紅橋的特定感受。

《紅橋遊記》寫於康熙元年（一六六二）六月十五日，是這首詞的序，可幫助我們了解詞的內容，故錄出以飨讀者：

浣溪沙

出鎮淮門，循小秦淮折而北。陂岸起伏多態，竹木蓊鬱，清流映帶。人家多因水爲園，亭榭溪堂，幽窕而明瑟，頗盡四時之美。拏小艇循河西北行，林木盡處，有橋宛然，如垂虹下飲於澗，又如麗人靚妝炫服，流照明鏡中，所謂紅橋也。遊人登平山堂，率至法海寺，舍舟而陸，徑必出紅橋下。橋四面皆人家荷塘，六七月間，菡萏作花，香聞數里。青簾白舫，絡繹如織，良謂勝遊矣。予數往來北郭，必過紅橋，顧而樂之。登橋四望，忽復徘徊感嘆。當哀樂之交乘於中，往往不能自喻其故。王謝冶城之語，景晏牛山之悲，今之視昔，亦有然耶？壬寅季夏之望，與蘀庵、茶村，伯璣諸子偶然漾舟，酒闌興極，援筆成小詞二章，諸子倚而和之，與蘀庵繼成一章，予亦屬和。嗟乎！絲竹陶寫，何必中年？山水清音，自成佳話。予與諸子聚散不恆，良會未易遘，而紅橋之名，或反因諸子而得傳於後世，增懷古憑弔者之徘徊感嘆，如予今日，未可知也。

詞本三首，這裏選析第二首。

上片首二句寫船遊河中情景。秦淮河上，白鷗鳥飛來飛去，荷花盛開，一隻青簾白舫小船劃行遊弋在河水中；好像白鳥在前引，荷花在導航；在垂揚綠蔭影中，秀美的紅橋在遠處出現，它像天上彩虹低下頭來飲於河上，又像盛妝的美女在明鏡中映照。白鳥、朱荷、畫橈、綠蔭，在斑斕的敷色中，構成一幅揚州夏日遊冶圖，透出人物的歡快的心境。白鳥、朱荷引動畫船，不說人而說花、說鳥，花鳥有知，花鳥有情，這是把人物心情物態化、對象化的手法，用以突出紅橋。鳥引花牽，垂楊影中，「林木盡處，有橋宛然」。

「欲尋往事已魂銷」一句是這首詞的重點句。

到達紅橋，「登橋四望，忽復徘徊感嘆」，「王謝冶城之語，景晏牛山之悲，今之視昔，亦有然耶！」

這就是詞人要尋的往事。古人登高必賦，而興懷古憑弔之悲。王謝之登冶城，「悠然遐想，有高世之志」，齊景公遊於牛山，而生生死無常之嘆者皆是。詞人由眼前美景而及昔日歷史之往事，因歡樂而引發出徘徊感嘆之對應心理，因樂而生悲。往事，——作者以極概括的語言，作上下古今的聯想，將眼前的時間化爲歷史的空間，作歷史的縱向考察。王謝之語、牛山之悲，在表面的歷史典故的背後似尙有深意在。「秦任商鞅，二世而亡，豈清言致患邪」，這應是作者的着眼點和引起古今聯想的要害所在。「美哉，國乎！使古而無死者，則寡人將去此而何之」，當是引動作者歷史興亡感慨之所在，前者與後者都在發歷史興亡之慨，這就是作者所要尋的往事，而一想到這些往事，尤其是明王朝的覆亡，直至「揚州十日」、「嘉定三屠」、永曆帝之被害、江南士人復國之望的最終破滅，以及清廷連續發動的「科場案」、「奏銷案」、「哭廟案」、「明史案」等目的在於威脅江南人士的白色鎮壓活動等等，他痛心疾首，心身交瘁，黯然魂銷。作者將埋藏在心靈深處的對前朝的餘情種種、對新朝的憎怨種種，都在這極概括又極隱晦的語言形式中透露出來。

上片寫景，由景轉情；下片承上由情轉景。

「遙指」二句，作者把鏡頭拉開，拉向山外、天邊，拉向遼闊的大千世界。作者身在紅橋，卻神思天外。遙指，登高遠指；「平山山外路」，平山卽揚州西北蜀岡上的平山，這句泛指遠橋遠地。遙指、斷鴻，作開闊性的自然意象勾勒，從眼前的揚州紅橋宕開，從歷史的往事中解脫開，平山山外，道路無盡，天邊鴻飛，河水迢迢，一片迷濛，一派渺茫，一片空漠；人生，歷史，古往今來，興亡盛衰，都在眼前閃過，都在眼前跳躍。

「新愁分付廣陵潮」一句收結，在詞人眼前的無限擴大着的自然景象中貫注着無限的愁情。愁而說新，與舊恨相對應；在詞中顯然與「往事」相對應、相聯結、相生發。往事是舊恨，現實是新愁，但詞人並未透露其內容與性質，祇是把它放在眼前景物上，這無端的新愁從何處來，爲何而來？詞人並未交代，祇是在「往事」、「新愁」的相互聯結中給讀者以聯想與想象的餘地。這「新愁」較「往事」濃重、執着，不可解脫，無法排遣，它與眼前的奔騰的廣陵潮水一樣，洶湧激蕩，眞可謂「心潮逐浪高」了啊！

詞人又從山外、天邊的遠處把鏡頭拉近，拉回到揚州紅橋來，由景轉情，俯仰古今，時空疊換，遠近交替，情景交互變化，寫出詞人「哀樂之交乘於中，往往不能自喻其故」的愁情。

這裏確有深意寄託，而又無處指實；確是言外有情，而又難以捉摸把握，這正是「神韻」的眞髓，是其詩詞的最高的藝術境界。

朱孝臧題王士禛詞云：「消魂極，絕代阮亭詩。見說『綠楊城郭』畔，遊人爭唱冶春詞，把筆盡凄迷。」「把筆盡凄迷」，正說中這首詞的藝術特徵——又正是王士禛詞的基本特徵。

（張碧波）

中秋夜洞庭湖對月歌

查慎行

長風霾雲莽千里，雲氣蓬蓬天冒水。風收雲散波乍平，倒轉青天作湖底。
初看落日沉波紅，素月欲升天斂容。舟人回首盡東望，吞吐故在馮夷宮。
須臾忽自波心上，鏡面橫開十餘丈。月光浸水水浸天，一派空明互回蕩。
此時驪龍潛最深，目炫不得銜珠吟。巨魚無知作騰踔，鱗甲一動千黃金。
人間此境知難必，快意翻從偶然得。遙聞漁父唱歌來，始覺中秋是今夕。

月，有海上的月，有山中的月；有家鄉的月，有異地的月；有戰亂年代的月，有和平環境的月；有悲

中秋夜洞庭湖對月歌

月，有歡月……同是一個月，在不同的場合被不同遭遇、不同性格、不同年齡的人，賦予了種種不同的色彩，不同的形象。望着她，有人引起相思之情，有人勾起歡樂的回憶，有人倍感孤獨寂寞，有人萌發雄心大志。「小時不識月，呼作白玉盤。又疑瑤臺鏡，飛在青雲端。」多麽神秘而又富於情感的月！多麽令人神往的月！正因爲如此，「月」成爲千百年來詩人最喜愛吟詠的題材之一。幾乎沒有哪一位大詩人不曾寫到過月，不曾借月抒懷。然而，在無數詩人吟月的篇什中，從沒有兩首完全相同的作品；就是在同一個詩人筆下的月，也有着不同的姿態。清代詩人查慎行康熙二十一年（一六八二）自貴州歸家，途經洞庭湖，正逢一年之中月最圓、最亮的時候，他望月有感，寫下了這首《中秋夜洞庭湖對月歌》，表現了他對月的獨特感受。

既然是寫中秋夜之月，自然少不了要寫月光之亮，月影之圓，尤其是寫洞庭湖之月，更少不了寫「素月分輝，明河共影」、「玉鑑瓊田三萬頃」的壯觀景象。但是，查慎行的《中秋夜洞庭湖對月歌》，卻並不由此落筆，而是以濃筆重墨先寫洞庭湖之陰沉：「長風霾雲莽千里，雲氣蓬蓬天冒水。」詩一開篇，首先展現了一幅長風千里、黑雲莽蒼、八百里洞庭湖上陰沉沉的天彷彿濕得要冒出水來的風雨欲來圖。洞庭湖上中秋賞月之夜，偏偏是陰天，眞正令人沮喪。然而，忽地「風收雲散波乍平，倒轉青天作湖底」，風收得快，雲散得快，波也平得快。頃刻間，洞庭湖竟然由一匹奔騰咆哮的野馬變作了安詳、平靜的少女，靜靜地躺在青天的懷抱中，彷彿沉浸在寧靜的夢幻裏。這，又是一個多麽寧靜的夜啊。

與其說是造物主的神奇，讓洞庭湖忽而霾雲蓬蓬，忽而平靜如鏡，不如說是詩人的筆觸變化莫測，雄奇有力。剛才似乎還要大寫一番風雲圖景，可馬上又勒住筆鋒，去寫這陰晴之際的月了：「初看落日沉波紅，素月欲升天斂容。舟人回首盡東望，吞吐故在馮夷宮。」原來，剛纔寫洞庭湖上天氣的變化，是爲了寫月亮升起時的美妙，而且說因爲月亮要升起，所以天也「斂容」，不肯再陰雲沉沉了。這時，我們纔明白詩人開篇不寫月，而寫長風、霾雲，寫雲氣蓬蓬，寫天冒水的意圖。如果開篇便從「初看落日沉波紅」落筆，那該是怎樣的平淡無奇，勢必難以表現洞庭湖以及洞庭湖之月的特色。惟其如此下筆，方才顯示洞庭湖月出的氣魄，顯示出這是洞庭湖之月而不同於它處之月。而詩人具體寫洞庭湖之月，又先從洞庭湖的落日寫起，用日落月升兩相對

中秋夜洞庭湖對月歌

照，寫落日的桔紅鋪在湖面上，描繪出一幅色彩斑斕的畫圖，以更好地襯托月的素淨、月的澄澈。隨着湖面上桔紅色的逝去，舟中的人們此時都情不自禁地望着東方，看着那在馮夷宮中欲起又降的月亮。馮夷作爲水神，何嘗不知道月在今晚的價值。正是馮夷讓月升上高空，讓整個宇宙都沉浸在她的光輝裏。詩人緊緊抓住月亮在水天之際升起時若隱若現的一瞬間，加以浪漫的、美麗的幻想，寫月好像捨不得離開馮夷宮那樣一步三回頭地看着。這裏的「吞吐」一詞，用得非常形象，非常傳神，把月亮的初升寫得富有人的情致。然而，月亮終於還是升起來了：

須臾忽自波心上，鏡面橫開十餘丈。月光浸水水浸天，一派空明互回蕩。

這纔是洞庭湖之月！這纔是中秋夜洞庭湖之月！她出於馮夷之宮，躍於波心之上。瞬間，湖面上淡淡的月輝在湖心匯聚成巨大的銀色光帶，從湖的中央向四方散去。水天一片，水月一色，天、月、水融成了一體，湖中月光與天上月影交相輝映。扁舟不知是蕩漾在水之上，還是飄泊在天上。在「月光浸水水浸天，一派空明互回蕩」的境界中，眞是難以辨清了。

描寫過初升之月、升上中天之月，對月的刻畫已達到了最高潮，倘若下面還一味直接寫月，恐怕多少會使詩歌有拖沓之嫌的。衹見詩人這時巨毫一揮，宕開筆鋒，他不再直接寫月，卻寫起了龍，寫起了魚：

此時驪龍潛最深，目炫不得銜珠吟。巨魚無知作騰踔，鱗甲一動千黃金。

這是多麼浩大的場面，多麼驚心動魄的景象！驪龍是傳說中的黑龍，它的頷下有寶珠。當月升上中天之時，驪龍，這條喜怒無常的巨龍，竟然被月光弄炫了眼睛，不知這是什麼地方，不知這是什麼光亮，它衹好在深深的湖底一動不動，以爲災難就要降臨。而巨魚卻覺得水天一色，天水相接，彷佛湖水漲高了百倍，使勁地往上游，往水面上跳躍。當竄出水面時，纔發現水還是原來的水，一切都是月光在作怪。但它那無知的騰空一躍之下，湖面上登時銀光四濺，巨魚的鱗甲，像片片黃金一樣在水面上閃爍。這兩句想象極爲豐富，雖然不着「月光」二字，卻以極其美麗的幻想，出人意表的誇張，把月光的明亮寫得淋漓盡致，使讀者對洞庭湖之月留下更爲強烈的印象。

巨魚的一躍，不僅加強了對月光的渲染，同時，也把詩人由那神話般的月色之宮中拉了回來，拉向了現實，拉到了洞庭湖中的小船上。詩人嘆息了：「人間此境知難必，快意翻從偶然得。」這是多麼深沉的感嘆！大自然賦予了人類多少勝景，賦予了人類多少美，可人卻很難眞正得到大自然的這種恩賜，很難眞正與她融於一體去體味其中所含有的無窮的美。是人沒有審美的眼光麼？不，而是人們衹顧忙於功名，忙於個人的蠅頭小利，卻無暇去欣賞、體味自然之美了，這是怎樣地令人遺憾、感慨！所以，詩人說「快意翻從偶然得」。這種審美的「快意」，衹是偶然到大自然中來纔被發現，纔被得到，纔能使人賞心悅目的。這兩句，對於全詩是一個轉折，由對洞庭湖中秋夜景的描寫轉爲抒發詩人個人的感慨。由於前面已把月色渲染得那樣美好、動人，所以這兩句絲毫不覺生硬，反而使詩歌的境界更加昇華，表現的內容更爲豐富了，接着，詩人用「遙聞漁父唱歌來，始覺中秋是今夕」收束全詩。結尾兩句既點了題，說明這是中秋之月，又是詩人情感的進一步抒發。表面上說，聽到了遠遠傳來的漁父的歌聲，這纔猛然意識到今夜原是中秋之夜。不過，這裏還有更深一層的意義。在古代文人心目中，漁父常常是作爲隱士的象徵的。詩人從漁父的歌聲中，特別地感受到衹有離開官場，返回自然，纔能眞正領悟大自然的奧妙，纔能特別體會到今夜的洞庭不同於往日的洞庭，今夜的洞庭之月不同於往日的洞庭之月。這種感慨在詩中是極爲隱秘的，隱秘得幾乎使人看不出來，但細心體味，這種感慨又不難見出。它把整首詩的境界烙上了人的濃重的情感色彩，寫出了人對大自然的欣羨與嚮往。所以，這最後兩句，看起來是收束，其實卻留下很多使人回味的餘韻。這大概就是所謂「言有盡而意無窮」吧。

總之，這首詩以寫景起，以抒情收，其中或陪襯，或誇張，或正寫，或側寫，筆筆都落在月上。詩人以雄勁的筆觸寫出了中秋夜之月，寫出了洞庭湖之月，寫出了中秋夜洞庭湖之月。雖然在查慎行之前寫月的詩是那樣的多（包括寫中秋之月、寫洞庭湖之月、寫中秋夜洞庭湖之月），但他的《中秋夜洞庭湖對月歌》仍然獨具特色，仍然能使人品出與其他寫中秋夜洞庭湖之月的詩的不同滋味來。

（王景琳）

舟夜書所見

查慎行

月黑見漁燈，孤光一點螢。微微風簇浪，散作滿河星。

這首五言絕句題作「舟夜書所見」，意思是：詩人在船上過夜，記下見到的景物。詩人見到了什麼呢？先是沉沉黑夜，然後在夜幕上亮起了一盞漁燈。這是他見到的第一個畫面。「月黑」與「見漁燈」，有着前因後果的關係，如果是朗月高照，漁燈就不顯眼了。同時，「月黑」二字又是全詩的張本，不僅襯出漁燈，而且還將襯出風浪給燈影帶來的變化。

次句是補筆，是爲首句中的「漁燈」所作的特寫，說明漁燈衹有一盞，而且暗得很，像是一點螢火一樣。這一句以「一點螢」作比，極寫燈光的幽暗。同時，「孤光」與「一點螢」在句中形成自對，傳統上稱之爲「當句對」。

第三句作忽然蕩開之筆，詩人的視線從燈亮處移到微風吹起的細浪。「簇」是堆起的意思。爲什麼突然掉轉筆鋒呢？讀了最後一句就會明白，原來是爲了進一步寫出燈光的變化。在行文變化上，第三句屬於

「開一」，是爲了開出新格局，然後在末句中「合」，以嶄新的面貌收攏來。第三句在絕句中是轉筆，最難寫好。怎樣把握住轉化的契機，要由詩人的思想水平、生活體驗、藝術素養等多方面的因素總匯來決定。這一轉筆，由於詩人體察入微，寫得是十分成功的：爲了寫出水中燈影的變化，必得寫浪。無風不起浪，所以在第三句中不忘先寫風。風太大，不說會吹滅漁燈，起碼在掀起的風浪中是看不到燈影變化的。所以詩人又細緻地揭出吹起的是微風。微風像是畫家高明的調筆色，在「月黑」的底色上，在燈光的倒影處，抹上了無數粼粼的細浪，從而展現出了一幅極爲動人的新畫面。

這就是末句所描寫的情景：「散作滿河星。」不難想見，燈影由靜止而晃動，由一點散作千萬點時，詩人是何等的興奮。詩作也就在這最精彩處戛然作結。這一句的妙處，不在於「滿河星」的比喻，而在於散作滿河星時的動態變化，從一點化爲成千上萬點的那種流動的美。

這首詩的結構，層次十分鮮明：黑夜——漁燈——風浪中燈影的變化。詩人是順着時間順序來加以表現的，但又並非毫無取捨地鋪敍。可以看出，他的側重點在於捕捉住最有包孕的片刻，最富於詩意的剎那，卽由靜轉動、由一化多的那一瞬間。其餘無關的筆墨，一律都被捨棄，因而詩作在滿孕詩情的同時，又顯出了極爲凝煉的特點。

當然，如果細加探求，這首詩其實是有一點破綻的。從末句所寫燈光的碎影，可以想見風浪未起時漁燈也是有倒影的；說「孤光一點螢」，詩人似乎並沒有見到倒影，這在情理上是難以說通的。

最後，關於作者，再簡單說幾句。查慎行（一六五〇——一七二七），原名嗣連，字重夏，後改名慎行，字悔餘，號初白。海寧人。康熙三十二年（一六九三）舉人，賜進士出身，官編修。年輕時曾受學於黃宗羲。精通《周易》。愛寫詩，在世時就有很大詩名。康熙皇帝遊南苑，捕魚賜近臣，命賦詩，查慎行所賦詩中有兩句是「笠檐簑袂平生夢，臣本煙波一釣徒。」因而被宮監喚作「煙波釣徒查翰林」。雍正五年（一七二七），因弟弟嗣庭陷文字獄全家被捕，嗣庭死於獄中，另一弟弟嗣瑮被流放關西，慎行獲釋，不久卽去世。他的詩，師法宋人。有一部分反映民生疾苦的作品，如《麻陽運選行》、《村家四月詞》等。多數作品描寫自然景物和旅途生活，也時有佳作。善用白描手法，作品通俗、形象。有《敬業堂詩集》、《補註東坡編年詩》、《周易玩辭集解》等。《清史稿・文苑一》有傳。

（陳志明）

蝶戀花

納蘭性德

辛苦最憐天上月，一昔如環，昔昔都成玦。若似月輪終皎潔，不辭冰雪爲卿熱。

無奈塵緣容易絕，燕子依然，軟踏簾鉤說。唱罷秋墳愁未歇，春叢認取雙棲蝶。

納蘭性德僅活到三十一歲，這位才華絕代的人物，來到世間不過「驚鴻一瞥」，留下的雪泥鴻爪便是那《飲水詞》。讀他的詞，你會感受其中有那麽個飽含摯意深情且十分悽惋動人的主旋律，久久地在你心上縈回，且聽這首《蝶戀花》吧：

「辛苦最憐天上月，一昔如環，昔昔都成玦」——月光下的世界，有一種朦朧的美感，易惹人冥思遐想。離別的人們則更易生出無限相思之情。唐人詩有：「海上生明月，天涯共此時」，又有「此時相望不相聞，願逐月華流照君」之類。納蘭性德承前人卻又自創新意，他仰望夜空一輪皓月，浮想聯翩而至，情感勃鬱而生。他高聲嘆息：「明月呀明月，最可憐你一年到頭東西流轉，辛苦不息；最可惜你好景無多，一夕纔圓，夕夕都缺。」那「環」和「玦」皆美玉製成的飾物，古人佩在身上。「環」似滿月，「玦」似缺月。納蘭性德詞鏤刻精工入妙，於此類比擬可見。但其長處還在於寫景亦處處有情，故其詞抒情氣氛特濃。此處以「辛苦最憐」四字領起，頓使天邊那一泓寒碧，漾起許多情思。

「若似月輪終皎潔，不辭冰雪爲卿熱」。隨着感情的高漲，想象的飛騰，他進一步夢想起來，那一輪明月彷彿化爲他日夜思念的愛人，用她那皎潔的光輝陪伴着他。此時，詞人也發出了自己的誓言：要不畏「辛苦」，不辭「冰雪」去到自己愛人身畔，以自己的身軀熱血「爲卿熱」。無奈天路難通，一個天上，一個人間，遐想煙消雲散之後，剩下的衹是對往事的追懷和物在人亡的沉痛感慨。

納蘭性德本是一位在精神氣質上頗似賈寶玉的貴胄公子，身居「華林」而獨被「悲涼之霧」。當了康熙的侍衛，卻深以爲苦，「惴惴有臨履之憂」。他率眞，性好自由，喜歡「閑雲野鶴」式的生活：「僕亦本狂士，富貴輕鴻毛」，他愛書，愛友朋之樂，還很鍾愛他的閨中伴侶。《飲水詞》中有些篇章如初日芙蓉、曉風楊柳的姿影般明麗、嬌嫩，又如出谷春鶯、天邊雲雀的鳴聲般曼妙、清新，它記錄了詞人的初歡，描繪了他的少年行樂圖。可惜這段時間很短促，大約才結婚兩三年後他就賦「悼亡」了。我們看到他在一首《沁園春》詞前《自序》中道：「丁巳重陽前三日，夢亡婦澹妝素服，執手哽咽，語多不復能記。但臨別有云：『銜恨願爲天上月，年年猶得向郎圓。』婦素未工詩，不知何以得此也。」哦，原來他心中的明月，寄託了他如此深沉的哀思，自不同於一般。他們夫妻間衹有「幾年恩愛」，又還有別離，早知如此，眞不該離別：「問君何事輕離別，一年能幾團圞月？」他在詞中常這麼嘆息。

「無奈塵緣容易絕，燕子依然，軟踏簾鈎說」——下半闋拉回到現實：室在人亡，雙燕依然，一片淒清。小燕子也是很多情的，像王爾德筆下的「快樂王子」就有一隻小燕子來陪伴。如今一雙燕子出現在納蘭性德的簾鈎上，衹有它們那樣嬌小、輕盈纔能够「軟踏」，這「軟」字下得多神！燕子呢喃似絮語；它們在說什麼？是說當年這室中曾有那「一生一代一雙人」的事兒吧？於是，我們從那「說」字裏，隨之想象出此間曾有過的旖旎柔情的夢幻中的畫面來了，隨卽，又都消逝了。眼前衹有這簾間燕子。

「唱罷秋墳愁未歇，春叢認取雙棲蝶」——一結是那樣沉摯，又是納蘭性德式的愛情的表現。他是不甘心這樣淒涼到底的，他又夢想起來了。「唱罷秋墳」出自李賀詩中「秋墳鬼唱鮑家詩」一語。「鮑家詩」似乎指的就是鮑照的《蒿里吟》這類輓歌。納蘭性德說：「在你的墳前我悲歌當哭，唱罷了輓歌，悲哀還不得解脫，我祇有明春到此來認一認，花叢中可有一雙棲香正穩的蝴蝶。」爲什麼要「認取」呢？想必是舊時曾見過的了。於是我們從他自己描繪的年少風光裏，看到了這樣的鏡頭：「露下庭柯蟬響歇，沙碧如煙，煙裏玲瓏月。並着香肩無可說，櫻桃暗吐了香結。笑卷輕衫魚子纈，試撲流螢，驚起雙棲蝶……。」這不就是那難得的「一昔如環」的花月良宵嗎？在他心上螢飛蝶舞，時時閃過，所以他要時時去尋覓，以重溫舊夢。但這樣的解釋似嫌不足。我們反覆吟詠全篇，感到其中熱烈深沉的感情是一貫到底的。「最憐」——「不辭」——「認取」這些字眼下得「字字沉響」，力量很大。應該容許他的想象繼續飛騰起來，應該換一種理解：對着秋墳，他癡心地發願「眼淚已流盡，悲歌已唱完，倒不如率性化去，和死去的愛人一起變作一雙蝴蝶，到來年，春光如海，萬花叢中有對雙棲蝶，這就是我們倆——永遠地擺脫悲哀，永遠地相依在一起——請旁人來『認取』吧。」

他的早逝的妻子，在他心中永久是一位嬌憨情態的少女，他們相戀的時光在他心中是永久的紀念。他感到那時候他自己也很純潔無邪，正是「少年不識愁滋味」，而後來他便陷進許多煩惱中去了，所以他無限依戀那段一去不復返的美好時光。他的「悼亡」篇章很多，其緣由也在此。

納蘭性德詞中有一個理想境界，那就是希望青春和愛情得到永生。青年詞人是非常執著於這一理想並且熱烈地讚頌它的。《蝶戀花》可爲範例。故而我們讀他這篇詞後，會感到於悽惋中還燃着一種像火一般炙熱人心的東西，這就頗具力量，而不純然是消沉。他的同時代詞人陳維崧評他的詞曰：「哀感頑豔，得南唐二主之遺。」但我以爲散發着青春氣息的納蘭性德的詞，幾乎在「南唐二主」之上。

納蘭性德詞善設色點染，此篇先以素淡之色爲主，祇見青白的月色，又見簾前的雙燕，最後卻讓我們看見那春叢雙蝶的想象中色彩絢爛的特寫，映襯之下，分外地美。卽令「悼亡」，也不盡是一片素色，這恐怕也是他的特點吧。

（徐永端）

金縷曲

納蘭性德

贈梁汾

德也狂生耳！偶然間，緇塵京國，烏衣門第。有酒惟澆趙州土，誰會成生此意？不信道，遂成知己。青眼高歌俱未老，向尊前，拭盡英雄淚。君不見，月如水。　共君此夜須沉醉，且由他，蛾眉謠諑，古今同忌。身世悠悠何足問？冷笑置之而已！尋思起，從頭翻悔。一日心期千劫在，後身緣，恐結他生裏。然諾重，君須記。

清代詞壇，出現了一個很有意思的現象：許多詞人，競用《金縷曲》這一詞牌填詞。像陳維崧，一生竟寫了《金縷曲》百多首。而在清代衆多的《金縷曲》裏，最受人注意的，有納蘭性德《贈梁汾》一首。據徐釚在《詞苑叢談》中說，此詞一出，「都下競相傳寫，於是教坊歌曲間，無不知有《側帽詞》者」。

納蘭性德字容若，是清代初年傑出的詞人，梁啓超在評價他的詞作時，說他「直追李主」。況周頤也認爲：「納蘭容若爲國初第一詞人。」現存納蘭性德的詞作，有三百多首。這些詞，有的寫愛情的苦悶，有的寫

金縷曲

仕宦的煩惱，有的寫塞外風光與江南景物，也有的表現封建社會行將崩潰時地主階級有識之士的失落感。許多詞，寫得悽惋動人，其中又充塞着磊落不平之氣，在詞史上獨具一格。可惜，納蘭性德衹活了三十一歲，作爲貴介公子、皇室侍衛，生活面比較狹窄，這不能不對創作也有所影響。在二十四歲那年，納蘭性德把自己的詞作編選成集，名爲《側帽詞》。顧貞觀後來重刊納蘭的詞作，更名《飲水詞》。《金縷曲·贈梁汾》則是納蘭詞中熠熠生輝的一首絕唱。

梁汾，就是顧貞觀的別號。顧貞觀也是清初著名的詩人，他一生鬱鬱不得志，早年擔任秘書省典籍，因受人輕視排擠，忿而離職。李漁在《贈顧梁汾典籍》一詩中說：「鑷髭未肯棄長安，羡爾芳容忽解官。名重自應離重任，才高那得至高官。」這表明，顧貞觀的離任，實在是不得已的。納蘭性德在詞裏說：「蛾眉謠諑，古今同忌」，正是有所爲而發。

顧貞觀是在四十歲時，才認識納蘭性德的，他說：「歲丙午，容若二十有二，乃一見卽恨識余之晚。」那時，顧貞觀又一次上京，經人介紹，當了納蘭性德的家庭教師，兩人相見恨晚，成爲忘年之交。

納蘭性德與顧貞觀心心相印，很重要的原因，是他們對現實有共同的認識。據顧貞觀說，吳兆騫被誣流放，納蘭性德看了顧給吳的兩首《金縷曲》，異常激動，決心參予營救吳兆騫的活動，並且給顧貞觀寫了這首披肝瀝膽的詩篇。

「德也狂生耳」，起句十分奇兀，使人陡然一驚；因爲納蘭性德的父親明珠，是當時權傾朝野的宰輔。納蘭性德風華正茂，文武雙全，在他面前正鋪設着一條榮華富貴的坦途。然而，他竟劈頭自稱「狂生」，而且還帶着頗爲不屑的語氣，這一下就抓住了讀者的心，使人不得不注意品味。

跟着三句，是他對自己身世的看法：「偶然間，緇塵京國，烏衣門第。」緇塵卽塵污，比喻世俗的污垢。納蘭性德化用謝朓「誰能久京洛，緇塵染素衣」的詩意，說自己生長在京師的富貴人家，蒙受塵世的污濁。「偶然間」三字，表明他并不希罕金粉世家繁華喧囂的生活。在詞的開頭，他就坦率地把自己鄙薄富貴家庭的心境，告訴給顧貞觀，是希望出身寒素的朋友們理解他，不要把他看成是一般的貴介公子。

「有酒惟澆趙州土」。原是唐代詩人李賀的詩句：「買絲繡作平原君，有酒唯澆趙州土。」平原君卽戰國時代趙國的公子趙勝，此人平生喜歡結納賓客。李賀寫這兩句詩，對那些能够賞識賢士的人表示懷念。他舉起酒杯，澆向趙州，覺得茫茫宇內，惟獨平原君值得景仰。納蘭性德逕用李詩入詞，同樣是表示對愛惜人才者的敬佩。當然，他和李賀的心情不盡相同。李賀懷才不遇，攀附無門；納蘭性德生長名門，青雲有路。但是，他從顧貞觀、吳兆騫等人的遭遇裏，深深感到社會的不平，感到人才總是無法逃脫遭受排擠的厄運，因而憂思重重，滿懷悲憤。他也知道，他的心境，很難得到世人的理解，他呼喊：「誰會成生此意」，透露出孤獨落寞的悲哀。總之，他的失望、彷徨、牢騷之情，統統包含在反詰的口吻之中。

前幾句，作者極寫心情的抑鬱，這正好爲得遇知己朋友的興奮預作蓄勢。就在感到山窮水盡的時候，他遇到梁汾了。「不信道，遂成知己。」這幾句，筆勢馳驟，極盡騰挪變化之妙，表現出得友的狂喜。

接下去是寫知己相逢的情景。「青眼高歌俱未老，向尊前，拭盡英雄淚。」青眼是高興的眼色，據說晉代阮籍能爲青白眼，遇見意氣相投的人，便露出青色的眼珠。杜甫《短歌行》有句云：「青眼高歌望吾子，眼中之人我老矣。」納蘭性德翻用其意，說他們相遇時彼此正當盛年，都還未老，於是青眼相向，慷慨高歌。不過，在舉杯痛飲之餘，又不禁涕淚滂沱。英雄失路，惺惺相惜，得友的喜悅、落拓的悲哀，一齊湧上心頭。辛稼軒曾有句云：「倩何人，喚取紅巾翠袖，揾英雄淚。」納蘭性德的心情，與此相類。不過，辛詞「揾」字比較含蓄，納蘭用「拭盡」一語，卻是淋漓盡致地宣洩情感。這幾句，詩人把歌哭笑啼交錯在一起，比杜、辛的詩句顯得更鮮明更奔放。

上闋，以「君不見，月如水」作收束。它是全篇唯一的景語。那一夜，月兒皎潔，涼浸浸的，似是映襯着他們悲涼的情懷，又似是他們純潔友誼的見證。

一般人寫詞，包括納蘭性德在內，總喜歡較多敷寫眼前或內心看到的景色。因情寫景，情景相生，會收到形象生動境界雋永的藝術效果。像《金縷曲》這樣體制較長的詞調，完全不入景語，則易流於粗率。納蘭性德這首詞着眼於傳情，詩人直抒胸臆，但也注意順手拈來一二景語，約略點染。沈謙在《填詞雜說》中認爲：

「長調要操縱自如，忌粗率，能於豪爽中著一二精微語，綿纏中著一二激厲語，尤見錯綜。」這是頗有見地的經驗之談。納蘭性德在歇拍中稍作跌宕，略寫月色，正是在豪爽中夾入工細之筆。這似乎是閑筆，卻使人感到詩人極度激動的感情，又蘊含着深沉的意味。

下闋，納蘭從同情顧貞觀、吳兆騫的坎坷遭遇着筆。「共君此夜須沉醉。」這裏的「須」字很值得玩味。它表明，詩人要有意識地使自己神經麻木。從寫法上看，此句與杜甫的名句「白日放歌須縱酒」也頗相似，但意境大不相同。「縱酒」未必大醉，「沉醉」卻是醉得不省人事。爲什麽必須爛醉如泥？下面跟着作答。「且由他，蛾眉謠諑，古今同忌。」屈原說過：「衆女嫉余之蛾眉兮，謠諑謂余以善淫。」在納蘭性德看來，古往今來，有才識之士被排斥不用者多如牛毛，顧貞觀等受到不公正的待遇也自不可避免。不合理的現實既已無法改變，他便勸慰好友，大家不必計較，一醉了事。這種一醉解千愁的作法，固然是逃避現實的表現，但詩人冷峭的情緒，乃是憤怒與消極的混合物。

「身世悠悠何足問，冷笑置之而已。」從顧貞觀等今古才人的遭遇中，詩人想到自己。在污濁的社會中，過去的生涯，毫無意趣，將來的命運，也不值一哂，因而他發出了「尋思起，從頭翻悔」的感嘆。在詞的開頭，詩人已透露出他對門閥出身的不屑，這裏再一次申明，是強調他和顧貞觀有着同樣的煩惱，對現實有着同樣的認識，他和顧貞觀一起承受着不合理社會給予的壓力。在這裏，通過詩人對朋友安慰體貼相濡以沫的態度，我們也看到了他對現實生活的不滿和激忿。

在激動之餘，納蘭性德把筆鋒拉回，用沉着堅定的調子抒寫他對友情的珍惜。「一日心期千劫在，後身緣，恐結他生裏。」劫是梵語劫波的省略，是計算時間的數量詞。在不期然得遇知己的時刻，他鄭重表示，一旦傾心相許，友誼便地久天長。可以經歷千年萬載。同時，彼此相見恨晚，祇好期望來世補足今生錯過的時間。用不著剖析，這番誓言，灼熱如火。結句「然諾重，君須記」，再三叮嚀，強烈地表達與顧貞觀世世爲友的願望。

納蘭性德有些詞，寫得悲涼頑豔，像「春雲吹散湘簾雨，絮黏蝴蝶飛還住」，像「急雷乍翻香閣絮，輕風吹到膽瓶梅」，使人讀來覺得香留齒頰。但是，納蘭詞最大的特點是直抒性靈，感情直率，他一貫認爲，「詩乃心聲，性情之事也」。這種主張，體現在創作中，便顯得不事雕飾，天籟自鳴。王國維說：「納蘭容若以自然之眼觀物，以自然之舌言情。」這比較準確地概括出納蘭性德的創作風格。就《金縷曲・贈梁汾》而言，我們可以看到詩人運筆如流水行雲，一任眞純充沛的感情在筆端酣暢地抒發。不過，納蘭性德的詩歌直寫懷抱，又非不注意藝術錘煉，一味粗頭亂服。從《金縷曲》的分析中，我們發現作者經常化用名句，運用典故。劉熙載在《藝概》中說：「詞中用事，貴無事障。晦也，膚也，多也，板也，此類皆障也。姜白石用事入妙，其要訣所在，可於其《詩說》見之，曰：『僻事實用，熟事虛用。學有餘而約用之，善用事者也。乍敘事而間以理言，得活法者也。』」納蘭性德天衣無縫地流暢地運用故實，就是「善」與「活」的一例。正因如此，這首《金縷曲》顯得既酣暢，又深沉；既慷慨淋漓，又耐人尋味。這首詞沒有華麗的詞藻，卻使人讀來五內沸騰，神搖魄蕩，感覺到作者字字句句，出自肺腑。它的成就，證實了一條創作的眞理：眞情實感，是詩歌的生命。

（黃天驥）

長相思

納蘭性德

山一程，水一程。身向榆關那畔行。夜深千帳燈。風一更，雪一更。聒碎鄉心夢不成。故園無此聲。

長相思

這是清初滿族詞人納蘭性德的名作，原作無題，《草堂嗣響》題爲「出塞」，王國維稱之爲「塞上之作」。詞作於康熙二十一年（一六八二）舊曆二月中下旬。前一年，清王朝平定了「三藩」之亂，康熙帝爲此東巡關外，以捷報祭告祖陵。納蘭性德扈駕侍從，在兼程出山海關向盛京（今遼寧省沈陽市）進發的途中，寫下了這首詞。

表面看來，這首詞是描繪塞外風光兼寫軍旅中的思鄉之情，但如果細細咀嚼，卻不難體味出詞人筆底的意緒既不在描繪千帳連營、燈火明滅的氣象，也不在抒寫清夢難成，而是別有寄託的。

上片敘事寫景，起句「山一程，水一程」，既寫出了旅途的漫長，又以「一程」「一程」的疊句顯示出詞人對「山」「水」無心觀賞的漠然態度。在善感的詞人筆下，塞外的山水風光竟然衹化作了「一程」「一程」單調的途路。由此可知，山程水宿對詞人來說，衹不過是使他眷戀的「故園」一程比一程更遙遠罷了。這起首第一句已經流露出詞人無情無緒的心境。「身向榆關那畔行」的「榆關」卽山海關，如果說上一句已含蓄地透露了詞人在旅途中情緒的低沉，那麼這一句中那種身不由己、無可奈何的心理則是更明顯了。「身」向榆關進發，似乎就是在暗示「心」並不在那個方向。上片結句「夜深千帳燈」一反前兩句的壓抑低沉，猶如奇峯突起，氣勢開闊，不僅僅描繪出成千營帳燈火輝煌的壯觀景象，還通過這威武雄壯的場面渲染出清帝國當時的鼎盛氣象。很明顯，這一句所呈現的場面與上兩句中詞人的情緒有很大的距離。然而正是通過這種距離，通過詞人對自己置身其中的皇朝盛世氣象的淡漠，我們纔得以認識詞人那獨特的內心世界。也正是通過這種情、景的反襯，詞人的孤獨和悵惘纔有了更爲明顯的體現。抓住了詞人的這種心理狀態，就可以理解爲什麼這種「千古壯觀」的雄偉場面，經詞人之手嵌入這首《長相思》後，不但不會激起人們豪酣的感情，反能使讀者感到幾許淒清。

下片直寫鄉心，卻是緊承上片結句而來，「風一更，雪一更。聒碎鄉心夢不成。」這裏抒寫的自然環境和作者的心境與上片結句的景象形成了一個鮮明的對比，這個對比更說明了「夜深千帳燈」的景象對詞人的影響遠不如風雪帶給詞人的感觸深。風雪交加的深宵，更加重了難以入寐的鄉思，詞人用「一更」、「一更」、「聒碎」等字樣表達了內心的煩亂不寧，給這首詞再加上一層悵悒、鬱結的色彩，而「夢不成」三字則更增添了孤寂落寞的氣氛。全詞結句「故園無此聲」，「聲」指的是風雪交加之聲，這聲音始終貫穿着詞的下片，既干擾着詞人的心緒，又牽動着他的鄉愁。「故園」是詞人爲之徹夜難眠、心抱鬱鬱的根源，他對眼前所見所聞的景物的感觸都顯示着他對自己處身其中的環境的疏離和厭憎，同時也襯托出詞人衷心嚮往的「故園」的美好純淨。詞人心目中的「故園」寄託着他美好的情感，也反映着詞人的品格、境界、襟抱，在那裏，沒有眼前的一切，卻有着詞人珍重的、屬於自己的世界。這一句直切入詞人情緒的核心，把這種心緒的內涵揭示了出來。

這首詞最耐人尋味的地方，是詞人描寫的客觀外界景物與詞人內心感受的鮮明對照。皇帝出關祭陵，以平定吳三桂、收復雲南的捷音告慰祖先，一路上，山山水水，景物自然是美的，御營冬夜的景象更是恢宏壯觀，然而這一切卻與詞人無緣，詞人感覺到的衹是枯燥的行程和盈耳的風雪聲。詞人身爲滿族貴胄、皇帝倚重的近侍，處身權勢顯要之中，可是在回歸滿族眞正的故鄉家園宣揚勝利的途中，對着足以血脈奮張的壯觀景象，卻呈現出一派意態蕭索的心境。這種輕漠、冷淡態度，正是詞人區別於清初一般文士的獨特之處，這首詞的眞正意蘊也就在於詞人這種與貴族階層格格不入，不爲權勢和榮華所動，別具性情，別有追尋的境界。

這首詞，論者或以「壯觀」目之，那是因爲晚清詞曲大家王國維激賞「夜深千帳燈」一句，認爲它近乎描繪出了「千古壯觀」的景象。就這一句本身的藝術效果來說，這種說法是有道理的，但把這一句從整首詞所提供的藝術氛圍中割裂出來，脫離了總體情緒，就不能準確地把握它。不能否認，我國古代詩歌中有許多名句脫離了原作，有了它們的獨立生命，但原作所賦予它們在整體中的藝術使命也由此而喪失。如「夜深千帳燈」五字，它所呈現的場面是無比闊大的，而展示的作者心境卻是一片黯然。像這樣以景物反襯情緒的藝術手法，在古代詩歌中并不少見。這首《長相思》也是一個成功的範例。

（馮統一）

虞美人影

侯文曜

松巒峯

有時雲與高峯匹，不放松巒歷歷。望裏依巖附壁，一樣黏天碧。　有時峯與晴雲敵，不許露珠輕滴。別是嬌酣顏色，濃淡隨伊力。

此詞爲清人侯文曜所寫，其詞不見於《清名家詞》中，《全清詞鈔》選他兩首，這便是其中之一。細讀此篇，覺深有意味；作者卽令不算名家，亦可稱高手。

詞牌下有「松巒峯」三字，是題名，說明寫山。寫的是巫山十二峯之一（作者有「巫山十二峯詞」一卷）。詞牌名「虞美人影」，此調不常見。作者選用它，恐有兩個原因：一是用不常用之調表現頗奇特的思想感情，生面別開，新風獨具；二是用擬人法寫山，牌名切合內容。「虞美人」本自「虞兮」歌得名。詞人將望中青山比「美人」，且欲描繪其「影」，卽此一端，亦足逗人遐思。

巫山十二峯，雲環霧繞，遠而望之，眞個「若有人兮」，似美人披輕紗而立。而當霧散雲開之際，則又一有番氣象和景色。此詞上、下片分寫雲遮與雲散、天陰與天晴時的山色。一筆雙綰，兼寫山容雲態，別饒機趣，頗耐人尋味。試賞析如下：

先寫多雲時分：雲與高峯相匹（「匹」字靈妙，既寫「匹敵」之意，又點出雲的形態）。此刻雲是厲害的，她長到與高峯相齊，又匹練一般，伸出柔軟手臂，把峯巒圍住「不放」，她「依巖附壁」纏得緊緊，使松巒峯面目模糊不清，再不能歷歷然呈現於觀者眼前。她進一步向上延伸，使人眼中既不見青山、亦不見青天，衹見上下一片青紗籠罩、一片青藹茫茫。作者寫道：

一樣黏天碧

王維筆下終南山的雲氣：「白雲回望合，青靄入看無。」畫面美而生動和諧；此處則不盡然。此畫面不那麼和諧，不那麼生動，卻微嫌板滯、凝重，想是作者此時看山的心情略有不同之故。他的感情若何？衹要看他狀雲所下的字眼卽能揣摩一二。這雲硬是「不放」，又會「依」、「附」、「黏」（這類字眼令你也有些氣悶不是？）一套本領，造成她的一統天下——都是「一樣」的「碧」色。

蘇軾詩「山色空濛雨亦奇」，是贊辭。「空濛」，故美。如今是讓雲裹着，山色也不見，反正是混成一碧，這「碧」中透着寒氣，就像托名李白詞中那句「寒山一帶傷心碧」的光景吧？這時心情恐怕不會很愉快的。

詞人想必經常凝望松巒峯，所以他知道「有時」會如此，「有時」又會如彼。當天氣不像上回那樣「多雲」而轉爲「少雲到晴」時，他又來看山。嗬，這回他一眼望見山，把她看清楚了。他曉得天一晴，雲退一邊去，山就是主角，所以「峯與晴雲敵」，這話就脫口而出。你看吧，當霞光像金箭似的穿透雲霧時，青山愈顯愈分明，此時眞容俱現，玉立長身，神清氣爽，眞個儀態萬方。筆者生長四川，從小看過青山怎樣隱現於雲霧中，又怎樣在朝霞中「亮相」的鏡頭，可眞像一場爭鬥。所以，就佩服詞中「匹」、「敵」之下字準確。

「不許露珠輕滴」，誰「不許」？當然是青山。此刻松巒峯披一身霞光，連松樹上露珠兒都在晶瑩閃爍、璀燦放光，且不許輕易滴落。這回青山也厲害了：有你「不放」時，也有她「不許」時，針鋒相對，堪稱

虞美人影

匹敵。（這露珠滴不滴之類，作者何能望見，他是在想象。他愛青山，他想象松巒要在晴朗的天底下盡情呼吸清新空氣，張開毛孔沐浴陽光，吸取霧露。）總之，那「黏天碧」的寒色早已打破，於是，紅日照青峯的美豔的、溫暖人心的色彩終於呈現出來了。作者贊道：

別是嬌酣顏色

喜悅之情，溢於言表。李白寫香爐峯之色云：「日照香爐生紫煙」，其美可知。姹紫嫣紅，正是美人之色。而這「嬌」字一點，就眞是「虞美人」的影兒了。這位美人是有性格的，她敢和老是想遮蓋她、封鎖她的雲鬥一鬥（當然，還得靠晴陽的保護），鬥贏了，她的顏色嬌而且酣，這「酣」該是怎樣一種意態風神，那可畫也畫不像，講也難講清，就衹能靠你去想象。你想象這位「虞美人」在彩霞中屹立的那會兒是如何得意地神采飛揚紅了臉兒，你就有點領略這「酣」字的傳神了。

不過這回山雖然打贏，姿態還是很高的。畢竟神情莊雅。儘管晴雲已不似陰時那麼厲害地包攬一切，也會神光離合、乍陰乍陽地玩點小花招，山呢？她衹要顯露了身影，顏色濃些、淡些都不計較。「隨伊力」就是說，「隨她去用點什麼力道吧。」（這個「伊」，指雲無疑）這樣，她時濃、時淡，或濃、或淡，也「別是」一種「嬌酣」哩。詞人心頭眼底的「虞美人」如此大量，如此氣度安祥。

詞人用擬人手法寫雲，寫山，能傳其神使之栩栩欲活。他描繪自然中寄寓了自己的主觀情思嗎？當然。劉勰《文心雕龍・神思》篇云：「登山則情滿於山，觀海則意溢於海。」伴隨作者藝術想象一同飛翔的，豈能沒有情思？古來作者，寫雲、寫山，其愛、憎、好、惡之情亦隱然紙上。

李白是不愛浮雲的：「總爲浮雲能蔽日。」

他是敬山、愛山的：「相看兩不厭，衹有敬亭山。」

辛棄疾用詞的形式寫山的佳處：「我覺其間，雄深雅健，有似文章太史公。」

他們視山如君子，如偉丈夫。如今侯文曜則視山如剛健婀娜的美人。至於「雲」則成了某種爲作家所不喜的人的象徵了。他的另一首《醉花陰》詞寫望霞峯云：

聞說巫峯多媚嫵，今忽無尋處。凝眼望霞邊，片片閑雲，竟被伊遮去。

結句云：

風肯卷雲開，子細徘徊，峯立青如故。

兩相比較，可知其內蘊有近似之處。

清人詞比之前代境界有較大開拓。葉恭綽《全清詞鈔·序》云：「詞之領域愈廓，包孕亦愈宏深，其所見殆出宋人之上矣。」侯文曜此詞雖短小，包孕亦頗宏深，表現了清詞的長處。在藝術上亦別具一格，風格特異。它的語言是較平淡、質樸的，色彩並非濃郁，句法甚至也是單調的（如「有時」兩字作上、下片的開頭），用韻則一律入聲，并不響亮，有似所謂「澀調」，但它的意象很有新鮮感，別具一種「似拙而巧」的審美特徵，有一種整體美的風格。它富機智，含理趣。似可稱有寓意，有寄託。但也不必呆板地說山必定是比喻君子，雲必定是比喻小人，也不必說作者必是寄寓了蛾眉見嫉而遭人掩蓋了美點等等，話說活些好，以免限制想象，縮小意義。詞中的寄寓也祇是若明若暗地存在着的，詞人心中略有不平，但總的看來心境仍那麼閑遠曠達，他祇在有意無意間給我們約略透露點其中消息，——能表現得這麼恰到好處，實非易事。（徐永端）

獄中雜記

方苞

康熙五十一年三月，余在刑部獄，見死而由竇出者，日三、四人。有洪洞令杜君者，作而言曰：「此疫作也。今天時順正，死者尚稀，往歲多至日十數人。」余叩所以。杜君曰：「是疾易傳染。遘者雖戚屬，不敢同臥起。而獄中爲老監者四，監五室。禁卒居中央，牖其前以通明，屋極有窗以達氣。旁四室則無之，而繫囚常二百餘。每薄暮下管鍵，矢溺皆閉其中，與飲食之氣相薄。又隆冬，貧者席地而臥，春氣動，鮮不疫矣。獄中成法，質明啓鑰。方夜中，生人與死者并踵頂而臥，無可旋避。此所以染者衆也。又可怪者，大盜、積賊、殺人重囚，氣傑旺，染此者十不一二，或隨有瘳。其駢死，皆輕繫及牽連佐證法所不及者。」

余曰：「京師有京兆獄，有五城御史司坊，何故刑部繫囚之多至此？」杜君曰：「邇年獄訟，情稍重，京兆、五城即不敢專決；又九門提督所訪緝糾詰，皆歸刑部；而十四司正副郎好事者，及書吏、獄官、禁卒，皆利繫者之多，少有連，必多方鉤致。苟入獄，不問罪之有無，必械手足，置老監，俾困苦不可忍。然後導以取保，出居於外，量其家之所有以爲劑，而官與吏剖分焉。中家以上，皆竭資取保；其次，求脫械居監外板屋，費亦數十金；惟極貧無依，則械繫不稍寬，爲標準以警其餘。或同繫，情罪重者反出在外，而輕者、無罪者罹其毒。積憂憤，寢食違節，及病，又無醫藥，故往往致死。」余同繫朱翁、余生及在獄同官僧某，遘疫死，皆不應重罰。又某氏以不孝訟其子，左右鄰械繫入老監，號呼達旦。余感焉，以杜君言泛訊之，衆言同，於是乎書。

凡死刑獄上，行刑者先俟於門外，使其黨入索財物，名曰：「斯羅」。富者就其戚屬，貧則面語之。其極刑，曰：「順我，即先刺心；否則，四肢解盡，心猶不死。」其絞縊，曰：「順我，始縊即氣絕；否則，三縊加別械，然後得死。」惟大辟無可要，然猶質其首。用此，富者賂數十百金，貧亦罄衣裝；絕無有者，則治之如所言。主縛者亦然。不如所欲，縛時即先折筋骨。每歲大決，勾者十四三，留者十六七，皆縛至西市待命。其傷於縛者，即幸留，病數月乃瘳，或竟成痼疾。

余嘗就老胥而問焉：「彼於刑者、縛者，非相仇也，期有得耳；果無有，終亦稍寬之，非仁術乎？」曰：「是立法以警其餘，且懲後也；不如此，則人有倖心。」主梏撲者亦然。余同逮以木訊者三人：一人予二十金，骨微傷，病間月；一人倍之，傷膚，兼旬愈；一人六倍，即夕行步如平常。或叩之曰：「罪人有無不均，既各有得，何必更以多寡爲差？」曰：「無差，誰爲多與者？」孟子曰：「術不可不慎。」信夫！

部中老胥，家藏僞章，文書下行直省，多潛易之，增減要語，奉行者莫辨也。其上聞及移關諸部，猶未敢然。功令：大盜未殺人，及他犯同謀多人者，止主謀一二人立決；餘經秋審，皆減等發配。獄辭上，中有立決者，行刑人先俟於門外。命下，遂縛以出，不羈晷刻。有某姓兄弟，以把持公倉，法應立決。獄具矣，胥某謂曰：「予我千金，吾生若。」叩其術，曰：「是無難，別具本章，獄辭無易，但取案末獨身無親戚者二人易汝名，俟封奏時潛易之而已。」其同事者曰：「是可欺死者，而不能欺主讞者；

倘復請之，吾輩無生理矣。」胥某笑曰：「復請之，吾輩無生理，而主讞者亦各罷去。彼不能以二人之命易其官，則吾輩終無死道也。」竟行之，案末二人立決。主者口呿舌撟，終不敢詰。余在獄，猶見某姓，獄中人羣指曰：「是以某某易其首者。」胥某一夕暴卒，衆皆以爲冥謫云。

凡殺人，獄辭無謀、故者，經秋審入矜疑，即免死。吏因以巧法。有郭四者，凡四殺人，復以矜疑減等，隨遇赦。將出，日與其徒置酒酣歌達曙。或叩以往事，一一詳述之，意色揚揚，若自矜詡。噫！渫惡吏忍於鬻獄，無責也；而道之不明，良吏亦多以脫人於死爲功，而不求其情。其枉民也，亦甚矣哉！

奸民久於獄，與胥卒表裏，頗有奇羨。山陰李姓，以殺人繫獄，每歲致數百金。康熙四十八年，以赦出。居數月，漠然無所事。其鄉人有殺人者，因代承之。蓋以律非故殺，必久繫，終無死法也。五十一年，復援赦減等謫戍。嘆曰：「吾不得復入此矣！」故例，謫戍者移順天府羈候，時方冬停遣，李具狀求在獄候春發遣，至再三，不得所請，悵然而出。

從二十世紀三十年代開始，報告文學這一文學形式逐漸在我國流行。例如夏衍的《包身工》、宋之的的《一九三六年春在太原》、丘東平的《第七連》等等，都是膾炙人口的名篇。當時的著名文學期刊《光明》、《中流》等，幾乎每一期都發表報告文學作品。

其實，報告文學這種文學形式，在中國可以說是古已有之的。《左傳》和《史記》中的某些篇章都具有報告文學的特點：或寫人，或記事，都以眞人眞事爲題材，又採取文藝表現手法，講究文體雅潔平實，要求細節描寫栩栩如生、歷歷如繪。到了明、清兩代以前，由於小說和筆記文學層出不窮，報告文學更大爲發展。方苞的《獄中雜記》，就是其中比較出色的一篇。

方苞本人是坐過牢的，對鐵窗生活有深切的體驗。清康熙五十年（一七一一），他因爲給同鄉戴名世的《南山集》作過序，又收藏了《南山集》的木版（康熙年間大興文字獄，《南山集》被指控爲有「反清思想」，作者戴名世被殺害，方苞也受株連被捕下獄），差一點送了命，後來僥幸獲釋，並且在朝廷供職，官至內閣學士、禮部右侍郎。可是他竟敢於把在獄中耳聞目睹的黑暗現象如實地揭露出來，其實也就是對封建反動統治提出了有力的抗議和控訴。

《獄中雜記》篇幅不長，衹有一千七百字左右。但內容翔實而有説服力，使人驚心動魄。它列舉了許多確鑿的無可置疑的事實，把清代監獄中種種弊端暴露無遺：官吏貪污枉法，眞正的罪犯逍遙法外，或者從輕議處，無辜者和輕罪者反而含冤受屈、飲恨吞聲而死。文中記述有某姓兄弟因犯因把持公倉罪被處死刑，立即執行。獄吏對犯人説：「給我一千兩黃金，我可以救活你們的命。」犯人問他有什麼辦法。他説：「這事並不難。我另外準備好一本上呈的奏本，措辭和原來的判決書一模一樣，等我們將判決書加封上奏的時候，用掉包的方法，把你們的姓名改爲同案從犯中獨身而沒有親屬的兩人的姓名就行了。」有人又問他，萬一負責審判的官員追究起來，這怎麼得了。他笑道：「追究起來嘛，我們固然難免一死。但是負責審判的長官也會因失職而被罷官。他敢追究嗎？他肯爲了兩條人命就丟掉自己的烏紗帽嗎？」最後果眞如同他所説的那樣，那兩名從犯當了替死鬼，而主犯卻沒有被處決。這篇《獄中雜記》還列舉了兩個駭人聽聞的例子：獄中有三個犯人都被拷打審問，其中一個人給了行刑的獄吏二十兩金子，骨節受輕傷，躺倒了一個多月；另外一個人給了四十兩金子，僅僅傷及皮膚，二十天就好了；又一個人給了一百二十兩金子，當天晚上就行走如常。甚至對被判處了死刑的罪犯，獄吏也要敲詐勒索。對受淩遲的罪犯，給賄賂的就先刺心，不給賄賂的割盡四肢，心猶不死，使犯人痛苦萬狀，求死不得。對受絞刑的罪犯，給賄賂的一絞就氣絶，不給賄賂的，絞了三次再用別的刑具才得死去。至於其他種種黑幕，更是罄竹難書。獄中的衞生條件很差，四間獄室都沒有窗戶通風，一共關押二百多人，大小便都在室內，臭氣四溢，傳染病流行，又沒有醫藥治療，有時候一天病死的達十多人，其中有不少是嫌疑犯和輕罪犯，都是罪不至死的。眞可謂慘絕人寰，暗無天日，說那裏是「人間地獄」，一點也不過分。

我國古典文學中的敍事文，大都是畫山繡水、紀遊覽勝、粉飾昇平之作，其中也有些頗有點藝術感染力量。但是敢於揭露現實生活中陰暗面的作品，幾乎百中無一。方苞這篇《獄中雜記》，不但敍事簡潔，生動有力，而且毫無保留地揭露了封建時代「司法」制度的罪惡和黑暗，令人髮指，不失爲有膽有識之作。

方苞是桐城派的開山祖師爺之一，他的文學主張比較傾向保守，提倡古文「義法」，樹立種種清規戒律。他認爲文章要有物有序，所謂有物，就是要尊經載道，所謂有序，就是要合於古文的規矩法度；並且要求屬辭典雅端莊，不能用語錄中語，不能用藻麗俳語，這樣當然就難創新，難於獨樹一幟，自闢門戶。因此，在五四運動時期，受到革新派的反對，被斥爲「桐城謬種」。不過，他這篇《獄中雜記》和另一篇以寫人爲主的《左忠毅公逸事》，確實是相當出色的報告文學作品。這些文章藝術表現手法的精確和作者敢於針砭時弊、反對奸邪的膽識，都是値得我們借鑒和學習的。平心而論，桐城派的文學主張，也許不足爲訓，但桐城派作家的文章，確實瑜瑕互見，不能一概否定。例如姚鼐的《復魯絜非書》就是一篇具有獨特見解而文筆優美流暢的評論文字，把形象思維和邏輯思維很巧妙地糅合在一起。對桐城派攻其一點，不及其餘，一律都給戴上「謬種」的帽子，恐怕也不見得是很公道的！

（黃秋耘）

左忠毅公逸事

方苞

先君子嘗言：鄉先輩左忠毅公視學京畿，一日，風雪嚴寒，從數騎出，微行，入古寺。廡下一生伏案臥，文方成草。公閱畢，即解貂覆生，爲掩戶。叩之寺僧，則史公可法也。及試，吏呼名至史公，公瞿然注視；呈卷，即面署第一。召入，使拜夫人，曰：「吾諸兒碌碌，他日繼吾志者，惟此生耳。」

及左公下廠獄，史朝夕獄門外。逆閹防伺甚嚴，雖家僕不得近。久之，聞左公被炮烙，旦夕且死。持五十金，涕泣謀於禁卒，卒感焉。一日，使史更敝衣草屨，背筐，手長鑱，爲除不潔者。引入，微指左公處，則席地倚牆而坐，面額焦爛不可辨，左膝以下筋骨盡脫矣。史前跪，抱公膝而嗚咽。公辨其聲而目不可開，乃奮臂以指撥眥，目光如炬，怒曰：「庸奴，此何地也，而汝來前！國家之事，糜爛至此。老夫已矣，汝復輕身而昧大義，天下事誰可支拄者？不速去，無俟奸人構陷，吾今即撲殺汝！」因摸地上刑械，作投擊勢。史噤不敢發聲，趨而出。後常流涕述其事以語人，曰：「吾師肺肝，皆鐵石所鑄造也！」

崇禎末，流賊張獻忠出沒蘄、黃、潛、桐間。史公以鳳廬道奉檄守禦。每有警，輒數月不就寢，使將士更休，而自坐幄幕外。擇健卒十人，令二人蹲踞而背倚之，漏

方苞

左忠毅公逸事

鼓移，則番代。每寒夜起立，振衣裳，甲上冰霜迸落，鏗然有聲。或勸以少休，公曰：「吾上恐負朝廷，下恐愧吾師也。」

史公治兵，往來桐城，必躬造左公第，候太公、太母起居，拜夫人於堂上。

余宗老塗山，左公甥也，與先君子善，謂獄中語，乃親得之於史公云。

方苞是清代散文家，作爲在清代散文中居主宰地位的桐城派的先驅，當時的名氣很大；後人爲他編成《方望溪先生全集》三十卷，收文也很多，遺憾的是，足以傳世之作卻很少。這是因爲他的文章全以程朱理學爲宗，等同封建禮教的宣傳品，內容既反動，藝術形式也陳腐的緣故。具有諷刺意味的是，恰恰是他的那些在一定程度上有悖於他所宣揚的主旨的作品，成爲傳世的名篇，爲人們所喜愛。我們下面要介紹的《左忠毅公逸事》，便是其中之一。

左忠毅者，卽明季名臣左光斗，官至左僉都御史。有明統治以「梃擊」、「紅丸」、「移宮」三大案爲其結束曲，而左光斗就是「移宮」之議的首倡人。此舉粉碎了已故明光宗的寵妃李選侍篡位專權的野心，使年幼的熹宗得以卽位。史稱：「光斗與楊漣協心建議，排閹奴，扶沖主，宸極獲正，兩人力爲多。由是朝野並稱爲『楊、左』。」（《明史》本傳）玆後，繼楊漣劾魏忠賢二十四大罪，復草奏劾魏忠賢黨三十二斬罪，不及上奏，便被閹黨提前下手，誣陷下獄，橫遭慘死。對於岌岌可危的明王朝來說，左光斗雖不能挽狂瀾於旣倒，但仍不失爲敢於死諫之諍臣。

方苞是左光斗的同鄉，也是桐城人。雖說光斗死（明天啓五年，一六二五年）後四十三年（清康熙七年，一六六八年）他才出生，但同鄉先輩的業績，經過父老口耳相傳，不能不給他以深刻的印象，何況他的族祖父就是左光斗的外甥，且與他的父親（方仲舒）又有深交呢！文章起首冠之以「先君子（卽先父）嘗言」，便以這樣的關係肯定了他所記述的「左忠毅公逸事」之鑿鑿可據。

文章的第一段寫了左光斗識拔史可法的故事。史可法乃抗清名將，一六四五年（時距李自成滅明一

左忠毅公逸事

年），爲了維持苟安於南京的南明小朝廷，他身赴抗清前線，孤守揚州，抵禦清豫親王多鐸的重兵圍困，堅持十日，城破殉難，全軍將士無一降者。多鐸氣急，下令屠城十日。這就是使青史爲之動容的「揚州十日」。而史可法的名字，在相當長的一個歷史時期，也就成了抗清的旗幟。清統治者害怕他的影響，一心想要使之爲己所用，乾隆年間敕贈「忠正」的謚號，這就反證了史可法身後數十年、方苞作此文之際，人們還是把他當作蓋世英雄崇敬的。識此英雄於布衣之中，這就更突出了左光斗那超人的選拔人才的膽識。水漲而船高，利用在當時仍擁有偌大聲望的史可法，映襯得具有知人卓識的左光斗的形象愈加光彩動人。

文章的動人之處表現在作者維妙維肖地記述了左光斗識拔史可法的進程。風雪嚴冬，左公於京城私訪，在一座古寺中見一書生倦臥案頭，身旁展開着剛剛擬就的文稿。文稿寫的是什麼，沒有介紹，但是，從「公閱畢，即解貂覆生，爲掩戶」的細節描寫中，卻分明可以看到，正是這一紙文稿將高官與寒士這兩类人的忠心連通了起來。脫下自己的貂裘披在這無名寒士的身上，又代之關上門窗，愛惜體貼之情溢於言表。至此，除去側面打聽到這寒士的姓名，二人之間不及一面，更不及一言。直到應試，聞吏呼其名，始「瞿然注視」——瞪大眼睛盯住其人。這不是一般地觀察外貌看他是否儀表堂堂——事實上，可法身材「短小精悍，面黑」（《明史》卷二七〇本傳），似乎並無警人之處——而是在掂量眼前這位年輕人於國家艱危之際，能否擔得起歷史使命。看來他是放心了，因爲卷紙一呈上，便當面批爲第一名，並隨即召至後堂，當着夫人面宣稱：「他日繼吾志者，惟此生耳。」惟因後來史可法成就了一番驚天動地的壯烈事業，所以這幾句話更具有一字千鈞的份量，反映出左光斗過人的識拔人才的能力和氣魄。這一段僅用短短一百〇五字，通過詳略相間、濃淡相映的筆墨，就跌宕而有致地把左光斗這樣一位相得千里馬的伯樂形象栩栩如生地勾勒了出來。

大約就在這樁「逸事」發生不久，左光斗遭魏忠賢黨的誣陷，鋃鐺入獄。接着，作者便引出了左光斗的第二樁「逸事」。

前半，極力渲染獄中禁錮之嚴，說明左公是必死的「欽犯」，連探望一下也會遭到不測。史可法卻不惜重金賄賂禁卒，喬裝改扮，冒生命之險，入監求見；當見到自己的恩師被酷刑折磨得血肉模糊、面目全非時，不禁肝膽俱裂，悲慟欲絕，直至「抱公膝而嗚咽」。這些內容表現了師生情誼，以及弟子感念老師知遇之恩，赴湯蹈火在所不辭的精神，無疑都是細緻入微而又深切感人的。但這一切衹是鋪墊，因爲作爲「逸事」傳主的左忠毅公尚未有所動作。他對於弟子表現出來的深厚情誼又是如何反映的呢？衹見：他吃力地擡起手來，用力撥開糊滿雙眼的濃血，剎時，「目光如炬」，爍爍有神，以這足以照亮陰暗囚室的目光逼視着匍匐在自己面前的弟子，使可法不敢正視。一句「庸奴」的怒斥，把這次不尋常的會見推向悲壯的高峯。庸奴者，無能鼠輩是也。曾幾何時，史可法還是他親自識拔出來的可以委以大任的志士，何以一降而爲「庸奴」呢？可法爲了探望自己的恩師會不惜一死，何以遭此惡謚？豈不太不近人情了嗎？直待讀罷左公的申斥，責難始得釋然。其意爲：這是什麼地方，你難道不知道嗎？這是必死之地，即或你能僥幸出去，日後這也能成爲閹黨構陷的口實，可是你竟然來了，無異自投羅網，這是第一層意思——責其輕生。如今，朝政腐敗到了這種地步，而我行將就義，已無可作爲，本指望你能肩負重任，支撐這頹敗的江山，不料你卻爲了安慰我而輕生命、昧大義，眞使我絕望。將人之生死與興亡之大義聯繫了起來，這是第二層意思——責其不明大義。這不衹是對史可法的當頭棒喝，也是師長給弟子上的最後一課：人固有一死，而死衹有和正義的事業結合起來纔有意義。可法爲探望恩師，不辭一死，情節雖也動人，但是跟左公於臨危之際，將生死置之度外，仍耿耿於國勢之艱危相比，便覺無足輕重了。左公的高風亮節，浩然正氣，在這樣的對比之中，愈顯得大義凜然，光彩奪目。

當然，左公是清醒的，他既知可法並非「庸奴」，對這一心愛的門生也並未絕望，因而才採取了激烈的「撲殺」的動作。這一動作表明他不願意可法沉浸於對自己的哀痛之中，更擔心由此而遭到閹黨的陷害，步自己之後塵，所以才要他盡快離開這是非之地，鋤奸救國，完成自己未竟之業。拳拳厚望，盡在這一「撲殺」的動作中表現出來，也給可法留下了銘心鏤骨的印象：「吾師肺肝，皆鐵石所鑄造也！」這一結語也正標誌了作者傾心刻畫的這樣一位名留青史、光照千秋的英雄形象的最終完成。

下文還有兩小段，都是寫史可法如何不忘先師知遇之恩的，雖然也可以視作對前事的呼應，但文章畢竟是記左公之逸事，過多涉及史可法，總使人有尾大不掉之憾。

更令人遺憾的是在展觀史可法的業績時，有意把這位抗清的英雄改裝成抗禦農民起義軍的先鋒。寫史可法治軍謹嚴，身先士卒，枕戈達旦，不肯稍息，常曰：「吾上恐負朝廷，下恐愧吾師也。」這樣的情節更像可法孤守揚州時的故事，卻偏偏安排在防禦張獻忠義軍的前線，作者爲他所效忠的清統治者諱，用心可謂良苦。

儘管如此，《左忠毅公逸事》仍不失爲散文中之上品。作者方苞刻意倣傚韓愈、歐陽修，《逸事》縱與唐宋大家作品相較，也毫不遜色。

所謂「逸事」，或曰「軼事」，亦爲史之一體，一般是指正史失載的故事；因其「求諸異說，爲益實多」（劉知幾《史通·內篇第三十四·雜述》），故常可收到勝於正史的奇效。這篇《逸事》雖衹敘左公兩件事，行文不過三百言，卻因爲擇取了典型的情節，運用了精練的語言，塑造了有血有肉的形象，較之洋洋兩千言的《明史》本傳要生動得多，形象也豐滿得多。尤其值得稱道的是，名爲一人之逸事實際寫了兩人，但又不是兩人的合傳，而是處處以史可法陪襯左光斗。

《逸事》中表述史可法的文字不少，何以並不給人以喧賓奪主或平分秋色之感？就是因爲選材的角度，不論是兩者之間的師生關係，抑或見識高下，都把他置於從屬和接受教育的地位，而讓左公的形象始終居於高屋建瓴的優勢，當然，史可法的形象也絕非可有可無。沒有可法的古寺苦讀，不能如此細膩生動地反映左公的知人卓識；同樣，沒有可法的冒死探監，又怎能如此動人心弦地表現左公的錚錚硬骨？作者借助對可法的識拔和無微不至的體貼，突出了左公性格的溫厚的一面；借助獄中教訓可法不可輕生死而昧大義，又突出了左公性格的剛毅的一面。而性格的這兩方面，又在眼神的描繪當中着意加以點染：前者，用「瞿然注視」，細緻地展現其殷殷眷顧之情；後者，用「目光如炬」，強烈地展現其凜然不可侵犯之威。這種傳神之筆正所謂「畫龍點睛」者也。而一代名臣的形象也就借助這有柔有剛、有聲有色、有血有肉的細節描寫，生動展現在讀者面前。

（黃克）

刈麥行

沈德潛

前年麥田三尺水，去年麥田半枯死。今年二麥俱有秋，高下黃雲遍千里。
磨鐮霍霍割上場，婦子打曬田家忙。紛紛落磑白於雪，瓦甑時聞餅餌香。
老農食罷呑聲哭，三年乍見今年熟！

清朝中葉的乾隆、雍正時期，社會安定，經濟繁榮，號稱「盛世」。然而，生活在這一「盛世」中的廣大農民，仍然非常貧困。風調雨順之時，尙且「日給之外，已無餘粒」（《清經世文編·戶政編》），遇上乾旱水澇，就更加生計無着了。沈德潛的《刈麥行》，正是農民這種困苦生活的生動反映。

沈德潛，字確士，號歸愚，江蘇長洲（今吳縣）人，是乾、雍時著名詩人和詩論家，著有《歸愚詩文鈔》和詩歌理論著作《說詩晬語》等。他的《刈麥行》是一首敍事詩，主要描寫農民割麥子時的情景。

「前年麥田三尺水，去年麥田半枯死。」追敍前兩年麥子欠收的情況，旱澇交作，災禍頻仍，貧苦農民的生計定然十分艱難。在這兩句簡括、平淡的敍述中，包含了豐富的內容，表達了農民無限的辛酸之情，同時也爲下文埋下了伏筆。

「今年」以下六句，轉入寫今年豐收時刈麥的情形。在饑寒交迫中煎熬了兩年的農民，終於盼來了今年夏季的豐收，其歡呼雀躍、興高采烈之狀，是不難想見的。「今年二麥俱有秋，高下黃雲遍千里。」總寫麥子成熟時的情景。「二麥」，指大麥和小麥；「有秋」，泛指收成好，「秋」，是農作物成熟的代稱。《說文》：「秋，禾穀孰（熟）也。」「高下」句，描寫麥浪滾滾、千里金黃、一望無際的喜人景象。這兩句大筆濡染，勾畫出一幅千里麥浪圖，未直接抒情而喜悅之情自見。「磨鐮霍霍割上場，婦子打曬田家忙。」具體描寫農民割麥子時的繁忙場面：農民們磨鐮、收割、打曬，男女老幼，盡皆揮汗如雨，團結奮戰。這既有「田家忙」的辛勞，更有「田家樂」的歡暢。「紛紛落磑白於雪，瓦甑時聞餅餌香。」敍述農民碾麥磨麥、做成麥餅的過程。磑，石磨。「瓦甑」，古代蒸食器。「餅餌」，麥餅的通稱。這兩句語調輕快、形象鮮明，彷彿讓人看到那雪白的麥餅，聞到那惹人心醉的餅香，將喜悅的氣氛推向了高潮。這六句一層，順理成章、形象、生動、具體地寫出了麥收的全過程。按理說，幾年來飽經風霜、忍饑挨餓的農民，在豐收果實到手之際，應當舒展一下眉頭，開心地笑上幾聲吧。可是，詩的末尾卻筆鋒陡轉：「老農食罷吞聲哭，三年乍見今年熟！」這兩句是全詩的重心，其關鍵詞語是「吞聲哭」。「吞聲」，是想哭而哭不出聲的樣子，如江淹《恨賦》「莫不飲恨而吞聲」，杜甫《哀江頭》詩「少陵野老吞聲哭」。「三年」一句，總結全詩，具有點題作用。乍見，即剛剛見。此刻，老農雖然吃到了新麥餅，暫時得到溫飽，可想到前兩年因爲欠收而吃糠嚥菜、啼饑號寒的日子，仍然心有餘悸，食不甘味，不由得感慨繫之，悲從中來。「老農」二句含義豐富，深化了詩的主題。

這首詩的藝術結構頗具匠心，於平實中蘊含變化。全詩共分三節，首二句回顧前兩年，爲第一節。中六句寫今年，爲第二節。末二句將三年合寫，爲第三節。詩人先用「順敍」法，分寫前年、去年和今年，然後合寫三年，以慨嘆作結。全詩移步換形，一句一意，敍事周詳，給人樸實、平易、一目瞭然之感。此詩以主要篇幅寫今年豐收的緊張和歡快，略寫前兩年的困苦生活，可是詩的最感人處，恰恰是詩中略寫的前年去年的痛苦以及今年痛定思痛的深沉感慨，所謂「虛處傳神」，「以少勝多」的藝術辯證法，在這裏得到充分的證明。

沈德潛的《刈麥行》，明顯受到唐人白居易《觀刈麥》、宋人戴復古《刈麥行》的影響，同時又具有獨特面目。白詩除了描寫刈麥過程外，還寫了「饑婦人」拾麥穗的情況，以及對自己不耕而食的羞慚與自責，既有客觀描寫，又有主觀議論，語氣較爲直截了當。沈詩純作客觀描述，語氣較委婉含蓄。就內容而言，顯然白詩揭露現實更爲深刻，沈詩思想性雖稍遜，但能反映乾、雍盛世中農民稼穡的艱難，流露出明顯的同情，實際上是對統治階級委婉的指責和諷刺。二詩藝術上各有千秋，白氏「諷諭詩」以「美刺比興」爲準則，「意激而言質」，常在詩中發議論。沈德潛詩宗盛唐，以「溫柔敦厚」爲指歸，認爲「諷刺之詞，直詰易盡，婉道無窮」（《說詩晬語》）。二詩一發露，一蘊藉，發露則痛快淋漓，蘊藉則含蓄不盡。

此詩語言明白曉暢，像「三尺水」、「半枯死」、「二麥」、「磨鐮霍霍」、「瓦甑」、「餅餌」等詞，都是農家習用語，用來寫農家事，摒去浮華，尤爲渾然天成。在樸學大盛於天下，人們作詩以用典廣博、曲折相誇尚，甚至「誤把鈔書當作詩」（袁枚語）的時代裏，沈德潛能獨樹一幟，寫出《刈麥行》這樣不用典、不雕飾的詩來，的確是難能可貴的。

（丁放）

蒙陰

厲鶚

沖風苦愛帽檐斜，曆尾無多感歲華。卻向東蒙看霽雪，青天亂插玉蓮花。

臘月的瑞雪紛紛揚揚，大地披上了銀裝。

一場大雪，賞賜給世界的有多麼慷慨：且不說高山曠野、秦關蜀道、石橋朱塔全都煥發出異彩，就連平常的樹木也顯示出不凡的風姿，君不聞「忽如一夜春風來，千樹萬樹梨花開」那著名的詩句麼？

蒙陰

一場大雪，賞賜給人類的也十分慷慨：那數不勝數的迷人雪景給人們帶來多麽美的享受，而它又觸發了古往今來多少騷人墨客的詩興？優秀的詠雪詩章不僅豐富了歷代詩壇，而且能給人們以充分的藝術享受。清初著名詩人厲鶚的《蒙陰》就是一篇很有特色的讚美「披雪山峯」的寫景小詩。

厲鶚寫詩師法陶淵明、王維，作詞師法姜夔，在詩詞創作上總是追求清幽峻潔的境界而自成一家。他是浙江錢塘人，熱愛祖國的壯麗河山，在離家北遊時，每至佳山勝水，往往即興賦詩，創作了不少優秀的山水詩篇。這首《蒙陰》就是在「北來始作泛槎游」期間遊至山東蒙陰時寫成的富有詩情畫意的名篇。

「沖風苦愛帽檐斜」，詩的起句以粗筆勾勒的手法，先爲自己畫幅小像。嚴冬臘月，瑞雪初霽，他頭戴遮雪防風帽，由南向北踏雪迎風而行。「苦愛」，就是極愛。寫他那麽愛帽檐，正是爲了含蓄地表明行遊之艱難。詩的次句承接起句，直接抒寫自己的心情。「曆尾無多」，就是歷書臨尾，一年將盡，詩人的「歲華」之感無非是嘆惋年華虛度，頗有「遠游無處不消魂」的意味。從全詩的主旨來看，詩的起句、次句衹起引領、襯托的作用；但是，如果從全詩構成「雪山行旅圖」這個總畫面來考察，這兩句詩也是不可缺少的組成部分。

「卻向東蒙看霽雪」，詩的第三句纔轉到全詩的主旨上來，即讚美東蒙山羣峯披雪的風采。東蒙，即東蒙山，又稱蒙山，在山東省中部，山勢起伏，綿延百餘公里。蒙陰在東蒙山的北面，詩人由南向北而行，到達蒙陰以後要遠望東蒙山，自然得回過頭來。這裏，詩人精心地選擇了大雪新霽、天空晴朗這一最佳時刻回頭遙望披雪的東蒙羣峯，顯然是爲了給它鋪上藍天這一既廣闊又有色澤的背景，以襯托出它那無比壯觀的形象。

如何描繪披雪羣峯的形狀？如何展現它的風采？怎樣纔能使讀者心悅誠服地和詩人一道同聲讚美它？點明全詩主旨並結束全詩的最後一句尤爲精彩：「青天亂插玉蓮花。」呈現於詩人眼前的明明是連綿起伏的山峯披上了層層厚雪，而詩人卻馳騁其豐富的想象，運用浪漫主義的手法，寫盡了披雪羣峯的景象和神采：似乎神降東蒙山，以其無形的巨手於青天之上隨意亂插盛開的白蓮花。那瓣瓣白蓮不正是披雪的東蒙羣峯麽？那挺立於青天之上的朵朵蓮花不正象徵着東蒙羣峯的性格麽？以蓮花喻雪山不正顯示它的峻潔麽？從藝術構思的角度來看，最後一句堪稱點睛之筆，成功地創造了清幽俊逸的藝術境界。以全詩爲素材，以這句詩意爲側重點，優秀的畫家可以創作出一幅與衆不同的「雪山行旅圖」呢。

（張相儒）

濰縣署中畫竹呈年伯包大中丞括

鄭燮

衙齋臥聽蕭蕭竹，疑是民間疾苦聲。些小吾曹州縣吏，一枝一葉總關情。

歷來畫竹題詠，不外兩種意匠：一種是歌頌竹子的自然生態美，描寫疏密、高低、新老、紆直、偃仰等生動形象，欣賞它在風、雨、雪、月等不同自然環境下的神態風韻，審美意識着重一個「雅」字；另一種是由自然美進而擬人化，從竹的自然生態特徵中抽象出挺拔、剛直、虛心、勁節等概念，聯繫到爲人應具有的道德情操和高尚品質，審美意識着重一個「高」字。自宋代文人畫竹題詠直到清代初期的七百年中，幾乎歷來都是這個模式。可是揚州八怪中的佼佼者，詩書畫「三絕」的大師鄭板橋，卻突破了傳統畫竹題詠的這種風雅高古的框框。他的《濰縣署中畫竹呈年伯包大中丞括》的題詠，着意把竹子搖風曳雨之姿同社會政治現實中的辛風苦雨緊密地聯繫起來，深入淺出地抒發了畫家、詩人憂國憂民之情。

起句「衙齋臥聽蕭蕭竹」，用賦的手法，意境深邃。沒有寫風，而風聲從「聽」字中拂來；沒有寫夜，而夜色從「臥」字中展開：這正是板橋詩耐人尋味的地方。特定的「聽竹」意境把讀者的思想感情引導到墨竹畫面之外：在冷清清的濰縣署內廨小齋中，鄭板橋經過整天案牘勞頓之後，思緒縈繞，不能入睡。這時，夜深

濰縣署中畫竹呈年伯包大中丞括

人靜，衹有窗外蕭疏竹影，隨風傳來陣陣颯颯簌簌的聲音。

第二句「疑是民間疾苦聲」，緊接上句，用比喻的手法描寫這竹聲的淒涼效果。此時板橋耳中的竹聲，好像是掙扎在饑餓線上的成千上萬逃荒者的哀音；是失去良田被迫挑販私鹽而被拏的農民的悲訴；是鋌而走險淪爲盜犯者的父母妻兒的慘號；是出獄無處覓食，甘心再入囹圄的老囚淚語……總之，是自己在《逃荒行》、《濰縣竹枝詞》中所描寫的水深火熱中黎民的呻吟。這一質樸無華的詩句，深深感染着讀者，因而讀者眼中看到的也已不是具體的枝枝竹竿、片片竹葉的圖形，而是一種悲天憫人的良善心靈和公正廉明的高尚節操；聽到的是一個「千磨萬擊還堅勁」的清廉小官的正義呼聲。古人畫論中所謂「眼中見聲，耳中聞色」的道理，在這幅畫和題詠中得到了充分的印證。

「些小吾曹州縣吏，一枝一葉總關情」是詩的主旨所在。它至少含有兩層意思：從字面上理解，是向作者的上司包括表明作爲「七品官耳」的小縣令處處關心民瘼；而絃外之音卻是向包括慨嘆、責問：爲什麼那些高高在上的封疆大吏們，對於水深火熱中的遍地哀鴻卻那麼冷漠，視而不見？包括，字銀河，浙江錢塘人，歷任安徽、江西、山東布政使，是板橋任范縣知縣時的頂頭上司，乾隆八年調任京官，《杭州府志》說他任常州知府時能敬老憐老，訟事清簡，看來與板橋是有共同語言的。所以，板橋在大饑荒中處於困難境地時，向他這位舊上司贈畫，借題發揮，既是對眼前困境的呼籲，也是對自己救災措施遭到非難的悲訴。

當時正是號稱乾隆盛世之際，由於賦稅苛重，農民受殘酷的高利貸盤剝，土地被富豪大量兼併，社會問題嚴重，階級矛盾尖銳。板橋作宰的山東地區，連年遭水、旱、風、雹、霜等大災，更是民不聊生。乾隆十一年，板橋剛到濰縣時，即已有大饑荒，發生「人相食」的慘況。第二年夏天，山東又有二十州縣受雹災；秋天大水淹了九十八州縣（《山東通志·荒政》）。這位小小的縣令，竟然不顧森嚴的封建王法，不待上司批准，就擅自開倉以工代賑，並封存富家積穀，令其開廠煮粥輪飼饑民。甚至在又一次秋欠時，連自己的俸銀都捐獻出來（咸豐重修《興化縣志》），結果得罪了豪紳和大吏。乾隆十六年，濰縣遇大潮災，板橋終因再次爲災民請賑而「忤大吏」，於十七年底被罷了官。去官之日，有《予告歸里畫竹別濰縣紳士民》的詩：「烏紗擲去不

濰縣署中畫竹呈年伯包大中丞括

爲官，囊橐蕭蕭兩袖寒。寫取一枝清瘦竹，秋風江上作漁竿。」如果說贈包括的詩還抱有企圖以感情打動某些大吏的幻想，這首告別詩則是斷然同黑暗官場徹底決裂的宣言。「烏紗擲去」的「擲」字更表現了詩人堅貞不阿的高尚情操。乾隆三十年（一七六五）板橋去世的前夕，又曾在畫竹中以極其幽默、悲憤的心情，題寫了對當年罷官的深深遺憾：「宦海歸來兩袖空，逢人賣竹畫春風。還愁口說無憑據，暗裏贓私遍魯東？」詩人對當年曾誣蔑過他的人們，作了最後的反擊和尖銳的嘲笑。「烏紗……」和「宦海……」兩首詩，同贈送包括的題畫詩時間上雖然已相隔十多年，而其間的思想脈絡則是一貫相通的。把它們聯繫起來賞析，纔能更好地理解板橋畫竹詩的精粹所在。

鄭板橋在詩歌創作理論上十分重視主題思想，提出了「命題」說。他認爲杜甫的詩歌所以能够使人有「痛心入骨」之感，是因爲從詩題上就能反映出「憂國憂民之情」和「關山勞戍之苦」；他認爲詩歌要像曹操、陶潛、李白、杜甫那樣「達天地萬物之情，國家得失興亡之故」；他稱讚李商隱詩的某些命題「皆有世道人心之憂」；他極力反對六朝靡麗的文辭，痛駡「錦繡才子」是「天下之廢物」。因此，板橋詩詞具有同情廣大勞動人民的思想感情，大量描寫民生疾苦的詩篇，構成板橋詩詞的主體，所揭示的社會問題都有一定的深度。畫竹題詠僅僅是他現實主義詩歌創作的一個側面。

（喻蘅）

起早

袁枚

起早殘燈在，門關落日遲。雨來蟬小歇，風到柳先知。借病常辭客，知非又改詩。蜻蜓無賴甚，飛滿藕花枝。

袁枚是位才氣縱橫的江南才子，他繼承了明代公安派「獨抒性靈，不拘格套」的詩歌主張，論詩注重眞、活、新，提倡寫眞性情。他曾說：「自《三百篇》至今日，凡詩之傳者，都是性靈，不關堆垛。」（《隨園詩話》）其「性靈」說，在乾嘉時代，曾一度風靡詩壇。袁枚作詩貫徹了自己的詩歌主張，常常把此時此地自己眞實的性情和新鮮的感受寫出來。他的主張對囿於儒家「溫柔敦厚」詩教的「格調說」，無疑是一個衝擊，對翁方綱爲代表的「學問詩」也是一個嚴重挑戰。衹是他的生活經歷使他的性靈說受到了很大限制，他的詩寫來寫去所表現的內容，不外乎是士大夫的閑情逸致。《起早》這首詩就是一篇很有代表性的作品，它清新淡雅、鮮活率眞，體現了他作詩務求「味欲其鮮，趣欲其眞」（《隨園詩話》）的主張。

詩人早年做過知縣，四十歲告歸，卜築隨園江寧（今南京）小倉山，以吟詠書詩爲事，過着放性林泉的優游生活。《起早》一詩，描寫了家居生活中的一點雅趣。

「起早殘燈在，門關落日遲。」第一句寫當天早晨，第二句寫昨日黃昏，實際寫出了日復一日的晨昏之事。由於詩人當時過着寫詩著文的家居生活，無官場之喧囂，無案牘之勞形，所以養成了早睡早起的習慣。在

袁枚

起早

太陽還遲遲未落的黃昏，詩人便閉門休息，而在殘燈未滅的清晨又起牀了。詩人時間充裕，生活悠閑，流露出一種散淡的情懷。

「雨來蟬小歇，風到柳先知。」一陣細雨飄來，樹上的鳴蟬暫時停止了歌唱；一陣微風拂過，柳枝裊娜飄拂，舞動起動人的柔姿。「蟬小歇」的「小」字，說明間歇時間的短暫，暗傳出夏日鳴蟬的熱烈情狀。「柳先知」的「知」字，以擬人的手法，寫出了柳與風的親密關係。風本無形，是難以描摹的，古人常常以水寫風，或以柳寫風。水的波浪、柳的舞姿，不正是風的形態嗎！江湜《彦沖畫柳燕》云：「柳枝西出葉向東，此非畫柳實畫風。風無本質不上筆，巧借柳枝相形容。」說明詩與畫都有借柳寫風的技巧。黃公度也有詩云：「柳梢斜掛月如丸，照水搖搖頗耐看。欲寫眞實無此鏡，不難捉影捕風難。」用水中柳枝的搖動來寫風，則更加巧妙，袁枚深通此意，所以把風與柳同時來寫，但一個「知」字，意義就更加深遠了。詩人對蟬與雨的熟悉，對風與柳的理解，說明詩人與蟬、與雨、與風、與柳，朝朝暮暮，相親如朋。這裏，物與物，物與人，似乎都是「心有靈犀一點通」的。這兩句雖說是直寫眼前之事，卻達到了情與景的高度融合，既有明晰的意境，又清新靈巧，自然曉暢；既有十足的韻味，又不像神韻派的朦朧隱約、不着邊際。

「借病常辭客，知非又改詩。」寫近來家居生活的主要內容。袁枚退居隨園以前，生活並不是十分清靜的。他放情山水，交結賓客，四方人士投詩屬文幾無虛日。他對此頗有倦意，希望自己成爲《世說·品藻》中宣揚的「門庭蕭寂，居然有名士風流」的人物。同時，對陶淵明「白日掩荊扉，虛室絕塵想」（《歸園田居》）的生活也不是沒有嚮往。借病辭客，以便潛心著文，便是他這種心境的表露。

最後兩句：「蜻蜓無賴甚，飛滿藕花枝。」一陣輕風細雨過後，剛剛出浴的滿塘芙蓉，滴珠流玉，挺拔明麗，其光豔、其神采，宛如少女的姿容，多麽迷人！而那些無賴蜻蜓飛舞其間，又是多麽調皮！「無賴」二字絕妙。它不是李商隱《二月二日》「花鬚柳眼各無賴，紫蝶黃蜂俱有情」中那種「無心」、「無聊」的意思，而是如段成式《楊柳詞》「長恨早梅無賴極，先將春色出前林」、徐凝《憶揚州》「天下三分明月夜，二分無賴是揚州」裏的「無賴」，是愛極而作嗔語。這兩句詩，既寫出了眼前迷人的景色，又流露出詩人欣喜的情緒。詩句清巧率眞，可謂精妙的佳句。

詩人當時在詩書寫作的高雅生活中追求着人生的眞情趣。這首詩以庭院佳趣爲題，繪出了一幅情景交融的完整畫圖，正是他當時眞性情的自然流露。詩的風格淺直率眞，韻味濃郁。全詩一味敍說，無一字言情，卻於平淡的敍述中展示精神境界，透出其眞情感，眞趣味。詩以寫景爲主，但景中含情，於目前之景暗寓遐思遠想，在輕鬆疏淡的筆觸裏透出飄逸、散淡、恬靜、深情的風韻。結尾「蜻蜓無賴甚，飛滿藕花枝」二句，眞如一片天籟，不假雕飾勝似雕飾。其愉悅之情如餘音裊裊，「愈響愈微，愈微愈響」。

需要指出的是，袁枚在乾嘉盛世退居園林，雖然不同於利祿之徒以隱求仕，走終南捷徑，也不像某些落拓文人放浪形骸，但也絕不像陶淵明那樣實實在在作個農民。他追求的乃是一種琴書詩酒清高自賞的士大夫生活，同百姓並無接觸。所以袁枚的詩包括這首《起早》在內，就其思想內容來說，仍屬個人的消遣和盛世的點綴，這大概正是他的不足之處。

（崔承運）

苔

袁　枚

白日不到處，青春恰自來。苔花如米小，也學牡丹開。

這是一首詠物詩，詠的是微不足道的苔和它那小小的花。自古以來，詩人們多吟詠牡丹花、薔薇花、芍

起早

蘖花、荷花、菊花、梅花……很少有人留意腳下小如芥粒的苔花。詩人獨具隻眼，以苔花爲吟詠對象，並且寫得清新活潑，很不一般。

「白日不到處，青春恰自來。」苔，總是生長在陽光照射不到的背陰潮濕處。袁枚在他的《古牆》詩中寫道：「古牆庭院角，經歲樹陰遮。幽絶無人見，青苔作小花。」陽光，賦予萬物以生機、色彩和光輝；而青苔卻能在沒有陽光的「幽絶無人見」的角落裏，照樣蓬勃盎然地生長着。青苔雖小，但同樣洋溢着無限的生機和旺盛的生命力。用「青春」二字來狀苔的色澤和精神，一下子喚起人們一種美好的想象。即便是白日照不到的地方，生命的腳步依然留下了清晰的足跡；在微小的青苔上，顯露出青春的氣息和生命的活力。這裏的「恰」字用得眞是恰到好處，如換成「偏」、「卻」等字，意趣就很不一樣了。而且「恰」字音節響亮，讀起來圓潤輕快。

前兩句是寫苔，後兩句則是寫苔花：「苔花如米小，也學牡丹開。」牡丹歷來被譽爲花中之王，讚詠牡丹的作品不計其數。劉禹錫《賞牡丹》詩云：「唯有牡丹眞國色，花開時節動京城。」羅鄴《牡丹》詩云：「若教解語應傾城，任是無情亦動人。」那如米小的苔花，哪能跟動人的國色牡丹相提並論呢？然而作者卻不同凡響地把它們聯繫到一起來寫了。正像至貴至美的牡丹花按照自身的特點和自然屬性蓬勃開放一樣，至微至陋的苔花也按照自身的特點和自然屬性蓬勃開放。這不僅使人感到苔的生命力很頑強，大自然豐富多彩，而且還給人以這樣一種啓迪：自然界中萬事萬物，無論貴賤大小，也不管生長何處，都按照自身的規律和特有的屬性萌發着、生長着。

南朝梁詩人沈約也曾寫過一首《詠青苔》詩，詩曰：「緣階已漠漠，紈水復綿綿。微根如欲斷，輕絲似更聯。長風隱細草，深堂沒綺錢，榮爵無人贈，葳蕤徒可憐。」這首詩主要是描狀物態，最後說青苔空自葳蕤茂盛，無人贈榮爵，抒發了一種懷才不遇的情思。兩詩相比，袁詩篇幅雖是沈詩的一半，但描寫細緻，形象鮮明，角度新穎，內蘊豐富，很富有暗示性、啓發性，甚至帶有某種哲理性。在袁枚的《小倉山房詩集》中，我們發現詩人對苔有一種特殊的敏感和興趣。除上面引到的兩首詩外，在另一首題爲《苔》的詩中，詩人寫道：

「各有心情在，隨渠愛暖涼。青苔問紅葉：何物是斜陽？」將青苔擬人化，新穎奇異，別有一番情趣。

袁枚倡導「性靈說」，主張詩歌應該直抒性靈，應該有眞摯的情感和別致的意趣。他的《遣興》詩寫道：「但肯尋詩便有詩，靈犀一點是吾師。夕陽芳草尋常物，解用都爲絕妙詞。」他的這首詠苔詩，正是落墨於「尋常物」而寫出的「絕妙詞」。

（程郁綴）

暮夜醉歸入寢門，似聞亡兒病中氣息，知其魂尚爲我候門也（其一）

趙翼

簾鈎風動月西斜，彷彿幽魂尚在家。呼到夜深仍不應，一燈如豆落寒花。

有一種好詩，詩題本身就是作者抒情的起點。很可能，你一接觸這首七言絕句的題目，就立刻被它強烈的感情打動，迅速感觸到詩人苦楚的心靈，乃至沉浸在詩人傷悼情緒的氛圍中。

清朝乾隆三十一年（一七六六）六月，趙翼（一七二七——一八一四）三十九歲時，愛子耆瑞染病夭亡。

暮夜醉歸入寢門，似聞亡兒病中氣息，知其魂尚爲我候門也（其一）

父子情愛，骨肉牽連，怎能不使他日夜傷悲呢？題目二十四字一氣貫下，道出了特定環境中悲痛心理的觸發情景：那是昏沉沉的夜，詩人酒醉，步履蹣跚地歸入臥室門內，猛然間，傷悼情緒如潮水般湧上心頭，他似乎隱隱聽到亡兒臥病時痛苦的喘息聲；詩人沉重的內心終於迸發出一聲呼喚：「孩兒的靈魂仍然在門口等候着我啊！」如果說，此詩題目是作品藝術整體的不可分割部分，那麼，我們事實上感覺到了生者和死者、慈父與愛子之間骨肉感情的持續；如果說，詩人眞切地聽到亡兒的「氣息」，那麼，我們也確實感受到這首詩歌發出的一聲浸泡在辛酸淚水中的「嘆息」。

十七世紀法國作家瓦雷里說過：「抒情詩是歡呼，感嘆，嗚咽……底旋律的發展。」梁宗岱進一步發揮說：「對於深思的靈魂，有時單是一聲嘆息也可以自成一首絕妙好詩。」（《詩與眞二集》，着重號爲引者所加）借用他們的話品味趙翼此作，他的「嗚咽」，他的「一聲嘆息」，恰恰是始於詩題、貫穿於詩中，並隨着詩句的意象層層開拓、進展，以愈來愈急促的頻率，凝成了全詩感人至深的「傷悼」主題。

詩歌一開始就通過對「簾鈎」、「風」、「月」的描述，寄寓詩人對亡兒的傷悼之情：夜風吹動的，是「簾鈎」，但詩人被掀動的卻是淒切的「心靈」；夜空西斜的，是「殘月」，但詩人所沉入的卻是深深的「哀傷」。王國維認爲：「一切景語，皆情語。」（《人間詞話》）趙翼在這裏，豈是單純的「寫景」？他說，伴隨着「簾動」、「月斜」，他看到了已故的愛子——「彷彿幽魂尚在家」：永逝的愛，復現於眼前，這是心底深處的潛在意識，是外觸內感的交叉作用驟然催動被壓抑已久的慈父深情，伴隨着淒淒懷想，哀哀飲泣。

詩人不停地召喚着失去的愛子，儘管「幽魂」不應，他還是千遍萬遍地「呼到夜深」——這一呼喚將要持續多久？詩人是終於向現實屈服，還是在悲苦的長河中遠航不息？這在詩篇中雖未曾作出回答，但我們卻看到並意識到了這樣一種具體而又抽象的狀態：忽然，微光如豆的孤燈，爆落出觸動人心的「寒花」；詩章終止了，「寒光」一瞬間的閃亮，似乎把詩人的哀傷和讀者的同情一齊引入無限幽深的昏暗中去。

朱光潛引用斯賓塞《仙后》詩句：「說出悲哀吧，無言的痛苦，向心兒微語，要它破碎。」認爲衹有把「鬱積的能量」「暢快地排出」，纔能導致「情緒緩和」（《悲劇心理學》）。那麼，趙翼在這首詩中盡情抒發他的悲哀，從文學藝術的一種客觀效用看，正可以撫慰他悲傷的心靈，求得情緒平靜。當然，這首詩藝術價值的本質顯露，更在於：詩人所抒發的具有某種典型意義的悲哀，不但能撫慰自身，還能廣泛地引起共鳴、同情。古人不乏抒寫同類題材的作品，如庾信《傷心賦》有「膝下龍摧，掌中玉碎」句，孟郊《悼幼子》有「負我十年恩，欠爾千行淚」句，顧況《悼稚》有「莫言道者無悲事，曾聽巴猿向月啼」句，這些也都能較深刻地抒發悼子之情。但這些作品多取外物抽象物爲喻，顧詩並着重向渺茫、悠遠的境地傳送作者的悲哀；而趙翼的詩歌，從詩題「入門聞聲」，到詩末「燈落寒花」，句句都落實在「家」中，處處都把父與子的感情紐帶繫結於切近身邊的景物，因此更能從平易尋常中顯示出「悲哀」情緒的幽曲深沉，更能刻畫出生活氣息濃厚的眞實情味以感染讀者。《清史稿》稱趙翼「所爲詩無不如人意所欲爲，亦其才優也」，即讚賞這位「乾隆三大家」（含袁枚、蔣士銓）之一的詩人，作詩近合「人意」、多具感情色彩；這一特色，在本詩中不難窺見一斑。

（黃壽祺　張善文）

登泰山記

姚　鼐

泰山之陽，汶水西流，其陰，濟水東流。陽谷皆入汶，陰谷皆入濟。當其南北分者，古長城也。最高日觀峯，在長城南十五里。

余以乾隆三十九年十二月，自京師乘風雪，歷齊河、長清，穿泰山西北谷，越長城

姚鼐

登泰山記

之限，至於泰安。是月丁未，與知府朱孝純子潁由南麓登。四十五里，道皆砌石爲磴，其級七千有餘。泰山正南面有三谷。中谷繞泰安城下，酈道元所謂環水也。余始循以入，道少半，越中嶺，復循西谷，遂至其巔。古時登山，循東谷入，道有天門。東谷者，古謂之天門谿水，余所不至也。今所經中嶺及山巔，崖限當道者，世皆謂之天門云。道中迷霧冰滑，磴幾不可登。及既上，蒼山負雪，明燭天南。望晚日照城郭，汶水、徂徠如畫，而半山居霧若帶然。

戊申晦，五鼓，與子潁坐日觀亭，待日出。大風揚積雪擊面。亭東自足下皆雲漫。稍見雲中白若樗蒱數十立者，山也。極天，雲一線異色，須臾成五彩。日上，正赤如丹，下有紅光動搖承之。或曰，此東海也。回視日觀以西峯，或得日，或否，絳皓駁色，而皆若僂。

亭西有岱祠，又有碧霞元君祠。皇帝行宮在碧霞元君祠東。是日，觀道中石刻，自唐顯慶以來，其遠古刻盡漫失。僻不當道者，皆不及往。

山多石，少土。石蒼黑色，多平方，少圜。少雜樹，多松，生石罅，皆平頂。冰雪，無瀑水，無鳥獸音跡。至日觀數里內無樹，而雪與人膝齊。

桐城姚鼐記。

這是一篇著名的遊記散文。作者姚鼐（一七三二——一八一五），字姬傳，一字夢谷，因室名惜抱軒，世稱惜抱先生。安徽桐城人。他是清代影響較大的古文流派桐城派的代表作家之一。他論文主張義理、考據、辭章三者的統一，以爲「能兼長者爲貴」（見《述庵文鈔序》）。他的散文創作是他古文理論的實踐，即如這樣一篇描寫泰山自然景色的遊記散文，也多少能看出這方面的特點。

泰山爲五嶽之首，是著名的登覽勝地。寫一篇登臨觀覽泰山的遊記，從哪裏着筆？細想起來是頗費思索

登泰山記

的事。作者下筆自然、輕捷，毫不費力，因爲他注意到了點和面的結合。全文的重點是寫日觀亭看日出，這是泰山的特點，也是作者此次登臨感受最深之處。但如果衹寫看日出，縱然寫得十分細緻和出色，也不免單調，而不能使人見出泰山的全貌。作者恰到好處地把概括的介紹、簡要的記述和生動具體的描寫結合起來，使人既能見出泰山宏偉的形勢，又能領略日出時的奇觀。

文章的開頭，用極簡括的語言，以開闊的視野來介紹泰山的地理位置和周圍的山川形勢：南面有汶水向西流，北面有濟水向東流；南面山谷中的水都流到汶水裏去，北面山谷中的水都流到濟水裏去。而在南北水流分界之處，又有戰國時留下的古長城。這是作者在登上泰山之前寫泰山，是山外看山，是鳥瞰，是高瞻遠矚，寥寥幾筆，從地理位置及周圍的山川形勢，寫出了泰山的雄偉氣魄。在引導讀者入泰山探勝之前，就先獲得一種氣勢雄峻的總體感受。古長城的襯托，又使人想見它歲月悠遠，巍然矗立的風姿。末了加上一句「最高日觀峯在長城南十五里」，既進一步點染出氣勢，又爲下文寫看日出伏一筆。

接着寫登山。先交代時間是乾隆三十九年（一七七四）十二月，看似可有可無，實際與下文的景物描寫緊密相關，絕不可少。次寫登山路徑，照應上段開闊的視野，由大到小，由遠而近，從京師來到泰山腳下的泰安城。他和朱子穎由南麓攀登。泰山正南面有三谷：東谷、西谷、中谷。他們開始由中谷入，後又沿西谷直至山巔。具體地寫出了登山的路徑，好像一個導遊人，引導讀者一道攀登，讀來便覺得親切有味。寫途中的景象突出一個險字：一是從中嶺到山巔，有不少山崖像門戶一樣當着道路，人們稱之爲「天門」；二是霧重冰堅，攀行艱難。登上山頂後，有兩句寫景，又別是一番景象：蒼翠的山峯覆蓋着積雪，明亮的雪光映照着南邊的天空。向下看去，汶水和徂徠山在夕陽照射下像圖畫一樣清晰美麗；而停留在半山的雲霧，像是在山腰上繞着白色的帶子。寫得很生動，卻很簡括，因爲還不是重點。

日觀亭看日出，纔是全文的重點，因而詳加敍寫和描繪。先從日出前的風、雪、雲寫起。與上文「蒼山負雪」照應，寫「大風揚積雪擊面」，這是日出前在寒山之頂的感受，十分眞切。更重要的是寫所見。向亭東展視，自足下以至無窮遠處，是一片漫漫雲海。雲中依稀可見幾十個白顏色像樗蒱（古代一種形狀很像山峯的賭具，又稱爲「五木」）一樣的東西，那是隱藏在雲霧中的山巒。在天的盡頭，現出一線雲煙，顏色有些異樣，不久就變幻成五彩。在風、雪、雲的烘托之下，這纔寫到日出。衹見一輪紅日冉冉升起，那赤紅的顏色像是朱砂。最壯觀的，是太陽之下有一片紅光托着，這紅光洶湧着，搖動着，充滿着無窮的生命的活力。有人說，這就是東海了。加「或曰」二字，意思並不確定，卻正可以啓發我們的想象：原來太陽是從一片紅光閃耀、涵澹澎湃的東海之中升起來的，難怪她是那樣的熱烈、絢麗、渾圓！作者觀日出，視野不僅僅局限於太陽本身，他還有錦上添花的描寫，就是掉頭西望，寫出太陽的光輝給世界抹上的絢爛色彩：「回視日觀以西峯，或得日，或否，絳皜駁色，而皆若僂（彎腰曲背貌）。」這幾筆簡單的描寫非常傳神：它生動地顯示了由高處向低處俯視的視角，這樣才看出了西面在微曦中高高低低的峯巒如彎腰曲背的形狀；它逼真地繪出了朝陽初生時積雪的泰山之巔特有的色彩，紅白錯雜，比之單一的赤紅，顯得更豐富絢麗，更有層次。這是作者獨特的感受和發現，是寫得具體而又深微的，雖然用筆非常精練，卻使文章增色不少。這樣，作者詳細地寫出了日出的全過程，從顏色和氣象兩個方面，對泰山日出的壯美景象作了神采飛動的形象描繪，給讀者留下了鮮明深刻的印象。

第四段寫山上的建築和古蹟，又寫得很簡括。提到岱祠、碧霞元君祠、皇帝行宮以及道中石刻，衹點明它們的位置及存廢情況，沒有像寫日出那樣作具體細緻的描繪。但雖然簡括，卻必不可少，它使讀者從不同角度看出泰山的整體風貌。末段寫山上的山石樹木及冬日景象，略作點染，便使人眞切地感受到泰山上的自然物候和肅殺氣氛。

以上各段，作者層層寫來，有主有次，有詳有略，既有宏廓的全景，又有精微的細部。文辭雅淡清麗，結構簡潔明晰，作者毫不費力，讀者卻於字裏行間領略了泰山所獨有的神采情韻。

之所以收到這樣的藝術效果，還因爲作者寫景能抓住特點，不一般化，並融進了作者自己的獨特感受。作者在前面特意交代是丁未（舊曆十二月二十八日）登泰山的，而觀日出是「戊申晦」（十二月二十九日，舊曆每月的最後一日稱爲晦），後面的一系列寫景便處處緊扣這嚴冬季節的特點。如登山時「道中迷霧冰滑」；

山頂所見「蒼山負雪，明燭天南」的氣象；日出前，「大風揚積雪擊面」；日出後，西南羣峯或晦或明，「絳皜駁色」的特異色彩；以及山上所見的冷寂蕭索景象：「冰雪，無瀑水，無鳥獸音跡。至日觀數里內無樹，而雪與人膝齊。」如此等等，都是冬日泰山所特有的景象。有了特點，就不一般化，也不會跟其他描寫泰山景色的作品雷同。

寫日出，則是抓住動的特點。日出前後的景象是急速變幻的。作者特別着眼於顏色，敏鋭而又巧妙地從人的視覺來顯示瞬息之間的變化。先是混茫一片的雲海，既而隱約現出呈白色的羣峯，擴展開去是「極天，雲一線異色」，而倏忽間又幻成五彩，隨即便是旭日東升，紅光搖蕩。通過顏色的不斷變幻，加上種種奇特景象的紛然雜陳，就從動的發展進程中，烘托出日出時所特有的壯美和絢麗。

作者重學問考據，在這篇文章中也處處顯示出來，表現了桐城派古文的獨特風格。寫泰山的地理形勢，登山的路徑，南北東西，方位距離，無不言之鑿鑿。乃至由南麓登山，「四十五里」，「其級七千有餘」，寫出了準確的數字。這在一般遊記文中是極少見的。寫泰山正南三谷，有親歷者，有得之舊籍傳聞者，引述酈道元的話，並敍及古今之不同，顯示了作者的學問和考據的功夫。姚鼐曾說：「以考證助文章之境，正在佳處。」（見《與陳碩士》）從這篇文章正可以看出他是有意作這樣的追求，這追求雖不能說是怎樣的好，卻也並不破壞文章的意境詩情，且能見出作者博雅君子的情懷見識，別有它的耐人尋味之處。

這篇文章，語言明淨簡潔，無廢詞冗句，而又描摹生動，色彩鮮明，可以看出桐城派古文家錘煉語言的功力。如最末一段，寫「山多石，少土。石蒼黑色，多平方，少圓。少雜樹，多松；生石，罅皆平頂。冰雪，無瀑水，無鳥獸音跡」，句子都非常簡短，兩個或三個音節作一停頓，讀起來明快、輕巧，毫無累贅拖沓之感。

這篇文章有沒有寄託？從表面上看不出來。不過文章寫於乾隆三十九年末姚鼐辭官歸故里之時，這是值得我們注意的。他這次是跟泰安知府朱子潁同遊的，劉大櫆在《朱子潁詩集序》中有幾句話涉及這次遊覽，他說：「姬傳以壯年自刑部告歸田里，道過泰安，與子潁同上泰山，登日觀，慨然想見隱君子之高風，其幽懷遠韻，與子潁略相近云。」如果說，這篇文章確實表現了作者追慕隱君子崇高標格的幽懷遠韻，那麼此種表現應該說是十分隱微含蓄的。（周先慎）

哀鹽船文

汪中

乾隆三十五年十二月乙卯，儀徵鹽船火，壞船百有三十，焚及溺死者千有四百。是時鹽綱皆直達，東自泰州，西極於漢陽，轉運半天下焉，惟儀徵綰其口。列檣蔽空，束江而立，望之隱若城郭。一夕并命，鬱爲枯臘，列烈厄運，可不悲耶！

於時玄冥告成，萬物休息，窮陰涸凝，寒威凜慄。黑眚拔來，陽光西匿。羣飽方嬉，歌咢宴食。死氣交纏，視面惟墨。夜漏始下，驚飇勃發。萬竅怒號，地脈盪決。大聲發於空廓，而水波山立。於斯時也，有火作焉，摩木自生，星星如血。炎光一灼，百舫盡赤。青煙睒睒，熛若沃雪。蒸雲氣以爲霞，炙陰崖而焦爇。始連檝以下碇，乃焚如以俱沒。跳躑火中，明見毛髮。痛謈田田，狂呼氣竭。轉側張皇，生塗未絕。倏陽燄之騰高，鼓腥風而一吷。洎埃霧之重開，遂聲銷而形滅。齊千命於一瞬，指人世以長訣。發冤氣之焄蒿，合游氛而障日。行當午而迷方，揚沙礫之嫖疾。衣繒敗絮，墨查炭屑，浮江而下，至於海不絕。亦有沒者善游，操舟若神，死喪之威，從井有仁，旋入雷淵，并爲波臣。又或擇音（通「蔭」）無門，投身急瀨。知蹈水之必濡，猶入險而思濟。挾驚浪以雷奔，勢若躋而終墜。逃灼爛之須臾，乃同歸乎死地。積哀怨於靈臺，乘精爽而爲厲。出寒流以浹辰，目睊睊而猶視。知天屬之來撫，憖流血以盈眦。訴强死之悲心，口不言而以意。若其焚剝支離，漫漶莫別。圜者如圈，破者如玦。積埃填竅，擺指失節。嗟貍首之殘形，聚誰何而同穴。收燃灰之一抔，辨焚餘之白骨。嗚呼哀哉！

且夫衆生乘化，是云天常。妻孥環之，絕氣寢牀。以死衞上，用登明堂。離而不懲，祀爲國殤。茲也無名，又非其命。天乎何辜，罹此冤横！游魂不歸，居人心絕，麥飯壺漿，臨江嗚咽。日墮天昏，悽悽鬼語。守哭迍邅，心期冥遇。惟血嗣之相依，尚騰哀而屬路。或舉族之沉波，終狐祥而無主。悲夫！叢冢有坎，泰厲有祀。强飲强食，馮（同「憑」）其氣類，尚羣游之樂而無爲妖祟。人逢其凶也耶？天降其酷也耶？夫何爲而至於此極哉！

駢文是我國文學的特產。它盛行於漢、魏、六朝，衰於宋、元、明，至清而復興。乾、嘉之際，訓詁考據之風大盛，學者抗心希古，博極羣書，因此發爲文章也都鄙薄唐、宋以後散文的空疏，而羣趨於漢魏六朝的沉博宏麗，所以很多漢學家同時也是駢體文作家。其中尤以汪中最爲傑出，享名也最盛。

汪中（一七四四——一七九四）字容甫，江蘇揚州人。「生七歲而孤，家夙貧，母鄒緝屨以繼饔飧。冬夜藉薪而臥，旦供爨給以養親。力不能就外傳讀，母氏授以小學、《四子書》。及長，鬻書於市，與書賈處，得借閱經史百家。於是博綜典籍，諳究儒、墨，經耳無遺，觸目成誦，遂爲通人焉。」（《漢學師承記》）他是在極度艱苦的條件下自學成才的。他曾「博考先秦古籍，三代以上學制廢興」，欲撰《述學》一書，但因貧病交加，屬稿未就。現在流傳於世的《述學》內、外篇等，是雜集其生平撰著之文而成，雖仍標

《述學》之名，不過是他的文集而已。王念孫爲此書作序說：「容甫澹雅之才，跨越近代。其文合漢、魏、晉、宋作者而鑄爲一家之言，淵雅醇茂，無意摹倣而神與之合，蓋宋以後無此作手矣。當世所最稱頌者，《哀鹽船文》、《廣陵對》、《黃鶴樓銘》，而它篇亦皆稱此。蓋其貫穿於經史諸子之書，而流衍於豪素，揆厥所元，抑亦醞釀者厚矣。」王氏爲清代第一流的訓詁學家，又是汪中的摯友，知之甚深，他的話可以代表當時學術界對汪文的評價。

《哀鹽船文》是汪中二十七歲時所作。當時著名學者杭世駿正主講安定書院，看到這篇文章大爲嘆賞，並爲它寫了一篇小序，稱讚它「驚心動魄，一字千金」，表現了一個老作家對青年作家的青睞和赤忱。同時這篇小序也指出了《哀鹽船文》的一些特色。對我們理解和欣賞它很有幫助。第一，就文體而論，這篇文章屬於弔祭一類。明徐師曾《文體明辨》論弔文云：「大抵弔文之體，彷彿《楚騷》，而切要惻愴，似稍不同。」杭《序》也指出此篇「采遺制於《大招》，激哀音於變徵」，說明它是弔文，而辭采近於騷賦。序中還有「汙爲故楮，識李華之精思；傳之都下，寫左思之賦本」兩句。上句本《新唐書・李華傳》，是說《哀鹽船文》可以和《弔古戰場文》媲美，比擬最爲切當；下句用「洛陽紙貴」的故事，說明此文的聲價，也是實錄。此文確曾傳至清朝的首都北京，時人皆知揚州汪中的大名，成爲文壇的佳話。

其次，杭序還指出汪中作此文的動機和社會效果：「中目擊異災，迫於其所不忍而飾之以文藻。當人心肅然震動之時，爲之發其哀矜痛苦，而不忘天之降罰，且閔死者之無辜，而吁嗟噫歆，散其寃抑之氣，使人無逢其災害。是《小雅》之旨也。」所謂《小雅》之旨，大概指的是「怨悱而不亂」。（見《史記・屈原、賈生列傳》）汪中基於人道主義和強烈的同情心，對鹽船火災所造成的一場浩劫深表痛憤。一方面唁慰生者，「爲之發其哀矜痛苦」；一方面追悼死者，「散其寃抑之氣」，這是他寫這篇文章的主題。杭世駿特別強調這一點，是非常扼要的。《述學》中尚有《弔黃祖文》及《經舊苑弔馬守眞文》兩篇，都屬於弔文一類，但兩文都是借憑弔前人以抒發自己的身世之慨，不如這篇文章悲憤深廣，更具有社會現實意義。

全文共分三大部分，第二、三部分又各分爲若干小段。層次分明，結構嚴謹，銜接處自然連貫，渾然一體，章法之妙，值得細心玩味。

第一部分：點題，撮敍事實，作爲全文的開端。按《嘉慶揚州府志・事略六》及《重修儀徵縣志・祥異》並載鹽船失火事件，在乾隆三十六年十二月，與此文作三十五年者不同。但兩書記載被焚船隻及傷亡人數，均作約略之辭，如「舟檝無算，傷人極多」云云，都不及此文數字詳確，蓋事後追記，自不如汪中「目擊異災」之詳實可靠。這段文字雖很簡括，但「列檣蔽空，束江而立，望之隱若城郭」數句，寫得不僅生動形象，而且把「壞船百有三十，焚及溺死者千有四百」，損失傷亡如此慘重的原因也暗示出來，令人聯想到赤壁之戰船隻「連環」的場景。這幾句用筆很輕，可以說是輕描淡寫，而接下去則是「一夕並命，鬱爲枯臘」，突然轉變，石破天驚，僅僅八個字就把一場火災的「烈烈厄運」囊括無遺了。而轉折之際，並未借助於虛詞的聯絡，也沒費多少筆墨，可謂靈妙之極！《紅樓夢》第七十八回寫寶玉詠《姽嫿將軍歌》，在「丁香結子芙蓉絛」之下，陡接「不繫明珠繫寶刀」，一句兜轉，由紅妝轉入武裝，使賈政也不得不心服其筆力之健，與此可以互參。

第二部分，正面描述鹽船火災的始末情景，又可細分爲以下四段：

自「於時玄冥告成」至「乃焚如以俱沒」，寫火災發生的經過。當時正是一年將盡的十二月，冬神（玄冥）已宣告成功，各種生物都處於蟄伏狀態，「窮陰涸凝，寒威凜慄」，天氣非常寒冷。在一天的傍晚，「黑眚拔來，陽光西匿」，空中忽然飄來一片黑霧，夕陽黯然無光，天漸漸黑下來。這時鹽船上的人正在吃晚飯，「羣飽方嬉，歌咢宴食」，酒足飯飽，擊鼓高歌。但一場大禍就要臨頭了，他們每個人的臉色都呈現晦氣。入夜以後，忽然一陣狂風吹來，「萬竅怒號」，驚天動地，江上的波浪湧起如山。正在這風狂浪險的當兒，一個船上起火了。起初是星星點點，接着是火光衝天，「炎光一灼，百舫盡赤」，所有的船隻都燃燒起來。那些木船遇到大火，就像用沸水澆雪，傾刻都燒化了。「青煙睒睒」，上衝霄漢，與雲氣相混，映得天空一片紅霞。火勢蔓延，向四周擴散，把江岸也燒焦了。最後總結一句，「始連檝以下碇，乃焚如以俱沒」，是說沒有一隻船幸免於難。

這段描述鹽船被焚的經過，層次極爲清楚：冬季，傍晚，船戶吃晚飯，夜深人靜，大風怒號，以上是起火前的情景；然後是火初起，火勢變猛，船隻被火焰吞沒，火焰上騰，火勢彌漫。既寫出時間，也寫出空間，人、船、風、火、水、雲、聲、色，既有動態，又有靜態，而以動態爲主。使讀者如身臨其境，目擊其狀。蘇軾《赤壁懷古》：「談笑間，檣櫓灰飛煙滅」，以簡括勝，重在抒情；此段則重在寫景狀物，以刻畫精細見長。

自「跳躑火中」至「至於海不絕」，寫船焚以後，人們倉皇逃竄，終於燒死的情景。這一小段開頭六句，描述船上的人，在火光中，又跑又跳，狂呼大喊，驚慌失措地在死亡線上掙扎奔逃，以求找到一線生路。但是「倏陽燄之騰高，鼓腥風而一吷，洎埃霧之重開，遂聲銷而形滅」。火勢越燒越猛，無路可走，最後終於葬身火海了。以下更寫火熄以後，愁雲慘霧，天昏地暗，岸上水上，一片凄涼殘破的景象，令人慘不忍睹。

以上寫焚死者之狀，以下又寫溺死者之狀。溺死者又分兩種：自「亦有沒者善游」至「並爲波臣」六句，寫善於游泳和操舟的人。他們見義勇爲，冒險以搭救遇難者，但終因水火無情，風大浪險，救人不成，反而犧牲了自己的生命。自「又或」以下至「口不言而以意」，則是寫鹽船上的人因逃避火災而投身入水，結果是「逃灼爛之須臾，乃同歸乎死地」，沒被火燒死，卻被水淹死。作者對以上兩種人的寫法，詳略不同。因救人而犧牲者人數既很少，又不是「哀」的對象，所以衹用「死喪之威，從井有仁」，表示對他們的崇敬，一筆帶過。而對那些溺死的鹽戶，則不但細緻地描繪他們與死神搏鬥的情景，而且設想他們「積哀怨於靈臺」，至死也不甘心；「目睊睊而猶視」，死後十多天還不瞑目；甚至當他們的家屬來收尸的時候，還「流血盈眦」，好像訴說他們的不幸和悲哀。這是一種誇張的手法，它以浪漫主義的想象，更烘托出悲劇的氣氛。

在寫過溺死者的情況以後，又回過頭來，補寫焚死者的情況。他們「焚剝支離，漫漶莫別」，肢體殘缺，面目模糊，甚至被燒得衹剩下一些殘骸碎骨，七零八落。那些溺死者還落得一具全屍，而這些焚死者則形狀更慘。他們的家屬衹能「收燃灰之一抔，辨焚餘之白骨」，拿回家去掩埋。這一小段是餘波，最後以「嗚呼哀哉」作收束，則把前面所寫的一切死難者都包括在這一句之中了。

第三部分：以議論、抒情作結，對死難者深致哀悼。作者首先以善終者和爲國捐軀者與這次火災死難者做一對比。「衆生乘化，是云天常，妻孥環之，絕氣寢牀」，這是一般人循着生、老、病、死的規律死去，是正常現象，命該如此。「以死衞上，用登明堂。離而不懲，祀爲國殤」，這是執干戈以衞社稷，死得壯烈光榮，名垂不朽。而這次火災中遇難的人，則既死於非命，又死而無名，比起前兩種人來，更爲可憐可哀！有家屬來弔祭的，一路都是哭聲；至於那些全家遭難的，則根本無人過問。於是作者以強烈的同情，發出深沉的哀悼，希望横死者的鬼魂安於叢冢之中，享受當地公衆的祭祀，「尙羣遊之樂而無爲妖祟」！這種荒唐之言，實自肺腑中流出，而着一「樂」字，反使人更覺可悲。結尾「人逢其凶也耶？天降其酷也耶？夫何爲而至於此極哉！」連用三個問句，詰難慨嘆，有如控訴，更把滿腔哀怨悲憤，發洩無餘。

汪中對鹽船火災死難者的深厚同情，是和他的身世、思想分不開的。他一生坎坷不遇，貧病纏身，因而對封建社會中的被侮辱與被損害者常常產生一種氣類之感；而對於那些爲富不仁之輩，欺世盜名之徒，則冷嘲熱罵，毫不留情。從前的論客們往往認爲他恃才傲物，目中無人，那衹是看到了一些表面現象，而未能了解他的內心世界。他頌大盜以仁人（如《狐父之盜頌》），引妓女爲同類（《經舊苑弔馬守眞文》），主張爲寡婦設「貞苦堂」以贍養那些孤苦無依的婦女，都說明他是站在勞苦大衆的立場，表現出他對封建社會的叛逆性格和進步思想。他在先秦諸子中特別崇揚墨子，認爲他「泝堯舜，陳仁義，禁攻暴，止淫用，感王者之不作，而哀生人之長勤」，是《詩經》所說的「凡民有喪，匍匐救之」的仁人，並且把他和孔子相提並論，這些都是和他那時的傳統見解不相容的，從而可以看出他的思想所達到的高度。在他的許多文章中都表現了深廣的人道主義精神，這篇《哀鹽船文》「閔死者之無辜」而「散其怨抑之氣」，更可爲代表之作。

汪中之文，王念孫稱其「合漢、魏、晉、宋作者而鑄成一家之言」，又說他「貫穿於經史諸子之書而流衍於毫素，醞釀者厚」。我們認爲這些話說得非常中肯，字眼用得非常恰當。「鑄成」是說他謀篇造句，渾然天成；「流衍」是說他行文流利，左右逢源；「醞釀」則是說他讀書精熟，食古能化，必先醞釀而後能流衍，再進而鑄成一家之言。以這篇文章而論，作者遣詞造句，幾乎「無一字無來歷」，而且善用成語，融化無跡。如「鬱爲枯臘」，出《漢書・楊王孫傳》；「萬竅怒號」，出《莊子・齊物論》；「操舟若神」，出《列子・黃帝篇》；「死喪之威」，出《詩・常棣》；「旋入雷淵」，出《楚辭・招魂》；「強飲強食」，出《周禮・冬官》等等，都是引用原句。其他略加增減或點化的還有很多。但看起來絲毫不顯鑲嵌雕琢之跡，讀起來也無生硬支離之弊，這就是經過醞釀、流衍而鑄成一家之言的例證。作者用這樣的文學語言，「狀難寫之情」，「含不盡之意」，有條不紊地來敘述鹽船被焚之狀，死難之人，以及死者家屬和作者自己的悲傷痛悼之情，所以深切感人，至今傳誦。杭世駿說它「驚心動魄，一字千金」，並非溢美。

這篇文章是汪中的少作，已經達到如此成熟的境地，其後書卷閱歷，發其才情，藝術水平更爲提高。章太炎評其文說：「今人爲儷語者，以汪容甫爲善。彼其修辭安雅，則異於唐；持論精審，則異於漢；起止自在，無首尾呼應之式，則異於宋以後之制科策論；而氣息調利，意度沖遠，又無迫笮蹇吃之病，斯信美也。」（《菿漢微言》）這段話抉發汪文的特點，深切著明，對我們賞析汪文很有啓發，特引錄以供參考。

（齊治平）

雜感

黃景仁

仙佛茫茫兩未成，祇知獨夜不平鳴。風蓬飄盡悲歌氣，泥絮沾來薄幸名。
十有九人堪白眼，百無一用是書生。莫因詩卷愁成讖，春鳥秋蟲自作聲。

這首詩是黃仲則十九歲時旅食江浙客中抒發愁懷的作品。當時他正開始走上辛酸淒楚的社會生活旅程，也正是他開始通過詩人的慧眼觀察世態人情的時刻。

首聯「仙佛茫茫兩未成，祇知獨夜不平鳴」，帶有自我嘲諷的口吻，說自己沒有修煉好升仙成佛的本領，難於擺脫眼前一片茫茫的紛擾、困惑、苦難的塵網。面對醜惡的社會現實，祇好在耿耿長夜，獨自發出憤憤不平的悲鳴！

頷聯「風蓬飄盡悲歌氣，泥絮沾來薄幸名」，回顧兩年來在外面謀生計、求功名的飄泊生涯，如同在風中的飛蓬，把慷慨悲歌的豪氣都耗盡了；又如同墜落在泥淖裏的柳絮，難以飛舉，辜負了酒裏讀書時相戀的宜興那位多情而美麗的少女的期待，得了一個「薄幸」之名！

頸聯「十有九人堪白眼，百無一用是書生」，上聯表現了這位詩人睥睨一世的氣概，不與世俗同流合污的精神；下聯更是極端憤慨、極端傷心之語。他看到社會上賢良正直的讀書人，大都窮愁潦倒。自己也是滿腹文章，絕代才華，而不爲世所用，所以發出這樣的不平之鳴。

尾聯「莫因詩卷愁成讖，春鳥秋蟲自作聲」，此句下自註曰：「或戒以苦吟非福，謝之而已。」這兩句就是回答好心朋友的規勸。當時很多人相信「詩讖」的迷信，說是如果詩裏寫了什麼不吉利的話，往往會在作者身上得到應驗。傳說秦少游死於藤州，就是因爲他詞中曾有「醉臥古藤陰下」的讖語。黃仲則卻不相信這一套，謝絕了人們的好言規勸。他認爲詩歌創作好像是春天的鳥鳴，秋天的蟲吟，「蟬到吞聲尚有聲」，都是天籟之音。詩人既有「飛揚慷慨」的秉性，寫作時就不應該有什麼顧慮。

這首《雜感》詩，質樸無華，不用雕飾，自然流利。但在平易中又蘊藏着層層深刻的內涵。

首先，不能僅僅把這首詩看成是一般讀書人常有的哀怨窮愁之感。黃仲則具有傑出詩人特有的敏感氣質，他初涉世途，便看透了當時知識階層的普遍墮落現象；看到了正直文人不可避免的坎坷命運。《雜感》所抒發的胸中塊壘，僅僅是他後來與日俱增的積鬱幽憤的開端。爲什麼說「十有九人堪白眼」是對當時衣冠人物的深刻鄙薄呢？這可在後來的《何事不可爲二章詠史》中得到解釋，這兩首詩更加痛快淋漓地刻畫和鞭撻了官場、儒林中種種卑鄙無恥嘴臉。而在《悲來行》中，乾脆把眼中人物都罵成「行屍」。《雜感》可以說是黃仲則一系列孤憤詩的前奏。

《雜感》還表現了詩歌創作要「自作聲」的主張。他認爲作詩不能顧忌什麼不利的後果。「莫因詩卷愁成讖」的「讖」字，實際上是「文字獄」的一種巧妙暗示。朋友的規勸，當然也含有謹防文字賈禍的意思。但他要堅持眞理，在《和錢百泉雜感》中就毫不隱晦地道出了不怕因謾罵而惹禍的態度：「禰生謾罵奚生傲，此輩於今未可無。」他竟然拿因爲謾罵而遭到殺身之禍的禰衡自比。他當然知道「依人而謾罵，若與性命仇」（《鸚鵡洲》）的道理，但他仍不肯改變自己的態度。黃仲則對於做一個正直詩人所需要付出的代價既然十分清楚，仍然抱着「三生難化心成石，九死空嘗膽作丸」的決心，努力要作不平之鳴。要把春鳥秋蟲的天籟之音一鳴到底，要把「哀樂胡不均」和「誰知人間茹冰炭」的現實大膽揭露出來。這就是他「自作聲」的本意；是這位剛及閱世之齡的敏感詩人，敢於對那文網高張、寃獄疊起的時代進行挑戰的心聲。

黃仲則在剛及三十五歲的盛年，就因貧病交迫，爲債家所逼，抱病出京去陝覓職，死於山西運城旅途。他短暫的一生，留下一千多首詩歌，他不幸的遭際，在中國歷代詩人中也是罕見的。今天，我們在《兩當軒全集》中讀到的大量慷慨悲歌之作，其主要思想傾向，在這首早期作品《雜感》中已有明顯的揭示，因此，這首詩的思想性、藝術性都值得我們重視。

（喻蘅）

圈虎行

黃景仁

都門歲首陳百技，魚龍怪獸罕不備；何物市上游手兒，役使山君作兒戲。初舁虎圈來廣場，傾城觀者如堵牆；四圍立柵牽虎出，毛拳耳戢氣不揚。先撩虎鬚虎猶帖，以棓卓地虎人立；人呼虎吼聲如雷，牙爪叢中奮身入。虎口呀開大如斗，人轉從容探以手；更脫頭顱抵虎口，以頭飼虎虎不受，虎舌舐人如舐彀。忽按虎脊叱使行，虎便逡巡繞闌走。翻身踞地蹴凍塵，渾身抖開花錦茵；盤回舞勢學胡旋，似張虎威實媚人。少焉仰臥若佯死，投之以肉霍然起；觀者一笑爭醵錢，人既得錢虎搖尾。仍驅入圈負以趨，此間樂亦忘山居。依人虎任人頤使，伴虎人皆虎唾餘。我觀此狀氣消沮：嗟爾斑奴亦何苦！不能決蹯爾不智，不能破檻爾不武。此曹一生衣食汝，彼豈有力如中黃，復似梁鴦能喜怒。汝得殘餐究奚補？倀鬼羞顏亦更主；舊山同伴倘相逢，笑爾行藏不如鼠。

黃景仁，字仲則，是清代一個短命的天才詩人，一生祇活了三十五歲。他四歲喪父，家境窮困，十七歲就進了秀才；然屢應鄉試不第，連一個舉人也沒有考中。二十一歲以後，在湖南、安徽等地當幕賓，生性孤傲，而作客依人，落落寡合。二十七歲上北京，次年應乾隆皇帝東巡的召試，取二等，授武英殿鑒書官，爲候補縣丞，未授職而卒。他的詩意境清新，感情強烈，具有很強的感染力。七言近體詩的雋句最爲膾炙人口，然多寫身世的淒涼抑塞之感，故洪亮吉《北江詩話》評其詩如「咽露秋蟲，舞風病鶴」。他的七言古詩亦工，情調有同於近體的，也有氣勢雄健的如前、後《觀潮行》，感情奔放的如《笥河先生偕宴太白樓醉中作歌》、《太白墓》，有敍事細緻的如《獻縣汪丞座中觀伎》、《圈虎行》，故吳錫麒《與劉松嵐書》又稱其詩：「清窈之思，激哀於林樾；雄宕之氣，鼓怒於海濤。」

《圈虎行》是乾隆四十五年（一七八〇）黃仲則三十二歲時在北京寫的。他在京生活貧困，後來出京病死於山西解州道中，就是爲債家所逼而行的。寫這詩時，他已深深地領略了功名蹭蹬、浮沉下僚的窘窮辛酸的況味，閱歷了炎涼威福的人情世態，所以詩篇通過對當時京師的「圈虎」之戲的描寫，抒發了他的嫉世、諷世之情。

開頭四句是詩的總綱。前二句提示這首敍事詩所寫的事件的背景：地點是當時的首都，時間是初春之候，此時此地，街市上熱鬧異常，曼衍魚龍，馴服怪獸，各式各樣的賣藝雜耍無不具備。它一方面反映所謂乾隆「盛世」的京師盛況；一方面從不能務本業、務正業的賣藝人之多，反映了當時下層人民生計的艱難。作者本無意在這兩句中反映複雜的社會矛盾，但由於眞實反映生活，卻把這種矛盾自然透露出來，也許就是所謂「形象大於思想」吧！後二句，由面緊收到點，由背景緊接着點明詩篇描寫的對象。那種被世俗稱爲「百獸之王」、這裏稱爲「山君」、後文稱爲「斑奴」的老虎，竟被市上的「游手兒」役使着作爲表演把戲的角色。「游手兒」與「山君」相映成趣，也進一步透露了這些人的身分及其活動的社會原因，無意中補充上文對矛盾的反映。「何物」二字，加重詫異的語氣，表示虎受人耍的把戲的不平常。

第二段描寫「圈虎」之戲的具體情景，是全詩的中心，既極細緻又極簡練，表示作者藝術修養的高度圓熟。它順着眼觀過程的次序寫，層層遞進，又善用反跌襯托手法。「初昇」四句寫虎戲的開始，戲場的布置，觀者的衆多，以及老虎出場時的狼狽相。俗話說，虎鬚是最不能碰的，把幹危險的事比爲「捋虎鬚」。「先撩」一句寫這裏情況特殊，耍虎戲的人不畏虎，一開始就去幹這勾當，並且是慢慢地「撩」着撥弄，但虎卻不敢發怒，依然「帖服」。這對老虎來說，還是消極地不敢發作本性而已。這是第一層。「以棓」一句，寫虎的受人指使，人把木棒直立，它也就學着「人立」起來，不但人不畏虎，而且是虎畏人並積極聽命於人的行動了。這是第二層。「人呼」一句，寫觀衆看了奇狀而驚呼，虎也偶示威風，隨着怒吼起來，虎聲人聲，一片雷動。這裏觀衆與老虎並寫，但以觀衆的喝采襯老虎。「牙爪」一句，寫耍虎戲者敢於在虎聲怒吼、虎爪張舞、虎威發作之時，奮身近虎，危險更大，是第三層。「虎口」二句，寫老虎張巨口作食人狀，其勢更爲兇惡可怖，而耍戲者更是不慌不忙，把手「從容」探入虎口，這是第四層。「更脫」三句，寫耍戲者更把頭顱伸進虎口，虎不但不敢咬，反作愛撫之狀。舐人頭如舐小虎（彀），這種動作是很出人意外的，因而「虎舌」一句的精警之處也是很出人意外的。這一句把老虎的「媚人」之態寫得那樣生動可掬。這是第五層，是耍戲者驚險表演的高潮。這五層一層緊似一層，觀衆的心理當已高度緊張。詩祇寫耍戲者與老虎而不寫觀衆，但從讀者讀詩時所受的吸引和反應來說，也完全可以體會到這一點。再說上文對老虎的怒吼和張牙舞爪的描寫，渲染緊張氣氛，也全是爲耍戲者的馴虎技能張本，以前者襯托後者。「忽按」二句，寫耍戲者按着虎背，一聲吆喝，虎便繞欄巡迴而走。這是本段的轉捩之筆，從對耍戲者的活動爲主的描寫轉入對老虎的活動的描寫。「翻身」四句，寫耍戲者不必指揮，老虎自己就在「涑塵」中「翻身踞地」、抖露皮毛之美，學作「胡旋」之舞，「媚人」之態又更進一步，詩到這裏結以「似張」一句，既是水到渠成、適應行文氣機要求的不得不然之筆，也是揭示老虎一系列表演的可悲本質的畫龍點睛之筆。孫星衍評：「仲則《圈虎行》爲七古絕技，『似張虎威實媚人』，奇句精思，似奇實正。」實在不錯。就老虎方面來說，這四句又是它的表演的高潮。「少焉」六句，寫虎戲的結束，「佯死」和「霍然起」是老虎表演高潮和「媚人」的餘波，增加了詩的滋味。「人得錢」、「虎搖尾」是一場把戲表演的目的，是人與虎、人與人之間的複雜關係的說明。「此間」句又繼「似張」句之後對老虎再進行諷刺。

最後一段以議論作結。「依人」二句，感嘆養活人的反而受人「頤指氣使」，吃人的「唾餘」，這是一種不公平、不正常的現象。這種現象不但存在於人和虎之間，且更多地存在於人和人之間，這就是下一句作者所說觀看後「氣消沮」的緣故。「不能決蹯」五句申明「嗟爾」句的感嘆和斥責的理由：要戲者並沒有像《尸子》中所說的搏虎勇士中黃那樣的武力，也沒有像《列子》中所說的馴養禽獸者梁鴦那樣的技能，一生靠老虎的要戲謀「衣食」，而老虎卻喪失原來的「虎性」，那樣畏懼他們，不敢絕足（決蹯）以去，破檻而走，眞是「不智」、「不武」之極。結尾四句從對「倀鬼」和「故山同伴」的設想來總述老虎行動的可「羞」、可「笑」。虎與鼠對比，「倀鬼」與倀主對照，敍事與議論結合，表面上寫得旣辛辣又有諧趣，實際上是憤激而又沉痛的。

這首詩是當時北京社會的一幅絕好的風俗畫。可以和它相比的，衹有蔣士銓的《京師樂府詞》的一些篇章。但這詩比蔣詩的「比興」意義更爲深刻複雜。它旣可以是受制於人的失足「英雄」的寫照；也可以是一些本性兇惡、善於施展威風，又甘心受控於他的人的「役使」並要盡各種手段以討好主子的人的寫照；更不必再談上面所說的「養活」與「役使」關係的顛倒的問題了。上述可以寫照的兩種人，是統治階級中所常見的，詩篇對老虎的描寫，也是對這種人的窮形盡相的揭露。所以，這首詩就具有極爲廣泛而又深刻的典型意義。藝術上，生動、細緻的白描，簡潔精練的語言；結構嚴整而又有錯落之處，如「更脫」句和「此曹」句下俱以三句成片，和一般古詩常以兩句成層的不同；奔放激動的感情和勁挺的筆勢在客觀冷靜的描寫中透現出來……這些都很值得我們體味和學習。

黃仲則詩，似唐代的三李，它有李白詩的豪放，李賀詩的瑰奇，也有李商隱詩的纏綿工麗。他自己有一段《詩評》說：「愚見欲岑嘉州與李昌谷、溫飛卿三家詩匯刻，似近無理；然能讀之爛熟，定有絕妙過人處，亦惟解人能知之也。」這是他「夫子自道」的創作心得之談，不容忽視。他的古詩得力於二李和岑參，近體又得力於商隱和庭筠，故古近體兼工，奔放、瑰奇與綿麗兼擅。至於《圈虎行》一詩，白描細膩的功夫，則更爲近似白居易的《琵琶行》一類詩篇。由此可知潘瑛《詩萃》所說的仲則詩「自漢魏六朝下逮唐宋，咸能採擷精華，自成杼軸」，並非泛泛之談。

（陳祥耀）

賀新郎

黃景仁

太白墓和稚存韻

何事催人老？是幾處、殘山賸水，閑憑閑弔。此是青蓮埋骨地，宅近謝家之朓。總一樣、文人宿草！衹爲先生名在上，問青天：有句何能好？打一幅、思君稿。

夢中昨夜逢君笑，把千年蓬萊、清淺，舊游相告。更問：「後來誰似我？」我道：「才如君少。有或是、寒郊瘦島。」語罷看君長揖去，頓身輕、一葉如飛鳥。殘夢醒，鷄鳴了。

這首《賀新郎》詞，是黃仲則弔當塗青山（又名青林山）李白墓所作，和其友人洪亮吉（字稚存）原韻。故此詞之題爲「太白墓和稚存韻」。

這詞的第一句「何事催人老」的「老」字，有「終老」，即「死去」之義在。劈首發問：「何事催促着人生消逝？」以嘆問語引出「是幾處殘山賸水」，供人「閑憑閑弔」之浩嘆。進而引出詩人來弔李白墓的具體情景：「此是青蓮（李白之號）埋骨地，宅近謝家之朓。」這也是以空泛語，引出實情實境的寫法。「宅近謝家之朓」，是倒裝語，即：「（李白墓）近謝家之朓宅。」謝朓是南朝著名詩人，曾任宣城太守。李白推崇

賀新郎

謝脁，又曾遊歷宣城，《舊唐書》有李白死於宣城之說，《新唐書》則云李白死於當塗。李白墓在當塗青山，南距宣城不遠，故詞中說「近謝脁宅」。如果把「宅」解爲「陰宅」，指李白墓，一則用詞其義重複，二則墓宅「近謝家之脁」這個人，是不通的。「總一樣：文人宿草！」是弔墓所作之感慨。「文人」指李白，兼及謝脁。「宿草」是墓上之多年生荒草，代指墓地。文人終究要死，賸墓草供後人見而弔之而已！「總爲先生名在上」句的「先生」，指李白。詩人憑弔的李白是聲名不朽的詩人，所以就要想到作詩，就發出「有句何能好」之問。因之，也就產生對李白的悼念，要「打一幅思君（李白）稿」——作這首詞了。

下片從見李白墓，轉述「夢中昨夜逢君笑」的諸般夢況。這句的「君」，仍是指李白。首先寫出夢中，李白向詩人敍說「舊游」之事。「舊游」的具體內容：「千年蓬萊、清淺」，都是援引李白詩中所涉及者。李白詩中，多寫遊歷仙境。具體到「蓬萊」、「清淺」，可以《游太山（泰山）六首》爲證，「登高望蓬瀛」（其一），「高飛向蓬瀛」（其四），「舉手弄清淺」（其六）。「蓬」卽蓬萊仙島；「清淺」卽銀河之代稱，《古詩十九首·迢迢牽牛星》有「河漢清且淺」句。「更問」的主語被省略，卽「李白更問」。問什麼呢？「後來誰似我？」——後來的詩人之中，有誰似我李白呢？黃仲則答道：「才如君少。有或是寒郊瘦島。」——像你李白之才的不多。有些有才的詩人，也不過是孟郊、賈島一流的。郊，孟郊；島，賈島。他們都是中唐有特色的詩人。孟郊詩多作寒苦語，賈島詩風瘦硬，蘇軾遂有「郊寒島瘦」之評。「語罷看君長揖去」，卽「說完之後，我看你長揖而去」。用「長揖」，寫出李白飄逸不俗之態。「頓身輕，一葉如飛鳥。」是說看見李白飄然而去，身輕如一葉，似飛鳥般逝去了。「殘夢醒，鷄鳴了。」以鷄叫了，天亮了，夢醒了，結束全詞。

這首詞是弔李白，表示了對李白的推崇。黃仲則是學李白的，洪亮吉在《黃君行狀》中指出他「自湖南歸，詩益奇肆，見者以爲謫仙人復出也……卒其所詣，與青蓮最近」。左輔的《黃縣丞狀》也指出他「詩，天才超逸似李白……」都認爲他的詩風似李白。他自己在《太白墓》七古中，也自認「我所師者非公誰」。就是說：我寫詩，是學你李白之詩的。「我道：『才如君少。有或是、寒郊瘦島！』」這句詞，在惋嘆今世鮮有李白之才者的同時，也隱隱透出一點「唯我似你」的自負之意。而「總一樣：文人宿草！」之語，又頗有才人不遇之嘆，自寓身世之感。《太白墓》詩中的「嗚呼！有才如君不免死」云云，正好是「文人宿草」和「何事催人老」的絕好佐證和註腳。張維屏《詩人征略》云：「自古，一代無幾人。近求之，百餘年以來，其惟黃仲則乎！」對他詩歌成就，評價是高的。他這位有如李白那種「仙人」的詩人，卻「年未四十，落魄而死」！（吳蘭雪《石溪舫詩話》）他在這首詞中，有悲憤傷感之辭，也就不難理解了。

仲則詞的藝術，在清代詞中，並非上流。我贊同陳廷焯《白雨齋詞話》中的觀點：「黃仲則《竹眠詞》，鄙俚淺俗，不類其詩。」我們對他的詞作賞析，不應一味捧場，指出優劣，方有借鑒之意義。

這首詞藝術上的明顯特徵，是上片寫「實」，下片述「虛」。所謂「實」，即是寫出詩人臨太白墓的實境，和在此實境中產生的感慨。這感慨包括對李白的憑弔，和詩人自己對「文人」命運的嘆嗟。上片中，又有虛有實——

「何事……閑弔」兩句，是泛論，先發浩嘆，爲虛。內中「殘」、「賸」二字是情中之景、感中所見，由此二字甫引出「閑憑閑弔」的兩個「閑」字，生出物是人非之愴。

「此是……之朓」一句，是寫眼前實境，爲實筆，點出題目。

「總一……宿草」一句，見景抒懷，復作虛筆。

「問青……君稿」兩句，再從感嘆中，轉到眼前對墓產生的憑弔之思。是寫實情——即非發感慨者。

這一虛、一實，一虛、一實，使上片行文不呆不滯。

下片，全寫夢境，故爲「虛」。寫夢境，並沒有一筆描繪夢之虛境虛景，而是以對話寫出，其間對夢中的李白神態作精練敍述。詩人的思想，便從對話中流露出來了。寫對話，也有虛實：「把千年蓬萊、清淺，舊游相告。」是虛提一筆，沒有記錄「李白」的原話。「更問：『後來誰似我？』我道：『才如君少。有或是、寒郊瘦島！』」是實寫，即直述出「李白」和「我」的原話。末了，「以鷄鳴夢醒」，束殺住夢境。

這首詞在藝術上的敗筆，也在於上片寫實，下片紀夢。上片，是扣住題目的，是用一般寫弔墓詩、詞的手法寫出的。而下片，則明顯地與上片脫節，可以當作獨立的一篇紀夢詞了。原因是——「夢中昨夜逢君笑」作爲下片的起句，可以與上片末句成斷藕之勢。然而藕雖斷，絲應連，辭雖截，意須貫，才是作詞上下片相接之要則。此詞的下片，則全脫離了「太白墓」！如果把這下片用在「觀太白像」可以，用在「讀太白集」亦可以，甚至「寄李白」皆可以。尤其是「殘夢醒，鷄鳴了」這六個字作爲下片紀夢的收束，是妥貼的，然而作爲全詞的煞尾，就不行了。全詞是弔太白墓，並非是專寫「夢李白」啊！陸輔之《詞旨》說：「製詞須布置停勻，血脈貫穿，過片不可斷意，如常山之蛇，救首救尾。」張炎《詞源》也指出：「最是過片不要斷了曲意，須要承上接下。」

這首詞的尾，未能救首，上下片辭斷，意也斷了。

（錢世明）

木蘭花慢

張惠言

楊花

盡飄零盡了，何人解當花看？正風避重簾，雨回深幕，雲護輕幡。尋他一春伴侶，衹斷紅、相識夕陽間。未忍無聲委地，將低重又飛還。　疏狂情性，算淒涼、耐得到春闌。便月地和梅，花天伴雪，合稱清寒。收將十分春恨，做一天愁影繞雲山。看取青青池畔，淚痕點點凝斑。

這是一首歷來爲人稱道的詠物詞。詠物，既要能寫出此物的形貌風神，又要有意內言外之旨，即寫出它的隱喻寄託，才算上品。這首詠楊花詞，既是寫楊花，但也寫出了一種人的感情，可說是達到了這種境界。所以清代詞論家譚獻說它「撮兩宋之精英」（《篋中詞》三）。

儘管飄零盡了，但又有誰能理解它而把它當着花一樣地看待呢？劈頭這個反詰句，溶涵了抒情主人公的無限沉痛和悲涼。一種人格不爲世人理解的身世之感，一種天才被委曲壓抑而不能爲世所重用的失落情緒，洋溢在字句之外。後三句寫楊花的飄零經歷。隨風飛揚，卻被重簾阻隔；途中遇雨，衹得折回深幕；衹有漫天的雲朵，像護花幡一樣，遮護着飄零的楊花。這是寫楊花的坎坷遭遇，也寫出了人的辛酸經歷。欲飛騰而不能，道途不是風阻便是雨隔。沒有誰來關心體貼，衹有高天的雲朵似乎有情，彷彿在護衛着這麼一羣無依無靠、自生自滅的小天使。花的凄涼與人的凄涼，在藝術氛圍中一道流溢出來。還有更爲悲苦的事哩，想尋找一個伴侶，找了整整一個春天，可哪裏找得到呢？唯有那同樣零落的桃花，在夕陽西下的暮色中與楊花相識了。「同是天涯淪落人，相逢何必曾相識。」（白居易《琵琶行》）眞是斷腸花對斷腸花呵！「斷紅」、「夕陽」，均是衰殘、枯槁、沒落的物象，更烘托出「楊花」境遇的凄絕。難道就這樣悄無聲息地自甘墜落嗎？不！一種人格的自尊與天賦的自我肯定意識提醒自己：不能這樣做！於是行將墜地的楊花，又重新振作飛起，飄飄揚揚地上了高空。這一個細節，非常巧妙地描狀了飄零楊花的風神，寫出了楊花的魂魄，也披露出詞人自己的心理流程和矛盾世界。

上片着重寫楊花的風神；下片則主要寫楊花的氣骨。「疏狂情性，算凄涼、耐得到春闌。」楊花是無拘無束的，它飄飄忽忽，無所不在，無處不往，那種浪漫的氣質，確有幾分「疏狂」。不過這疏狂是一種與世不偶的狂放，是「老夫聊發少年狂」（蘇軾《江城子·密州出獵》）似的自我解嘲。所以外形雖是狂放的，內心世界卻十分凄涼。而且這凄涼是徹底的、是無法排遣的，衹有咬着牙忍耐着。能否耐到春盡呢？還無把握。衹是估計：可能該耐得到吧。故這裏用了個「算」字。你看這度日如年的窘迫感，不是又倍增其淒涼了麽？儘管遭際如此，但還得有自己的骨氣！以月下暗香盈袖的梅花自勵，以冰天銀地晶瑩的雪花引爲同調，這就是楊花一生中的執著追求。月下梅花，作者取其朦朧綽約以比楊花；漫天雪花，作者取其紛紛揚揚飄灑以比楊花。而這兩者在人們心目中都是芳香高潔、晶瑩純潔的崇高精神的象徵。通過這兩個比附，詞人高度讚賞了楊花的品格。這是前人未曾道着的。「水性楊花」這一貶意，一直籠罩在前人詩詞作品當中。這裏，詞人爲楊花翻案，在寫作手法上叫做「翻案法」。

儘管品格自我肯定，但這恨和愁卻永遠無法排遣。那麽，就用漫天飛舞的身姿來做成一天愁影吧，讓它整日裏浮繞在雲山，表現出春恨的杳無邊際和亘古連綿！墜下的，就讓它落在池中，化爲點點浮萍，那青萍點點，就是傷心痛哭的淒涼淚珠的凝聚物啊！結拍，詞人用楊花落池化萍的典故，自然巧妙地結束全篇。

上面，我們看到了楊花的飄零經歷和風神氣骨，也聽到了楊花的自白，同時更彷彿看到一位歷經人世滄桑，情性疏狂，境遇清寒，身世淒涼而終身飄零並終於眼淚流盡、零落成泥的人物形象。

張惠言這首楊花詞，得到過前人的啓發。古人寫楊花的詩詞很多。著名的有北宋章質夫的《水龍吟·楊花》和蘇東坡的《水龍吟·次韻章質夫楊花詞》。蘇東坡的和作，不少人認爲超過了章詞，事實也是如此。我們不妨將三首同題詞作一比較品賞。

章質夫《水龍吟·楊花》：「燕忙鶯懶花殘，正堤上柳花飄墜。輕飛亂舞，點畫青林，全無才思。閑趁游絲，靜臨深院，日長門閉。傍珠簾散漫，垂垂欲下，依前被風扶起。蘭帳玉人睡覺，怪春衣、雪沾瓊綴。繡牀漸滿，香球無效，才圓卻碎。時見蜂兒，仰黏輕粉，魚吞池水。望章臺路杳，金鞍游蕩，有盈盈淚。」

蘇軾《水龍吟·次韻章質夫楊花詞》：「似花還似非花，也無人惜從教墜。拋家傍路，思量卻是，無情有思。縈損柔腸，困酣嬌眼，欲開還閉。夢隨風萬里，尋郎去處，又還被鶯呼起。不恨此花飛盡，恨西園、落紅難綴。曉來雨過，遺蹤何在？一池萍碎。春色三分，二分塵土，一分流水。細看來、不是楊花，點點是離人淚。」

木蘭花慢

從感情上看，章詞對楊花是純客觀描寫。「輕飛亂舞，點畫青林，全無才思」，還含有貶意。立意上，章詞不離「蘭帳玉人」，「章臺路」這類詞中傳統意象的老套，是從「玉人」的視覺角度來寫楊花。雖也寫出思緒的纏綿和哀春的深愁，但氣格不高。且取喻不確定，主旨欠分明，顯得散漫。蘇詞在客觀描寫中卻注進了主觀情愫。「也無人惜從教墜」，浸透了惜花之情。張詞的「何人解當花看」顯係從此句化出。立意上，蘇詞突出別情離恨。將楊花比擬爲一位「縈損柔腸，困酣嬌眼，欲開還閉」，正在做夢的多情女子。楊花如美女的春夢，這個想象就很富有新穎的詩意。然後將楊花之夢與夢郎女子巧妙關合。寫楊花的飄萍身世，從春光流逝不再回頭着眼，點明全篇離情別恨的主旨，是詠楊花又是詠別情，一氣呵成，喻意確定，主旨鮮明。將楊花的形神風貌寫得栩栩如生。「春色三分，二分塵土，一分流水。」也成爲頗富哲理的警句。

我們再回過頭來看張詞，就發現張詞比前面兩首都進了一層。情感上，詞人對楊花不但同情、理解，而且還贊賞褒獎。它不但寫出楊花的飄零身世，更寫出楊花疏狂、清寒、高潔、晶瑩的稟賦。同時，張詞完全擺脫了章、蘇詞一定要將「玉人」美女拉扯進詞裏安排個角色的做法，純爲詠楊花，但實在又是在詠人。這個人不再是與己無關痛癢的女子，而是詞人自己。我們可以透過作品看到詞人的秉性、天賦、身世和人格。詞中有我，這該是詠物詞成功的要訣。張惠言這首詞，是爲楊花作傳，也可看成是詞人的小傳。楊花與詞人不即不離，似是而非，若有若無，二者形象正在似與不似之間，是爲有境界，是爲佳製。

在遣詞造句和意境組合上，張詞從章、蘇詞都取得了借鑒。如「正風避垂簾，雨回深幕」意境與章詞「閑趁游絲，靜臨深院」、「傍珠簾散漫」相近。「未忍無聲委地，將低重又飛還」與章詞「垂垂欲下，依前被風扶起」意境相同。張詞結句「看取青青池畔，淚痕點點凝斑」也是受到蘇詞「遺蹤何在？一池萍碎」「細看來不是楊花，點點是離人淚」的啓示。

張惠言論詞，以立意爲本，協律爲末。他是清代常州詞派的開山祖。《彊村叢書》的編纂者朱孝臧說他「正是詞源疏鑿手」，可見他在清代詞壇的重要位置。張惠言在他的《詞選序》中說：「詞者……其緣情造端，興於微言，以相感動。極命風謠里巷男女哀樂，以道賢人君子幽約怨悱不能自言之情，低迴要眇，以喻其

致。」這首楊花詞，的確是達到了他所要求的詞境標準和藝術造詣的。（沈家莊）

水調歌頭

張惠言

春日賦示楊生子掞

東風無一事，妝出萬重花。閑來閱遍花影，惟有月鈎斜。我有江南鐵笛，要倚一枝香雪，吹徹玉城霞。清影渺難即，飛絮滿天涯。　飄然去，吾與汝，泛雲槎。東皇一笑相語：芳意在誰家？難道春花開落，又是春風來去，便了卻韶華？花外春來路，芳草不曾遮。

張惠言有《水調歌頭》一組，共五首，這是第一首。此詞可視爲春夜月下賞花感興，隱約提出了一個如何對待和把握人生的哲理性問題。

「東風無一事，妝出萬重花。」首句以一反常規思維的議論逆入，顯得新穎別致。彷彿春日姹紫嫣紅開遍的萬重花朵，全是無事找事的「東風」給莫名其妙地妝扮出來的。由於它的多事，遂惹起人間綿綿無盡的春恨春愁，也惹出人們抱怨花開花落的無窮懊惱和無限惆悵。這是全詞的一個總線頭，下面詞人圍繞這個線頭扯出纏綣思緒。「閑來」的「閑」字，道出自己的閑愁。辛棄疾說：「閑愁最苦」（《摸魚兒》[更能消幾番風雨]），可見詞人此時的心境。爲什麼要說「閱遍花影」呢？「花影」可視爲一種虛無的存在，表露了詞人對「花」之虛無的認識，與首句「妝出萬重花」的「妝出」呼應。月下賞花，有花有影，此處突出「影」字，可能是受到張先「雲破月來花弄影」（《天仙子》）的啓發，同時這個意象，也符合全詞的抒情氣氛。花影虛無，而祇有天上一鈎彎月是實在，它明晃晃地鑲嵌在湛藍的天庭，倒眞勾起了詞人熱衷嚮往之情。你看他，要倚傍在一株清香的花樹下，舉起江南鐵笛，爲月亮吹奏一曲動聽的清歌，直吹透月宮雲霞！朱熹《鐵笛亭詩序》：「侍郎胡明仲，嘗與武夷山隱者劉君兼道游，劉善吹鐵笛，有穿雲石裂之聲，故胡公詩有『更煩橫鐵笛，吹與衆仙聽』之句」。鐵笛聲是可直上雲霄的。「香雪」，指花。「玉城」，指月宮，蘇軾《水調歌頭》喻月宮爲「瓊樓玉宇」，「玉城」從「玉宇」化出。儘管詞人有嚮往月宮的深情和願望，但究竟月亮祇是把她的清影投向人間，實在太渺茫，可望而不可即呵。上月宮不能，朦朧月色中倒是看到漫天楊花飛飄。這裏詞人的思路陡轉，似有漫天離愁別恨鋪天蓋地而來。這「飛絮滿天涯」是以景代情的神來之筆。一種強烈的願望在現實上觸礁，這種悲苦，這種怨恨，這種凄涼感覺如何來表達呢？概念是蒼白的，作者於是借漫天涯飄飛的楊花來傳達。詞人在《木蘭花慢·楊花》中寫道：「收將十分春恨，做一天愁影繞雲山」，這「飛絮滿天涯」，不正是「一天愁影」嗎？

楊花既然能飛，也可以上月宮吧？詞人想象的翅膀繼續飛翔，立卽產生出奇妙的聯想：我們何不也飄上天去呢？下片作出決定：「飄然去，吾與汝，泛雲槎。」雲槎，卽仙槎，能在銀河泛游的竹木筏子。《博物志》：「舊說天河與海通，近世有人乘槎而去。十餘日中，猶睹星月日辰，後忽忽不覺晝夜。至一處，遙望宮中多織婦，一丈夫牽牛飲之，因還。後至蜀（四川），問君平，曰：某年月日，有客星犯牽牛宿。計年月正此人到天河時也。」說的是有人乘雲槎到天河遨游的神話。此處用這個典故，證明詞人飄然上天的幻想是有根據的。到天上後，詞人與楊生見到了司春之神東皇。東皇很高興地接待了這兩位到訪的客人。笑着問他們：既然你們說我的東風是無事找事，故意妝出人間的萬重花來，那麼請你回答我，芬芳的春意你說它在何人家呢？難道春花開了又落了，春風來了又去了，你的青春年華也就這麼完了嗎？難道青春的芳意就沒有在你家停留過嗎？司春之神的這個問題，確實使詞人很難回答。這裏面包涵十分豐富的人生哲理和自然科學道理。春天的到來和逝去，是大自然的客觀規律。如果你不認眞把握此刻，不認眞把握命運，你青春的生命，不也就在春花開落，春風來去中，匆匆「了卻」了嗎？但是你若能把握人生價值，能珍重青春韶華，那麼「芳意」不就在你家嗎？你的青春的活力不就能煥發出光熱嗎？詞人這裏，是借司春之神東皇的口吻，提出了一個值得世人普遍思考的哲學命題：不要抱怨春光易逝，不要陷入悲春的深愁，打起精神，正視春天吧。春天逝去，不能說自己的美好的韶華就完結了，關鍵是要珍惜芳意呵！這是詞人對春天短暫的一種哲學領悟，也是詞人對楊生子掞的諄諄教誡和親切勉勵。

東皇一番誠懇的話語，使詞人與楊生頓開茅塞，豁然洞達。「花外春來路，芳草不曾遮。」意卽看那萬重花外春天的來路，正清晰地呈現着，還並未被芳草遮掩呢！這是對東皇那番話的具體肯定，說明春天是對人類負責的，她有實實在在的來路，從而也就否定了詞首對「東風無一事」的抱怨。結拍這句詞意，是對黃庭堅「春歸何處？寂寞無行路」（《清平樂》）詞意及辛棄疾「春且住，見說道、天涯芳草無歸路」（《摸魚兒》）意象的反用，表現出詞人對春天的執著態度。

這首詞，是用意識流手法結構的。從開首對春光虛無的意識，到後來對春天的執著把握，經歷了一個微妙的心理流程。在這流程中，又貫串了詞人神奇的思象，彌漫着飄渺的愁緒，並充滿了大膽的幻想。整首詞寫的是春夜賞花的觀感，卻漫透着詞人對人生、青春和自我價值的理解、探討和追求。以朦朧的月夜下朦朧的花影，寫出一種朦朧的舉動和內心朦朧的愁緒，在朦朧的神遊天界中與司春之神進行了一場朦朧的對話而回歸於清楚的認識，並在最後指出我們共同面對着的實際的存在（「花外春來路，芳草不曾遮」），就是這首詞提供給人們的美的律動和情緒的脈沖及意境的畫面。他並沒有具體說清一個道理，可是人們能够感到一種神秘而可以理解的道理盡在其中，這也是詞人追求的一種「意內言外」之旨，一種「幽約怨悱不能自言之情」和一種「低迴要眇」之趣。

張惠言《水調歌頭》五首，前人評價很高。陳廷焯說：「皐文水調歌頭五章，既沉鬱，又疏快，最是高境。……熱腸鬱思，若斷仍連，全自風、騷變出。」（《白雨齋詞話》）譚獻說：「胸襟學問，醖釀噴薄而出，賦手文心，開倚聲家未有之境。」（《篋中詞》）這首詞，排在五章之首，算是總綱。句斷意連，意境渾成；吞吐婉折，曲盡其妙。在疏宕中寓綿密之情，在幻思中隱現實之思，於朦朧中透出清醒的哲理意識，在放達中表現出執著之志。允爲詞史上難得的佳作。

（沈家莊）

杭州關紀事

舒　位

杭州關吏如乞兒，昔聞斯語今見之。果然我船來泊時，開箱倒篋靡不爲。與吏言，呼吏坐：所欲吾肯從，幸勿太瑣瑣。吏言君果然，青銅白銀無不可；又言君不然，青山白水應笑我。我轉向吏白，百貨我無一，即有八斗才，量之不能盈一石；但有萬斛愁，賣之未嘗逢一客。其餘零星諸般物，例所不徵，君其勿。卻有一串飛青蚨，贈君小飲黃公壚。吏睨視錢搖手呼，手招樓上之豪奴。奴年約有三十餘，庸黑陋劣髯有鬚，不作南語作北語，所語與吏無差殊。我且語奴休怒嗔，我非胡椒八百元宰相，亦非牛皮十二鄭商人。且非販茶去浮梁，更非大賈來瞿唐。況不比西域之胡，珊瑚木難璀璨生輝光。問我來何國？但作賓客，不作盜賊。身行萬里半天下，不記東西與南北。問我何所有？笛一枝，劍一口，帖十三行詩萬首，爾之仇敵我之友。我聞榷酒稅，不聞搜詩囊。又聞報船料，不聞開客箱。請將班超所投筆，寫具陸賈歸時裝。看爾意氣頗自豪，九牛何惜亡一毛。爾家主人官不小，豈肯悉索容汝曹。況今尺一除礦稅，捐棄黃標復紫標。監察御史開口椒，爾何青天白日鹿覆蕉。奴聞我言慘不驕，吏取我錢纏在腰。斯時吏去奴欲去，檳榔滿口聲嚌嘈。彼嚌嘈，我欸乃，見奴見吏如見鬼。作歌作經自懺悔，輶軒使者采不采？

提起舒位，大概研究過清詩的人，對他並不陌生。龔自珍所說「詩人瓶水與謨觴，鬱怒清深兩擅長」之一的瓶水，就是舒位的齋名，另一人謨觴是彭兆蓀，他們是乾、嘉時代人。但從一般初學者來說，舒位就不一定都知道，還得去查查《辭海》一類的書。現在要鑒賞這篇《杭州關紀事》，首先必須對作者作個簡略的介紹。他是大興人，字立人，號鐵雲，中過乾隆時舉人，生活貧困，很多時間以遊幕爲生。在乾、嘉詩派中，屬於袁枚性靈派一支。當時人曾把他和蒙古詩人法式善、袁的弟子孫原湘並稱爲三君，孫、法當然不足以和他三鼎足。他除了自己有《瓶水齋詩集》傳世外，還有《乾嘉詩壇點將錄》傳世，用封建社會斥爲「誨盜」的小說《水滸》中宋江以次的一百零八條好漢加上托塔天王晁蓋，比擬當時的詩壇人物。這一寫作事實的本身，說明舒位思想的進步一面。正因爲如此，舒位對當時人們不以爲正統文學的戲曲，同樣十分重視，並自己也從事創作。他著有《瓶笙館修簫譜》一折，雜劇四種，其中敍司馬相如的《文君當壚》尤爲著名。還有兩折——《樊姬擁髻》（伶玄與樊姬談趙飛燕事）、《博望河星》（張騫上銀河見到牽牛織女星事）。曾有工尺譜列入王季烈的《集成曲譜》，由此可知這兩折曾經演出過。還有一折是《酉陽修月》（敍吳剛在月宮中砍桂補月）。據方志記載，舒位在貧困時，出行攜二大篋，一儲書籍，一儲簫笛（見《順天府志》），便知他精音律，所寫戲曲能够合律。

舒位這樣重視小說、精通戲曲的作家，同時作爲詩人，所寫詩篇，能突破當時正統詩派的樊籬而自成一家，自然毫不足怪。性靈派就是與當時正統的格調派相對立的。但舒位不是性靈派的開山祖師，其詩歌內容與風格，也和性靈派的袁枚、趙翼二家，大不相同。袁、趙詩具有進步內容的不多，特別是詩句往往流於浮滑率易，爲正統派所指斥。舒位詩的通俗流利一面，能擷取袁枚一派之長，而奇譎縱肆卻與袁、趙異趣。在清代詩派中，他上承雍正間的胡天游，下開嘉、道間的王曇、龔自珍，一直影響到清末的黃人。值得注意的是，他的詩篇，不僅藝術性方面多獨創，而且有不少思想性、現實性較強，在袁、趙集中不易見到。這首《杭州關紀事》，可以作爲代表。

這是一首表面看來是用漢代樂府長短句形式、對白形式寫成的樂府詩，但與漢樂府已完全不同。相同的祇是中間使用了大量通俗易懂的白話語言，不同的是中間許多七言句，是古詩禮而不是樂府體，而且除了使用口語外，又穿插了「八斗才」、「青蚨」、「黃公壚」、「胡椒八百」、「牛皮十二」、「販茶浮梁」、「瞿唐大賈」、「十三行帖」、「詩囊」、「班超投筆」、「陸賈歸裝」、「九牛亡一毛」、「悉索」、「尺一」、「黃標」、「紫標」、「開口椒」、「鹿覆蕉」、「欸乃」、「輶軒使者」等二十個故事和古詞語，以及全句用蘇軾詩的「身行萬里半天下」，但又是運用得那麼自然，那麼靈活，並不讓讀者感到用典的討厭。

這既是一首反映現實、抨擊時政的詩篇，當然不是懸空構思，而是切身的感受。讀這首詩，首先必須了解「杭州關」是怎麼回事。根據《浙江通志·榷稅》記載，明憲宗成化七年（一四七一），千戶汪禮奏請在杭州設關抽商業稅。政府同意其言，就在杭州建立「抽分廠」，凡商販竹木經過那裏，要取十分抽其一的稅。到世宗嘉靖年間（一五二二——一五六六），把廠拆毀，後來又建造官廳平屋在河邊，修輯面河軒亭，照常抽稅。清朝世祖順治二年（一六四五），設立杭州關，在城外舊廠所在抽成驗放。從順治到舒位生活的年代，又經歷了一個半世紀，這種擾民弊政，一直沒有改革，並且變本加厲，杭關人員於抽分外，額外要索，無所不用其極。這回，這種殃禍，落到詩人舒位身上。他憤怒了，他從個人的遭遇想到同樣命運者的遭遇，不得不提起這支帶有青虹劍芒的大筆，寫下這首詩史式的篇章，爲民吐氣。

龔自珍所概括的舒位詩的風格「鬱怒」二字，用來說明這首詩的藝術特點，再也貼切不過了。它的「鬱怒」，又從突梯滑稽幽默風趣中顯出，更見別致。全詩用的是問答形式，開頭四句，開門見山，把杭州關令人髮指的情形，概括爲耳聞不如目見。以下第一回問答，先來一個軟商量，表示願意交稅，讓關吏先來一個空歡喜。第二回問答，轉到正面，單刀直入，表明自己是窮知識分子，除了相當廣闊的詩才，一肚皮憤世嫉俗的牢騷，以及零星不值錢的東西外，實在沒有什麽「孝敬」關吏之貨，不得已，衹有一串銅錢，聊博小飲。這一發言，不得了，關吏生氣了，作者筆下先不説吏之怒，而用「睨視錢搖手呼」這一神態來傳神，用「手招樓上之豪奴」這一動作，來顯示這一芝麻綠豆官的濫作威福，並不寫他怎麽兇惡，而幾筆傳神，兇惡已在言外。下面接寫爲吏作惡的奴，也先不寫他怎樣兇惡，而「庸黑陋劣髯有鬚，不作南語作北語」二句外形的刻畫，惡奴一副惡相，便活現紙上。南語指杭州當地話，北語指北京的京語，寫惡奴打起官腔，嚇唬旅客的惡相，一句話就勾勒了出來。用「所語與吏無差殊」一句，乾净利落地交代了吏不異奴，奴不異吏，無須再嘮叨地把奴的話再來瑣述一番。下面就用大量篇幅，寫惡奴與詩人的幾個問答。中間在詩人的答語中，運用了不少典故，既切合知識分子的喜歡掉書袋的習氣，這裏也是故意開玩笑地來對牛彈琴一番。第一層交代自己既不是大官顯貴，也不是富商巨賈。唐朝權相元載被抄家時，所接受的所剝削和收羅的財物，單是胡椒便有八百石，這一事實，帶有舊時代貪官的典型性，所以詩人就把來用了。接着又用《左傳》中故事，秦國興兵欲偷襲鄭國，鄭國商人弦高在中途碰到，來不及回去向政府報告防禦，便急中生智，冒充鄭國使者，把自己販運的牛皮十二張獻給秦兵，説是鄭國派他來先行犒師。秦軍當真以爲鄭國知道消息，有了防衛，偷襲不會成功，便退師回秦。浮梁販茶，用的是白居易著名的《琵琶行》中詩句：「商人重利輕别離，前月浮梁買茶去。」浮梁，唐縣名，在今江西景德鎮。瞿唐賈用李白《長干行》的「十六君遠行，瞿塘灩澦堆。」西域胡，指古代絲綢之路上的西方商人，珊瑚木難都是外國的珍買物品。詩人對惡奴搶白了一番，老實告訴他你看錯了人。下面再來兩個小問答，「問我來何國」，上承「西域之胡」句來，問，既不是西域來的，那麽是從哪國來的，過渡得不費力。再來一個「問我何所有」，表明自己認爲值價的東西，如王羲之十三行帖等，倒是惡奴認爲不屑一顧的。兩個「問我」，明顯地從《木蘭詩》的句式中脱胎而來。一面轉入正面斥駡關吏惡奴搜刮旅客財物的罪不可恕。「詩囊」用李賀典故，大家熟悉，不用多介紹。連詩囊也要翻檢，其它可想而知，是罪狀之一；關吏衹能讓行客報貨抽稅，現在翻箱倒篋，連本來就不公的榷稅條例都不管，是罪狀之二。下面一口氣罵下去，班超投筆從軍是熟典，不必多談。漢初儒生陸賈出使南粵，得到南粵王饋贈的不少財物，歸裝滿載，回長安後成爲巨富。這裏是借用，又是反用，就是不用陸賈典的原意，衹不過借來指窮儒的行裝。下面連珠炮似的斥罵，用筆極一放一收之能事。先放開說奴大可高擡貴手，我的區區之物，你即使不取，也不過九牛不取一毛而已，形容太微不足道了，語見司馬遷《報任安書》。又一收，說你主人是大官，是不容許你這樣胡作非爲的。主奴明明伙同一氣作惡，作者偏爲主人開脱，這是反語，即是說主人官不小，叫奴才出面爲惡，罪不可恕。「悉索」，意爲盡量搜刮，語見《左傳》「悉索敝賦」。「尺一」，是詔書的代稱。黄標紫標，典出《南史·蕭宏傳》：「宏性愛錢，百萬一聚，黄牓標之，千萬一庫，懸一紫標。」進一步指斥他，你敢違反皇帝免稅的詔書嗎？（清代常有免稅之詔，是不是完全出於僞善，那要作具體分析）你主人不怕御史老爺的彈劾處罪嗎？勸你還是不要白日做夢，蠻幹到底吧！這一呵斥，奴怕了，主人當然也不得不考慮了。作者的答語，到此終結。「開口椒」是一個僻典，見賈至忠《監察本草》：「御史裏行及試員外爲合口椒，最毒；殿中（御史）曰生薑，侍御爲脆梨，漸入佳味；監察爲開口椒，毒微歇。」「鹿覆蕉」，是熟典，用的是《列子》所載故事，鄭國有樵夫在野外砍柴，打死一鹿，藏而蓋上蕉葉。後往取，找不到藏鹿處，以爲是做了一場夢，邊走邊說此事。被人聽到，按其所言往取其鹿。樵夫回去後真做了夢，夢到那人取去鹿的情形。兩人便打起官司來，法官判定：那鹿兩人各取一半。劉穆之木檳榔的故事，見《南史·劉穆之傳》，劉貧窮，酒宴後索取檳榔，主人戲謂「檳榔消食，你常餓，何須檳榔！」這裏用此典，意稍不達，謂惡奴還在亂嘈嘈地嚷着要客人交物。下面寫作者不管奴的話，衹顧開船，「欸乃」是行船聲，見元結《欸乃曲》。「見奴見吏如見鬼」七字總括了吏、奴的形象和作者的心理。最後交代清楚自己寫詩的作用，自說雖然詩語尖鋭了一些，罪過罪過，自比於佛經的懺悔之詞，但用意還是要采風者把它給當局者看看，把弊政改革一下。輶軒使者，是古代天子派到各地方采錄方言歌謠的人。

這一首採用問答形式的紀事詩，雖來源於樂府，但實際是另有更主要的來源。說得遠一點，是屈原的《漁父》、《卜居》，宋玉的《對楚王問》，到西漢東方朔的《答客難》、揚雄的《解難》、《解嘲》，東漢班固的《答賓戲》而定型。以後有不少人寫作，往往詞浮於意。到韓愈的《進學解》、《送窮文》，使這一形式的文章，達到頂峯。這種文章往往借主客的反覆問答，表達舊時的庸俗世態，才能之士的困頓不得意，而又不變操守。語言於嚴肅之中時雜諧謔。韓愈運用這種形式到五言古詩中，寫出了有名的《瀧吏》。《瀧吏》用《進學解》的文章形式寫詩，但又用了生動的口語，這是藝術上的一個獨創，與韓愈其它以奧衍爲特色的詩不同。舒位這首詩，正是繼承了《瀧吏》的傳統，而又有發展。表現在：它全篇是短長句爲主的，有三言、四言、七言以至十六字的長句，此其一；它既有通俗的語言，但又有不少運用典故的詩句，目的是爲描寫自己的知識分子形象服務，此其二。這在清人詩歌中，是表現形式很特殊的一篇。風格上，不但體現了「鬱怒」，而且「鬱怒」中有幽默，更耐人尋味。

這詩的主題思想，是通過自己的切身經歷，揭露封建社會稅收機構的弊政。這一弊政，貫徹在清朝的整個一代，清人筆下抨擊這種弊政的，也有很多，如龔自珍在《己亥雜詩》中也說：「國賦三升民一斗，屠牛那不勝栽禾。」直到清末「同光體」的代表詩人陳三立，還在《寄調伯弢高郵榷舍》中喊出了「露筋祠畔千帆盡，稅到江頭鷗鷺無」的憤怒呼聲，與舒位此詩，分明有異曲同工之妙。

（錢仲聯）

嬌娜

蒲松齡

孔生雪笠，聖裔也。爲人蘊藉，工詩。有執友令天臺，寄函招之。生往，令適卒，落拓不得歸，寓菩陀寺，傭爲寺僧抄錄。寺西百餘步，有單先生第。先生故公子，以大訟蕭條，眷口寡，移而鄉居，宅遂曠焉。一日，大雪崩騰，寂無行旅。偶過其門，一少年出，豐采甚都。見生，趨與爲禮，略致慰問，即屈降臨。生愛悦之，慨然從入。屋宇都不甚廣，處處悉懸錦幕；壁上多古人書畫。案頭書一册，籤云：「瑯嬛瑣記」。翻閱一過，俱目所未覩。生以居單第，意爲第主，即亦不審官閥。少年細詰行蹤，意憐之，勸設帳授徒。生嘆曰：「羈旅之人，誰作曹丘者？」少年曰：「倘不以駑駘見斥，願拜門牆。」生喜，不敢當師，請爲友。便問：「宅何久錮？」答曰：「此爲單府，曩以公子鄉居，是以久曠。僕皇甫氏，祖居陝。以家宅焚於野火，暫借安頓。」生始知非單。當晚，談笑甚懽，即留共榻。昧爽，即有僮子熾炭於室。少年先起入內，生尚擁被坐。僮入白：「太公來。」生驚起。一叟入，鬢髮皤然，向生殷謝曰：「先生不棄頑兒，遂肯賜教。小子初學塗鴉，勿以友故，行輩視之也。」已，乃進錦衣一襲，貂帽、襪、履各一事。視生盥櫛已，乃呼酒薦饌。几、榻、裙、衣，不知何名，光彩射目。酒數行，叟興辭，曳杖而去。餐訖，公子呈課業，類皆古文詞，並無時藝。問之，笑云：「僕不求進取也。」抵暮，更酌曰：「今夕盡懽，明日便不許矣。」呼僮曰：「視太公寢未；已寢，可暗喚香奴來。」僮去，先以繡囊將琵琶至。少頃，一婢入，紅妝豔絕。公子命彈《湘妃》。婢以牙撥勾動，激揚哀烈，節拍不類夙聞。又命以巨觴行酒，三更始罷。次日，早起共讀。公子最惠，過目成詠，二三月後，命筆警絕。相約五日一飲，每飲必招香奴。一夕，酒酣氣熱，目注之。公子已會其意，曰：「此婢爲老父所豢養。兄曠邈無家，我夙夜代籌久矣。行當爲君謀一佳偶。」生曰：「如果惠好，必如香奴者。」公子笑曰：「君誠『少所見而多所怪』者矣。以此爲佳，君願亦易足也。」居半載，生欲翱翔郊郭，至門，則雙扉外扃。問之。公子曰：「家君恐交游紛意念，故謝客耳。」生亦安之。時盛暑溽熱，移齋園亭。生胸間腫起如桃，一夜如盌，痛楚吟呻。公子朝夕省視，眠食都廢。又數日，創劇，益絕食飲。太公亦至，相對太息。公子曰：「兒前夜思先生清恙，嬌娜妹子能療之。遣人於外祖母處呼令歸，何久不至？」俄僮入白：「娜姑至，姨與松姑同來。」父子疾趨入內。少間，引妹來視生。年約十三四，嬌波流慧，細柳生姿。生望見顏色，嚬呻頓忘，精神爲之一爽。公子便言：「此兄良友，不啻胞也，妹子好醫之。」女乃斂羞容，揄長袖，就榻診視。把握之間，覺芳氣勝蘭。女笑曰：「宜有是疾，心脈動矣。然症雖危，可治；但膚塊已凝，非伐皮削肉不可。」乃脫臂上金釧安患處，徐徐按下之。創突起寸許，高出釧外，而根際餘腫，盡束在內，不似前如盌闊矣。乃一手啟羅衿，解佩刀，刃薄於紙，把釧握刃，輕輕附根而割。紫血流溢，沾染牀席。而貪近嬌姿，不惟不覺其苦，且恐速竣割事，偎傍不久。未幾，割斷腐肉，團團然如樹上削下之癭。又呼水來，爲洗割處。口吐紅丸，如彈大，着肉上，按令旋轉：才一周，覺熱火蒸騰；再一周，習習作痒；三周已，徧體清涼，沁入骨髓。女收丸入咽，曰：「愈矣！」趨步出。生躍起走謝，沉痼若失。而懸想容輝，苦不自已。自是廢卷癡坐，無復聊賴。公子已窺之，曰：「弟爲兄物色，得一佳偶。」問：「何人？」曰：「亦弟眷屬。」生凝思良久，但云：「勿須。」面壁吟曰：「曾經滄海難爲水，除卻巫山不是雲。」公子會其指，曰：「家君仰慕鴻才，常欲附爲婚姻。但止一少妹，齒太穉。有姨女阿松，年十八矣，頗不粗陋。如不見信，松姊日涉園亭，伺前廂，可望見之。」生如其教。果見嬌娜偕麗人來，畫黛彎蛾，蓮鉤蹴鳳，與嬌娜相伯仲也。生大悅，請公子作伐。公子翌日自內出，賀曰：「諧矣。」乃除別院，爲生成禮。是夕，鼓吹闐咽，塵落漫飛，以望中仙人，忽同衾幄，遂疑廣寒宮殿，未必在雲霄矣。合巹之後，甚愜心懷。一夕，公子謂生曰：「切磋之惠，無日可以忘之。近單公子解訟歸，索宅甚急。意將棄此而西。勢難復聚，因而離緒縈懷。」生願從之而去。公子勸還鄉閭，生難之。公子曰：「勿慮，可即送君行。」無何，太公引松娘至，以黄金百兩贈生。公子以左右手與生夫婦相把握，囑閉眸，勿視。飄然履空，但覺耳際風鳴。久之曰：「至矣。」啟目，果見故里。始知公子非人。喜叩家門。母出非望，又覩美婦，方共忻慰。及回顧，則公子逝矣。松娘事姑孝；豔色賢名，聲聞遐邇。後生舉進士，授延安司李，攜家之任。母以道遠不行。松娘舉一男，名小宦。生以忤直指罷官，罣礙不得歸。偶獵郊野，逢一美少年，跨驪駒，頻頻瞻顧。細視，則皇甫公子也。攬轡停驂，悲喜交至。邀生去，至一村，樹木濃昏，蔭翳天日。入其家，則金漚浮釘，宛然世族。問妹子則嫁；岳母已亡：深相感悼。經宿別去，偕妻同返。嬌娜亦至，抱生子掇提而弄曰：「姊姊亂吾種矣。」生拜謝曩德。笑曰：「姊夫貴矣。創口已合，未忘痛耶？」妹夫吳郎，亦來謁拜。信宿乃去。一日，公子有憂色，謂生曰：「天降凶殃，能相救否？」生不知何事，但銳自任。公子趨出，招一家俱入，羅拜堂上。生大駭，亟問。公子曰：「余非人類，狐也。今有雷霆之劫。君肯以身赴難，一門可望生全；不然，請抱子而行，無相累。」生矢共生死。乃使仗劍於門。囑曰：「雷霆轟擊，勿動也！」生如所教。果見陰雲晝暝，昏黑如䃜。回視舊居，無復閈閎；惟見高冢巋然，巨穴無底。方錯愕間，霹靂一聲，擺簸山嶽；急雨狂風，老樹爲拔。生目眩耳聾，屹不少動。忽於繁煙黑絮之中，見一鬼物，利喙長爪，自穴攫一人出，隨煙直上。瞥覩衣履，念似嬌娜。乃急躍離地，以劍擊之，隨手墮落。忽而崩雷暴裂，生僕，遂斃。少間，晴霽，嬌娜已能自蘇。見生死於旁，大哭曰：「孔郎爲我而死，我何生矣！」松娘亦出，共舁生歸。嬌娜使松娘捧其首，兄以金簪撥其齒，自乃撮其頤，以舌度紅丸入，又接吻而呵之。紅丸隨氣入喉，格格作響。移時，醒然而蘇。見巷口滿前，恍如夢寤。於是一門團圞，驚定而喜。生以幽壙不可久居，議同旋里。滿堂交贊，惟嬌娜不樂。生請與吳郎俱，又慮翁媼不肯離幼子，終日議不果。忽吳家一小奴，汗流氣促而至。驚致研詰，則吳郎家亦同日遭劫，一門俱沒。嬌娜頓足悲傷，涕不可止。共慰勸之。而同歸之計遂決。生入城勾當數日，遂連夜趣裝。既歸，以閒園寓公子，恆反關之；生及松娘至，始發扃。生與公子兄妹，棋酒談讌，若一家然。小宦長成，貌韶秀，有狐意。出遊都市，共知爲狐兒也。

異史氏曰：「余於孔生，不羡其得豔妻，而羡其得膩友也。觀其容可以忘饑，聽其聲可以解頤。得此良友，時一談宴，則『色授魂與』，尤勝於『顛倒衣裳』矣。」

（《聊齋誌異》卷一）

在人際關係中，少男少女間的交往，最易引出種種過敏反應。傳統意識和世俗風習尤喜在這一感情領域中興風作浪。而且，時至今日，仍未顯現出根本好轉的勢頭。誰能想到，生活在十七世紀中後期的天才作家蒲松齡竟能掙脫來自身外與來自內心的雙重精神桎梏，在《聊齋誌異》的不少篇章中，描摹並讚美兩性之間超塵脫俗的淳美友情，豐富淨化了人們的情感世界。《嬌娜》便是其中振聾發聵的力作。

本篇以「嬌娜」爲題名，但貫穿全篇的主線人物並非「超人」少女嬌娜，而是一個實實在在的凡夫俗子、落拓書生孔雪笠。孔雪笠這一人物在清代評點家筆下很是受了一點委屈。其實，他並不是傳統小說中尋常可見的多情才子，也不單單是爲陪襯烘托嬌娜而存在的。他自有獨具一格，卓爾不羣的審美價值。在《連瑣》、《小謝》、《黃英》、《聶小倩》等篇中，作家致力於超拔「一見鍾情」的窠臼，謳歌由友情逐漸演化而來的愛情；而《嬌娜》中孔雪笠形象的塑造，則揚棄了「相悅成婚」的俗套，令人信服地表現了一個多情少年如何把性愛淨化爲友愛的感情歷程。這種轉變，非真正男子漢是不能完成的。孔雪笠的出現，標誌着蒲松齡對整個人際關係所作的廣泛探討已經進入一個新的層次。

俗語說，人非草木，孰能無情？嬌娜風姿綽約，舉止大方，善解人意，又有妙手回春之絕技，爲這樣一個女子所傾倒，實屬人之常情。孔生那「曾經滄海難爲水」的慨嘆，並無溢美之嫌。令人耳目一新的是，孔雪笠畢竟不愧爲萬物之靈，他懂得婚姻之事來不得半點勉強。他雖則一往情深，柔腸寸斷，但決不苦苦糾纏，強加於人。他珍惜自己的感情，更尊重「鹵太稺」的嬌娜及其父兄的意願，從而果決地斬斷了縷縷情思，與松娘結爲百年之好。松娘「豔色賢名，聲聞遐邇」，他的婚姻仍然是美滿的。故事如果到此戛然而止，則孔雪笠其人仍不免消融到芸芸衆生之中。作家並不這樣平庸。孔生的心理結構中深隱着一種既「古典」又「近代」的崇高美，其性格光彩，正是在初戀失敗後才真正顯露出來的。對男子漢說來，愛情不成友情尚在。初戀的挫折並沒有淡化孔生與嬌娜兄妹之間的親密交往，他與他們依舊肝膽相照，患難相扶，生死與共。作品較爲詳盡地描述了孔生爲救援嬌娜一家慷慨赴難、矢共存亡的悲壯場面，並借此向整個世俗社會鄭重宣告：男女之間除了性愛和互爲嫁娶之外，完全可以開拓出一個更爲純潔、更爲無私、從而也可能更爲永恆的情感世界。唯有把握住這一點，纔能體味到蒲松齡設計孔雪笠形象的良苦用心。

誠然，作家至爲偏愛的人物是嬌娜。這一人物在作品中出場較晚，但在此之前的全部情節場面，幾乎都在爲她的出場鋪路引橋。她早已活躍在孔生的希冀與憧憬之中了。不過，嬌娜的特殊意義卻恰恰在於，她並不是作爲性的對象才存在的，她不准備參與編織愛情故事。作爲女人，她除了順乎自然地承受神聖的家庭義務之外，還在「惠人無私，不矜其功」的社交活動中，獲得了更壯美的人生價值。

在尋常眼光看來，嬌娜與孔生之間顯然存在着產生性愛的可能性。嬌娜的生活圈子並不廣闊，在選擇配偶方面並沒有多大的徘徊空間，更何況她的每一次出場，又都是因孔生而安排，總是與孔生命運息息相關着呢。然而，正如現代生活中並不罕見的那樣，嬌娜與孔生的親密交往，始終與性意識無涉，而以相互救援作爲唯一主題。即使在撮頤度丸、接吻呵氣之際，也祇以「良友」爲念，「不啻胞也」，從不曾出現任何忸怩作態、曖昧不明的性意識萌動。這種人物顯見得是自然之子與人之精靈的融合。在《聊齋誌異》那一系列璀璨奪目的女性形象中間，嬌娜是不會被淹沒的。她從容於禮法之外，盡義於朋友之中，自有一派細行不修、大節不苟、天真爛漫、表裏澄澈的動人風采。

衆所周知，蒲松齡生活的時代，整個社會氛圍、觀念心理和文學思潮都在發生着倒退性的變易。明中葉以來具有解放氣息的反傳統趨向，受到嚴重挫傷，古已有之的人生空幻感、落寞感和壓抑感，帶着實實在在的社會內容，沉重地籠罩在作家的心頭。當感情無所歸宿的時候，想象便被激發出來。物質生活的貧困，會激發人們對一定物質生活的嚮往；世態人情的險惡，又會激發人們對美好的人際關係的暢想。現實世界中友情的貧乏，便是產生《聊齋誌異》中那些超塵脫俗的友情故事的社會土壤。而富有挑戰意味的是，在這類篇章中，偏以人與非人的友情，即人與狐、與鬼、與神、與花鳥蟲魚、與奇珍異獸，乃至與豺狼虎蛇之間的深情厚誼，最爲清婉感人。「嗟夫！世固有服聲被色，儼然人類，叩其所藏，有鬼蜮之不足比，而豺虎之難與方者。下堂見蠆，出門觸蜂，紛紛沓沓，莫可窮詰。……不得已而涉想於杳冥荒怪之域，以爲異類有情，或者尚堪晤對；鬼謀雖遠，庶其警彼貪淫。嗚呼！先生之志荒，先生之心苦矣！」（《聊齋誌異》會校會註會評本「各本序跋題辭」中的《余序》）《嬌娜》，亦不外乎是這無限苦悶的有限象徵。它從一個發人深省的角度，以別開生面的構思，表現了一代清寒之士的精神需求，揭示了作家對現存人際關係的逆反心理，特別是勇敢地撞擊着男女之大防的禁區，在異性社交這個極爲敏感的社會問題上，交出一份透發着未來之光的嚴肅答卷。

「余於孔生，不羨其得豔妻，而羨其得膩友也。……得此良友，時一談宴，則色授魂與，尤勝於顛倒衣裳矣。」看來，作家實在抑止不住求索與創造之後的亢奮，以致於不避淺露，將題旨特別地說了出來。可惜，在這段非蛇足的「異史氏曰」裏面，或多或少地飄忽着一種把女人當作藝術品來觀賞的男人主體意識。這是一點小小的遺憾。儘管在三百年以前，甚至在三百年之後的今天，這都是不必大驚小怪的。

（劉敬圻）

嬰寧

蒲松齡

王子服，莒之羅店人。早孤。絕惠，十四入泮。母最愛之，尋常不令遊郊野。聘蕭氏，未嫁而夭，故求凰未就也。會上元，有舅氏子吴生，邀同眺矚。方至村外，舅家有僕來，招吴去。生見游女如雲，乘興獨遨。有女郎攜婢，撚梅花一枝，容華絕代，笑容可掬。生注目不移，竟忘顧忌。女過去數武，顧婢曰：「個兒郎目灼灼似賊！」遺花地上，笑語自去。生拾花悵然，神魂喪失，怏怏遂返。至家，藏花枕底，垂頭而睡，不語亦不食。母憂之。醮禳益劇，肌革銳減。醫師診視，投劑發表，忽忽若迷。母撫問所由，默然不答。適吴生來，囑密詰之。吴至榻前，生見之淚下。吴就榻慰解，漸致研詰。生具吐其實，且求謀畫。吴笑曰：「君意亦復癡！此願有何難遂？當代訪之。徒步於野，必非世家。如其未字，事固諧矣；不然，拚以重賂，計必允遂。但得痊瘳，成事在我。」生聞之，不覺解頤。吴出告母，物色女子居里，而探訪既窮，並無蹤緒。母大憂。無所爲計。然自吴去後，顏頓開，食亦略進。數日，吴復來。生問所謀。吴紿之曰：「已得之矣。我以爲誰何人，乃我姑氏女，即君姨妹行，今尚待聘；雖內戚有婚姻之嫌，實告之，無不諧者。」生喜溢眉宇，問：「居何里？」吴詭曰：「西南山中，去此可三十餘里。」生又咐囑再四，吴銳身自任而去。生由此飲食漸加，日就平復。探視枕底，花雖枯，未便彫落。凝思把玩，如見其人。怪吳不至，折柬招之。吳支托不肯赴召。生恚怒，悒悒不歡。母慮其復病，急爲議姻；略與商榷，輒搖首不願，惟日盼吳。吳迄無耗，益怨恨之。轉思三十里非遙，何必仰息他人？懷梅袖中，負氣自往，而家人不知也。伶仃獨步，無可問程，但望南山行去。約三十餘里，亂山合沓，空翠爽肌，寂無人行，止有鳥道。遙望谷底，叢花亂樹中，隱隱有小里落。下山入村，見舍宇無多，皆茅屋，而意甚修雅。北向一家，門前皆絲柳，牆內桃杏尤繁，間以修竹，野鳥格磔其中。意其園亭，不敢遽入。回顧對戶，有巨石滑潔，因據坐少憩。俄聞牆內有女子，長呼「小榮」，其聲嬌細。方佇聽間，一女郎由東而西，執杏花一朵，俛首自簪。舉頭見生，遂不復簪，含笑撚花而入。審視之，即上元途中所遇也。心驟喜。但念無以階進，欲呼姨氏，顧從無還往，懼有訛誤。門內無人可問。坐臥徘徊，自朝至於日昃，盈盈望斷，並忘飢渴。時見女子露半面來窺，似訝其不去者。忽一老媼扶杖出，顧生曰：「何處郎君，聞自辰刻便來，以至於今。意將何爲？得勿飢耶？」生急起揖之，答云：「將以盼親。」媼聾聵不聞。又大言之，乃問：「貴戚何姓？」生不能答。媼笑而：「奇哉！姓名尚自不知，何親可探？我視郎君，亦書癡耳。不如從我來，啖以粗糲；家有短榻可臥。待明朝歸，詢知姓氏，再來探訪，不晚也。」生方腹餒思啗，又從此漸近麗人，大喜。從媼入，見門內白石砌路，夾道紅花，片片墮階上；曲折而西，又啟一關，豆棚花架滿庭中。肅客入舍，粉壁光明如鏡；窗外海棠枝朵，探入室中；裀籍几榻，罔不潔澤。甫坐，即有人自窗外隱約相窺。媼喚：「小榮！可速作黍。」外有婢子噭聲而應。坐次，具展宗閥。媼曰：「郎君外祖，莫姓吳否？」曰：「然。」媼驚曰：「是吾甥也！尊堂，我妹子。年來以家窶貧，又無三尺男，遂至音問梗塞。甥長成如許，尚不相識。」生曰：「此來即爲姨也，匆遽遂忘姓氏。」媼曰：「老身秦姓，並無誕育；弱息僅存，亦爲庶產。渠母改醮，遺我鞠養。頗亦不鈍，但少教訓，嬉不知愁。少頃，使來拜識。」未幾，婢子具飯，雛尾盈握。媼勸餐。已，婢來斂具。媼曰：「喚寧姑來。」婢應去。良久，聞戶外隱有笑聲。媼又喚曰：「嬰寧，汝姨兄在此。」戶外嗤嗤笑不已。婢推之以入，猶掩其口，笑不可遏。媼瞋目曰：「有客在，咤咤叱叱，是何景象？」女忍笑而立，生揖之。媼曰：「此王郎，汝姨子。一家尚不相識，可笑人也。」生問：「妹子年幾何矣？」媼未能解。生又言之，女復笑不可仰視。媼謂生曰：「我言少教誨，此可見矣。年已十六，呆癡裁如嬰兒。」生曰：「小於甥一歲。」曰：「阿甥已十七矣，得非庚午屬馬者耶？」生首應之。又問：「甥婦阿誰？」答云：「無之。」曰：「如甥才貌，何十七歲猶未聘？嬰寧亦無姑家，極相匹敵；惜有內親之嫌。」生無語，目注嬰寧，不遑他瞬。婢向女小語云：「目灼灼，賊腔未改！」女又大笑，顧婢曰：「視碧桃開未？」遽起，以袖掩口，細碎連步而出。至門外，笑聲始縱。媼亦起，喚婢襆被，爲生安置。曰：「阿甥來不易，宜留三五日，遲遲送汝歸。如嫌幽悶，舍後有小園，可供消遣；有書可讀。」次日，至舍後，果有園半畝，細草鋪氈，楊花糝逕；有草舍三楹，花木四合其所。穿花小步，聞樹頭蘇蘇有聲，仰視，則嬰寧在上。見生來，狂笑欲墮。生曰：「勿爾，墮矣！」女且下且笑，不能自止。方將及地，失手而墮，笑乃止。生扶之，陰捘其腕。女笑又作，倚樹不能行，良久乃罷。生俟其笑歇，乃出袖中花示之。女接之曰：「枯矣。何留之？」曰：「此上元妹子所遺，故存之。」問：「存之何意？」曰：「以示相愛不忘也。自上元相遇，凝思成疾，自分化爲異物；不圖得見顏色，幸垂憐憫。」女曰：「此大細事。至戚何所靳惜？待郎行時，園中花，當喚老奴來，折一巨綑負送之。」生曰：「妹子癡耶？」「何便是癡？」曰：「我非愛花，愛撚花之人耳。」女曰：「葭莩之情，愛何待言。」生曰：「我所謂愛，非瓜葛之愛，乃夫妻之愛。」女曰：「有以異乎？」曰：「夜共枕席耳。」女俛思良久，曰：「我不慣與生人睡。」語未已，婢潛至，生惶恐遁去。少時，會母所。母問：「何往？」女答以園中共話。媼曰：「飯熟已久，有何長言，周遮乃爾？」女曰：「大哥欲我共寢。」言未已，生大窘，急且瞪之，女微笑而止。幸媼不聞，猶絮絮究詰，生急以他詞掩之。因小語責女。女曰：「適此語不應說耶？」生曰：「此背人語。」女曰：「背他人，豈得背老母。且寢處亦常事，何諱之？」生恨其癡，無術可以悟之。食方竟，家中人捉雙衛來尋生。先是，母待生久不歸，始疑；村中搜覓幾徧，竟無蹤兆。因往詢吳。吳憶曩言，因教於西南山村行覓。凡歷數村，始至於此。生出門，適相值，便入告媼，且請偕女同歸。媼喜曰：「我有志，匪伊朝夕。但殘軀不能遠涉；得甥攜妹子去，識認阿姨，大好！」呼嬰寧。寧笑至。媼曰：「有何喜，笑輒不輟？若不笑，當爲全人。」因怒之以目。乃曰：「大哥欲同汝去，可便裝束。」又餉家人酒食，始送之出曰：「姨家田產豐裕，能養冗人。到彼且勿歸，小學詩禮，亦好事翁姑。即煩阿姨，爲汝擇一良匹。」二人遂發。至山坳，回顧，猶依稀見媼倚門北望也。抵家，母睹姝麗，驚問爲誰。生以姨女對。母曰：「前吳郎與兒言者，詐也。我未有姊，何以得甥？」問女，女曰：「我非母出。父爲秦氏，沒時，兒在褓中，不能記憶。」母曰：「我一姊適秦氏，良確；然殂謝已久，那得復存？」因審詰面龐、痣贅，一一符合。又疑曰：「是矣。然亡已多年，何得復存？」疑慮間，吳生至，女避入室。吳詢得故，惘然久之。忽曰：「此女名嬰寧耶？」生然之。吳亟稱怪事。問所自知，吳曰：「秦家姑去世後，姑丈鰥居，祟於狐，病瘠死。狐生女名嬰寧，綳臥牀上，家人皆見之。姑丈歿，狐猶時來；後求天師符黏壁間，狐遂攜女去。將勿此耶？」彼此疑參。但聞室中吃吃皆嬰寧笑聲。母曰：「此女亦太憨。」吳請面之。母入室，女猶濃笑不顧，母促令出，始極力忍笑，又面壁移時，方出。纔一展拜，翻然遽入，放聲大笑。滿室婦女，爲之粲然。吳請往覘其異，就便執柯。尋至村所，廬舍全無，山花零落而已。吳憶姑葬處，彷彿不遠；然墳壠湮沒，莫可辨識，詫歎而返。母疑其爲鬼。入告吳言，女略無駭意；又弔其無家，亦殊無悲意，孜孜憨笑而已。衆莫之測。母令與少女同寢止。昧爽即來省問，操女紅精巧絕倫。但善笑，禁之亦不可止；然笑處嫣然，狂而不損其媚，人皆樂之。鄰女少婦，爭承迎之。母擇吉將爲合巹，而終恐爲鬼物。竊於日中窺之，形影殊無少異。至日，使華妝行新婦禮；女笑極不能俯仰，遂罷。生以其憨癡，恐漏洩房中隱事；而女殊密秘，不肯道一語。每值母憂愁，女至，一笑即解。奴婢小過，恐遭鞭楚，輒求詣母共話；罪婢投見，恆得免。而愛花成癖，物色徧戚黨；竊典金釵，購佳種，數月，階砌藩溷，無非花者。庭後有木香一架，故鄰西家。女每攀登其上，摘供簪玩。母時遇見，輒訶之。女卒不改。一日，西人子見之，凝注傾倒。女不避而笑。西人子謂女意已屬，心益蕩。女指牆底笑而下，西人子謂示約處，大悅。及昏而往，女果在焉。就而淫之，則陰如錐刺，痛徹於心，大號而踣。細視，非女，則一枯木臥牆邊，所接乃水淋竅也。鄰父聞聲，急奔研問，呻而不言。妻來，始以實告。爇火燭竅，見中有巨蠍，如小蟹然。翁碎木捉殺之。負子至家，半夜尋卒。鄰人訟生，訐發寧妖異。邑宰素仰生才，稔知其篤行士，謂鄰翁訟誣，將杖責之。生爲乞免，遂釋而出。母謂女曰：「憨狂爾爾，早知過喜而伏憂也。邑令神明，幸不牽累；設鶻突官宰，必逮婦女質公堂，我兒何顏見戚里？」女正色，矢不復笑。母曰：「人罔不笑，但須有時。」而女由是竟不復笑，雖故逗，亦終不笑；然竟日未嘗有戚容。一夕，對生零涕。異之。女哽咽曰：「曩以相從日淺，言之恐致駭怪。今日察姑及郎，皆過愛無有異心，直告或無妨乎？妾本狐產。母臨去，以妾託鬼母，相依十餘年，始有今日。妾又無兄弟，所恃者惟君。老母岑寂山阿，無人憐而合厝之，九泉輒爲悼恨。君倘不惜煩費，使地下人消此怨恫，庶養女者不忍溺棄。」生諾之，然慮墳冢迷於荒草。女但言無慮。刻日，夫妻輿櫬而往。女於荒煙錯楚中，指示墓處，果得媼尸，膚革猶存。女撫哭哀痛。舁歸，尋秦氏墓合葬焉。是夜，生夢媼來稱謝，寤而述之。女曰：「妾夜見之，囑勿驚郎君耳。」生恨不邀留。女曰：「彼鬼也，生人多，陽氣勝，何能久居？」生問小榮，曰：「是亦狐，最黠。狐母留以視妾，每攝餌相哺，故德之常不去心。昨問母，云已嫁之。」由是歲值寒食，夫妻登秦墓，拜掃無缺。女逾年，生一子。在懷抱中，不畏生人，見人輒笑，亦大有母風云。

異史氏曰：「觀其孜孜憨笑，似全無心肝者；而牆下惡作劇，其黠孰甚焉。至悽戀鬼母，反笑爲哭，我嬰寧殆隱於笑者矣。竊聞山中有草，名「笑矣乎」。嗅之，則笑不可止。房中植此一種，則合歡、忘憂，並無顏色矣；若解語花，正嫌其作態耳。」

（《聊齋誌異》卷二）

蒲松齡的《聊齋誌異》，塑造了一些愛笑的少女形象。在我國古典文學千姿百態的人物畫廊裏，這些有血有肉、有聲有色的少女形象，閃耀着異樣的光彩。嬰寧，就是其中塑造得尤爲成功的一個。小說《嬰寧》記敍和描寫了嬰寧同王子服的愛情故事，情節并不算曲折複雜，怪異離奇，可是卻引人入勝，令人愛不釋手。其原因在於作者非常準確地把握了嬰寧在特定的生活經歷和生活環境裏形成的性格——天真活潑，無拘無束，憨直爽朗，嬉不知愁；同時又緊緊抓住從嬰寧性格裏表現出來的主要特徵——「善笑」，反覆着墨，多方描寫，使嬰寧形象嫵媚多姿，神情畢肖，躍然紙上而呼之欲出，由此產生較強的藝術魅力。

那麼，作者是如何圍繞一個「笑」字，運用變化多端的筆墨，刻畫嬰寧性格，塑造其形象呢？

首先，從不同角度，不同側面突出嬰寧「善笑」特徵，表現她與衆不同的獨特個性。小說從老媼口裏介紹嬰寧的身世和性格：「弱息僅存，亦爲庶產。渠母改醮，遺我鞠養。頗亦不鈍，但少教訓，嬉不知愁」；隨後從鄰女少婦眼裏評價嬰寧，進一步點出「善笑，禁之亦不可止」；接着又寫婆婆對她的教導：「人罔不笑，但須有時」，從反面襯托；最後寫孩子「見人輒笑，亦大有母風」，深入從孩子特點突出母親嬰寧的性格特徵。作者從不同人物的角度介紹嬰寧的個性，能使嬰寧的所作所爲在「笑」字上凝聚起來，給人一個完整概括的印象。但是，小說畢竟要通過人物自身的行動，顯示已經具有的思想和性格。所以，作者在上述記敍的同時，通過嬰寧不分場合，不看對象，不論事情大小，無拘無束，肆意言笑的大量描寫，讓嬰寧「善笑」的特徵在不同情景中不斷再重現出來。隨着故事情節的展開，我們可以看到，嬰寧見花笑，見人笑；對熟人笑，對生人也笑；嬉戲時笑，會客時也笑；坐着笑、站着笑、走着笑，而且從樹上下來也「且笑且下」；更甚者則是連舉行婚禮時她也「笑極不可俯仰」，致使婚禮不能按正常程序進行下去。她真是笑來笑去，笑進笑出，整天生活在自己的笑聲裏。記得有人說林黛玉「是眼淚的化身」，「是多愁的別名」。而嬰寧則相反，她是笑的化身，是天真的別名。

嬰寧的愛笑，雖然到了異乎尋常的程度，但不叫人生厭，反而令人傾心，給人解憂，使人快樂。王子服與嬰寧邂逅，嬰寧「笑容可掬」，「笑語自去」，這「笑容」、「笑語」，正是使王子服傾心愛戀的因素之一；婚後，「每值母憂怒，女至，一笑即解」。嬰寧的「一笑」，爲婆婆解除了多少憂煩惱怒；「奴婢小過，恐遭鞭楚，輒求詣母共話」，嬰寧還用她的笑，解除了奴婢可能因小過而遭受的皮肉之苦；此外，嬰寧在左鄰右舍的眼裏，「笑處嫣然，狂而不損其媚，人皆樂之。鄰女少婦，爭承迎之。」她的笑又給更多人帶來快樂，博得人們由衷的喜愛。小說從不同人物對嬰寧愛笑的感受着墨，多側面地表現笑所產生的效果，這對嬰寧善笑的特徵，又是一種新的藝術表現。

嬰寧愛笑，也愛花。但明倫評語說：「許多笑字，配對上許多花字，此遙對法也」；又說：「寫花寫人」，「從花寫笑」；還說：「以笑字立胎，而以花爲眼，處處寫笑，即處處以花映帶之」（《聊齋誌異》三會本）。愛花與愛笑互相輝映，互爲寫照，笑在花的映襯下更有色彩，更美麗動人。小說從花寫笑、又另闢蹊徑，別開生面。

值得注意的是，小說在反覆突出嬰寧愛笑之後，卻把筆鋒一轉，寫嬰寧「不笑」，甚至「反笑爲哭」的情景：嬰寧對「西人子」一番惡作劇以後，經婆婆教誨，「矢不復笑」，「雖故逗，亦終不笑」；當嬰寧感到婆婆和丈夫對她「皆過愛無有異心」時，她「對生零涕」，「哽咽」着直告自己的身世和對鬼母的深情；爲報鬼母養育之恩，嬰寧請求丈夫同去移媼屍與秦氏墓合葬，見到鬼母尸體，她更是「撫哭哀痛」。這些描寫，是否同嬰寧愛笑的特點相矛盾呢？我們認爲，嬰寧的笑和哭，是同一種思想感情的兩種表現方式，其實質是一樣的。在封建禮教極嚴的封建社會，「閨訓要求婦女目不斜視，笑不露齒，『凡笑語，莫高聲』，『言詞莊重，舉止消停』」（北大中文系《中國小說史》）。嬰寧的笑，表現了同封建禮教格格不入的思想性格。而哭呢？則是由於老媼、婆婆、丈夫等人對嬰寧的憨人異行都真心喜愛，嬰寧纔把感激深情化爲零涕和痛哭。換句話說，這些人對嬰寧漠視和輕蔑封建禮教的笑，有着誠摯的愛；而嬰寧的哭，則是對這種愛的一片深情的表現。因此，嬰寧的哭和笑，從思想感情上說，并不矛盾。從表現「笑」的作用來看，「哭」是一種反襯。但明倫說：「以不笑反覆映襯，而忽而零涕，忽而哽咽，忽而撫哭哀痛，無非出力反襯笑字」。何守奇說：「我正以其哭爲全人」。這評語很有見地的指出作者寫哭的用心。作者正是從各方面突出嬰寧「善笑」的性格特徵之時，又反轉筆鋒深入一層，用「哭」來加以表現，竭力刻畫出富有立體感的人物形象。

其次，描寫嬰寧笑時出現的千姿百態，表現豐富的內心感情。小說在反覆展示嬰寧性格的主要特徵，搭起形象骨架的同時，又非常注重嬰寧在不同場面中的感情變化，維妙維肖地描繪同內心世界相一致的笑聲、笑容、笑態，賦予形象以血肉之軀。作者用人們常說的「生花妙筆」、「神化之筆」，把嬰寧的笑寫得盡態極妍，形象傳神，使讀者不僅悅目以千般姿態；而且動心以萬種情懷。我們可以看到：嬰寧有時笑容可掬，有時拈花含笑，有時倚樹狂笑，有時放聲大笑，有時極力忍笑，有時抿嘴微笑，有時孜孜憨笑，有時吃吃而笑，而有時還笑得不可俯仰……這些千變萬化，幾乎毫無雷同的笑聲、笑容、笑態，每一種都浸透着感情，都是一面心靈的明鏡。

在衆多精彩的描寫中，嬰寧在家裏同王子服會見的一節文字，歷來爲人們所稱道：

> 媪曰：「喚寧姑來。」婢應去。良久，聞戶外隱有笑聲。媪又喚曰：「嬰寧，汝姨兄在此。」戶外嗤嗤笑不已。婢推之以入，猶掩其口，笑不可遏。媪瞋目曰：「有客在，咤咤叱叱，是何景象？」女忍笑而立，生揖之。媪曰：「此王郎，汝姨子。一家尚不相識，可笑人也。」生問：「妹子年幾何矣？」媪未能解。生又言之。女復笑，不可仰視。……生無語，目注嬰寧，不遑他瞬。婢向女小語云：「目灼灼，賊腔未改！」女又大笑，顧婢曰：「視碧桃開未？」遽起，以袖掩口，細碎連步而出。至門外，笑聲始縱。

在這次正式會見以前，嬰寧同王子服有兩面之緣——元宵節的郊遊邂逅，家門前的匆匆一瞥。王子服對嬰寧的傾心、鍾情，愛戀，嬰寧一目瞭然，但她的回答則是一種揶揄。嬰寧的這種感情，在這次會見中更是毫無顧忌地表現出來。她的各種各樣的笑，就是揶揄之情在會見時起伏變化的形象寫照。

當嬰寧知道要見的人是被她揶揄過的少年書生，而且還是她表哥的時候，這種有趣的巧合，立即使那曾經有過的揶揄之情從心底升騰起來。因此嬰寧的感情從最初的表露，立即發展到第一次的強烈爆發。她的笑，也隨之由「隱笑」、「嗤嗤笑」，發展到「笑不可遏」的程度。進屋以後，遭到老母的訓斥，嬰寧將感情抑制，於是「忍笑而立」。但沒過多久，又被王子服洩露心思而沒有被老母一次聽懂的情景，弄得「復笑，不可仰視」，強行抑制的感情像決堤的洪水奔湧出來，出現感情的第二次大爆發。最後，王子服「目注嬰寧，不遑他瞬」，重現元宵節「注目不移」的表情神態，不可抑制地將愛戀形諸於色，又使嬰寧用「大笑」掀起第三次感情的巨浪，幷用「以袖掩口」的藏笑暗中發展，而後用出門後「笑聲始縱」的盡情狂笑，把感情表現得淋漓盡致。從這簡單的分析可以看出，作者善於深入細緻，體貼入微地抒寫嬰寧在特定環境中的感情變化，描繪出傳神的笑聲、笑容、笑態。這不僅使讀者看到嬰寧笑的千變萬化，而且還真切地感受到她那豐富的內心世界。爲此，讀者看到的和感受到的都是一個有生命的藝術形象。

其實，像這樣精彩的筆墨，何止於這個會見場面的描寫。舅表吳生請求同嬰寧見面一節文字，也同樣寫得出神入化：「但聞室中吃吃皆嬰寧笑聲。母曰：『此女亦太憨』。吳請面之。母入室，女猶濃笑不顧。母促令出，始極力忍笑，又面壁移時，方出。纔一展拜，翻然遽入，放聲大笑。」請看，嬰寧「吃吃」而笑、「濃笑不顧」、「極力忍笑」、「放聲大笑」，以及同這些笑交織一起的動作描寫極其生動地表現了嬰寧的內心感情。這形神兼備的形象，不僅此時歷歷在目，而且會栩栩如生、嫵媚動人地長留在讀者的記憶中。像這樣的神來之筆，在這篇小說裏幾乎處處可見，不勝枚舉。

刻畫活的人物，必須用活的方法；表現豐富的內容，需要多變的手段。技藝貧窮的作者，很難達到這種統一。蒲松齡是技藝的富翁，但不像金錢的守財奴，也不像揮金如土的紈絝子弟。他寫嬰寧豐富多姿的笑，相應地運用了不少方法，但又不是技藝的濫用和炫耀。在小說中我們可以看到，作者充分調動很多行之有效的藝術手段，或單獨使用，或交叉配合，無論如何變化，都恰到好處，十分精當。古人所說的「遙對法」、「反證法」、「先聲奪人法」……作者都能運用自如，使它們各盡其能，各顯其妙。如果從描寫對象看，不管是展示「善笑」特徵，還是深入寫笑聲、笑容、笑態，也都根據情節的發展，人物刻畫的具體需要，運用不同方法。即使描寫同一對象，或者採用相同方法進行表現的時候，也極盡變化之能事。例如，概括地描寫「善笑」特徵時，既從老母的介紹裏寫，又從婆婆的教誨裏寫，還從鄰女少婦的評價裏寫。雖然同是側面描寫，但因結合具體的情節展開，因而并無雷同之感。又如寫笑聲，常用「先聲奪人法」，以聲傳神，以聲顯形，既能未見其人先聞其聲，又能聞其聲而知其情，見其笑。但是，聲不同，情有異，笑有別，於是作者常常改變其寫法，有時從遠處寫——寫「遠聞」，有時又從近處寫——寫「近聞」，有時還從側面寫——寫別人對笑聲的感受。再如寫笑容，大量運用動態描寫，因「笑」字本身就是顯示動態的詞。但是作者卻能從特定的情景出發，化「動」爲「靜」，發揮靜態描寫的妙用。嬰寧「拈梅花一枝，容華絕代、笑容可掬」，這就是一幅凝固了一剎那笑容的靜態畫面。王子服思戀成疾，「且求謀畫」的，就是這幅肖像。王子服對嬰寧「注目不移」，銘刻於心，因而化動爲靜的描寫，纔與人物的觀察和感情相一致。俗話說「美麗如畫」，嬰寧的笑容，就像一幅美麗的靜態畫面。總之，作者技法豐富，十八般武藝巧妙配合，爲刻畫嬰寧性格，塑造其美麗動人的形象，充分發揮了藝術功能。

「善笑」是嬰寧性格的主要特徵。着力描寫這一特徵，也就能夠很好地刻畫嬰寧的性格。爲此，作者描寫嬰寧也就着眼於一個「笑」字。古人云：「文貴變」。這篇小説「筆筆變幻」，「寫笑層見疊出，無一意冗復，無一筆雷同」（《聊齋誌異》三會本），可貴的是，作者着眼於一個「笑」字的時候，又着筆於一個「變」字。笑而多變，多姿多彩，美不勝收。由此可見，在藝術的創造中，有變則豐富，有變則活，有變則有藝術的生命力。這是《嬰寧》給予我們的藝術的啓迪。

（羅永奕）

蓮香

蒲松齡

桑生，名曉，字子明，沂州人。少孤，館於紅花埠。桑爲人靜穆自喜，日再出，就食東鄰，餘時堅坐而已。東鄰生偶至戲曰：「君獨居不畏鬼狐耶？」笑答曰：「丈夫何畏鬼狐？雄來吾有利劍，雌者尚當開門納之。」鄰生歸，與友謀，梯妓於垣而過之，彈指叩扉。生窺問其誰，妓自言爲鬼。生大懼，齒震震有聲。妓逡巡自去。鄰生早至生齋，生述所見，且告將歸。鄰生鼓掌曰：「何不開門納之？」生頓悟其假，遂安居如初。積半年，一女子夜來叩齋。生意友人之復戲也，啓門延入，則傾國之姝。

驚問所來。曰：「妾蓮香，西家妓女。」埠上青樓故多，信之。息燭登牀，綢繆甚至。自此三五宿輒一至。一夕，獨坐凝思，一女子翩然入。生意其蓮，承逆與語。覿面殊非，年僅十五六，軃袖垂髫，風流秀曼，行步之間，若還若往。大愕，疑爲狐。女曰：「妾良家女，姓李氏。慕君高雅，幸能垂盼。」生喜。握其手，冷如冰，問：「何涼也？」曰：「幼質單寒，夜蒙霜露，那得不爾！」既而羅襦衿解，儼然處子。女曰：「妾爲情緣，葳蕤之質，一朝失守。不嫌鄙陋，願常侍枕席。房中得無有人否？」生云：「無他，止一鄰娼，顧不常至。」女曰：「當謹避之。妾不與院中人等，君秘勿洩。彼來我往，彼往我來可耳。」鷄鳴欲去，贈繡履一鉤，曰：「此妾下體所着，弄之足寄思慕。然有人慎勿弄也！」受而視之，翹翹如解結錐。心甚愛悅，越夕無人，便出審玩。女飄然忽至，遂相款昵。自此每出履，則女必應念而至。異而詰之。笑曰：「適當其時耳。」一夜蓮來，驚曰：「郎何神氣蕭索？」生言：「不自覺。」蓮便告別，相約十日。去後，李來恆無虛夕。問：「君情人何久不至？」因以相約告。李笑曰：「君視妾何如蓮香美？」曰：「可稱兩絕。但蓮卿肌膚溫和。」李變色曰：「君謂雙美，對妾云爾。渠必月殿仙人，妾定不及。」因而不懽。乃屈指計，十日之期已滿，囑勿漏，將竊窺之。次夜，蓮香果至，笑語甚洽。及寢，大駭曰：「殆矣！十日不見，何益憊損？保無他遇否？」生詢其故。曰：「妾以神氣驗之，脈拆拆如亂絲，鬼症也。」次夜，李來，生問：「窺蓮香何似？」曰：「美矣。妾固謂世間無此佳人，果狐也。去，吾尾之，南山而穴居。」生疑其妒，漫應之。踰夕，戲蓮香曰：「余固不信，或謂卿狐者。」蓮亟問：「是誰所云？」笑曰：「我自戲卿。」蓮曰：「狐何異於人？」曰：「惑之者病，甚則死，是以可懼。」蓮香曰：「不然。如君之年，房後三日，精氣可復，縱狐何害？設旦旦而伐之，人有甚於狐者矣。天下病尸瘵鬼，寧皆狐蠱死耶？雖然，必有議我者。」生力白其無。蓮詰益力。生不得已，洩之。蓮曰：「我固怪君憊也。然何遽至此？得勿非人乎？君勿言，明宵，當如渠之窺妾者。」是夜李至，裁三數語，聞窗外嗽聲，急亡去。蓮入曰：「君殆矣！是真鬼物！暱其美而不速絕，冥路近矣！」生意其妒，默不語。蓮曰：「固知君不忘情，然不忍視君死。明日，當攜藥餌，爲君以除陰毒。幸病蒂猶淺，十日恙當已。請同榻以視痊可。」次夜，果出刀圭藥啖生。頃刻，洞下三兩行，覺臟腑清虛，精神頓爽。心雖德之，然終不信爲鬼。蓮香夜夜同衾偎生；生欲與合，輒止之。數日後，膚革充盈。欲別，殷殷囑絕李。生謬應之。及閉戶挑燈，輒捉履傾想。李忽至。數日隔絕，頗有怨色。生曰：「彼連宵爲我作巫醫，請勿爲懟，情好在我。」李稍懌。生枕上私語曰：「我愛卿甚，乃有謂卿鬼者。」李結舌良久，罵曰：「必淫狐之惑君聽也！若不絕之，妾不來矣！」遂嗚嗚飲泣。生百詞慰解，乃罷。隔宿，蓮香至，知李復來，怒曰：「君必欲死耶！」生笑曰：「卿何相妒之深？」蓮益怒曰：「君種死根，妾爲若除之，不妒者將復何如？」生託詞以戲曰：「彼云前日之病，爲狐祟耳。」蓮乃歎曰：「誠如君言，君迷不悟，萬一不虞，妾百口何以自解？請從此辭。百日後當視君於臥榻中。」留之不可，怫然逕去。由是於李夙夜必偕。約兩月餘，覺大困頓。初猶自寬解；日漸羸瘠，惟飲饘粥一甌。欲歸就奉養，尚戀戀不忍遽去。因循數日，沈綿不可復起。鄰生見其病憊，日遣館僮餽給食飲。生至是疑李，因謂李曰：「吾悔不聽蓮香之言，一至於此！」言訖而瞑。移時復甦，張目四顧，則李已去，自是遂絕。生羸臥空齋，思蓮香如望歲。一日，方凝想間，忽有搴簾入者，則蓮香也。臨榻哂曰：「田舍郎，我豈妄哉！」生哽咽良久，自言知罪，但求拯救。蓮曰：「病入膏肓，實無救法。姑來永訣，以明非妒。」生大悲曰：「枕底一物，煩代碎之。」蓮搜得履，持就燈前，反復展玩。李女欻入，卒見蓮香，返身欲遁。蓮以身蔽門，李窘急不知所出。生責數之，李不能答。蓮笑曰：「妾今始得與阿姨面相質。昔謂郎君舊疾，未必非妾致，今竟何如？」李俛首謝過。蓮曰：「佳麗如此，乃以愛結仇耶？」李即投地隕泣，乞垂憐救。蓮遂扶起，細詰生平。曰：「妾，李通判女，早夭，瘞於牆外。已死春蠶，遺絲未盡。與郎偕好，妾之願也；致郎於死，良非素心。」蓮曰：「聞鬼物利人死，以死後可常聚，然否？」曰：「不然。兩鬼相逢，並無樂處；如樂也，泉下少年郎豈少哉！」蓮曰：「癡哉！夜夜爲之，人且不堪，而況於鬼？」李問：「狐能死人，何術獨否？」蓮曰：「是採補者流，妾非其類，故世有不害人之狐，斷無不害人之鬼，以陰氣盛也。」生聞其語，始知狐鬼皆真。幸習常見慣，頗不爲駭。但念殘息如絲，不覺失聲大痛。蓮顧問：「何以處郎君者？」李赧然遜謝。蓮笑曰：「恐郎強健，醋娘子要食楊梅也。」李斂衽曰：「如有醫國手，使妾得無負郎君，便當埋首地下，敢復靦然於人世耶！」蓮解囊出藥，曰：「妾早知有今，別後採藥三山，凡三閱月，物料始備，瘵蠱至死，投之無不蘇者。然症何由得，仍以何引，不得不轉求效力。」問：「何需？」曰：「櫻口中一點香唾耳。我一丸進，煩接口而唾之。」李暈生頤頰，俯首轉側而視其履。蓮戲曰：「妹所得意惟履耳！」李益慚，俯仰若無所容。蓮曰：「此平時熟技，今何吝焉？」遂以丸納生吻，轉促逼之。李不得已，唾之。蓮曰：「再！」又唾之。凡三四唾，丸已下咽。少間，腹殷然如雷鳴。復納一丸，自乃接脣而布以氣。生覺丹田火熱，精神煥發。蓮曰：「愈矣！」李聽鷄鳴，徬徨別去。蓮以新瘥，尚須調攝，就食非計；因將戶外反關，僞示生歸，以絕交往，日夜守護之。李亦每夕必至，給奉殷勤，事蓮猶姊。蓮亦深憐愛之。居三月，生健如初。李遂數夕不至；偶至，一望即去。相對時，亦悒悒不樂。

蓮常留與共寢，必不肯。生追出，提抱以歸，身輕若芻靈。女不得遁，遂着衣偃臥，踡其體不盈二尺。蓮益憐之，陰使生狎抱之，而撼搖亦不得醒。生睡去；覺而索之，已杳。後十餘日，更不復至。生懷思殊切。恆出履共弄。蓮曰：「窈娜如此，妾見猶憐，何況男子！」生曰：「昔日弄履則至，心固疑之，然終不料其鬼。今對履思容，實所愴惻。」因而泣下。先是，富室張姓有女子燕兒，年十五，不汗而死。終夜復蘇，起顧欲奔。張扃戶，不得出。女自言：「我通判女魂。感桑郎眷注，遺舄猶存彼處。我真鬼耳，錮我何益？」以其言有因，詰其至此之由。女低徊反顧，茫不自解。或有言桑生病歸者，女執辨其誣。家人大疑。東鄰生聞之，踰垣往窺，見生方與美人對語；掩入逼之，張皇間已失所在。鄰生駭詰。生笑曰：「向固與君言，雌者則納之耳。」鄰生述燕兒之言。生乃啟關，將往偵探，苦無由。張母聞生果未歸，益奇之。故使傭媼索履，生遽出以授。燕兒得之喜。試着之，鞋小於足者盈寸，大駭。攬鏡自照，忽恍然悟己之借軀以生也者，因陳所由。母始信之。女鏡面大哭曰：「當日形貌，頗堪自信，每見蓮姊，猶增慚怍。今反若此，人也不如其鬼也！」把履號咷，勸之不解。蒙衾僵臥。食之，亦不食，體膚盡腫；凡七日不食，卒不死，而腫漸消；覺飢不可忍，乃復食。數日，徧體瘙癢，皮盡脫。晨起，睡舄遺墮，索着之，則碩大無朋矣。因試前履，肥瘦脗合，乃喜。復自鏡，則眉目頤頰，宛肖生平，益喜。盥櫛見母，見者盡眙。蓮香聞其異，勸生媒通之；而以貧富懸邈，不敢遽進。會媼初度，因從其子壻行，往爲壽。媼睹生名，故使燕兒窺簾認客。生最後至，女驟出，捉袂，欲從與俱歸。母訶譙之，始慚而入。生審視宛然，不覺零涕，因拜伏不起。媼扶之，不以爲侮。生出，浼女舅執柯。媼議擇吉贅生。生歸告蓮香，且商所處。蓮悵然良久，便欲別去。生大駭泣下。蓮曰：「君行花燭於人家，妾從而往，亦何形顏？」生謀先與旋里而後迎燕，蓮乃從之。生以情白張。張聞其有室，怒加誚讓。燕兒力白之，乃如所請。至日，生往親迎。家中備具，頗甚草草；及歸，則自門達堂，悉以罽毯貼地，百千籠燭，燦列如錦。蓮香扶新婦入青廬，搭面既揭，歡若生平。蓮陪巹飲，因細詰還魂之異。燕曰：「爾日抑鬱無聊，徒以身爲異物，自覺形穢。別後憤不歸墓，隨風漾泊。每見生人則羨之。晝憑草木，夜則信足浮沈。偶至張家，見少女臥牀上，近附之，未知遂能活也。」蓮聞之，默默若有所思。逾兩月，蓮舉一子。產後暴病，日就沈綿。捉燕臂曰：「敢以孽種相累，我兒即若兒。」燕泣下，姑慰藉之。爲召巫醫，輒卻之。沈痼彌留，氣如懸絲。生及燕兒皆哭。忽張目曰：「勿爾！子樂生，我樂死。如有緣，十年後可復得見。」言訖而卒。啟衾將斂，屍化爲狐。生不忍異視，厚葬之。子名狐兒，燕撫如己出。每清明，必抱兒哭諸其墓。後生舉於鄉，家漸裕。而燕苦不育。狐兒頗慧，然單弱多疾。燕每欲生置媵。一日，婢忽曰：「門外一嫗，攜女求售。」燕呼入。卒見，大驚曰：「蓮姊復出耶！」生視之，真似，亦駭。問：「年幾何？」答云：「十四。」「聘金幾何？」曰：「老身止此一塊肉，但俾得所，妾亦得噉飯處，後日老骨不至委溝壑，足矣。」生優價而留之。燕握女手，入密室，撮其頷而笑曰：「汝識我否？」答言：「不識。」詰其姓氏，曰：「妾韋姓。父徐城賣漿者，死三年矣。」燕屈指停思，蓮死恰十有四載。又審視女，儀容態度，無一不神肖者。乃拍其頂而呼曰：「蓮姊，蓮姊！十年相見之約，當不欺吾。」女忽如夢醒，豁然曰：「咦！」熟視燕兒。生笑曰：「此『似曾相識燕歸來』也。」女泫然曰：「是矣。聞母言，妾生時便能言，以爲不祥，犬血飲之，遂昧宿因。今日始如夢寤。娘子其恥於爲鬼之李妹耶？」共話前生，悲喜交至。一日，寒食，燕曰：「此每歲妾與郎君哭姊日也。」遂與親登其墓，荒草離離，木已拱矣。女亦太息。燕謂生曰：「妾與蓮姊兩世情好，不忍相離，宜令白骨同穴。」生從其言，啟李冢得骸，舁歸而合葬之。親朋聞其異，吉服臨穴，不期而會者數百人。余庚戌南遊至沂，阻雨，休於旅舍。有劉生子敬，其中表親，出同社王子章所撰桑生傳，約萬餘言，得卒讀。此其崖略耳。

異史氏曰：「嗟乎！死者而求其生，生者又求其死，天下所難得者，非人身哉？奈何具此身者，往往而置之，遂至靦然而生不如狐，泯然而死不如鬼。」

（《聊齋誌異》卷二）

清代蒲松齡的《聊齋誌異》以寫鬼寫狐聞名於世，有「鬼狐傳」之稱。翻開這部文言短篇小說集，多情多義的「佳鬼佳狐」紛至沓來，千姿百態，美不勝收。這篇《蓮香》就創造了一狐一鬼，互相鬥妍爭奇，如雙峯幷峙，難分高下，是一篇地道的「鬼狐傳」。

狐精鬼魅是不存在的。蒲松齡寫鬼寫狐，意在表現人與人生。本篇的蓮香與李氏，雙雙愛戀書生桑曉。因李氏爲鬼，「陰氣盛」，致桑大病，幾乎喪命。李爲此羞憤、痛苦，「每見生人則羨之」，最後借尸還魂，取得人身，得與戀人結爲夫婦。蓮香本是狐女，幷不危害桑生，還多次救他，爲他生子，照理可以心安理得做桑的妻室。但她仍以非人爲恨，以至「樂死」而「不樂生」，死後轉生爲人，與桑重聚，這纔如願以償，心滿意足。如此狐鬼人物，這般戀愛過程，「死者而求其生，生者又求其死」，都是爲了人身，爲了愛情，爲了取得人的資格，過上人的感情生活。這是對人與人生的熱情肯定和歌贊，肯定萬物之靈的人的可貴，歌贊男歡女愛的人生的美好。「愛情」是個美麗的字眼兒，即使被封建宗法勢力層層禁錮，也在人的心中閃閃發光，爲鍾情男女熱切嚮往。蓮香、李氏同桑生的婚戀形跡是虛幻的，超現實的，但她們那種執著追求幸福的精神、感情和心理卻是現實的、自然的，富有人情味和生活氣。從這方面看，她們幷不是什麽狐鬼，而是活生生的人，是對性愛與人生滿懷愉悅和激情的少女。

愛情是排他的。但在男尊女卑、一夫多妻的封建社會，女性不能要求愛侶感情專一。夫婦之間、妻妾之間、情人之間、情敵之間不知由此生出多少矛盾紛爭、感情波瀾。蓮香是這種矛盾關係中的理性形象、理想人物。她熱戀桑生，也愛護桑生；奉獻自己，又不排斥情敵；勸桑絕李是爲了他的生命安全，并非出於妒忌之心；一旦了解李氏對桑一片真情，并無歹意，且能知過改過，就不僅不再防範，反生「憐愛」，「留與共寢」，情同姊妹。這是當時難得的賢姬德婦。作品以蓮香爲題，不以李氏名篇，原因就在這裏。在作者看來，前者的形象更高、更美、更理想。不過，蓮香并不就是封建婦德觀念的化身，而是具有七情六慾、可愛可親的青年女性。她爲追求情愛，「夜來叩齋」，奔就桑生；受人議論和猜疑，則反覆究詰，極力辯白；桑生執迷不悟，繼續與李相會，她大生其氣，當頭棒喝；桑生說她忌妒，她更難忍受，怒形於色，情見乎詞；當她面臨遭人寃枉又百口莫辯的困難境地，就不再勸桑絕李，也不再同他爭競，爲了洗清自己，「以明非妒」，感慨陳詞，負氣而去；待桑病危，她攜藥重來，既不問訊，也不急救，開口即出揶揄之聲：「田舍郎，我豈妄哉！」快意之情溢於言表；繼而又說「實無救法」，「姑來永訣」，怨恨之心依稀可見。更有情味的是同李氏會面的那些談話，數語相質，問得對方無言以對，「俛首謝過」；隨即慨嘆「佳麗如此」，不應「以愛結仇」，居高臨下，有理有情；了解李氏的情況之後，也不是即刻消除隔閡，一味大度包容，而以爲桑治病相難，并取笑說：「恐郎強健，醋娘子要食楊梅也」。顯見心中仍存芥蒂；至於借李「香唾」爲引，連出戲語，羞得對方「若無所容」，更是妻妾之間習見情事，作品以奇巧的構思，虛擬的事故傳出日常人情世態，傳出女主人公難以言傳的隱微心理。凡此種種，都使蓮香像現實的青年女性一樣，在三角戀愛中有她自己的憂慮、煩惱、酸甜苦樂。而這一切，又與她那美的心性息息相關，水乳交融，時時爆出人性美和人情美的璀璨火花，光彩奪目，有很強的藝術魅力。

蓮香的形象比較定型，沒有明顯的發展變化。鬼女李氏則不然，她起初單純、稚氣，缺少理性，是蓮香的陪襯；後來漸趨成熟，足與蓮香比高低，是個轉變、發展的人物形象。唯其如此，就更接近現實的人，帶着更加濃烈甘芳的煙火氣和兒女情。她貪戀桑生，耽於歡愛，不知遠慮，樂而忘憂，很像處於熱戀中的多情少女。對情敵蓮香，她最關切也最敏感的是其貌如何，一心同對方爭妍競美，聽說「可稱雙絕」，立刻「變色」，擔心蓮香超過自己，「因而不歡」，並伺機偷窺。這是三角戀愛中一般女性的普遍心理，寫得生動如活，聲態宛肖；讀來親切喜人，「醋而有味」。隨着情節的發展，爲鬼的根底被蓮香指明，聽桑生一說「乃有謂卿鬼者」，這個缺少理性和生活經驗的鬼女先是「結舌良久」，不知申辯，繼而大罵「淫狐」，「嗚嗚飲泣」，稚嫩之氣十足，嬌嗔之態可掬，讓人覺得既可愛又可笑。與蓮香相比，李氏有較強的忌妒心，這不僅使她更像生活中人，也使她的愛情顯得更熱烈、更執著，如火如荼。後來面對生命垂危的桑生、有情有義的蓮姊，她愧悔交加，「遜謝」不遑，從此愛情結合了理性，得到昇華，敬意取代了妒意，化爲友情，對桑生、蓮香的態度發生了巨大變化。不過，轉變以後的李氏仍不同於蓮香，其爭強好勝之心依然如故。她恨自己「身爲異物」，竟然「憤不歸墓」，隨風飄蕩，借屍取得人身之後，念念不忘與蓮香比美，見形貌不如從前，禁不住對鏡大哭，「把履號咷」。這等虛幻之筆，合情入理又奇趣橫生，有力地表現着人物的心態、性格，使借屍還魂的老套充滿現實的人情，煥發出新的藝術光彩。

《聊齋誌異》的重大成就和價值在於神話與現實的結合，即把神話現實化。這種現實化有兩種途徑：寓意和傳情。前者造就一大批社會性極強的諷諭小說，後者構成數十篇生活氣息極濃的人情小說。《蓮香》屬於後一類。它通篇多幻，卻筆筆傳情，爲狐爲鬼的主人公比生人、真人具有更美、更充足的人性和人情。作者清楚地意識到這一點，便在「異史氏曰」中慨嘆那些徒具人身而缺少人性和人情者流「靦然而生不如狐，泯然而死不如鬼」。前人爲此篇題詩：「狐鬼爭妍最有情。」一語破的，洞見文心。

據古書記載，東晉桓溫平蜀，納一美妾；其妻是明帝司馬紹之女——南康長公主，爲人甚妒，聽得消息，持刀帶人打上門去；其時妾在窗前梳頭，「姿貌端麗」，「神色閑正」，舉止從容，言語「凄惋」；公主見了，擲刀在地，上前抱住她說：「阿子，我見汝亦憐，而況老奴！」「阿子」是親昵的稱呼，「老

聊齋誌異・蓮香

奴」即指丈夫桓溫。這事是傳聞還是史實，無須深究。它真實地反映了妻妾之間複雜的矛盾和感情。她們既有相妒乃至相仇的一面，又有相容乃至相親的可能。《蓮香》中的女主人公最後達到互敬互愛、相近相親，就是建立在這種可能的基礎之上。蓮香誇李氏「窈娜如此，妾見猶憐，何況男子」等語，就是那位南康長公主的話的翻版。不過，作品所表現的人性、人情并不衹是現實的寫照，而是對現實的大力美化。它把生活中固有的美的人性和人情放大了，強化了，塗上理想的奇顏麗色，因而富於浪漫的光輝和藝術美感，讀之令人賞心悅目。這是美化效果的積極方面。與此同時，作品也美化了雙美共夫的封建婚姻，美化了一夫多妻制。前面說過，愛情在本質上是排他的。一夫多妻的家庭無論怎樣和睦，總有這樣那樣的紛擾和煩惱。尤其是女性，作爲這種婚姻的受害者，內心深處的感情創傷和忌妒陰影不可能完全消除，像《蓮香》結局那樣高度和諧美滿的三角關係是不會有的，它是某些人的一種願望，也顯出作者的思想局限。

蒲松齡是結構故事的大師。《聊齋》佳作的故事情節不僅詭幻、新奇、引人入勝，而且精美、渾成、搖曳多姿，藝術結構獨具匠心。《蓮香》從東鄰生一句戲言起筆，雙點「鬼狐」，輕巧，自然。桑曉答一句「雌者尚當開門納之」，也是戲言。說者無心，作者有意，隱括全文情事，了無斧鑿痕跡。接寫東鄰生使妓裝鬼，戲嚇桑生，文如閑雲野鶴，自在飄來；事多生活情趣，天然氣象。其實也是作者的精思巧構、匠意安排，是爲狐鬼出場所作的鋪墊。在實寫兩者之前虛此一筆，使「靜穆自喜」的桑生對狐鬼放鬆警惕，對蓮香、李氏的突然來奔不疑不怪，不驚不懼，同時也向敏感的讀者透露了狐鬼將至的信息。如此開篇，一舉數得，既見桑生其人，又是出色的引子，有山雨欲來之勢，有曲徑通幽之妙。下面正文展開，狐女、鬼女交錯而出，兩條支線盤旋而進，故事詭曲多變，情境層折出新，而作書人的視點不離桑生之身，不出桑生之室，一支筆驅使二女「彼來我往，彼往我來」，在同一地點與同一書生演出多幕好看的戲。結構繁中有簡，以簡馭繁。情節若網在綱，有條不紊，而且富有戲劇性。我們知道，導致戲劇性的決定因素是人物關係中的複雜矛盾和隱秘成分，是惟恐拆穿或尚待揭曉的事相根底，即所謂「迷」。《蓮香》的兩個女主人公都隱瞞自己的真實身分，同時又力圖拆穿對方；不明真相的桑生將信將疑，好歹不分，遂使三者之間矛盾複雜，關係微妙。作者充分、恰當地利用了這些矛盾關係，造成的情節和細節有很強的戲劇性和表現力。李氏偷窺蓮香；蓮香又偷窺李氏。李氏向桑生揭發蓮香；蓮香又對桑生揭發李氏。桑生不信蓮香是狐，卻用李氏之言試探蓮香；不信李氏爲鬼，又用蓮香之言試探李氏。這些情節、細節看似雷同，實則同中有異，形成鮮明對比，生動地表現出人物不同的心理、情態和性格特點。李氏偷窺蓮香，是出於一種忌妒心理，是爲了證實對方是否比自己更美；蓮香偷窺李氏，是疑其「非人」，是爲了保護桑生不受傷害。李氏揭發蓮香，語氣和緩，也不要求桑生決絕，所以桑生雖「疑其妒」，仍「漫應之」；蓮香揭發李氏，心急意切，斥爲「鬼物」，大聲疾呼，要桑「速絕」，桑生不是「疑其妒」，而是「意其妒」，不是隨便應和，而是沉默「不語」。蓮香面對桑生的試探，也覺驚異，但隨即鎮定，侃侃而談，顯得十分沉着、冷靜、胸無掛礙；李氏聽人說她是鬼，驚得張口結舌，後又哭罵失態，不僅顯得幼稚，也是心虛的表現。此後蓮香離去、桑生病危，矛盾發展到頂峯，情節推出高潮：三人對面相質，真相大白；兩女合力治病，妒意全消。這是全篇的重場戲，從蓮香「搴簾」而入，到李氏「彷徨即去」，用七百字的篇幅縱筆特寫，文情并茂。爲桑生治病一段尤爲精彩，蓮香巧言相戲，清音悅耳；李氏忸怩作難，羞態可掬，實是這篇佳作的絕妙之筆。至於李氏還魂，蓮香再世，是從山窮水盡之處翻出一個大團圓結局。作者利用新的矛盾、新的隱秘因素爲情節開出新的天地，構成新的戲劇性，不乏生動可觀的藝術描寫。但無論還魂，還是再世，都帶着明顯的迷信色彩和人爲的刀痕斧跡，有得有失，瑕瑜互見，雖非畫蛇添足，也屬強弩之末，不是響亮有力的豹尾，不可與前面那些妙思佳構同日而語。

最後談談篇末綴語。「余庚戌南游至沂」等語記述了題材的來源和作品的產生過程。「庚戌」是康熙九年（一六七〇），蒲松齡三十一歲。他爲家庭生計所迫，於這年秋天，遠離山東淄川老家，南下江蘇寶應去作幕賓，在沂州（今臨沂縣）旅舍讀到王子章寫的一篇長達一萬多字的《桑生傳》，後來根據回憶寫成這篇小說。此等綴語，是內容的一種證實之言，證實故事的真實可信。就此而論，不可看得太認真；同時它也告訴我們：《蓮香》并非蒲松齡憑空杜撰，而是根據一篇文人的作品改作的和縮寫的，就此而言，綴語又是很實在的，不是小說家的空城計和障眼法。

（馬振方）

紅玉

蒲松齡

廣平馮翁有一子，字相如。父子俱諸生。翁年近六旬，性方鯁，而家屢空。數年間，媼與子婦又相繼逝，井臼自操之。一夜，相如坐月下，忽見東鄰女自牆上來窺。視之，美。近之，微笑。招以手，不來亦不去。固請之，乃梯而過，遂共寢處。問其姓名，曰：「妾鄰女紅玉也。」生大愛悅，與訂永好。女諾之。夜夜往來，約半年許。翁夜起，聞女子含笑語，窺之，見女。怒，喚生出，罵曰：「畜產所爲何事！如此落寞，尚不刻苦，乃學浮蕩耶？人知之，喪汝德；人不知，促汝壽！」生跪自投，泣言知悔。翁叱女曰：「女子不守閨戒，既自玷，而又以玷人。倘事一發，當不僅貽寒舍羞！」罵已，憤然歸寢。女流涕曰：「親庭罪責，良足愧辱！我二人緣分盡矣！」生曰：「父在不得自專。卿如有情，尚當含垢爲好。」女言辭決絕，生乃灑涕。女止之曰：「妾與君無媒妁之言，父母之命，踰牆鑽隙，何能白首？此處有一佳耦，可聘也。」告以貧。女曰：「來宵相俟，妾爲君謀之。」次夜，女果至，出白金四十兩贈生。曰：「去此六十里，有吳村衛氏，年十八矣，高其價，故未售也。君重諮之，必合諧允。」言已，別去。生乘間語父，欲往相之。而隱饋金不敢告。翁自度無貲，以是故，止之。生又婉言：「試可乃已。」翁頷之。生遂假僕馬，詣衛氏。衛故田舍翁。生呼出引與閒語。衛知生望族，又見儀采軒豁，心許之，而慮其靳於貲。生聽其詞意吞吐，會其旨，傾囊陳几上。衛乃喜，浼鄰生居間，書紅箋而盟焉。生入拜媼。居室偪側，女依母自幛。微睨之，雖荊布之飾，而神情光豔，心竊喜。衛借舍款壻，便言：「公子無須親迎。待少作衣妝，即合舁送去。」生與期而歸。詭告翁，言衛愛清門，不責貲。翁亦喜。至日，衛果送女至。女勤儉，有順德，琴瑟甚篤。踰二年，舉一男，名福兒。會清明抱子登墓，遇邑紳宋氏。宋官御史，坐行賕免。居林下，大煽威虐。是日亦上墓歸，見女豔之。問村人，知爲生配。料馮貧士，誘以重賂，冀可搖，使家人風示之。生驟聞，怒形於色；既思勢不敵，斂怒爲笑，歸告翁。大怒，奔出，對其家人，指天畫地，詬罵萬端。家人鼠竄而去。宋氏亦怒，竟遣數人入生家，毆翁及子，洶若沸鼎。女聞之，棄兒於牀，披髮號救。羣篡舁之，鬨然便去。父子傷殘，吟呻在地，兒呱呱啼室中。鄰人共憐之，扶之榻上。經日，生杖而能起。翁忿不食，嘔血尋斃。生大哭，抱子興詞，上至督撫，訟幾徧，卒不得直。後聞婦不屈死，益悲。寃塞胸吭，無路可伸。每思要路刺殺宋，而慮其扈從繁，兒又罔託。日夜哀思，雙睫爲不交。忽一丈夫弔諸其室，虬髯闊頷，曾與無素。挽坐，欲問邦族。客遽曰：「君有殺父之仇，奪妻之恨，而忘報乎？」生疑爲宋人之偵，姑僞應之。客怒眦欲裂，遽出曰：「僕以君人也；今乃知不足齒之傖！」生察其異，跪而挽之，曰：「誠恐宋人餂我。今實佈腹心：僕之臥薪嘗膽者，固有日矣，但憐此襁中物，恐墜宗祧。君義士，能爲我杵臼否？」客曰：「此婦人女子之事，非所能。君所欲託諸人者，請自任之；所欲自任者，願得而代庖焉。」生聞，崩角在地。客不顧而出。生追問姓字，曰：「不濟，不任受怨；濟，亦不任受德。」遂去。生懼禍及，抱子亡去。至夜，宋家一門俱寢，有人越重垣入，殺御史父子三人，及一媳一婢。宋家具狀告官。官大駭。宋執謂相如，於是遣役捕生，生遁不知所之，於是情益真。宋僕同官役諸處冥搜。夜至南山，聞兒啼，迹得之，繫縲而行。兒啼愈嗔，羣奪兒拋棄之。生寃憤欲絕。見邑令，問：「何殺人？」生曰：「寃哉！某以夜死，我以晝出，且抱呱呱者，何能踰垣殺人？」令曰：「不殺人，何逃乎？」生詞窮，不能置辨，乃收諸獄。生泣曰：「我死無足惜，孤兒何罪？」令曰：「汝殺人子多矣；殺汝子，何怨？」生既褫革，屢受梏慘，卒無詞。令是夜方臥，聞有物擊牀，震震有聲，大懼而號。舉家驚起，集而燭之，一短刀，銛利如霜，剁牀入木者寸餘，牢不可拔。令睹之，魂魄喪失。荷戈徧索，竟無蹤跡。心竊餒。又以宋人死，無可畏懼，乃詳諸憲，代生解免，竟釋生。生歸，甕無升斗，孤影對四壁。幸鄰人憐餽食飲，苟且自度。念大仇已報，則囅然喜；思慘酷之禍，幾於滅門，則淚潸潸墮；及思半生貧徹骨，宗支不續，則於無人處，大哭失聲，不復能自禁。如此半年，捕禁益懈。乃哀邑令，求判還衛氏之骨。及葬而歸，悲怛欲死，輾轉空牀，竟無生路。忽有款門者，凝神寂聽，聞一人在門外，譨譨與小兒語。生急起窺覘，似一女子。扉初啟，便問：「大寃昭雪，可幸無恙？」其聲稔熟，而倉卒不能追憶。燭之，則紅玉也。挽一小兒，嬉笑跨下，生不暇問，抱女嗚哭。女亦慘然。既而推兒曰：「汝忘爾父耶？」兒牽女衣，目灼灼視生。細審之，福兒也。大驚，泣問：「兒那得來？」女曰：「實告君：昔言鄰女者，妾也。妾實狐。適宵行，見兒啼谷口，抱養於秦。聞大難既息，故攜來與君團聚耳。」生揮涕拜謝。兒在女懷，如依其母，竟不復能識父矣。天未明，女即遽起，問之，答曰：「奴欲去。」生裸跪牀頭，涕不能仰。女笑曰：「妾誑君耳。今家道新創，非夙興夜寐不可。」乃翦莽擁篲，類男子操作。生憂貧乏，不自給。女曰：「但請下帷讀，勿問盈歉，或當不殍餓死。」遂出金治織具；租田數十畝，僱傭耕作。荷鑱誅茅，牽蘿補屋，日以爲常。里黨聞婦賢，益樂資助之。約半年，人煙騰茂，類素封家。生曰：「灰燼之餘，卿白手再造矣。然一事未就安妥，如何？」詰之，答曰：「試期已迫，巾服尚未復也。」女笑曰：「妾前以四金寄廣文，已復名在案。若待君言，誤之已久。」生益神之。是科遂領鄉薦。時年三十六，腴田連阡，夏屋渠渠矣。女嫋娜如隨風欲飄去，而操作過農家婦；雖嚴冬自苦，而手膩如脂。自言三十八歲，人視之，常若二十許人。

異史氏曰：「其子賢，其父德，故其報之也俠。非特人俠，狐亦俠也。遇亦奇矣！然官宰悠悠，豎人毛髮，刀震震入木，何惜不略移牀上半尺許哉？使蘇子美讀之，必浮白曰：『惜乎擊之不中！』」

（《聊齋誌異》卷二）

《紅玉》在《聊齋誌異》中，雖然算不上是最上乘之作，但也還不失是一篇難得的佳製。從《聊齋誌異》全書看，寫人與鬼狐相愛題材的篇章，佔絕大多數。然而，旨趣卻又各自大不相同。《紅玉》是其中較爲特殊的一篇。

這篇小說，從全篇的構成來說，大致可以分爲三個部分。第一部分，主要內容是：狐女紅玉與書生馮相知相愛，被馮父發現，遭到嚴斥，紅玉愧而離開馮生。當她離去時，幫助馮生娶農家女衛氏爲妻。第二部分，是這篇小說的主幹。包括以下內容：馮生與衛氏婚後，生一子。清明掃墓，因貪贓罷居林下的官僚宋某，見衛氏美，遂遣家奴強行搶奪，并毆傷馮生父子。馮父傷重致死。馮生告狀，「上至督撫」，得不到審理。後聞衛氏亦不屈而死。時有俠者虬髯客路見不平，代馮生報仇，殺了宋一家。於是馮生被捕，棄襁褓中兒於山中。後來邑令因懾於虬髯客擲刃牀頭，釋放了馮生。第三部分，寫紅玉送馮生的兒子來，補敍當時如何收養被棄山中的幼兒。之後，馮生與紅玉結爲夫婦，并得紅玉之助，獲雋舉人，家業日興。

總的說來，第一、第三兩部分，前後呼應，是紅玉的故事。作爲小說主幹的第二部分，雖然不能說與紅玉無關，但紅玉畢竟沒有出場，筆墨側重於描寫豪紳的胡作非爲和各級官吏的縱容。

這樣，小說《紅玉》雖然是以書生馮相如與狐女紅玉的戀愛結合爲故事的主要線索。可是，這一虛幻的戀愛故事，不僅衹是小說藝術構思的間架，而此中所安置的，卻是一場現實人間的尖銳衝突。從而反映了當時，即作者蒲松齡生活活動的清初皇朝鼎盛時代吏治的黑暗。從文字手法來看，這篇小說的路數，差近於《成仙》、《席方平》等。

小說主幹部分筆墨的詳略處理，尤其耐人尋味。這一部分，筆墨重點放在豪紳宋某對馮生的欺凌上，這當然必不可少。而馮生告狀的前後經過，僅「上至督撫，訟幾遍，卒不得直」數語，輕描淡寫，一筆帶過。爲什麽在這十分吃重之處，反而語焉不詳，彷佛草草了事？其實，這樣使用筆墨，與小說的整個構思——側面着筆，以揭露清初的吏治現狀，是完全一致的。小說中的宋某，官御史，明清兩代通常是指各道監察御史，從五品，還算不上是個角色。而且，這位宋某，「坐賕免居林下」，還是個因貪贓枉法而捲了鋪蓋的。可是，依然橫行鄉里，肆無忌憚。見了個窮秀才的老婆長得美，竟敢強行搶奪，甚至唆使惡奴打死馮翁，逼死這位窮秀才的老婆。對這位已經雋了秀才的馮生尚且如此，平素如何魚肉鄉里，殘虐平民百姓，更可想而知。那些「爲民父母」的各級地方官們，對他的作惡如何縱容，也是可想而知。

搶奪衛氏的案件，已經關係兩條人命。這些父母官們，還有封疆大吏督撫，幾乎都告遍了，竟「卒不得直」！表面看來，好像這是因爲當時官僚集團的昏庸無能。其實，卻不盡然。當那位虬髯客殺了宋家父子以後，宋的家人具狀告官，那邑令卻立即遣役捕嫌疑者馮生，又頗爲雷厲風行了。同樣是人命案件，對待卻如此不同，此中因由，這篇小說雖未明確說明，但在同一類型的幾篇小說中，卻可以看到作者的命意所在。如

《席方平》結尾二郎神的一篇判詞，雖然說的是陰司地府中的事，實際上，冥王、城隍、鬼役，也即是人間的督撫、州官縣令和吏役。「金光蓋地，因使閻摩殿上盡是陰霾；銅臭衝天，遂教枉死城中全無日月」。這就點出了豪紳與官府勾結的所以然。《席方平》中的狀況如此，《紅玉》中的各級衙門，也未嘗不是如此，衹不過《紅玉》的用筆，稍爲隱曲而已。

這篇小說，雖然作惡者受到懲罰，官府得到警告；受害的好人，最後也得到「好報」。可是，從小說的整體看，悲劇的氣氛很濃。馮生所受的種種欺淩，事實上是中小知識分子受財與勢的欺淩的縮影。蒲松齡自稱《聊齋誌異》爲「孤憤之書」，他所憤的內容是什麼，從這篇小說中也可窺見一斑！

如此看來，《紅玉》正如《聊齋誌異》全書中其他鬼狐題材的小說一樣，那虛幻的故事，正是現實人間生活的投影。嘉慶間一位叫馮鎮巒的評論者在他的《讀聊齋雜說》中說：

> 雖說鬼說狐，如華嚴樓閣，彈指即現；如未央宮闕，實地造成。

這段話，雖然衹是對全書藝術創作特點的一種設喻，不專指《紅玉》，但以此說明《紅玉》中幻想性與現實性的關係，那更是準確不過。

此外，從藝術形象的實質來說，紅玉這位狐女，當然是現實生活中的人：善良，有同情心，又略爲軟弱。作品的情節所顯示的是現實人間無異於鬼蜮世界；而這位屬於妖靈世界的狐女紅玉，所作所爲卻反而那樣富於人情味。二者在小說中形成了強烈的對比，也是頗耐人尋味的。

上文我們說，《紅玉》在《聊齋誌異》全書中，算不上是最上乘之作。比諸那幾篇神品，如《嬰寧》、《嬌娜》、《聶小倩》、《黃英》、《青鳳》、《素秋》、《小翠》等。《紅玉》更是遠不能與之爭衡。這主要是就這篇小說的藝術表現來說的。在藝術上，特別是人物形象的塑造方面，《紅玉》有許多地方不能盡如人意，也是毋庸諱言的。

小說題曰《紅玉》，以女主角的名字命題。從這一人物形象的塑造來說，她的性格并沒有得到充分的展示。尤其是中間一大段，即馮生的從家破人亡到興訟、復仇等情節，是衝突最爲激烈，也是筆墨最吃重的部分，但在這裏卻把紅玉撇在一邊，沒有她的活動。也就是說，在小說的主幹部分，沒有爲這個藝術形象的塑造再添加筆墨。這就不免給讀者以女主角的人物性格缺乏光彩的感覺。又如男主角馮生，他是個貫串小說始終的人物，性格刻畫更爲薄弱。對這個人物，作者說他「賢」。但從作品本身看，這個鑒定性的斷語并沒有具體落實，沒有在情節中付諸行動表現。形象的鮮明性更遜於女主角紅玉。

寫得最不理想的是第三部分，即小說的結局。在這個收結部分，紅玉復出，補敍當年在山中收養馮生的兒子，這是不可或缺的筆墨。如果到此戛然而止，不僅已經達到爲刻畫這個人物形象補添一筆的目的，而且也乾浄利落，不拖泥帶水。可是，小說的結尾，寫馮生與紅玉結合以後，得到紅玉之助，不僅文場得意，中了舉人，而且家業興旺，「腴田連阡，夏屋渠渠」。這樣收結，與小說總的傾向并不相稱，不能不說是強添上去的蛇足。

（林冠夫）

促織

蒲松齡

宣德間，宮中尚促織之戲，歲徵民間。此物故非西產；有華陰令欲媚上官，以一頭進，試使鬭而才，因責常供。令以責之里正。市中遊俠兒，得佳者籠養之，昂其直，居爲奇貨。里胥猾黠，假此科斂丁口，每責一頭，輒傾數家之產。邑有成名者，操童子業，久不售。爲人迂訥，遂爲猾胥報充里正役，百計營謀不能脱，不終歲，薄產累盡。會徵促織，成不敢斂戶口，而又無所賠償，憂悶欲死。妻曰：「死何裨益？不如自行搜覓，冀有萬一之得。」成然之。早出暮歸，提竹筒、銅絲籠，於敗堵叢草處，探石發穴，靡計不施，訖無濟；即捕得三兩頭，又劣弱不中於款。宰嚴限追比；旬餘，杖至百，兩股間膿血流離，並蟲亦不能行捉矣。轉側牀頭，惟思自盡。時村中來一駝背巫，能以神卜。成妻具貲詣問。見紅女白婆，填塞門戶。入其舍，則密室垂簾，簾外設香几。問者爇香於鼎，再拜。巫從傍望空代祝，唇吻翕闢，不知何詞。各各竦立以聽。少間，簾內擲一紙出，即道人意中事，無毫髮爽。成妻納錢案上，焚拜如前人。食頃，簾動，片紙拋落。拾視之，非字而畫：中繪殿閣，類蘭若；後小山下，怪石亂臥，針針叢棘，青麻頭伏焉；旁一蟆，若將跳舞。展玩不可曉。然覩促織，隱中胸懷。摺藏之，歸以示成。成反復自念，得無教我獵蟲所耶？細瞻景狀，與村東大佛閣真逼似。乃強起扶杖，執圖詣寺後。有古陵蔚起；循陵而走，見蹲石鱗鱗，儼然類畫。遂於蒿萊中，側聽徐行，似尋針芥；而心目耳力俱窮，絕無蹤響。冥搜未已，一癩頭蟆猝然躍去。成益愕，急逐趁之。蟆入草間。躡蹟披求，見有蟲伏棘根；遽撲之，入石穴中。掭以尖草，不出；以筒水灌之，始出。狀極俊健。逐而得之。審視，巨身修尾，青項金翅。大喜，籠歸。舉家慶賀，雖連城拱璧不啻也。上於盆而養之，蟹白栗黃，備極護愛，留待限期，以塞官責。成有子九歲，窺父不在，竊發盆。蟲躍擲逕出，迅不可捉。及撲入手，已股落腹裂，斯須就斃。兒懼，啼告母。母聞之，面色灰死，大罵曰：「業根！死期至矣！而翁歸，自與汝覆算耳！」兒涕而出。未幾成歸，聞妻言，如被冰雪。怒索兒，兒渺然不知所往；既得其尸於井。因而化怒爲悲，搶呼欲絕。夫妻向隅，茅舍無煙，相對默然，不復聊賴。日將暮，取兒藁葬。近撫之，氣息惙然。喜寘榻上，半夜復甦。夫妻心稍慰。但蟋蟀籠虛，顧之則氣斷聲吞，亦不敢復究兒，自昏達曙，目不交睫。東曦既駕，僵臥長愁。忽聞門外蟲鳴，驚起覘視，蟲宛然尚在。喜而捕之。一鳴輒躍去，行且速。覆之以掌，虛若無物；手裁舉，則又超忽而躍。急趁之。折過牆隅，迷其所往。徘徊四顧，見蟲伏壁上。審諦之，短小，黑赤色，頓非前物。成以其小，劣之。惟彷徨瞻顧，尋所逐者。壁上小蟲，忽躍落衿袖間。視之，形若土狗，梅花翅，方首長脛，意似良。喜而收之。將獻公堂，惴惴恐不當意，思試之鬥以覘之。村中少年好事者，馴養一蟲，自名「蟹殼青」，日與子弟角，無不勝。欲居之以爲利；而高其直，亦無售者。逕造廬訪成。視成所蓄，掩口胡盧而笑。因出己蟲，納比籠中。成視之，龐然修偉，自增慚怍，不敢與較。少年固強之。顧念蓄劣物終無所用，不如拚博一笑。因合納鬥盆。小蟲伏不動，蠢若木雞。少年又大笑。試以猪鬣毛，撩撥蟲鬚，仍不動。少年又笑。屢撩之，蟲暴怒，直奔，遂相騰擊，振奮作聲。俄見小蟲躍起，張尾伸鬚，直齕敵領。少年大駭，解令休止。蟲翹然矜鳴，似報主知。成大喜。方共瞻玩，一雞瞥來，逕進以啄。成駭立愕呼。幸啄不中，蟲躍去尺有咫；雞健進，逐逼之，蟲已在爪下矣。成倉猝莫知所救，頓足失色。旋見雞伸頸擺撲；臨視，則蟲集冠上，力叮不釋。成益驚喜，掇置籠中。翼日進宰。宰見其小，怒訶成。成述其異。宰不信。試與他蟲鬥，蟲盡靡；又試之雞，果如成言。乃賞成，獻諸撫軍。撫軍大悅，以金籠進上，細疏其能。既入宮中，舉天下所貢蝴蝶、螳螂、油利撻、青絲額，……一切異狀，徧試之，無出其右者。每聞琴瑟之聲，則應節而舞。益奇之。上大嘉悅，詔賜撫臣名馬衣緞。撫軍不忘所自，無何，宰以「卓異」聞。宰悅，免成役。又囑學使，俾入邑庠。後歲餘，成子精神復舊。自言身化促織，輕捷善鬥，今始甦耳。撫軍亦厚賚成。不數歲，田百頃，樓閣萬椽，牛羊蹄蹴各千計。一出門，裘馬過世家焉。

異史氏曰：「天子偶用一物，未必不過此已忘，而奉行者即爲定例。加之官貪吏虐，民日貼婦賣兒，更無休止。故天子一跬步，皆關民命，不可忽也。獨是成氏子以蠹貧，以促織富，裘馬揚揚。當其爲里正受撲責時，豈意其至此哉！天將以酬長厚者，遂使撫臣、令尹，並受促織恩蔭。聞之：一人飛昇，仙及雞犬。信夫！」

（《聊齋誌異》卷四）

《聊齋誌異》是我國近二百多年以來很受讀者歡迎的一部古典文學作品。我國的古典小說，按體裁來分，大體上可以分爲筆記小說和章回小說兩類，《聊齋誌異》屬於筆記小說一類。

《聊齋誌異》的作者蒲松齡生活在明末清初（一六四〇—一七一五），是我國十七世紀的一個偉大的文學家。他是山東淄川縣人，一生中歷盡亂離，飽經憂患，而且絕大部分時間都在農村裏教書度日，生活很窮，和勞動人民接觸比較多，知道勞動人民的疾苦，對勞動人民有深厚的同情。所以在當時和後代，山東有許多老百姓都尊稱他爲「蒲聖人」。

蒲松齡對於貪官污吏的貪贓枉法、舞弊營私，土豪劣紳的窮兇極惡、橫行霸道，科舉制度的黑暗和流弊，封建婚姻的不合理，等等，都感到強烈的不平和憤慨。他認爲，許多老百姓之所以過着悲慘和痛苦的生活，主要是因爲受着貪官污吏、土豪劣紳壓迫蹂躪的緣故。他自己說過，《聊齋誌異》其實是一部「孤憤之書」，他寫這部書的目的，主要就是爲了發洩憤慨，寄託感情。書中有不少篇作品，都是揭發貪官污吏和土豪劣紳傷天害理、迫害人民的罪行的，或者是攻擊科舉制度的黑暗和流弊的；或者是批評封建婚姻的不合理、讚美自由戀愛的。由於清初的文字獄十分殘酷，不少文人往往因爲有一首詩、一篇文章得罪了封建統治階級，就會遭到殺身滅族的慘禍。蒲松齡也很害怕因此得禍，所以他的許多作品都寫得比較含蓄，有時用轉彎抹角的曲筆，有時用曲折隱晦的比喻，凡是有可能得罪權貴的地方，他下筆都十分謹慎，總是改了又改，刪了又刪。

這裏給大家介紹的這篇《促織》，是《聊齋誌異》裏思想性和藝術性都比較高的一篇作品。

這篇作品的主題比較明確，思想性也比較強。封建統治集團搜刮物資，增加賦稅，來供應皇帝和大官們過着窮奢極侈的生活，這正是造成人民痛苦和災難的主要禍根。蒲松齡看到了這一點，也企圖通過這個乍看起來好像有點荒誕不經的故事來寫出這一點。皇帝好玩鬥蟋蟀，這本來是一件小事，可是官吏們爲了拍上司的馬屁，就催逼老百姓到處給他們捉蟋蟀，捉不到就得賠錢挨打，鄉長和差役們又乘機敲詐勒索，爲了這麽一個小玩意兒，直逼得像成名那樣的老百姓傾家蕩產，求生不得，求死不能，淒慘萬狀，最後連兒子的性命都差一點給賠進去。這個悲劇，多麽尖銳地揭露了封建統治階級的殘暴和封建政治制度的黑暗啊？作品雖然聲明所寫的是明朝宣德年間的故事，其實這樣的悲劇在封建社會裏是普遍存在着的，明代如此，清代又何嘗不是如此。作品結局的地方儘管給加上了一條所謂「光明的尾巴」，寫到成名這個好人終於得到了好報，其實也并沒有減弱這個故事的悲劇色彩。特別是寫到成名的兒子在半死半活的時候，「靈魂」託在蟋蟀身上，成了皇帝尋歡作樂的玩物，纔使得他的父親轉禍爲福。這一筆寫得十分辛酸，也十分深刻。這就是說，封建時代的老百姓，無非是皇帝和官吏們的玩物和犧牲品，應該說這個情節是富有象徵意義的。

這篇作品的藝術技巧也相當高；特別是情節的曲折，布局的奇妙，可以算得上是短篇小說中一篇難得的佳作。小說一開始寫主人公成名因爲捉不到蟋蟀交差，屢次挨打受刑，急得要上弔，後來求神問卜，好不容易纔捉到一頭身強力壯的大蟋蟀，眼看就能渡過難關。不幸這頭蟋蟀被他的兒子弄死了，兒子害怕責罰，跳井自殺。這會兒，成名真是倒霉到極點了。等到他發現兒子還有一口氣，心情稍覺寬慰；但是看到蟋蟀籠空着，交不了差，還是得挨打受刑，又感到十分絕望。到這裏，作者忽然筆鋒一轉，寫成名又捉到一頭小蟋蟀，這頭蟋蟀很厲害，屢鬥屢勝，成名把它進貢皇宮，換得很多賞賜。後來兒子醒過來了，成名也發了財，全家團圓，皆大歡喜。原作全篇不過一千四五百字，寫主人公從悲到喜，喜極生悲，悲極復喜，幾經周折……悲和喜交替出現，禍和福互相轉化，形成波瀾起伏、高潮疊出的布局，故事的發展始終不離開蟋蟀的得失這一條主線，讀者的心情也隨着蟋蟀的得失和主人公命運的變化而忽弛忽張，忽憂忽喜。正像陸游詩中所說的：「山重水複疑無路，柳暗花明又一村。」這篇作品在布局上引人入勝之處，也就在這裏。

不論是長篇還是短篇，好的小說總要對讀者有吸引力，使人一拿起來就捨不得放下去。但是有的小說僅僅用曲折離奇的情節來吸引人，讀者被曲折離奇的故事情節迷住了，反而不大容易被作品中人物的命運所感動；另外有的小說故事情節比較簡單，但是人物形象寫得有血有肉，活靈活現，對讀者有強烈的感染力量。兩相對比，自然是後一種作品更高一些。文學作品的主要任務畢竟是寫人。不過，寫人和寫事幷不矛盾，故事情節本來就是爲塑造人物性格服務的，兩全其美也不見得不可能。《促織》之所以是一篇成功的作品，就是因爲它不僅具有豐富生動、曲折複雜的故事情節，結構安排得很巧妙，很能引起讀者的興趣，而且主人公成名的性格也是寫得相當鮮明的。成名是一個老實善良的窮書生，他爲人忠厚，不肯損人利己，作爲一個保甲長，他本來可以把自己的負擔和災難轉嫁到一般老百姓的身上，但是他寧可自己賠錢挨打，也不向老百姓攤派買蟋蟀的錢，這就很突出地顯示了成名的優良品質；同時，成名的性格又是相當軟弱的，他平白無故地遭受到這樣慘酷的打擊，卻一點兒也沒有反抗的意思，急得沒有辦法的時候，衹想到上吊自殺。這樣一個又善良又可憐的老實人，被逼得幾乎家破人亡，走投無路，就更能引起讀者對他的命運產生深切的同情，他的吉凶禍福，就更能緊緊抓住讀者的心。《聊齋誌異》的主要藝術特色之一，就是能够通過一些普通的行動和語言，用寥寥幾筆的勾勒，表現出人物的性格特點，構成一幅幅人物精神面貌的速寫畫。在這一點上，《促織》也是相當成功的。

此外，作品裏一些「寫景狀物」的細節描寫，也大都是寥寥幾筆，十分簡練，卻寫得生動真切，真是如同古人所說的「以少少許勝多多許」。例如：寫小蟋蟀和「蟹殼青」鬥、和鷄鬥那幾節，在原作中每節都不過一百幾十個字，但是每當我們讀到這幾節的時候，眼前彷彿真的出現了蟋蟀和蟋蟀鬥、蟋蟀和鷄鬥的場面，蟋蟀的動作、姿態和聲音，都在紙上活躍起來了。蟋蟀和鷄鬥，本來很難佔上風，這裏卻寫蟋蟀叮在雞冠子上面，一口咬住不放，使得那隻鷄「英雄無用武之地」，這個細節很有趣，假如作者平時不是很細心觀察事物，就很難寫得出來。

（黄秋耘）

綠衣女

蒲松齡

于生名璟，字小宋，益都人。讀書醴泉寺。夜方披誦，忽一女子在窗外贊曰：「于相公勤讀哉！」因念深山何處得女子？方疑思間，女已推扉笑入曰：「勤讀哉！」于驚起視之，綠衣長裙，婉妙無比。于知非人，固詰里居。女曰：「君視妾當非能咋噬者，何勞窮問？」于心好之，遂與寢處。羅襦既解，腰細殆不盈掬。更籌方盡，翩然遂去。由此無夕不至。一夕共酌，談吐間妙解音律。于曰：「卿聲嬌細，倘度一曲，必能消魂。」女笑曰：「不敢度曲，恐消君魂耳。」于固請之。曰：「妾非吝惜，恐他人所聞。君必欲之，請便獻醜；但祇微聲示意可耳。」遂以蓮鉤輕點牀足，歌云：「樹上烏臼鳥，賺奴中夜散。不怨繡鞋溼，祇恐郎無伴。」聲細如蠅，裁可辨認。而靜聽之，宛轉滑烈，動耳搖心。歌已，啟門窺曰：「防窗外有人。」遶屋周視，乃入。生曰：「卿何疑懼之深？」笑曰：「諺云『偷生鬼子常畏人。』妾之謂矣。」既而就寢，惕然不喜，曰：「生平之分，殆止此乎？」于急問之。女曰：「妾心動，妾祿盡矣。」于慰之曰：「心動眼瞤，蓋是常也，何遽此云？」女稍懌，復相綢繆。更漏既歇，披衣下榻。方將啟關，徘徊復返，曰：「不知何故，惿慚心怯。乞送我出門。」于果起，送諸門外。女曰：「君竚望我；我踰垣去，君方歸。」于曰：「諾。」視女轉過房廊，寂不

聊齋誌異·綠衣女

復見。方欲歸寢，聞女號救甚急。于奔往。四顧無蹟，聲在檐間。舉首細視，則一蛛大如彈，摶捉一物，哀鳴聲嘶。于破網挑下，去其縛纏，則一綠蜂，奄然將斃矣。捉歸室中，置案頭。停蘇移時，始能行步。徐登硯池，自以身投墨汁，出伏几上，走作「謝」字。頻展雙翼，已乃穿窗而去。自此遂絕。

（《聊齋誌異》卷五）

在《聊齋誌異》中，《綠衣女》是蒲松齡精心結撰的佳構之一。這篇小說全文僅五百字，情節也不複雜，衹擷取了夜訪、度曲、遇險、謝別四個場面，就成功地塑造了一個由綠蜂幻化的少女——綠衣女的生動感人形象。

小說寫綠衣女的出場就引人入勝。深山古寺，書生于璟正披書夜誦，忽聽窗外一女子贊曰：「于相公勤讀哉！」未見其人，先聞其聲。于生疑思未定，綠衣女已「推扉笑入」，出現在眼前：婉妙秀美，活潑大方。通過于生那雙審視的目光，讓我們領略了綠衣女的風姿。「于知非人，固詰里居。女曰：『君視妾當非能咋噬者，何勞窮問？』」一句機敏的反詰，傳情微中，打消了于生的疑慮，雙方取得了心靈的默契。小說開頭這一段，借助于生的聽覺、視覺和心靈感應，由遠及近、由表及裏地將綠衣女的性格風貌初步勾畫了出來。

爲了尋求美滿的愛情，綠衣女敢於衝破封建禮法的羈絆，主動與于生私會，覓得了知音，嘗到了自由愛情的幸福甘果。但是在那羅網高織的黑暗時代，封建衛道者對這種悖於禮法的行爲會聽之任之嗎？綠衣女將會遭到怎樣的命運呢？小說在「度曲」一節中巧妙地昭示了這一切。一天晚上，兩人共酌，在談吐間綠衣女表現出「妙解音律」的才能，于生便要她度曲：「卿聲嬌細，倘度一曲，必能消魂。」她笑着回答：「不敢度曲，恐消君魂耳。」靈心慧口，妙語巧對。一方面她爲能獲得情郎的激賞感到由衷的寬慰和幸福；另一方面她又深知這歌聲將會招致腐惡勢力的嫉恨和迫害，帶來可怕的災禍，因而又情辭婉轉地謝絕了于生的請求。這裏所寫的綠衣女的「笑」，既是甜蜜的，又是苦澀的，其中之隱衷實難以向于生傾心吐訴。隨後在于生的一再堅持下，她終於不忍怫逆情郎的美意，便「獻醜」一歌，滿足了他的請求。她下定了決心，準備爲獻歌付出痛苦的代價。爲了防範偷聽者，她表示衹能「微聲示意」，爲情郎唱了一曲俚歌。歌云：「樹上烏臼鳥，賺奴中夜散。不怨繡鞋濕，衹恐郎無伴。」歌聲纏綿哀怨，動耳搖心，歌詞傳達了對于生的深情厚愛，也吐露了她內心蘊藏的隱憂。歌罷，她機智而警覺地開門窺探，繞屋巡視，表現出疑懼不安。當于生笑她：「卿何疑懼之深？」她一語雙關地回答：「諺云：『偷生鬼子常畏人』，妾之謂矣。」這裏，既以諺語自我解嘲，以沖淡當時壓抑不安的氣氛；又以諺語向于生暗喻自己「非人」的身分與不測的命運。綠衣女「偷生」但不苟且，她一直在抗爭，並不甘於命運的擺布。爲了維護與于生這一來之不易的愛情，也爲了自身的安全，她苦苦地掙扎着，小心謹慎地提防着一切可能發生的變故。以後雖有于生的慰藉，但她的疑慮始終難以排解。她「心動眼瞤」，「徘徊復返」，「惿慚心怯」，這一連串的心態活動變化，正是冷酷現實投諸她心靈上的陰影。她已預感到一場無可抗拒的打擊即將來臨了。小說這一段文字，既沒有寫什麼驚人的事件情節，也沒有寫什麼激烈的矛盾衝突，僅僅是圍繞着「度曲」問題描寫了于生與綠衣女之間求與允的對話和行動。但寫得體情入微，一波三折，以極其工細的筆觸，生動地寫了綠衣女在災禍臨頭時的感情波瀾和心態變化，深刻地揭示了人物的悲劇命運，讓我們得以窺見綠衣女豐富的性格內涵和複雜的內心世界。

綠衣女對現實有着清醒的認識，她已意識到自己不幸的命運前途。果然不出所料，她陷入了噬人者所設置的羅網之中。幸虧于生的及時救護才免於喪生，但已傷痕累累，現出了綠蜂的真相，無法再化爲婉妙的少女了。小說以象徵的手法，描寫了毒蛛張網和于生破網兩個細節，其中寓有深刻的含義，溶進了作者進步的理想。作者不忍心讓他心愛的主人公爲封建惡勢力的代表——毒蛛所吞噬，特意寫于生破網救蜂的細節。救蜂這一舉動，正是表示出作者對強大的封建勢力的一種奮擊和抗爭。他多麼想撕裂這吃人的羅網，讓這個不幸的少女重新獲得做人的權利和享受愛情的幸福。但作者畢竟是清醒的現實主義者，嚴酷的事實告訴他，綠衣女在食人者的蹂躪下，身心已受到了嚴重摧殘，無法再獲得人間的愛情與幸福。小說的這種悲劇結局，說明作者幷沒有爲了理想去對現實加以虛妄的粉飾。

綠衣女被剝奪了愛的權利，她欲哭無淚，欲言無聲，衹好「徐登硯池，自以身投墨汁，出伏几上，走作『謝』字。頻展雙翼，已乃穿窗而去。」這一連串無聲的動作，意緒綿綿，含情不盡，感人至深。這裏有綠衣女對于生的深沉的感激，痛苦的訣別，有她重獲自由的快慰，也有她永生永世的思念。一個「謝」字，展示出一顆多麽善良純真的心，一個多麽美麗動人的靈魂，同時也包含着多麽豐富的潛臺詞。小說寫到這裏，綠衣女的形象塑造才完成了最後的點睛之筆，從而得到了完美的體現。結尾這一段，出人意表，凄婉動人，這是作者從藝術的整體美出發精心設計的最後一個場面，它一字字一句句都滲透了對綠衣女的深切摯愛之情。或許那綠蜂穿窗飛去的情景，將會重新點燃起人們心中的希望之火。那獲得自由之身的綠蜂，一旦醫好創傷後，又將會開始她的新的追求了。

這篇小說刻畫工致，語言精美，取材和立意都別開生面，新奇可喜。像蜜蜂採花釀蜜、鼓翼飛行時爲蜘蛛張網捕噬的情景，本是人們在生活中常常看到的。但蒲松齡卻慧眼獨具，從習見的現象中敏鋭地發現了生活的底藴，從自然與社會生活的脈搏中把握到了美的律動，從蜜蜂這一尋常的小動物身上透視到不尋常的意義。他觀物得意，因景生情，情景交融，用他手中那支神奇的彩筆，編織了這樣一篇富有濃烈詩情的人蜂相戀的愛情故事。其文心之巧，寄寓之深，實令人驚嘆不已。

作者在塑造綠衣女形象時，主要採用了真幻交織、明暗相生的方法。一方面，他以現實生活爲基礎，將自然現象擬化爲社會現象，即將綠蜂充分人格化，賦予人的思想、感情、動作和行爲；一方面，他又在綠衣女的身上，保持了綠蜂的原型特徵，即將綠衣女物化爲綠蜂，賦予動物的特質。這種將人與物滲透結合而塑造出來的復合性藝術形象，亦人亦物，亦物亦人，形象更豐滿，性格更鮮活，藝術上更富有雋永的情味。蒲松齡在這篇小說中以奇妙的構思、奔放的想象，極力追求一個真中見幻、幻中見美的藝術世界。這個藝術世界既帶有現實世界的影子，又塗上作者強烈的主觀色彩，因此它才成爲詩一般動人的藝術境界。這篇小說，主體部分明寫人，暗寫蜂。綠衣女「綠衣長裙，婉妙無比」，「腰細殆不盈掬」，恰似綠蜂的形狀和體態；她對于生發出的「勤讀哉」「勤讀哉」的重複贊語，恰似綠蜂的嗡嗡營營之聲；其歌「聲細如蠅，裁可辨認。而靜聽之，宛轉滑烈，動耳搖心」，恰似綠蜂的音量和音色；她「以蓮鈎輕點牀足」，「繞屋周視」，以「偷生鬼子」自謂，又恰似綠蜂或立或飛、心身不定的動作和情態。小說寫色寫聲，寫形寫神，處處將綠蜂的生物特性與少女的社會人性相結合，曲曲畫出一個綠蜂幻化的少女形象，亦蜂亦人，婉麗可愛。小說的結尾部分又明寫蜂，暗寫人，寫的是綠蜂受傷復蘇後的動作和情致，表現的卻是人的思想感情，綠衣女的婉妙之態依然可見。作者對蜂的外在形態特徵和內在習性特徵一一體察入微，描寫得淋漓盡致。清代但明倫稱讚這篇小說深得「賦物之妙」，是頗有見地的。小說別出心裁，匠心獨運，以生花妙筆將自然現象和社會現象融爲一體，將物性和人性鎔鑄爲綠衣女這一光彩照人的藝術形象，以小見大地揭示出意義深刻的社會人生主題。這，在整個《聊齋誌異》中可說是絕無僅有的。

（王立興）

小謝

蒲松齡

渭南姜部郎第，多鬼魅，常惑人。因徙去。留蒼頭門之而死，數易皆死；遂廢之。里有陶生望三者，夙倜儻，好狎妓，酒闌輒去之。友人故使妓奔就之，亦笑內不拒；而實終夜無所沾染。嘗宿部郎家，有婢夜奔，生堅拒不亂，部郎以是契重之。家綦貧，又有「鼓盆之戚」，茆屋數椽，溽暑不堪其熱；因請部郎，假廢第。部郎以其凶故，卻之。生因作《續無鬼論》，獻部郎，且曰：「鬼何能爲！」部郎以其請之堅，諾之。生往除廳事。薄暮，置書其中；返取他物，則書已亡。怪之，仰臥榻上，靜耳以伺其變。

食頃，聞步履聲，睨之，見二女自房中出所亡書，送還案上。一約二十，一可十七八，並皆姝麗。逡巡立榻下，相視而笑。生寂不動。長者翹一足踹生腹，少者掩口匿笑。生覺心搖搖若不自持，即急肅然端念，卒不顧。女近以左手捋髭，右手輕批頤頰，作小響。少者益笑。生驟起，叱曰：「鬼物敢爾！」二女駭奔而散。生恐夜爲所苦，欲移歸，又恥其言不掩；乃挑燈讀。暗中鬼影憧憧，略不顧瞻。夜將半，燭而寢。始交睫，覺人以細物穿鼻，奇痒，大嚏；但聞暗處隱隱作笑聲。生不語，假寐以俟之。俄見少女以紙條撚細股，鶴行鷺伏而至；生暴起訶之，飄竄而去。既寢，又穿其耳。終夜不堪其擾。雞既鳴，乃寂無聲，生始酣眠，終日無所覩聞。日既下，恍惚出現。生遂夜炊，將以達旦。長者漸曲肱几上，觀生讀。既而掩生卷。生怒捉之，即已飄散；少間，又撫之。生以手按卷讀。少者潛於腦後，交兩手掩生目，瞥然去，遠立以哂。生指罵曰：「小鬼頭！捉得便都殺卻！」女子即又不懼。因戲之曰：「房中縱送，我都不解，纏我無益。」二女微笑，轉身向竈，析薪溲米，爲生執爨。生顧而獎曰：「兩卿此爲，不勝憨跳耶？」俄頃，粥熟，爭以匕、箸、陶椀置几上。生曰：「感卿服役，何以報德？」女笑云：「飯中溲合砒、酖矣。」生曰：「與卿夙無嫌怨，何至以此相加。」啜已，復盛，爭爲奔走。生樂之，習以爲常。日漸稔，接坐傾語，審其姓名。長者云：「妾秋容，喬氏；彼阮家小謝也。」又研問所由來。小謝笑曰：「癡郎！尚不敢一呈身，誰要汝問門第，作嫁娶耶？」生正容曰：「相對麗質，寧獨無情；但陰冥之氣，中人必死。不樂與居者，行可耳；樂與居者，安可耳。如不見愛，何必玷兩佳人？如果見愛，何必死一狂生？」二女相顧動容，自此不甚虐弄之；然時而探手於懷，捋袴於地，亦置不爲怪。一日，錄書未卒業而出，返則小謝伏案頭，操管代錄。見生，擲筆睨笑。近視之，雖劣不成書，而行列疎整。生贊曰：「卿雅人也！苟樂此，僕教卿爲之。」乃擁諸懷，把腕而教之畫。秋容自外入，色乍變，意似妒。小謝笑曰：「童時嘗從父學書，久不作，遂如夢寐。」秋容不語。生喻其意，僞爲不覺者，遂抱而授以筆，曰：「我視卿能此否？」作數字而起，曰：「秋娘大好筆力！」秋容乃喜。生於是折兩紙爲範，俾共臨摹；生另一燈讀。竊喜其各有所事，不相侵擾。倣畢，祗立几前，聽生月旦。秋容素不解讀，塗鴉不可辨認，花判已，自顧不如小謝，有慚色。生獎慰之，顔始霽。二女由此師事生，坐爲抓背，臥爲按股，不惟不敢侮，爭媚之。踰月，小謝書居然端好，生偶贊之。秋容大慚，粉黛淫淫，淚痕如綫；生百端慰解之，乃已。因教之讀，穎悟非常，指示一過，無再問者。與生競讀，常至終夜。小謝又引其弟三郎來，拜生門下。年十五六，姿容秀美。以金如意一鉤爲贄。生令與秋容執一經，滿堂咿唔，生於此設鬼帳焉。部郎聞之喜，以時給其薪水。積數月，秋容與三郎皆能詩，時相酬唱。小謝陰囑勿教秋容，生諾之；秋容陰囑勿教小謝，生亦諾之。一日，生將赴試，二女涕淚持別。三郎曰：「此行可以託疾免；不然，恐履不吉。」生以告疾爲辱，遂行。先是，生好以詩詞譏切時事，獲罪於邑貴介，日思中傷之。陰賂學使，誣以行簡，淹禁獄中。資斧絕，乞食於囚人，自分已無生理。忽一人飄忽而入，則秋容也。以饌具餽生。相向悲咽，曰：「三郎慮君不吉，今果不謬。三郎與妾同來，赴院申理矣。」數語而出，人不之睹。越日，部院出，三郎遮道聲屈，收之。秋容入獄報生，返身往偵之，三日不返。生愁餓無聊，度一日如年歲。忽小謝至，愴惋欲絕，言：「秋容歸，經由城隍祠，被西廊黑判強攝去，逼充御媵。秋容不屈，今亦幽囚。妾馳百里，奔波頗殆；至北郭，被老棘刺吾足心，痛徹骨髓，恐不能再至矣。」因示之足，血殷淩波焉。出金三兩，跛踦而沒。部院勘三郎，素非瓜葛，無端代控，將杖之，撲地遂滅。異之。覽其狀，情詞悲惻。提生面鞫，問：「三郎何人？」生僞爲不知。部院悟其冤，釋之。既歸，竟夕無一人。更闌，小謝始至。慘然曰：「三郎在部院，被廨神押赴冥司；冥王以三郎義，令託生富貴家。秋容久錮，妾以狀投城隍，又被按閣，不得入，且復奈何？」生忿曰：「黑老魅何敢如此！明日仆其像，踐踏爲泥，數城隍而責之；案下吏暴橫如此，渠在醉夢中耶！」悲憤相對，不覺四漏將殘。秋容飄然忽至。兩人驚喜，急問。秋容泣下曰：「今爲郎萬苦矣！判日以刀杖相逼，今夕忽放妾歸，曰：『我無他，原以愛故；既不願，固亦不曾汚玷。煩告陶秋曹，勿見譴責。』」生聞少歡，欲與同寢，曰：「今日願爲卿死。」二女戚然曰：「向受開導，頗知義理，何忍以愛君者殺君乎？」執不可；然俛頸傾頭，情均伉儷。二女以遭難故，妒念全消。會一道士途遇生，顧謂「身有鬼氣」。生以其言異，具告之。道士曰：「此鬼大好，不擬負他。」因書二符付生，曰：「歸授兩鬼，任其福命：如聞門外有哭女者，呑符急出，先到者可活。」生拜受，歸囑二女。後月餘，果聞有哭女者。二女爭奔而去。小謝忙急，忘呑其符。見有喪轝過，秋容直出，入棺而沒；小謝不得入，痛哭而返。生出視，則富室郝氏殯其女。共見一女子入棺而去，方共驚疑；俄聞棺中有聲，息肩發驗，女已頓蘇。因暫寄生齋外，羅守之。忽開目問陶生。郝氏研詰之。答云：「我非汝女也。」遂以情告。郝未深信，欲舁歸；女不從，逕入生齋，偃臥不起。郝乃識壻而去。生就視之，面龐雖異，而光豔不減秋容，喜愜過望，殷敘平生。忽聞嗚嗚鬼泣，則小謝哭於暗陬。心甚憐之，即移燈往，寬譬哀情，而衿袖淋浪，痛不可解。近曉始去。天明，郝以婢媼齎送香奩，居然翁壻矣。暮入帷房，則小謝又哭。如此六七夜，夫婦俱爲慘動，不能成合巹之禮。生憂思無策。秋容曰：「道士，仙人也。再往求，倘得憐救。」生然之。迹道士所在，叩伏自陳。道士力言「無術」。生哀不已。道士笑曰：「癡生好纏人！合與有緣，請竭吾術。」乃從生來，索靜室，掩扉坐，戒勿相問。凡十餘日，不飲不食。潛窺之，瞑若睡。一日晨與，有少女搴簾入，明眸皓齒，光豔照人。微笑曰：「跋履終夜，憊極矣！被汝糾纏不了，奔馳百里外，始得一好廬舍，道人載與俱來矣。待見其人，便相交付耳。」斂昏，小謝至，女遽起迎抱之，翕然合爲一體，仆地而僵。道士自室中出，拱手逕去。拜而送之。及返，則女已甦。扶置牀上，氣體漸舒，但把足呻言趾股痠痛，數日始能起。後生應試得通籍。有蔡子經者，與同譜，以事過生，留數日。小謝自鄰舍歸，蔡望見之，疾趨相躡；小謝側身斂避，心竊怒其輕薄。蔡告生曰：「一事深駭物聽，可相告否？」詰之，答曰：「三年前，少妹夭殞，經兩夜而失其屍，至今疑念。適見夫人，何相似之深也？」生笑曰：「山荊陋劣，何足以方君妹？然既係同譜，義即至切，何妨一獻妻孥。」乃入內，使小謝衣殉裝出。蔡大驚曰：「真吾妹也！」因而泣下。生乃具述本末。蔡喜曰：「妹子未死，吾將速歸，用慰嚴慈。」遂去。過數日。舉家皆至，後往來如郝焉。

異史氏曰：「絕世佳人，求一而難之，何遽得兩哉！事千古而一見，惟不私奔女者能遘之也。道士其仙耶？何術之神也！苟有其術，醜鬼可交耳。」

（《聊齋誌異》卷六）

爲了表現和歌頌青年男女對自由、美好愛情的嚮往與執著追求，蒲松齡在《聊齋誌異》裏展開藝術幻想的翅膀，神思奇想地描繪了許多動人的愛情故事。其中包括那種能够超越人的生死界限使鬼魂復生從而獲得美滿結局的愛情，如像《聶小倩》、《蓮香》、《連瑣》、《伍秋月》、《魯公女》等所描寫的那樣。而《小謝》一篇，由於作者的立意與下筆的某些特殊之處，在此類作品中，可謂別具情趣，獨呈異彩。

《小謝》是寫陶生望三和秋容、小謝兩個「小鬼頭」通過較長時期日常生活的相處，由開始的互相敵對逐漸達到彼此的相知與相愛，最後二女鬼魂借軀復生從而結爲美滿婚姻的故事。

粗看，它的故事內容和藝術情節多少有些顯得平淡無奇，似乎僅是一個通過借屍還魂實現愛情結合的很普通的故事。因爲它既不具有像《蓮香》那樣複雜曲折的兩世姻緣的故事情節與思想內容，也缺乏像《聶小倩》那樣的驚險的情節、恐怖的場面和神奇的色彩；而在藝術描繪上，既沒有像《連瑣》那樣的詭譎多變令人撲朔迷離、充滿夢幻和詩情的幽淒意境的極力渲染，似乎作者也未着眼於刻意施呈精彩得令人拍案叫絕的神來之筆。總之，它在題材內容和藝術風格上顯得多少有點平淡無奇，顯得平凡而樸素。然而，我們如果深入作者的立意與具體描寫來分析，就不難發現，此篇的成功之處，恰恰就在於這種平淡無奇和平凡樸素之中。可以說《小謝》是於平淡無奇中寓其深意；於平凡樸素中顯其新穎。

《小謝》給人以最強烈最突出的一點藝術感受是，在其前半部分即道士出現前，特別是陶生赴試前的描寫中所洋溢着的極其真實親切的家庭日常生活的濃郁氣息和獨特的歡快情調。

從故事結構來看，在道士出現以前，作品已基本完整地寫出了陶生與女鬼秋容、小謝之間的自由、美好愛情的自然而然的發生與發展的過程，所欠缺者衹是一個如何超越生死界限克服這一巨大障礙實現正式結合的完滿結局。因此，道士出現前的部分是作品故事結構的主體部分，也是作品藝術描寫的精華所在；作品中的主人公小謝、秋容包括陶生在內三個人物的多姿多彩的形象的塑造也已完成。道士出現後兩次作法使秋容和小謝先後還魂復生衹不過是作品所拖的一個尾巴而已，用來表現一種幻想和滿足人們願望。其於作品的主體部分雖然並不爲贅疣，但顯然並無多大積極的現實意義。這一荒誕離奇的故事情節不僅源於「借軀而生，古傳其事」（《小謝》篇後何守奇總評）的一種傳統觀念，而且即使在《聊齋誌異》中亦屬屢見不鮮。甚至陶生赴試這一較有思想意義的情節，雖然是爲表現主人公的愛之赤誠與磨難而有意插入的，對於表現作品的思想主題似乎是必不可少的部分，但從藝術來說，也並無什麽新意。因爲這樣的情節對於《聊齋誌異》的讀者來說，是很熟悉的。這與諸如《伍秋月》中與女鬼伍秋月相戀的王鼎在冥間的遭遇、《辛十四娘》中與狐女辛十四娘結爲夫婦的馮生橫遭誣陷涉訟的藝術情節是大同小異的。因此，《小謝》篇最能引起我們注意和重視的，乃是對陶生寓居姜宅期間與小謝、秋容日常相處中充滿現實生活的濃郁氣息和獨特情趣的精彩的現實主義藝術描繪。如前所言，這裏雖無所謂令人拍案叫絕的神來之筆，但在創造兩個充滿純真爛漫和赤子之心，脫盡禮教束縛和世俗思想拘繫的栩栩如生的少女形象，特別是在創造聰慧文雅、嬌羞怯弱、稚氣猶存的小謝的形象上，其藝術彩筆所到之處，亦可謂精彩紛呈，能够喚起人們一種強烈的美感。總之，《小謝》的這部分內容與描寫不僅是作品的真正富於藝術創造的部分，而且也深刻地表現出這一愛情故事所寓有的獨特的思想意義。

《小謝》的藝術描寫有一個顯著的特點，這就是小謝和秋容雖然是以所謂鬼魂的名義出現，但實際上，在作者筆下卻既未出現陰森幽暗氣氛的描寫，也沒有把她們描繪得像一般鬼魂那樣夢幻般的迷離恍惚——如聶小倩、連瑣、伍秋月、章阿端那樣，而是一如塵世間的真人。這是由於作者在這裏沒有運用一般描寫虛幻事物的特定藝術手法，而是通過日常生活的一系列細節描寫，繪聲繪色地展現出現實生活的一幅幅真實生動的場景和畫面，從而把陶生與小謝、秋容之間的任性忘情的戲謔和純真的友愛之情，像歡快的樂曲一樣以極其和諧美妙的旋律，從晶瑩澄澈的心田裏自然地流淌出來。從這種充滿獨特詩情畫意的動人描繪裏，人們是不難感受到作家企圖極力傳達出來的對於生活的魅人情趣和生命與青春的強烈美感。應該說，正是這種充滿歡樂和青春活力的魅人的生活情趣及其強烈美感，像明淨的泉水，像甘甜的雨露洗去了小謝和秋容這兩個外貌美麗的女鬼心靈上的那層蒙昧幽暗的無形污垢，像靈犀一樣啓迪了她們對於生的強烈渴望和對於愛的勇敢執著的追求。爲此，她們在救援陶生出獄的行動中，理所當然地表現出感人的患難與共的一片赤誠之情和捨己救人的犧牲精神。至此，在她們的心靈上原來播下的死亡和仇恨的種子，如今卻綻開了美麗的愛的花朵。因而她們是那樣迫切地渴望得到還魂復生的機會，燃燒在她們心中的生的意志是那樣熾烈，特別是小謝由於情急粗心而失去了生的機會，造成難以挽回的遺憾而痛哭得如此淒慘悲切。這表明，她們的心已從蒙昧幽暗中完全蘇醒過來，而熱烈地嚮往並執著地追求生的歡樂，愛的甘美。

在《聊齋誌異》中所表現的思想中，有一點是很意味深長的。這就是不僅在《小謝》一篇中，而且在許多以愛情、婚姻和家庭爲題材的篇章中，作者都曾寓意深刻地提出一個「樂生」與「樂死」的問題。按照蒲松齡的理解，如同通過《錦瑟》中婢女春燕之口所說那樣，人之常情總是以爲「樂死不如苦生」，然而當活着已經得不到生的歡樂和愛的甜美時，人生會萌發生不如死，即「樂死」而不「樂生」的念頭。因此，《錦瑟》中備遭悍婦虐待的王生並「不以有生爲樂」，而苦苦求死，以爲有所謂「死樂」也。而人們爲了永遠不失去生活的歡樂與愛情的甘甜，也有「樂死」而不「樂生」者，像《章阿端》中之戚生妻的鬼魂爲了與丈夫的長期歡聚，寧願「長死」而苦苦逃避「託生」。至於《連城》中的喬年，更是爲了執著地追求，爲了祇有在「冥間」纔可能獲得相愛的知己連城而「樂死不願生」。但小謝與秋容則與戚生妻、喬年、連城等相反，她們的生的意志是如此強烈、堅決，特別是小謝即使通過百里借軀的艱難歷程，也定要還魂復生。以上所有的這一切，都是緣於愛，爲了愛。這就是說，在蒲松齡筆下，人們不僅「樂生」是爲了愛，「樂死」也是爲了愛，而且還可因爲愛，令「死者而求其生，生者而求其死」（《蓮香》）。總之，在他看來，愛情是可以而且應該超越人的生死界限的，正如《魯公女》篇的「何評」中所提出的那樣：「情之所鍾，固不以生死隔耶？」因此，從這個意義上說，《小謝》實在是一曲生之歡樂、愛之甘美的頌歌。它借一個普通的「借軀還魂」復生的愛情故事作爲外殼，寓意深刻而富有特色地表現出一種生而死、死而生地對於自由美好的愛情和充滿歡樂和活力的生命的執著追求精神。顯然，這在當時是有其強烈的反封建的積極意義的。

然而，在這一點上，蒲松齡在《小謝》中也表現出他的思想的複雜和局限的一面。在他的筆下，對於生之歡樂和愛之甘美的追求，不僅使人能够經受而且必須經受各種巨大磨難的考驗，而且這種追求和考驗可以使人由惡向善，從黑暗達到光明的彼岸。很明顯，《小謝》中的男主人公陶生住進「凶宅」，長期與「女鬼」秋容、小謝相處，不僅沒有像許多「門者」那樣，爲其所崇而死，而且對其「有所感之化之」（《小謝》篇後但明倫總評），使其得脫幽冥的黑暗和蒙昧之苦，從而得到生和愛的歡樂，這主要是由於作者筆下的陶生，不僅是一個膽豪氣壯不信邪、不懼鬼的硬漢，而且是一個「不私奔女」的正氣與道義的化身，因此他能够使二女「向受開導，頗知義理」，從而棄惡向善，嚮往光明，追求復生。這就是說，陶生也和《聶小倩》中的「信義剛直」的寧采臣一樣，是以凜然正氣和道義力量對女鬼小謝和秋容「拔生救苦」（《聶小倩》）。在這裏表現出蒲松齡思想中所受佛教因果和輪回思想的一定影響。這在他的《聊齋誌異》自序中有明確的自白。由於這個

聊齋誌異·小謝

問題比較複雜，在這裏就不多贅了。

在藝術上，《小謝》最突出的成就是成功地塑造了小謝和秋容這兩個具有獨特性格光彩的少女形象。蒲松齡在《聊齋誌異》中以出色地塑造了衆多不同性格的栩栩如生的女性形象而著稱，他往往在一篇短短的作品中，通過成功地運用對比或陪襯的藝術手法，同時寫出兩個或兩個以上的性格相近或相反的作爲主要人物的女性形象。如《蓮香》中的蓮香和李通判女，《姊妹易嫁》中的妹與姊，《鳳仙》中的鳳仙與八仙，《陳雲棲》中的陳雲棲與盛雲眠等皆屬此種情況。當然，篇中的人物是有主從之分的。《小謝》篇從題目來看，在小謝與秋容中，自然當以小謝爲主；但如果沒有秋容，則無以突出小謝，至少小謝的個性色彩不會顯得如此鮮明。事實也是這樣，《小謝》不僅在人物設置上有主有從，而且下筆也有重有輕。但需強調指出的是，此篇同時寫兩個性格同中有異的少女形象，不僅是爲了取得對比和陪襯的藝術效果，而且更重要的是爲了表現思想主題的需要，爲了突出表現特定的某種魅人的生活情趣的需要，爲了強烈渲染一種充滿歡樂和美感的生活的濃郁氣氛的需要。一句話，是爲了突出生命和青春的活力及其魅人的美感的需要：而其結果則是同時寫出了兩個各具面目、各具性格光彩的栩栩如生的少女形象。看來，作者意在通過她們的那種忘情任性的憨跳戲謔的行爲細節的描寫，突出其一片天真爛漫的性格，她們共同具有一種脫盡禮教和世俗思想拘繫的純真和天然的人性本色，在這兩個閃耀着魅人的獨特光彩的藝術形象上，鮮明地體現着個性解放的強烈色彩。然而，在這兩個形象上，也顯示出鮮明的不同個性的特徵。在作者的筆下，小謝和秋容之間不僅有主從之分，而且也有雅俗高下之別。作者在下筆時頗爲注意表現和區分出人物性格的具體而細微的同中之異的特點。如對秋容的描寫，通過其初見陶生時即「翹一足踹生腹」的充滿挑逗性的粗俗動作，即顯示出她的老練、野性和大膽；而在對比之下，站着不動衹是「掩口匿笑」的小謝則顯得稚嫩、嬌怯和文雅。小謝的這種性格特點是在情節進展中通過一系列生動逼真的細節描寫而突現出來的。從她因對陶生穿鼻使痒的惡作劇而被叱駭奔，到自動地文雅學書，再到奔救陶生途中被刺破足心而「血殷淩波」，直至最後在借軀還魂中因情急忘記吞符而未能如願以償，因此哭得「衿袖淋浪」止，無一不是有力地突現了她的嬌怯文弱、聰慧多情和稚氣猶存的性格特點。從這裏我們可以窺見作者在準確地把握人物心理、性格特點和下筆的分寸上所表現出來的藝術功力和高超技巧。這是源於蒲松齡對現實生活的敏銳的獨特發現和感受，因此能够達到「刻鏤物情，曲盡世態」（蒲立悳爲《聊齋誌異》所作跋文）之妙。總之，小謝和秋容這一對少女形象，特別是小謝形象的塑造，表現出一定的思想深度，在藝術上是很成功的，從而使其放射出獨特的光彩。在《聊齋誌異》中雖然未能達到經作者精心着意刻畫出來因而爲其所特別鍾愛的嬰寧、青鳳的形象那樣豐滿、深刻和富有魅力，但是也具有獨特的思想意義和一定的審美價值。

最後，作品以蔡生跟蹤認妹這一突發的多少有點出人意外的情節作結，在結構藝術和表現手法上也是較爲成功的。這一補敘手法的巧妙運用使作品的情趣陡增，並從而產生一種餘響不絕、意味深長的藝術效果。

（徐仲元）

司文郎

蒲松齡

平陽王平子，赴試北闈，賃居報國寺。寺中有餘杭生先在，王以比屋居，投刺焉。生不之答。朝夕遇之，多無狀。王怒其狂悖，交往遂絕。一日，有少年遊寺中，白服裙帽，望之傀然。近與接談，言語諧妙。心愛敬之。展問邦族，云：「登州宋姓。」因命蒼頭設座，相對噱談。餘杭生適過，共起遜坐。生居然上座，更不撝挹。卒然問宋：「爾亦入闈者耶？」答曰：「非也。駑駘之才，無志騰驤久矣。」又問：「何省？」宋告之。生曰：「竟不進取，足知高明。山左、右並無一字通者。」宋曰：「北人固少通者，而不通者未必是小生；南人固多通者，然通者亦未必是足下。」言已，鼓掌；王和之，因而鬨堂。生慚忿，軒眉攘腕而大言曰：「敢當前命題，一校文藝乎？」宋他顧而哂曰：「有何不敢！」便趨寓所，出經授王。王隨手一翻，指曰：「『闕黨童子將命。』」生起，求筆札。宋曳之曰：「口占可也。我破已成：『於賓客往來之地，而見一無所知之人焉。』」王捧腹大笑。生怒曰：「全不能文，徒事嫚罵，何以爲人！」王力爲排難，請另命佳題。又翻曰：「『殷有三仁焉。』」宋立應曰：「三子者不同道，其趨一也。夫一者何也？曰：仁也。君子亦仁而已矣，何必同？」生遂不作，起曰：「其爲人也小有才。」遂去。王以此益重宋。邀入寓室，款言移晷，盡出所作質宋。宋流覽絕疾，踰刻已盡百首。曰：「君亦沉深於此道者，然命筆時，無求必得之念，而尚有冀倖得之心，即此，已落下乘。」遂取閱過者一一詮說。王大悅，師事之。使庖人以蔗糖作水角。宋啗而甘之，曰：「生平未解此味，煩異日更一作也。」由此相得甚懽。宋三五日輒一至，王必爲之設水角焉。餘杭生時一遇之，雖不甚傾談，而傲睨之氣頓減。一日，以窗藝示宋。宋見諸友圈贊已濃，目一過，推置案頭，不作一語。生疑其未閱，復請之。答已覽竟。生又疑其不解。宋曰：「有何難解？但不佳耳！」生曰：「一覽丹黃，何知不佳？」宋便誦其文，如夙讀者，且誦且訾。生跼蹐汗流，不言而去。移時，宋去，生入，堅請王作。王拒之。生強搜得，見文多圈點，笑曰：「此大似水角子！」王故樸訥，靦然而已。次日，宋至，王具以告。宋怒曰：「我謂『南人不復反矣』，傖楚何敢乃爾！必當有以報之！」王力陳輕薄之戒以勸之，宋深感佩。既而場後，以文示宋，宋頗相許。偶與涉歷殿閣，見一瞽僧坐廊下，設藥賣醫。宋訝曰：「此奇人也！最能知文，不可不一請教。」因命歸寓取文。遇餘杭生，遂與俱來。王呼師而參之。僧疑其問醫者，便詰症候。王具白請教之意。僧笑曰：「是誰多口？無目何以論文？」王請以耳代目。僧曰：「三作兩千餘言，誰耐久聽！不如焚之，我視以鼻可也。」王從之。每焚一作，僧嗅而頷之曰：「君初法大家，雖未逼真，亦近似矣。我適受之以脾。」問：「可中否？」曰：「亦中得。」餘杭生未深信，先以古大家文燒試之。僧再嗅曰：「妙哉！此文我心受之矣，非歸、胡何解辦此！」生大駭，始焚己作。僧曰：「適領一藝，未窺全豹，何忽另易一人來也？」生託言：「朋友之作，止彼一首；此乃小生作也。」僧嗅其餘灰，咳逆數聲，曰：「勿再投矣！格格而不能下，強受之以鬲；再焚，則作惡矣。」生慚而退。數日榜放，生竟領薦；王下第。宋與王走告僧。僧歎曰：「僕雖盲於目，而不盲於鼻；簾中人並鼻盲矣。」俄餘杭生至，意氣發舒，曰：「盲和尚，汝亦啖人水角耶？今竟何如？」僧笑曰：「我所論者文耳，不謀與君論命。君試尋諸試官之文，各取一首焚之，我便知孰爲爾師。」生與王並搜之，止得八九人。生曰：「如有舛錯，以何爲罰？」僧憤曰：「剜我盲瞳去！」生焚之，每一首，都言非是；至第六篇，忽向壁大嘔，下氣如雷。衆皆粲然。僧拭目向生曰：「此真汝師也！初不知而驟嗅之，刺於鼻，棘於腹，膀胱所不能容，直自下部出矣！」生大怒，去，曰：「明日自見，勿悔！勿悔！」越二三日，竟不至；視之，已移去矣。——乃知即某門生也。宋慰王曰：「凡吾輩讀書人，不當尤人，但當克己：不尤人則德益弘，能克己則學益進。當前踧落，固是數之不偶；平心而論，文亦未便登峯，其由此砥礪，天下自有不盲之人。」王肅然起敬。又聞次年再行鄉試，遂不歸，止而受教。宋曰：「都中薪桂米珠，勿憂資斧。舍後有窖鏹，可以發用。」即示之處。王謝曰：「昔竇、范貧而能廉，今某幸能自給，敢自污乎？」王一日醉眠，僕及庖人竊發之。王忽覺，聞舍後有聲；竊出，則金堆地上。情見事露，並相慴伏。方訶責間，見有金爵，類多鐫款，審視，皆大父字諱。——蓋王祖曾爲南部郎，入都寓此，暴病而卒，金其所遺也。王乃喜，秤得金八百餘兩。明日告宋，且示之爵，欲與瓜分，固辭乃已。以百金往贈瞽僧，僧已去。積數月，敦習益苦。及試，宋曰：「此戰不捷，始真是命矣！」俄以犯規被黜。王尚無言；宋大哭，不能止。王反慰解之。宋曰：「僕爲造物所忌，困頓至於終身，今又累及良友。其命也夫！其命也夫！」王曰：「萬事固有數在。如先生乃無志進取，非命也」。宋拭淚曰：「久欲有言，恐相驚怪：某非生人，乃飄泊之游魂也。少負才名，不得志於場屋。佯狂至都，冀得知我者，傳諸著作。甲申之年，竟罹於難，歲歲飄蓬。幸相知愛，故極力爲『他山』之攻，生平未酬之願，實欲借良朋一快之耳。今文字之厄若此，誰復能漠然哉！」王亦感泣。問：「何淹滯？」曰：「去年上帝有命，委宣聖及閻羅王核查劫鬼，上者備諸曹任用，餘者即俾轉輪。賤名已錄，所未投到者，欲一見飛黃之快耳，今請別矣。」王問：「所考何職？」曰：「梓潼府中缺一司文郎，暫令聾僮署篆，文運所以顛倒。萬一倖得此秩，當使聖教昌明。」明日，忻忻而至，曰：「願遂矣！宣聖命作《性道論》，視之色喜，謂可司文。閻羅稽簿，欲以『口孽』見棄。宣聖爭之，乃得就。某伏謝已。又呼近案下，囑云：『今以憐才，拔充清要；宜洗心供職，勿蹈前愆。』此可知冥中重德行更甚於文學也。君必修行未至，但積善勿懈可耳。」王曰：「果爾，餘杭其德行何在？」曰：「不知。要冥司賞罰，皆無少爽。即前日瞽僧，亦一鬼也，是前朝名家。以生前拋棄字紙過多，罰作瞽。彼自欲醫人疾苦，以贖前愆，故託游廛肆耳。」王命置酒。宋曰：「無須；終歲之擾，盡此一刻，再爲我設水角足矣。」王悲愴不食。坐令自啖，頃刻，已過三盛。捧腹曰：「此餐可飽三日，吾以志君德耳。向所食，都在舍後，已成菌矣。藏作藥餌，可益兒慧。」王問後會，曰：「既有官責，當引嫌也。」又問：「梓潼祠中，一相酹祝，可能達否？」曰：

「此都無益。九天甚遠，但潔身力行，自有地司牒報，則某必與知之。」言已，作別而沒。王視舍後，果生紫菌，采而藏之。旁有新土墳起，則水角宛然在焉。王歸，彌自刻厲。一夜，夢宋輿蓋而至，曰：「君向以小忿，誤殺一婢，削去祿籍；今篤行已折除矣。然命薄不足任仕進也。」是年，捷於鄉；明年，春闈又捷。遂不復仕。生二子，其一絕鈍，啖以菌，遂大慧。後以故詣金陵，遇餘杭生於旅次，極道契闊，深自降抑，然鬢毛斑矣。

異史氏曰：「餘杭生公然自詡，意其爲文，未必盡無可觀；而驕詐之意態顏色，遂使人頃刻不可復忍。天人之厭棄已久，故鬼神皆玩弄之。脫能增修厥德，則簾內之『刺鼻棘心』者，遇之正易，何所遭之僅也。」

（《聊齋誌異》卷八）

這是一篇放射出奇異光彩的篇章，凡是評論《聊齋誌異》的文章總要提到《司文郎》。《司文郎》可以稱得上是蒲松齡積極浪漫主義的代表作了。

所謂「司文郎」，是過去道教傳說中掌管文教事務的官名。這裏指代一個姓宋的讀書人。他身材魁偉，談吐不俗，才學高卻無意於功名。他在順天府的鄉試期間認識了王平子，便立志幫助王平子考中。可是，王平子考了兩次都沒考中。悲傷之餘，宋生告訴王平子：「我實際不是一個活人，而是飄泊游蕩的鬼魂。年輕時候很有才名，但在考場中一直不得志。後來爲賭氣裝瘋流浪到京都，滿希望找到一個知音，把我的論著傳之於世。不幸後來死於戰亂，從此我便年復一年地游蕩着。近來承蒙你相知相愛，我才找到寄託，竭力幫助你，實指望我平生沒有達到的願望，能借好朋友得以實現。又誰知我們的命運竟壞到這步田地！」宋生還告訴王平子：「文昌帝府裏缺少一名司文郎，暫時由天聾神代理着，因此人世間文運顛倒、考弊叢生。我如果僥幸就任這個職位，一定要好好整頓一番，讓聖人的教化在人間發揚光大。」經過一番周折，宋生終於當上了陰曹地府

聊齋誌異·司文郎

的司文郎。——上面就是鬼魂宋生和王平子交往的大致情節。

表面看來，這是一則談鬼說怪的迷信故事，但實際上作者借這則迷信故事宣揚了具有積極意義的東西，達到了現實主義描繪所難以達到的深度。才學超羣的宋生困頓終生，死了變成鬼魂還咽不下這口怨氣，想借朋友來再拚一下。而這樣一個可憐的願望也落空了。宋生的遭遇雖然不是現實的，卻是典型的、具有代表性的，它表達了廣大讀書人內心的辛酸和憤懣，向不公平的世道作了鮮血淋漓的控訴。可以想象，在科舉時代，那些懷才不遇、壯志難申的才子們讀了這則故事該是怎樣地肝腸寸斷、涕淚漣漣啊！按照道教的說法，文昌帝府是管理人間功名祿位的衙門，司文郎自然就是分管讀書人功名祿位的官吏了，居然一度由聾子代管，豈不滑稽。這種描寫固然表現出作者的幽默，但實在也說明現實科場中事理不明、好壞顛倒達到了何等地步。作者就這樣運用了虛幻的、假想的情節把矛盾尖銳化，從而更爲深刻、更爲強烈地揭露了科舉制度埋沒人才、摧殘人才的罪惡，引起讀者對它的憎恨。

作者在塑造宋生這個鬼魂形象的同時，還特地寫了一個叫餘杭生的考生作爲陪襯。這個餘杭生既淺薄無知又傲慢無禮。他與宋生、王平子等在一起免不了要産生種種磨擦，而作品也就從他們之間的磨擦中曲曲折折派生出許多情節來：他們辯難，比做八股文的本領，等等，而每次餘杭生都是以失敗告終。可是，命運彷彿捉弄人，在考場中偏偏就是他得意。實際上，這些正是作者匠心獨運之筆，他讓餘杭生充分發揮了「以賓襯主」的作用：餘杭生的淺薄平庸正反襯出宋生的才智超羣，餘杭生的輕狂惡劣正反襯出宋生的品行正直高尙，餘杭生一朝得中的不可一世正反襯出宋生和王平子對世道不公的滿腹怨憤。由於有了這一反襯，宋生的形象就更加突出了，宋生的悲劇就顯得格外強烈了。所以，作者寫這個反襯人物的目的是爲了藝術上的強調，爲了深化主題，使讀者的同情格外深沉，憤怒格外強烈。

但這個故事畢竟還有宣揚封建迷信的消極面，宋生的說教和其他一些次要情節都流露出封建迷信思想和因果報應觀念。在末尾，作者特別交代，王平子積德行善終於金榜題名得到好報。宋生則由於孔夫子的主持「公道」當上了司文郎，於是皆大歡喜，普天下的讀書人似乎還可以得到這位深知讀書人甘苦的新任司文郎的

聊齋誌異·司文郎

庇蔭。但是，我們知道這不過是作者不切實際的幻想，是畫餅充飢。因爲科舉制度的腐敗是表現在各個方面的，一兩個孔夫子式的人物無法改變制度的腐朽和社會的潰爛，更何況當時的實際生活中就不會出現那樣的人物。如果有的話，他爲什麼還讓人間繼續着宋生的悲劇？宋生就任司文郎以後，讀書人的厄運依然如故，他爲什麼視而不見？這正是作者的矛盾和苦悶，他控訴了這個制度，卻找不到解決的辦法，衹能給讀者以空虛的安慰。作者思想上的局限也造成了藝術上的缺陷：「光明的尾巴」完全是多餘的筆墨，是畫蛇添足。有了它，反而削弱了作品批判現實的意義。

在這一篇中，司文郎的故事還不是作品最精彩的部分，大家交口稱讚並譽爲「絕唱」的是作爲作品穿插的一個瞽僧評文的片斷，評論家們經常例舉的就是這一片斷。瞽僧就是瞎眼的和尚，那麼瞎眼的和尚又怎麼能品論文章呢？這段穿插的大致的情節是這樣：

有一天，宋生和王平子遊覽寺院，看見一個瞎眼和尚在廊沿下賣藥行醫。宋生告訴王平子：「這可是一個不尋常的人物，他最懂得文章。」於是，王平子就和餘杭生一同來請和尚評論文章。和尚評文的方法很特別，不是用眼看而是燒了聞味道。先燒王平子的文章，每燒一篇和尚聞一聞，點一下頭，三篇燒完和尚說：「你開始學習名家作文，雖然不到家，也還相近，這味兒正，我的脾胃接受得了。」王平子問：「能中嗎？」和尚說：「能中」。餘杭生不相信，故意先燒一篇前代名家的文章試探試探。和尚立即就覺察了。及至燒到餘杭生的文章，和尚連連嗆咳，趕緊擺手說：「別再燒了，這味兒難聞，再燒，可就要嘔吐了。」餘杭生聽了滿面羞慚地走開了。過了幾天榜發出來，餘杭生居然考中，王平子反而落榜。宋生等向和尚報告了這意外的消息，和尚連連搖頭嘆息，說「我雖然雙目失明，可鼻子還有嗅覺，那幫考官們不僅兩眼一抹黑，就連鼻子也不通了。」這時，餘杭生走來洋洋得意地指着和尚罵街。和尚啞然失笑了，說：「我所品論的是文章的好醜，並沒有給你算命猜運氣呀。這樣吧，你不妨把諸位考官的文章收攏來，每人燒一篇我聞聞，我就可以說出哪位是推薦你的老師。」餘杭生就和王平子一起去找來燒。燒到第六篇，和尚猛然轉身衝着牆壁嘔吐起來，同時還劈里啪啦放出一串響屁，引得大家哈哈大笑。和尚擦着眼淚對餘杭生說：「這才眞是閣下的老師。酸臭味兒可衝啦，開始我沒提防，猛一口吸下去，鼻子受不了，肚子受不了，連膀胱都不能容納，它就一直從肛門衝出來了。」餘杭生惱羞成怒，轉身就走，邊走邊威脅道：「對不對，明天就可知道，到時你可不要懊悔！」過了兩三天，餘杭生竟不見來問罪，原來他果眞是那位考官的得意門生。

這段諧趣橫生的穿插實在使人忍不住要發笑，忍不住要拍案叫絕。有誰見過用鼻子嗅文章的事，而且嗅得那麼有聲有色、活靈活現？這和司文郎的故事一樣，不過是文學創作的浪漫主義手法，是一種豐富奇特、新鮮有趣的想象。就是說，這樣的事在現實生活中不可能有，它衹是現實生活中某些現象的奇特的誇張。考官不學無術，優秀文章被排斥，令人作嘔的卻捧爲上品，這在科舉時代不是常見的現象嗎？作者和宋生一樣是一名科舉的受害者，對考場的弊端有着深切的體驗，昏庸的考官實在傷透了他的心，在其他一些篇章中，他多次指摘考官們「心盲」或「目瞽」。那麼，這段瞽僧評文的故事不正是作者思想的形象的表述嗎？所以，說穿了，作者不過是借這則無稽之談作爲鞭撻現實，發洩「孤憤」的巧妙的方法罷了。我們試想，不用這種方法怎麼能譏諷考官、挖苦科舉考試到如此辛辣，如此淋漓盡致的地步？這是積極浪漫主義的突出成就。

這段穿插之所以具有強烈的藝術魅力，還在於作者能够把浪漫主義的奇思幻想和巧妙的諷刺方法結合起來，從而收到了莊諧相濟、妙趣天成的藝術效果。從總體上說，這是寓言式的諷刺，就是把諷刺的意思寄寓在瞽僧評文的海外奇談中，讓人們通過整個故事情節，看到科舉的腐敗，得出睜眼的考官抵不上瞎眼和尚高明這樣一個可笑的結論。在具體描寫上，作者又糅合了其他諷刺方法，做到筆墨詼諧、話裏有話。比如，在現實生活中我們常用酸臭不堪、令人作嘔之類的話來形容那些迂腐不通的文章，作者正是抓住了這種感覺借移的說法加以誇張，寫瞽僧能聞出文章的味兒來，餘杭生的文章使他作嘔，考官的文章更熏得他又是嘔吐又是放屁。這種奇異的誇張，既渲染出了考官的醜惡，使人發笑，又同世俗的說法暗相扣合，不落胡編亂造的痕跡。再比如，瞽僧聽到考試的結果時說：「僕雖盲於目，而不盲於鼻；簾中人並鼻盲矣。」這是雙關的妙語。如果我們設身處地從瞽僧的角度看，這話衹是順應特定情節隨口而發的感慨，並不帶有嘲諷的意味。試想一個瞎子怎麼會以瞎爲喻來罵人呢？可是說者無心，聽者有意。如果我們再設身處地從考官的角度來體味，這話又何等刺心，分明是在嘲罵考官有眼無珠、連瞎子都不如。眞是罵得痛快之極而又不落形跡，機智之極。我們不得不贊嘆作者的諷刺本領了。

當然，這段穿插之所以具有強烈的藝術魅力，和其他《聊齋》故事一樣，也得力於作者善於編寫故事。作者並沒有把故事情節停留在單純的影射上，——那樣就會讓讀者一眼看穿，索然無味了，而是採用了一種迂迴曲折的寫法。開頭置主題於不顧，而去描寫似乎是毫不相干的事情，引開了讀者的注意力，然後再從意想不到的地方突然回到本題。這樣寫，既諷刺得巧妙又特別引人入勝，彷佛有一隻無形的手將讀者緊緊抓住。你看他，明明要嘲罵考官是瞎子，卻先退一步寫和尙是瞎子；明明要諷刺科場，卻從天外落筆，寫瞽僧評文。一般說來，雙目失明，聽覺就敏銳，可瞽僧偏不用耳朵，而用鼻子。用鼻子評文，其實荒唐，可是作者的描繪是那樣地活靈活現，不由你不信。就在大家被這奇人異行吸引住的時候，情節急轉直下，考場的現實竟與瞽僧的品評完全相反。究竟誰是誰非？讀者略一思索就會作出考官比瞽僧荒唐的結論，因爲小說在前面對餘杭生的惡劣已經作了充分的鋪墊。這樣，瞽僧的感嘆便在順手一擊中點化了主題。到這裏，我們纔突然覺察出作者諷刺的鋒芒，原來他「言在此而意在彼」，前半部的說東道西正是爲了這裏的有力一擊。可以說，瞽僧並不是主角，虛出的考官才是這裏的荒唐透頂的主角。故事到此爲止，主題已經顯豁，而且已經取得了痛快淋漓的諷刺效果，似乎可以收場了。然而作者卻意猶未盡，偏在極險峻的地方又翻上一層——這就是猜考官的情節。用鼻子品出文章的好壞已經够離奇的了，現在還要聞出誰是由誰推薦的，豈不更加玄乎；前面嘲罵考官眼鼻都盲已經够絕的了，這裏竟然使瞽僧嘔屁交作，嘲諷豈不更絕。可貴的是，它使我們得魚而忘筌，瞽僧的荒唐到這裏愈來愈淡薄，而考官的荒唐形象愈來愈鮮明。整個段落就是這樣把情節推上高潮，愈翻愈險，愈險愈奇，諷刺也愈益辛辣。

以上我們簡略地分析了司文郎的故事和瞽僧評文的片斷，通過這樣的粗淺的分析，可以看出瞽僧評文一段不愧爲諷刺科舉、嘲罵考官的「絕唱」，它像一顆珍珠鑲嵌在《司文郎》這篇小說中。

（楊子堅）

張鴻漸

蒲松齡

張鴻漸，永平人。年十八，爲郡名士。時盧龍令趙某貪暴，人民共苦之。有范生被杖斃，同學忿其寃，將鳴部院，求張爲刀筆之詞，約其共事。張許之。妻方氏，美而賢，聞其謀，諫曰：「大凡秀才作事，可以共勝，而不可以共敗：勝則人人貪天功，一敗則紛然瓦解，不能成聚。今勢力世界，曲直難以理定，君又孤，脫有翻覆，急難者誰也！」張服其言，悔之，乃婉謝諸生，但爲創詞而去。質審一過，無所可否。趙以巨金納大僚，諸生坐結黨被收，又追捉刀人。張懼，亡去。至鳳翔界，資斧斷絕。日既暮，踟躇曠野，無所歸宿。欻覩小村，趨之。老嫗方出闔扉，見生，問所欲爲，張以實告。嫗曰：「飲食牀榻，此都細事；但家無男子，不便留客。」張曰：「僕亦不敢過望，但容寄宿門內，得避虎狼足矣。」嫗乃令入，閉門，授以草薦，囑曰：「我憐客無歸，私容止宿，未明宜早去，恐吾家小娘子聞知，將便怪罪。」嫗去，張倚壁假寐。忽有籠燈晃耀，見嫗導一女郎出。張急避暗處，微窺之，二十許麗人也。及門，見草薦，詰嫗，嫗實告之。女怒曰：「一門細弱，何得容納匪人！」即問：「其人焉往？」張懼，出伏階下。女審詰邦族，色稍霽，曰：「幸是風雅士，不妨相留。然老奴竟不關白，此等草草，豈所以待君子！」命媼引客入舍。俄頃，羅酒漿，品物精潔，既而設錦裀於榻。張甚德之，因私詢其姓氏。媼曰：「吾家施氏，太翁夫人俱謝世，止遺三女。適所見，長姑舜華也。」媼去。張視几上有《南華經註》，因取就枕上，伏榻翻閱。忽舜華推扉入。張釋卷，搜覓冠履。女即榻捺坐曰：「無須，無須！」因近榻坐，靦然曰：「妾以君風流才士，欲以門戶相託，遂犯瓜李之嫌。得不相遐棄否？」張皇然不知所對，但云：「不敢相誑，小生家中，固有妻耳。」女笑曰：「此亦見君誠篤，顧亦不妨。既不嫌憎，明日當煩媒妁。」言已，欲去。張探身挽之，女亦遂留。未曙即起，以金贈張，曰：「君持作臨眺之資；向暮，宜晚來，恐爲傍人所窺。」張如其言，早出晏歸，半年以爲常。一日，歸頗早，至其處，村舍全無，不勝驚怪。方徘徊間，聞媼云：「來何早也！」一轉盼間，則院落如故，身固已在室中矣，益異之。舜華自內出，笑曰：「君疑妾耶？實對君言：妾，狐仙也，與君固有夙緣。如必見怪，請即別。」張戀其美，亦安之。夜謂女曰：「卿既仙人，當千里一息耳。小生離家三年，念妻孥不去心，能攜我一歸乎？」女似不悅，曰：「琴瑟之情，妾自分於君爲篤；君守此念彼，是相對綢繆者，皆妾也！」張謝曰：「卿何出此言！諺云：『一日夫妻，百日恩義。』後日歸念卿時，亦猶今日之念彼也。設得新忘故，卿何取焉？」女乃笑曰：「妾有褊心：於妾，願君之不忘；於人，願君之忘之也。然欲暫歸，此復何難，君家咫尺耳。」遂把袂出門，見道路昏暗，張逡巡不前。女曳之走，無幾時，曰：「至矣。君歸，妾且去。」張停足細認，果見家門。踰垝垣入，見室中燈火猶熒。近以兩指彈扉。內問爲誰，張具道所來。內秉燭啓關，真方氏也。兩相驚喜，握手入帷。見兒臥牀上，慨然曰：「我去時兒纔及膝，今身長如許矣！」夫婦依倚，恍如夢寐。張歷述所遭。問及訟獄，始知諸生有瘐死者，有遠徙者，益服妻之遠見。方縱體入懷，曰：「君有佳耦，想不復念孤衾中有零涕人矣！」張曰：「不念，胡以來也？我與彼雖云情好，終非同類；獨其恩義難忘耳。」方曰：「君以我何人也？」張審視，竟非方氏，乃舜華也。以手探兒，一竹夫人耳。大慚無語。女曰：「君心可知矣！分當自此絕矣，猶幸未忘恩義，差足自贖。」過二三日，忽曰：「妾思癡情戀人，終無意味。君日怨我不相送，今適欲至都，便道可以同去。」乃向牀頭取竹夫人共跨之，令閉兩眸，覺離地不遠，風聲颼颼。移時，尋落。女曰：「從此別矣。」方將叮囑，女去已渺。悵立少時，聞村犬鳴吠，蒼茫中見樹木屋廬，皆故里景物，循途而歸。踰垣叩戶，宛若前狀。方氏驚起，不信夫歸，詰證確實，始挑燈嗚咽而出。既相見，涕不可仰。張猶疑舜華之幻弄也；又見牀臥一兒，如昨夕，因笑曰：「竹夫人又攜入耶？」方氏不解，變色曰：「妾望君如歲，枕上啼痕固在也。甫能相見，全無悲戀之情，何以爲心矣！」張察其情真，始執臂欷歔，具言其詳。問訟案所結，並如舜華言。方相感慨，聞門外有履聲，問之不應。蓋里中有惡少，久窺方豔，是夜自別村歸，遙見一人踰垣去，謂必赴淫約者，尾之入。甲故不甚識張，但伏聽之。及方氏亟問，乃曰：「室中何人也？」方諱言：「無之。」甲言：「竊聽已久，敬將以執姦耳。」方不得已，以實告。甲曰：「張鴻漸大案未消，即使歸家，亦當縛送官府。」方苦哀之，甲詞益狎逼。張忿火中燒，把刀直出，剁甲中顱。甲踣，猶號；又連剁之，遂死。方曰：「事已至此，罪益加重。君速逃，妾請任其辜。」張曰：「丈夫死則死耳，焉肯辱妻累子以求活耶！卿無顧慮，但令此子勿斷書香，目即瞑矣。」天明，赴縣自首。趙以欽案中人，姑薄懲之。尋由郡解都，械禁頗苦。途中遇女子跨馬過，一老嫗捉鞚，蓋舜華也。張呼嫗欲語，淚隨聲墮。女返轡，手啓障紗，訝曰：「表兄也，何至此？」張略述之。女曰：「依兄平昔，便當掉頭不顧；然予不忍也。寒舍不遠，即邀公役同臨，亦可少助資斧。」從去二三里，見一山村，樓閣高整。女下馬入，令嫗啓舍延客。既而酒炙豐美，似所夙備。又使嫗出曰：「家中適無男子，張官人即向公役多勸數觴，前途倚賴多矣。遣人措辦數十金，爲官人作費，兼酬兩客，尚未至也。」二役竊喜，縱飲，不復言行。日漸暮，二役徑醉矣。女出，以手指械，械立脱；曳張共跨一馬，駛如龍。少時，促下，曰：「君止此。妾與妹有青海之約，又爲君逗留一晌，久勞盼注矣。」張問：「後會何時？」女不答；再問之，推墮馬下而去。既曉，問其地，太原也。遂至郡，賃屋授徒焉。託名宮子遷。居十年，訪知捕亡寖怠，乃復逡巡東向。既近里門，不敢遽入，俟夜深而後入。及門，則牆垣高固，不復可越，祗得以鞭撾門。久之，妻始出問。張低語之。喜極，納入，作呵叱聲，曰：「都中少用度，即當早歸，何得遣汝半夜來？」入室，各道情事，始知二役逃亡未返。言次，簾外一少婦頻來，張問伊誰，曰：「兒婦耳。」問：「兒安在？」曰：「赴郡大比未歸。」張涕下曰：「流離數年，兒已成立，不謂能繼書香，卿心血殆盡矣！」話未已，子婦已温酒炊飯，羅列滿几。張喜慰過望。居數日，隱匿房榻，惟恐人知。一夜，方卧，忽聞人語騰沸，捶門甚厲。大懼，並起。聞人言曰：「有後門否？」益懼，急以門扇代梯，送張夜度垣而出，然後詣門問故，乃報新貴者也。方大喜，深悔張遁，不可追挽。張是夜越莽穿榛，急不擇途；及明，困殆已極。初念本欲向西，問之途人，則去京都通衢不遠矣。遂入鄉村，意將質衣而食。見一高門，有報條黏壁上，近視，知爲許姓，新孝廉也。頃之，一翁自内出，張迎揖而告以情。翁見儀貌都雅，知非賺食者，延入相款。因詰所往。張託言：「設帳都門，歸途遇寇。」翁留誨其少子。張略問官閥，乃京堂林下者；孝廉，其猶子也。月餘，孝廉偕一同榜歸，云是永平張姓，十八九少年也。張以鄉、譜俱同，暗中疑是其子；然邑中此姓良多，姑默之。至晚解裝，出「齒錄」，急借披讀，真子也。不覺淚下。共驚問之。乃指名曰：「張鴻漸，即我是也。」備言其由。張孝廉抱父大哭。許叔姪慰勸，始收悲以喜。許即以金帛函字，致告憲臺，父子乃同歸。方自聞報，日以張在亡爲悲；忽白孝廉歸，感傷益痛。少時，父子並入，駭如天降，詢知其故，始共悲喜。甲父見其子貴，禍心不敢復萌。張益厚遇之，又歷述當年情狀，甲父感愧，遂相交好。

（《聊齋誌異》卷九）

《張鴻漸》雖不是《聊齋誌異》裏最好的一篇，卻是代表性最強的一篇。因爲全書一些重要的主題，這一篇都觸及了、包括了，或者關連到了。《聊齋誌異》主要的題材，所提出的重要的社會問題、政治問題，所反映的時代、作者自己的政治傾向、思想感情、生活體驗，以及藝術表現上、情節結構上和描寫上的一些特色，此篇都可作一典型。

《張鴻漸》的內容，總的說，就是以政治鬥爭作背景，來寫夫婦關係和男女愛情的問題。從側面寫一次政治鬥爭，而從正面寫封建社會中夫婦關係的問題。政治與愛情，是從古至今的一個大問題。不要以爲《聊齋》取了怪異故事的形式，就不能反映現實社會的問題；相反，它用的是狐鬼故事的形式，而反映的卻是人類社會的現實問題。作者是以現實主義的方法提出這個大問題，並且進行了生動的描繪。

作爲故事背景的政治鬥爭，發生在十七世紀下半葉十分黑暗的時代。一個年輕的書生張鴻漸向社會惡勢力奮起挑戰。所謂惡勢力，主要是貪暴的官府和地痞無賴。全篇爲我們塑造了三個主要的正面人物形象：張鴻漸、張妻方氏、狐仙施舜華。張居於全篇的中心，筆頭跟着他走，他到哪裏，就寫到哪裏。方和他在一起時，即寫方，寫方與他的關係；施和他在一起時，即寫施，寫施與他的關係。一個短篇，抓住一個主人公，跟住他不放，就可以主次清楚，脈絡分明，給人以集中而完整的印象。否則頭緒紛生，手忙腳亂，顧此失彼，效果很差。《聊齋》的作者，很懂這個道理。魯迅所說的「敍次井然」，亦當包括此點。這不是《聊齋》的獨創，而是中國史傳文學傳統的敍事方法。司馬遷的《史記》即如此。

本篇一開篇，先以短短四句，簡要地介紹張鴻漸的籍貫、年齡等概況。這是史傳體的方法。隨後即提出問題，這就是書生們與縣令的矛盾鬥爭。將矛盾的性質、鬥爭的焦點，一一點明。盧龍令趙某，貪暴；矛盾的對方呢，「人民共苦之」。在被壓迫、被魚肉的人民中，「有范生被杖斃」，「同學忿其寃，將鳴部院，求張爲刀筆之詞，約其共事。張許之。」這裏衹用了八、九句，就交代了縣令、范生、同學、張鴻漸等許多人以及他們之間的關係。主要是爲寫張鴻漸，寫張鴻漸的故事所牽涉的鬥爭。青年書生聯合結黨，與官府作鬥爭，這在中國歷史上有悠久的傳統。漢朝有太學生的政治鬥爭。明朝有東林黨的鬥爭。東林黨之鬥爭，實質上反映了民主主義思想萌芽與封建主義統治的矛盾鬥爭。到了清初，在統治者殘酷統治下，這種鬥爭已日漸衰歇，不易擡頭。本篇所寫的鬥爭，雖然是一個地方的餘波，雖已處於鬥爭落潮階段的清初，但矛盾鬥爭的性質，與明末仍然是相同的。

寫張的才能、名望和正義感，寫他是一個見義勇爲的有血性的書生，都衹簡單幾句，概括敍出。因爲這不是重點，僅爲張、方、施的故事提出背景與條件。以下跟着介紹方氏，寫她對丈夫的影響。先概括地說她美而賢，隨即通過對話，即對丈夫所講諫言或勸告，具體地、深入一步地描寫了她的美而賢的性格。先是有識見的一番拖後腿的道理，而後說：「今勢力世界，曲直難以理定，君又孤，脫有翻覆，急難者誰也！」像這樣的對話是寫得很好的。對話中有口吻，有語氣，有神態，是口語化的文言，從那聲口語氣中，表現出人物性格和神情態度，內心精神，使我們具體感覺到方氏有識見、有腦筋，想得深入周到。她心性溫柔，說話婉轉，而且充滿了關心丈夫，愛護丈夫，忠實於丈夫的深厚纏綿的柔情與熱情。她非常焦急，無限憂慮，一心衹爲丈夫着想，不爲自己着想。她不說：「你在外面鬧，鬧出事來，倒霉的是我。」若如此，就不能給人「美而賢」的印象。《聊齋》中寫人物，最大的成功之一，就是對話傳神，從對話中深入內心，透出神情狀態，以寫出性格與個性。唯其方氏如此美而賢，話又說得如此有情有理，纔足以成爲張的牽制力量，使張改變了主意，接受了方氏的勸告。「張服其言，悔之。」

方氏所講的一番道理，實際上是作者要說的。全篇也正是通過人物、情節表現了這樣一個主旨：反對書生參加反貪暴的政治鬥爭，而宣揚家庭夫婦的倫理關係。這樣作者完全從世俗之見來看書生的此一缺點，故其深刻的「見地」，衹成爲「世故」，即所謂明哲保身者是。此在蒲松齡的當時是很難免的。

作者在書生與壞官府的鬥爭中，顯然是以最大的同情站在書生與人民一邊，而以最大的仇恨反對貪暴官府的。篇中雖未正面寫出來，但從那一筆兩筆的勾勒，已可見其傾向性。「趙以巨金納大僚，諸生坐結黨被收。」這就攻擊到縣令趙某以上的官府。到第二次離家，即張跟地痞無賴的惡勢力鬥爭，殺了甲，而後自首時，「趙以欽案中人，姑薄懲之。尋由郡解都，械禁頗苦。」明了非欽案，而坐以欽案；且眞的由郡解都。這就攻擊到最高統治權力的附庸。凡此等側面幾筆，攻擊得很中要害。而且在全篇中主要是寫張的受迫害遭磨難，張是個誠篤正直的書生，方是個賢淑能幹的婦女，這樣的好夫婦，弄到家破人亡，受盡磨難，自然引起我們痛恨那矛盾的對方：縣令、大僚及最高統治政權。作者是以巨大的同情來處理張、方的遭遇的，是在同情的前提下反對張參與政治鬥爭的。但官府如此貪暴，人民何以聊生？作者又同情仗義執言的義舉。這怎麽辦？這就是作者的思想矛盾，是作者的苦悶。當然也反映了時代的思想矛盾與精神苦悶。解決此矛盾，平服此苦悶；就作者的思想和作品看，有兩條途徑：一是像本篇結尾所表現的：兒子得了功名，自己爬上統治集團中去；有了此條件，就可以把書生與宦官的矛盾轉爲內部的問題，於是可以調解。「許即以金帛函字，致各憲臺，父子乃同歸。」被殺的無賴甲父那邊如何呢？「甲父見其子貴，禍心不敢復萌。」這是以勢壓，當然不能滿意，故又說：「張益厚遇之，又歷述當年情狀，甲父感愧，遂相交好。」於是一團和氣，什麽矛盾也沒有了。但這衹能概念地寫，因爲以此來解決矛盾，顯是幻想；以此來平服苦悶，顯亦不能。所以另一條出路便是寄幻想於佛道世界。篇中寫了施舜華來去無礙，法力無邊，還有什麽現實的矛盾與苦悶呢？由這樣的佛道超世思想，以否定現實世界，這樣就得到了最徹底的解決。

《聊齋》中作品提出了種種社會問題和政治性問題，作者都不肯止於擺出矛盾，且要一一解決矛盾，以得結局。其解決的方法，就不外上述兩途。執著於現世，即由前一法，他所同情的受難者、悲苦者、良善者、正義者，自己也大富大貴；另一途即以否定現實的出世思想、或憑藉佛道超現實的力量，來平冤苦、救解禍難。因此作品的結局多是美滿的。前一條是階級的烙印，後一條是時代的限制。

《聊齋誌異》的成功之處，還在於它塑造了幾百個有很強的現實性、很高的藝術性的活脫新鮮的男女人物形象。這些人物形象都是屬於三百年前特定的黑暗時代的，通過這些正反面人物形象所組成的豐富的彩繪畫廊，我們可以看到當時的社會時代面貌和人們的生活理想。《張鴻漸》也是這樣。先說主要人物張鴻漸，作者寄予他以很高的愛護和同情。在當時黑暗政治與貪暴官府的壓迫下，當其他同學仗義執言，發起鬥爭，約他創詞共事，他見義勇爲，慨然許之。當迫害臨頭時，他即刻逃亡他省，不行賄以自免。他是個有正義感，有熱血良心的人，作者對他的同情和愛護，即從這裏出發的。

在民間神話傳說中，有個共同的規例，即在好人、可同情的人、不幸者、落難者，即當黑暗時代與社會的受害者走投無路，沒有了指望時，便有超現實的力量出於意外地來給以搭救。這種神話傳說的主要的情節，反映了走入絕路的受害者的幻想，也同時反映了廣大受害的人民的善良的願望。張鴻漸正是如此。在他絕望中，眼前忽見小村，有個老嫗正出來關門。張向嫗求宿，嫗說不便留客，張說但容寄宿門內，以避虎狼。嫗方答允，說是私容止宿，未明宜早去，恐主人聞知，將便怪罪。張入門，倚壁假寐，忽見女郎出。這時張「急避暗處，微窺之」。他十分體貼答允寄宿的老嫗，怕她受連累怪罪之責；他努力收斂自己，正合其可同情的身分與具體處境；表現了他的誠篤，不因其「家無男子」，「一門細弱」，而稍有放肆越軌行爲。這在當時社會是不可免的，故嫗始說「不便留客」，女再說「何得容納匪人！」當時上層社會的男子就對女性而言，不是匪人是少有的。女問「其人焉往？」被逼於形勢，故「張懼」。這「懼」字，是他好品質的表現。並且「出伏階下」。因爲他犯了這人家的規矩，連累了別人。等到受到女子另眼看待，引入舍內，擺出精潔的酒漿，設了錦裀，「張甚德之」。但還不敢放肆，也未得意忘形，衹「私詢其姓氏」。看到了几上有《南華經註》，「因取就枕上，伏榻翻閱。」這也是簡單的一筆細節描寫，但其中是有豐富的內容。張的逃亡的痛苦和前途茫茫的繁重情緒都可以包括在內。忽然女主人推門進來，這完全出於意外，「張釋卷，搜覓冠履。」見出其慌慌張，無可措手足的窘態。他此時的心情是多麼嚴肅，他的爲人多麼本分，多麼尊重女主人。從這裏，也可知上面就枕伏榻讀《南華經》的細節描寫，爲後文此處；「搜覓冠履」的情節發展留了餘地；並且這些細節，也同時描寫了舜華。因爲《南華經》是主人的，舜華見其搜覓冠履，「即榻按坐」，說「無須，無須！」且「近榻坐」。到舜華提到「以門戶相託」的話，張在流離之境，無路可走之時，見到這樣一門細弱的人家，見到這樣美貌多情的女子，卻絕未想到這上面來，也決無半點苟且的念頭。舜華的話，完全出乎他意料之外，思想中竟毫無準備，所以「皇然不知所對。」但說：「不敢相誑，小生家中，固有妻耳。」在此具體考驗中，張的誠篤不欺的好品質，有力地打動了讀者；也正是這樣誠篤的人，正在受着政治迫害，直到棄妻別家，走投無路。但張在此逃亡苦痛之境，流難失所，內心孤淒，對此孤女所提要求，自不能不受感動，亦不能無情。所以當舜華言畢欲去，張即「探身挽之」。是在榻上未離，故云「探身」。由此可以看出作者的男性中心的思想也是有的。

從此，張的內心在施與方之間，入於矛盾之境。這種內心的矛盾，也充分表現了張的品質與性格。但張在此矛盾中，並非沒有傾向，妻的力量，對他還是更爲巨大的。他不是沒想到家中案情未了，迫害和禍難並未解除；但他不計自己的安危，情不能禁地難在舜華這個溫柔之鄉、安樂之家安住下去，一心祇想到患難中的家裏的妻子。這種心情一直存在着，但難於向舜華開口。他也決不瞞着舜華私逃，那是有負恩義的。所以在心情實在難安時，他祇好向舜華開口。他說得很老實，很誠樸，沒有花招，也不繞彎子，祇以乞求的口吻說：「卿即仙人，當千里一息耳。小生離家三年，念妻孥不去心，能攜我一歸乎？」舜華聽了不高興，話說得非常尖銳，壓力很大。但對此張並不含糊其詞，也不軟弱；他義正詞嚴，以指責而又十分委婉多情的口吻說：「卿何出此言！諺云『一日夫妻，百日恩義。』後日歸念卿時，亦猶今日之念彼也。設得新忘故，卿何取焉？」

下文寫了張一次假回家夫婦相見，兩次寫了眞的久別重見。具體描寫中都見出張之兒女情長，英雄氣短：即對夫婦恩義，看得比政治鬥爭更爲重要，更爲懸心。先敍兒女之情，非常纏綿悱惻；對政治鬥爭，對遭難的戰友，也不是不關心懸念，但顯然置於夫婦關係之次。衹在敍了家庭的溫情之後，才「問及訟獄」，「問訟案所結」。這正是作者思想的反映。但可注意的是張並非怯懦之人。他的接受妻的勸告，他的逃亡在外，都不完全是爲了自己。到了同村的惡少某甲狎逼其妻，他即「忿火中燒，把刀直出，剁甲中顱。甲踣，猶號；又連剁之，遂死。」舊案未了，又出命案。此時方氏叫他速逃，請自任其事。張決不同意。別時聽妻的話，此則十分決絕：「丈夫死則死耳，焉肯辱妻累子以求活耶！卿無顧慮，但令此子勿斷書香，目即瞑矣。」天明，赴縣自首。他的這些行爲都是未經仔細考慮和思想鬥爭的人物內心的自然流露，見出他絕不是那等軟弱猶疑的人，絕不是那等膽小怕事的沒出息的人。殺甲、自首，和他答允參加對官府的鬥爭行爲，性格是統一的，同時表現了他是個有熱血有正義感的人。衹是思想上有問題罷了：即在夫婦恩義上，他是個有很高品質，有熱血的剛正勇敢的書生。他一直懷念着舜華的恩義，在舜華前顯得軟弱，不知道怎麼纔好；但更感激妻子的恩義，第二次由太原逃亡中回家，見妻擔當了一切家庭撐持門戶的事，並且撫兒成立，赴都大比，即感激得涕下，說：「卿心血殆盡矣！」他雖仍念着舜華，但對妻的感激與敬愛，則始終堅定，從未動搖過。此皆有作者自己的思想感情在，唯其如此，故能動人。

在封建社會中，這樣對於女子的態度，這樣對妻子的態度，這樣嚴肅不苟，誠篤無欺的青年書生，不衹是個具有很高尚的品德的人，而且也是個思想進步的人。因爲不尊重女子的人格，奴役與玩弄女子，本是封建制度的特點與本質。作者以很高熱情塑造這樣一個人物，單就對婦女及婦夫關係這方面說，是當時進步的思想感情。

在夫婦關係上，作者把思想領導權賦予了張妻方氏。文中寫方氏美而賢：所謂美，在具體描寫中也還是賢，即性格的美，因爲文中並無一筆寫其容貌姿態。文中寫方氏之性格用筆很少，且多用側筆。但着筆無多，卻暗示得很豐富，給人印象很深刻，見出作者塑造人物的本領。方氏的美而賢，主要是以深摯的心熱愛丈夫，爲丈夫分擔憂患，不僅有主見，而且在患難中她能站得穩，擔得起，眞可謂助夫教子，撐持門戶，竭盡了自己的力量。當張第一次眞的回家叩門時，「方氏驚起，不信夫婦。」要「詰證確實」。她是時刻處於警惕戒備之中，決不痲痹大意，在家過太平日子。這寫得有精神。詰證確實後，方氏「始挑燈嗚咽而出。既相見，涕不可仰。」她是堅強的，但並不是沒有眼淚；她在開篇對丈夫規勸，但絕不是衹有大道理，而且也有纏綿悱惻的愛情。等到張見兒臥牀頭，誤認仍是舜華的幻弄，故笑曰：「竹夫人又攜入耶？」方氏不解。而且見丈夫此時不悲喜交集，不傷心，反笑，說笑話，情緒如此輕鬆，自然生氣。因爲自己獨自在家如何咬齒忍受一切，擔當一切，都是爲誰？你豈不了解。故「變色」，說了幾句責備的話。這正寫出方氏具體境遇及有血有肉的性情。而幻化出的假方氏，卻「縱體入懷」，又說了那樣吃醋的話。一假一眞，連接着寫，不衹情節的發展引人入勝，而且互相比照反襯，使人物性格顯得鮮明，且更爲深入。某甲被砍死後，方氏無一句別話，衹叫丈夫速逃，她來擔這殺人的罪。在此嚴重關頭，她是堅定的，強毅的；她不但不害怕，而且方寸不亂。更爲重要的是日長月遠中，她如何撐持門戶，教育兒子。作者在張由太原第二次回家的機會，側面寫了兩筆，就把方氏的爲人和品質，進一步地揭示給我們。張這次在太原改名換姓，賃屋授徒，已有十年之久。回家時於深夜入村，「及門，則牆垣高固，不復可越，衹得以鞭撾門。久之，妻始出問。」見面情形也與上次不同，「張低語之。喜極，納入，作呵叱聲曰：『都中少用度，即當早歸，何得遣汝半夜來？』」上次一別三年，此次別十年。此時已慣於別離，鍛煉已久，歷時已深，年事亦大；且已撫子成人，並且娶了媳婦，「子婦已溫酒炊飯，羅列滿几。」此亦寫方氏者。十年間，如此盡職撐持門戶，並且使家業日興，復成深宅大院了，所以張滿心感激，喜慰過望。

篇中的方氏形象，在封建社會中令人肅然起敬。作者塑此形象，筆墨如此之簡，而透入如此之深，其中當然有他自身的生活體驗和切身的熱烈感情寄寓於其中。這是很明顯的。

篇中寫舜華，是比較用力的。除了那些法術，她實在宛如一個現世的人。那老嫗當然是個陪襯人物，她先出場，是爲舜華的出面先作準備與介紹。她所說的，都表現舜華的身分與爲人。她不借宿於張，一則曰：「家無男子」；再則直率地說出「恐吾家小娘子聞知，將便怪罪。」這個有身分的人家，沒有大人，是小娘子當家管事；這小娘子很講規矩，不是個懦弱無主意、無才幹的人，她治家甚嚴，僕人肅然尊之，不可輕視。通過老嫗出面後的言談，舜華雖人未出面，但其性格已躍然紙上。很快，「有籠燈晃耀，見嫗導一女郎出。」

《聊齋》中很多超現實的美女出場，都寫得有氣氛，有情致，給人以豐富的感覺與難忘的印象；而且用筆極省，極簡。舜華出場也是這樣，我們並不能知道她是狐仙，她是作爲現實女子出場的。她十分精明，一眼看到草薦，就盤問，老媼衹好老實告訴出來，不敢隱瞞。這個年輕美貌女子立刻發脾氣，與老媼剛才所料想顧慮的完全符合。張出伏階下後，她一見是風雅士，立即改容，責備老媼慢待了客人。於是引客入舍，以酒漿和錦裀來招待這落難書生。張此時私問老媼，纔補敍出來，原來太翁夫人俱早謝世，止遺三女，這是大姑娘。這初次出面，確實是當家作主的大姐氣派。跟着即推扉而入，即榻上撫慰慌張失措的客人，並提出以門戶相託的話。雖有點靦腆，但多麽大方、爽朗，開門見山，不似世俗女子的忸怩作態。張悵惶地回說家中已有妻，她即笑着誇讚他的誠篤，十分自信，亦十分自負，不容對方再羅嗦，即乾脆地說：「既不嫌憎，明日當煩媒妁。」這完全是個思想意識獲得解放的女子；在三百年前，完全是個未來的嶄新的女性形象。

舜華對張，在同居生活中，雖要掩藏自己的原形，但一旦被窺破，就坦白地告訴張自己是狐女，「如必見怪，請即別。」聽張說想念家中妻子，即不高興，說夫婦之情，「自分於君爲篤；君守此念彼，是相對綢繆者，皆妄也。」她要求的是眞心專一的愛情。張的一番自以爲言之成理的解釋，實際是肯定封建社會多妻與重婚的婚姻制度是合理的，不成問題。而舜華笑着說的「妾有褊心，於妾願君之不忘，於人願君之忘之也」。實即反映了她的思想要求——即眞心專一的愛情。這與封建的婚姻制度是不相容的。從這樣的內心要求出發，她經過幻化試探，證實了張的心之所屬，即不能容忍。但其內心並不是沒有鬥爭，其始還爲解說以自慰，以爲「猶幸未忘恩義，差足自贖。」但對其恩義的感激，究不是她所要求的專一眞心的愛情。所以過了二三日，「終無意味。」才決心送張回家去，成全他們。這有兩點可說：一是她先自慰，過了二三日纔下決心，可見她有豐富的眞實的人性和人情味；要不然，說分手就分手，而沒有內心鬥爭，則此新的女性形象即成爲缺乏血肉與眞實感，也難動人。也即魯迅所說：「誕而不情」了。《聊齋》中許多新型的屬於未來的女性形象，都有此種特點。魯迅所說「花妖狐魅，多見人情；和易可親，忘其異類」者即此。二是若是證實了張心之所屬，與自己要求的不合，而還馬馬虎虎，在自慰自解中維持下去，那就成苟且與無聊，也就降低了舜華的形象，不成其爲新型的女性，故事也會大大減色。因之之故，舜華一經下定決心，用竹夫人送張回去，就顯得非常決絕，決不拖泥帶水：落地之後，女曰：「從此別矣。」張還想與她叮囑幾句，但「女去已渺。」她的這種爽朗不羈的性格，前面與張初見求婚，與自告是狐仙，即已表現的很明確，此不過是同一性格的發展，或在不同情場中同一性格的表現。這種性格的統一，貫穿在全篇對舜華的描寫中。到張再次被寃爲欽案的罪囚，由郡解都時，她又出來搭救他。她是一貫搭救他的。當初決心送他回家，也是成全其心願，爲他的幸福，決不是翻臉成仇。此時相見，所行所說，仍然極富人情，令人覺得她是個有眞實感情、有血有肉的女性，並不是邈遠不可理解的概念的仙人。舜華爲張去了禁械，送至太原；張問後會何時，女子不答而去。凡此，我們對舜華就如對一個多年朋友似的熟悉，我們完全了解她定如此行事；或如此行事，正是我們所默識的舜華。作者塑造人物，總是抓住特徵的要害，簡單幾筆，無論故事情節之發展如何曲折與巧妙，而其性格總是前後一致，具有統一的特徵的。

狐所幻化的女子施舜華，主要是個獨立自主，完全無視封建社會的禮法束縛，絲毫不要世俗觀念的拘檢，大膽地主動地擇配，堅定不移地要求着專一愛情的女性形象。這在當時是一個完全的新型的女性形象。其中寄託了作者的愛慕與崇敬，糅合了現實和理想。《聊齋誌異》中，有無數這樣的新的形象，都是根據現實中萌芽的新的人物，而加以提高，加以理想化而創造出來的藝術形象。他(她)們都以超現實的面目出現，而又具有豐富的現實感和眞實感。他們是人，是理想化了的現實的人。使人覺得親切，有血有肉，而不是概念的化身。因此，具有強大的藝術魅力。

總之，《張鴻漸》通過人物形象的塑造所流露出來的作品的傾向性，是強烈而又鮮明的，是毫不含糊的。撇開那庸俗的外殼(尤其是很概念的結局)，此篇不衹藝術水平高，即思想水平在當時也是很高的。

(吳組緗)

恆娘

蒲松齡

洪大業，都中人。妻朱氏，姿致頗佳，兩相愛悅。後洪納婢寶帶爲妾，貌遠遜朱，而洪嬖之。朱不平，輒以此反目。洪雖不敢公然宿妾所，然益嬖寶帶，踈朱。後徙其居，與帛商狄姓者爲鄰。狄妻恆娘，先過院謁朱。恆娘三十許，姿僅中人，而言詞輕倩。朱悅之。次日，答其拜，見其室亦有小妻，年二十以來，甚娟好。鄰居幾半年，並不聞其詬誶一語；而狄獨鍾愛恆娘，副室則虛員而已。朱一日見恆娘而問之曰：「余向謂良人之愛妾，爲其爲妾也，每欲易妻之名呼作妾。今乃知不然。夫人何術？如可授，願北面爲弟子。」恆娘曰：「嘻！子則自踈，而尤男子乎？朝夕而絮聒之，是爲叢驅雀，其離滋甚耳！其歸益縱之，即男子自來，勿納也。一月後，當再爲子謀之。」朱從其言，益飾寶帶，使從丈夫寢。洪一飲食，亦使寶帶共之。洪時一周旋朱，朱拒之益力，於是共稱朱氏賢。如是月餘，朱往見恆娘。恆娘喜曰：「得之矣！子歸毀若妝，勿華服，勿脂澤，垢面敝履，雜家人操作。一月後，可復來。」朱從之，衣敝補之，故爲不潔清，而紡績外無他問。洪憐之，使寶帶分其勞；朱不受，輒叱去之。如是者一月，又往見恆娘。恆娘曰：「孺子真可教也！後日爲上巳節，欲招子踏春園。子當盡去敝衣，袍袴襪履，嶄然一新，早過我。」朱曰：「諾！」至日，攬鏡細勻鉛黃，一一如恆娘教。妝竟，過恆娘。恆娘喜曰：「可矣！」又代挽鳳髻，光可鑑影；袍袖不合時製，拆其綫，更作之；謂其履樣拙，更於笥中出業履，共成之，訖，即令易着。……臨別，飲以酒，囑曰：「歸去一見男子，即早閉戶寢，渠來叩關，勿聽也。三度呼，可一度納。口索舌，手索足，皆吝之。半月後，當復來。」朱歸，炫妝見洪。洪上下凝睇之，歡笑異於平時。朱少話游覽，便支頤作惰態；日未昏，即起入房，闔扉眠矣。未幾，洪果去款關；朱堅臥不起，洪始去。次夕復然。明日，洪讓之。朱曰：「獨眠習慣，不堪復擾。」日既西，洪入閨坐守之。滅燭登牀，如調新婦，綢繆甚懽。更爲次夜之約；朱不可長，與洪約，以三日爲率。半月許，復詣恆娘。恆娘闔門與語曰：「從此可以擅專房矣。然子雖美，不媚也。子之姿，一媚可奪西施之寵，況下者乎！」於是試使睨，曰：「非也！病在外眦。」試使笑，又曰：「非也！病在左頤。」乃以秋波送嬌，又囅然瓠犀微露，使朱傚之，凡數十作，始略得其彷彿。恆娘曰：「子歸矣！攬鏡而嫺習之，術無餘矣。至於牀第之間，隨機而動之，因所好而投之，此非可以言傳者也。」朱歸，一如恆娘教。洪大悅，形神俱惑，唯恐見拒。日將暮，則相對調笑，跬步不離閨闥，日以爲常，竟不能推之使去。朱益善遇寶帶，每房中之宴，輒呼與共榻坐；而洪視寶帶益醜，不終席，遣去之。朱賺夫入寶帶房，扃閉之，洪終夜無所沾染。於是寶帶恨洪，對人輒怨謗。洪益厭怒之，漸施鞭楚。寶帶忿，不自修，拖敝垢履，頭類蓬葆，更不復可言人矣。恆娘一日謂朱曰：「我術如何矣？」朱曰：「道則至妙；然弟子能由之，而終不能知之也。縱之，何也？」曰：「子不聞乎：人情厭故而喜新，重難而輕易？丈夫之愛妾，非必其美也，甘其所乍獲，而幸其所難遘也。縱而飽之，則珍錯亦厭，況藜羹乎！」「毀之而復炫之，何也？」曰：「置不留目，則似久別；忽覩豔妝，則如新至：譬貧人驟得粱肉，則視脫粟非味矣。而又不易與之，則彼故而我新，彼易而我難，此即子易妻爲妾之法也。」朱大悅，遂爲閨中之密友。積數年，忽謂朱曰：「我兩人情若一體，自當不昧生平。向欲言而恐疑之也；行相別，敢以實告：妾乃狐也。幼遭繼母之變，鬻妾都中。良人遇我厚，故不忍遽絕，戀戀以至於今。明日老父屍解，妾往省覲，不復還矣。」朱把手唏噓。早旦往視，則舉家惶駭，恆娘已杳。

異史氏曰：「買珠者不貴珠而貴櫝：新舊難易之情，千古不能破其惑；而變憎爲愛之術，遂得以行乎其間矣。古佞臣事君，勿令見人，勿使窺書。乃知容身固寵，皆有心傳也。」

（《聊齋誌異》卷十）

一夫多妻制下的妻妾爭寵，是一種令人惡心的生活現象。但在封建社會，卻是家庭糾紛的主要來源。不僅如此，它還是複雜的社會關係和社會鬥爭的投影，以至可以這樣說，如果不理解這類家庭糾紛，就無以充分理解整個封建制度下的社會關係。

在封建社會中，就政治的、經濟的關係說，妻子雖然依附於丈夫，缺乏人格的獨立；然而就倫理關係說，夫妻是五倫之一，彼此是敵體，至少在理論上是役屬的關係。而妾，則與婢同一等級，相等於家內奴隸；婢妾之間的身分也可以互相轉化，關鍵是能否贏得主人的歡心。丈夫既是財產的主人，對婢妾又掌着黜陟予奪之權；因此，獻媚固寵，就成了做妾的女人保衛自身利益的生死存亡的鬥爭。另一面，人格同樣依附於男人的名義上的女主人，妻，不單由於兩性關係上的排他性所燃起的嫉妒，更由於在家庭中的地位受到威脅，也以同樣強烈的激情投入這場日日夜夜的爭奪戰。於是，妻妾爭寵就成了一夫多妻制的封建社會中家庭鬥爭的最普遍、最劇烈的現象；乃至被統治、被奴役的女人必須苦心謀求駕馭統治者、奴役者的男人的方法。

小說《恆娘》沒有描繪這種家庭糾紛的來龍去脈，更沒有對這種不合理的婚姻制度作出否定的評價，在蒲松齡所處、所習慣的社會秩序下，蓄婢納妾是司空見慣的常事，誰也不認爲它是不正常的。稍後於他的曹雪芹也是如此，《紅樓夢》雖然通過尤二姐、平兒、香菱、晴雯等人的不幸命運的描寫，對身爲婢妾的女人寄以憐憫和同情，但對這種制度卻視爲當然而並未反對。時代使然，蒲松齡在《聊齋誌異》中有時還美化封建倫理中的落後因素，今天的讀者誠然感到很不舒服，可是我們也實在無法苛責古人。

但既然理解那個時代背景，理解這種妻妾爭寵不論對於勝利者或是失敗者實質上都是一場悲劇，都是人格依附於他人的兩個可憐蟲的悲慘掙扎，我們便能從蒲松齡所精緻繪寫的這場奪寵的鬥爭中看到令人吃驚的勾心鬥角的現實，看到生活優裕的封建家庭的成員之間施展策略、耍弄權術的虛僞性，蒲松齡從自己的角度相當深刻地揭露了封建家庭倫理的本質性的東西。

洪大業把婢女寶帶納爲小妾，寶帶的姿色又遠遜於妻子朱氏，後者當然要吃醋，要想不開，要管，要鬧，於是夫妻反目。一種合於邏輯的惡性循環是，你管束得越緊，鬧得越厲害，男人越寵愛另一個，越嫌棄妻子；男人越疏遠妻子，妻子越要管，要鬧……以至後來朱氏眞認爲做丈夫的人是天生喜歡小老婆的，竟願意自己改稱爲「妾」了。當她看到鄰居恆娘並不美，她丈夫的小妾倒是比恆娘漂亮得多，而恆娘卻牢牢地駕馭着丈夫，朱氏怎能不向恆娘求教馭夫術呢？小說集中地、筆致凝煉地描繪了恆娘傳授朱氏征服男人的技巧，以及朱氏如何贏得了獨佔丈夫的勝利。

恆娘所傳授的方法，就是欲擒姑縱，欲取姑予，欲媚姑晦，欲親姑疏這些老權術。請看她的情愛心理學：

恆娘一日謂朱曰：「我術何如矣？」朱曰：「道則至妙，然弟子能由之，而終不能知之也。縱之，何也？」曰：「子不聞乎：人情厭故而喜新：重難而輕易？丈夫之愛妾，非必其美也；甘其所乍獲而幸其所難遘也。縱而飽之，則珍錯亦厭，況藜羹乎？」

「毀之而復炫之，何也？」曰：「置不留目，則似久別；忽覩豔妝，則如新至。譬貧人驟得粱肉，則視脫粟非味矣。而又不易與之，則彼故而我新，彼易而我難。此即子易妻爲妾之法也。」

這費盡心機的一切，其目的就是要把自己變成一個男性的有誘惑力的玩物。看上去好像她在玩弄着男人，使男人拜倒在自己的石榴裙下；實質上卻是以更有效的方法把自己提供給男人玩弄，並努力使自己永遠佔有這被玩弄的地位，即做穩了玩具的地位。這便是男女社會地位不平等的時代的女性的命運悲劇。在這裏，女人除了狹窄的家庭圈子以外，沒有自己的事業，男人是她的主宰，她的一切。如果是貧苦人家的婦女，要勞瘁於衣食，自然又作別論；那些飽食終日、無所用心的家庭婦女，她們的精力怎麼來消磨，時光怎麼來打發呢，便衹有在委瑣的感情糾紛上絞腦汁。這些茶杯裏的風波，正是生活的心靈極度空虛的表現。

朱氏在這場爭奪男人的戰鬥中獲勝了，但戰敗者卻淪入了不堪的境地：

於是寶帶恨洪，對人輒怨謗，洪益厭怒之，漸施鞭楚。寶帶忿，不自修，拖敝垢履，頭類蓬葆，更不復可言人矣。

朱氏能確保在家庭中的地位，就得以寶帶被糟蹋成不像人的樣子爲代價。這是那個制度下的必然。這個必然在階級社會的上層家庭男女生活中重複了幾千年，那些廣蓄嬪妃姬妾的帝王宮廷中更是搬演頻繁。千千萬萬被玩弄、被厭棄的女人的哭笑，都衹能表明女人的屈辱的地位，表明這個社會制度的可詛咒的性質。

蒲松齡從這種大量的習見現象中採取了一個標本，勾勒下了一個戲劇性的側面，他並不是客觀主義的描寫，也不是聊資談助的珍聞的記錄。他從這一生活現象中領會出了諷喻的意義。因此，在「異史氏曰」的議論中，他慨嘆了一通人性之蔽，「變憎爲愛之術，遂得以行乎其間」之後，聯繫到了「古佞臣事君」、「容身固寵」的「心傳」上去。他沒有說錯。封建社會的倫常都是相通的，因爲夫爲妻綱，遂致妻妾必須取媚於丈夫；同樣，君爲臣綱的結果，便促使臣下要在君王面前「容身固寵」。封建制的倫理道德就是這樣建立的。妻妾也好，臣下也好，爭寵正是這種倫理關係的題中應有之義。女人駕馭男人的技術，便是這種制度的惡之花。

（何滿子）

葛巾

蒲松齡

常大用，洛人。癖好牡丹。聞曹州牡丹甲齊、魯，心嚮往之。適以他事如曹，因假搢紳之園居焉。而時方二月，牡丹未華，惟徘徊園中，目注句萌，以望其拆。作懷牡丹詩百絕。未幾，花漸含苞，而資斧將匱；尋典春衣，流連忘返。一日，淩晨趨花所，則一女郎及老嫗在焉。疑是貴家宅眷，亦遂遄返。暮而往，又見之，從容避去。微窺之，宮妝豔絕。眩迷之中，忽轉一想：此必仙人，世上豈有此女子乎！急返身而搜之，驟過假山，適與嫗遇。女郎方坐石上，相顧失驚。嫗以身幛女，叱曰：「狂生何爲！」生長跪曰：「娘子必是神仙！」嫗咄之曰：「如此妄言，自當縶送令尹！」生大懼。女郎微笑曰：「去之！」過山而去。生返，不能徒步，意女郎歸告父兄，必有詬辱之來。偃臥空齋，自悔孟浪。竊幸女郎無怒容，或當不復置念。悔懼交集，終夜而病。日已向辰，喜無問罪之師，心漸寧帖。而回憶聲容，轉懼爲想。如是三日，憔悴欲死。秉燭夜分，僕已熟眠。嫗入，持甌而進曰：「吾家葛巾娘子，手合鴆湯，其速飲！」生聞而駭，既而曰：「僕與娘子，夙無怨嫌，何至賜死？既爲娘子手調，與其相思而病，不如仰藥而死！」遂引而盡之。嫗笑，接甌而去。生覺藥氣香冷，似非毒者。俄覺肺鬲寬舒，頭顱清爽，酣然睡去。既醒，紅日滿窗。試起，病若失。心益信其爲仙。無可夤緣，但於無人時，彷彿其立處、坐處，虔拜而默禱之。一日，行去，忽於深樹內，覿面遇女郎，幸無他人，大喜，投地。女郎近曳之，忽聞異香竟體，即以手握玉腕而起，指膚軟膩，使人骨節欲酥。正欲有言，老嫗忽至。女令隱身石後，南指曰：「夜以花梯度牆，四面紅窗者，即妾居也。」匆匆遂去。生悵然，魂魄飛散，莫能知其所往。至夜，移梯登南垣，則垣下已有梯在，喜而下，果見紅窗。室中聞敲棋聲，佇立不敢復前，姑踰垣歸。少間，再過之，子聲猶繁；漸近窺之，則女郎與一素衣美人相對着，老嫗亦在坐，一婢侍焉。又返。凡三往復，三漏已催。生伏梯上，聞嫗出云：「梯也，誰置此？」呼婢共移去之。生登垣，欲下無階，恨悒而返。次夕，復往，梯先設矣。幸寂無人，入，則女郎几坐，若有思者。見生驚起，斜立含羞。生揖曰：「自謂福薄，恐於天人無分，亦有今夕耶！」遂狎抱之。纖腰盈掬，吹氣如蘭，撑拒曰：「何遽爾！」生曰：「好事多磨，遲爲鬼妒。」言未及已，遥聞人語。女急曰：「玉版妹子來矣！君可姑伏牀下。」生從之。無何，一女子入，笑曰：「敗軍之將，尚可復言戰否？業已烹茗，敢邀爲長夜之歡。」女郎辭以困惰。玉版固請之，女郎堅坐不行。玉版曰：「如此戀戀，豈藏有男子在室耶？」强拉之，出門而去。生膝行而出。恨絕，遂搜枕簟，冀一得其遺物。而室內並無香匳，祇牀頭有水精如意，上結紫巾，芳潔可愛。懷之，越垣歸。自理衿袖，體香猶凝，傾慕益切。然因伏牀之恐，遂有懷刑之懼，籌思不敢復往，但珍藏如意，以冀其尋。隔夕，女郎果至，笑曰：「妾向以君爲君子也，而不知寇盜也。」生曰：「良有之！所以偶不君子者，第望其如意耳。」乃攬體入懷，代解裙結。玉肌乍露，熱香四流，偎抱之間，覺鼻息汗熏，無氣不馥。因曰：「僕固意卿爲仙人，今益知不妄。幸蒙垂盼，緣在三生。但恐杜蘭香之下嫁，終成離恨耳。」女笑曰：「君慮亦過。妾不過離魂之倩女，偶爲情動耳。此事要宜慎祕，恐是非之口，捏造黑白，君不能生翼，妾不能乘風，則禍離更慘於好別矣。」生然之，而終疑爲仙，固詰姓氏。女曰：「既以妾爲仙，仙人何必以姓名傳。」問：「嫗何人？」曰：「此桑姥。妾少時受其露覆，故不與婢輩同。」遂起，欲去，曰：「妾處耳目多，不可久羈，蹈隙當復來。」臨別，索如意，曰：「此非妾物，乃玉版所遺。」問：「玉版爲誰？」曰：「妾叔妹也。」付鉤乃去。去後，衾枕皆染異香。由此三兩夜輒一至。生惑之，不復思歸。而囊橐既空，欲貨馬。女知之，曰：「君以妾故，瀉囊質衣，情所不忍。又去代步，千餘里將何以歸？妾有私蓄，聊可助裝。」生辭曰：「感卿情好，撫臆誓肌，不足論報；而又貪鄙，以耗卿財，何以爲人矣！」女固强之，曰：「姑假君。」遂捉生臂，至一桑樹下，指一石，曰：「轉之！」生從之。又拔頭上簪，刺土數十下，又曰：「爬之。」生又從之。則甕口已見。女探入，出白鏹近五十兩許；生把臂止之，不聽，又出十餘鋌，生强反其半而後掩之。一夕，謂生曰：「近日微有浮言，勢不可長，此不可不預謀也。」生驚曰：「且爲奈何！小生素迂謹，今爲卿故，如寡婦之失守，不復能自主矣。一惟卿命，刀鋸斧鉞，亦所不遑顧耳！」女謀偕亡，命生先歸，約會於洛。生治任旋里，擬先歸而後逆之；比至，則女郎車適已至門。登堂朝家人，四鄰驚賀，而並不知其竊而逃也。生竊自危；女殊坦然，謂生曰：「無論千里外非邏察所及，即或知之，妾世家女，卓王孫當無如長卿何也。」生弟大器，年十七，女顧之曰：「是有惠根，前程尤勝於君。」完婚有期，妻忽夭殞。女曰：「妾妹玉版，君固嘗窺見之，貌頗不惡，年亦相若，作夫婦可稱嘉耦。」生聞之而笑，戲請作伐。女曰：「必欲致之，即亦非難。」喜問：「何術？」曰：「妹與妾最相善。兩馬駕輕車，費一嫗之往返耳。」生懼前情俱發，不敢從其謀；女固言：「不害。」即命車，遣桑嫗去。數日，至曹。將近里門，嫗下車，使御者止而候於途，乘夜入里。良久，偕女子來，登車遂發。昏暮即宿車中，五更復行。女郎計其時日，使大器盛服而逆之。五十里許，乃相遇，御輪而歸；鼓吹花燭，起拜成禮。由此兄弟皆得美婦，而家又日以富。一日，有大寇數十騎，突入第。生知有變，舉家登樓。寇入，圍樓。生俯問：「有仇否？」答言：「無仇。但有兩事相求：一則聞兩夫人世間所無，請賜一見；一則五十八人，各乞金五百。」聚薪樓下，爲縱火計以脅之。生允其索金之請；寇不滿志，欲焚樓，家人大恐。女欲與玉版下樓，止之不聽。炫妝而下，階未盡者三級，謂寇曰：「我姊妹皆仙媛，暫時一履塵世，何畏寇盜！欲賜汝萬金，恐汝不敢受也。」寇衆一齊仰拜，諾聲「不敢」。姊妹欲退，一寇曰：「此詐也！」女聞之，反身佇立，曰：「意欲何作，便早圖之，尚未晚也。」諸寇相顧，默無一言，姊妹從容上樓而去。寇仰望無跡，鬨然始散。後二年，姊妹各舉一子，始漸自言：「魏姓，母封曹國夫人。」生疑曹無魏姓世家，又且大姓失女，何得一置不問？未敢窮詰，而心竊怪之。遂託故復詣曹，入境諮訪，世族并無魏姓。於是仍假館舊主人。忽見壁上有贈曹國夫人詩，頗涉駭異，因詰主人。主人笑，即請往觀曹夫人，至則牡丹一本，高與簷等。問所由名，則以此花爲曹第一，故同人戲封之。問其「何種」？曰：「葛巾紫也。」心益駭，遂疑女爲花妖。既歸，不敢質言，但述贈夫人詩以覘之。女蹙然變色，遽出，呼玉版抱兒至，謂生曰：「三年前，感君見思，遂呈身相報；今見猜疑，

聊齋誌異・葛巾

何可復聚！」因與玉版皆舉兒遙擲之，兒墮地並沒。生方驚顧，則二女俱渺矣。悔恨不已。後數日，墮兒處生牡丹二株，一夜徑尺，當年而花，一紫一白，朵大如盤，較尋常之葛巾、玉版，瓣尤繁碎。數年，茂蔭成叢；移分他所，更變異種，莫能識其名。自此牡丹之盛，洛下無雙焉。

異史氏曰：「懷之專一，鬼神可通，偏反者亦不可謂無情也。少府寂寞，以花當夫人，況真能解語，何必力窮其原哉？惜常生之未達也！」

（《聊齋誌異》卷十）

牡丹花，在我國曾被稱爲「國色天香」和富貴花。豔陽春暖，牡丹盛開。魏紫姚黃，臙脂玉白，富麗豐滿，豔冠羣芳。有的說曹州牡丹甲天下，有的說天下牡丹數洛陽。觀花不是看乒乓，無須兩地決高下，並列冠軍又何妨。在詩人眼裏，一樣的「任是無情也動人」；在小說家蒲松齡的筆下，兩家早就「合二而一」互通姻好了，兩地牡丹都是《葛巾》中葛巾和玉版的後代。

洛陽書生常大用酷愛牡丹，奇遇曹州的紫牡丹精葛巾，兩相傾慕，結爲情好。弟大器，雖無愛花之癖，但也是有「惠根」的雅士，得兄嫂之助，亦與曹州的白牡丹精玉版成佳偶。後大用生疑，美人雙雙渺去，擲地兩兒，化爲牡丹，一紫一白，尤勝尋常。「自此牡丹之盛，洛下無雙焉。」蒲松齡不搞家鄉地方主義：「葱是山東的大」，他讓孔夫子近鄉的兩位姑娘主動遠嫁給程夫子家鄉的兩位書生，衍生出「洛下無雙」的花朵，把以情反理的婚姻愛情的根苗，栽植到理學祖師程氏兄弟的家鄉，是調侃，也是挑戰。

蒲松齡常被文學研究家稱爲富有瑰麗神奇的浪漫主義幻想的傳奇小說家。的確，在他的筆下，草木花卉，鳥獸蟲魚，都能突然變成奇特的精靈。蒲松齡那雙眼睛好像魔鏡，彷彿世界上的萬物，在固定不變的外形背後，都隱蔽着一個精靈，一旦進入他的視線，立即活潑潑地站出來。蒲松齡通過他的傳奇小說，能把讀者誘導入一個真真假假的藝術境界，物和人既是分離的，又是合一的，使你不敢冒然根據表面現象斷定哪是物，哪是人。當看到一個物時，便會懷疑它是不是人的幻化；當看到一個人時，又會懷疑他是不是物的幻化。蒲松齡寫的物讓人捉摸不定，他寫的有些人也讓人捉摸不定。正因爲這些形象能鉆入讀者的心裏，又好像時時跟在身後，所以在讀《聊齋誌異》裏寫花妖鬼魅的篇章時的心情，就和讀一般文學作品時的心情大不一樣。在讀一般文學作品時，你會哭，會笑，能想象出驚心動魄的廝殺，也能想象出纏綿悱惻的悲歡離合，可是卻很少會和自己周圍的環境直接聯繫起來。若是讀《聊齋誌異》，作品中的人物環境和自己周圍的環境似乎立即消失了界限。室外一絲風，幾滴雨，蟲聲唧唧，樹影搖搖，飛蛾繞燈，蝙蝠穿窗，都增加了作品感人的氣氛。比如春末燈下讀《葛巾》、《香玉》，或者深秋讀《黃英》，似乎老覺得有人從窗外正開放着的牡丹花或菊花中走出來。此刻若有飛蟲觸窗，眞能驚人一跳。是幻覺嗎？是想入非非嗎？都不是。這是作品特殊的風格所引起的特殊的心理感受。作品中活的形象通過讀者的感受，把周圍的環境也帶活了。有人說，深山古剎，不可一人夜讀《聊齋》，能使人迷，也能使人怕。這不是迷信或故作神奧，而是說明了《聊齋》的藝術魅力，就在於作品的境界和生活的境界能混然爲一，生活的任何一個角落，都隨時可以直接成爲作品中環境的補充。這效果，一般以奇取勝的文學作品往往達不到，蒲松齡的傳奇小說達到了。

蒲松齡似乎對牡丹有特殊的興趣與愛好，他以牡丹爲題材，寫了兩篇情節曲折、人物性格迥異而難分高下的小說《葛巾》和《香玉》。如果像傳說的那樣，蒲松齡是在嶗山避難時於道觀中看到生長多年的特大牡丹，從而獲得了靈感，寫出了《香玉》，幻想的色彩顯得非常濃；那麼，在寫《葛巾》時，他是在濃重的幻想色彩裏，糅進了關於牡丹的歷史典故和名花勝地的地理眞實，使人物的形象顯得更現實更親切，把牡丹的歷史傳說和實際生活結合起來，變出花一樣美麗的新傳奇。

在中國的文學傳統裏，有兩種花長期受到作家們的注意，菊花象徵着高風亮節，牡丹象徵着嬌豔華麗。故失意者多詠菊，處境順者多頌牡丹。唐朝羅隱寫牡丹的詩句「任是無情也動人」，就流露出觀賞的愉悅。曹雪芹在《紅樓夢》裏以此暗示薛寶釵，是有歷史因由的。宋朝有了魏紫、姚黃之說，非貧寒小戶人家所能辦得到，不像菊花隨地插之能活。之後，這成了牡丹的代詞，成了典故。

當然，洛陽牡丹甲天下之說，也有不凡的來歷，但那是武則天把牡丹趕出長安貶到洛陽的結果，是憑權勢幹出的焚琴煮鶴的煞風景事。蒲松齡捨而未取，等到稍後的李汝珍，纔在《鏡花緣》中大加描繪渲染，蒲松齡把「任是無情也動人」的牡丹，變成了因是有情更動人的美女，脫盡了世俗富貴氣，主動地去追求有情的現實的男子。若沒有這一番改造，讀者腦子裏仍保留着富貴花的傳統觀念，自覺不自覺地把牡丹和富家豪門聯繫起來，那麼，在讀《聊齋》所寫的牡丹故事時，無形中就多出了一層思想感情上的障礙，顯得有點隔，不那麼暢通無阻。從這個角度去理解蒲松齡的藝術構思，《葛巾》比起《香玉》，更有匠心獨運之處。在蒲松齡寫葛巾的形象時，也許是有意識的把典故用活，更增添歷史知識性的色彩，但卻同時掃除了讀者欣賞心理中可能存在的堵塞物，產生了出乎意料之外的欣賞效果。

蒲松齡寫《聊齋》的故事能够把典故用活，被不少研究者認爲是他語言上的獨特成就之一。這樣的評價，單純從寫文言文或「古文」的角度看是對的，因爲被稱爲「古文」的中國傳統散文，固然不缺乏清淡樸素平易暢達之作，但就用典來說，似乎無典不成其爲「古文」，陳陳相因，形成傳統。遠如先秦諸子、漢賦，稍後的唐宋諸家，近如明前後七子和清桐城派，不用典者甚少。然刻意模倣者故作典奧，堆砌故實，百納雜陳，生硬晦澀，顯示博學的意圖表達出來了，欣賞的興味則被拉成鋸末。這也是古體詩詞的傳統形式至今尙被很多詩人喜歡運用，並創造出了大量名篇，而古散文的形式祇是作爲古的規範被欣賞卻沒有被繼續沿用的原因之一。蒲松齡的許多散文，追求四六工對，用典豐富，亦有蹈此弊之跡，把深沉憂憤的社會內容沖淡了。

蒲松齡在散文寫作中沒有完全擺脫古文傳統表現手法的積弊，在傳奇小說的創作中則大有獨特貢獻，他之所以能成爲最著名的傳奇小說家，而未能成爲著名的古文家，其道理於此可窺一斑。蒲松齡於傳奇中用典，主要還不是爲文氣增色，而是化典爲人物形象的有機組成部分，或如拾花爲裳，或如掬霞罩髮，或如聚露爲淚，或如闐蘭爲氣，人典融爲一體。《葛巾》比較典型地體現了這種手法，因此，所謂蒲松齡能於傳奇小說中把典用活以顯其語言功力的說法，似仍未擺脫評古文的見地，於傳奇小說則尙猶未及也。

在嶗山下清宮，一本孤零零的白「牡丹高丈餘，花時璀璨似錦」，人們會覺得奇。在盛產牡丹的曹州，一本葛巾紫「高與檐等」，人們雖「以此花爲曹第一」，但奇的感覺則遜於嶗山的香玉，因其周圍還有玉版等名品與之競豔也。葛巾自言「魏姓，母封曹國夫人」。評點家喜從文字着眼，讀到此，定會夾註一筆：拆字法，寓魏紫也。蒲松齡未必毫無此意，但從構成人物形象的作用看，將歷史名品魏紫與產牡丹勝地曹州巧妙地結合在一起，也就更增強了現實的眞實感，更增強了人物活動的環境的眞實性和典型性。與此同理，把「癖好牡丹」的常大用安排爲洛陽人，他的「癖好」的形成就更有眞實性和合理性。常大用於盛產牡丹的洛陽，尚不能充分滿足其「癖好」，「聞曹州牡丹甲齊、魯，心嚮往之」。剛到「龍擡頭」的二月天就提前動身，爲等花開，急不可耐，先作懷牡丹詩百絕，後弄到囊中空空，把春衣都典了，更顯其「癖好」之甚，一往情深，連飢寒都不顧及了。花癡之中見情癡，正在這時，葛巾纔初次露面，與之相見。洛陽的花癡常生遇上曹州的花精葛巾，兩情結好，爲牡丹史上又添一佳話，其生動感人處遠邁武則天貶牡丹與魏紫、姚黃的典故，采舊翻新，後來居上，當爲第一。蒲松齡這樣寫，正好與讀者已有的知識連起來，效果自然不同。有家刊物的閱讀與欣賞專欄評介《葛巾》時，一開頭就派定常生是「花匠」，替他定個好成分、好職業。這也許有典故根據，因爲洛陽不僅出牡丹，還出才子，「洛陽紙貴」就是。居才子鄉必有才氣，連「花匠」都能作懷牡丹詩百絕，話本《灌園叟晚逢仙女》中的也是才子之鄉的江南老花匠秋先，雖也是牡丹癡，卻不會作詩，眞該愧煞！這樣一介紹，葛巾對大用說弟大器的話：「是有惠根，前程尤勝於君。」簡直是詞不達意的開玩笑，對「花匠」談「前程」豈非當面損人？蒲松齡如果連人物的出身和職業都把握不準，儘管《葛巾》「自破題、發展、高潮到結尾」處理的如何「跌宕多姿」，那麼，他的人物形象、性格就全砸了，大煞風景，還有什麼章法可言。

葛巾愛常大用，全在於一個情字，情眞，情癡。常大用的這種情，起先是完全表現在對牡丹的愛好上，好像沒有任何目的，純潔無私，愛花就是愛花，既沒想到花中自有顏如玉，也沒有將花比爲美女。作爲書生，這情操比之「書中自有顏如玉」的酸秀才味高雅得多，比起大詩人的「花開將爾當夫人」也莊重些，沒有那麼放達。花精葛巾不同於常人，她近乎神仙，來去自由，對人的觀察也異乎常人。當她還沒有眞正觀察透她所喜愛的人時，是不肯輕易露面。一旦露面，心裏已經有了充分的把握。《聊齋》裏的精靈看人大都是很準的，而且一選就中，簡直像神射手的弓，一箭中的，絕不虛發。表面看，她們愛得突然，實則是啞巴吃餃子，心裏有數。愛得直，可以大膽地開「特別快車」，一言到站；愛得曲，可以故意拖延，折磨折磨，考驗考驗，文學的說法謂之「愛情的捉弄」。葛巾的愛，屬於後一種方式。

葛巾在遇常生以前，已觀人多矣，也不乏雅人。那位以葛巾紫「爲曹第一」並寫《贈曹夫人詩》的，就頗不俗，能詩，能品花。然而葛巾並不愛他，因爲他愛花情淺，戲封雅號，寫的是戲贈詩，一相戲賞，稍欠誠篤。相比之下，常生則深沉誠篤，憨厚樸實，令人欽敬，可見葛巾的眼力充滿靈光。他初見葛，「遂遄反」，規規矩矩的君子風；再相見，「從容避去」，然心生「眩迷」，動情了；返身搜尋、詢問遭申斥，「悔懼交集」，受自尊心的責備；及至「轉懼爲想」，則「憔悴欲死」，由情入迷了。他迷到願飲葛巾遣人送來的「鴆湯」，「仰藥而死」，這樣的眞情、深情、癡情，遠遠超過了普救寺裏害相思病的張君瑞。但張君瑞的病是崔老夫人的阻撓造成的，常大用的病則是葛巾故意捉弄的。的確，葛巾是故意捉弄常大用，否則，哪有牆上架好了梯子單等玉人來，而自己卻邀人通宵下棋的？常生步步落入捉弄圈，他的性格、心理也步步展開，深入；葛巾步步設圈，她的細心、眞心、無邪之心，表現得也更細緻、深刻、動人。當常生「囊既空，欲貨馬」時，葛巾讓他挖藏金以相助，他竟然祇挖一部分，而且還「強反其半而後掩之」。這用一切「向錢看」的眼光看來，實在難以理解，更非「花匠」所能做到。然而，蒲松齡所要表現的「癖好牡丹」的書生正是不愛錢的雅士，如果他見藏金而眼開，來個一窩端，那就俗不可耐，連牡丹精的愛也染臭了。他所塑造的葛巾、常大用的性格，比葛巾窖藏的白鏹的光更美，更亮。

葛巾、玉版同常大用、大器兄弟的愛情婚姻，沒有受到任何外來勢力的干涉，非常順利，相當美滿，且「家又日以富」，有子承歡，應當是其樂無窮了。但結局卻有始無終，或者說是以喜劇始而以悲劇終。蒲松齡在結尾的「異史氏曰」裏，帶着對葛巾的讚揚和惋惜之情來評議常大用：「懷之專一，鬼神可通，偏反者(按：指花)亦不可謂無情也。少府寂寞，以花當婦人，況眞能解語，何必力窮其原哉？惜常生之未達也！」所謂「未達」，就是一個疑字。常大用從葛巾的自言「魏姓，母封曹國夫人」起疑，再次到曹州「力窮其原」。當他弄明白了葛巾的來歷，則化愛爲怕。沒有了愛，這個家庭就失去了繼續維持下去的感情基礎，葛巾、玉版則斷然渺去，毫無反顧，她們不允許有疑的情操是純潔的。疑生怕，怕生變，變生離，「悔恨不已」，綿綿無期。雖然留下兩種名花，爲後來天下觀賞，對常生卻無補於萬一。

也許是有憾於常生之「未達」，蒲松齡就在《黃英》和《香玉》兩篇中，創造了比常生高的「達」人形象。我讀《聊齋》時，常常這樣想：衹讀《葛巾》，很難全部猜透蒲松齡的思想，如果把《葛巾》和《黃英》、《香玉》等寫花精的篇章對照着讀，加以比較，既可以看出彼此相似之處，又可以看出相異之處。這相異之處，正是蒲松齡用互相對照、互相補充的寫法，將他對現實人物的觀察和對理想人物的追求表現出來了。《黃英》裏出身於好菊世家的馬子才，與菊精黃英結爲夫婦，生女。英弟屢醉而現出本相，「馬見慣不驚」，更不疑英，此可謂「達」矣，所以能始終保持着幸福的家庭。「後女長成，嫁於世家。黃英終老，亦無他異。」若馬也見異生疑，生怕，其結果當亦與《葛巾》相似。《香玉》裏的黃生，愛上白牡丹精香玉，不僅不疑，等香玉成了花鬼，而仍能情不移，且誓言死後當寄魂於花旁。黃生死後果然化爲白牡丹之一枝，與香玉合二爲一了。不願花精與己延子孫，自己寧願化爲異類，比常大用、馬子才都「達」得多，「達」得更徹底——由人「達」物。如果說連理枝、比翼鳥、梁祝化蝶等傳說，都是由悲劇而幻化出的情篤的伸延，那麼，黃生死後之變牡丹，則是樂天的情篤的幻化。蒲松齡所要追求的「達」的最高境界就是如此。但是，在蒲松齡所處的那個封建時代，這種對情的追求，衹能寄託在浪漫主義的幻想中，也衹有在浪漫主義的理想人物（包括花妖鬼魅）的塑造中，纔能最大限度地發揮他的自由想象，或則人變物，或則物變人，人人皆能變，物物皆能變。由這種廣泛的物人互變所形成的藝術形象，又誘發了讀者在閱讀過程中無限的聯想力，因而產生了閱讀時所感覺到的一種特殊的環境氣氛，彷彿自己周圍的一切都有潛在的精靈活動着。

然而，就人物形象的現實眞實感來看，蒲松齡所評議的常生的「未達」處，卻正是他的眞。在實際生活裏，人和異類之間根本不可能有愛情婚姻，所以，在浪漫主義的文學形象的創造中，當人發現他所愛的人是異類的變化時，產生疑懼是合理的必然的，有其眞實的現實的心理基礎。人類早期的神話和傳說，人神物互相愛戀結合，被視爲正常現象，甚至每個民族或部族，都要找出一個非人的祖先，或蛇，或猛獸，或飛鳥，等等，以此爲榮，毫無疑懼。當人類更多的認識了客觀世界和自己的時候，這種神話和傳說就消失其基礎，物人之間的界限愈分明。「人爲萬物之靈」，怎麽能和異類平等呢？有了這樣的界限和心理，纔會產生人與異類有疑懼的新傳說，《白蛇傳》裏許仙於五月端陽見白蛇現身的驚變就是最好的例子。蒲松齡要求的「達」是不疑不驚不變，顯然不是要回復到原始時代，而是要求一種更富有具體社會內容的始終如一的眞情，來對抗封建社會那種以理壓制情的專制。蒲松齡是希望常生能「達」的，他讚揚了馬生和黃生的眞「達」。蒲松齡要求改變的正是實際生活裏由於種種不「達」——疑所產生的悲劇。當然，常大用的不「達」，還有作者對他的構思規定。他若眞「達」了，「洛下無雙」的兩種名花也就沒有了，將是另外的結局。從這點看，《葛巾》的社會現實性的眞，才使人於欣賞的滿足裏潛隱着絲絲的悲涼，感到與生活裏的眞更相近相通。

在幻想裏尋求和描繪「達」的形象是完全自由的，但是，一觸到社會的實際，不「達」者比比皆是，想自由則難辦到。蒲松齡自幼聰穎過人，然時艱命乖，一生坎坷，使他本來很「達」的性格，都轉化成鬱積的「孤憤」，而且周圍的黑暗的社會現實又不允許他痛快的直抒胸臆，他衹好到幻想裏將「孤憤」之情轉化爲對花妖鬼魅的縱情放歌。初讀之，會被其美的幻想所陶醉，再深思，則一陣酸苦漸漸襲來。蒲松齡的傳奇小說不同於童話或寓言，當讀了《葛巾》以後，再到牡丹圃中觀賞一番，就會體味到蒲松齡所寫的喜劇故事背後總隱藏着悲劇的餘韻。這種特殊的藝術風格，正是蒲松齡特殊的心靈活動的返照。《葛巾》就是他對人生的缺陷——不「達」的哀惋之歌。然而，這哀惋是被兩種眩目的名花遮掩着的——在不易看到的花瓣與花托之間夾着。

（藍翎）

香玉

蒲松齡

勞山下清宮，耐冬高二丈，大數十圍，牡丹高丈餘，花時璀璨似錦。膠州黃生，舍讀其中。一日，自窗中見女郎，素衣掩映花間。心疑觀中焉得此。趨出，已遁去。自此屢見之。遂隱身叢樹中，以伺其至。未幾，女郎又偕一紅裳者來，遙望之，豔麗雙絕。行漸近，紅裳者卻退，曰：「此處有生人！」生暴起。二女驚奔，袖裙飄拂，香風洋溢，追過短牆，寂然已杳。愛慕彌切，因題句樹下云：「無限相思苦，含情對短窗。恐歸沙吒利，何處覓無雙？」歸齋冥想。女郎忽入，驚喜承迎。女笑曰：「君洶洶似强寇，使人恐怖；不知君乃騷雅士，無妨相見。」生略叩生平。曰：「妾小字香玉，隸籍平康巷。被道士閉置山中，實非所願。」生問：「道士何名？當爲卿一滌此垢。」女曰：「不必，彼亦未敢相逼。借此與風流士長作幽會，亦佳。」問：「紅衣者誰？」曰：「此名絳雪，乃妾義姊。」遂相狎。及醒，曙色已紅。女急起，曰：「貪歡忘曉矣。」着衣易履，且曰：「妾酬君作，勿笑：『良夜更易盡，朝暾已上窗。願如梁上燕，棲處自成雙。』」生握腕曰：「卿秀外惠中，令人愛而忘死。顧一日之去，如千里之別。卿乘間當來，勿待夜也。」女諾之。由此夙夜必偕。每使邀絳雪來，輒不至，生以爲恨。女曰：「絳姊性殊落落，不似妾情癡也。當從容勸駕，不必過急。」一夕，女慘然入，曰：「君隴不能守，尚望蜀耶？今長別矣。」問：「何之？」以袖拭淚，曰：「此有定數，難爲君言。昔日佳作，今成讖語矣。『佳人已屬沙吒利，義士今無古押衙』，可爲妾詠。」詰之，不言，但有嗚咽。竟夜不眠，早旦而去。生怪之。次日，有即墨藍氏，入宮游矚，見白牡丹，悦之，掘移逕去。生始悟香玉乃花妖也，悵惋不已。過數日，聞藍氏移花至家，日就萎悴。恨極，作哭花詩五十首，日日臨穴涕洟。一日，憑弔方返，遥見紅衣人，揮涕穴側。從容近就，女亦不避。生因把袂，相向汍瀾。已而挽請入室，女亦從之。歎曰：「童稚姊妹，一朝斷絶！聞君哀傷，彌增妾慟。淚墮九泉，或當感誠再作；然死者神氣已散，倉卒何能與吾兩人共談笑也。」生曰：「小生薄命，妨害情人，當亦無福可消雙美。曩頻煩香玉道達微忱，胡再不臨？」女曰：「妾以年少書生，什九薄倖；不知君固至情人也。然妾與君交，以情不以淫。若晝夜狎暱，則妾所不能矣。」言已，告别。生曰：「香玉長離，使人寢食俱廢。賴卿少留，慰此懷思，何決絶如此！」女乃止，過宿而去。數日不復至。冷雨幽窗，苦懷香玉，輾轉牀頭，淚凝枕席。攬衣更起，挑燈復踵前韻曰：「山院黄昏雨，垂簾坐小窗。相思人不見，中夜淚雙雙。」詩成自吟。忽窗外有人曰：「作者不可無和。」聽之，絳雪也。啓户内之。女視詩，即續其後曰：「連袂人何處？孤燈照晚窗。空山人一個，對影自成雙。」生讀之淚下，因怨相見之疎。女曰：「妾不能如香玉之熱，但可少慰君寂寞耳。」生欲與狎。曰：「相見之歡，何必在此。」於是至無聊時，女輒一至。至則宴飲唱酬，有時不寢遂去，生亦聽之。謂曰：「香玉吾愛妻，絳雪吾良友也。」每欲相問：「卿是院中第幾株？乞早見示，僕將抱植家中，免似香玉被惡人奪去，貽恨百年。」女曰：「故土難移，告君亦無益也。妻尚不能終從，況友乎！」生不聽，捉臂而出，每至牡丹下，輒問：「此是卿否？」女不言，掩口笑之。旋生以臘歸過歲。至二月間，忽夢絳雪至，愀然曰：「妾有大難！君急往，尚得相見；遲無及矣。」醒而異之，急命僕馬，星馳至山。則道士將建屋，有一耐冬，礙其營造，工師將縱斤矣。生急止之。入夜，絳雪來謝。生笑曰：「向不實告，宜遭此厄！今已知卿；如卿不至，當以艾炷相炙。」女曰：「妾固知君如此，曩故不敢相告也。」坐移時，生曰：「今對良友，益思豔妻。久不哭香玉，卿能從我哭乎？」二人乃往，臨穴灑涕。更餘，絳雪收淚勸止。又數夕，生方寂坐，絳雪笑入曰：「報君喜信：花神感君至情，俾香玉復降宮中。」生問：「何時？」答曰：「不知，約不違耳。」天明下榻，生囑曰：「僕爲卿來，勿長使人孤寂。」女笑諾。兩夜不至。生往抱樹，搖動撫摩，頻喚，無聲。乃返，對燈團艾，將往灼樹。女遽入，奪艾棄之，曰：「君惡作劇，使人創痏，當與君絕矣！」生笑擁之。坐未定，香玉盈盈而入。生望見，泣下流離，急起把握。香玉以一手握絳雪，相對悲哽。及坐，生把之覺虛，如手自握，驚問之。香玉泫然曰：「昔，妾花之神，故凝；今，妾花之鬼，故散也。今雖相聚，勿以爲真，但作夢寐觀可耳。」絳雪曰：「妹來大好！我被汝家男子糾纏死矣。」遂去。香玉款笑如前；但偎傍之間，彷彿一身就影。生悒悒不樂，香玉亦俯仰自恨。乃曰：「君以白蘞屑，少雜硫黃，日酹妾一杯水，明年此日報君恩。」別去。明日，往觀故處，則牡丹萌生矣。生乃日加培植，又作雕欄以護之。香玉來，感激倍至。生謀移植其家，女不可，曰：「妾弱質，不堪復戕。且物生各有定處，妾來原不擬生君家，違之反促年壽。但相憐愛，合好自有日耳。」生恨絳雪不至。香玉曰：「必欲强之使來，妾能致之。」乃與生挑燈至樹下，取草一莖，布掌作度，以度樹本，自下而上，至四尺六寸，按其處，使生以兩爪齊搔之。俄見絳雪從背後出，笑罵曰：「婢子來，助桀爲虐耶！」牽挽並入。香玉曰：「姊勿怪！暫煩陪侍郎君，一年後不相擾矣。」從此遂以爲常。生視花芽，日益肥茂，春盡，盈二尺許。歸後，以金遺道士，囑令朝夕培養之。次年四月至宮，則花一朵，含苞未放；方流連間，花搖搖欲拆；少時已開，花大如盤，儼然有小美人坐蕊中，裁三四指許；轉瞬飄然已下，則香玉也。笑曰：「妾忍風雨以待君，君來何遲也！」遂入室。絳雪亦至，笑曰：「日日代人作婦，今幸退而爲友。」遂相談讌。至中夜，絳雪乃去。二人同寢，款洽一如從前。後生妻卒，遂入山，不復歸。是時，牡丹已大如臂。生每指之曰：「我他日寄魂於此，當生卿之左。」二女笑曰：「君勿忘之。」後十餘年，忽病。其子至，對之而哀。生笑曰：「此我生期，非死期也，何哀爲！」謂道士曰：「他日牡丹下有赤芽怒生，一放五葉者，即我也。」遂不復言。子輿之歸家，即卒。次年，果有肥芽突出，葉如其數。道士以爲異，益灌溉之。三年，高數尺，大拱把，但不花。老道士死，其弟子不知愛惜，斫去之。白牡丹亦憔悴死；無何，耐冬亦死。

異史氏曰：「情之至者，鬼神可通。花以鬼從，而人以魂寄，非其結於情者深耶？一去而兩殉之，即非堅貞，亦爲情死矣。人不能貞，亦其情之不篤耳。仲尼讀唐棣而曰『未思』，信矣哉！」

（《聊齋誌異》卷十一）

嶗山下清宮，風光旖旎，聲名遠揚。它的背後青山聳翠，面前碧海耀金。院內那株枝葉婆娑的耐冬，春日綴滿一樹璀璨的紅花，綠葉間猶如無數顆紅星閃耀；花池裏各色名貴牡丹，谷雨前後爭相綻開了玉蕊瓊英，把蒼山碧海輝映得更加秀麗。清代著名文學家蒲松齡，就以這清幽的下清宮爲背景，從宮院內的牡丹和耐冬展開想象，創作了一篇充滿詩情畫意的動人小說，那就是《聊齋誌異》中的《香玉》篇。

《香玉》是《聊齋誌異》中的優秀篇章之一，敍述的是黃生與牡丹花妖香玉、耐冬花妖絳雪之間的眞摯愛情和友誼。在我國古典文學中，表現愛情的作品汗牛充棟，而《香玉》所寫的卻不是一般的愛情故事，而是相愛的一方爲世人，另一方爲花妖，因而它既有眞實感，又是虛幻縹緲的；它不但寫愛情，又表現青年男女之間的友情，愛情與友情的主題猶如並蒂蓮花而色彩各異，猶如雙溪並流而又各有韻致。這種獨特的內容，使它有別於一般的愛情作品；即使在花妖狐魅熙來攘往的《聊齋誌異》中，也卓然特出，別具風采。

這篇小說對香玉與黃生之間的愛情寫得是十分優美動人的。香玉在花間被黃生發現後，開始是驚奔躲避，後來聽到黃生傾吐相思之情的詩句，知其乃是騷雅之士，便欣然與之相見，這表明她對黃生不是愛其門第，亦不是愛其金錢，而是黃生的才、情點燃了她心中的愛情之火。如果說黃生對香玉開始衹是愛其豔麗，後來聽到香玉同他的唱酬之作，這種愛便注入了更深刻的內容，他對香玉說：「卿秀外惠中，令人愛而忘死。」這表現了黃生已把香玉視爲「同聲」「同氣」，也是對方的才、情使黃生心中生出了綿綿情絲。在金錢、門第主宰婚姻關係的社會，在「女子無才便是德」的觀念被認爲是天經地義的時代，黃生、香玉以雙方的才、情作爲相愛的基礎，這種愛情顯然是高尚美麗的，雅而不俗的。正當黃生與香玉之間的燕婉之情方興未艾時，即墨藍氏將宮中白牡丹掘移徑去，一對情人被活活拆散了。但香玉沒有隨遇而安，更沒有另尋新歡，而是被移往藍氏家中之後，「日就萎悴」，表現了對黃生的堅貞不渝；黃生也沒有因爲知道了香玉是花妖而把二人的交往看作一場幻夢，而是白日「臨穴涕洟」，夜則「輾轉牀頭，淚凝枕席」，其悽愴之情感人肺腑。這一情節發展中的突變，爲香、黃的愛情塗上了奇幻的色彩，也將這愛情表現得更加眞摯感人。後來，二人的癡情感動了花神，使香玉復降宮中，白牡丹又發芽了。在黃生的精心培植保護下，花芽「日益肥茂，春盡，盈二尺許」，次年四月黃生自家返回宮中，「則花一朵，含苞未放；方流連間，花搖搖欲拆；少時已開，花大如盤，儼然有小美人坐蕊中，裁三四指許；轉瞬飄然已下，則香玉也。」此處作者馳騁豐富的想象，將香玉的復生寫得那樣具有詩情畫意，香、黃的愛情經過作者的渲染，升華到了如詩似畫的瑰麗境界。

黃生與絳雪之間的友情，也寫得楚楚動人。絳雪對於黃生，開始有戒備之心，雖然黃生託香玉頻邀絳雪，但她終不肯與之相見；後來二人憑弔香玉時相遇，這纔開始交往。絳雪說：「妾以年少書生，什九薄倖；不知君固至情人也。」這既交代了她過去不與黃生相見的原因，也表現了「至情」同樣是黃生與絳雪建立友情的基石。他們之間的友誼不僅表現在平日的宴飲唱酬上，更表現在患難時的相互關懷救助上。香玉死去後，黃生悲喪忉怛，寢食俱廢，絳雪與他同悼香玉，並時至齋中以慰其孤寂；黃生回家過年時，夢中得到絳雪將有大難的噩耗，醒後便急命僕馬，星馳上山，及時地使絳雪脫於危難。他們雖然性別不同，但沒有男女之大防，尊卑之界隔，他們的友誼是超塵絕俗、眞誠平等的。後來黃生死後，化作無花牡丹，生於香玉、絳雪之側，這一幻想性情節是香、黃愛情的詩化，也是黃生與絳雪之間友情的詩化。在封建社會中，男女之間在青梅竹馬的年齡便必須「授受不親」，因而異性青年之間的友情被認爲傷風敗俗、違禮非法。蒲松齡將男女之間的友誼寫得這麽美麗迷人，這比歌頌純眞的愛情具有更爲直接的反封建禮教的意義。

香玉與絳雪既是少女，又是花妖，比起一般現實主義作品中的女子，是有其特殊性的。作者在把她們當作少女描寫時，沒有忘記她們作爲花妖的特點；在把她們當作花卉描寫時，也沒有拋開她們作爲少女的思想感情，將她們處理成了人和物復合統一的藝術形象。例如香玉與絳雪告訴黃生自己將有劫難時，出現在黃生面前的是兩個溫柔豔麗的少女；但香玉能預知次日即墨藍氏的掘花之舉，絳雪能够神異地走進黃生的夢中，又表明她們有別於一般的女子。香玉再生後，黃生恨絳雪不至，香玉「乃與生挑燈至樹下，取草一莖，布掌作度，以度樹本，自下而上，至四尺六寸，按其處，使生以兩爪齊搔之。」這裏，我們看到的是耐冬花樹而不是絳雪姑娘。但這株花樹在黃生以兩爪齊搔時竟會感到奇痒無比，忍俊不住，不得不作少女從背後笑而出，耐冬花樹的形象中又分明映現出絳雪姑娘的倩影。類似現實的情節與虛幻性情節在小說中交替出現，相互掩映；人性和物性在藝術形象中有機化合，水月交輝，這就使這篇作品呈現出一種既眞且幻、閃爍迷離的藝術美感，具有了詩一樣的美麗意境。同時這也表明了本篇所描寫的愛情與友誼，是理想化了的，詩化了的，祇能在作者的幻想中存在，在惡性的現實社會中是難以產生的。香玉遇到浩劫，絳雪險遭大難，無花牡丹被砍伐後白牡丹與耐冬俱憔悴而死的悲劇性的結局，都是由於現實力量的介入，這種巧妙的構思更是鮮明地表現了理想化的愛情與友誼同現實社會的尖銳矛盾，從中可以窺見作者的孤憤。

作者在將香玉、絳雪作爲兩個少女描寫時，既寫出了她們美麗、善良、才情橫溢等共同的特點，又注意顯示她們個性的差異。香玉得知黃生爲騷雅之士後，主動去會黃生，表現出熱烈奔放的特點。而絳雪對黃生卻採取了更爲審慎的態度，證實了黃生「固至情人也」之後，她與黃生的交往也祇限於友誼的範圍。她對黃生說：「妾不能如香玉之熱」，一熱一冷，這就是二人性格的顯著不同。作者在展開香玉、絳雪與黃生交往的情節時，也能做到同中見異，犯中見避。例如香玉與絳雪的本體都曾遇到被世人戕殘的災難，二人事前都能預知，也都預先將噩耗透露給黃生。但香玉是面告黃生將遭不測，絳雪則是向黃生示夢；香玉的本體白牡丹是被人掘移而去，絳雪的本體耐冬則是因妨礙建屋而被砍伐；香玉遇難前黃生不知其爲花妖，因而白牡丹被掘移時茫然不知救助；絳雪將遇難前黃生已知其非人，所以上山後看到工師將要縱斤便當機立斷予以阻止。人物個性與故事情節的同中有異，使這篇小說更加搖曳多姿。

一篇小說，寫了兩個女子與一個男子的交往，又要表現愛情與友誼的不同主題，是頗有些難寫之處的。作者通過結構的巧妙安排，成功地解決了遇到的難題。小說開頭，同時點出下清宮中的牡丹與耐冬，又讓香玉與絳雪幾乎是同時上場，採用了雙提的筆法，這就爲讀者介紹了小說中的兩個重要人物，起到了籠罩全文的作用。之後，祇寫香玉一人往叩生齋，不僅表現了香玉與絳雪個性的差異，也爲表現愛情的主題提供了較爲廣闊的空間。再後，寫香玉罹難，一方面使香、黃的愛情故事增加了波瀾，爲表現黃生的至情創造了機會，另一方面也使作者的彩筆得以從妻及友，轉而表現友誼的主題。在分寫香玉和絳雪時，又通過人物的心理活動和對話時時提及對方，這就使分寫的部分既有所側重，又互相勾連。香玉復生後又將香玉與絳雪合寫，與開頭照應，做到首尾圓合。這種嚴謹綿密的藝術結構，使愛情與友誼的主題都得到了充分、清晰的表現，猶如兩組優美的旋律組成了一部和諧的樂章，由此也可窺見作者戛戛獨造的藝術匠心。

在封建社會，一夫多妻是合法的，蒲松齡在自己的作品中沒有表現出反對一夫多妻制的傾向。他將本篇中的黃生處理爲有婦之夫，又隱約暗示出黃生對家中之妻並無眷戀之情，將現實的婚姻與理想化的愛情進行了對比，這在當時無疑有進步意義。但一夫多妻畢竟是過去時代的產物，這是我們閱讀《香玉》時必須注意的。

（劉乃昌　張稔穰）

范進中舉

吴敬梓

話説周進在省城要看貢院，金有餘見他真切，衹得用幾個小錢同他去看。不想纔到天字號，就撞死在地下。衆人多慌了，衹道一時中了惡。行主人道：「想是這貢院裏久沒有人到，陰氣重了，故此周客人中了惡。」金有餘道：「賢東，我扶着他，你且去到做工的那裏借口開水來灌他一灌。」行主人應諾，取了水來，三四個客人一齊扶着，灌了下去，喉嚨裏咯咯的響了一聲，吐出一口稠涎來。衆人道：「好了！」扶着立了起來。周進看着號板，又是一頭撞將去。這回不死了，放聲大哭起來。衆人勸着不住。金有餘道：「你看，這不是瘋了麽？好好到貢院來耍，你家又不死了人，爲甚麽這樣號淘痛哭是的？」周進也不聽見，衹管伏着號板哭個不住。一號哭過，又哭到二號、三號，滿地打滚，哭了又哭，哭的衆人心裏都凄慘起來。金有餘見不是事，同行主人一左一右架着他的膀子。他那裏肯起來，哭了一陣，又是一陣，直哭到口裏吐出鮮血來。

衆人七手八脚將他扛擡了出來，貢院前一個茶棚子裏坐下，勸他吃了一碗茶，猶自索鼻涕，彈眼淚，傷心不止。內中一個客人道：「周客人有甚心事？爲甚到了這裏，這等大哭起來？卻是哭得厉害。」金有餘道：「列位老客有所不知。我這舍舅，本來原不是生意人。因他苦讀了幾十年的書，秀才也不曾做得一個，今日看見貢院，就不覺傷心起來。」自因這一句話道着周進的真心事，於是不顧衆人，又放聲大哭起來。又一個客人道：「論這事，祇該怪我們金老客。周相公既是斯文人，爲甚麼帶他出來做這樣的事？」金有餘道：「也祇爲赤貧之士，又無館做，沒奈何上了這一條路。」又一個客人道：「看令舅這個光景，畢竟胸中才學是好的；因沒有人認得他，所以受屈到此田地。」金有餘道：「他才學是有的，怎奈時運不濟！」那客人道：「監生也可以進場。周相公既有才學，何不捐他一個監進場？中了，也不枉了今日這一番心事。」金有餘道：「我也是這般想，祇是那裏有這一注銀子！」此時周進哭的住了。那客人道：「這也不難。現放着我這幾個弟兄在此，每人拿出幾十兩銀子借與周相公納監進場，若中了做官，那在我們這幾兩銀子。就是周相公不還，我們走江湖的人，那裏不破掉了幾兩銀子？何況這是好事。你衆位意下如何？」衆人一齊道：「君子成人之美。」又道：「『見義不爲，是爲無勇。』俺們有甚麼不肯！祇不知周相公可肯俯就？」周進道：「若得如此，便是重生父母，我周進變驢變馬，也要報效！」爬到地下就磕了幾個頭，衆人還下禮去。金有餘也稱謝了衆人。又吃了幾碗茶，周進再不哭了，同衆人說說笑笑，回到行裏。

次日，四位客人果然備了二百兩銀子，交與金有餘。一切多的使費，都是金有餘包辦。周進又謝了衆人和金有餘。行主人替周進備一席酒，請了衆位。金有餘將着銀子，上了藩庫，討出庫收來。正值宗師來省錄遺，周進就錄了個貢監首卷。到了八月初八日進頭場，見了自己哭的所在，不覺喜出望外。自古道，「人逢喜事精神爽」，那七篇文字，做的花團錦簇一般。出了場，仍舊住在行裏。金有餘同那幾個客人還不曾買完了貨。直到放榜那日，巍然中了。衆人各各歡喜，一齊回到汶上縣。拜縣父母、學師，典史拿晚生帖子上門來賀。汶上縣的人，不是親的也來認親，不相與的也來認相與。忙了個把月。申祥甫聽見這事，在薛家集斂了分子，買了四隻鷄，五十個蛋和些炒米、歡團之類，親自上縣來賀喜。周進留他吃了酒飯去。荀老爹賀禮是不消說了。看看上京會試，盤費、衣服都是金有餘替他設處。到京會試，又中了進士，殿在三甲，授了部屬。荏苒三年，升了御史，欽點廣東學道。

這周學道雖也請了幾個看文章的相公，卻自心裏想道，「我在這裏面吃苦久了，如今自己當權，須要把卷子都要細細看過，不可聽着幕客，屈了真才。」主意定了，到廣州上了任。次日，行香掛牌。先考了兩場生員。第三場是南海、番禺兩縣童生。周學道坐在堂上，見那些童生紛紛進來：也有小的，也有老的，儀表端正的，獐頭鼠目的，衣冠齊楚的，藍縷破爛的。落後點進一個童生來，面黃肌瘦，花白鬍鬚，頭上戴一頂破毡帽。廣東雖是地氣溫暖，這時已是十二月上旬，那童生還穿着麻布直裰，凍得乞乞縮縮，接了卷子，下去歸號。周學道看在心裏，封門進去。出來放頭牌的時節，坐在上面，衹見那穿麻布的童生上來交卷，那衣服因是朽爛了，在號裏又扯破了幾塊。周學道看看自己身上，緋袍金帶，何等輝煌。因翻一翻點名冊，問那童生道：「你就是范進？」范進跪下道：「童生就是。」學道道：「你今年多少年紀了？」范進道：「童生冊上寫的是三十歲，童生實年五十四歲。」學道道：「你考過多少回數了？」范進道：「童生二十歲應考，到今考過二十餘次。」學道道：「如何總不進學？」范進道：「總因童生文字荒謬，所以各位大老爺不曾賞取。」周學道道：「這也未必盡然，你且出去，卷子待本道細細看。」范進磕頭下去了。

那時天色尚早，并無童生交卷。周學道將范進卷子用心用意看了一遍，心裏不喜，道：「這樣的文字，都說的是些甚麽話！怪不得不進學！」丢過一邊不看了。又坐了一會，還不見一個人來交卷，心裏又想道：「何不把范進的卷子再看一遍，倘有一綫之明，也可憐他苦志。」從頭至尾，又看了一遍，覺得有些意思。正要再看看，卻有一個童生來交卷。那童生跪下道：「求大老爺面試。」學道和顔道：「你的文字已在這裏了，又面試些甚麽？」那童生道：「童生詩詞歌賦都會，求大老爺出題面試。」學道變了臉道：「『當今天子重文章，足下何須講漢唐！』像你做童生的人，衹該用心做文章，那些雜覽，學他做甚麽！況且本道奉旨到此衡文，難道是來此同你談雜學的麽？看你這樣務名而不務實，那正務自然荒廢，都是些粗心浮氣的説話，看不得了。左右的，趕了出去！」一聲吩咐過了，兩傍走過幾個如狼似虎的公人，把那童生叉着膊子，一路跟頭，叉到大門外。

周學道雖然趕他出去，卻也把卷子取來看看。那童生叫做魏好古，文字也還清通。學道道：「把他低低的進了學罷。」因取過筆來，在卷子尾上點了一點，做個記認。又取過范進卷子來看，看罷，不覺嘆息道：「這樣文字，連我看一兩遍也不能解，直到三遍之後，才曉得是天地間之至文，真乃一字一珠！可見世上糊塗試官，不知屈煞了多少英才！」忙取筆細細圈點，卷面上加了三圈，即填了第一名；又把魏好古的卷子取過來，填了第二十名。將各卷匯齊，帶了進去。發出案來，范進是第一。謁見那日，着實贊揚了一回。點到二十名，魏好古上去，又勉勵了幾句「用心舉業，休學雜覽」的話，鼓吹送了出去。

次日起馬，范進獨自送在三十里之外，轎前打恭。周學道又叫到跟前，說道：「龍頭屬老成。本道看你的文字，火候到了，即在此科，一定發達。我復命之後，在京專候。」范進又磕頭謝了，起來立着。學道轎子一擁而去。范進立着，直望見門槍影子抹過前山，看不見了，方才回到下處，謝了房主人。他家離城還有四十五里路，連夜回來，拜見母親。家裏住着一間草屋，一廈披子，門外是個茅草棚。正屋是母親住着，妻子住在披房裏。他妻子乃是集上胡屠戶的女兒。

范進進學回家，母親、妻子俱各歡喜。正待燒鍋做飯，祇見他丈人胡屠戶，手裏拿着一副大腸和一瓶酒，走了進來。范進向他作揖，坐下。胡屠戶道：「我自倒運，把個女兒嫁與你這現世寶窮鬼，歷年以來，不知累了我多少。如今不知因我積了甚麼德，帶挈你中了個相公，我所以帶個酒來賀你。」范進唯唯連聲，叫渾家把腸子煑了，燙起酒來，在茅草棚下坐着。母親自和媳婦在廚下造飯。胡屠戶又吩咐女婿道：「你如今既中了相公，凡事要立起個體統來。比如我這行事裏，都是些正經有臉面的人，又是你的長親，你怎敢在我們跟前妝大？若是家門口這些做田的，扒糞的，不過是平頭百姓，你若同他拱手作揖，平起平坐，這就是壞了學校規矩，連我臉上都無光了。你是個爛忠厚沒用的人，所以這些話我不得不教導你，免得惹人笑話。」范進道：「岳父見教的是。」胡屠戶又道：「親家母也來這裏坐着吃飯。老人家每日小菜飯，想也難過。我女孩兒也吃些，自從進了你家門，這十幾年，不知猪油可曾吃過兩三回哩！可憐！可憐！」說罷，婆媳兩個都來坐着吃了飯。吃到日西時分，胡屠戶吃的醺醺的。這裏母子兩個，千恩萬謝。屠戶橫披了衣服，腆着肚子去了。

次日，范進少不得拜拜鄉鄰。魏好古又約了一班同案的朋友，彼此來往。因是鄉試年，做了幾個文會。不覺到了六月盡間，這些同案的人約范進去鄉試。范進因沒有盤費，走去同丈人商議，被胡屠户一口啐在臉上，罵了一個狗血噴頭，道：「不要失了你的時了！你自己衹覺得中了一個相公，就『癩蛤蟆想吃起天鵝肉。』來！我聽見人說，就是中相公時，也不是你的文章，還是宗師看見你老，不過意，舍與你的。如今癡心就想中起老爺來！這些中老爺的都是天上的文曲星！你不看見城裏張府上那些老爺，都有萬貫家私，一個個方面大耳？像你這尖嘴猴腮，也該撒泡尿自己照照！不三不四，就想天鵝屁吃！趁早收了這心，明年在我們行事裏替你尋一個館，每年尋幾兩銀子，養活你那老不死的老娘和你老婆是正經！你問我借盤纏，我一天殺一個猪還賺不得錢把銀子，都把與你去丢在水裏，叫我一家老小嗑西北風！」一頓夾七夾八，罵的范進摸門不着。辭了丈人回來，自心裏想：「宗師說我火候已到，自古無場外的舉人，如不進去考他一考，如何甘心？」因向幾個同案商議，瞞着丈人，到城裏鄉試。出了場，即便回家。家裏已是餓了兩三天。被胡屠户知道，又罵了一頓。

到出榜那日，家裏沒有早飯米，母親吩咐范進道：「我有一隻生蛋的母鷄，你快拿集上去賣了，買幾升米來煮餐粥吃，我已是餓的兩眼都看不見了。」范進慌忙抱了鷄，走出門去。纔去不到兩個時候，衹聽得一片聲的鑼響，三匹馬闖將來。那三個人下了馬，把馬拴在茅草棚上，一片聲叫道：「快請范老爺出來，恭喜高中了！」母親不知是甚事，嚇得躲在屋裏；聽見中了，方敢伸出頭來說道：「諸位請坐，小兒方纔出去了。」那些報錄人道：「原來是老太太。」大家簇擁着要喜錢。正在吵鬧，又是幾匹馬，二報、三報到了，擠了一屋的人，茅草棚地下都坐滿了。鄰居都來了，擠着看。老太太沒奈何，衹得央及一個鄰居去尋他兒子。

那鄰居飛奔到集上，一地裏尋不見；直尋到集東頭，見范進抱着鷄，手裏插個草標，一步一踱的，東張西望，在那裏尋人買。鄰居道：「范相公，快些回去！你恭喜中了舉人，報喜人擠了一屋裏。」范進道是哄他，衹裝不聽見，低着頭往前走。鄰居見他不理，走上來，就要奪他手裏的鷄。范進道：「你奪我的鷄怎的？你又不買。」鄰居道：「你中了舉了，叫你家去打發報子哩。」范進道：「高鄰，你曉得我今日沒有米，要賣這鷄去救命，爲甚麽拿這話來混我！我又不同你頑，你自回去罷，莫誤了我賣鷄。」鄰居見他不信，劈手把鷄奪了，摜在地下，一把拉了回來。報錄人見了道：「好了，新貴人回來了。」正要擁着他説話，范進三兩步走進屋裏來，見中間報帖已經升掛起來，上寫道：「捷報貴府老爺范諱進高中廣東鄉試第七名亞元。京報連登黄甲。」

范進不看便罷，看了一遍，又念一遍，自己把兩手拍了一下，笑了一聲道：「噫！好了！我中了！」説着，往後一跤跌倒，牙關咬緊，不省人事。老太太慌了，慌將幾口開水灌了過來。他爬將起來，又拍着手大笑道：「噫！好！我中了！」笑着，不由分説，就往門外飛跑，把報錄人和鄰居都嚇了一跳。走出大門不多路，一脚踹在塘裏，掙起來，頭髮都跌散了，兩手黄泥，淋淋漓漓一身的水，衆人拉他不住，拍着笑着，一直走到集上去了。衆人大眼望小眼，一齊道：「原來新貴人歡喜瘋了。」老太太哭道：「怎生這樣苦命的事！中了一個甚麽舉人，就得了這個拙病！這一瘋了，幾時纔得好？」娘子胡氏道：「早上好好出去，怎的就得了這樣的病！卻是如何是好？」衆鄰居勸道：「老太太不要心慌。我們而今且派兩個人跟定了范老爺。這裏衆人家裏拿些鷄蛋酒米，且管待了報子上的老爹們，再爲商酌。」

當下衆鄰居有拿鷄蛋來的，有拿白酒來的，也有背了斗米來的，也有捉兩隻鷄來的。娘子哭哭啼啼，在廚下收拾齊了，拿在草棚下。鄰居又搬些桌凳，請報錄的坐着吃酒，商議「他這瘋了，如何是好？」報錄的內中有一個人道：「在下倒有一個主意，不知可以行得行不得？」衆人問：「如何主意？」那人道：「范老爺平日可有最怕的人？他衹因歡喜狠了，痰湧上來，迷了心竅。如今衹消他怕的這個人來打他一個嘴巴，說：『這報錄的話都是哄你，你并不曾中。』他吃這一嚇，把痰吐了出來，就明白了。」衆鄰都拍手道：「這個主意好得緊，妙得緊！范老爺怕的，莫過於肉案子上胡老爹。好了！快尋胡老爹來。他想是還不知道，在集上賣肉哩。」又一個人道：「在集上賣肉，他倒好知道了；他從五更鼓就往東頭集上迎猪，還不曾回來。快些迎着去尋他。」

一個人飛奔去迎，走到半路，遇着胡屠戶來，後面跟着一個燒湯的二漢，提着七八斤肉，四五千錢，正來賀喜。進門見了老太太，老太太大哭着告訴了一番。胡屠戶詫異道：「難道這等沒福？」外邊人一片聲請胡老爹說話。胡屠戶把肉和錢交與女兒，走了出來。衆人如此這般，同他商議。胡屠戶作難道：「雖然是我女婿，如今卻做了老爺，就是天上的星宿。天上的星宿是打不得的！我聽得齋公們說：打了天上的星宿，閻王就要拿去打一百鐵棍，發在十八層地獄，永不得翻身。我卻是不敢做這樣的事！」鄰居內一個尖酸人說道：「罷麼！胡老爹，你每日殺猪的營生，白刀子進去，紅刀子出來，閻王也不知叫判官在簿子上記了你幾千條鐵棍；就是添上這一百棍，也打甚麼要緊？衹恐把鐵棍子打完了，也算不到這筆賬上來。或者你救好了女婿的病，閻王敘功，從地獄裏把你提上第十七層來，也不可知。」報錄的人道：「不要衹管講笑話。胡老爹，這個事須是這般，你沒奈何，權變一權變。」屠戶被衆人局不過，衹得連斟兩碗酒喝了，壯一壯膽，把方纔這些小心收起，將平日的兇惡樣子拿出來，卷一卷那油晃晃的衣袖，走上集去。衆鄰居五六個都跟着走。老太太趕出來叫道：「親家，你衹可嚇他一嚇，卻不要把他打傷了！」衆鄰居道：「這自然，何消吩咐。」說着，一直去了。

來到集上，見范進正在一個廟門口站着，散着頭髮，滿臉汚泥，鞋都跑掉了一隻，兀自拍着掌，口裏叫道：「中了！中了！」胡屠戶兇神似的走到跟前，說道：「該死的畜生！你中了甚麼？」一個嘴巴打將去。衆人和鄰居見這模樣，忍不住的笑。不想胡屠戶雖然大着膽子打了一下，心裏到底還是怕的，那手早顫起來，不敢打到第二下。范進因這一個嘴巴，卻也打暈了，昏倒於地。衆鄰居一齊上前，替他抹胸口，捶背心，舞了半日，漸漸喘息過來，眼睛明亮，不瘋了。衆人扶起，借廟門口一個外科郎中「跳駝子」板凳上坐着。胡屠戶站在一邊，不覺那隻手隱隱的疼將起來；自己看時，把個巴掌仰着，再也彎不過來。自己心裏懊惱道：「果然天上文曲星是打不得的，而今菩薩計較起來了。」想一想，更疼的狠了，連忙問郎中討了個膏藥貼着。

范進看了衆人，說道：「我怎麼坐在這裏？」又道：「我這半日，昏昏沉沉，如在夢裏一般。」衆鄰居道：「老爺，恭喜高中了。適才歡喜的有些引動了痰，方才吐出幾口痰來，好了。快請回家去打發報錄人。」范進說道：「是了。我也記得是中的第七名。」范進一面自綰了頭髮，一面問郎中借了一盆水洗洗臉。一個鄰居早把那一隻鞋尋了來，替他穿上。見丈人在跟前，恐怕又要來罵。胡屠戶上前道：「賢婿老爺，方纔不是我敢大膽，是你老太太的主意，央我來勸你的。」鄰居內一個人道：「胡老爹方纔這個嘴巴打的親切，少頃范老爺洗臉，還要洗下半盆猪油來！」又一個道：「老爹，你這手明日殺不得猪了。」胡屠戶道：「我那裏還殺猪！有我這賢婿，還怕後半世靠不着也怎的？我每常說，我的這個賢婿，才學又高，品貌又好，就是城裏頭那張府、周府這些老爺，也沒有我女婿這樣一個體面的相貌。你們不知道，得罪你們說，我小老這一雙眼睛，卻是認得人的。想着先年，我小女在家裏長到三十多歲，多少有錢的富戶要和我結親，我自己覺得女兒像有些福氣的，畢竟要嫁與個老爺，今日果然不錯！」說罷，哈哈大笑，衆人都笑起來。看着范進洗了臉，郎中又拿茶來吃了，一同回家。范舉人先走，屠戶和鄰居跟在後面。屠戶見女婿衣裳後襟滚皺了許多，一路低着頭替他扯了幾十回。

到了家門，屠戶高聲叫道：「老爺回府了！」老太太迎着出來，見兒子不瘋，喜從天降。衆人問報錄的，已是家裏把屠戶送來的幾千錢打發他們去了。范進拜了母親，也拜謝丈人。胡屠戶再三不安道：「些須幾個錢，不够你賞人。」范進又謝了鄰居。正待坐下，早看見一個體面的管家，手裏拿着一個大紅全帖，飛跑了進來：「張老爺來拜新中的范老爺。」說畢，轎子已是到了門口。胡屠戶忙躲進女兒房裏，不敢出來。鄰居各自散了。

范進迎了出去，祇見那張鄉紳下了轎進來，頭戴紗帽，身穿葵花色圓領，金帶、皂靴。他是舉人出身，做過一任知縣的，别號靜齋，同范進讓了進來，到堂屋内平磕了頭，分賓主坐下。張鄉紳先攀談道：「世先生同在桑梓，一向有失親近。」范進道：「晚生久仰老先生，祇是無緣，不曾拜會。」張鄉紳道：「適纔看見題名錄，貴房師高要縣湯公，就是先祖的門生，我和你是親切的世弟兄。」范進道：「晚生僥幸，實是有愧。卻幸得出老先生門下，可爲欣喜。」張鄉紳四面將眼睛望了一望，說道：「世先生果是清貧。」隨在跟的家人手裏拿過一封銀子來，說道：「弟卻也無以爲敬，謹具賀儀五十兩，世先生權且收着。這華居其實住不得，將來當事拜往，俱不甚便。弟有空房一所，就在東門大街上，三進三間，雖不軒敞，也還乾淨，就送與世先生，搬到那裏去住，早晚也好請教些。」范進再三推辭，張鄉紳急了，道：「你我年誼世好，就如至親骨肉一般，若要如此，就是見外了。」范進方纔把銀子收下，作揖謝了。又說了一會，打躬作別。胡屠戶直等他上了轎，纔敢走出堂屋來。

范進即將這銀子交與渾家打開看，一封一封雪白的細絲錠子，即便包了兩錠，叫胡屠戶進來，遞與他道：「方纔費老爹的心，拿了五千錢來。這六兩多銀子，老爹拿了去。」屠戶把銀子攥在手裏緊緊的，把拳頭舒過來，道：「這個，你且收着。我原是賀你的，怎好又拿了回去？」范進道：「眼見得我這裏還有這幾兩銀子，若用完了，再來問老爹討來用。」屠戶連忙把拳頭縮了回去，往腰裏揣，口裏說道：「也罷，你而今相與了這個張老爺，何愁沒有銀子用？他家裏的銀子，說起來比皇帝家還多些哩！他家就是我賣肉的主顧，一年就是無事，肉也要用四五千斤，銀子何足爲奇！」又轉回頭來望着女兒說道：「我早上拿了錢來，你那該死行瘟的兄弟還不肯，我說：『姑老爺今非昔比，少不得有人把銀子送上門來給他用，祇怕姑老爺還不希罕。』今日果不其然！如今拿了銀子家去罵這死砍頭短命的奴才！」說了一會，千恩萬謝，低着頭，笑迷迷的去了。

自此以後，果然有許多人來奉承他：有送田產的，有人送店房的，還有那些破落戶，兩口子來投身爲僕圖蔭庇的。到兩三個月，范進家奴僕、丫環都有了，錢、米是不消說了。

張鄉紳家又來催着搬家。搬到新房子裏，唱戲、擺酒、請客，一連三日。到第四日上，老太太起來吃過點心，走到第三進房子內，見范進的娘子胡氏，家常戴着銀絲鬏髻，——此時是十月中旬，天氣尚暖——穿着天青緞套，官綠的緞裙，督率着家人、媳婦、丫環，洗碗盞杯箸。老太太看了，說道：「你們嫂嫂、姑娘們要仔細些，這都是別人家的東西，不要弄壞了。」家人媳婦道：「老太太，那裏是別人的！都是你老人家的。」老太太笑道：「我家怎的有這些東西？」丫環和媳婦一齊都說道：「怎麼不是？豈但這個東西是，連我們這些人和這房子都是你老太太家的。」老太太聽了，把細磁碗盞和銀鑲的杯盤逐件看了一遍，哈哈大笑道：「這都是我的了！」大笑一聲，往後便跌倒。忽然痰湧上來，不省人事。

（《儒林外史》第三回）

長篇諷刺小說《儒林外史》，產生於清代乾隆年間。作者吳敬梓以深刻的認識能力和傑出的諷刺才能，「秉持公心，指擿時弊」（魯迅：《中國小說史略》），對腐朽的封建社會，作了廣泛而深入的批判，觸及到封建社會種種腐朽面，而其「機鋒所向」，則「尤在士林」。在全書所描寫的近兩百個形形色色的人物中，作者批判的主要對象，是包括封建知識分子和知識分子出身的官紳在內的「士林」階層；其抨擊重點，是以八股取士的封建科舉制度。

《儒林外史》的這一中心主題是十分明確的，但全書卻沒有貫穿首尾的主要線索和中心人物，在情節結構上別具一格。作者描述了一個個故事，彼此有關聯，又自成一體，可以獨立成篇。正如魯迅先生所說，這部書「雖云長篇，頗同短製；但如集諸碎錦，合爲帖子，雖非巨幅，而時見珍異」（《中國小說史略》）。我們這裏所要分析的「范進中舉」的故事，就是全書中「珍異」、「碎錦」之一。

這個故事，見於原書第三回。作者在范進出場之前，先寫了一個暮年登科的周進。周進苦讀了幾十年的書，連個秀才也不曾考上；後來在幾個商人資助下，捐了一個監生應考，才好不容易中了進士，做了學道。這個從坎坷的仕途上蹭蹬過來的周學道，出於同病相憐，對「花白胡鬚」的老童生范進的文章，審閱得格外用心，竟然感到是「天地間之至文，眞乃一字一珠」。於是不等全部考卷收齊遍閱，就信筆給范進塡了第一名。范進取得了應舉的資格，更燃旺了心中希冀中舉的火把。又經過種種努力，他參加了鄉試，結果高中了第七名。當多年企圖通過科舉之路以改變政治地位和經濟狀況的夢想頃刻間變爲現實的時候，范進突然狂喜得發瘋了。

這段故事結構完整，情節生動，刻畫的人物形象鮮明豐滿，在思想性和藝術性方面都取得了很高的成就。

首先，作者寓主觀愛憎於客觀描寫之中，「無一貶詞，而情僞畢露」（魯迅：《中國小說史略》）。作者善於將自己的思想傾向通過具體的情節、場面的描寫表現出來。這種描寫愈是客觀、冷靜，其諷刺的力量就愈大。

小說描寫范進爲了參加鄉試，硬着頭皮向丈人胡屠戶借盤費，「被胡屠戶一口啐在臉上，罵了個狗血噴頭」。什麽「癩蛤蟆想起吃天鵝肉」，什麽「也該撒泡尿自己照照」；連范進的母親也被順帶罵爲「老不死的老娘」。對於這樣的叱罵、詬辱，范進一聲不吭地忍受住了。他唯唯諾諾，畢恭畢敬。雖說胡屠戶是丈人，理應順從尊敬，但作爲一個讀書人而如此遭受鄙夷、作踐，卻不斷刺激着范進非得拚出一身氣力去博取功名不可；而當功名無望之時，則衹能逆來順受，忍氣吞聲，顯得極其庸劣、卑怯。這樣的描寫，無須作者站出來說話，就使讀者看到范進的可憎而又可憐，認識到是腐朽的封建科舉制度、汚濁的社會現實摧殘了他的人格，毒害了他的靈魂。

後來，當報喜的人馬來到范家破敗的茅棚時，范進正因粒米無存而抱着母鷄沿街叫賣。鄰居將中舉的喜訊告訴了他。他「道是哄他，衹裝不聽見，低着頭往前走」。他不敢貿然相信的原因，正是因爲自己被別人開這類玩笑的次數實在太多了。三十多年寒來暑往，他連續考了二十多次，次次落第，被人嘲笑和捉弄的次數，恐怕連他自己也早已記不清了。范進和鄰居在街上的一番對話，生動地表現了雖然十分盼望能中舉，但又十分不敢相信自己確實已經中舉的複雜心理狀態。他將信將疑，到底還是被鄰居硬拉了回來。這時，小說寫道：

范進三兩步走進屋裏來，見中間報帖已經升掛起來，上寫道：「捷報貴府老爺范諱進高中廣東鄉試第七名亞元，京報連登黃甲。」范進不看便罷，看了一遍，又念一遍，自己把兩手拍了一下，笑了一聲道：「噫！好了！我中了！」說着，往後一跤跌倒，牙關咬緊，不省人事。老太太慌了，慌將幾口開水灌了過來。他爬將起來，又拍着手大笑道：「噫！好！我中了！」笑着，不由分說，就往門外飛跑，把報錄人和鄰居都嚇了一跳，走出大門不多路，一腳踹在塘裏，掙起來，頭髮都跌散了，兩手黃泥，淋淋漓漓一身的水，衆人拉他不住，拍着笑着，一直走到集上去了。衆人大眼望小眼，一齊道：「原來新貴人歡喜瘋了。」

朝思暮想的願望，一旦眞的變爲現實，長久鬱積在心中的多少辛酸、屈辱和眼前的驚異、狂喜，霎時間一齊湧上了范進的心頭。種種無比複雜的感情，凝結成六個字：「噫！好了！我中了！」這六個字，多少年來，在范進的心底裏曾無數次暗暗地呼喊過，這一次終於由心底突然飛出，由口中大聲喊出了！一次又一次名落孫山的打擊，一年又一年窮苦生活的折磨，使得他日益孱弱的感情，已經經受不了巨大歡樂的狂濤衝擊。因而，在連續兩遍報帖之後，范進悲喜交加，不禁瘋狂失態。

《儒林外史》作者的高明之處，在於他諷刺內容的深刻和手法的委婉曲折，含蓄不露。作者以飽含諷刺的辛辣筆調，描摹了范進中舉後的種種瘋態。讀報帖是「看了一遍，又念一遍」，如癡如醉的神情，活現眼前；讀後，拍手大笑，又拍手大笑，神魂顛倒的樣子，實在可笑。在這一具有典型意義的情節描繪中，作者連一句指責的話，甚至議論的話也沒有，然而傾向卻非常鮮明，揭露得入木三分。作者冷靜地將一個熱中功名、醉心科舉的腐儒，活生生地解剖在睽睽衆目之下；又不動聲色地無情鞭笞其可笑、可憐而又猥瑣可鄙的靈魂！而這每一鞭，又都有力地抽打在毒害這個靈魂的科舉制度的腐朽軀體上；進而，有力地抽打在產生科舉制的罪惡的封建社會僵屍上。這種抽打，確乎是達到了「一摑一掌血、一鞭一條痕」的深刻程度。

其次，作者的細節描寫準確、生動，使人物「現身紙上，聲態並作」（魯迅：《中國小說史略》）。

先看周進撞號板這一細節描寫。周進在貢院裏，望着供考試用的號板，「不覺眼睛裏一陣酸酸的，長嘆一聲，一頭撞在號板上，直僵僵不省人事」。衆人救醒後，他「看着號板，又是一頭撞將去。這回不死了，放聲大哭起來。……直哭到口裏吐出鮮血來」。幾十個春秋皓首窮經，周進曾多次伏在號板上應考，結果都是竹籃打水一場空。此時又面對號板，往事歷歷，觸景傷情，無限辛酸悲涼的感受一齊湧上心頭，都凝結在這兩撞號板之中。這個典型細節，不但深刻地揭露了封建科舉制對「士林」的毒害，形象地展示了封建社會下層知識分子屢遭落第，悲愴欲絕的內心。同時，也是故事情節發展中不可缺少的一環。周進這一撞一哭，引起了衆人同情，於是解囊相助，幫他捐了一個監生才有了應考資格。這一考，「巍然中了」；接着周進做了學道，故事情節由此推動而順理成章地發展下去，引出范進中舉。

再看作者描寫范進的細節刻畫。在周進給他填了第一名時，范進大喜過望，感恩戴德，又是打恭，又是磕頭，還獨自送學道到「三十里之外」。最後，「學道轎子一擁而去。范進立着，直望見門槍影子抹過前山，看不見了，方才回到下處」。這一細節，維妙維肖地將利慾熏心的封建腐儒那種自卑感和奴顏媚骨表現得淋漓盡致！在這短短的、似乎平淡的文字中，包涵着多麽深沉的嘲笑。

把握住人物的思想實質和性格的特徵，運用細節，挖掘出人物心靈深處所埋藏的東西，這方面最爲成功的，是對胡屠戶的形象刻畫。胡屠戶是范進的丈人，是作者塑造的一個市儈典型。他本來每日幹的是殺猪營生，白刀子進去，紅刀子出來，可是當衆人出主意讓他去打已中舉的范進一個耳光時，他竟感到犯難而膽怯起來。後「被衆人局不過，衹得連斟兩碗酒喝了，壯一壯膽，……捲一捲那油晃晃的衣袖，走上集去」。他大着膽子打了范進一個耳光之後，「那手早顫起來，不敢打到第二下。……站在一邊，不覺那隻手隱隱的疼將起來；自己看時，把個巴掌仰着，再也彎不過來。……想一想，更疼的狠了，連忙問郎中討了個膏藥貼着」。這些描寫，寓諷刺於誇張之中，可謂褫魂奪魄，窮神盡相。

作者諷刺胡屠戶的精彩之筆，還表現在對他接受范進所送銀子的細節描寫上。胡屠戶「把銀子攥在手裏緊緊的，把拳頭舒過來」，口裏卻假意推托道：「這個，你且收着。」還沒等到范進將執意奉贈的話說完，就「連忙把拳頭縮了回去，往腰裏揣」，並向范進「千恩萬謝」，然後，「笑迷迷地去了」。作者用「攥」、「舒」「縮」、「揣」一連四個細小的動作，加上一個「笑迷迷」的神態，將胡屠戶貪鄙諂諛的勢利小人形象，一針見血地刻畫出來了！細節描寫如此簡潔、凝練、準確、傳神，大大地增強了這部諷刺傑作的藝術魅力。

再次，作者還善於運用對比的藝術手法，揭示事物的本質，「燭幽索隱」，使「物無遁形」（魯迅：《中國小說史略》）。

對比，可以深刻地顯示出事物的本質特徵，使作品中的人物形象更加鮮明、突出。范進考秀才時，小說以白描的手法，描寫這位五十四歲的老童生「面黃肌瘦，花白鬍鬚，頭上帶一頂破氈帽」，「穿着麻布直裰，凍得乞乞縮縮」。這跟堂上周學道身着「緋袍金帶：何等輝煌」，形成了強烈的對比。它形象地表明：在封建科舉制度下，沿着「學而優則仕」的道路向上爬，爬上去的就出人頭地，榮耀無比；爬不上去的，則窮愁潦倒，草芥不如。范進的今天，正是周進的昨天；而周進的今天，又是范進所夢寐以求的明天。封建統治階級就這樣用功名富貴爲誘餌，籠絡和腐蝕知識分子，以鞏固自己的統治。

同一個范進，中舉前和中舉後，在人際關係中的地位，即刻發生了巨大的變化。胡屠戶前倨後恭，就判若兩人。在范進中舉前，他罵范進道：「我自倒運，把個女兒嫁與你這現世寶窮鬼」；中舉後，他卻向人誇耀道：「我自己覺得女兒像有些福氣的，畢竟要嫁與個老爺，今日果然不錯！」中舉前，胡屠戶奚落范進是「尖嘴猴腮」，是想吃天鵝肉的「癩蝦蟆」；中舉後，又一疊連聲地誇范進「才學又高，品貌又好，就是城裏頭那張府、周府這些老爺，也沒有我女婿這樣一個體面的相貌」。中舉前，胡屠戶在范進面前蠻橫兇狠，動輒訓斥辱罵；中舉後，卻點頭哈腰，一口一聲「賢婿老爺」。在范進清醒後的回家路上，胡屠戶跟在後面，「見女婿衣裳後襟滾皺了許多，一路低着頭替他扯了幾十回」，竭盡阿諛奉承之能事。在短短的時間裏，胡屠戶竟說出如此自相矛盾的話，做出如此迴然不同的事，並且一點也不覺得難堪可恥。《儒林外史》的作者，用胡屠戶自己的口來否定自己已經說過的話，用一個接着一個滑稽可笑的動作，來顯示他的市儈面目，從而深刻揭示了包括范進在內的衆多士子熱衷科舉、醉心功名的社會根源。

強烈的諷刺力量，源於作者深邃的思想和敏銳的洞察力。作者不僅將諷刺對象放到典型的社會環境中去塑造，而且對這個社會環境進行了無情的解剖，將諷刺的筆鋒，橫掃了腐朽封建社會的各個階層。沒有中舉時，窮得揭不開鍋的范進，無一人肯慷慨相助。可是，一登龍門，就身價百倍，人們竭力趨奉，唯恐不及，「有拿鷄蛋來的，有拿白酒來的，也有背了斗米來的，也有捉兩隻雞來的」，爭先恐後地巴結這位「新老爺」。往日冷落的破茅屋前，一時間門庭若市。就連一向看不起范進的張鄉紳，也一改故態，急忙忙登門強攀親，說「我和你是親切的世弟兄」，一下子就送了五十兩銀子，三間房子，以此拉攏勾結「新貴人」。這種趨炎附勢的庸俗風氣，利己自私的世態人情，反映了剝削階級思想惡劣影響的深廣；同時，也反映了造成種種畸型性格、病態心理的那個社會制度的罪惡腐朽。《儒林外史》正是從猛烈抨擊科舉制度入手，有力地捅開了封建社會末期潰爛不堪的膿瘡。

「『諷刺』的生命是眞實；不必是曾有的實事，但必須是會有的實情。」（魯迅：《什麼是「諷刺」？》，見《且介亭雜文二集》）《儒林外史》將范進中舉的故事，放在廣闊的社會背景上，通過一系列凝聚着深沉思想容量的典型事件和生動細節，以疏落圓活的線條，刻畫出衆多眞實、厚重、浮雕般的藝術形象。他們的活動所構成的社會生活畫面，正是當時那個罪惡現實的眞實縮影。這種批判的思想深刻性，對今天仍有認識價值；而它那高超傑出的諷刺藝術，也是值得我們學習和借鑒的。

（程郁綴）

魯編修招婿

吳敬梓

話說婁家兩位公子在船上，後面一隻大官船趕來，叫攏了船，一個人上船來請。兩公子認得是同鄉魯編修家裏的管家，問道：「你老爺是幾時來家的？」管家道：「告假回家，尚未曾到。」三公子道：「如今在那裏？」管家道：「現在大船上，請二位老爺過去。」兩公子走過船來，看見貼着「翰林院」的封條，編修公已是方巾便服，出來站在艙門口。編修原是太保的門生，當下見了，笑道：「我方才遠遠看見船頭上站的是四世兄，我心裏正疑惑你們怎得在這小船上，不想三世兄也在這裏，有趣的緊。請進艙裏去！」

讓進艙內，彼此拜見過了坐下。三公子道：「京師拜別，不覺又是半載，世老先生因何告假回府？」魯編修道：「老世兄，做窮翰林的人，衹望着幾回差事。現今肥美的差都被別人鑽謀去了，白白坐在京裏，賠錢度日。況且弟年將五十，又無子息，衹有一個小女，還不曾許字人家，思量不如告假返舍，料理些家務，再作道理。二位世兄，爲何駕着一隻小船在河裏？從人也不帶一個，卻做甚麽事？」四公子道：「小弟總是閑着無事的人，因見天氣晴暖，同家兄出來閑游，也沒甚麽事。」魯編修道：「弟今早在那邊鎮上去看一個故人，他要留我一飯，我因忽忽要返舍，就苦辭了他，他卻將一席酒肴送在我船上。今喜遇着二位世兄，正好把酒話舊。」因問從人道：「二號船可曾到？」船家答應道：「不曾到，還離的遠哩。」魯編修道：「這也罷了。」叫家人：「把二位老爺行李搬上大船來，那船叫他回去罷。」吩咐擺了酒席，斟上酒來同飲，說了些京師裏各衙門的細話。

魯編修又問問故鄉的年歲，又問近來可有幾個有名望的人。三公子因他問這一句話，就說出楊執中這一個人可以算得極高的品行，就把這一張詩拿出來送與魯編修看。魯編修看罷，愁着眉道：「老世兄，似你這等所爲，怕不是自古及今的賢公子？就是信陵君、春申君，也不過如此。但這樣的人，盜虛聲者多，有實學者少。我老實說：他若果有學問，爲甚麼不中了去？衹做這兩句詩，當得甚麼？就如老世兄這樣屈尊好士，也算這位楊兄一生第一個好遭際了，兩回躲着不敢見面，其中就可想而知。依愚見，這樣人不必十分周旋他，也罷了。」兩公子聽了這話，默然不語。又吃了半日酒，講了些閑話，已到城裏，魯編修定要送兩位公子回家，然後自己回去。

兩公子進了家門，看門的稟道：「蘧小少爺來了，在太太房裏坐着哩。」兩公子走進內堂，見蘧公孫在那裏，三太太陪着。公孫見了表叔來，慌忙見禮，兩公子扶住，邀到書房。蘧公孫呈上乃祖的書札并帶了來的禮物，所刻的詩話，每位一本。兩公子將此書略翻了幾頁，稱贊道：「賢姪少年如此大才，我等俱要退避三舍矣。」蘧公孫道：「小子無知妄作，要求表叔指點。」兩公子歡喜不已，當夜設席接風，留在書房歇息。次早起來，會過蘧公孫，就換了衣服，叫家人持帖，坐轎子去拜魯編修。拜罷回家，即吩咐廚役備席，發帖請編修公，明日接風。走到書房內，向公孫笑着說道：「我們明日請一位客，勞賢姪陪一陪。」蘧公孫問：「是那一位？」三公子道：

「就是我這同鄉魯編修，也是先太保做會試總裁取中的。」四公子道：「究竟也是個俗氣不過的人。卻因我們和他世兄弟，又前日船上遇着就先擾他一席酒，所以明日邀他來坐坐。」

說着，看門的人進來稟說：「紹興姓牛的牛相公，叫做牛布衣，在外候二位老爺。」三公子道：「快請廳上坐。」蘧公孫道：「這牛布衣先生，可是曾在山東范學臺幕中的？」三公子道：「正是。你怎得知？」蘧公孫道：「曾和先父同事，小姪所以知道。」四公子道：「我們倒忘了尊公是在那裏的。」隨即出去會了牛布衣，談之良久，便同牛布衣走進書房。蘧公孫上前拜見，牛布衣說道：「適才會見令表叔，才知尊大人已謝賓客，使我不勝傷感。今倖見世兄如此英英玉立，可稱嗣繼有人，又要破涕爲笑。」因問：「令祖老先生康健麽？」蘧公孫答道：「托庇粗安。家祖每常也時時想念老伯。」牛布衣又說起：「范學臺幕中查一個童生卷子，尊公說出何景明的一段話，真乃『談言微中，名士風流』。」因將那一席話又述了一遍，兩公子同蘧公孫都笑了。三公子道：「牛先生，你我數十年故交，凡事忘形；今又喜得舍表姪得接大教，竟在此坐到晚去。」少頃，擺出酒席，四位樽酒論文。直吃到日暮，牛布衣告別，兩公子問明寓處，送了出去。

次早，遣家人去邀請魯編修，直到日中才來，頭戴紗帽，身穿蟒衣，進了廳事，就要進去拜老師神主。兩公子再三辭過，然後寬衣坐下，獻茶。茶罷，蘧公孫出來拜見。三公子道：「這是舍表姪，南昌太守家姑丈之孫。」魯編修道：「久慕久慕！」彼此謙讓坐下，寒暄已畢，擺上兩席酒來。魯編修道：「老世兄，這個就不是了。你我世交，知己間何必做這些客套！依弟愚見，這廳事也太闊落，意欲借尊齋，祇須一席酒，我四人促膝談心，方才暢快。」兩公子見這般說，竟不違命，當下讓到書房裏。魯編修見瓶、花、爐、几，位置得宜，不覺怡悅。奉席坐了，公子吩咐一聲叫「焚香」，祇見一個頭髮齊眉的童子，在几上捧了一個古銅香爐出去，隨即兩個管家進來放下暖簾，就出去了。足有一個時辰，酒斟三巡，那兩個管家又進來把暖簾卷上，但見書房兩邊牆壁上、板縫裏，都噴出香氣來，滿座異香襲人，魯編修覺飄飄有淩雲之思。三公子向魯編修道：「香必要如此燒，方不覺得有煙氣。」

編修贊嘆了一回，同蘧公孫談及江西的事，問道：「令祖老先生南昌接任便是王諱惠的了？」蘧公孫道：「正是。」魯編修道：「這位王道尊卻是了不得，而今朝廷捕獲得他甚緊。」三公子道：「他是降了寧王的。」魯編修道：「他是江西保薦第一能員，及期就是他先降順了。」四公子道：「他這降，到底也不是。」魯編修道：「古語道得好，『無兵無糧，因甚不降？』祇是各僞官也逃脫了許多，祇有他領着南贛數郡一齊歸降，所以朝廷尤把他罪狀的狠，懸賞捕拿。」公孫聽了這話，那從前的事，一字也不敢提。魯編修又說他請仙這一段故事，兩公子不知。魯編修細說這件事，把《西江月》唸了一遍，後來的事逐句講解出來，又道：「仙乩也古怪，祇說道他歸降，此後再不判了，還是吉凶未定。」四公子道：「『幾者，動之微，吉之先見。』這就是那扶乩的人一時動乎其機。說是有神仙，又說有靈鬼的，都不相干。」

換過了席，兩公子把蘧公孫的詩和他刻的詩話請教，極誇少年美才。魯編修嘆賞了許久，便向兩公子問道：「令表姪貴庚？」三公子道：「十七。」魯編修道：「懸弧之慶，在於何日？」三公子轉問蘧公孫。公孫道：「小姪是三月十六亥時生的。」魯編修點了一點頭，記在心裏。到晚席散，兩公子送了客，各自安歇。

又過了數日，蘧公孫辭別回嘉興去，兩公子又留了一日。這日，三公子在內書房寫回復蘧太守的書。才寫着，書童進來道：「看門的稟事。」三公子道：「着他進來。」看門的道：「外面有一位先生，要求見二位老爺。」三公子道：「你回他我們不在家，留下了帖罷。」看門的道：「他沒有帖子；問着他名姓，也不肯說，祇說要面會二位老爺談談。」三公子道：「那先生是怎樣一個人？」看門的道：「他有五六十歲，頭上也戴的是方巾，穿的件繭綢直裰，像個斯文人。」三公子驚道：「想是楊執中來了。」忙丟了書子，請出四公子來，告訴他如此這般，似乎楊執中的行徑，因叫門上的：「去請在廳上坐，我們就出來會。」看門的應諾去了，請了那人到廳上坐下。

兩公子出來相見，禮畢，奉坐。那人道：「久仰大名，如雷灌耳，祇是無緣，不曾拜識。」三公子道：「先生貴姓，臺甫？」那人道：「晚生姓陳，草字和甫，一向在京師行道。昨同翰苑魯老先生來游貴鄉，今得瞻二位老爺豐彩。三老爺『耳白於面，名滿天下』；四老爺土星明亮，不日該有加官晉爵之喜。」兩公子聽罷，才曉得不是楊執中，問道：「先生精於風鑒？」陳和甫道：「卜易、談星，看相、算命，內科、外科，內丹、外丹，以及請仙判事，扶乩筆籙，晚生都略知道一二。向在京師，蒙各部院大人及四衙門的老先生請個不歇，經晚生許過他升遷的，無不神驗。不瞞二位老爺說，晚生祇是個直言，并不肯阿諛趨奉，所以這些當道大人，俱蒙相愛。前日正同魯老先生笑說，自離江西，今年到貴省，屈指二十年來，已是走過九省了！」說罷，哈哈大笑。左右捧上茶來吃了。四公子問道：「今番是和魯老先生同船來的？愚弟兄那日在路遇見魯老先生，在船上盤桓了一日，卻不曾會見。」陳和甫道：「那日晚生在二號船上，到晚，才知道二位老爺在彼。這是晚生無緣，遲這幾日，才得拜見。」三公子道：「先生言論軒爽，愚兄弟也覺得恨相見之晚。」陳和甫道：「魯老先生有句話托晚生來面致二位老爺，可借尊齋一話。」兩公子道：「最好。」

當下讓到書房裏。陳和甫舉眼四面一看，見院宇深沉，琴書瀟灑，說道：「真是『天上神仙府，人間宰相家』！」說畢，將椅子移近跟前道：「魯老先生有一個令愛，年方及笄，晚生在他府上，是知道的。這位小姐，德性溫良，才貌出衆，魯老先生和夫人因無子息，愛如掌上之珠，許多人家求親，衹是不允。昨在尊府會見南昌蘧太爺的公孫，着實愛他才華，所以托晚生來問，可曾畢過姻事？」三公子道：「這便是舍表姪，卻還不曾畢姻。極承魯老先生相愛，衹不知他這位小姐貴庚多少？年命可相妨礙？」陳和甫笑道：「這個倒不消慮。令表姪八字，魯老先生在尊府席上已經問明在心裏了，到家就是晚生查算，替他兩人合婚：小姐少公孫一歲，今年十六歲了，天生一對好夫妻，年、月、日、時，無一不相合；將來福壽綿長，子孫衆多，一些也沒有破綻的。」四公子向三公子道：「怪道他前日在席間諄諄問表姪生的年月，我道是因甚麼，原來那時已有意在那裏。」三公子道：「如此極好。魯老先生錯愛，又蒙陳先生你來作伐，我們即刻寫書與家姑丈，擇吉央媒到府奉求。」陳和甫作別道：「容日再來請教，今暫告別，回魯老先生話去。」兩公子送過陳和甫，回來將這話說與蘧公孫道：「賢姪既有此事，卻且休要就回嘉興，我們寫書與太爺，打發盛從回去取了回音來，再作道理。」蘧公孫依命住下。

家人去了十餘日，領着蘧太守的回書來見兩公子道：「太老爺聽了這話，甚是歡喜，向小人吩咐說：自己不能遠來，這事總央煩二位老爺做主。央媒拜允，一是二位老爺揀擇；或娶過去，或招在這裏，也是二位老爺斟酌。呈上回書并白銀五百兩，以爲聘禮之用。大相公也不必回家，住在這裏辦喜事。太老爺身體是康強的，一切放心。」兩公子收了回書、銀子，擇個吉日，央請陳和甫爲媒，這邊添上一位媒人，就是牛布衣。

當日，兩位月老齊到婁府，設席款待過，二位坐上轎子，管家持帖，去魯編修家求親。魯編修那裏也設席相留，回了允帖，并帶了庚帖過來。到第三日，婁府辦齊金銀珠翠首飾，裝蟒刻絲綢緞綾羅衣服，羊酒、果品，共是幾十擡，行過禮去。又備了謝媒之禮，陳、牛二位，每位代衣帽銀十二兩，代果酒銀四兩，俱各歡喜。兩公子就托陳和甫選定花燭之期，陳和甫選在十二月初八日不將大吉，送過吉期去。魯編修說，衹得一個女兒，舍不得嫁出門，要蘧公孫入贅。婁府也應允了。

到十二月初八，婁府張燈結彩，先請兩位月老吃了一日。黄昏時分，大吹大擂起來。婁府一門官銜燈籠，就有八十多對，添上蘧太守家燈籠，足擺了三四條街，還擺不了。全副執事，又是一班細樂，八對紗燈，——這時天氣初晴，浮雲尚不曾退盡，燈上都用綠綢雨帷罩着——引着四人大轎，蘧公孫端坐在内。後面四乘轎子，便是婁府兩公子、陳和甫、牛布衣，同送公孫入贅。到了魯宅門口，開門錢送了幾封，衹見重門洞開，裏面一派樂聲，迎了出來。四位先下轎進去，兩公子穿着公服，兩山人也穿着吉服。魯編修紗帽蟒袍，緞靴金帶，迎了出來，揖讓升階；才是一班細樂，八對絳紗燈，引着蘧公孫，紗帽宫袍，簪花披紅，低頭進來。到了廳事，先奠了雁，然後拜見魯編修。編修公奉新婿正面一席坐下，兩公子、兩山人和魯編修，兩列相陪。獻過三遍茶，擺上酒席，每人一席，共是六席。魯編修先奉了公孫的席，公孫也回奉了。下面奏着細樂。魯編修去奉了衆位的席。蘧公孫偷眼看時，是個舊舊的三間廳古老房子，此時點幾十枝大蠟燭，卻極其輝煌。

須臾，送定了席，樂聲止了。蘧公孫下來告過丈人同二位表叔的席，又和兩山人平行了禮入席坐了。戲子上來參了堂，磕頭下去，打動鑼鼓，跳了一齣「加官」，演了一齣「張仙送子」，一齣「封贈」。這時下了兩天雨才住，地下還不甚乾，戲子穿着新靴，都從廊下板上大寬轉走了上來。唱完三齣頭，副末執著戲單上來點戲，才走到蘧公孫席前跪下，恰好侍席的管家，捧上頭一碗膾燕窩來上在桌上。管家叫一聲「免」，副末立起，呈上戲單。忽然乒乓一聲響，屋梁上掉下一件東西來，不左不右，不上不下，端端正正掉在燕窩碗裏，將碗打翻。那熱湯濺了副末一臉，碗裏的菜潑了一桌子。定睛看時，原來是一個老鼠從樑上走滑了腳，掉將下來。那老鼠掉在滾熱的湯裏，嚇了一驚，把碗跳翻，爬起就從新郎官身上跳了下去，把簇新的大紅緞補服都弄油了。衆人都失了色，忙將這碗撤去，桌子打抹乾淨，又取一件圓領與公孫換了。公孫再三謙讓，不肯點戲，商議了半日，點了「三代榮」，副末領單下去。

須臾，酒過數巡，食供兩套，廚下捧上湯來。那廚役雇的是個鄉下小使，他靸了一雙釘鞋，捧着六碗粉湯，站在丹墀裏尖着眼睛看戲。管家才掇了四碗上去，還有兩碗不曾端，他捧着看戲。看到戲場上小旦裝出一個妓者，扭扭捏捏的唱，他就看昏了，忘其所以然，衹道粉湯碗已是端完了，把盤子向地下一掀，要倒那盤子裏的湯腳，卻叮當一聲響，把兩個碗和粉湯都打碎在地下。他一時慌了，彎下腰去抓那粉湯，又被兩個狗爭着，咂嘴弄舌的，來搶那地下的粉湯吃。他怒從心上起，使盡平生氣力，蹺起一隻腳來踢去，不想那狗倒不曾踢着，力太用猛了，把一隻釘鞋踢脱了，踢起有丈把高。陳和甫坐在左邊的第一席，席上上了兩盤點心——一盤猪肉心的燒賣，一盤鵝油白糖蒸的餃兒，熱烘烘擺在面前，又是一大深碗索粉八寶攢湯，正待舉起箸來到嘴，忽然席口一個烏黑的東西的溜溜的滾了來，乒乓一聲，把兩盤點心打的稀爛。陳和甫嚇了一驚，慌立起來，衣袖又把粉湯碗招翻，潑了一桌。滿坐上都覺得詫異。魯編修自覺得此事不甚吉利，懊惱了一回，又不好說；隨即悄悄叫管家到跟前罵了幾句，說：「你們都做甚麽？卻叫這樣人捧盤，可惡之極！過了喜事，一個個都要重責！」亂着，戲子正本做完，衆家人掌了花燭，把蘧公孫送進新房。廳上衆客換席看戲，直到天明才散。

次日，蘧公孫上廳謝親，設席飲酒。席終，歸到新房裏，重新擺酒，夫妻舉案齊眉。此時魯小姐卸了濃裝，換幾件雅淡衣服，蘧公孫舉眼細看，真有沈魚落雁之容，閉月羞花之貌。三四個丫環養娘，輪流侍奉，又有兩個貼身侍女——一個叫做采苹，一個叫做雙紅，都是裊娜輕盈，十分顏色。此時蘧公孫恍如身游閬苑蓬萊，巫山洛浦。

（《儒林外史》第十回）

《儒林外史》第十回「魯編修憐才擇婿，蘧公孫富室招親」中，寫了一個結婚大典中的喜宴場面。在這本應充滿歡聲笑語的喜慶場面中，作者卻極盡諷刺挖苦之能事，筆下枝節橫生、風波迭起，導演了一場有聲有色的鬧劇，把那歡樂氣氛一掃而空，大殺其風景。這齣鬧劇，直使在場人目瞪口呆、啼笑皆非，令讀者忍俊不禁，捧腹大笑。

魯編修是個醉心舉業、官迷心竅的老冬烘。他把科場上的敲門磚——八股文，吹得天花亂墜、神乎其神。他曾經對女兒說：「八股文章若做的好，隨你做甚麽東西，要詩就詩，要賦就賦，都是一鞭一條痕，一摑一掌血。若是八股文不講究，任你做出甚麽來，都是野狐禪、邪魔外道！」魯小姐經父親的熏陶和言教身傳，「牀前」、「臺畔」「擺滿了一部一部的文章」，如癡如醉地鑽進了八股堆。偏偏她又是個女的，不能去科場應試，不然「幾十個進士、狀元都中來了」。這就叫魯編修犯上了心病，於是打着燈籠找女婿，以續官門家譜，使魯府官運亨通下去。就在這時，蘧公孫被他一眼相中。可魯編修哪裏知道，蘧公孫這個受祖父溺愛、嬌生慣養的公子哥兒，既不會八股文章，也不善於詩詞歌賦，衹是個偷刻了高啓未曾發表的《詩話》，塡上自己的姓名，冒充少年名士的銀樣蠟槍頭。然而現在，他作爲魯府的乘龍快婿，和魯小姐陰錯陽差地硬扯在一起了；而且魯編修像押寶一樣，在他身上下了榮耀魯家門庭的賭注。這實在是歷史的誤會，荒唐的一對！魯編修的如意算盤同緣木求魚的客觀後果對照起來，是多麽不協調、多麽可笑啊！作家正是從本質上把握了這樁婚姻的不協調處，在場面描寫中加以嘲笑、戲謔，暴露出了它的荒唐和可悲。

一開始，吳敬梓渲染了喜宴場面的前奏：「張燈結彩」、「大吹大擂」，迎接新郎的燈籠「足足擺了三四條街」，極寫了婚事的氣派和隆重。然而，越是鋪張排場，越顯得荒誕乖張，此刻熱熱鬧鬧，到頭來悲悲戚戚，魯編修將落個竹籃子打水一場空！

喜宴的序幕拉開了！魯編修全身披掛，迎得乘龍快婿，蘧公孫紗帽官袍、簪花披紅，進得廳堂，然後同婁三、婁四公子，媒人牛布衣、陳和甫等各就各位，分席坐下，擺了場面。「蘧公孫偷眼看時，是個舊舊的三間廳古老房子，此時點幾十枝蠟燭，卻極其輝煌。」作者的這筆穿插，把新婚與舊房不相和諧處點了出來，同時細鍼密線地爲下面的情節伏了一筆。隨着鑼鼓聲響，鬧劇開張。戲班子演着《加官》、《張仙送子》、《封贈》的吉慶戲，把魯編修養女成鳳、望婿成龍的願望作了再一次的烘托。正當席間興高采烈，「忽然乒乓一聲響」，從房樑上掉到燕窩碗裏一隻老鼠，將「熱湯濺了副末一臉」，又「從新郎官身上跳了下去，把簇新的大紅緞補服都弄油了」。這個小插曲，把那鑼鼓喧闐、喜氣洋洋的氣氛頓時給破壞了，具有強烈的鬧劇意味。在這裏，作家不早不遲，「不左不右」、「不上不下」，偏偏讓老鼠跌落在湯碗裏，用的是巧合的手法。偶然事件打破場面上正常的秩序，帶來環境的劇變，使「衆人大驚失色」，造成巨大的不協調，引起滑稽的笑聲。但吳敬梓畢竟是調製笑料的高手，他不會滿足於老鼠跌在湯碗裏，而是有起有伏地控制着笑的節奏，暫時抑制住讀者的笑聲，目的是爲了向笑的高潮衝刺。

老鼠風波過去了，氣氛恢復了。喜慶場面上，「添酒回燈重開宴」，戲班子重打鑼鼓再開張，演起了《三代榮》；席上更杯換盞早又「酒過數巡」，不愉快的陰影似乎消失了。然而，作家呼風喚雨、調兵遣將，又「指使」書中的廚役，充當鬧劇的主角，掀起了一場新的風波。你看：

那廚役雇的是個鄉下小使，他靸了一雙釘鞋，捧着六碗粉湯，站在丹墀裏尖着眼睛看戲……就看昏了，忘其所以然，祇道粉湯碗已是端完了，把盤子向地下一掀……粉湯都打碎在地下。他一時慌了，彎下腰去抓那粉湯，又被兩個狗爭着，咂嘴弄舌的，來搶那地下的粉湯吃。他怒從心上起，使盡平生氣力，蹺起一隻腳來踢去，不想那狗倒不曾踢着，力太用猛了，把一隻釘鞋踢脫了，踢起有丈把高。陳和甫坐在左邊的第一席，席上上了兩盤點心——一盤猪肉心燒賣，一盤鵝油白糖蒸的餃兒，熱烘烘擺在面前，又是一大深碗索粉八寶攢湯，正待舉起箸來到嘴，忽然席口一個烏黑的東西的溜溜的滾了來，乒乓一聲，把兩盤點心打的稀爛。陳和甫嚇了一驚，慌立起來，衣袖又把粉湯碗招翻，潑了一桌。滿座上都覺得詫異。

讀着這段文字，那原來像躲猫猫一樣藏在鉛字裏的笑聲，這時一下子奔突出來，爭先恐後地把我們撞擊得不亦樂乎！笑死人了！想想看，臺上演着《三代榮》，臺下演着「踢飛腳」，雙簧齊奏；臺上鬧烘烘，臺下一窩蜂，戲外有戲。什麼都走了腔，什麼都亂了套，有多滑稽！好不容易恢復的喜慶氣氛，又被當頭一盆冷水，澆得火消煙滅了。弄得魯編修又「懊惱」、「又不好說」，祇好無可奈何地憋出一句「可惡之極」。作者在這裏，再次運用巧合的手法，讓偶然性闖進場面，成爲引起滑稽的媒介。所不同的是，它比前面的老鼠風波巧合得更妙，把偶然性事件有機地融入了情節，完全符合場面的規定情景，因而喜劇的效果更大，笑聲更響，對喜慶氣氛的破壞性也更強。如果說從天而落的老鼠使席上人驚魂未定，那麼接踵而來的「飛來之禍」則使在場人簡直要惶遽奔走了。魯編修深深感到了「此事不甚吉利」。我們聯繫小說的下文出現的魯小姐識破蘧公孫是個冒牌貨、苦於功名無望而哭哭啼啼的情狀，魯編修氣得吵着要娶妾生子、最後一命嗚呼的結局，就更加清楚，在這個喜宴場面中演出的一場鬧劇，早就爲後面的情節作出了預告，顯露了蛛絲馬跡。

吳敬梓筆下的喜宴場面，是抓住了喜氣洋洋的表面形式，同這樁婚姻實質上的不和諧落筆的，然後又通過偶然性事件打破歡樂和諧的氣氛，使形式本身也處於極不協調的狀態，使場面變得異常怪誕、誇張。它產生的笑，不是那種含蓄的幽默的會心微笑，而是滑稽鬧劇所引起的笑，是可以出聲可以噴飯的，就在這開懷無禁的笑聲中，讓魯編修押在蘧公孫身上的賭注化爲烏有！

還應該指出，吳敬梓不僅有條不紊地控制和調節着笑的節奏，形成了一個個笑的波瀾，從而疏密相間、輕重有致地把笑聲推到了高潮，而且在描寫笑的起因上，也顯得合情合理，既出意料之外，又在情理之中。作者在喜宴前早就通過新郎的眼睛交代了「舊舊的」「古老房子」，正因爲「舊」，才有老鼠，而它受戲班鑼鼓驚嚇，跌落下來也就十分自然了。廚役是「雇的」「鄉下小使」，難得看戲，一旦看到好戲自會入迷，以致鬧出「踢飛腳」。這一切都在理中。這裏的笑是由突發性的偶然事件引起的，但突發得必然、偶然得自然，這滑稽的笑也就有了合理的依據。此外，作家爲什麼寫新婚喜慶要在「舊舊的」「古老房子」中進行？又爲什麼要寫魯家雇個「鄉下小使」作廚役？不外乎強調魯編修古風古道，也暗示主人公並不富有。然而，吳敬梓卻在回目上寫：「魯編修憐才擇婿，蘧公孫富室招親。」事實上，「憐才」不「才」，「富室」也不「富」。又是一處諷刺嘲笑的筆墨，值得我們回味。

（郁炳隆）

牛浦郎打官司

吳敬梓

話說牛浦招贅在安東黃姓人家，黃家把門面一帶三四間屋都與他住，他就在門口貼了一個帖，上寫道：「牛布衣代做詩文」。那日早上，正在家裏閑坐，祇聽得有人敲門，開門讓了進來，原來是蕪湖縣的一個舊鄰居。這人叫做石老鼠，是個有名的無賴，而今卻也老了。牛浦見是他來，嚇了一跳，祇得同他作揖坐下，自己走進去取茶。渾家在屏風後張見，迎着他告訴道：「這就是去年來的你長房舅舅，今日又來了。」牛浦道：「他那裏是我甚麼舅舅！」接了茶出來，遞與石老鼠吃。石老鼠道：「相公，我聽見你恭喜，又招了親在這裏，甚是得意！」牛浦道：「好幾年不曾會見老爹，而今在那裏發財？」石老鼠道：「我也祇在淮北、山東各處走走。而今打從你這裏過，路上盤纏用完了，特來拜望你，借幾兩銀子用用。你千萬幫我一個襯！」牛浦道：「我雖則同老爹是個舊鄰居，卻從來不曾通過財帛。況且我又是客邊，借這親家住着，那裏來的幾兩銀子與老爹？」石老鼠冷笑道：「你這小孩子就沒良心了！想着我當初揮金如土的時節，你用了我不知多少；而今看見你在人家招了親，留你個臉面，不好就說，你倒回出這樣話來！」牛浦發了急道：「這是那裏來的話！你就揮金如土，我幾時看見你金子，幾時看見你的土！你一個尊年人，不想做些好事，祇要『在光水頭上鑽眼——騙人』！」石老鼠道：「牛浦郎，你不要說嘴！想着你小時做的些醜事，瞞的別人，可瞞的過我？況且你停妻娶妻，在那裏騙了卜家女兒，在這裏又騙了黃家女兒，該當何罪？你不乖乖的拿出幾兩銀子來，我就同你到安東縣去講！」牛浦跳起來道：「那個怕你！就同你到安東縣去！」

當下兩人揪扭出了黃家門，一直來到縣門口，遇着縣裏兩個頭役，認得牛浦，慌忙上前勸住，問是甚麼事。石老鼠就把他小時不成人的事說：騙了卜家女兒，到這裏又騙了黃家女兒；又冒名頂替，多少混帳事。牛浦道：「他是我們那裏有名的光棍，叫做石老鼠。而今越發老而無恥！去年走到我家，我不在家裏，他冒認是我舅舅，騙飯吃；今年又憑空走來問我要銀子，那有這樣無情無理的事！」幾個頭役道：「也罷，牛相公。他這人年紀老了，雖不是親戚，到底是你的一個舊鄰居。想是真正沒有盤費了。自古道：『家貧不是貧，路貧貧殺人。』你此時有錢也不服氣拿出來給他，我們衆人替你墊幾百文，送他去罷。」石老鼠還要爭。衆頭役道：「這裏不是你撒野的地方！牛相公就同我老爺相與最好，你一個尊年人，不要討沒臉面，吃了苦去！」石老鼠聽見這話，方才不敢多言了，接着幾百錢，謝了衆人自去。

牛浦也謝了衆人回家。才走得幾步，祇見家門口一個鄰居迎着來道：「牛相公，你到這裏說話！」當下拉到一個僻淨巷內，告訴他道：「你家娘子在家同人吵哩！」牛浦道：「同誰吵？」鄰居道：「你剛才出門，隨卽一乘轎子，一擔行李，一個堂客來到，你家娘子接了進去。這堂客說他就是你的前妻，要你見面，在那裏同你家黃氏娘子吵的狠。娘子托我帶信，叫你快些家去。」牛浦聽了這話，就像提在冷水盆裏一般，自心裏明白：「自然是石老鼠這老奴才把卜家的前頭娘子賈氏撮弄的來鬧了！」也沒奈何，衹得硬着膽走了來家。到家門口，站住腳聽一聽，裏面吵鬧的不是賈氏娘子聲音，是個浙江人，便敲門進去。和那婦人對了面，彼此不認得。黃氏道：「這便是我家的了，你看看可是你的丈夫？」牛奶奶問道：「你這位怎叫做牛布衣？」牛浦道：「我怎不是牛布衣？但是我認不得你這位奶奶。」牛奶奶道：「我便是牛布衣的妻子。你這廝冒了我丈夫的名字在此掛招牌，分明是你把我丈夫謀害死了！我怎肯同你開交！」牛浦道：「天下同名同姓也最多，怎見得便是我謀害你丈夫？這又出奇了！」牛奶奶道：「怎麽不是！我從蕪湖縣問到甘露庵，一路問來，說在安東。你既是冒我丈夫名字，須要還我丈夫！」當下哭喊起來，叫跟來的姪子將牛浦扭着。牛奶奶上了轎，一直喊到縣前去了，正值向知縣出門，就喊了寃。知縣叫補詞來。當下補了詞，出差拘齊了人，掛牌，第三日午堂聽審。

這一天，知縣坐堂，審的是三件。第一件，「爲活殺父命事」，告狀的是個和尚。這和尚因在山中拾柴，看見人家放的許多牛，內中有一條牛見這和尚，把兩眼睜睜的衹望着他。和尚覺得心動，走到那牛跟前，那牛就兩眼拋梭的淌下淚來。和尚慌到牛跟前跪下，牛伸出舌頭來舐他的頭，舐着，那眼淚越發多了。和尚方才知道是他的父親轉世，因向那人家哭着求告，施舍在庵裏供養着。不想被庵裏鄰居牽去殺了，所以來告狀，就帶施牛的這個人做干證。向知縣取了和尚口供，叫上那鄰居來問。鄰居道：「小的三四日前，是這和尚牽了這個牛來賣與小的，小的買到手，就殺了。和尚昨日又來向小的說，這牛是他父親變的，要多賣幾兩銀子，前日銀子賣少了，要來找價，小的不肯，他就同小的吵起來。小的聽見人說：『這牛并不是他父親變的。這和尚積年剃了光頭，把鹽搽在頭上，走到放牛所在，見那極肥的牛，他就跪在牛跟前，哄出牛舌頭來舐他的頭。牛但凡舐着鹽，就要淌出眼水來。他就說是他父親，到那人家哭着求施舍。施舍了來，就賣錢用，不是一遭了。』這回又拿這事告小的，求老爺做主！」向知縣叫那施牛的人問道：「這牛果然是你施與他家的，不曾要錢？」施牛的道：「小的白送與他，不曾要一個錢。」向知縣道：「輪回之事，本屬渺茫，那有這個道理？況既說父親轉世，不該又賣錢用。這禿奴可惡極了！」即丢下簽來，重責二十，趕了出去。

第二件，「爲毒殺兄命事」，告狀人叫胡賴，告的是醫生陳安。向知縣叫上原告來問道：「他怎樣毒殺你哥子？」胡賴道：「小的哥子害病，請了醫生陳安來看。他用了一劑藥，小的哥子次日就發了跑躁，跳在水裏淹死了。這分明是他毒死的！」向知縣道：「平日有仇無仇？」胡賴道：「沒有仇。」向知縣叫上陳安來問道：「你替胡賴的哥子治病，用的是甚麼湯頭？」陳安道：「他本來是個寒症，小的用的是荊防發散藥，藥内放了八分細辛。當時他家就有個親戚——是個團臉矮子——在傍多嘴，說是細辛用到三分，就要吃死了人。《本草》上那有這句話？落後他哥過了三四日才跳在水裏死了，與小的甚麼相干？青天老爺在上，就是把四百味藥藥性都查遍了，也沒見那味藥是吃了該跳河的，這是那裏說起？醫生行着道，怎當得他這樣誣陷！求老爺做主！」向知縣道：「這果然也胡說極了！醫家有割股之心，況且你家有病人，原該看守好了，爲甚麼放他出去跳河？與醫生何干？這樣事也來告狀！」一齊趕了出去。

第三件便是牛奶奶告的狀，「爲謀殺夫命事」。向知縣叫上牛奶奶去問。牛奶奶悉把如此這般，從浙江尋到蕪湖，從蕪湖尋到安東：「他現掛着我丈夫招牌，我丈夫不問他要，問誰要！」向知縣道：「這也怎麼見得？」向知縣問牛浦道：「牛生員，你一向可認得這個人？」牛浦道：「生員豈但認不得這婦人，并認不得他丈夫。他忽然走到生員家要起丈夫來，真是天上飛下來的一件大寃枉事！」向知縣向牛奶奶道：「眼見得這牛生員叫做牛布衣，你丈夫也叫做牛布衣。天下同名同姓的多，他自然不知道你丈夫蹤跡。你到別處去尋訪你丈夫去罷。」牛奶奶在堂上哭哭啼啼，定要求向知縣替他伸寃。纏的向知縣急了，説道：「也罷，我這裏差兩個衙役把這婦人解回紹興。你到本地告狀去，我那裏管這樣無頭官事！牛生員，你也請回去罷。」説罷，便退了堂。兩個解役把牛奶奶解往紹興去了。

（節自《儒林外史》第二十四回）

在《儒林外史》描寫的人物羣像中，牛浦郎獨具性格，是頭引人注目的「小牛」。作家以深沉的感情，傳神的筆法，揭示了他人生的悲劇，字裏行間顯現出諷刺批判的鋒芒。本篇故事是牛浦郎人生悲劇的高潮，也是作家諷刺批判最爲集中、有力的章節。

這篇故事，由石老鼠借錢和牛奶奶尋夫兩部分組成。這兩部分，以其內在的有機聯繫組成和諧的藝術整體，具有獨立的意義；又在全書情節發展中，起着承上啓下、勾連傳遞的作用。它角色選擇精當，關目安排合理，背景廣闊，含意深刻，悲喜交織，哭笑相隨，猶如精彩熱鬧、妙趣橫溢的戲劇一樣，充分顯示出作家思想和藝術水平的高度。

「石老鼠借錢」，實爲構思新穎、奇特的一場戲。它於繼續不斷的笑聲中揭露諷刺着醜惡的事物，收到了强烈的藝術效果。戲中主角是牛浦郎和石老鼠，前者是混跡江湖的騙子，後者爲四處流蕩的無賴。作家以現實生活爲基礎，精心塑造出這對醜角，并讓他們之間的矛盾組成精彩的戲劇衝突。隨着矛盾衝突的進展，故事情節自然形成「初遇」、「借錢」、「見官」、「解和」四個層次。牛、鼠初遇前，作家精心安排了一個序幕：寫牛浦郎招贅在安東黄姓人家，并在門口貼了一個帖，上寫道：「牛布衣代做詩文」。這個序幕於平淡中出奇巧，一方面回收上文，引起人們對牛浦郎蛻化變質過程的深沉回憶；一方面從其醜行劣迹中突出「停妻另娶」、「冒名頂替」兩大醜聞，爲後來情節發展提供依據。同時暗示出牛浦郎自鳴得意、忘乎所以的心理。與其後來出乖露醜、狼狽不堪，形成鮮明的對比，具有很好的藝術效果。

「初遇」是牛、鼠衝突的開端。石老鼠以前冒充牛浦郎的舅舅來過黄家，但未曾相遇。現在，牛浦郎正值得意之時，石老鼠突然出現了。作家準確把握生活發展邏輯，匠心安排了「鼠來牛驚」的場面，寫牛浦郎見到石老鼠，「嚇了一跳」。這四個字，如果用來描寫正常人的心神意態，并不太合適。而此時此地，卻使人感到非常準確和真實。牛浦郎出身於小生意人家，雖父母早逝，祖父牛老對他管教倒很嚴，所以，他原先比較樸實、本分、好學，是個很不錯的小伙子。可是他後來變了：撬門扭鎖，偷人遺稿，冒名頂替，招搖撞騙；爲了會見舉人，他講排場、裝闊氣，假以親宅爲客館，僞叫舅丈充小使；他名利熏心，忘恩負義，偷盜老和尚的鐃、鈸、叮當、香爐去賣錢，要把養活自己的舅丈捆送縣衙打板子；無故拋棄卜老外孫女，又招贅在安東黄家做女婿。在污濁世風的熏陶下，在追逐名利的道路上，他蛻化變質，失去真正人的靈魂，變成傷世害人的社會蠹蟲。牛浦郎的所作所爲，根腳底細，石老鼠瞭如指掌。牛浦郎也深知石老鼠是蕪湖縣「一個有名的老無賴」，因此，對這個不速之客，他感到沾不起，惹不起，逃不開，躲不及，自然會吃一驚，嚇一跳。不過，騙子有騙子的本領，他能盡快平息自己感情的波濤，裝得像無事一樣的平靜、安然。他馬上作揖讓坐，進屋取茶，顯得非常客氣。吳敬梓不愧是一位大手筆，他對「鼠來牛驚」場面的描寫已經收到「以笑代諷」的效果，又於忙中偷閑敍寫起小牛夫妻的匆匆對話，爲作品增添了濃厚的喜劇色彩和生活氣息，使故事情節承轉自如，接榫嚴密，並加強了「牛鼠衝突」的必然因素。

「借錢」是「牛鼠衝突」的發展。在這個層次裏，作家以快節奏、富於個性化特點的人物對話爲動力，疾速推進牛鼠衝突的發展。石老鼠首先開口道：「相公，我聽見你恭喜，又招了親在這裏，甚是得意。」這句話聽來很客氣，實是綿裏藏鍼，剛柔相濟。「又招了親在這裏」幾個字，很令人尋味。他上來就打牛浦郎一個

「殺威棒」，把小牛弄得很被動。牛浦郎於被動中環顧左右而言他，反問一句「老爹，而今在那裏發財」。性格狡獪的小牛本想岔開話題，努力爲自己掩羞飾醜，沒料「發財」二字正好調起了石老鼠的味口。他趁機一句到題：「路上盤纏用完了，特來拜望你，借幾兩銀子用用。」牛浦郎冒名頂替，行騙多年，就是爲的名和利，石老鼠現在又想在他身上喝血吃肉，當然不會答應。於是，「牛鼠衝突」開始激化。石老鼠一除原先的客氣，冷笑道：「你這小孩子就沒有良心了！想着我當初揮金如土的時節，你用了我不知多少；而今看見你在人家招了親，留你個臉面，不好就說，你倒回出這樣話來！」牛浦郎急了，也拋掉先前的顧慮說：「你就揮金如土，我幾時看見你的金子，幾時看見你的土！你一個尊年人，不想做些好事，祇要『在光水頭上鑽眼——騙人』！」這段對話妙語如珠，無賴有無賴的聲口，騙子有騙子的言辭。尤其使人嘆服的，是作家的神來之筆描繪出一個「無賴罵騙子是無賴，騙子罵無賴是騙子」的精彩場面，讓兩個醜角吵吵鬧鬧，互相揭露醜行惡德。這樣的藝術構思，既使情節帶有引人入勝的魅力，又讓作品的傾向得到自然而然的流露，真是「不著一字，盡得風流」。更惹人注目的，是石老鼠形象的刻畫。作者拋棄了寫人先作肖像描繪的傳統手法，在準確把握人物心理變化的基礎上，着力表現其語言情態的變化，使人物身分、心理、語言和情態達到高度統一，巧妙地突現出人物的性格特徵。石老鼠是個有名的老無賴，他掌握牛浦郎的把柄，想敲一下竹杠弄點錢。所以他對小牛先稱「相公」，軟中帶硬，明求暗要；看到小牛不想給錢，他報之以「冷笑」，改口稱叫「你這小孩子」，軟硬兼施，轉要爲賴；小牛態度一強硬，他又開口直呼「牛浦郎」，一怒之下兜出小牛的「老底」，並且拿出要去「見官」的王牌來威嚇。石老鼠瞬息三變，性格鮮明突出，形象深印人心。作家着力於石老鼠形象的塑造，既可反映世風人情的腐敗，有獨立存在的意義；又以他爲「工具」，巧妙地達到揭露諷刺牛浦郎的目的，其筆法之超絕，手段之老辣，由此可見一斑。

石老鼠揭露出牛浦郎的奇聞醜事，並揪住他到縣衙去講理，至此，情節發展達到了高潮。吳敬梓在描寫這個高潮時，用筆自然卻翻騰出無限波瀾。「牛鼠衝突」本來發生在小牛的岳丈家，導火線是「銀子」。現在，作家順應情節發展的自然，把地點轉向官府、社會；把衝突的實質性內容歸於人物的思想品行，描繪出騙子和無賴在縣衙門口、大庭廣衆下互相揭短道醜的場面，既有深化小説思想意義之妙，又爲故事情節增添了曲折推進之美。

高潮過後，情節發展進入尾聲。作家變換筆法，把描寫的重點放在「頭役解和」上，演出了異樣的情趣。牛浦郎冒充牛布衣，經常出入縣衙，頭役們和他比較熟悉，所以對他講情面；他們對石老鼠不了解，偏又見其老而窮困，因此也有同情心，在牛鼠吵吵鬧鬧互不相讓的情況下，他們集體湊錢打發石老鼠走，替牛浦郎解圍。説話時言語得體，軟硬兼施，其言其行，非常符合老衙役的身分。作家如此描寫，擴展了小説反映的社會生活的畫面，更突出了牛浦郎和石老鼠這兩個中心人物。他倆雖在錢財上得到一點點安慰，靈魂深處卻愈顯骯髒醜惡。

如果説「石老鼠借錢」這個情節，意在對牛浦郎作「面」的揭露；那麽，「牛奶奶尋夫」則是「點」的解剖。牛浦郎招搖撞騙的唯一本錢，是偷得牛布衣詩稿，冒充牛布衣其人。作家痛心疾首，將揭露諷刺的鋒芒對準這件事，立意戳穿其假相。

在「牛奶奶尋夫」的故事裏，作家猶如一位當行的戲劇大師，對時間、地點、人物、場面、事件等安排精當，令人叫絶。時間，是牛浦郎同石老鼠的衝突剛剛結束，這就加強了前後情節的必然聯繫；而時間短、問題多，更帶有嘲諷的意味。地點，仍然在牛浦郎岳丈家中。黄客人救了牛浦郎的命，又把女兒嫁給他，讓出房子給他住，待之何等真誠！小牛卻隱瞞實情，欺騙岳丈和妻子，其言行確實令人憎惡！然而作家意猶未盡，巧妙地把各種矛盾引向黄家，一波未平，一波又起，而且在問題鬧到不可開交時，又從黄家拉向官府、社會。黄家是牛浦郎停妻再娶、冒名頂替的地方，作家巧施筆力，把現場變成揭發批判的戰場，笑駡混合着悲歌，具有强烈的藝術效果。人物，主要有牛浦郎、黄氏和牛奶奶。作家按照生活發展的必然邏輯，細心捕捉人物之間的關係，製造「誤會」，並以此爲動力，推動情節曲折發展，敷演出引人入勝的精彩場面。牛浦郎同牛奶奶之間的誤會，構成本段故事的基本衝突。牛浦郎知道牛布衣死去，大膽偷取遺稿、冒名頂替，但並没有想到由此造成的嚴重後果；牛奶奶不知丈夫身死他鄉，索名追踪，一直找到牛浦郎家裏，於是産生了「誤會」。這個誤會不是逗笑凑趣的閑筆，它以現實生活爲背景，符合人物性格發展的方向，深含揭露諷刺的藝術力量。牛奶奶來到黄家，牛浦郎因被石老鼠扭揪到縣裏未回來，於是牛奶奶同黄氏娘子發生誤會，演出了「争夫」的場面。「争夫」的安排，别出心裁。作家一面用輕筆淡墨從側面描寫兩個婦人的争吵，一面濃彩重施從正面刻畫出牛浦郎聞而未見時的心神意態。好像戲劇舞臺上的前後場，前場有前場的戲，後場有後場的戲，前後配合，對比襯托，渲染出悲喜交加的强烈氣氛，爲丑角亮相提供了極好的機會。尤其令人稱道的，是作家採用節外生枝的手法，製造出牛浦郎對石老鼠的誤會。以爲石老鼠把「卜家的前頭娘子賈氏撮弄的來鬧了」。這個誤會，爲故事情節增添了迴環往復、不斷推進的美。同時，寫出了牛浦郎的心理與實際的反差，以藝術的魅力，激起人們對他停妻另娶、忘恩負義行爲的憎惡，造成扣人心弦的懸念，推動情節的突轉，爲高潮的到來，蓄足氣氛，作好鋪墊。

牛浦郎和牛奶奶相會，是故事情節發展的高潮。牛奶奶離鄉尋夫，索行追踪，從浙江到蕪湖，又從蕪湖到安東，好不容易找到了牛布衣的住處，相見時卻又陰錯陽差，弄出了笑話。作者以喜劇的形式，反映出悲劇的内容，於輕鬆歡快的氣氛中調動起人們内在的思想感情，産生出對牛奶奶的憐憫和同情，對牛浦郎的憤恨與憎惡。舊的誤會剛剛過去，新的誤會接踵而至，牛奶奶對牛浦郎説道：「你這廝冒了我丈夫的名在此掛牌，分明是你把我丈夫謀害死了，我怎肯同你開交！」並且一邊哭喊，一邊叫跟來的侄子扭着牛浦郎到縣裏去告狀。這個誤會是先前誤會的深化，它使牛浦郎更加狼狽不堪，並且爲更大高潮的出現備足了條件。從數字安排看，作家讓牛浦郎一天被扭送到縣衙兩次，真是絶妙的諷刺。

牛奶奶喊冤告狀，引出知縣坐堂審案，爲本篇故事增添了無限的情趣，異樣的光彩。吳敬梓在描寫知縣審理牛奶奶的訴訟案件前，插入兩件事：「爲活殺父命事」和「爲毒殺兄命事」。這兩件事與本篇故事的中心並無必然聯繫，但是一經楔入，則顯示出作家思想和藝術水平的高度。首先，它拓展了作品反映的社會生活的廣度和深度，在光怪陸離的儒林形影的畫面四周，布置着五光十色的諸般世相，揭露諷刺了封建末世的人情世態。其次，避免了故事情節的平鋪呆板，以詭譎多變、一波三折之勢，造成逗人發笑、引人入勝的藝術效果。另外，作者以相當隱秘的寫法，巧妙造成同後一件事互相對比的格局，從而表現出更爲深邃的思想意義。

前面兩件事，無論告狀人還是被告人，都與知縣毫無瓜葛。牛奶奶告狀這件事，出現了特殊性：一是問題性質更爲嚴重，二是被告與知縣很熟悉。前兩件事，知縣詳聽明斷，公正論處；後一件事，知縣偏聽牛浦郎之詞，傾向非常明顯。在牛奶奶啼哭不止，一定要求知縣替她伸寃的情況下，向知縣一推二糊，草草結束。作家借助這個情節，既揭露了牛浦郎骯髒齷齪的靈魂，也讓人看到「向知縣相與做詩文的人，放着人命大事都不問」，體現出諷刺嘲弄的真實意圖。

（趙慶元）

寶黛初逢

曹雪芹

且說黛玉自那日棄舟登岸時，便有榮府打發轎子并拉行李車輛伺候。這黛玉嘗聽得母親說，他外祖母家與別人家不同，他近日所見的這幾個三等的僕婦，吃穿用度，已是不凡，何況今至其家，都要步步留心，時時在意，不要多說一句話，不可多行一步路，恐被人恥笑了去。自上了轎，進了城，從紗窗中瞧了一瞧，其街市之繁華，人煙之阜盛，自非別處可比。又行了半日，忽見街北蹲着兩個大石獅子，三間獸頭大門，門前列坐着十來個華冠麗服之人，正門不開，衹東西兩角門有人出入；正門之上有一匾，匾上大書「敕造寧國府」五個大字。

黛玉想道：「這是外祖的長房了。」又往西不遠，照樣也是三間大門，方是「榮國府」，——卻不進正門，祇由西角門而進。轎子擡着走了一箭之遠，將轉彎時，便歇了轎，後面的婆子也都下來了，另換了四個眉目秀潔的十七八歲的小廝上來擡着轎子，衆婆子步下跟隨，至一垂花門前落下，那小廝俱肅然退出，衆婆子上前打起轎簾，扶黛玉下了轎。

黛玉扶着婆子的手進了垂花門：兩邊是超手游廊，正中是穿堂，當地放着一個紫檀架子大理石屏風。轉過屏風，小小三間廳房，廳後便是正房大院。正面五間上房，皆是雕梁畫棟，兩邊穿山游廊廂房，掛着各色鸚鵡畫眉等雀鳥。臺階上坐着幾個穿紅着綠的丫頭，一見他們來了，都笑迎上來，道：「剛才老太太還念誦呢！可巧就來了。」於是三四人爭着打簾子，——一面聽得人說：「林姑娘來了！」

黛玉方進房，祇見兩個人扶着一位鬢髮如銀的老母迎上來，黛玉知是外祖母了，正欲下拜，早被外祖母抱住，摟入懷中，「心肝兒肉」叫着大哭起來；當下侍立之人，無不下淚；黛玉也哭個不休。衆人慢慢解勸住了，黛玉方拜見了外祖母。賈母方一一指與黛玉道：「這是你大舅母。——這是二舅母。——這是你先珠大哥的媳婦珠大嫂子。」黛玉一一拜見。賈母又說：「請姑娘們來。今日遠客來了，可以不必上學去。」衆人答應了一聲，便去了兩個。

不一時，祇見三個奶媽幷五六個丫鬟擁着三位姑娘來了：第一個肌膚微豐，身材合中，腮凝新荔，鼻膩鵝脂，温柔沉默，觀之可親；第二個削肩細腰，長挑身材，鴨蛋臉兒，俊眼修眉，顧盼神飛，文彩精華，見之忘俗；第三個身量未足，形容尚小。——其釵環裙襖，三人皆是一樣的妝束。黛玉忙起身迎上來見禮，互相廝認。歸了坐位，丫鬟送上茶來。不過敘些黛玉之母，如何得病，如何請醫服藥，如何送死發喪。不免賈母又傷感起來，因說：「我這些女孩兒，所疼的獨有你母親，今一旦先我而亡，不得見面，怎不傷心！」說着攜了黛玉的手又哭起來；衆人都忙相勸慰，方略略止住。

衆人見黛玉年紀雖小，其舉止言談不俗，身體面貌雖弱不勝衣，卻有一段風流態度，便知他有不足之症，因問：「常服何藥？爲何不治好了？」黛玉道：「我自來如此，從會吃飯時便吃藥，到如今了，經過多少名醫，總未見效。那一年我纔三歲，記得來了一個癩頭和尚，說要化我去出家，我父母固是不從。他又說：『既舍不得他，但祇怕他的病一生也不能好的！——若要好時，除非從此以後總不許見哭聲，除父母之外，凡有外親，一概不見，方可平安了此一生。』這和尚瘋瘋癲癲說了這些不經之談，也沒人理他。如今還是吃人參養榮丸。」賈母道：「這正好，我這裏正配丸藥呢，叫他們多配一料就是了。」

一語未完，祇聽後院中有笑語聲，說：「我來遲了，沒得迎接遠客！」黛玉思忖道：「這些人個個皆斂聲屏氣如此，這來者是誰，這樣放誕無禮？」心下想時，祇見一羣媳婦丫鬟擁着一個麗人，從後房進來。這個人打扮與姑娘們不同，彩繡輝煌，恍若神妃仙子，頭上戴着金絲八寶攢珠髻，綰着朝陽五鳳掛珠釵，項上戴着赤金盤螭瓔珞圈，身上穿着縷金百蝶穿花大紅雲緞窄褃襖，外罩五彩刻絲石青銀鼠褂，下着翡翠撒花洋縐裙；一雙丹鳳三角眼，兩彎柳葉掉梢眉，身量苗條，體格風騷。粉面含春威不露，丹唇未啓笑先聞。

黛玉連忙起身接見。賈母笑道：「你不認得他：他是我們這裏有名的一個潑辣貨，南京所謂『辣子』，你祇叫他『鳳辣子』就是了。」黛玉正不知以何稱呼，衆姊妹都忙告訴黛玉道：「這是璉二嫂子。」黛玉雖不曾識面，聽見他母親說過：大舅賈赦之子賈璉，娶的就是二舅母王氏的內姪女；自幼假充男兒教養，學名叫做王熙鳳。黛玉忙陪笑見禮，以「嫂」呼之。

這熙鳳攜着黛玉的手，上下細細打量一回，便仍送至賈母身邊坐下，因笑道：「天下真有這樣標致人兒！我今日才算看見了！況且這通身的氣派，竟不像老祖宗的外孫女兒，竟是嫡親的孫女兒似的，怨不得老祖宗天天嘴裏心裏放不下。——祇可憐我這妹妹這麼命苦，怎麼姑媽偏就去世了呢！」說着便用帕拭淚，賈母笑道：「我纔好了，你又來招我。你妹妹遠路纔來，身子又弱，也纔勸住了，快別再提了。」熙鳳聽了，忙轉悲爲喜道：「正是呢！我一見了妹妹，一心都在他身上，又是喜歡，又是傷心，竟忘了老祖宗，該打，該打！」又忙拉着黛玉的手問道：「妹妹幾歲了？可也上過學？現吃什麼藥？在這裏別想家，要什麼吃的、什麼玩的，祇管告訴我；丫頭老婆們不好，也祇管告訴我。」黛玉一一答應。一面熙鳳又問人：「林姑娘的行李東西可搬進來了？帶了幾個人來？你們趕早打掃兩間屋子叫他們歇歇兒去。」

說話時，已擺了茶果上來，熙鳳親爲捧茶捧果。又見二舅母問他：「月錢放完了沒有？」熙鳳道：「放完了。剛才帶了人到後樓上找緞子，找了半日，也沒見昨兒太太說的那個；想是太太記錯了。」王夫人道：「有沒有，什麼要緊。」因又說道：「該隨手拿出兩個來給你這妹妹裁衣裳的。等晚上想着再叫人去拿罷。」熙鳳道：「我倒先料着了，知道妹妹這兩日到的，我已經預備下了；等太太回去過了目，好送來。」王夫人一笑，點頭不語。

當下茶果已撤，賈母命兩個老嬤嬤帶了黛玉去見兩個舅舅去。維時賈赦之妻邢氏忙起身笑回道：「我帶了外甥女兒過去，到底便宜些。」賈母笑道：「正是呢，你也去罷，不必過來了。」那邢夫人答應了，遂帶了黛玉和王夫人作辭，大家送至穿堂。垂花門前早有衆小廝拉過一輛翠幄清油車來，邢夫人攜了黛玉坐上，衆婆子們放下車簾，方命小廝們擡起，拉至寬處，方駕上馴騾，出了西角門往東，過榮府正門，入一黑油大門內，至儀門前，方下了車。邢夫人挽了黛玉的手進入院中，黛玉度其處必是榮府中之花園隔斷過來的。進入三層儀門，果見正房、廂房、游廊悉皆小巧別致，不似那邊的軒峻壯麗；且院中隨處之樹木山石皆好。及進入正室，早有許多豔妝麗服之姬妾丫鬟迎着。

邢夫人讓黛玉坐了，一面令人到外書房中請賈赦。一時來回說：「老爺說了：『連日身上不好，見了姑娘彼此傷心，暫且不忍相見。勸姑娘不要傷懷想家，跟着老太太和舅母，是和家裏一樣的。姐妹們雖拙，大家一處作伴，也可以解些煩悶。或有委屈之處，祇管說，別外道了纔是。』」

黛玉忙站起身來一一答應了。再坐一刻，便告辭，邢夫人苦留吃過飯去，黛玉笑回道：「舅母愛惜賜飯，原不應辭，祇是還要過去拜見二舅舅，恐去遲了不恭，異日再領，望舅母容諒。」邢夫人道：「這也罷了。」遂命兩個嬤嬤用方纔坐來的車送過去。於是黛玉告辭。邢夫人送至儀門前，又囑咐了衆人幾句，眼看着車去了方回來。

一時黛玉進入榮府，下了車，祇見一條大甬路，直接出大門來，衆嬤嬤引着便往東轉彎，走過一座東西的穿堂、向南大廳之後，儀門內大院落，上面五間大正房，兩邊廂房鹿頂，耳門鑽山，四通八達，軒昂壯麗，比各處不同，黛玉便知這方是正內室。進入堂屋，擡頭迎面先見一個赤金九龍青地大匾，匾上寫着斗大三個字，是：

「榮禧堂」；後有一行小字：「某年月日書賜榮國公賈源」，又有「萬幾宸翰」之寶。大紫檀雕螭案上設着三尺來高青綠古銅鼎，懸着待漏隨朝墨龍大畫，一邊是鏨金彝，一邊是玻璃盆，地下兩溜十六張楠木椅子，又有一副對聯，乃是烏木聯牌鑲着鏨銀字蹟，道是：

座上珠璣昭日月，堂前黼黻煥煙霞。

下面一行小字，道是：「同鄉世教弟勳襲東安郡王穆蒔拜手書」。

原來王夫人時常居坐，宴息也不在這正室中，衹在東邊的三間耳房內。於是嬤嬤們引黛玉進東房門來：臨窗大炕上鋪着猩紅洋毯，正面設着大紅金錢蟒引枕，秋香色金錢蟒大條褥，兩邊設一對梅花式洋漆小几，左邊几上擺着文王鼎，鼎旁匙筯香盒，右邊几上擺着汝窰美人觚，裏面插着時鮮花草；地下面西一溜四張椅上，都搭着銀紅撒花椅搭，底下四副腳踏；兩邊又有一對高几，几上茗碗瓶花俱備。其餘陳設，不必細說。

老嬤嬤讓黛玉上炕坐，炕沿上卻也有兩個錦褥對設，黛玉度其位次，便不上炕，衹就東邊椅上坐了。本房的丫鬟忙捧上茶來，黛玉一面吃了，打量這些丫鬟們妝飾衣裙、舉止行動，果與別家不同。

茶未吃了，衹見一個穿紅綾襖青綢掐牙背心的一個丫鬟走來笑道：「太太說：請林姑娘到那邊坐罷。」老嬤嬤聽了，於是又引黛玉出來，到了東廊三間小正房內：正面炕上橫設一張炕桌，上面堆着書籍茶具，靠東壁面西設着半舊的青緞靠背引枕；王夫人卻坐在西邊下首，亦是半舊青緞靠背坐褥；見黛玉來了，便往東讓。黛玉心中料定這是賈政之位，因見挨炕一溜三張椅子上也搭着半舊的彈花椅袱，黛玉便向椅上坐了。王夫人再三讓他上炕，他方挨王夫人坐下。王夫人因說：「你舅舅今日齋戒去了，再見罷。衹是有句話囑咐你：你三個姐妹倒都極好，以後一處念書認字，學鍼綫，或偶一玩笑，卻都有個盡讓的。——我就衹一件不放心：我有一個孽根禍胎，是家裏的『混世魔王』，今日因往廟裏還愿去，尚未回來，晚上你看見就知道了。你以後總不用理會他，你這些姐姐妹妹都不敢沾惹他的。」

黛玉素聞母親說過，有個內姪乃銜玉而生，頑劣異常，不喜讀書，最喜在內幃廝混；外祖母又溺愛，無人敢管。今見王夫人所說，便知是這位表兄，一面陪笑道：「舅母所說，可是銜玉而生的？在家時記得母親常說，這位哥哥比我大一歲，小名就叫寶玉，性雖憨頑，說待姊妹們卻是極好的。況我來了，自然和姊妹們一處，弟兄們是另院別房，豈有沾惹之理？」王夫人笑道：「你不知道原故：他和別人不同，自幼因老太太疼愛，原系和姐妹們一處嬌養慣了的。若姐妹們不理他，他倒還安靜些；若一日姐妹們和他多說了一句話，他心上一喜，便生出許多事來。所以囑咐你別理會他，他嘴裏一時甜言蜜語，一時有天沒日，瘋瘋傻傻：衹休信他。」

黛玉一一的都答應着。忽見一個丫鬟來說：「老太太那裏傳晚飯了。」王夫人忙攜了黛玉出後房門，由後廊往西，出了角門，是一條南北甬路，南邊是倒座三間小小抱廈廳，北邊立着一個粉油大影壁，後有一個半大門，小小一所房屋，王夫人笑指向黛玉道：「這是你鳳姐姐的屋子，回來你好往這裏找他去，少什麼東西衹管和他說就是了。」這院門上也有幾個纔總角的小廝，都垂手侍立。

王夫人遂攜黛玉穿過一個東西穿堂，便是賈母的後院了，於是進入後房門，——已有許多人在此伺候，見王夫人來，方安設桌椅；賈珠之妻李氏捧杯，熙鳳安筯，王夫人進羹。賈母正面榻上獨坐，兩旁四張空椅，熙鳳忙拉黛玉在左邊第一張椅子上坐下，黛玉十分推讓，賈母笑道：「你舅母和嫂子們是不在這裏吃飯的。你是客，原該這麼坐的。」黛玉方告了坐，就坐了。賈母命王夫人也坐了。迎春姊妹三個告了坐方上來，迎春坐右手第一，探春左第二，惜春右第二。旁邊丫鬟執著拂塵漱盂巾帕，李紈鳳姐立於案邊布讓；外間伺候的媳婦丫鬟雖多，卻連一聲咳嗽不聞。飯畢，各各有丫鬟用小茶盤捧上茶來。當日林家教女以惜福養身，每飯後必過片時方吃茶，不傷脾胃；今黛玉見了這裏許多規矩，不似家中，也祇得隨和些，接了茶。又有人捧過漱盂來，黛玉也漱了口，又盥手畢。然後又捧上茶來，——這方是吃的茶。

賈母便說：「你們去罷，讓我們自在說說話兒。」王夫人遂起身，又說了兩句閑話兒，方引李、鳳二人去了。賈母因問黛玉念何書，黛玉道：「剛念了『四書』。」黛玉又問姊妹們讀何書，賈母道：「讀什麼書，不過認幾個字罷了！」

一語未了，祇聽外面一陣腳步響，丫鬟進來報道：「寶玉來了。」黛玉心想：「這個寶玉不知是怎樣個憊懶人呢！」及至進來一看，卻是位青年公子：頭上戴着束髮嵌寶紫金冠，齊眉勒着二龍戲珠金抹額，一件二色金百蝶穿花大紅箭袖，束着五彩絲攢花結長穗宮絛，外罩石青起花八團倭緞排穗褂，登着青緞粉底小朝靴；面若中秋之月，色如春曉之花，鬢若刀裁，眉如墨畫，鼻如懸膽，睛若秋波，雖怒時而似笑，即瞋視而有情；項上金螭纓絡，又有一根五色絲絛，繫着一塊美玉。

黛玉一見便吃一大驚，心中想道：「好生奇怪，倒像在那裏見過的，何等眼熟！」祇見這寶玉向賈母請了安，賈母便命：「去見你娘來。」即轉身去了。一回再來時，已換了冠帶：頭上周圍一轉的短髮，都結成小辮，紅絲結束，共攢至頂中胎髮，總編一根大辮，黑亮如漆，從頂至梢，一串四顆大珠，用金八寶墜腳；身上穿着銀紅撒花半舊大襖；仍舊帶着項圈、寶玉、寄名鎖、護身符等物；下面半露松綠撒花綾褲，錦邊彈黑襪，厚底大紅鞋：越顯得面如傅粉，唇若施脂；轉盼多情，語言若笑；天然一段風韻，全在眉梢；平生萬種情思，悉堆眼角。——看其外貌，最是極好，卻難知其底細。後人有《西江月》二詞批的極確，詞曰：

無故尋愁覓恨，有時似傻如狂；縱然生得好皮囊，腹內原來草莽。
潦倒不通庶務，愚頑怕讀文章；行爲偏僻性乖張，那管世人誹謗！

又曰：

富貴不知樂業，貧窮難耐淒涼；可憐辜負好韶光，於國於家無望。
天下無能第一，古今不肖無雙；寄言紈袴與膏粱：莫效此兒形狀！

卻說賈母見他進來，笑道：「外客沒見就脫了衣裳了！還不去見你妹妹呢。」寶玉早已看見了一個裊裊婷婷的女兒，便料定是林姑媽之女，忙來見禮；歸了坐細看時，真是與衆各別。祇見：

兩彎似蹙非蹙籠煙眉，一雙似喜非喜含情目。態生兩靨之愁，嬌襲一身之病。淚光點點，嬌喘微微。閑靜似嬌花照水，行動如弱柳扶風。心較比干多一竅，病如西子勝三分。

寶玉看罷，笑道：「這個妹妹我曾見過的。」賈母笑道：「又胡說了！你何曾見過？」寶玉笑道：「雖沒見過，卻看着面善，心裏倒像是遠別重逢的一般。」賈母笑道：「好！好！這麼更相和睦了。」

寶玉便走向黛玉身邊坐下，又細細打量一番，因問：「妹妹可曾讀書？」黛玉道：「不曾讀書，祗上了一年學，些須認得幾個字。」寶玉又道：「妹妹尊名？」黛玉便說了名，寶玉又道：「表字？」黛玉道：「无字。」寶玉笑道：「我送妹妹一字，莫若『顰顰』二字極妙。」探春便道：「何處出典？」寶玉道：「《古今人物通考》上說：『西方有石名黛，可代畫眉之墨。』況這妹妹眉尖若蹙，取這個字豈不美？」探春笑道：「祇怕又是杜撰！」寶玉笑道：「除了《四書》，杜撰的也太多呢。」因又問黛玉：「可有玉沒有？」衆人都不解，黛玉便忖度着：「因他有玉，所以才問我的。」便答道：「我沒有玉。你那玉也是件稀罕物兒，豈能人人皆有？」

寶玉聽了，登時發作起狂病來，摘下那玉，就狠命摔去，罵道：「什麽罕物！人的高下不識，還說靈不靈呢！我也不要這勞什子。」嚇的地下衆人一擁爭去拾玉，賈母急的摟了寶玉道：「孽障！你生氣要打罵人容易，何苦摔那命根子！」寶玉滿面淚痕哭道：「家裏姐姐妹妹都沒有，單我有，我說沒趣兒；如今來了這個神仙似的妹妹也沒有：可知這不是個好東西。」賈母忙哄他道：「你這妹妹原有玉來着，因你姑媽去世時，舍不得你妹妹，無法可處，遂將他的玉帶了去：一則全殉葬之禮，盡你妹妹的孝心；二則你姑媽的陰靈兒也可權作見了你妹妹了。因此他說沒有，——也是不便自己誇張的意思啊。你還不好生帶上，仔細你娘知道！」說着便向丫鬟手中接來，親與他帶上。寶玉聽如此說，想了一想，也就不生別論。

當下奶娘來問黛玉房舍，賈母便說：「將寶玉挪出來，同我在套間暖閣裏；把你林姑娘暫且安置在碧紗廚裏，等過了殘冬，春天再給他們收拾房屋，另作一番安置罷。」寶玉道：「好祖宗！我就在碧紗廚外的牀上很妥當，又何必出來，鬧的老祖宗不得安靜呢？」賈母想一想，說：「也罷了。」每人一個奶娘并一個丫頭照管，餘者在外間上夜聽喚。一面早有熙鳳命人送了一頂藕合色花帳并錦被緞褥之類。

黛玉祇帶了兩個人來：一個是自己的奶娘王嬤嬤，一個是十歲的小丫頭，名喚雪雁。賈母見雪雁甚小，一團孩氣，王嬤嬤又極老，料黛玉皆不遂心，將自己身邊一個二等小丫頭名喚鸚哥的與了黛玉；亦如迎春等一般：每人除自幼乳母外，另有四個教引嬤嬤；除貼身掌管釵釧盥沐兩個丫頭外，另有四五個灑掃房屋來往使役的小丫頭。

紅樓夢·寶黛初逢

當下王嬤嬤與鸚哥陪侍黛玉在碧紗廚內，寶玉乳母李嬤嬤并大丫頭名喚襲人的陪侍在外面大牀上。

原來這襲人亦是賈母之婢，本名蕊珠，賈母因溺愛寶玉，恐寶玉之婢不中使，素日蕊珠心地純良，遂與寶玉。寶玉因知他本姓花，又曾見舊人詩句有「花氣襲人」之句，遂回明賈母，即把蕊珠更名襲人。

卻說襲人倒有些癡處：伏侍賈母時，心中祇有賈母；如今跟了寶玉，心中又祇有寶玉了。祇因寶玉性情乖僻，每每規諫，見寶玉不聽，心中着實憂鬱。是晚寶玉李嬤嬤已睡了，他見裏面黛玉鸚哥猶未安歇，他自卸了妝，悄悄的進來，笑問：「姑娘怎麼還不安歇？」黛玉忙笑讓：「姐姐請坐。」襲人在牀沿上坐了，鸚哥笑道：「林姑娘在這裏傷心，自己淌眼抹淚的，說：『今兒才來了，就惹出你們哥兒的病來。倘或壞了那玉，豈不是因我之過！』所以傷心，我好容易勸好了。」襲人道：「姑娘快別這麼着！將來祇怕比這更奇怪的笑話兒還有呢。若爲他這種行狀，你多心傷感，祇怕你還傷感不了呢，快別多心！」黛玉道：「姐姐們說的，我記着就是了。」又敘了一回，方才安歇。

（節自《紅樓夢》第三回）

《紅樓夢》前五回書，讀來令人神往。曹雪芹在悼紅軒內「披閱十載，增刪五次」的「滿紙荒唐言」，一開篇就把當日乃至後世的萬千讀者領入到一個聞所未聞、見所未見的藝術境界中去。可以稱之爲全書序幕的這五回，立意之新、構思之巧、行文之美，實在令人驚嘆不已。人們徜徉在這個似真似假、若隱若現、亦仙亦凡的境界中，開始初步領略到那「說來雖近荒唐，細玩頗有興味」的深意。「真事隱去」也好，「假語村言」也罷，這邊是氣象赫赫的榮國府，那邊是仙樂頻頻的太虛境，引人遐想的固然是那幾個「行止見識」不凡的異樣女子，而真正牽人情思的則是親見親聞這幾個異樣女子的那塊無才補天、幻形入世的通靈寶玉。

女媧煉成的「通靈寶玉」被茫茫大士、渺渺真人攜至「昌明隆盛之邦、詩禮簪纓之族、花柳繁華之地、溫柔富貴之鄉」，去了結風流公案，自屬假語村言；而銜玉而生的賈寶玉卻實實在在是榮國府裏痛斥「祿蠹」、尊重女兒的「混世魔王」。三生石畔的「絳珠仙草」爲酬報神瑛侍者的灌溉之恩甘願隨他「下世爲人」，「把一生所有的眼淚還他」，亦屬假語村言；而幼喪父母、寄人籬下的林黛玉卻實實在在是大觀園內「孤標傲世」、不懼「風刀霜劍嚴相逼」，與賈寶玉心心相印、把生命交給愛情的瀟湘妃子。《紅樓夢》問世以來之所以擁有那麼多的讀者，並產生那麼深遠的社會影響，正是因爲曹雪芹錐心泣血地塑造了賈寶玉和林黛玉這兩個不朽的藝術形象。

在曹雪芹的全部藝術構思中，賈寶玉和林黛玉這兩個主要人物應該佔有多重的分量，衹要讀一讀第三回中那二人初次相會的精彩場面，就十分清楚了。正因爲在這兩個形象上寄託着曹雪芹的思想感情和進步理想，而這種思想感情的深度和廣度是異乎尋常的驚人，這種進步理想又閃耀着前所未有的光輝；所以，爲安排他們的出場亮相，不能不做一番匠心獨運的設計：在全書序幕中亮相，在兩心相通時出場。如果說第一回（敍述《石頭記》緣起，點明賈寶玉的來歷）和第二回（借冷子興之口介紹榮國府並引出林黛玉）已經爲第三回推出那精彩的會面做了充分的準備的話，那麼，第四回（粗筆勾勒薛家進京之跋扈，以反襯黛玉的孤苦無依、心地善良）和第五回（詳細描寫寶玉神遊之繾綣，以顯示那「天分中生成一段癡情」）就是對這次會面的重要補充。《紅樓夢》前五回書令人神往的秘密正在這裏，《紅樓夢》第三回的美學價值也正在這裏。

先看看寶玉的出場。

人未出場，作者先借助《女媧補天》這個著名的神話再構造出兩個派生神話。一個是敍述無才補天的「頑石」下凡「造劫歷世」的故事，另一個是敍述那塊「頑石」日以甘露灌溉「絳珠仙草」的故事。這兩個神

紅樓夢・寶黛初逢

話從不同的角度熱情讚美了「靈性已通」的寶玉：一個預示了賈寶玉的思想性格不與俗同，另一個暗示了他與林黛玉的悲劇關係。

人未出場，作者又借助冷子興和賈雨村的一番議論鄭重其事地指明賈寶玉思想性格與衆不同的優點。「女兒是水做的骨肉，男人是泥做的骨肉，我見了女兒便清爽，見了男子便覺濁臭逼人！」這哪裏是什麽孩子話，而是閃耀着新思想光輝的至理名言。

天上神仙如此讚美，人間俗子這般議論，人雖未出場，但早已引起讀者的興趣。人們想盡快地見識見識他，並按照自己的理解想象着：賈寶玉究竟是何許人也？

一聲「寶玉來了」。他緩步出場了。曹雪芹把他領入賈母房中，使剛剛來到榮國府的黛玉一見便吃一大驚：

> 頭上戴着束髮嵌寶紫金冠，齊眉勒着二龍戲珠金抹額，一件二色金百蝶穿花大紅箭袖，束着五彩絲攢花結長穗宮縧，外罩石青起花八團倭緞排穗褂，登着青緞粉底小朝靴；面若中秋之月，色如春曉之花，鬢若刀裁，眉如墨畫，鼻如懸膽，睛若秋波，雖怒時而似笑，即瞋視而有情；項上金螭瓔珞，又有一根五色絲縧，繫着一塊美玉。

曹雪芹飽蘸感情的筆墨書寫的這段優美的文字，寫盡了賈寶玉的風流神采，不禁引起林黛玉心靈的震顫：「好生奇怪，倒像在那裏見過的？」

換了冠帶以後，在黛玉的眼裏，那秀美的容貌蘊含着一種「可心會而不可口傳」的風流：「面如傅粉，唇若施脂；轉盼多情，語言若笑；天然一段風韻，全在眉梢；平生萬種情思，悉堆眼角。」多麽秀美的形象，多麽動人的風采，多麽難忘的會見，「今生偏又遇着他」！

以秀美的形象拂去世俗的灰塵之後，曹雪芹筆墨酣暢地寫下兩首《西江月》，以貶爲褒，對賈寶玉做了總括全面的讚美：

無故尋愁覓恨，有時似傻如狂；縱然生得好皮囊，腹內原來草莽。潦倒不通庶務，愚頑怕讀文章；行爲偏僻乖張，那管世人誹謗！

富貴不知樂業，貧窮難耐淒涼；可憐辜負好韶光，於國於家無望。天下無能第一，古今不肖無雙：寄言紈袴與膏粱：莫效此兒形狀！

出生於封建貴族家庭的賈寶玉「背父兄教育之恩，負師友規訓之德」，怕讀「八股時文」，一聽到「仕途經濟」就大覺逆耳，斥之爲「混賬話」，把「文死諫、武死戰」嘲罵爲「沽名釣譽」，深恨自己「爲什麼生在這侯門公府之家」，認爲「富貴」二字真真把人荼毒了。如果以封建正統思想來衡量，他這樣拒絕走封建家長爲之規定的生活道路，自然是「無能第一」、「不肖無雙」、「於國於家無望」。如果以反對封建正統思想爲進步，他當然應該受到讚揚。

榮國府中的賈寶玉生活在兩個尖銳對立的世界中，一方是居於統治地位的任主子們濫施淫威的專制王國，另一方則是處於被統治地位的以女兒爲主的自由天地。在這個走向衰敗的封建大家庭裏，他目睹了主子們的腐朽無能和女兒們的純潔剛烈，毫不猶豫地把全部身心撲在受奴役受迫害的薄命女兒們身上，並把自己奉獻給黛玉的真摯愛情和這些女兒的命運聯繫在一起，勇敢地向封建禮教、封建舊傳統挑戰，執著地追求個性解放和生活自由。所有這些，在封建衛道者們的眼裏自然是「行爲偏僻性乖張」、「似傻如狂」。這個世俗眼中的怪人、女兒國裏的良友，「那管世人誹謗」，堅持自己那套做人處世的主張，煥發出一種前所未有的新的精神。儘管這種精神在當時是很微弱的，但從歷史的發展來看卻是有前途的。賈寶玉這個不朽的藝術形象出現在十八世紀中國封建社會末期的漫漫長夜裏的思想價值正在這裏。他一出場，從那兩首《西江月》中就閃爍出這種精神光芒。

紅樓夢・寶黛初逢

再看看黛玉的出場。

和寶玉的出場近似，黛玉的出場也很精彩。

人未出場，作者馳騁豐富的想象，傳神地描繪了「絳珠仙草」的形象。她生於西方靈河岸上三生石畔，受了神瑛侍者的雨露滋養，脫了草木之胎，幻化人形，修成女體。衹因未酬灌漑之德，故五內鬱結着一段纏綿不盡之意。這就預示了林黛玉的多情和哀痛。她要把一生所有的眼淚還他，可眼中能有多少珠淚兒，怎禁得秋流到冬，春流到夏！

人未出場，作者借賈雨村之口稱讚黛玉言語舉止不與凡女子相同，這又預示了她的才華出衆、蘊藉風流。

黛玉的出場是從她跨入榮國府開始的，而高潮卻在她和寶玉的初次相見之時。未見寶玉其人，舅母王夫人囑咐她：我有一個孽根禍胎，是家裏的「混世魔王」，你以後總不用理會他。她也聽母親說過，有個內侄乃銜玉而生，頑劣異常，不喜讀書，最喜在內幃廝混，外祖母又溺愛，無人敢管。聽見丫鬟一聲稟報「寶玉來了」，她心想：「這個寶玉不知是怎樣個憊懶人呢！」及至進來一看，她不禁驚呆了：何等眼熟、何等秀美、何等風流！曹雪芹以細膩委婉的筆觸把這個多情善感的少女的內心活動刻畫得異常真實自然。看起來似乎是爲了描寫寶玉而蓄勢，其實是交相輝映、相得益彰。

在黛玉的眼裏，寶玉的容貌風度「最是極好」；在寶玉的眼裏，黛玉的容貌風度又是如何呢？「細看時，真是與衆各別」：

兩彎似蹙非蹙籠煙眉，一雙似喜非喜含情目。態生兩靨之愁，嬌襲一身之病。淚光點點，嬌喘微微。閑靜似嬌花照水，行動如弱柳扶風。心較比干多一竅，病如西子勝三分。

紅樓夢，寶黛初逢

初看起來，這段文字似落俗套，反映了封建時代的審美觀；其實也不盡然。以曹雪芹那樣的藝術天才也無法超越時代。封建時代的傳統總是把「病態美」奉爲典範，儘管曹雪芹高度尊重女兒，但在描寫女子容貌美麗時還不能完全擺脱傳統的影響。不過，這段描寫主要是爲了適合林黛玉的思想性格特點，在意態神情上做文章，有意點出她的「愁」、「病」、「淚」、「弱」，不應一律視爲俗套。

寶玉看罷，笑道：「這個妹妹我曾見過的。」這簡直是曹雪芹的神來之筆，那麽難以表達的兩心相通時所產生的同樣心靈震顫，輕而易舉地完成了。

黛玉的出場以寄人籬下始，以初次見面就引起寶玉摔玉而告終，當然是大有深意的。被賈寶玉傾心愛慕的林黛玉從此和寶玉一起生活在榮國府這個泯滅人性、扼殺愛情、釀成一幕幕女兒悲劇的生活環境裏。正是這樣的環境，發展了他們的叛逆思想，堅定了他們的深摯愛情：「什麽『金玉姻緣』？我偏説『木石姻緣』！」一部《紅樓夢》，假若抽出賈寶玉和林黛玉這兩個主要人物，恐怕將難以流傳至今，更不用説能成爲世界一流的名著了；假若抽出鳳姐這個人物，似乎也將減色不少。《紅樓夢》第三回之所以屢讀不厭，除了傳神地描寫了賈寶玉和林黛玉的出場以外，還因爲成功地描寫了鳳姐的出場。

鳳姐是榮國府的當家人。這個「外面的架子雖沒很倒，內囊卻也盡上來了」的封建大家庭如今正面臨着走向沒落衰敗的嚴重局面，似乎不靠着這位集貪婪、虛僞、狠毒、殘忍、果斷、機警、伶牙俐齒、覆雨翻雲、威儀堂堂於一身的當家人就維持不下去了。她深得賈母寵愛，又精明強幹，一切都看老祖宗的臉色行事，根本不把公公婆婆放在眼內，視之如木雕泥塑。一言以蔽之：她牢牢地掌握着榮國府的實權。如何寫這樣的人物出場，確實不容易。曹雪芹有意把她安排在第三回出場，讓她在賈母面前迎接新來的遠客林黛玉。

一陣笑語聲過後，一羣媳婦丫鬟簇擁着一個麗人從後房進入賈母屋中，出現在外來客人林黛玉面前，這叫做「未見其人，先聞其聲」。「我來遲了，沒得迎接遠客！」這笑語聲，表面上是向黛玉致意，實際上是説給賈母聽的，這叫做「一聞其聲，即知其人」。初進榮國府的黛玉聽了這話，一經比較，自然想道：在賈母面前衆人皆斂聲屏息，而來者是誰，這樣放誕無禮？其實，這不是放誕無禮，因爲來者是賈母寵愛的人，又是全府的當家人，這樣無視長幼尊卑是府中早已習慣的事了。瞧那氣派，確實與衆不同：衆人簇擁着她，她「恍若神妃仙子」，「粉面含春威不露，丹唇未啓笑先開。」她一進來，賈母得意地向黛玉介紹：「她是我們這裏有名的一個潑辣貨，南京所謂『辣子』，你衹叫她『鳳辣子』就是了。」這番詼諧介紹，簡直是炫耀家珍！賈母寵愛鳳姐的程度就可想而知了。爲什麼賈母這樣寵愛她？且聽她對初到賈府的黛玉說的一席話：

天下真有這樣標致人兒！我今日才算看見了！況且這通身的氣派，竟不像老祖宗的外孫女兒，竟是嫡親的孫女兒似的，怨不得老祖宗天天嘴裏心裏放不下。——衹可憐我這妹妹這麼命苦，怎麼姑媽偏就去世了呢！

開始是笑着說的，說到妹妹命苦、姑媽去世時，便用帕拭淚——這是演戲給賈母看的，而且演得很精彩。開頭兩句誇讚黛玉標致的話，是爲底下讚頌賈母服務的，說奉承話已經達到了沒有痕跡、覺察不到的高水平了。最後兩句由笑轉悲，自然得體，分寸掌握得很好。這兩句沒有引起賈母傷心，反而把賈母說得笑起來：「我纔好了，你又來招我。」她聽了，忙轉悲爲喜道：「我一見了妹妹，一心都在他身上，又是喜歡，又是傷心，竟忘了老祖宗。該打，該打！」這番表演至此功德圓滿、天衣無縫！曹雪芹就是這樣繪聲繪影地寫盡了鳳姐的意態風神，含蓄委婉地披露了鳳姐的內心世界。

《紅樓夢》現實主義藝術留給後世借鑒的東西實在是太豐富了，僅第三回寫了賈寶玉、林黛玉、鳳姐的精彩出場，就足以顯示它的藝術魅力。似乎可以說，第三回是令人神往的全書序幕中的精彩之筆，讀完它，人們仍將徜徉於美的藝術境界之中。

（張相儒）

紅樓夢・劉姥姥一進大觀園

劉姥姥一進大觀園

曹雪芹

按榮府中一宅人合算起來，人口雖不多，從上至下，也有三四百丁；雖事不多，一天也有一二十件，竟如亂麻一般，並無個頭緒可作綱領。正思從那一件事自那一個人寫起方妙？恰好忽從千里之外，芥豆之微，小小一個人家，因與榮府略有些瓜葛，這日正往榮府中來，因此便就此一家說來，倒還是頭緒。

原來這小小之家，姓王，乃本地人氏，祖上也做過一個小小京官，昔年曾與鳳姐之祖王夫人之父認識。因貪王家的勢利，便連了宗，認作侄兒。那時祇有王夫人之大兄鳳姐之父與王夫人隨在京的知有此一門遠族，餘者也皆不知。目今其祖早故，祇有一個兒子，名喚王成，因家業蕭條，仍搬出城外鄉村中住了。王成亦相繼身故，有子小名狗兒，娶妻劉氏，生子小名板兒；又生一女，名喚青兒：一家四口，以務農爲業。因狗兒白日間自作些生計，劉氏又操井臼等事，青板姊弟兩個，無人照管，狗兒遂將岳母劉姥姥接來，一處過活。

這劉姥姥乃是個久經世代的老寡婦，膝下又無子息，祇靠兩畝薄田度日。如今女婿接了養活，豈不願意呢，遂一心一計，幫着女兒女婿過活。因這年秋盡冬初，天氣冷將上來，家中冬事未辦，狗兒未免心中煩躁，吃了幾杯悶酒，在家裏閑尋氣惱，劉氏不敢

紅樓夢·劉姥姥一進大觀園

頂撞。因此劉姥姥看不過，便勸道：「姑爺，你別嗔着我多嘴：咱們村莊人家兒，那一個不是老老實實守着多大碗兒吃多大的飯呢！你皆因年小時候，得着老子娘的福，吃喝慣了，如今所以有了錢就顧頭不顧尾，沒了錢就瞎生氣，成了什麼男子漢大丈夫了！如今咱們雖離城住着，終是天子腳下。這『長安』城中，遍地皆是錢，衹可惜沒人會去拿罷了。在家跳蹋也沒用！」狗兒聽了道：「你老衹會在炕頭上坐着混說，難道叫我打劫去不成？」劉姥姥說道：「誰叫你去打劫呢？也到底大家想個方法兒才好。不然，那銀子錢會自己跑到咱們家裏來不成？」狗兒冷笑道：「有法兒還等到這會子呢！我又沒有收稅的親戚、做官的朋友，有什麼法子可想的？就有，也衹怕他們未必來理我們呢！」

劉姥姥道：「這倒也不然。『謀事在人，成事在天』，咱們謀到了，靠菩薩的保佑，有些機會，也未可知。我倒替你們想出一個機會來。當日你們原是和金陵王家連過宗的。二十年前，他們看承你們還好，如今是你們拉硬屎，不肯去就和他，才疏遠起來。想當初我和女兒還去過一遭，他家的二小姐，着實爽快會待人的，倒不拿大。如今現是榮國府賈二老爺的夫人，聽見他們說，如今上了年紀，越發憐貧恤老的了，又愛齋僧布施。如今王府雖升了官兒，衹怕二姑太太還認的咱們，你爲什麼不走動走動？或者他還念舊，有些好處也未可知。衹要他發點好心，拔根寒毛比咱們的腰還壯呢！」劉氏接口道：「你老說的好。你我這樣嘴臉，怎麼好到他門上去？衹怕他那門上人也不肯進去告訴，沒的白打嘴現世的！」

誰知狗兒利名心重，聽如此說，心下便有些活動；又聽他妻子這番話，便笑道：「姥姥既這麼說，況且當日你又見過這姑太太一次，爲什麼不你老人家明日就去走一遭，先試試風頭兒去？」劉姥姥道：「哎喲！可是說的了：『侯門似海』，我是個什麼東西兒！他家人又不認得我，去了也是白跑。」狗兒道：「不妨，我教給你個法兒。你竟帶了小板兒先去找陪房周大爺，要見了他，就有些意思了。這周大爺先時和我父親交過一樁事，我們本極好的。」劉姥姥道：「我也知道。祇是許多時不走動，知道他如今是怎樣？這也說不得了！你又是個男人，這麼個嘴臉，自然去不得。我們姑娘年輕的媳婦兒，也難賣頭賣腳的，倒還是舍着我這副老臉去碰碰。果然有好處，大家也有益。」當晚計議已定。

次日天未明時，劉姥姥便起來梳洗了，又將板兒教了幾句話；五六歲的孩子，聽見帶了他進城逛去，喜歡的無不應承。於是劉姥姥帶了板兒，進城至寧榮街來。到了榮府大門前石獅子旁邊，祇見滿門口的轎馬。劉姥姥不敢過去，撣撣衣服，又教了板兒幾句話，然後溜到角門前，祇見幾個挺胸疊肚，指手畫腳的人坐在大門上，說東談西的。劉姥姥祇得蹭上來問：「太爺們納福。」衆人打量了一會，便問：「是那裏來的？」劉姥姥陪笑道：「我找太太的陪房周大爺的。煩那位太爺替我請他出來。」那些人聽了，都不理他，半日，方說道：「你遠遠的那牆畸角兒等着，一會子他們家裏就有人出來。」內中有個年老的說道：「何苦悮他的事呢？」因向劉姥姥道：「周大爺往南邊去了。他在後一帶住着，他們奶奶兒倒在家呢。你打這邊繞到後街門上找就是了。」

劉姥姥謝了，遂領着板兒繞至後門上，祇見門上歇着些生意擔子，也有賣吃的，也有賣玩耍的，鬧吵吵三二十個孩子在那裏。劉姥姥便拉住一個道：「我問哥兒一聲：有個周大娘在家麼？」那孩子翻眼瞅着道：「那個周大娘？我們這裏周大娘有幾個呢，不知那一個行當兒上的？」劉姥姥道：「他是太太的陪房。」那孩子道：「這個容易，你跟了我來。」引着劉姥姥進了後院，到一個院子牆邊，指道：「這就是他家。」又叫道：「周大媽，有個老奶奶子找你呢。」

周瑞家的在內忙迎出來，問：「是那位？」劉姥姥迎上來笑問道：「好啊？周嫂子。」周瑞家的認了半日，方笑道：「劉姥姥，你好？你說麼，這幾年不見，我就忘了。請家裏坐。」劉姥姥一面走，一面笑說道：「你老是『貴人多忘事』了，那裏還記得我們？」說着，來至房中，周瑞家的命雇的小丫頭倒上茶來吃着。周瑞家的又問道：「板兒長了這麼大了麼！」又問些別後閑話，又問劉姥姥：「今日還是路過，還是特來的？」劉姥姥便說：「原是特來瞧瞧嫂子；二則也請請姑太太的安。若可以領我見一見更好，若不能，就借重嫂子轉致意罷了。」

周瑞家的聽了，便已猜着幾分來意。祇因他丈夫昔年爭買田地一事，多得狗兒他父親之力，今見劉姥姥如此，心中難卻其意；二則也要顯弄自己的體面，便笑說：「姥姥你放心。大遠的誠心誠意來了，豈有個不叫你見個真佛兒去的呢？論理，人來客至，卻都不與我相干。我們這裏都是各一樣兒：我們男的祇管春秋兩季地租子，閑了時帶着小爺們出門就完了；我祇管跟太太奶奶們出門的事。皆因你是太太的親戚，又拿我當個人，投奔了我來，我竟破個例給你通個信兒去。——但祇一件，你還不知道呢！我們這裏不比五年前了，如今太太不理事，都是璉二奶奶當家。你打量璉二奶奶是誰？就是太太的內侄女兒，大舅老爺的女孩兒，小名兒叫鳳哥的。」

劉姥姥聽了，忙問道：「原來是他？怪道呢，我當日就說他不錯。這麼說起來，我今兒還得見他了？」周瑞家的道：「這個自然，如今有客來，都是鳳姑娘周旋接待，今兒寧可不見太太，倒得見他一面，才不枉走這一遭兒。」劉姥姥道：「阿彌陀佛！這全仗嫂子方便了。」周瑞家的說：「姥姥說那裏話？俗語說的好：『與人方便，自己方便。』不過用我一句話，又費不着我什麼事。」說着，便喚小丫頭到廳兒上悄悄的打聽老太太屋裏擺了飯了沒有。小丫頭去了。

這裏二人又說了些閑話。劉姥姥因說：「這位鳳姑娘，今年不過十八九歲罷了，

紅樓夢·劉姥姥一進大觀園

就這等有本事，當這樣的家，可是難得的！」周瑞家的聽了道：「嗐！我的姥姥，告訴不得你了！這鳳姑娘年紀兒雖小，行事兒比是人都大呢。如今出挑的美人兒似的，少說着衹怕有一萬心眼子，再要賭口齒，十個會說的男人也說不過他呢！回來你見了就知道了。——就衹一件，待下人未免太嚴些兒。」說着，小丫頭回來說：「老太太屋裏擺完了飯了，二奶奶在太太屋裏呢。」

周瑞家的聽了，連忙起身催着劉姥姥：「快走，這一下來就衹吃飯是個空兒，咱們先等着去。若遲了一步，回事的人多了，就難說了。再歇了中覺，越發沒時候了。」說着，一齊下了炕，整頓衣服，又教了板兒幾句話，跟着周瑞家的，逶迤往賈璉的住宅來。先至倒廳，周瑞家的將劉姥姥安插住等着，自已卻先過影壁，走進了院門，知鳳姐尚未出來，先找着鳳姐的一個心腹通房大丫頭名喚平兒的；周瑞家的先將劉姥姥起初來歷說明，又說：「今日大遠的來請安，當日太太是常會的，所以我帶了他過來。等着奶奶下來，我細細兒的回明了，想來奶奶也不至嗔着我莽撞的。」

平兒聽了，便作了個主意：「叫他們進來，先在這裏坐着就是了。」周瑞家的才出去領了他們進來。上了正房臺階，小丫頭打起猩紅氈簾，才入堂屋，衹聞一陣香撲了臉來，竟不知是何氣味，身子就像在雲端裏一般。滿屋裏的東西都是耀眼爭光，使人頭暈目眩；劉姥姥此時衹有點頭咂嘴念佛而已。於是走到東邊這間屋裏，乃是賈璉的女兒睡覺之所。平兒站在炕沿邊，打量了劉姥姥兩眼，衹得問個好，讓了坐。劉姥姥見平兒遍身綾羅，插金戴銀，花容月貌，便當是鳳姐兒了，才要稱「姑奶奶」，衹見周瑞家的說：「他是平姑娘。」又見平兒趕着周瑞家的叫他「周大娘」，方知不過是個有體面的丫頭。於是讓劉姥姥和板兒上了炕，平兒和周瑞家的對面坐在炕沿上，小丫頭們倒了茶來吃了。

紅樓夢・劉姥姥一進大觀園

劉姥姥祇聽見咯當咯當的響聲，很似打羅篩面的一般，不免東瞧西望的，忽見堂屋中柱子上掛着一個匣子，底下又墜着一個秤鉈似的，卻不住的亂晃，劉姥姥心中想着：「這是什麼東西？有煞用處呢？」正發呆時，陡聽得「當」的一聲，又若金鐘銅磬一般，倒嚇得不住的展眼兒。接着一連又是八九下，欲待問時，祇見小丫頭們一齊亂跑，說：「奶奶下來了。」平兒和周瑞家的忙起身說：「姥姥祇管坐着，等是時候兒，我們來請你。」說着迎出去了。

劉姥姥祇屏聲側耳默候，祇聽遠遠有人笑聲，約有一二十個婦人，衣裙窸窣，漸入堂屋，往那邊屋內去了。又見三兩個婦人，都捧着大紅油漆盒，進這邊來等候。聽得那邊說道「擺飯」，漸漸的人才散出去，祇有伺候端菜的幾個人。半日鴉雀不聞。忽見兩個人擡了一張炕桌來，放在這邊炕上，桌上碗盤擺列，仍是滿滿的魚肉，不過略動了幾樣。板兒一見就吵着要肉吃，劉姥姥打了他一巴掌。忽見周瑞家的笑嘻嘻走過來，點手兒叫他，劉姥姥會意，於是帶着板兒下炕，至堂屋中間，周瑞家的又和他咕唧了一會子，方蹭到這邊屋內。

祇見門外銅鈎上懸着大紅灑花軟簾，南窗下是炕，炕上大紅條氈，靠東邊板壁立着一個鎖子錦的靠背和一個引枕，鋪着金綫閃緞大坐褥，傍邊有銀唾盒。那鳳姐家常帶着紫貂昭君套，圍着那攢珠勒子，穿着桃紅灑花襖，石青刻絲灰鼠披風，大紅洋縐銀鼠皮裙；粉光脂豔，端端正正坐在那裏，手內拿着小銅火筯兒撥手爐內的灰。平兒站在炕沿邊，捧着小小的一個填漆茶盤，盤內一個小蓋鍾兒。鳳姐也不接茶，也不擡頭，祇管撥那灰，慢慢的道：「怎麼還不請進來？」一面說，一面擡身要茶時，祇見周瑞家的已帶了兩個人立在面前了，這才忙欲起身，猶未起身，滿面春風的問好，又嗔着周瑞家的：「怎麼不早說！」劉姥姥已在地下拜了幾拜，問姑奶奶安。鳳姐忙說：「周姐姐，攙着不拜罷。我年輕，不大認得，可也不知是什麼輩數兒，不敢稱呼。」周瑞家的忙回道：「這就是我才回的那個姥姥了。」鳳姐點頭，劉姥姥已在炕沿上坐下了。板兒便躲在他背後，百般的哄他出來作揖，他死也不肯。

鳳姐笑道：「親戚們不大走動，都疏遠了。知道的呢，說你們棄嫌我們，不肯常來；不知道的那起小人，還祇當我們眼裏沒人似的。」劉姥姥忙念佛道：「我們家道艱難，走不起。來到這裏，沒的給姑奶奶打嘴，就是管家爺們瞧着也不像。」鳳姐笑道：「這話沒的叫人噁心，——不過托賴着祖父的虛名，作個窮官兒罷咧，誰家有什麼？不過也是個空架子。俗語兒說的好，『朝廷還有三門子窮親』呢，何況你我？」說着，又問周瑞家的：「回了太太了沒有？」周瑞家的道：「等奶奶的示下。」鳳姐兒道：「你去瞧瞧，要是有人就罷；要得閑呢，就回了，看怎麼說。」周瑞家的答應去了。

這裏鳳姐叫人抓了些果子給板兒吃，剛問了幾句閑話時，就有家下許多媳婦兒管事的來回話。平兒回了，鳳姐道：「我這裏陪客呢，晚上再來回。要有緊事，你就帶進來現辦。」平兒出去，一會進來說：「我問了，沒什麼要緊的。我叫他們散了。」鳳姐點頭。祇見周瑞家的回來，向鳳姐道：「太太說：『今日不得閑兒，二奶奶陪着也是一樣，多謝費心想着。要是白來逛逛呢便罷；有什麼說的，祇管告訴二奶奶。』」劉姥姥道：「也沒甚的說，不過來瞧瞧姑太太姑奶奶，也是親戚們的情分。」周瑞家的道：「沒有什麼說的便罷；要有話，祇管回二奶奶，和太太是一樣兒的。」一面說，一面遞了個眼色兒。

劉姥姥會意，未語先紅了臉，待要不說，今日所爲何來？祇得勉強說道：「論理今日初次見，原不該說的；祇是大遠的奔了你老這裏來，少不得說了……」剛說到這裏，祇聽二門上小廝們回說：「東府裏小大爺進來了。」鳳姐忙和劉姥姥擺手道：「不必說

紅樓夢・劉姥姥一進大觀園

了。」一面便問：「你蓉大爺在那裏呢？」祇聽一路靴子響，進來了一個十七八歲的少年，面目清秀，身段苗條，美服華冠，輕裘寶帶。劉姥姥此時坐不是，站不是，藏沒處藏，躲沒處躲。鳳姐笑道：「你祇管坐着罷，這是我侄兒。」劉姥姥才扭扭捏捏的在炕沿上側身坐下。

那賈蓉請了安，笑回道：「我父親打發來求嬸子，上回老舅太太給嬸子的那架玻璃炕屏，明兒請個要緊的客，略擺一擺就送來。」鳳姐道：「你來遲了，昨兒已經給了人了。」賈蓉聽說，便笑嘻嘻的在炕沿上下個半跪道：「嬸子要不借，我父親又說我不會說話了；又要挨一頓好打。好嬸子，祇當可憐我罷！」鳳姐笑道：「也沒見我們王家的東西都是好的？你們那裏放着那些好東西，祇別看見我的東西才罷，一見了就想拿了去。」賈蓉笑道：「祇求嬸娘開恩罷！」鳳姐道：「碰壞一點兒，你可仔細你的皮！」因命平兒拿了樓門上鑰匙，叫幾個妥當人來擡去。賈蓉喜的眉開眼笑，忙說：「我親自帶人拿去，別叫他們亂碰。」說着便起身出去了。

這鳳姐忽然想起一件事來，便向窗外叫：「蓉兒回來。」外面幾個人接聲說：「請蓉大爺回來呢。」賈蓉忙回來，滿臉笑容的瞅着鳳姐，聽何指示。那鳳姐祇管慢慢吃茶，出了半日神，忽然把臉一紅，笑道：「罷了，你先去罷。晚飯後你來再說罷。這會子有人，我也沒精神了。」賈蓉答應個是，抿着嘴兒一笑，方慢慢退去。

這劉姥姥方安頓了，便說道：「我今日帶了你侄兒，不爲別的，因他爹娘連吃的也沒有，如今天氣又冷了，祇得帶了你侄兒奔了你老來。」說着，又推板兒道：「你爹在家裏怎麼教你的？打發咱們來作煞事的？祇顧吃果子！」鳳姐早已明白了，聽他不會說話，因笑道：「不必說了，我知道了。」因問周瑞家的道：「這姥姥不知用了早飯沒有呢？」劉姥姥忙道：「一早就往這裏趕咧，那裏還有吃飯的工夫咧？」鳳姐便命：「快傳飯來。」

一時周瑞家的傳了一桌客饌，擺在東屋裏，過來帶了劉姥姥和板兒過去吃飯，鳳姐這裏道：「周姐姐好生讓着些兒，我不能陪了。」一面又叫過周瑞家的來問道：「方才回了太太，太太怎麽說了？」周瑞家的道：「太太說：『他們原不是一家子；當年他們的祖和太老爺在一處做官，因連了宗的。這幾年不大走動。當時他們來了，卻也從沒空過的；如今來瞧我們，也是他的好意，別簡慢了他。要有什麽話，叫二奶奶裁奪着就是了。』」鳳姐聽了說道：「怪道既是一家子，我怎麽連影兒也不知道！」

說話間，劉姥姥已吃完了飯，拉了板兒過來，舔唇咂嘴的道謝。鳳姐笑道：「且請坐下，聽我告訴你：方才你的意思，我已經知道了。論起親戚來，原該不等上門就有照應才是；但祇如今家裏事情太多，太太上了年紀，一時想不到是有的。我如今接着管事，這些親戚們又都不大知道，況且外面看着，雖是烈烈轟轟，不知大有大的難處，說給人也未必信。你既大遠的來了，又是頭一遭兒和我張個口，怎麽叫你空回去呢？可巧昨兒太太給我的丫頭們作衣裳的二十兩銀子還沒動呢，你不嫌少，先拿了去用罷。」

那劉姥姥先聽見告艱苦，祇當是沒想頭了，又聽見給他二十兩銀子，喜的眉開眼笑道：「我們也知道艱難的，但祇俗語說的：『瘦死的駱駝比馬還大』呢。憑他怎樣，你老拔一根寒毛比我們的腰還壯哩！」周瑞家的在旁聽見他說的粗鄙，祇管使眼色止他。鳳姐笑而不睬，叫平兒把昨兒那包銀子拿來，再拿一串錢，都送至劉姥姥跟前。鳳姐道：「這是二十兩銀子，暫且給這孩子們作件冬衣罷。改日沒事，祇管來逛逛，才是親戚們的意思。天也晚了，不虛留你們了。到家該問好的都問個好兒罷。」一面說，一面就站起來了。

劉姥姥祇是千恩萬謝的，拿了銀錢，跟着周瑞家的走到外邊。周瑞家的道：「我的

紅樓夢・劉姥姥一進大觀園

娘！你怎麼見了他倒不會說話了呢？開口就是『你侄兒』，我說句不恐你惱的話：就是親侄兒，也要說的和軟些兒。那蓉大爺才是他的侄兒呢，他怎麼又跑出這麼個侄兒來了呢！」劉姥姥笑道：「我的嫂子！我見了他，心眼兒裏愛還愛不過來，那裏還說的上話來？」二人說着，又到周瑞家坐了片刻，劉姥姥要留下一塊銀子給周家的孩子們買果子吃，周瑞家的那裏放在眼裏，執意不肯，劉姥姥感謝不盡，仍從後門去了。

（節自《紅樓夢》第六回）

要在賞析《紅樓夢》上擇點文字，總是苦於難以落筆。這部偉大的古典小說名著，構思絕妙，鍼腳過細，衹就其中一點看去，似乎很不容易品出它的好處；若孤立抽出來講，也難說盡它的妙情，儘管它分成數十百回寫的，然而每一回都有自己精到的地方。第六回後一半寫了劉姥姥一進榮國府的故事，它和這部作品中許多片斷一樣，精彩過人，細緻得令人傾倒。倘若僅僅說它是爲情節、結構的需要，安排了這麼一回，顯然是看窄了、看薄了。如若沒有這「一進」，談不上後面的「二進」「三進」。如果取消了劉姥姥這個人物，雖依舊可以寫成《紅樓夢》，然而定會減色不少、單薄許多。由於作者絕妙地構思了劉姥姥這個形象，便把對賈家這一豪門貴族地主階級家庭生活的描繪，拉到更爲寬闊的現實生活的時、空中去了。尤其她幾次進入榮府，清晰地勾畫出賈家由興盛轉爲衰敗的歷史軌跡，從而把貴族階級和平頭百姓從平凡的日常生活中找到了可信的聯繫，才更能顯現出生活的豐富、複雜的內容，僅此一點，即可看出這樣對深化主題起着不可估量的藝術作用。

爲了賞析，得循着作者指引的方向瞄過去。第六回後半回一開頭就說：「按榮府中一宅人合算起來，人口雖不多，從上至下，也有三四百丁；雖事不多，一天也有一二十件，竟如亂麻一般，並無個頭緒可作綱領。正尋思從那一件事自那一個人寫起方妙，恰好忽從千里之外，芥豆之微，小小一個人家，因與榮府略有些瓜葛，這日正往榮府中來，因此便就此一家說來，倒還是頭緒。」

作者選擇劉姥姥和她進榮府打秋風的故事作爲引線，引出後面故事和諸多人物，實在是再別致不過的藝

紅樓夢．劉姥姥一進大觀園

術運思。劉姥姥從根本上說與賈府沒有什麼直接瓜葛，勉強拉扯，不過是他們祖上與賈政夫人王氏及內侄女王熙鳳家的祖上有那麼一點點連宗，沾着點兒邊。

接下來，開始交代劉姥姥和她女婿一家，順理成章地寫出劉姥姥的身世遭遇。她是一位積年的老寡婦，膝下又無兒子，衹靠兩畝薄田度日，跟着女婿過日子。天氣轉冷，生計發生困難，女婿心頭煩悶，常在家「閑尋氣惱」，這種惴惴不安的環境，劉姥姥看不下去，勸了女婿幾句，同時在爲他搜索枯腸地尋找出路。念叨着榮府有個二老爺夫人，決定向那位憐貧恤老、愛齋敬道、捨米捨錢的人家，去謀謀事。她的貧賤，使她難免還得受凍餒之苦，用她的話說：「連吃的都沒有。如今天又冷了」，衹得爲自己也爲女婿去打秋風。她心裏忐忑，語言、行動遲疑，生怕碰一鼻子灰。來到賈府前，心裏更是發虛，步子也就邁不開，問清住址，她衹能蹭到角門前，或蹭到那些兇神惡煞般的看門的面前。這裏，作者寫得非常生動形象，用詞很準確，因而達到了神情畢肖的境地。她不慣向人家告幫，在那些主子們面前，她實話實說，所以說她有質樸、憨厚的一面。然而，她雖家道艱難，終究還能在「連宗關係」中挖出一絲希望，可以估摸着進城去蹚蹚路。因而，就憑這點，她與那些祖祖輩輩遠離都市而又與富貴人家毫無瓜葛的老赤貧婦們相比，又畢竟有一點世面，多一點機靈勁兒。爲了生計，她還可以陪着笑臉，去拉扯這層關係。所以說她又有其機靈、乖巧的一面。爲了需要，她可以去承奉、阿諛貴人們。雖然巴結、奉承得有些笨拙，有些土裏土氣。就是這一點，才更引起了那些貴族婦人、小姐們的趣味，覺得可笑，可以取樂。在她們酒醉飯飽的當兒，可用它來調劑一下百無聊賴的生活。然而「一進」畢竟衹是初次見面。她身上的這一喜劇因素，尚未被那些人充分發現，並且也還未能充分發掘出來。作品衹寫了她在吃了一頓飽飯又意外地得到了二十兩銀子的賞賜之後，陶醉了，暈暈乎乎，興奮之餘，爲了奉承，說了一段衹有她才說得出來的粗鄙的俏皮話。這裏，已開始透露出她可供人耍笑的醜態。這纔衹是「一進榮國府」，她衹是來蹚蹚路，還沒有可能允許她放縱自己，盡情的顯露自己不能自持的一面。後來，鳳姐還邀她「改日無事，衹管來逛逛。」這趟打秋風不僅蹚平了道，並獲得了實利。她肯定是會再摸着來的。她後來雖然明白「有錢高三輩，無錢輩輩低」的冷暖世情，但爲了改變一下生活的困境，後來終究成了鳳姐拿來作爲娛樂

紅樓夢・劉姥姥一進大觀園

賈母及全家的小丑和鬧劇中的主角。三十九回劉姥姥再度進入榮國府，她那憨直拙樸的一面，已被供人享受、滿足那一幫精神空虛的主子們取樂的一面所壓住。「一進」作者對她花費了不少筆墨。雖沒有去寫她的形貌，卻在人際關係中寫出了她獨具的性格和靈魂。形象既鮮明、生動，又具有分寸感和多側面性。

然而，劉姥姥畢竟不是榮府中人物，作者所指出的數百人中不應該包括她在內。而這一回寫了榮府自上至下二三十位人物，絕大多數無姓無名，不過是過場人物和龍套而已。正面着墨寫來的是周瑞家的、平兒、鳳姐三人。而沒有去寫寶玉、黛玉、寶釵。因爲這回前半回剛寫了寶玉，而從周瑞家的引出第七回由「送宮花」導致的寶釵和黛玉的思想性格矛盾衝突。因而第六回也是爲下面作了必要的鋪墊，同時，也等於寫出了賈、薛、林性格衝突的客觀生活環境。

劉姥姥進府是由周瑞家的引見的。周瑞家的何許人也？她本是賈政夫人王氏的陪房，在衆多奴僕中她地位特殊，見多識廣，對賈府情況了若指掌。她女婿冷子興能演說榮國府，諸多內情可說是從他岳母那裏躉來的（例如他對王熙鳳的評價和他岳母十分相近）。都說鳳姐是「十個會說話的男人也說不過他」。周瑞家的擅長巴結、討好主子，慣於見機行事。她在劉姥姥見着鳳姐時，多次以眼色向劉姥姥示意：一次令她張嘴說話；後來，見劉姥姥說的過於粗鄙，「祇管使眼色止她」。反映了她極其善於揣摩主子的心意。她之所以敢把農村來的劉姥姥引進榮府，一來，多少年前，劉姥姥的女婿曾爲周瑞家的出過綿薄之力；二來，一下子尙未完全弄清劉姥姥與王氏姑侄間的關係，因此不敢怠慢；三來，借此機會可以在生人面前顯弄自己的體面。她是有頭有臉的奸詐小人，王朝聞先生稱她是「爪牙」。她和劉姥姥思想性格自然不同，因爲在她身上早已消失了勞動者質樸美好的一面。書中後面寫她是迫害司棋的幫兇。寶玉說得好：「奇怪！奇怪！怎麽這些人，祇一嫁了漢子，比男人更可殺了！」在這回中描寫她不斷估摸自己主子的心理活動。她告訴劉姥姥説：「今兒寧可不會太太，倒得見她（按，指鳳姐）一面，才不枉走這一遭兒。」她是個十足的勢利小人。當劉姥姥再次謝過她時，她沾沾自喜地說「俗語說的好：『與人方便，自己方便。』不過用我一句話，又費不着我什麽事。」在炫耀中，透露出一副可憎的市儈嘴臉。開始，她十分熱心地向鳳姐介紹劉姥姥，然而，當周瑞家的發現劉姥姥與鳳姐家關係十分一般，加之寧府賈蓉到來，使鳳姐和賈蓉無拘束的親密調笑因此受阻，鳳姐便透出有不耐煩接待劉姥姥之意，周瑞家的便訓斥劉姥姥說她不該不得體地教外孫自稱是鳳姐的侄兒，她說：「我的娘！你怎麼見了他倒不會說話了？開口就是『你侄兒』，我說句不恐你惱的話：就是親侄兒，也要說的和軟些……」。多麼會隨機應變的婦人！以主人的好惡爲自己的好惡，作者神情畢肖地勾畫出她的醜惡靈魂。然而，作者所着力描寫的榮府中焦點式的人物——鳳姐，也是由劉姥姥的眼中看來，見到她的梳妝打扮、儀表、風度、舉止、談吐、動作、做派。爲了寫她，也充分描寫了她屋內的陳設。在第六回以前，書中似有三處明明暗暗地描述過她。第二回冷子興演說榮國府，用了一大段話描述她，並用其丈夫賈璉做了反襯。總起來說用了四句話來形容：模樣標致、言語爽利、心機極細，「竟是個男人萬不及一的」，不過是給讀者一個輪廓勾勒而已。第三回黛玉初進榮國府見了一個活生生的藝術形象。在一個人人斂聲屏氣、恭肅嚴整的環境中，鳳姐敢於大聲喊着、笑着，走了進來。她的放誕無禮，使黛玉驚訝不已。這個被祖婆稱之爲「潑皮破落戶兒的」「鳳辣子」身量苗條、體格風騷，粉面含春威不露，丹唇未啓笑先聞。這才是正面的第一次描寫。在第五回，寶玉在正冊中見到一幅畫，畫着立在冰山之上的鳳鳥，並在「聰明累」判詞下寫了「機關算盡太聰明，反誤了卿卿性命！」給鳳姐規定下她的處境和命運。但真正活靈活現的鳳姐形象，還是在劉姥姥進入榮府這回中才樹立起來。脂硯齋曾在這回中讚嘆作者對鳳姐的描寫，說：「阿鳳乖滑伶俐，合眼如立在前」，即栩栩如生之意，活畫出一個極有地位的貴族家庭的實際掌權者的少奶奶。在這回中，作者寫了三方面的內容：一是以劉姥姥見鳳姐之難，多側面地烘托出鳳姐在賈府的特殊地位。二是直接展示了賈府內部錯綜複雜的矛盾關係。三是揭露了遠房侄兒賈蓉與嬸娘鳳姐間的曖昧關係，從而讓讀者看到這家庭在兩性關係上的靡爛。這些都是由劉姥姥目目所睹，耳之所聞中寫來的。正如脂硯齋所說：「從劉姥姥心中、目中略一寫」。

作者選擇了一個冷眼旁觀的人物劉姥姥，很自然地選取了一個落筆的角度，即一切隨着劉姥姥的活動寫來；好似電影中的跟鏡頭，即鏡頭映出的畫面跟着劉姥姥走：跟着劉姥姥由鄉下進了城，來到寧榮街，從府邸大門前繞到後街門進入後院，逶迤地來到賈璉住處，進院穿廊，入廳堂到了正房、臥室——真是「一絲不

紅樓夢·劉姥姥一進
大觀園

亂」，寫得歷歷如在目前。作者不厭其詳地描述劉姥姥所經過的一切，雖未見鳳姐，但卻爲烘托人物，做了必要的藝術鋪墊。鳳姐的出場實在是「千呼萬喚始出來」。而這千呼萬喚造成一種藝術欣賞上的期待。在周瑞家的要劉姥姥坐着等待時，劉姥姥屏聲側耳默候，「衹聽遠遠有人笑聲，約有一二十個婦人，衣裙窸窣，漸入堂屋，往那邊屋內去了。」一陣喧鬧聲又一陣沉靜，爲鳳姐的出場創造了更好的氛圍。最後，在周瑞家的和劉姥姥唧咕一會兒後，「方蹭到這邊屋內」。

「衹見門外銅鈎上懸着大紅灑花軟簾，南窗下是炕，炕上大紅條氈，靠東邊板壁立着一個鎖子錦的靠背和一個引枕，鋪着金綫閃緞大坐褥，傍邊有銀唾盒。那鳳姐家常帶着紫貂昭君套，圍着那攢珠勒子，穿着桃紅灑花襖，石青刻絲灰鼠披風，大紅洋縐銀鼠皮裙；粉光脂豔，端端正正坐在那裏，手內拿着小銅火筯兒撥手爐內的灰。平兒站在炕沿邊，捧着小小的一個填漆茶盤，盤內一個小蓋鍾兒。鳳姐也不接茶，也不擡頭，衹管撥那灰，慢慢的道：『怎麽還不請進來？』一面說，一面擡身要茶時，衹見周瑞家的已帶了兩個人立在面前了，這才忙欲起身，猶未起身，滿面春風的問好，又嗔着周瑞家的：『怎麽不早說！』」好似到房門外鏡頭改變了，當劉姥姥她們撩起軟簾，仿佛變成搖鏡頭，這時，像是從劉姥姥的眼睛在掃，最先注意的是最亮的、最鮮豔的窗下，炕上，由大紅的條氈到五彩絢麗的靠背引枕，到大坐褥、雕漆痰盒。自南至東搖過這一切鋪設，又由炕上到炕下，才集中到極惹人觸目的鳳姐身上，穿紅帶花、珠光寶氣。由亮轉暗，由遠及近搖過，而後，又由全景推至中近景，慢慢地把鏡頭集聚到鳳姐撥弄灰的動作特寫上，從而，又使我們看到篇中一連串的細節描寫，其中有的是描繪環境、背景和動人的人物動作與心理細節。這運動鏡頭，完全符合一個陌生人見到鳳姐時注視的運動程序。這鏡頭變化中，劉姥姥這個貧苦的老婆子來到煊赫的豪富之家，惴惴不安的心情，在那種屏聲側耳、驚奇、羞怯、緊張的神情中，可以通過她所選取的這組鏡頭所映出的畫面映托出來。而王熙鳳起先不屑理睬這個窮親戚，轉心一想，不甚妥當，特別是尚未從叔婆（姑姑）處得到旨意和摸清底細前，不得不極其勉強地虛與委蛇的冷淡、矜持、虛驕、傲慢的心理狀態，均在那不接茶，也不擡頭，衹管撥那灰和「慢慢的開口說話中」，準確形象地體現出來。多麽生活化的藝術描寫！自鳳姐「滿面春風的」向劉姥姥問好開始，至劉姥姥啓齒告貧這其間，鳳姐笑了六次。脂硯齋在每次笑時均明確地指了出來。我們說這六次笑各不相同，有的是應酬的敷衍，有的是諒解、會心的笑，有的是訕笑、嘲笑，更有和賈蓉調情的開心的笑。作者對鳳姐這個人物揣摩到家了。她的獨特的動作和不同尋常的音容笑貌，把這個伶牙利齒、圓滑乖巧、擅長兩面三刀的人物，活托出來。真是「傳神之筆，寫阿鳳躍躍紙上」（脂硯齋語）。人物描寫得如此精細、高超，實在值得我們好好地推敲、揣摩、品味、觀賞。在人物思想性格描寫上顯示出作者超凡的藝術才能和駕馭語言的本領。

第六回劉姥姥一進榮府，除了寫好幾個人物形象外，還很值得一提的是構成情節結構的一大轉折。在它以前的五回，衹能說是展開了人生和現實生活帷幕的序幕，即使是個別的地方像是拉開了帷幕，然而衹是拉開垂到舞臺上的大幕，不曾拉開它的二道幕。第六回才真正地把整個舞臺打開來。從而，開始了一幕一幕生動活潑、引人入勝的逼真的生活劇。在這回結尾有兩句詩云：

得意濃時易接濟，受恩深處勝親朋。

這概括了第六回所揭示的人物關係，並預示着將來人物命運的顛倒變化；正如脂評所說，是「千里伏線」，也就是情節發展的歷史進程。

這回引起情節的突變，由賈寶玉「初試雲雨情」後，宕開一筆，寫入了一個與榮府略有瓜葛的芥豆之微的小小一個人家的故事，形成情節發展的一大曲折。劉姥姥進榮國府後，要見王熙鳳，費盡周折，成了情節起伏的小波瀾。劉姥姥正要向鳳姐告幫，又突然間穿插賈蓉進來借炕屏，脂評在旁批曰：「慣用此等橫雲斷山法」，也就是說這段猛然間穿插，打斷了原有的發展邏輯，形成新的波瀾，增加了曲折，使情節多了一層變化，猶如山回路轉，不平鋪直敍，因此被稱之爲曲折頓挫，筆如游龍，煞是好看。這段描寫，構成紅樓夢安排情節的一大特色，正像《脂硯齋甲戌抄閱再評》本回末評語中所揭示的那樣：「借劉嫗入阿鳳正文，送宮花金玉初聚爲引，作者真筆似游龍，變幻難測，非細究至再三再四不記數，那能領會也。」這段評語了結了第六回的情節變化，呼應了、照應了此回前後數回的情節變化關係。以「筆似游龍，變幻難測」八個字描述它，非常恰當，非常妥貼。

（李厚基）

黛玉葬花

曹雪芹

卻說那黛玉聽見賈政叫了寶玉去了一日不回來，心中也替他憂慮。至晚飯後，聞得寶玉來了，心裏要找他問問是怎麽樣了，一步步行來，見寶釵進寶玉的園內去了，自己也隨後走了來。剛到了沁芳橋，衹見各色水禽盡都在池中浴水，也認不出名色來，但見一個個文彩烱灼，好看異常，因而站住，看了一回。再往怡紅院來，門已關了，黛玉即便叩門。

誰知晴雯和碧痕二人正拌了嘴，沒好氣，忽見寶釵來了，那晴雯正把氣移在寶釵身上，偷着在院內抱怨說：「有事沒事，跑了來坐着，叫我們三更半夜的不得睡覺！」忽聽又有人叫門，晴雯越發動了氣，也并不問是誰，便說道：「都睡下了，明兒再來罷！」

黛玉素知丫頭們的性情，他們彼此玩耍慣了，恐怕院內的丫頭沒聽見是他的聲音，衹當別的丫頭們了，所以不開門；因而又高聲說道：「是我，還不開門麽？」晴雯偏偏還沒聽見，便使性子說道：「憑你是誰，二爺吩咐的，一概不許放進人來呢！」

黛玉聽了這話，不覺氣怔在門外，待要高聲問他，逗起氣來，自己又回思一番：「雖說是舅母家如同自己家一樣，到底是客邊。如今父母雙亡，無依無靠，現在他家依棲，若是認真慪氣，也覺沒趣。」一面想，一面又滾下淚珠來了。真是回去不是，站着不是。正沒主意，祇聽裏面一陣笑語之聲，細聽一聽，竟是寶玉寶釵二人。黛玉心中越發動了氣，左思右想，忽然想起早起的事來：「必竟是寶玉惱我告他的原故。——但祇我何嘗告你去了！你也不打聽打聽，就惱我到這步田地！你今兒不叫我進來，難道明兒就不見面了？」越想越覺傷感，便也不顧蒼苔露冷，花徑風寒，獨立牆角邊花陰之下，悲悲切切，嗚咽起來。

原來這黛玉秉絕代之姿容，具稀世之俊美，不期這一哭，那些附近的柳枝花朵上宿鳥棲鴉，一聞此聲，俱「忒楞楞」飛起遠避，不忍再聽。

……

話說黛玉正自悲泣，忽聽院門響處，祇見寶釵出來了，寶玉襲人一羣人都送出來。待要上去問着寶玉，又恐當着衆人問羞了寶玉不便，因而閃過一旁，讓寶釵去了，寶玉等進去關了門，方轉過來，尚望着門灑了幾點淚。自覺無味，轉身回來，無精打彩的卸了殘妝。

紫鵑雪雁素日知道黛玉的情性：無事悶坐，不是愁眉，便是長嘆，且好端端的，不知爲着什麽，常常的便自淚不乾的。先時還有人解勸，或怕他思父母，想家鄉，受委屈，用話來寬慰。誰知後來一年一月的，竟是常常如此，把這個樣兒看慣了，也都不理論了。所以也沒人去理他，由他悶坐，祇管外間自便去了。

那黛玉倚着牀欄桿，兩手抱着膝，眼睛含着淚，好似木雕泥塑的一般，直坐到二更多天，方纔睡了。一宿無話。

…………

如今且說黛玉因夜間失寢，次日起來遲了，聞得衆姐妹都在園中做餞花會，恐人笑他癡懶，連忙梳洗了出來。剛到了院中，祇見寶玉進門來了便笑道：「好妹妹，你昨兒告了我了沒有？叫我懸了一夜的心。」黛玉便回頭叫紫鵑：「把屋子收拾了，下一扇紗屜子，看那大燕子回來，把簾子放下來。拿獅子倚住，燒了香，就把爐罩上。」一面說，一面又往外走。

寶玉見他這樣，還認作是昨日晌午的事，那知晚間的這件公案？還打恭作揖的。黛玉正眼兒也不看，各自出了院門，一直找別的姐妹去了。寶玉心中納悶，自己猜疑：「看起這樣光景來，不像是爲昨兒的事。——但祇昨日我回來的晚了，又沒有見他，再沒有衝撞他的去處兒了。」一面想，一面由不得隨後跟了來。

祇見寶釵探春，正在那邊看鶴舞，見黛玉來了，三個一同站着說話兒。又見寶玉來了，探春便笑道：「寶哥哥，身上好？我整整的三天沒見你了。」寶玉笑道：「妹妹身上好？我前兒還在大嫂子跟前問你呢。」探春道：「寶哥哥，你往這裏來，我和你說話。」寶玉聽說，便跟了他，離了釵玉兩個，到了一棵石榴樹下。

探春因說道：「這幾天，老爺沒叫你嗎？」寶玉笑道：「沒有叫。」探春道：「昨兒我恍惚聽見說，老爺叫你出去來着。」寶玉笑道：「那想是別人聽錯了，并沒叫我。」探春又笑道：「這幾個月，我又攢下有十來吊錢了。你還拿了去，明兒出門逛去的時候，或是好字畫，好輕巧玩意兒，替我帶些來。」

寶玉道：「我這麼逛去，城裏城外大廊大廟的逛，也沒見個新奇精致東西，總不過是那些金、玉、銅、磁器，沒處擱的古董兒；再就是綢緞、吃食、衣服了。」探春道：「誰要那些作什麼！像你上回買的那柳枝兒編的小籃子兒，竹子根兒挖的香盒兒，膠泥垛的風爐子兒，就好了。我喜歡的了不的，誰知他們都愛上了，都當寶貝兒似的搶了去了。」寶玉笑道：「原來要這個。這不值什麼，拿幾吊錢出去給小子們，管拉兩車來。」探春道：「小廝們知道什麼？你揀那有意思兒又不俗氣的東西，你多替我帶幾件來，我還像上回的鞋做一雙你穿，比那雙還加工夫，如何呢？」

寶玉笑道：「你提起鞋來，我想起故事來了：一回穿着，可巧遇見了老爺，老爺就不受用，問：『是誰做的？』我那裏敢提三妹妹？我就回說，是前兒我的生日舅母給的。老爺聽了是舅母給的，纔不好說什麼了。半日還說：『何苦來！虛耗人力，作踐綾羅，做這樣的東西。』我回來告訴了襲人，襲人說：『這還罷了，趙姨娘氣的抱怨的了不得：正經親兄弟，鞋塌拉襪塌拉的，沒人看見；且做這些東西！』」

探春聽說，登時沉下臉來道：「你說，這話糊塗到什麼田地！怎麼我是該做鞋的人麼？環兒難道沒有分例的？衣裳是衣裳，鞋襪是鞋襪，丫頭老婆一屋子，怎麼抱怨這些話？給誰聽呢！我不過閑着沒事作一雙半雙，愛給那個哥哥兄弟，隨我的心。誰敢管我不成？這也是他瞎氣。」寶玉聽了，點頭笑道：「你不知道，他心裏自然又有個想頭了。」

探春聽說，一發動了氣，將頭一扭，說道：「連你也糊塗了！他那想頭，自然是有的。不過是那陰微下賤的見識。他衹管這麼想，我衹管認得老爺太太兩個人，別人我一概不管。就是姐妹兄弟跟前，誰和我好，我就和誰好；什麼偏的、庶的，我也不知道。論理，我不該說他，但他忒昏聵的不像了！——還有笑話兒呢：就是上回我給你那錢，替我買那些玩的東西，過了兩天，他見了我，就說是怎麼沒錢，怎麼難過。我也不理。誰知後來丫頭們出去了，他就抱怨起我來，說我攢的錢，爲什麼給你使，倒不給環兒使

紅樓夢・黛玉葬花

呢！我聽見這話，又好笑，又好氣。我就出來往太太跟前去了。」

正說着，衹見寶釵那邊笑道：「說完了，來罷。顯見的是哥哥妹妹了，撂下別人，且說體己去。我們聽一句兒就使不得了？」說着，探春寶玉二人方笑着來了。

寶玉因不見了黛玉，便知是他躲了別處去了。想了一想：「索性遲兩日，等他的氣息一息再去也罷了。」因低頭看見許多鳳仙石榴等各色落花，錦重重的落了一地，因嘆道：「這是他心裏生了氣，也不收拾這花兒來了。等我送了去，明兒再問着他。」說着，衹見寶釵約着他們往後頭去。寶玉道：「我就來。」等他二人去遠，把那花兒兜起來，登山渡水，過樹穿花，一直奔了那日和黛玉葬桃花的去處。

將已到了花塚，猶未轉過山坡，衹聽那邊有嗚咽之聲，一面數落着，哭的好不傷心。寶玉心下想道：「這不知是那屋裏的丫頭，受了委屈，跑到這個地方來哭？」一面想，一面煞住腳步，聽他哭道是：

花謝花飛飛滿天，紅消香斷有誰憐？游絲軟系飄春榭，落絮輕沾撲繡簾。閨中女兒惜春暮，愁緒滿懷無着處；手把花鋤出繡簾，忍踏落花來復去？柳絲榆莢自芳菲，不管桃飄與李飛；桃李明年能再發，明年閨中知有誰？三月香巢初壘成，梁間燕子太無情！明年花發雖可啄，卻不道人去梁空巢已傾。一年三百六十日，風刀霜劍嚴相逼；明媚鮮妍能幾時，一朝飄泊難尋覓。花開易見落難尋，階前愁殺葬花人；獨把花鋤偷灑淚，灑上空枝見血痕。杜鵑無語正黃昏，荷鋤歸去掩重門；青燈照壁人初睡，冷雨敲窗被未溫。怪儂底事倍傷神？半爲憐春半惱春：憐春忽至惱忽去，至又無言去不聞。昨宵庭外悲歌發，知是花魂與鳥魂？花魂鳥魂總難留，鳥自無言花自羞；願儂此日生雙翼，隨花飛到天盡頭。天盡頭，何處是香丘？未若錦囊收豔骨，一抔淨土掩風流；質本潔來還潔去，不教污淖陷渠溝。爾今死去儂收葬，未卜儂身何日喪？儂今葬花人笑癡，他年葬儂知是誰？試看春殘花漸落，便是紅顏老死時，——一朝春盡紅顏老，花落人亡兩不知！

……

不想寶玉在山坡上聽見，先不過點頭感嘆；次又聽到「儂今葬花人笑癡，他年葬儂知是誰？……一朝春盡紅顏老，花落人亡兩不知」等句，不覺慟倒山坡上，懷裏兜的落花撒了一地。試想林黛玉的花顏月貌，將來亦到無可尋覓之時，寧不心碎腸斷，既黛玉終歸無可尋覓之時，推之於他人，如寶釵、香菱、襲人等，亦可以到無可尋覓之時矣。寶釵等終歸無可尋覓之時，則自己又安在呢？且自身尚不知何在何往，將來斯處、斯園、斯花、斯柳，又不知當屬誰姓矣——因此一而二，二而三，反復推求了去，真不知此時此際，如何解釋這段悲傷！正是：花影不離身左右，鳥聲衹在耳東西。

那黛玉正自傷感，忽聽山坡上也有悲聲，心下想道：「人人都笑我有癡病，難道還有一個癡的不成？」擡頭一看，見是寶玉，黛玉便啐道：「呸！我打量是誰，原來是這個狠心短命的——」剛說到「短命」二字，又把口掩住，長嘆一聲，自己抽身便走。

這裏寶玉悲慟了一回，見黛玉去了，便知黛玉看見他，躲開了。自己也覺無味，抖抖土起來，下山尋歸舊路，往怡紅院來。可巧看見黛玉在前頭走，連忙趕上去，說道：「你且站着。我知道你不理我；我衹說一句話，從今以後，撩開手。」黛玉回頭見是寶玉，待要不理他，聽他說「衹說一句話」，便道：「請說。」寶玉笑道：「兩句話，說了你聽不聽呢？」黛玉聽說，回頭就走。寶玉在身後面嘆道：「既有今日，何必當初？」

黛玉聽見這話，由不得站住，回頭道：「當初怎麽樣？今日怎麽樣？」寶玉道：「噯！當初姑娘來了，那不是我陪着玩笑？憑我心愛的，姑娘要，就拿去；我愛吃的，聽見姑娘也愛吃，連忙收拾的乾乾淨淨收着，等着姑娘到來。一個桌子上吃飯，一個牀兒上睡覺。丫頭們想不到的，我怕姑娘生氣，替丫頭們都想到了。我想着：姊妹們從小兒長大，親也罷，熱也罷，和氣到了兒，才見得比別人好。如今誰承望姑娘人大心大，不把我放在眼裏，三日不理、四日不見的，倒把外四路兒的什麼『寶姐姐』『鳳姐姐』的放在心坎兒上。我又沒個親兄弟、親妹妹，——雖然有兩個，你難道不知道是我隔母的？我也和你是獨出，衹怕你和我的心一樣，——誰知我是白操了這一番心，有寃無處訴！」說着，不覺哭起來。

那時黛玉耳內聽了這話，眼內見了這光景，心內不覺灰了大半，也不覺滴下淚來，低頭不語。寶玉見這般形象，遂又說道：「我也知道，我如今不好了；但衹任憑我怎麼不好，萬不敢在妹妹跟前有錯處。——就有一二分錯處，你或是教導我，戒我下次，或罵我幾句，打我幾下，我都不灰心。誰知你總不理我，叫我摸不着頭腦兒，少魂失魄，不知怎麼樣纔好。就是死了，也是個『屈死鬼』。任憑高僧高道懺悔，也不能超生；還得你說明了原故，我才得托生呢！」

黛玉聽了這話，不覺將昨晚的事都忘在九霄雲外了，便說道：「你既這麼說，爲什麼我去了，你不叫丫頭開門呢！」寶玉咤異道：「這話從那裏說起？我要是這麼着，立刻就死了！」黛玉啐道：「大清早起『死』呀『活』的，也不忌諱！你說有呢就有，沒有就沒有，起什麼誓呢！」寶玉道：「實在沒有見你去，就是寶姐姐坐了一坐，就出來了。」

黛玉想了一想，笑道：「是了：必是丫頭們懶怠動，喪聲歪氣的，也是有的。」寶玉道：「想必是這個原故。等我回去問了是誰，教訓教訓他們就好了。」黛玉道：「你的那些姑娘們，也該教訓教訓。衹是論理我不該說。——今兒得罪了我的事小，倘或明兒『寶姑娘』來，什麼『貝姑娘』來，也得罪了，事情可就大了。」說着，抿着嘴兒笑。寶玉聽了，又是咬牙，又是笑。

（節自《紅樓夢》第二十六、二十七、二十八回）

「黛玉葬花」是《紅樓夢》中最富神奇魅力的片段之一。誠如俞平伯先生所說：「《紅樓夢》中底十二釵，黛玉為首，而他底葬花一事，描寫得尤為出力，為全書之精彩。」（《紅樓夢補》附錄十五）作者那追魂攝魄的性格描寫、酣暢淋漓的抒情筆觸以及字字珠璣的《葬花詞》，同黛玉這個羸弱、纖細、面對殘惢默默垂泣的美麗少女一起，超越了時空的阻隔，一直撥動着不同時代的讀者感情的琴絃。

《紅樓夢》是一部「美的毀滅」的悲劇，是封建社會青年男女間生死不渝的愛情不能得到實現的悲劇。作為悲劇的主人公，林黛玉出身於一個「雖系世祿之家，卻也是書香之族」的官僚貴族家庭。但由於父母早喪，她由一個貴族小姐一下子變成了伶仃孤女。寄人籬下的生活境遇，在這個心性高傲的少女心頭罩上了一層濃重的陰影。而恰恰在這種環境裏，她與長期相伴、「耳鬢廝磨」的表哥賈寶玉暗暗相愛了。她對寶玉的愛是青年男女之間再自然不過的純情之愛，而且這種愛日益成為她在那特殊境遇中的全部的精神寄託。但在那扭曲人的靈魂的時代裏，自由戀愛被視為異端。在封建禮教的權威面前，除了對寶玉小心翼翼的試探外，她滿懷的春情衹能被埋在內心的深處。而事實上，黛玉的家庭地位、她有悖「大家閨範」的言行舉止，已經給「木石前盟」塗上了濃重而無法消除的灰暗色調，注定了她不可避免的悲劇命運。孤苦的身世、「高傲自許」的心性、敏感的氣質和這極為壓抑的、無望的愛情化合在一起，鑄成了她見花開而流淚、見葉落而傷情的「怪僻」性格。「黛玉葬花」的神奇魅力正在於以短小的篇幅，追魂攝魄地表現了黛玉這個古代典型的不幸女子的悲劇性格，生動細膩地揭示了這個熱戀少女的悲苦心態，記錄了寶黛愛情悲劇中一段生動無比的心靈歷程。

作者以富有典型意義的細節描寫，對黛玉的性格進行了維妙維肖的工筆刻畫。起頭是黛玉去怡紅院找寶玉，晴雯以為是別院的丫頭，賭氣不開門。若換成別人，可能會一笑置之，並不介懷。但這卻引出林黛玉一連串獨特的舉動。她先是高聲責問，「逗起氣來」；但又忽一轉念，卻想：「雖說是舅母家如同自己家一樣，到底是客邊。如今父母雙亡，無依無靠，現在他家依棲，若是認真慪氣，也覺沒趣」。顯然，敏感的黛玉把自己受冷落錯怪在寶玉身上了。她雖未曾吵鬧起來，卻暗暗使起了「小性兒」。

而恰在這時，又見寶玉陪着薛寶釵從裏面出來，這使黛玉愈發傷心起來。回到房中，「好似木雕泥塑的一般，直坐到二更多天，方纔睡了」。這舉動也是林黛玉所特有的。此時的黛玉，同寶玉尚未「定情」。雖然寶玉也幾次向她表露愛情，但謹慎持重的黛玉並不知他是不是真心。而且，人人皆知的「金玉」之說，使寶釵在她心目中成了對自己愛情的最現實的威脅；寶玉「見了姐姐就忘了妹妹」的舉動更使她心神不寧。因而，寶釵的突然出現使多疑的黛玉感到了極端壓抑的痛苦，而這是她最難以忍受的，她止不住黯然神傷！「怪儂底事倍傷神？半爲憐春半惱春：憐春忽至惱忽去，至又無言去不聞」。這正是一個熱戀中的少女因忌妒、多疑而又對情人捉摸不定而產生的痛苦心情的形象寫照。

更具典型意義的是黛玉第二天對寶玉的態度。當寶玉一片熱忱來看她時，她竟理也不理，支使完丫頭之後，轉身就出去了。哪管這位多情公子曾「懸了一夜的心」！這表現了黛玉性格的另一側面——心性的高傲和脾氣的倔犟。這個孤苦的少女從不把別人的憐憫當作自己的幸福，她不乞憐於任何人，包括她深深愛着的寶玉，而且愈是在不幸的境遇中愈是強烈地要求保持自己的人格和自尊。這樣，她對寶玉的愛以一種被異化了的形式表現出來：內心一團火，外面一塊冰。

然而黛玉畢竟是一個感傷的少女。當大觀園中的女孩兒們興高采烈喜度芒種節之時，黛玉卻面對韶光，無情無緒。她一個人來到曾和寶玉一起葬花的地方，「把些殘花落瓣去掩埋」，並面對花塚愴然而泣，吟出了如泣如訴、哀婉欲絕、自傷自悼的《葬花詞》。

倘若說具有典型意義的細節描寫是從外部對黛玉的內在性格進行摹寫的話，那麼這段獨白式的《葬花詞》則直接從悲劇主人公的內心深處，更加淋漓盡致地展示了這位不幸少女的心底隱痛和憂傷。

「花謝花飛飛滿天，紅消香斷有誰憐？」作者筆下這位具有詩人氣質的少女以詩人特有的敏感，一下子抓住了「花落」這一富有象徵意義的自然現象，唱出了自己心底的哀痛。由花想到人，由花殘想到青春易逝，由花的飄零想到自己孤苦的身世——自己不也和這殘紅一樣沒人理解、沒人安慰、沒人憐惜嗎？但我們可以體會到的卻不止於此，在這不爲現實實景所囿的「純屬心靈所體認的感情境界」中，我們不僅僅是同情黛玉，同時也興起一種對一切美好事物被毀滅的痛惜和傷感。

黛玉的悲傷有着深厚的內容：其中有愛情的失意，有身世的悲涼，更有環境的險惡。「一年三百六十日，風刀霜劍嚴相逼。」在親骨肉之間尚且「一個個都像烏眼鷄似的」賈府中，她的日子並不好過，她的身世、氣質和心性更使她覺得「八面受敵」。史湘雲拿她比戲子，「給衆人取樂」；王熙鳳當衆開玩笑，問她爲何不嫁寶玉；甚至連寶玉向她吐露愛情，都使她覺得受了「戲弄」。無形的封建勢力和封建禮教更時時折磨着她。她多麼希望能擺脫這令人窒息的環境，擺脫自己不幸的命運啊！「願儂此日生雙翼，隨花飛到天盡頭」。這是她嚮往幸福、嚮往自由、嚮往純真愛情的發自心底的呼聲。可是：「天盡頭，何處是香丘？」她迷惘了，她預感到自己同殘紅一樣的命運：「儂今葬花人笑癡，他年葬儂知是誰？」「一朝春盡紅顏老，花落人亡兩不知！」然而在淒涼的境遇和不幸的命運面前，黛玉並不退縮、並不屈服：「未若錦囊收豔骨，一抔淨土掩風流；質本潔來還潔去，不教污淖陷渠溝。」她同情落花的命運，又讚美落花的純潔；她寧願在痛苦中死去，也不願有損於高潔的人格。這就是「黛玉葬花」中的黛玉形象！

「葬花」並不始於曹雪芹筆下的林黛玉。據俞平伯先生考證，明代著名文士唐寅就有葬花、哭花、作《落花詩》之舉（見《紅樓夢補》附錄）。但男人葬花衹不過是一件風流事，並不爲人重視；而曹雪芹把它移植到林黛玉身上，就使之獲得了嶄新的藝術生命，有點石成金、化腐朽爲神奇之妙。黛玉有着花一樣的「紅顏」、花一樣飄零的身世，同時還具有純情詩人的敏感氣質，她的葬花、哭花不僅身分妥貼，而且富有象徵意義；而她那「寧爲玉碎不爲瓦全」的高潔人格，又使以往的「美人傷春」之作相形見絀。因此，「黛玉葬花」不僅唱出了「最動聽的」、「訴說哀怨的曲子」，而且刻畫了黛玉高潔的人格，它同「晴雯補裘」、「湘雲醉眠」、「鴛鴦抗婚」等片段一起成爲《紅樓夢》中最富典型意義的情節，被讀者深深地喜愛。

值得注意的是，作者是將「黛玉葬花」與「寶釵戲蝶」放在一回中來寫的。在敍寫黛玉生氣之後，作者沒有立刻就寫葬花，而是嵌入了大觀園的女孩兒們「打扮的桃羞杏讓、燕妒鶯慚」，一起爲退位花神餞行的一段歡快的插曲。這無疑是一種反襯，是古典詩詞中「以樂景寫哀」手法的借用。但在那快樂的背景上最爲眩人眼目的是薛寶釵。當衆女在園中玩耍時，「獨不見黛玉」。於是寶釵說：「你們等着，等我去鬧了他來」。一個「鬧」字，顯示出這位少女熱情活潑的性格。路上，寶釵忽見一雙玉色蝴蝶，便來追趕，直累得滿身香汗、嬌喘不息。活潑的個性、歡樂的心靈，與大自然是這樣和諧地結合在一起，顯現出這個滿口封建規條的淑女壓抑在內心深處的追求美、熱愛生活的真正天性。不僅如此，在複雜的人際關係網中，她顯得也那樣和諧。她開始是去瀟湘館的，見寶玉進去了，她怕引起寶玉的不便和黛玉的嫌疑，抽身而去；路遇一雙玉蝶，便欲撲來玩耍；不料又無意中聽了兩個丫頭的「私情話」。但她靈機一動，隨即使了個「金蟬脫殼」之計，擺脫了自身可能引起的麻煩。正是在「寶釵戲蝶」與「黛玉葬花」的對比襯托之中，黛玉和寶釵的性格得到了十分充分的展現：一個是那麼敏感、持重，另一個卻如此活潑、爛漫；一個是那麼多愁、善感，另一個卻如此快樂、歡欣；一個與環境是那麼別扭、格格不入，另一個則與周圍的一切如此和諧、如魚得水。然而兩個情節的結合並無斧鑿痕跡，而是渾然成爲一體。它像生活一樣逼真、一樣動人，也像生活一樣自然。在此，我們不能不佩服天才藝術家曹雪芹那出神入化的卓越藝術造詣，爲之發出由衷讚嘆。

（張振鈞）

晴雯撕扇

曹雪芹

這日正是端陽佳節，蒲艾簪門，虎符繫臂，午間王夫人治了酒席，請薛家母女等過節。寶玉見寶釵淡淡的，也不和他說話，自知是昨日的原故。王夫人見寶玉沒精打彩，也衹當是昨日金釧兒之事，他沒好意思的，越發不理他。黛玉見寶玉懶懶的，衹當是他因爲得罪了寶釵的原故，心中不受用，形容也就懶懶的。鳳姐昨日晚上王夫人就告訴了他寶玉金釧兒的事，知道王夫人不喜歡，自己如何敢說笑，也就隨着王夫人的氣色行事，更覺淡淡的。迎春姐妹見衆人沒意思，也都沒意思了。因此，大家坐了一坐，就散了。

那黛玉天性喜散不喜聚，他想的也有個道理。他說：「人有聚就有散，聚時歡喜，到散時豈不清冷？既清冷則生感傷，所以不如倒是不聚的好。比如那花兒開的時候兒叫人愛，到謝的時候兒便增了許多惆悵，所以倒是不開的好。」故此，人以爲歡喜時，他反以爲悲慟。那寶玉的性情衹願人常聚不散，花常開不謝；及到筵散花謝，雖有萬種悲傷，也就沒奈何了。因此今日之筵，大家無興散了，黛玉還不覺怎麼着，倒是寶玉心中悶悶不樂，回至房中，長吁短嘆。

偏偏晴雯上來換衣裳，不防又把扇子失了手，掉在地下，將骨子跌折。寶玉因嘆道：「蠢才，蠢才！將來怎麼樣！明日你自己當家立業，難道也是這麼顧前不顧後的？」晴雯冷笑道：「二爺近來氣大的很，行動就給臉子瞧。前兒連襲人都打了，今兒又來尋我的不是。要踢要打憑爺去。就是跌了扇子，也算不的什麼大事；先時候兒什麼玻璃缸，瑪瑙碗，不知弄壞了多少，也沒見個大氣兒。這會子一把扇子就這麼着。何苦來呢！嫌我們就打發了我們，再挑好的使。好離好散的倒不好？」

寶玉聽了這些話，氣的渾身亂戰。因說道：「你不用忙，將來橫竪有散的日子！」襲人在那邊早已聽見，忙趕過來，向寶玉道：「好好兒的，又怎麼了？可是我說的：『一時我不到就有事故兒。』」晴雯聽了冷笑道：「姐姐既會說，就該早來呀，省了我們惹的生氣。自古以來，就衹是你一個人會伏侍，我們原不會伏侍。因爲你伏侍的好，爲什麽昨兒才挨窩心脚啊！我們不會伏侍的，明日還不知犯什麽罪呢？」

襲人聽了這話，又是惱，又是愧；待要説幾句，又見寶玉已經氣的黄了臉，少不得自己忍了性子道：「好妹妹，你出去逛逛兒，原是我們的不是。」晴雯聽他説「我們」兩字，自然是他和寶玉了，不覺又添了醋意，冷笑幾聲道：「我倒不知道，你們是誰？别叫我替你們害臊了！你們鬼鬼祟祟幹的那些事，也瞞不過我去。——不是我説：正經明公正道的，連個姑娘還没掙上去呢，也不過和我似的，那裏就稱起『我們』來了！」

襲人羞得臉紫漲起來，想想原是自己把話説錯了。寶玉一面説道：「你們氣不忿，我明日偏擡舉他。」襲人忙拉了寶玉的手道：「他一個糊塗人，你和他分證什麽？況且你素日又是有擔待的，比這大的，過去了多少，今日是怎麽了？」晴雯冷笑道：「我原是糊塗人，那裏配和我説話！我不過奴才罷咧！」襲人聽説，道：「姑娘到底是和我拌嘴，是和二爺拌嘴呢？要是心裏惱我，你衹和我説，不犯着當着二爺吵；要是惱二爺，不該這麽吵的萬人知道。我才也不過爲了事，進來勸開了，大家保重。姑娘倒尋上我的晦氣！又不像是惱我，又不像是惱二爺，夾槍帶棒，終久是個甚麽主意？——我就不説，讓你説去。」説着便往外走。

寶玉向晴雯道：「你也不用生氣，我也猜着你的心事了。我回太太去，你也大了，打發你出去，可好不好？」晴雯聽了這話，不覺又傷起心來，含淚説道：「我爲什麽出去？要嫌我，變着法兒打發我去，也不能彀的。」寶玉道：「我何曾經過這樣吵鬧？一定是你要出去了；不如回太太，打發你去罷。」説着，站起來就要走。

襲人忙回身攔住，笑道：「往那裏去？」寶玉道：「回太太去！」襲人笑道：「好没意思！認真的去回，你也不怕臊了他！就是他認真要去，也等把這氣下去了，等無事中說話兒回了太太也不遲。這會子急急的當一件正經事去回，豈不叫太太犯疑！」寶玉道：「太太必不犯疑，我祇明說是他鬧着要去的。」晴雯哭道：「我多早晚鬧着要去了？饒生了氣，還拿話壓派我。——祇管去回，我一頭碰死了，也不出這門兒。」寶玉道：「這又奇了。你又不去，你又祇管鬧，我經不起這麼吵，不如去了，倒乾淨。」說着，一定要去回。

襲人見攔不住，祇得跪下了。碧痕、秋紋、麝月等衆丫鬟見吵鬧的利害，都鴉雀無聞的在外頭聽消息，這會子聽見襲人跪下央求，便一齊進來，都跪下了。寶玉忙把襲人拉起來，嘆了一聲，在牀上坐下，叫衆人起去。向襲人道：「叫我怎麼樣才好！這個心使碎了，也沒人知道。」說着，不覺滴下淚來。襲人見寶玉流下淚來，自己也就哭了。晴雯在旁哭着，方欲說話，祇見黛玉進來，晴雯便出去了。黛玉笑道：「大節下，怎麼好好兒的哭起來了？難道是爲爭粽子吃，爭惱了不成？」寶玉和襲人都「撲嗤」的一笑。黛玉道：「二哥哥，你不告訴我，我不問就知道了。」一面說，一面拍着襲人的肩膀，笑道：「好嫂子，你告訴我。必定是你們兩口兒拌了嘴了？告訴妹妹，替你們和息和息。」襲人推他道：「姑娘，你鬧什麼！我們一個丫頭，姑娘祇是混說。」黛玉笑道：「你說你是丫頭，我祇拿你當嫂子待。」

寶玉道：「你何苦來替他招罵呢？饒這麼着，還有人說閑話，還擱得住你來說這些個！」襲人笑道：「姑娘，你不知道我的心，除非一口氣不來，死了，倒也罷了。」黛玉笑道：「你死了，別人不知怎麼樣，我先就哭死了。」寶玉笑道：「你死了，我做和尚去。」襲人道：「你老實些兒罷！何苦還混說。」黛玉將兩個指頭一伸，抿着嘴兒笑道：「做了兩個和尚了！我從今以後，都記着你做和尚的遭數兒。」寶玉聽了，知道是點他前日的話，自己一笑，也就罷了。

一時黛玉去了，就有人來說：「薛大爺請。」寶玉衹得去了，原來是吃酒，不能推辭，衹得盡席而散。晚間回來，已帶了幾分酒意，踉蹌來至自己院內，衹見院中早把乘涼的枕榻設下，榻上有個人睡着。寶玉衹當是襲人，一面在榻沿上坐下，一面推他，問道：「疼的好些了？」衹見那人翻身起來，說：「何苦來又招我！」

寶玉一看，原來不是襲人，卻是晴雯。寶玉將他一拉，拉在身旁坐下，笑道：「你的性子越發慣嬌了，早起就是跌了扇子，我不過說了那麼兩句，你就說上那些話。你說我也罷了，襲人好意勸你，又刮拉上他。你自己想想，該不該？」晴雯道：「怪熱的，拉拉扯扯的做什麼！叫人看見甚麼樣兒呢！我這個身子本不配坐在這裏。」寶玉笑道：「你既知道不配，爲甚麼躺着呢？」

晴雯沒的說，「嗤」的又笑了，說道：「你不來使得，你來了就不配了。起來讓我洗澡去。襲人麝月都洗了，我叫他們來。」寶玉笑道：「我才喝了好些酒，還得洗洗。你既沒洗，拿水來，咱們兩個洗。」晴雯搖手笑道：「罷，罷！我不敢惹爺。還記得碧痕打發你洗澡啊！足有兩三個時辰，也不知道做什麼呢；我們也不好進去。後來洗完了，進去瞧瞧，地下的水，淹着牀腿子，連蓆子上都汪着水。也不知是怎麼洗的。笑了幾天！我也沒工夫收拾水，你也不用和我一塊兒洗。今兒也涼快，我也不洗了，我倒是舀一盆水來你洗洗臉，篦篦頭。纔鴛鴦送了好些菓子來，都湃在那水晶缸裏呢。叫他們打發你吃不好嗎？」

寶玉笑道：「既這麼着，你不洗，就洗洗手，給我拿菓子來吃罷。」晴雯笑道：「可是說的，我一個蠢才，連扇子還跌折了，那裏還配打發吃菓子呢！倘或再砸了盤子，更了不得了！」寶玉笑道：「你愛砸就砸。這些東西，原不過是供人所用，你愛這樣，我愛那樣，各有性情，比如那扇子，原是搧的，你要撕着玩兒，也可以使得，衹是

紅樓夢・晴雯撕扇

別生氣時拿他出氣；就如杯盤，原是盛東西的，你喜歡聽那一聲響，就故意砸了，也是使得的，衹別在氣頭兒上拿他出氣。這就是愛物了。」晴雯聽了，笑道：「既這麼說，你就拿了扇子來我撕。我最喜歡聽撕的聲兒。」寶玉聽了，便笑着遞給他。晴雯果然接過來，「嗤」的一聲，撕了兩半。接着又聽「嗤」「嗤」幾聲。寶玉在旁笑着說：「撕的好，再撕響些。」

正說着，衹見麝月走過來，瞪了一眼，啐道：「少作點孽兒罷！」寶玉趕上來，一把將他手裏的扇子也奪了遞給晴雯。晴雯接了，也撕作幾半子，二人都大笑起來。麝月道：「這是怎麼說？拿我的東西開心兒！」寶玉笑道：「你打開扇子匣子揀去，什麼好東西！」麝月道：「既這麼說，就把扇子搬出來，讓他盡力撕不好嗎？」寶玉笑道：「你就搬去。」麝月道：「我可不造這樣孽！他沒折了手，叫他自己搬去。」晴雯笑着，便倚在牀上，說道：「我也乏了，明兒再撕罷。」寶玉笑道：「古人云，『千金難買一笑』，幾把扇子，能值幾何？」一面說，一面叫襲人。襲人纔換了衣服走出來，小丫頭佳蕙過來拾去破扇，大家乘涼，不消細說。

（節自《紅樓夢》第三十一回）

《紅樓夢》第三十一回，「撕扇子作千金一笑」，是一段看來平淡，點破便會使人震驚的文章。人們都知道，在衆丫鬟中，晴雯在寶玉心上佔有頭等地位。但是，曹雪芹並沒有安排他倆說過什麼知心話，有過什麼親昵表示，或者有與其他丫鬟不同的行爲。衹有通過這回撕扇子，才透露出這一切，顯示出晴雯和寶玉兩人不尋常的關係來；這眞是以無意之筆寫出有意之事的絕妙手法。

先是寫寶玉在端陽節日，本來要與衆姐妹熱鬧一番，誰知寶釵淡淡的，黛玉則懶懶的，使「今日之筵，大家無興散了。」寶玉心中自是悶悶不樂，回到自己房中，不覺長吁短嘆起來。偏偏晴雯上來換衣服，不防又把扇子失了手，掉在地下，將骨子跌折。寶玉脫口嘆道：「蠢才，蠢才……」晴雯是個橫豎不吃的人，冷笑道：「二爺近來氣大的很，行動就給臉子瞧，前兒連襲人都打了，今兒又來尋我的不是，要踢要打憑爺去……」隨即數落着，以前「玻璃缸、瑪瑙碗，不知弄壞了多少，也沒見個大氣兒……。」這裏隨手拈出賈府的豪奢，輕輕點出丫鬟的恣縱來。玻璃缸在當時，多半是外洋貢品，是十分貴重的。但丫鬟失手也打得，對比之下，一把扇骨，算得了什麼？晴雯怪的是寶玉的遷怒，而不是借此機會爭臉面。從她不讓分毫的頂撞話裏，直桶桶端出襲人的秘事和碧痕的忘形……這一切，她心中都是有數的。但她並不想從丫頭地位攀上姑娘地位。晴雯作事最乾脆，性格最單純，她認爲寶玉和自己好就是好，不摻雜這些那些，也不希罕這些那些。好就毫無間隙，不好就擱開，她自己原是一無所有的，連自己的身世也摸不清，她也從不想到以自己的姿容體態來換取寶玉的特殊青睞，她覺得那是沒有什麼價值的。

待兩人說的攏來，晴雯要寶玉吃她湃(音拔)好的菓子，寶玉故意要她去端了來，晴雯又咬派說要她去端，「……倘或再砸了盤子，更了不得了」，這才勾起寶玉說：「你愛砸就砸。這些東西，原不過是供人所用，你愛這樣，我愛那樣，各有性情。比如那扇子，原是搧的，你要撕着玩兒，也可以使得，衹是別生氣時拿他出氣。這就是愛物了。」從這兒又引出寶玉的「愛物論」來。晴雯聽了笑道：「既這麼說，你就拿了扇子來我撕。我最喜歡聽撕的聲兒。」寶玉聽了，便笑着遞給她。晴雯接過來，嗤的一聲，撕了兩半，接着又聽嗤嗤嗤嗤幾聲。寶玉在旁笑着說「撕的好，再撕響些！」正說着麝月走過來啐道：「少作點孽兒吧！」寶玉趕上來，一把將她手裏的扇子也奪過來遞給晴雯，晴雯接了，也撕作幾半子，二人都大笑起來。……

寶玉笑的是晴雯消了氣，晴雯笑的是在寶玉面前她可以任着性兒作。也衹有在寶玉面前，她才肯任着性兒作。這裏所說的「任着性兒」，也就是打破了主子、奴才的界線，沒有了地位的隔閡。物質障礙在這裏消逝得無影無踪，什麼值錢的玩意兒，在這頃刻之間，都一文不值了，都自動跌得粉碎，剩下的就是兩個人的性格一致了。寶玉是自覺地認識到這一點。他受過老莊的影響，本來就不執於物。他自然也知道扇子的歷史，現在撕的是折扇，折扇是從朝鮮輸入的，在這之前，中國是用團扇的。折扇傳入日本，有時是當作一種禮儀的象徵，並不作爲搧風的用具。寶玉屋中的扇匣子有那麽多扇子，也是爲了炫耀扇骨，或是名人的字畫和題款罷了，實用價值本已是折扇的第二屬性了。可見扇子的用場，早已不拘於一格了，這一點寶玉早就心中有數的。

但是撕扇子取樂，雖然經過晴雯親手撕過，也得到寶玉認爲「好聽」的評價，但恐怕還是空前，也會絕後，沒有人會傚傚了。何況寶玉早已立下界說，說不可以撕扇子來慪氣，才稱是「愛物」呢！否則就屬於暴殄天物，走到另外一條路上去了。不過，撕扇的動作和聲音，畢竟容納不了更多的藝術形象和音響效果的，不會因爲這次偶然事件，創造出什麽更豐富的內容來。這衹是作者在顯示寶玉和晴雯兩人的思想中，一段寫情入神的筆墨。

說到這兒，不免還要拉扯《紅樓夢》第四十八回寫石呆子那段文字對照着看纔行：

平兒在咬牙罵賈雨村時，揭露出：……今年春天，老爺不知在那個地方看見了幾把舊扇子，回家看家裏所有收着的這些好扇子不都中用了，立刻叫人各處搜求。誰知就有一個不知死的寃家，混號兒世人叫他作石呆子，窮的連飯也沒的吃，偏他家就存二十把舊扇子，死也不肯拿出大門來，二爺好容易煩了多少情，見了這個人，說之再三，他把二爺請到他家裏坐着，拿出這扇子來，略瞧了一瞧。據二爺說，原是不能再有的，全是湘妃、椶竹、麋鹿、玉竹的，皆是古人寫畫眞蹟，因來告訴了老爺。老爺便叫買他的，要多少銀子給他多少，偏那石呆子說：「我餓死凍死，一千兩銀子一把我也不賣」，老爺沒法子，天天罵二爺沒能爲。已經許了他五百兩，先兑銀子後拿扇子。他衹是不賣，衹說，要扇子先要我的命，……誰知雨村那沒天理的聽見了，便設了個法子，派他拖欠了官銀，拿他到衙門裏去，說所欠官銀，變賣家產賠補，把這扇子抄了來，作了官價送了來。那石呆子如今不知是死是活。老爺拿着扇子向二爺說：「人家怎麽弄了來？」二爺衹說了一句：「爲這點子小事，弄的人家傾家敗産，也不算什麽能爲！……」

同是對待扇子，作者寫出了幾種絶不相同的態度。

石呆子珍藏祖傳古扇，寧願餓死凍死，給上千兩銀子一把也不賣——「有錢能使鬼推磨」的金錢萬能，對石呆子是起不了作用了。曹雪芹給這位沒有名姓的人，衹取了個混號：「石呆子」。已經是呆了，卻還姓石，也就是呆如石頭一般，金錢打動不了，權勢也不能使他低頭。賈赦，在趨炎附勢的賈雨村出謀策畫下，對這位石呆子訛以罪名，才強佔了石呆子家傳古扇。當然，類似這種描寫，在過去戲曲和小說中，都出現過，最有名的莫如《一捧雪》(《雪豔娘》的前身)，這都不足爲奇。而在晴雯撕扇上，奇就奇在寶玉願以扇匣裏珍藏的扇子供晴雯來撕，不但不認爲有什麽可惜，反而促使寶玉發揮了一篇新鮮別致的「愛物論」來。這種愛物論，已超越了「齊物論」。《齊物論》是泯滅是非觀，此亦一是非，彼亦一是非——依此說來，賈赦和石呆子都執於物，在執於物這一點上，他們倆是一樣的；這樣一來，他倆就沒有什麽是非可說了。但從平兒話中，就判斷分明：賈赦是謀扇害命，石呆子是保扇捨命。晴雯撕扇就不同了，這時，作者在撕扇子過程中把物質與精神世界的隔閡給溝通了：當物質轉化爲情感的時候，才是物得到充分發揮，以至于到達極限的時候。這樣一來，使晴雯撕扇在讀者心目中得到了意外的理論支持。扇子被撕，不但不被寶玉判爲一種破壞行爲，反而被他能看到創造出眞正的感情價値來。這一論點，早已被大多數讀者所默許，因此，很少對這種撕扇行爲提出異議。如果用實用觀點來評價晴雯撕扇，那就屬於麝月水平了。當然，此時的麝月衹是直覺地、就事論事地脫口而出的，如果沒有麝月的一席話，那就顯得曹雪芹是有意這樣寫了；有了麝月的一段插曲，就有瞞過讀者的一層意思，從而更增加了眞實感。這是別的作家寫不出，也不能寫的，因爲這不但一反常態，而且豈不是鼓勵人們去破壞美好的扇子嗎？不，這恰恰是作者所要揭示的：美好是相對的，得到晴雯和寶玉的感情相互印證，這種美好不是金錢所能買到的。現在通過「撕扇」表達出來，可見扇子創造了奇跡。這個過程的美好，已成爲兩人感情印證的美好的組成部分，扇子已經被收藏在他們情感的極深處，永遠不會被撕掉的。

曹雪芹在寫這段文字時，是以無意之筆的形式，寫出了有無限意思的篇章。粗看去，不過是晴雯在「撕扇逞性」，寶玉不但不懂物力唯艱，還用好言鼓勵晴雯這樣做，還用整套話語來渲染晴雯的舉動是對的。作者在這裏，把寶玉的「性格乖張」、受「世人誹謗」的評語，輕巧地作了落實。在日常生活中，「補裘」是晴雯的「本分」，「撕扇」是晴雯的「過分」，從這兩件小事，又都使在回目中對晴雯的評語落實，那就是個「勇」字。這個「勇」字，就是晴雯敢於表現自己的眞實情感，裏面沒有任何挾帶藏掖，也從不計較會得到什麽樣的後果。他倆心中衹有「幽微靈秀地」，不去管什麽「無可奈何天」了。寶玉的思想，反映着曹雪芹的思想——物是爲人所用的，衹要在適宜的場合，得到適宜的效果，就是物盡其用了，能獲得超越常情的效果，那就要給予更高的評價！

（端木蕻良）

寶玉挨打

曹雪芹

原來寶玉會過雨村回來，聽見金釧兒含羞自盡，心中早已五內摧傷，進來又被王夫人數説教訓了一番，也無可回説。看見寶釵進來，方得便走出，茫然不知何往，背着手，低着頭，一面感嘆，一面慢慢的信步走至廳上。剛轉過屏門，不想對面來了一人，正往裏走，可巧撞了個滿懷。衹聽那人喝一聲：「站住！」寶玉唬了一跳，擡頭看時，不是別人，卻是他父親。早不覺倒抽了一口涼氣，衹得垂手一旁站着。

賈政道：「好端端的，你垂頭喪氣嗐些什麼？方才雨村來了，要見你，那半天纔出來！既出來了，全無一點慷慨揮灑的談吐，仍是委委瑣瑣的。我看你臉上一團思欲愁悶氣色！這會子又噯聲嘆氣，你那些還不足、還不自在？無故這樣，是什麼原故？」寶玉素日雖然口角伶俐，此時一心卻爲金釧兒感傷，恨不得也身亡命殞，如今見他父親說這些話，究竟不曾聽明白了，衹是怔怔的站着。

賈政見他惶悚，應對不似往日，原本無氣的，這一來，倒生了三分氣。方欲說話，忽有門上人來回：「忠順親王府裏有人來，要見老爺。」賈政聽了，心下疑惑，暗暗思忖道：「素日并不與忠順府來往，爲什麼今日打發人來？……」一面想，一面命：「快請廳上坐。」急忙進內更衣。出來接見時，卻是忠順府長府官，一面彼此見了禮，歸坐獻茶。未及敘談，那長府官先就說道：「下官此來，并非擅造潭府；皆因奉命而來，有一件事相求。看王爺面上，敢煩老先生做主。不但王爺知情，且連下官輩亦感謝不盡。」

賈政聽了這話，摸不着頭腦，忙陪笑起身問道：「大人既奉王命而來，不知有何見諭？望大人宣明，學生好遵諭承辦。」那長府官冷笑道：「也不必承辦，衹用老先生一句話就完了。我們府裏有一個做小旦的琪官，一向好好在府，如今竟三五日不見回去，各處去找，又摸不着他的道路，因此各處察訪；這一城內，十停人倒有八停人都說：他近日和銜玉的那位令郎相與甚厚。下官輩聽了：尊府不比別家，可以擅來索取，因此啓明王爺。王爺亦說：『若是別的戲子呢，一百個也罷了；衹是這琪官，隨機應答，謹慎老成，甚合我老人家的心境，斷斷少不得此人。』故此求老先生轉致令郎，請將琪官放回：一則可慰王爺諄諄奉懇之意，二則下官輩也可免操勞求覓之苦。」說畢，忙打一躬。

賈政聽了這話，又驚又氣，即命喚寶玉出來。寶玉也不知是何原故，忙忙趕來，賈政便問：「該死的奴才！你在家不讀書也罷了，怎麼又做出這些無法無天的事來！那琪官現是忠順王爺駕前承奉的人，你是何等草莽，無故引逗他出來，如今禍及於我！」寶玉聽了，唬了一跳，忙回道：「實在不知此事。究竟『琪官』兩個字，不知爲何物，況更加以『引逗』二字！」說着便哭。

賈政未及開口，祇見那長府官冷笑道：「公子也不必隱飾：或藏在家，或知其下落，早說出來，我們也少受些辛苦。豈不念公子之德呢？」寶玉連說：「實在不知。恐是訛傳，也未見得。」那長府官冷笑兩聲道：「現有證據，必定當着老大人說出來，公子豈不吃虧？既說不知，此人那紅汗巾子怎得到了公子腰裏？」

寶玉聽了這話，不覺轟了魂魄，目瞪口呆，心下自思：「這話他如何知道？他既連這樣機密事都知道了，大約別的瞞不過他，不如打發他去了，免得再說出別的事來。」因說道：「大人既知他的底細，如何連他置買房舍這樣大事倒不曉得了？聽得說：他如今在東郊離城二十里有個什麼紫檀堡，他在那裏置了幾畝田地，幾間房舍。想是在那裏，也未可知。」那長府官聽了，笑道：「這樣說，一定是在那裏了！我且去找一回，若有了便罷；若沒有，還要來請教。」說着，便忙忙的告辭走了。

賈政此時氣得目瞪口歪，一面送那官員，一面回頭命寶玉：「不許動！回來有話問你！」一直送那官去了。纔回身時，忽見賈環帶着幾個小廝一陣亂跑，賈政喝命小廝：「給我快打！」賈環見了他父親，嚇得骨軟筋酥，趕忙低頭站住。賈政便問：「你跑什麼！帶着你的那些人都不管你，不知往那裏去，由你野馬一般！」喝叫：「跟上學的人呢？」

賈環見他父親甚怒，便乘機說道：「方纔原不曾跑，祇因從那井邊一過，那井裏淹死了一個丫頭，我看腦袋這麼大，身子這麼粗，泡的實在可怕，所以纔趕着跑過來了。」賈政聽了，驚疑問道：「好端端，誰去跳井？我家從無這樣事情，自祖宗以來，皆是寬柔待下。大約我近年於家務疏懶，自然執事人操克奪之權，致使弄出這暴殄輕生的禍來！若外人知道，祖宗的顏面何在！」喝命：「叫賈璉、賴大來！」

小廝們答應了一聲，方欲去叫，賈環忙上前，拉住賈政袍襟，貼膝跪下，道：「老爺不用生氣。此事除太太屋裏的人，別人一點也不知道，我聽見我母親說……」說到這句，便回頭四顧一看；賈政知其意，將眼色一丟，小廝們明白，都往兩邊後面退去。賈環便悄悄說道：「我母親告訴我說：『寶玉哥哥前日在太太屋裏，拉着太太的丫頭金釧兒，强奸不遂，打了一頓，金釧兒便賭氣投井死了……』」

話未說完，把個賈政氣得面如金紙，大叫：「拿寶玉來！」一面說，一面便往書房去，喝命：「今日再有人來勸我，我把這冠帶家私一應就交與他和寶玉過去，我免不得做個罪人，把這幾根煩惱鬢毛剃去，尋個乾淨去處自了，也免得上辱先人、下生逆子之罪！」

衆門客僕從見賈政這個形景，便知又是爲寶玉了，一個個咬指吐舌，連忙退出。賈政喘吁吁直挺挺的坐在椅子上，滿目淚痕，一疊連聲：「拿寶玉來！拿大棍拿繩來！把門都關上！有人傳信到裏頭去，立刻打死！」衆小廝們祇得齊齊答應着，有幾個來找寶玉。

那寶玉聽見賈政吩咐他「不許動」，早知凶多吉少；那裏知道賈環又添了許多的話？正在廳上旋轉，怎得個人往裏頭通信，偏偏的沒個人來，連焙茗也不知在那裏。正盼望時，衹見一個老媽媽出來，寶玉如得了珍寶，便趕上來拉他，說道：「快進去告訴：老爺要打我呢！快去，快去！要緊，要緊！」寶玉一則急了，說話不明白；二則老婆子偏偏又耳聾，不曾聽見是什麽話，把「要緊」二字，祇聽做「跳井」二字，便笑道：「跳井讓他跳去，二爺怕什麽？」寶玉見是個聾子，便着急道：「你出去叫我的小廝來罷！」那婆子道：「有什麽不了的事？老早的完了，太太又賞了銀子，怎麽不了事呢？」

寶玉急的手脚正沒抓尋處，祇見賈政的小廝走來，逼着他出去了。賈政一見，眼都紅了，也不暇問他在外流蕩優伶，表贈私物，在家荒疏學業，逼淫母婢；祇喝命：「堵起嘴來，着實打死！」小廝們不敢違，祇得將寶玉按在凳上，舉起大板，打了十來下。寶玉自知不能討饒，祇是嗚嗚的哭。賈政還嫌打的輕，一脚踢開掌板的，自己奪過板子來，狠命的又打了十幾下。

寶玉生來未經過這樣苦楚，起先覺得打的疼不過，還亂嚷亂哭，後來漸漸氣弱聲嘶，哽咽不出。衆門客見打的不祥了，趕着上來，懇求奪勸。賈政那裏肯聽？說道：「你們問問他幹的勾當，可饒不可饒！素日皆是你們這些人把他釀壞了，到這步田地，還來勸解！明日釀到他弒父弒君，你們才不勸不成？」

衆人聽這話不好，知道氣急了，忙亂着覓人進去給信。王夫人聽了，不及去回賈母，便忙穿衣出來，也不顧有人沒人，忙忙扶了一個丫頭，趕往書房中來。慌得衆門客小廝等避之不及。賈政正要再打，一見王夫人進來，更加火上澆油，那板子越下去的又狠又快。按寶玉的兩個小廝，忙鬆手走開，寶玉早已動彈不得了。

賈政還欲打時，早被王夫人抱住板子。賈政道：「罷了，罷了！今日必定要氣死我纔罷！」王夫人哭道：「寶玉雖然該打，老爺也要保重。且炎暑天氣，老太太身上又不大好，打死寶玉事小，倘或老太太一時不自在了，豈不事大？」賈政冷笑道：「倒休提這話！我養了這不肖的孽障，我已不孝；平昔教訓他一番，又有衆人護持；不如趁今日結果了他的狗命，以絕將來之患！」說着，便要繩來勒死。王夫人連忙抱住哭道：「老爺雖然應當管教兒子，也要看夫妻份上。我如今已五十歲的人，祇有這個孽障，必定苦苦的以他爲法，我也不敢深勸。今日越發要弄死他，豈不是有意絕我呢？既要勒死他，索性先勒死我，再勒死他！我們娘兒們不如一同死了，在陰司裏也得個倚靠。」說畢，抱住寶玉，放聲大哭起來。

賈政聽了此話，不覺長嘆一聲，向椅上坐了，淚如雨下。王夫人抱着寶玉，祇見他面白氣弱，底下穿着一條綠紗小衣，一片皆是血漬。禁不住解下汗巾去，由腿看至臀脛，或青或紫，或整或破，竟無一點好處，不覺失聲大哭起「苦命的兒」來。因哭出「苦命兒」來，又想起賈珠來，便叫着賈珠，哭道：「若有你活着，便死一百個，我也不管了。」

此時裏面的人聞得王夫人出來，李紈、鳳姐及迎、探姊妹兩個，也都出來了。王夫人哭着賈珠的名字，別人還可，惟有李紈禁不住也抽抽搭搭的哭起來了。賈政聽了，那淚更似走珠一般滾了下來。正沒開交處，忽聽丫鬟來說：「老太太來了。」一言未了，祇聽窗外顫巍巍的聲氣說道：「先打死我，再打死他，就乾淨了！」

賈政見母親來了，又急又痛，連忙迎出來。祇見賈母扶着丫頭，搖頭喘氣的走來。賈政上前躬身陪笑說道：「大暑熱的天，老太太有什麼吩咐，何必自已走來，祇叫兒子進去吩咐便了。」賈母聽了，便止步喘息，一面厲聲道：「你原來和我說話！我倒有話吩咐，祇是我一生沒養個好兒子，卻叫我和誰說去！」

賈政聽這話不像，忙跪下含淚說道：「兒子管他，也爲的是光宗耀祖。老太太這話，兒子如何當的起？」賈母聽說，便啐了一口，說道：「我說了一句話，你就禁不起！你那樣下死手的板子，難道寶玉就禁的起了？你說教訓兒子是光宗耀祖，當日你父親怎麽教訓你來着！」說着，也不覺淚往下流。賈政又陪笑道：「老太太也不必傷感，都是兒子一時性急，從此以後，再不打他了。」賈母便冷笑兩聲道：「你也不必和我賭氣，你的兒子，自然你要打就打。想來你也厭煩我們娘兒們，不如我們早離了你，大家乾淨！」說着，便令人：「去看轎！——我和你太太、寶玉立刻回南京去！」家下人祇得答應着。

賈母又叫王夫人道：「你也不必哭了，如今寶玉年紀小，你疼他；他將來長大，爲官作宦的，也未必想着你是他母親了。你如今倒是不疼他，祇怕將來還少生一口氣呢！」賈政聽說，忙叩頭說道：「母親如此說，兒子無立足之地了！」賈母冷笑道：「你分明使我無立足之地，你反說起你來！祇是我們回去了，你心裏乾淨，看有誰來不許你打！」一面說，一面祇命：「快打點行李車輛轎馬回去！」賈政直挺挺跪着，叩頭謝罪。

賈母一面說，一面來看寶玉，祇見今日這頓打，不比往日，又是心疼，又是生氣，也抱着哭個不了。王夫人與鳳姐等解勸了一會，方漸漸的止住。

早有丫鬟媳婦等，上來要攙寶玉，鳳姐便駡：「糊塗東西！也不睜開眼瞧瞧，這個樣兒，怎麽攙着走的？還不快進去把那藤屜子春凳擡出來呢！」衆人聽了，連忙飛跑進去，果然擡出春凳來，將寶玉放上，隨着賈母王夫人等進去，送至賈母屋裏。

彼時賈政見賈母怒氣未消，不敢自便，也跟着進來。看看寶玉果然打重了，再看看王夫人一聲「肉」一聲「兒」的哭道：「你替珠兒早死了，留着珠兒，也免你父親生氣，我也不白操這半世的心了！這會子你倘或有個好歹，撂下我，叫我靠那一個？」數落一場，又哭「不爭氣的兒」。賈政聽了，也就灰心自己不該下毒手打到如此地步。先勸賈母，賈母含淚說道：「兒子不好，原是要管的，不該打到這個份兒！你不出去，還

紅樓夢・寶玉挨打

在這裏做什麼！難道於心不足，還要眼看着他死了纔算嗎？」賈政聽說，方諾諾的退出去了。

此時薛姨媽、寶釵、香菱、襲人、湘雲等也都在這裏。襲人滿心委屈，祇不好十分使出來。見衆人圍着，灌水的灌水，打扇的打扇，自己插不下手去，便索性走出門，到二門前，命小廝們找了焙茗來細問：「方才好端端的，爲什麼打起來？你也不早來透個信兒！」焙茗急的說：「偏生我沒在跟前，打到半中間，我纔聽見了，忙打聽原故，卻是爲琪官兒和金釧兒姐姐的事。」襲人道：「老爺怎麼知道了？」焙茗道：「那琪官兒的事，多半是薛大爺素昔吃醋，沒法兒出氣，不知在外頭挑唆了誰來，在老爺跟前下的蛆。那金釧兒姐姐的事，大約是三爺說的。我也是聽見跟老爺的人說。」

襲人聽了這兩件事都對景，心中也就信了八九分，然後回來，祇見衆人都替寶玉治療調停完備。賈母命：「好生擡到他屋裏去。」衆人一聲答應，七手八腳，忙把寶玉送入怡紅院內自己牀上臥好，又亂了半日，衆人漸漸的散去了，襲人方纔進前來，經心服侍細問。

（節自《紅樓夢》第三十三回）

《紅樓夢》是一部大家熟悉的小說，但不一定每一個讀者都熟悉其中每一個故事。我常把這部書比作一個中國的大園林，譬如頤和園。它整個是一座大花園，但它包含一個個各自成趣的、獨立的小花園或院子，風格各不相同。例如頤和園裏的仁壽宮不同於諧趣園，但各有妙處，而且一處處互相貫通，卻又別有天地。《紅樓夢》全書像個大花園，裏面每一回或二、三回的故事是一個獨立的小花園。這些小花園又有曲徑、回廊、小橋、清溪互相通幽、互相映帶，由一回發展到另一回，就像從一個院子轉到別一個暗中相通的院子。作者對於整部小說的布局也是如此。一個讀者隨意瀏覽此書，往往可以得其大意，而忽略了他精雕細琢、頗費匠心的部分。我們現在提出書中一個故事來討論學習，這個故事讀者可能早已看過，也許還不止一次，正如某一名園以前早已遊覽過，但也不妨對比一下：以前舊遊之地，這次重遊，有沒有發現以前所未注意的地方？有沒有「溫故而知新」？我想我們都會有這樣的經歷和感受。

作者寫書中任何一個故事，都有它的思想性與藝術性兩個方面，我們選讀「寶玉挨打」這一故事，也許讀者早已痛恨賈政性子暴躁，心狠手辣；其實賈政的這種行爲自有它的思想根源、社會根源。他對賈母說：他這樣打寶玉是爲了「光宗耀祖」。換句話說，他是在執行封建教育，他自己也成爲這一萬惡傳統的犧牲者而不自知。原來，爲了維護幾千年的封建統治制度，國有國法，家有家法。賈政自以爲他在執行家法。爲了維護地主階級的利益，即使在內部，也要用國法或家法來壓制不順從的分子。當時的國法還有條文可循，不觸犯條文的可免懲罰。家法則隨各封建家庭自立自制，並無明文規定，有時可以比國法更不講理，更不通人情，即更爲野蠻。一個封建家族的少數「主子」，可以壓制多數奴僕，即是憑「主子」們隨意訂立的「家法」的作用。家法聽起來好像是一本法律，實際上是一套刑具。所謂「伸家法」就是用刑敲打。寶玉挨賈政的毒打，就是封建家族中對其自己成員「伸家法」，以壓制異端思想的形象說明。

當然，寶玉挨打的原因並非衹是爲了壓制異端思想那樣簡單，而且在日常家庭生活中，這種思想也不容易看出來。至於挨打的結果，也並非表明賈政的勝利——倒是被襲人轉化利用爲她的勝利(下面要說到)。寶玉腦子裏的異端思想，賈政也不可能用大板子從他的屁股上打下去。賈政也不是憑抽象的思想問題就動火打兒子。如果衹是那樣的寫法，就不是大文豪筆底下的作品了。曹雪芹寫賈政打寶玉，在賈政的立場看來，是有充分的理由的，是非打不可的；故事本身使讀者覺得：如果他處在賈政的地位，見兒子窩藏供應王府的優伶——與王爺爭奪男寵，使他遭到王爺的忿怒，認爲他教子無方，在官場貴族中大丟其臉，何況家中又出了人命案子：原因是寶玉要「強姦母婢」，使她含羞自殺，這兩件事情中的任何一件都可以使封建家族的爲父者怒打兒子，何況寶玉一人犯此兩件罪過，同時並發。

曹雪芹寫賈政之惡，不在於他怒打兒子，而在於他偏聽妄信，對重大事情沒有調查清楚，就粗暴發怒，動手用刑。他不但做了自己野蠻性子的俘虜，而且還做了他的劣子賈環的俘虜：他被賈環調唆得昏頭昏腦，對他被賈環利用來作爲打擊寶玉的工具而不自知。如果寶玉眞被打死了，則是賈環成功地假賈政之手以殺寶玉。而被作爲兇具用的賈政卻仍不自知，還以爲他替封建社會整頓了歪風邪氣，有功於世道人心。

分析寶玉挨打的原因，若僅就賈政所得的「報告」而論，兩事都有該受懲罰的理由。但仔細推究，都不是寶玉之罪。琪官在外面買房子，躲開忠順王的召喚，寶玉有何罪？寶玉是琪官的好友，知有此事，被忠順王府長史作爲「外調」對象，他本來想替琪官隱瞞，後來被點出證據，祇好照實說了，這又有什麼大罪？至多受幾聲呵責，或小打警戒——反正忠順王府找着了琪官，也不會責怪寶玉隱藏。琪官自己不願再在忠順王府被王爺當男妾玩弄，他是演員，要自立門戶，單獨在社會上謀生，又有何罪？所以，如果沒有「強姦母婢不遂，逼得她羞恨自殺」這一條事關人命的重大案件，如果沒有這一假造的報告，也不至於兩罪俱發，使寶玉受此重打。所以，這一頓打是賈環的大成功、大勝利。這一打對賈環有利，這是顯而易見的。但讀者在未讀到第三十四回時，決不會想到：這一打對襲人也有利，對寶釵也有利；祇有對兩人不利：一個是直接受皮肉之苦的寶玉自己，一個是受襲人在王夫人之前的「浸潤之譖」的林黛玉。這一點下面還要分析，現在且按下不表。

賈政打寶玉，除了偏聽妄信之外，還有爲自己洩憤的成分。例如他聽見王夫人提起「老太太一時不自在了，豈不事大？」便冷笑道：

> 倒休提這話！我養了這不肖的孽障，我已不孝；平昔教訓他一番，又有衆人護持；不如趁今日結果了他的狗命，以絕將來之患！

「說着，便要繩來勒死」。這雖是氣話，也顯得他已無敎子成材之意，徒存爲己丟醜之恨。這幾句話，使他這一頓打完全失去了他所謂「光宗耀祖」的教育意義，祇有洩忿的作用而已。

在這之前，作者寫賈政祇要用刑，並不問罪。他一見寶玉，「眼都紅了，也不暇問他在外流蕩優伶，表贈私物，在家荒疏學業，逼淫母婢；衹喝命『堵起嘴來，着實打死！』」作者寫他不問罪行，而衹要「着實打死」，這種封建官吏對自己的兒子尙且如此，一旦出來做地方官，對老百姓的虐待不言可知。因他「不問」，使寶玉無從爲自己辯白。

作者對於記在寶玉帳上的罪狀，究竟是誰犯的，其實寫得一清二楚。金釧兒怎麼死的？正是那位「阿彌陀佛」、寬厚仁慈的王夫人一個嘴巴打了還不够，立刻要把她攆出去，原因是：金釧兒對寶玉說：「你到東小院子裏拿環哥兒同彩雲去。」就因爲說了這句話，王夫人認爲「好好的爺們，都叫你們教壞了」。卽使跪下哭求：「我跟了太太十來年了」，也不中用，還得滾。(三十回)金釧兒覺得從此無臉見人，衹好跳井。但這條人命的賬，卻被賈環誣陷在寶玉的名下，而賈政深信不疑。

爲了金釧兒的死，寶玉所付的代價是被打得皮綻肉破，而王夫人所付的代價是三十兩銀子、兩套舊衣服(是寶釵捐出來的)、「幾件簪環」，又請幾個僧人爲她念經超度。這在當時社會風尙看來，似乎已經很優待死者了——因爲她不過是一個婢女。如此賞臉，已經使她母親白老媳婦「磕頭謝了出去」。卽使那個聾婆子，把「要緊」聽作「跳井」，也認爲「跳井讓他跳去，二爺怕什麼？」死個把人「有什麼不了的事？……太太又賞了銀子，怎麼不了事呢？」婆子看人命如此不關重要，可見封建教育毒害之深。這個婆子應該是與金釧兒同一個階級的女奴出身吧！然而她對於自己階級的一條人命，其代價也衹要兩套衣服、幾兩銀子而已。作者這樣敍述，恐怕比滿紙是什麼「階級鬥爭」、「奴隸造反」等口號更爲眞實些。至於王夫人爲此事有些內疚，也不失爲實事求是，是題中應有之筆。但作者也並不因此就肯定這个剛愎而愚昧的貴夫人。下面，我們還要論到：她怎樣變成了襲人的俘虜，正如她丈夫變成了賈環的俘虜。

「寶玉挨打」，作爲一個高度戲劇性的場面，作者是精心布置的。寶玉正因爲聽說金釧兒自殺，才在路上低頭感嘆，「五內摧傷」。一到廳上，仍是神魂出舍，一頭撞在賈政身上，被他帶住。又因爲方才見賈雨村時對答不利，已招父怒，此時又垂頭喪氣，自不免被賈政看出來，他有「思欲愁悶氣色」，讀者已先替寶玉捏一把汗，知道凶多吉少，已經鋪排好了悲劇的氣氛。正在這時，突然來了忠順王府裏的長府官要見賈政，要他幫忙，代索琪官(蔣玉函)回府。及至問到寶玉，他還推說不知，王府的長府衹好點出琪官送他紅汗巾的事(事見二十八回)，寶玉才說出琪官在郊外紫檀堡買了房子。長府官何以知有「紅汗巾」的事，其中必另有曲折，作者故意不說，要把它留作下文故事的線索。通行一百二十回本後四十回末了，寶玉出家後，襲人嫁與蔣玉函(琪官)結婚後，蔣發現襲人有此「紅汗巾」，即當年他與寶玉交換的禮物。但三十三回長府官來調查琪官下落時已知有此紅汗巾事，他何從知道，確是一個未解之謎。這且按下不表。但這一發展，更富於戲劇性，寶玉之終於要挨打，至此已無可避免，火上加油的是賈環的謊報陷害：

我母親(趙姨娘)告訴我說：「寶玉哥哥前日在太太屋裏，拉着太太的丫頭金釧兒，強姦不遂，打了一頓，那金釧兒便賭氣投井死了。」

如果衹聽聽這樣的報告，當然誰都要生氣的。但賈政卻不問情由，不分皂白，不辨眞僞，一頓亂打，直到王夫人出來抱住板子哭「珠兒」，他才停止。這些戲劇性的發展，都是入情入理；寫在紙上，如聞其聲，如見其形，似乎已經達到高潮。但更高的高潮卻要等賈母出來才來到：賈母說：「衹是我一生沒養個好兒子，卻叫我和誰說去！」賈政還強辯說，他教訓兒子，也是爲「光宗耀祖」。賈母便問：「當初你父親怎麼教訓你來着？」賈政不是正途出身，可見他青年時並未好好讀書，所以一輩子不學無術，連大觀園中做對子都不如自己兒子，頂嘴也頂不過賈母。賈母問他「當初你父親怎麼教訓你來着？」可謂直刺其心。這裏也流露出賈母對他的不滿：沒有正途科舉出身，衹靠祖宗的餘蔭做閑散的京官，終於不免坐吃山空！

寶玉挨打以後，大家利用他這次的不幸，紛紛奉承，以求見情。最善於這類人情世故的當然是寶釵，即刻送藥來敷傷治療。襲人則忙於打聽挨打原因，自作準備。她們二人都想利用這一頓打來改造寶玉的思想，以符合封建道德傳統的標準。寶釵說：「早聽人一句話，也不至今日。別說老太太、太太心疼，就是我們看着，心裏也疼。」這話也許是眞情，但「早聽人一句」什麽「話」呢？因爲說到她不成材的哥哥薛蟠，她到底要爲他辯護，不免要批評寶玉：

> 你們也不必怨這個，怨那個。據我想，到底寶兄弟素日不正，肯和那些人來往，老爺纔生氣……

眞正爲寶玉挨打而傷心的，恐怕衹有林黛玉。她的無聲之泣、「滿面淚光」，「兩個眼睛腫得桃兒一般」，不敢讓來問病的鳳姐看見，怕她取笑，衹好從寶玉牀背後的後門溜走了。王夫人的心疼也是眞的，因爲金釧兒畢竟是她逼死的，寶玉卻因此而挨大板子。逼死金釧的內疚與痛子受刑同時迸發，不如平時剛愎自用，比較容易接受別人的意見。襲人看準了這一點，乘機進讒。

襲人向焙茗調查清楚了眞實原因。她找了焙茗來細問：「方才好端端的，爲什麽打起來？」焙茗說是爲琪官和金釧兒的事，「那金釧兒姐姐的事，大約是三爺(賈環)說的。我也是聽見跟老爺的人說。」「襲人聽了這兩件事都對景，心中也就信了八九分。」可見襲人確實知道是環兒造謠誣陷，而且她相信此話來自「老爺的人」(賈政的隨從)，眞實可靠。但到後來王夫人叫她去問時，她卻爲賈環維護，不但賴得一乾二淨，並且乘機向王夫人進讒，用險惡的暗示攀誣林黛玉等和寶玉有不正常關係。這種暗示，粗心的讀者是看不出來的，但一經分析，便可瞭然。現在先說她維護賈環的事：

> 王夫人見房內無人，便問(襲人)道：「我恍惚聽見寶玉今兒捱打，是**環兒在老爺跟前說了什麽**話，你可聽見這個了？你要聽見，告訴我聽聽，我也不吵出來叫人知道是你說的。」襲人道：「我倒沒聽見這話。爲二爺霸佔着戲子，人家來和老爺要，爲這個打的。」王夫人搖頭說道：「也爲這個，還有別的原故。」襲人道：「**別的原故實在不知**

道了。」

襲人爲賈環抵賴得如此堅決、徹底，眞是同惡相濟，令人髮指。她希望自己能做寶玉的姨太太，像趙姨娘一般，當然同情趙姨娘，要幫助趙姨娘及其兒子——其實，「強姦未遂」之說，賈環正是從他母親那裏聽來的。在這一點上，她和趙姨娘倒眞有階級感情，因爲她們二人的地位根本相同，不過她比趙姨娘更能幹，野心也更大，更會利用機會，爲自己造成戰略優勢。這次寶玉挨打，她趁王夫人痛子心切的有利時機，採取對王夫人戰略攻心的手段：在再三否認賈環在父前誣陷寶玉之後，緊接着把握住王夫人憂慮寶玉的心理和時機，欲擒故縱地逗着王夫人道：「我今兒在太太跟前大膽說句不知好歹的話。論理……」說了半截忙又咽住——這是弔王夫人的胃口，使她更加迫切要聽聽襲人要說些什麼有關寶玉的話。果然，王夫人催她「衹管說」。下面是一篇愚弄王夫人、攻擊寶玉、暗害黛玉的傑作。她先提綱挈領地說：

論理，我們二爺也須得老爺教訓兩頓。若老爺再不管，將來不知做出什麼事來呢。

王夫人一聞此言，便合掌念「阿彌陀佛」，由不得趕着襲人叫了一聲：「我的兒，虧了你也明白……」接着王夫人反而向襲人解釋她爲什麼沒有嚴管寶玉的緣故，好像襲人倒是她的長輩似的。最後說：「若打壞了(寶玉)，將來我靠誰呢？」

襲人見王夫人已完全變成了她的俘虜，便自吹「那一日那一時我不勸二爺，衹是再勸不理」。接着她把王夫人又是一擒一縱，才入正題：「今兒太太提起這話來，我還記掛着一件事，每要來回太太，討太太主意。衹是我怕太太疑心，不但我的話白說了，且連葬身之地都沒了。」王夫人聽了這話內有因，忙問道：「我的兒，你有話衹管說……你方纔和我說的話，全是大道理……你有什麼衹管說什麼，衹別教別人知道就是了。」

襲人得了從王夫人那裏擠出來的再三的保證之後，圖窮而匕首現：

襲人道：「我也沒什麽別的說，我衹是想着討太太一個示下：怎麽變個法兒，以後竟還教二爺搬出園外住就好了。」王夫人聽了，吃一大驚，忙拉了襲人的手問道：「寶玉難道和誰作怪了不成？」

襲人連忙回道：「太太別多心，並沒有這話。這不過是我的小見識。如今二爺也大了，裏頭姑娘們也大了，況且林姑娘、寶姑娘又是兩姨姑表姐妹，雖說是姐妹們，到底是男女之分，日夜一處起坐不方便，由不得叫人懸心。便是外人看着也不像一家子的事。俗語說的，沒事常思有事……二爺素日性格，太太是知道的，……倘或不防，前後錯了一點半點，……若叫人說出個『不好』字來，……後來二爺一生的聲名品行豈不完了？二則太太也難見老爺。俗語又說，『君子防未然』，不如這會子防避的爲是……」

王夫人聽了這話，如雷轟電掣的一般。正觸了金釧兒之事，心内越發感愛襲人不盡，忙笑道：「我的兒，你竟有這個心胸，想的這樣周全，……你今兒這一番話提醒了我，難為你成全我娘兒兩個聲名體面，眞眞我竟不知道你這樣好……你今既說了這樣話，我就把他交給你了。好歹留心。保全了他，就是保全了我。我自然不辜負你。」襲人連連答應着去了。

襲人和王夫人這一段對話，是全書的關鍵。襲人的主要攻擊對象是她所痛恨而無可奈何的林黛玉。但她把林和薛寶釵相提並論：「林姑娘、寶姑娘又是兩姨姑表姐妹」，「到底是男女之分」，「便是外人看着也不像……」這些話，當然使王夫人想到：「寶玉和誰作怪了不成？」其實寶玉到此爲止，衹有和襲人試過「雲雨情」，其餘的人倒是乾淨的。偏偏是她，在王夫人面前裝出老成持重的聖女模樣，在思想上俘虜了王夫人，使這個愚蠢而剛愎的「夫人」完全變成了她的工具，她自己則成爲王夫人派駐怡紅院的偵察員、「耳報神」(用她自己的話)。以後怡紅院中丫頭們和寶玉的一言一動，她完全掌握，所以能逐芳官、攆晴雯。凡是襲人看不順眼的丫頭都被「變個法兒」弄走。王夫人不但把寶玉「交給」了襲人，把整個怡紅院都交給她了。因爲在王夫人心目中，襲人是個最賢德的丫頭，可以主持怡紅院的道德風化——雖然她是最早教寶玉行警幻仙子所授之事！

所以分析寶玉挨打這一回，還須聯繫到上下回的故事。不能僅僅看作榮國府中各種矛盾的焦點，還須看他們利用這一矛盾來施展縱橫捭闔的手段，從中取利。最令人觸目驚心的是襲人對於賈環的暗中保護，在王夫人面前堅決否認是他向賈政打「小報告」。另一方面，她旁敲側擊地暗示寶玉和黛玉之間的長久存在的感情可能因年齡長大而超越常軌。她把「寶姑娘」也說在內，作爲陪襯，使王夫人不覺得她是在專攻黛玉一人，倒像她論事論人，公平無偏；其實誰都看得出來，矛頭衹指向黛玉一人。王夫人成了襲人的俘虜，口口聲聲叫她「我的兒」，「難爲你保全了我母子的名聲」。襲人之所以有此機會向王夫人獻計劃策，正是因爲有寶玉挨打、王夫人痛子這一良機。襲人直攻其心，便取得了很大成功。所以寶玉挨打這一回所涉及的故事，也不衹是琪官隱居、金釧投井這兩個故事，而實在上接三十二回寶玉誤把襲人當黛玉訴說「心事」，使襲人「心下暗度，如何處治，方免此醜禍」。可見襲人要「處治」寶玉，揆度已久，並非因他挨打而天緣湊巧。卽使沒有這一頓打，她也會相機向王夫人進言的。在後來寶玉的婚事上棄黛玉而取寶釵，以襲人的地位而論，她的意見肯定會影響王夫人，起很大作用的。寶釵早已看到這一點，所以她曲意紆尊，結交襲人——此是後話，衹好另作專論了。

（吳世昌）

元宵夜宴

曹雪芹

且說賈珍那邊開了宗祠，着人打掃，收拾供器，請神主；又打掃上屋，以備懸供遺真影象。此時榮寧二府，內外上下，皆是忙忙碌碌。

這日，寧府中尤氏正起來，同賈蓉之妻打點送賈母這邊的針綫禮物，正值丫頭捧了一茶盤押歲錁子進來，回說：「興兒回奶奶：前兒那一包碎金子，共是一百五十三兩六錢七分，裏頭成色不等，總傾了二百二十個錁子。」說着遞上去。尤氏看了一看，祇見也有梅花式的，也有海棠式的，也有「筆錠如意」的，也有「八寶聯春」的。尤氏命：「收拾起來，就叫興兒將銀錁子快快交了進來。」丫鬟答應去了。

一時賈珍進來吃飯，賈蓉之妻迴避了。賈珍因問尤氏：「咱們春祭的恩賞可領了不曾？」尤氏道：「今兒我打發蓉兒關去了。」賈珍道：「咱們家雖不等這幾兩銀子使，多少是皇上天恩。早關了來，給那邊老太太送過去，置辦祖宗的供，上領皇上的恩，下則是托祖宗的福。咱們那怕用一萬兩銀子供祖宗，到底不如這個有體面，又是沾恩錫福。除咱們這麼一二家之外，那些世襲窮官兒家，要不仗着這銀子，拿什麼上供過年？真正皇恩浩蕩，想的周到。」尤氏道：「正是這話。」

二人正說着，祇見人回：「哥兒來了。」賈珍便命：「叫他進來。」祇見賈蓉捧了一個小黃布口袋進來。賈珍道：「怎麼去了這一日？」賈蓉陪笑回說：「今兒不在禮部關領了，又在光祿寺庫上。因又到了光祿寺，才領下來了。光祿寺老爺們都說，問父親好，多日不見，都着實想念。」賈珍笑道：「他們那裏是想我？這又到了年下了，不是想我的東西，就是想我的戲酒了！」一面說，一面瞧那黃布口袋，上有封條，就是「皇恩永錫」四個大字；那一邊又有禮部祠祭司的印記。一行小字，道是：「寧國公賈演，榮國公賈源，恩賜永遠春祭賞共二分，淨折銀若干兩，某年月日，龍禁尉候補侍衛賈蓉當堂領訖。值年寺丞某人。」下面一個朱筆花押。

賈珍看了，吃過飯，盥漱畢，換了靴帽，命賈蓉捧着銀子跟了來，回過賈母王夫人，又至這邊，回過賈赦邢夫人，方回家去，取出銀子，命將口袋向宗祠大爐內焚了。又命賈蓉道：「你去問問你那邊二嬸娘，正月裏請吃年酒的日子擬了沒有？若擬定了，叫書房裏明白開了單子來，咱們再請時，就不能重復了。舊年不留神，重了幾家；人家不說咱們不留心，倒像兩家商議定了，送虛情怕費事的一樣。」

賈蓉忙答應去了。一時，拿了請人吃年酒的日期單子來了。賈珍看了，命：「交給賴升去看了，請人別重了這上頭的日子。」因在廳上看着小廝們擡圍屏，擦抹几案金銀供器。衹見小廝手裏拿着一個稟帖，并一篇賬目，回說：「黑山村烏莊頭來了。」賈珍道：「這個老砍頭的！今兒才來！」賈蓉接過稟帖和賬目，忙展開捧着，賈珍倒背着兩手，向賈蓉手內看去。那紅稟上寫着：「門下莊頭烏進孝叩請爺爺奶奶萬福金安，并公子小姐金安。新春大喜大福，榮貴平安，加官進祿，萬事如意。」賈珍笑道：「莊家人有些意思。」賈蓉也忙笑道：「別看文法，衹取個吉利兒罷。」一面忙展開單子看時，衹見上面寫着：

大鹿三十隻，獐子五十隻，麅子五十隻，暹猪二十個，湯猪二十個，龍猪二十個，野猪二十個，家臘猪二十個，野羊二十個，青羊二十個，家湯羊二十個，家風羊二十個，鱘鰉魚二百個，各色雜魚二百斤，活鷄、鴨、鵝各二百隻，風鷄、鴨、鵝二百隻，野鷄野猫各二百對，熊掌二十對，鹿筋二十斤，海參五十斤，鹿舌五十條，牛舌五十條，蟶乾二十斤，榛、松、桃、杏瓤各二口袋，大對蝦五十對，乾蝦二百斤，銀霜炭上等選用一千斤，中等二千斤，柴炭三萬斤，御田胭脂米二擔，碧糯五十斛，白糯五十斛，粉秔五十斛，雜色粱穀各五十斛，下用常米一千擔，各色干菜一車，外賣粱穀牲口各項折銀二千五百兩。外門下孝敬哥兒玩意兒：活鹿兩對，白兔四對，黑兔四對，活錦鷄兩對，西洋鴨兩對。

賈珍看完，說：「帶進他來」。一時衹見烏進孝進來，衹在院内磕頭請安。賈珍命人拉起他來，笑說：「你還硬朗？」烏進孝笑道：「不瞞爺說，小的們走慣了，不來也悶的慌。他們可都不是願意來見見天子腳下世面？他們到底年輕，怕路上有閃失，再過幾年就可以放心了。」賈珍道：「你走了幾日？」烏進孝道：「回爺的話：今年雪大，外頭都是四五尺深的雪，前日忽然一暖一化，路上竟難走的很，耽擱了幾日。雖走了一個月零兩日，日子有限，怕爺心焦，可不趕着來了！」

賈珍道：「我說呢，怎麽今兒纔來！我纔看那單子上，今年你這老貨又來打擂臺來了。」烏進孝忙進前兩步回道：「回爺說，今年年成實在不好。從三月下雨，接連着直到八月，竟沒有一連晴過五六日；九月一場碗大的雹子，方近二三百里地方，連人帶房并牲口糧食，打傷了上千上萬的，所以才這樣。小的并不敢說謊。」賈珍皺眉道：「我算定你至少也有五千銀子來，這夠做什麽的？如今你們一共衹剩了八九個莊子，今年倒有兩處報了旱潦，你們又打擂臺，真真是叫別過年了！」烏進孝道：「爺的這地方還算好呢！我兄弟離我那裏衹一百多里，竟又大差了。他現管着那府八處莊地，比爺這邊多着幾倍，今年也是這些東西，不過二三千兩銀子，也是有饑荒打呢！」賈珍道：「正是呢。我這邊倒可已，沒什麼外項大事，不過是一年的費用。我受用些就費些，我受些委曲就省些。再者年例送人請人，我把臉皮厚些，也就完了。比不得那府裏，這幾年添了許多花錢的事，一定不可免是要花的，卻又不添些銀子產業。這一二年裏賠了許多，不和你們要，找誰去？」

烏進孝笑道：「那府裏如今雖添了事，有去有來。娘娘和萬歲爺豈不賞呢？」賈珍聽了，笑向賈蓉等道：「你們聽聽，他說的可笑不可笑？」賈蓉等忙笑道：「你們山坳海沿子上的人，那裏知道這道理？娘娘難道把皇上的庫給我們不成？他心裏縱有這心，他不能作主。豈有不賞之理，按時按節，不過是些彩緞、古董、玩意兒。就是賞，也不過一百兩金子，纔值一千多兩銀子，夠什麼？這二年，那一年不賠出幾千兩銀子來？頭一年，省親連蓋花園子，你算算那一注花了多少，就知道了。再二年，再省一回親，祇怕就精窮了！」賈珍笑道：「所以他們莊客老實人：『外明不知裏暗的事』，『黃柏木作了磬槌子——外頭體面裏頭苦！』」

賈蓉又說又笑向賈珍道：「果真那府裏窮了，前兒我聽見二嬸娘和鴛鴦悄悄商議，要偷老太太的東西去當銀子呢。」賈珍笑道：「那又是鳳姑娘的鬼，那裏就窮到如此？他必定是見去路大了，實在賠得很了，不知又要省那一項的錢，先設出這法子來，使人知道，說窮到如此了。我心裏卻有個算盤，還不至此田地。」說着，便命人帶了烏進孝出去，好生待他，不在話下。

這裏賈珍吩咐將方才各物留出供祖宗的來，將各樣取了些，命賈蓉送過榮府裏去，然後自己留了家中所用的，餘者派出等第，一分一分的堆在月臺底下，命人將族中子侄喚來，分給他們。接着榮國府也送了許多供祖之物及給賈珍之物。賈珍看着收拾完備供器，靸着鞋，披着一件猞猁猻大皮襖，命人在廳柱下石階上太陽中，鋪了一個大狼皮褥子負暄，閑看各子弟們來領取年物。因見賈芹亦來領物，賈珍叫他過來，說道：「你做什麼也來了？誰叫你來的？」賈芹垂手回說：「聽見大爺這裏叫我們領東西，我沒等人去就來了。」賈珍道：「我這東西，原是給你那些閑着無事沒進益的叔叔兄弟們的，那二年你閑着，我也給過你的。你如今在那府裏管事，家廟裏管和尚道士們，一月又有你的分例外，這些和尚的分例銀錢都從你手裏過，你還來取這個來，太也貪了，你自己瞧瞧，你穿的可像個手裏使錢辦事的？先前你說沒進益，如今又怎麼了？比先倒不像了？」賈芹道：「我家裏原人口多，費用大。」賈珍冷笑道：「你又支吾我！你在家廟裏幹的事，打量我不知道呢！你到那裏，自然是爺了，沒人敢抗違你。你手裏又有了錢，離着我們又遠，你就爲王稱霸起來，夜夜招聚匪類賭錢，養老婆小子。這會子花得這個形象，你還敢領東西來！領不成東西，領一頓馱水棍去纔罷！等過了年，我必和你二叔說，換回你來。」賈芹紅了臉，不敢答言。人回：「北府王爺送了對聯荷包來了。」賈珍聽說，忙命賈蓉：「出去款待，祇說我不在家。」賈蓉去了。

這裏賈珍攆走賈芹，看着領完東西，回屋與尤氏吃畢晚飯，一宿無話。至次日更忙，不必細說。

已到了臘月二十九日了，各色齊備，兩府中都換了門神、聯對、掛牌，新油了桃符，煥然一新。寧國府從大門、儀門、大廳、暖閣、內廳、內三門、內儀門并內垂門，直到正堂，一路正門大開，兩邊階下一色朱紅大高燭，點的兩條金龍一般。次日由賈母有封誥者，皆按品級着朝服，先坐八人大轎，帶領衆人進宮朝賀行禮。領宴畢回來，便到寧府暖閣下轎。諸子弟有未隨入朝者，皆在寧府門前排班伺候，然後引入宗祠。

且說寶琴是初次進賈祠觀看，一面細細留神，打量這宗祠：原來寧府西邊另一個院子，黑油柵欄內五間大門，上面懸一匾，寫着是「賈氏宗祠」四個字，旁書「特晉爵太傅前翰林掌院事王希獻書」，兩邊有一副長聯，寫道：

肝腦塗地，兆姓賴保育之恩；功名貫天，百代仰蒸嘗之盛。

也是王太傅所書。進入院中，白石甬路，兩邊皆是蒼松翠柏，月臺上設着古銅鼎彝等器。抱廈前面懸一塊九龍金匾，寫道：「星輝輔弼」。乃先皇御筆。兩邊一副對聯，寫道是：

勳業有光昭日月，功名無間及兒孫。

也是御筆。五間正殿前，懸一塊鬧龍填青匾，寫道是：「愼終追遠」。傍邊一副對聯，寫道是：

已後兒孫承福德，至今黎庶念寧榮。

俱是御筆。裏邊燈燭輝煌，錦幛繡幕，雖列着些神主，卻看不真。

衹見賈府人分了昭穆，排班立定。賈敬主祭，賈赦陪祭，賈珍獻爵，賈璉賈琮獻帛，寶玉捧香，賈菖賈菱展拜墊，守焚池。青衣樂奏，三獻爵，與拜畢，焚帛，奠酒。禮畢，樂止，退出。衆人圍隨賈母至正堂上。影前錦帳高掛，彩屏張護，香燭輝煌；上面正居中，懸着榮寧二祖遺像，皆是披蟒腰玉；兩邊還有幾軸列祖遺象。

賈荇賈芷等從內儀門挨次站列，直到正堂廊下；檻外方是賈敬賈赦，檻內是各女眷。衆家人小廝皆在儀門之外。每一道菜至，傳至儀門，賈荇賈芷等便接了，按次傳至階下賈敬手中。賈蓉系長房長孫，獨他隨女眷在檻裏，每賈敬捧菜至，傳於賈蓉，賈蓉便傳於他媳婦，又傳於鳳姐尤氏諸人，直傳至供桌前，方傳與王夫人；王夫人傳與賈母，賈母方捧放在桌上。邢夫人在供桌之西，東向立，同賈母供放。直至將菜飯湯點酒茶傳完，賈蓉方退出去，歸入賈芹階位之首。當時凡從「文」旁之名者，賈敬爲首；下則從「玉」者，賈珍爲首；再下從「草頭」者，賈蓉爲首：左昭右穆，男東女西；俟賈母拈香下拜，衆人方一齊跪下，將五間大廳，三間抱廈，內外廊檐，階上階下，兩丹墀內，花團錦簇，塞的無一些空地。鴉雀無聞，衹聽鏗鏘叮當，金鈴玉珮微微搖曳之聲，幷起跪靴履颯沓之響。

一時禮畢，賈敬賈赦等便忙退出至榮府，專候與賈母行禮。尤氏上房地下，鋪滿紅氊，當地放着象鼻三足泥鰍流金琺琅大火盆，正面炕上鋪着新猩紅毡子，設着大紅彩繡「雲龍捧壽」的靠背、引枕、坐褥，外另有黑狐皮的袱子，搭在上面；大白狐皮坐褥。請賈母上去坐了。兩邊又鋪皮褥，請賈母一輩的兩三位妯娌坐了。這邊橫頭排插之後，小炕上也鋪了皮褥，讓邢夫人等坐下。地下兩面相對十二張雕漆椅上，都是一色灰鼠椅搭小褥，每一張椅下一個大銅腳爐，讓寶琴等姐妹坐。尤氏用茶盤親捧茶與賈母，賈蓉媳婦捧與衆老祖母，然後尤氏又捧與邢夫人等，賈蓉媳婦又捧與衆姐妹。鳳姐李紈等衹在地下伺候。

茶畢，邢夫人等便先起身來侍賈母吃茶。賈母與年老妯娌們閑話了兩三句，便命看轎，鳳姐兒忙上去攙起來。尤氏笑回說：「已經預備下老太太的晚飯。每年都不肯賞些體面，用過晚飯再過去。果然我們就不濟鳳丫頭了？」鳳姐兒攙着賈母笑道：「老祖宗走罷。咱們家去吃去，別理他。」賈母笑道：「你這裏供着祖宗，忙得什麽兒似的，那裏還擱的住我鬧？況且我每年不吃，你們也要送去的；不如還送了來，我吃不了，留着明兒再吃，豈不多吃些？」說的衆人都笑了。又吩咐他：「好生派妥當人夜裏坐着看香火，不是大意得的。」尤氏答應了。一面走出來，至暖閣前，尤氏等閃過屏風，小廝們才領轎夫，請了轎出大門。尤氏亦隨邢夫人等回至榮府。這裏轎出大門，這一條街上，東一邊設立着寧國公的儀仗執事樂器，西一邊設立着榮國公的儀仗執事樂器，來往行人皆屏退不從此過。

一時來至榮府，也是大門正門一直開到裏頭。如今便不在暖閣下轎了，過了大廳，轉彎向西，至賈母這邊正廳上下轎。衆人圍隨同至賈母正堂中間，亦是錦裀繡屏，煥然一新。當地火盆內焚着松柏香、百合草。賈母歸了坐，老嬤嬤來回：「老太太們來行禮。」賈母忙起身要迎，衹見兩三個老妯娌已進來了。大家挽手笑了一回，讓了一回，吃茶去後，賈母衹送至內儀門就回來。歸了正坐，賈敬賈赦等領了諸子弟進來，賈母笑道：「一年家難爲你們，不行禮罷。」一面男一起，女一起，一起一起俱行過了禮；左右設下交椅，然後又按長幼挨次歸坐受禮。兩府男女、小廝、丫鬟，亦按差役上、中、下行禮畢。然後散了押歲錢并荷包金銀錁等物。擺上合歡宴來，男東女西歸坐，獻屠蘇酒、合歡湯、吉祥果、如意糕畢。賈母起身，進內間更衣，衆人方各散出。

那晚各處佛堂灶王前焚香上供。王夫人正房院內設着天地紙馬香供。大觀園正門上挑着角燈，兩旁高照，各處皆有路燈。上下人等，打扮的花團錦簇。一夜人聲雜沓，語笑喧闐，爆竹起火，絡繹不絕。

至次日五鼓，賈母等人按品上妝，擺全副執事進宮朝賀，兼祝元春千秋。領宴回來，又至寧府祭過列祖，方回來。受禮畢，便換衣歇息。所有賀節來的親友，一概不會，衹和薛姨媽李嬸娘二人說話隨便，或和寶玉寶釵等姐妹趕圍棋摸牌作戲。

王夫人和鳳姐天天忙着請人吃年酒，那邊廳上和院內皆是戲酒，親友絡繹不絕。一連忙了七八天，才完了，早又元宵將近，寧榮二府皆張燈結彩。十一日是賈赦請賈母等，次日賈珍又請賈母，王夫人和鳳姐兒也連日被人請去吃年酒，不能勝記。

至十五這一晚上，賈母便在大花廳上命擺幾席酒，定一班小戲，滿掛各色花燈，帶領榮寧二府各子侄孫男孫媳等家宴。賈敬素不飲酒茹葷，因此不去請他，十七日祀祖已完，他就出城修養；就是這幾天在家，也祇靜室默處，一概無聞，不在話下。賈赦領了賈母之賞，告辭而去。賈母知他在此不便，也隨他去了。

賈赦到家中，和衆門客賞燈吃酒，笙歌聒耳，錦繡盈眸，其取樂與這裏不同。

這裏賈母花廳上擺了十來席酒，每席傍邊設一几，几上設爐瓶三事，焚着御賜百合宮香；又有八寸來長、四五寸寬、二三寸高、點綴着山石的小盆景，俱是新鮮花卉；又有小洋漆茶盤放着舊窰十錦小茶杯，又有紫檀雕嵌的大紗透繡花草詩字的纓絡。各色舊窰小瓶中，都點綴着「歲寒三友」、「玉堂富貴」等鮮花。上面兩席是李嬸娘薛姨媽坐，東邊單設一席，乃是雕夔龍護屏矮足短榻，靠背、引枕、皮褥俱全。榻上設一個輕巧洋漆描金小几，几上放着茶碗、漱盂、洋巾之類，又有一個眼鏡匣子。

賈母歪在榻上，和衆人說笑一回，又取眼鏡向戲臺上照一回，又說：「恕我老了骨頭疼，容我放肆些，歪着相陪罷。」又命琥珀坐在榻上，拿着美人拳捶腿。榻下并不擺席面，祇一張高几，設着高架纓絡、花瓶、香爐等物，外另設一小高桌，擺着杯箸。在傍邊一席，命寶琴、湘雲、黛玉、寶玉四人坐着。每饌果菜來，先捧給賈母看，喜則留在小桌上，嘗嘗，仍撤了放在席上——祇算他四人跟着賈母坐。下面方是邢夫人王夫人之位；下邊便是尤氏、李紈、鳳姐、賈蓉的媳婦；西邊便是寶釵、李紋、李綺、岫煙、迎春姐妹等。

兩邊大梁上掛着聯三聚五玻璃彩穗燈，每席前豎着倒垂荷葉一柄，柄上有彩燭插着。這荷葉乃是洋鏨琺琅活信，可以扭轉向外，將燈影逼住，照着看戲，分外真切。窗槅門戶，一齊摘下，全掛彩穗各種宮燈。廊檐內外及兩邊游廊罩棚，將羊角、玻璃、戳紗、料絲，或繡、或畫、或絹、或紙諸燈掛滿。廊上幾席，就是賈珍、賈璉、賈環、賈琮、賈蓉、賈芹、賈芸、賈菖、賈菱等。

賈母也曾差人去請衆族中男女，奈他們有年老的，懶於熱鬧；有家內沒有人，又有疾病淹留，要來竟不能來；有一等妒富愧貧，不肯來的；更有憎畏鳳姐之爲人，賭氣不來的；更有羞手羞腳，不慣見人，不敢來的：因此族中雖多，女眷來者，不過賈藍之母婁氏帶了賈藍來，男人衹有賈芹、賈芸、賈菖、賈菱四個——現在鳳姐麾下辦事的來了。當下人雖不全，在家庭小宴，也算熱鬧的了。

當下又有林之孝的媳婦，帶了六個媳婦，擡了三張炕桌，每一張上搭着一條紅氈，放着選淨一般大新出局的銅錢，用大紅繩串穿着，每二人搭一張，共三張。林之孝家的叫將那兩張擺至薛姨媽李嬸娘的席下，將一張送至賈母榻下。賈母便說：「放在當地罷。」這媳婦素知規矩，放下桌子，一并將錢都打開，將紅繩抽去，堆在桌上。

此時唱的「西樓會」，正是這齣將完，于叔夜賭氣去了，那文豹便發科諢道：「你賭氣去了。恰好今日正月十五，榮國府裏老祖宗家宴，待我騎了這馬，趕進去討些果子吃，是要緊的。」說畢，引得賈母等都笑了。薛姨媽等都說：「好個鬼頭孩子，可憐見的！」鳳姐便說：「這孩子才九歲了。」賈母笑說：「難爲他說得巧！」說了一個「賞」字，早有三個媳婦已經手下預備下小笸籮，聽見一個「賞」字，走上去，將桌上散堆錢，每人撮了一笸籮，走出來，向戲臺說：「老祖宗、姨太太、親家太太賞文豹買果子吃的。」說畢，向臺一撒，衹聽「豁啷啷」，滿臺的錢響。

卻說賈珍賈璉暗暗預備下大笸籮的錢，聽見賈母說賞，忙命小廝們快撒錢，衹聽滿臺錢響，賈母大悦。二人遂起身，小廝們忙將一把新暖銀壺捧來，遞與賈璉手內，隨了賈珍趨至裏面。賈珍先到李嬸娘席上，躬身取下杯來，回身，賈璉忙斟了一盞；然後便至薛姨媽席上，也斟了。二人忙起來，笑說：「二位爺請坐着罷了，何必多禮。」於是除邢王二夫人，滿席都離了席，也俱垂手旁站。賈珍等至賈母榻前，因榻矮，二人便屈膝跪了：賈珍在前捧杯，賈璉在後捧壺。雖祇二人捧酒，那賈琮弟兄等卻都是一溜排班，隨着他二人進來；見他二人跪下，都一溜跪下。寶玉也忙跪下。湘雲悄推他，笑道：「你這會子又幫着跪下做什麼？有這麼着的呢，你也去斟一巡酒，豈不好？」寶玉悄笑道：「再等一會再斟去。」說着，等他二人斟完，起來，又給邢王二夫人斟過了。賈珍笑說：「妹妹們怎麼着呢？」賈母等都說道：「你們去罷，他們倒便宜些呢。」賈珍等方退出。

當下天有二鼓，戲演的是「八義觀燈」。八齣，正在熱鬧之際。寶玉因下席往外走。賈母問：「往那裏去？外頭炮仗利害，留神天上吊下火紙來燒着。」寶玉笑回說：「不往遠去，祇出去就來。」賈母命婆子們：「好生跟着。」於是寶玉出來，祇有麝月秋紋幾個小丫頭隨着。賈母因說：「襲人怎麼不見？他如今也有些拿大了，單支使小女孩兒出來。」王夫人忙起身笑說道：「他媽前日沒了，因有熱孝，不便前頭來。」賈母點頭，又笑道：「跟主子，卻講不起這孝與不孝。要是他還跟我，難道這會子也不在這裏？這些竟成了例了。」鳳姐兒忙過來笑回道：「今晚便沒孝，那園子裏頭也須得看着燈燭花爆，最是擔險的。這裏一唱戲，園子裏的誰不來偷瞧瞧，他還細心，各處照看。況且這一散後，寶兄弟回去睡覺，各色都是齊全的。若他再來了，衆人又不經心，散了回去，鋪蓋也是冷的，茶水也不齊全，便各色都不便宜，自然我叫他不用來。老祖宗要叫他來，我就叫他就是了。」

賈母聽了這話，忙說：「你這話很是，你必想的周到；快別叫他了。但祇他媽幾時沒了？我怎麼不知道？」鳳姐兒笑道：「前兒襲人去親自回老太太的，怎麼倒忘了？」賈母想了想，笑道：「想起來了。我的記性竟平常了！」衆人都笑說：「老太太那裏記得這些事！」賈母因又嘆道：「我想着他從小兒伏侍我一場，又伏侍了雲兒，末後給了

紅樓夢・元宵夜宴

個魔王，給他魔了這好幾年！他又不是咱們家根生土長的奴才，沒受過咱們什麼大恩典；他娘沒了，我想着要給他幾兩銀子發送他娘，也就忘了！」鳳姐兒道：「前兒太太賞了他四十兩銀子，就是了。」賈母聽說，點頭道：「這還罷了。正好前幾天鴛鴦的娘也死了，我想他老子娘都在南邊，我也沒叫他家去守孝。如今他兩處全禮，何不叫他二人一處作伴去。」又命婆子拿些果子菜饌點心之類與他二人吃去。琥珀笑道：「還等這會子？他早就去了。」說着，大家又吃酒看戲。

且說寶玉一徑來至園中，衆婆子見他回房，便不跟去，衹坐在園門裏茶房裏烤火，和管茶的女人偷空飲酒鬥牌。寶玉至院中，雖是燈光燦爛，卻無人聲。麝月道：「他們都睡了不成？咱們悄悄進去嚇他們一跳。」於是大家躡手躡腳，潛踪進鏡壁去一看，衹見襲人和一個人對歪在地炕上，那一頭有兩個老嬷嬷打盹。

寶玉衹當他兩個睡着了，纔要進去，忽聽鴛鴦嗽了一聲，說道：「天下事可知難定！論理，你單身在這裏，父母在外頭，每年他們東去西來，沒個定準，想來你是再不能送終的了；偏生今年就死在這裏，你倒出去送了終！」襲人道：「正是，我也想不到能夠看着父母殯殮。回了太太，又賞了四十兩銀子，這倒也算養我一場，我也不敢妄想了。」寶玉聽了，忙轉身悄向麝月等道：「誰知他也來了。我這一進去，他又賭氣走了，不如咱們回去罷，讓他兩個清清淨淨的說話。襲人正在那裏悶着，幸他來的好。」說着，仍悄悄出來。寶玉便走過山石後去，站着撩衣。麝月秋紋皆站住，背過臉去，口內笑說：「蹲下再解小衣，留神風吹了肚子。」後面兩個小丫頭知是小解，忙先出去茶房內預備水去了。

這裏寶玉剛過來，衹見兩個媳婦迎面來了，又問：「是誰？」秋紋道：「寶玉在這裏呢，大呼小叫，留神嚇着罷！」那媳婦們忙笑道：「我們不知，大節下來惹禍了。姑娘們可連日辛苦了！」說着，已到跟前。麝月等問：「手裏拿着什麼？」媳婦道：「是老太太賞金花二位姑娘吃的。」秋紋笑道：「外頭唱的是『八義』，沒唱『混元盒』，那裏又跑出『金花娘娘』來了？」寶玉命：「揭起來我瞧瞧。」秋紋麝月忙上去將兩個盒子揭開，兩個媳婦忙蹲下身子。

寶玉看了兩個盒內都是席上所有的上等果品茶點，點了一點頭就走。麝月等忙胡亂擲了盒蓋跟上來。寶玉笑道：「這兩個女人倒和氣，會說話。他們天天乏了，倒說你們連日辛苦；倒不是那矜功自伐的。」麝月道：「這兩個就好；那不知理的是太不知理。」寶玉道：「你們是明白人，擔待他們是粗劣可憐的人就完了。」一面說，一面就走出了園門。

那幾個婆子，雖吃酒鬥牌，卻不住出來打探，見寶玉出來，也都跟上來。到了花廳廊上，衹見那兩個小丫頭，一個捧着個小盆，又一個搭着手巾，又拿着漚子小壺兒，在那裏久等。秋紋先忙伸手向盆內試了試，說道：「你越大越粗心了，那裏弄得這冷水？」小丫頭笑道：「姑娘瞧瞧，這個天，我怕水冷，倒的是滾水，這還冷了。」正說着，可巧見一個老婆子提着一壺滾水走來，小丫頭就說：「好奶奶，過來給我倒上些水。」那婆子道：「姐姐，這是老太太沏茶的，勸你去舀罷。那裏就走大了腳呢？」秋紋道：「不管你是誰的！你不給我，管把老太太的茶吊子倒了洗手！」那婆子回頭見了秋紋，忙提起壺來倒了些。秋紋道：「夠了！你這麼大年紀，也沒見識！誰不知是老太太的。要不着的就敢要了？」婆子笑道：「我眼花了，沒認出這姑娘來。」寶玉洗了手，那小丫頭子拿小壺兒倒了漚子在他手內，寶玉漚了。秋紋麝月也趁熱水洗了一回，跟進寶玉來。

寶玉便要了一壺暖酒，也從李嬸娘斟起。他二人也笑讓坐。賈母便說：「他小人家兒，讓他斟去；大家倒要乾過這杯。」說着，便自己乾了。邢王二夫人也忙乾了，薛姨媽李嬸娘也祇得乾了。賈母又命寶玉道：「你連姐姐妹妹的一齊斟上，不許亂斟，都要叫他乾了。」寶玉聽說，答應着，一一按次斟上了。至黛玉前，偏他不飲，拿起杯來，放在寶玉唇邊。寶玉一氣飲乾，黛玉笑說：「多謝。」寶玉替他斟上一杯。鳳姐兒便笑道：「寶玉別喝冷酒，仔細手顫，明兒寫不的字，拉不的弓。」寶玉道：「沒有吃冷酒。」鳳姐兒笑道：「我知道沒有，不過白囑咐你。」然後寶玉將裏面斟完，祇除賈蓉之妻是命丫鬟們斟的；復出至廊下，又給賈珍等斟了。坐了一回，方進來，仍歸舊坐。

一時上湯之後，又接着獻元宵。賈母便命：「將戲暫歇，小孩子們可憐見的，也給他們些滾湯熱菜的吃了再唱。」又命將各樣果子元宵等物拿些給他們吃。

一時歇了戲，便有婆子帶了兩個門下常走的女先兒進來，放了兩張杌子在那一邊，賈母命他們坐了，將絃子琵琶遞過去。賈母便問李薛二人：「聽什麼書？」他二人都回說：「不拘什麼都好。」賈母便問：「近來可又添些什麼新書？」兩個女先回說：「倒有一段新書，是殘唐五代的故事。」賈母問是何名，女先兒回說：「這叫做『鳳求鸞』。」賈母道：「這個名字倒好，不知因什麼起的？你先說大概，若好再說。」女先兒道：「這書上乃是說殘唐之時，那一位鄉紳，本是金陵人氏，名喚王忠，曾做過兩朝宰輔，如今告老還家，膝下祇有一位公子，名喚王熙鳳。」衆人聽了，笑將起來。賈母笑道：「這不重了我們鳳丫頭了？」媳婦忙上去推他說：「是二奶奶的名字，少混說。」賈母道：「你祇管說罷。」女先兒忙笑着站起來說：「我們該死了！不知是奶奶的諱。」鳳姐兒笑道：「怕什麼！你說罷。重名重姓的多着呢。」女先兒又說道：「那年王老爺打發了王公子上京趕考，那日遇了大雨，到了一個莊子上避雨。誰知這莊上也有位鄉紳，姓李，與王老爺是世交，便留下這公子住在書房裏。這李鄉紳膝下無兒，祇有一位千金小姐。這小姐芳名叫做雛鸞，琴棋書畫，無所不通。」

賈母忙道：「怪道叫做『鳳求鸞』。不用說了，我已經猜着了：自然是王熙鳳要求這雛鸞小姐爲妻了。」女先兒笑道：「老祖宗原來聽過這回書？」衆人都道：「老太太什麽沒聽見過！就是沒聽見，也猜着了。」賈母笑道：「這些書就是一套子，左不過是些佳人才子，最沒趣兒。把人家女兒說的這麽壞，還說是『佳人』！編的連影兒也沒有了。開口都是鄉紳門第，父親不是尚書，就是宰相。一個小姐，必是愛如珍寶。這小姐必是通文知禮，無所不曉，竟是『絕代佳人』，祇見了一個清俊男人，不管是親是友，想起他的『終身大事』來，父母也忘了，書也忘了，鬼不成鬼，賊不成賊，那一點兒像個佳人？就是滿腹文章，做出這樣事來，也算不得是佳人了！比如一個男人家，滿腹的文章，去做賊，難道那王法看他是個才子，就不入賊情一案了不成？可知那編書的是自己堵自己的嘴。再者，既說是世宦書香大家子的小姐，又知禮讀書，連夫人都知書識禮的，就是告老還家，自然奶媽子丫頭伏侍小姐的人也不少，怎麽這些書上，凡有這樣的事，就祇小姐和緊跟的一個丫頭知道？你們想想，那些人都是管做什麽的？可是前言不答後語了不是？」

衆人聽了，都笑說：「老太太這一說，是謊都批出來了。」賈母笑道：「有個原故：編這樣書的人，有一等妒人家富貴的，或者有求不遂心，所以編出來遭塌人家。再有一等人，他自己看了這些書，看邪了，想着得一個佳人才好，所以編出來取樂兒。他何嘗知道那世宦讀書人家兒的道理！別說那書上那些大家子，如今眼下拿着咱們這中等人家說起，也沒那樣的事。別叫他謅掉了下巴膀子罷！所以我們從不許說這些書，連丫頭們也不懂這些話。這幾年我老了，他們姐兒們住的遠，我偶然悶了，說幾句聽聽，他們一來，就忙着止住了。」李薛二人都笑說：「這正是大家子的規矩。連我們家也沒有這些雜話叫孩子們聽見。」

鳳姐兒走上來斟酒，笑道：「罷，罷！酒冷了，老祖宗喝一口潤潤嗓子再掰謊罷。——這一回就叫做『掰謊記』，就出在本朝，本地，本年，本月，本日，本時。老祖宗『一張口難說兩家話』，『花開兩朵，各表一枝』。『是真是謊且不表，再整觀燈看戲的人』。老祖宗且讓這二位親戚吃杯酒、看兩齣戲着，再從逐朝話言掰起，如何？」一面說，一面斟酒，一面笑。未說完，衆人俱已笑倒了。兩個女先兒也笑個不住，都說：「奶奶好剛口！奶奶要一說書，真連我們吃飯的地方都沒了！」

薛姨媽笑道：「你少興頭些！外頭有人，比不得往常。」鳳姐兒笑道：「外頭衹有一位珍大哥哥，我們還是論哥哥妹妹，從小兒一處淘氣淘了這麼大。這幾年因做了親，我如今立了多少規矩了！便不是從小兒兄妹，衹論大伯子小嬸兒，那二十四孝上『斑衣戲彩』，他們不能來戲彩引老祖宗笑一笑，我這裏好容易引的老祖宗笑一笑，多吃了一點東西，大家喜歡，都該謝我纔是——難道反笑我不成？」賈母笑道：「可是這兩日我竟沒有痛痛的笑一場，倒是虧他纔一路說，笑的我這裏痛快了些。我再吃鍾酒。」吃着酒，又命寶玉：「來敬你姐姐一杯。」鳳姐兒笑道：「不用他敬，我討老祖宗的壽罷。」說着便將賈母的杯拿起來，將半杯剩酒吃了，將杯遞與丫鬟，另將溫水浸的杯換一個上來。於是各席上的都撤去，另將溫水浸着的代換，斟了新酒上來，然後歸坐。

女先兒回說：「老祖宗不聽這書，或者彈一套曲子聽聽罷。」賈母道：「你們兩個對一套『將軍令』罷。」二人聽說，忙合絃按調撥弄起來。賈母因問：「天有幾更了？」衆婆子忙回：「三更了。」賈母道：「怪道寒浸浸的起來。」早有衆丫鬟拿了添換的衣裳送來。王夫人起身陪笑說道：「老太太不如挪進暖閣裏地炕上，倒也罷了。這二位親戚也不是外人，我們陪着就是了。」賈母聽說，笑道：「既這樣說，不如大家都挪進去，豈不暖和？」王夫人道：「恐裏頭坐不下。」賈母道：「我有道理：如今也不用這些桌子，祇用兩三張併起來，大家坐在一處，擠着，又親熱，又暖和。」衆人都道：「這才有趣兒！」

說着，便起了席。衆媳婦忙撤去殘席，裏面直順併了三張大桌，又添換了果饌擺好。賈母便說：「都別拘禮，聽我分派你們就坐纔好。」說着，便讓薛李正面上坐，自己西向坐了，叫寶琴、黛玉、湘雲三人皆緊依左右坐下，向寶玉說：「你挨着你太太。」於是邢夫人王夫人之中夾着寶玉。寶釵等姐妹在西邊；挨次下去，便是婁氏帶着賈藍；尤氏李紈夾着賈蘭；下面橫頭是賈蓉媳婦胡氏。

賈母便說：「珍哥帶着你兄弟們去罷，我也就睡了。」賈珍等忙答應，又都進來聽吩咐。賈母道：「快去罷，不用進來。纔坐好了，又都起來。你快歇着罷，明兒還有大事呢。」賈珍忙答應了，又笑道：「留下蓉兒斟酒才是。」賈母笑道：「正是，忘了他。」賈珍應了一個「是」，便轉身帶領賈璉等出來。二人自是歡喜，便命人將賈琮賈璜各自送回家去，便約了賈璉去追歡買笑，不在話下。這裏賈母笑道：「我正想着，雖然這些人取樂，必得重孫一對雙全的在席上纔好。蓉兒這可全了。蓉兒！和你媳婦坐在一處，倒也團圓了。」

因有家人媳婦呈上戲單，賈母笑道：「我們娘兒們正說得興頭，又要吵起來。況且那孩子們熬夜，怪冷的。也罷！且叫他們歇歇，把咱們的女孩子們叫起來，就在這臺上唱兩齣罷，也給他們瞧瞧。」媳婦子們聽了，答應出來，忙的一面着人往大觀園去傳人，一面二門口去傳小廝們伺候。小廝們忙至戲房，將班中所有大人一概帶出，祇留下小孩子們。

一時，梨香院的教習帶了文官等十二人從游廊角門出來，婆子們抱着幾個軟包——

因不及擡箱，料着賈母愛聽的三五齣戲的彩衣包了來。婆子們帶了文官等進去，見過，祇垂手站着。

賈母笑道：「大正月裏，你師父也不放你們出來逛逛？你們如今唱什麼？才剛八齣『八義』，鬧的我頭疼，咱們清淡些好。你瞧瞧，薛姨太太，這李親家太太，都是有戲的人家，不知聽過多少好戲的；這些姑娘們都比咱們家的姑娘見過好戲，聽過好曲子。如今這小戲子又是那有名玩戲的人家的班子，雖是小孩子，卻比大班子還强。咱們好歹別落了褒貶！少不得弄個新樣兒的：叫芳官唱一齣『尋夢』，祇用簫和笙笛，餘者一概不用。」文官笑道：「老祖宗說的是。我們的戲，自然不能入姨太太和親家太太姑娘們的眼；不過聽我們一個髮脫口齒，再聽個喉嚨罷了。」賈母笑道：「正是這話了。」李嬸娘薛姨媽喜的笑道：「好個靈透孩子！你也跟着老太太打趣我們！」賈母笑道：「我們這原是隨便的玩意兒，又不出去做買賣，所以竟不大合時。」說着，又叫葵官：「唱一齣『惠明下書』，也不用抹臉。祇用這兩齣，叫他們二位太太聽個助意兒罷了。若省了一點兒力，我可不依。」

文官等聽了出來，忙去扮演上臺，先是「尋夢」，次是「下書」。衆人鴉雀無聞。薛姨媽笑道：「實在戲也看過幾百班，從沒見過祇用簫管的。」賈母道：「先有，祇是像方纔《西樓》《楚江情》一支，多有小生吹簫合的。這合大套的實在少。這也在人講究罷了，這算什麼出奇？」又指着湘雲道：「我像他這麼大的時候兒，他爺爺有一班小戲，偏有一個彈琴的，湊了《西廂記》的《聽琴》、《玉簪記》的《琴挑》、《續琵琶》的《胡笳十八拍》，竟成了真的了。比這個更如何？」衆人都道：「那更難得了。」賈母於是叫過媳婦們來，吩咐文官等叫他們吹彈一套《燈月圓》。媳婦們領命而去。

當下賈蓉夫妻二人捧酒一巡。鳳姐兒因賈母十分高興，便笑道：「趁着女先兒們在這裏，不如咱們傳梅，行一套《春喜上眉梢》的令，如何？」賈母笑道：「這是個好令啊！正對時景兒。」忙命人取了黑漆銅釘花腔令鼓來，給女先兒擊着。席上取了一枝紅梅，賈母笑道：「到了誰手裏住了鼓，吃一杯，也要說些什麽才好！」鳳姐兒笑道：「依我說，誰像老祖宗要什麽有什麽呢？我們這不會的，不沒意思嗎？怎麽能雅俗共賞才好。不如誰住了，誰說個笑話兒罷。」衆人聽了，都知道他素日善說笑話兒，肚内有無限的新鮮趣令；今見如此說，不但在席的諸人喜歡，連地下伏侍的老小人等無不歡喜。那小丫頭子們都忙去找姐姐叫妹妹的，告訴他們：「快來聽，二奶奶又說笑話兒了！」衆丫頭子們便擠了一屋子。

於是戲完樂罷，賈母將些湯細點果給文官等吃去，便命響鼓。那女先兒們都是慣熟的，或緊或慢，或如殘漏之滴，或如迸豆之急，或如驚馬之馳，或如疾電之光，忽然暗其鼓聲，那梅方遞至賈母手中，鼓聲恰住，大家哈哈大笑。賈蓉忙上來斟了一杯，衆人都笑道：「自然老太太先喜了，我們才托賴些喜。」賈母笑道：「這酒也罷了，衹是這笑話兒倒有些難說。」衆人都說：「老太太的比鳳姑娘說的還好，賞一個，我們也笑一笑。」賈母笑道：「并沒有新鮮招笑兒的，少不得老臉皮厚的說一個罷。」因說道：

「一家子養了十個兒子，娶了十房媳婦兒。惟有第十房媳婦兒聰明伶俐、心巧嘴乖，公婆最疼，成日家說那九個不孝順。這九個媳婦兒委屈，便商議說：『咱們九個心裏孝順，衹是不像那小蹄子兒嘴巧，所以公公婆婆衹說他好。這委屈向誰訴去？』有主意的說道：『咱們明兒到閻王廟去燒香，和閻王爺說去，問他一問：叫我們托生爲人，怎麽單單給那小蹄子兒一張乖嘴，我們都入了劣嘴裏頭。』那八個聽了，都喜歡說：『這個主意不錯！』第二日，便都往閻王廟裏來燒香。九個都在供桌底下睡着了。九個魂專等閻王駕到。左等不來，右等也不到。正着急，祇見孫行者駕着斤斗雲來了，看見九個魂，便要拿金箍棒打來。唬得九個魂忙跪下央求。孫行者問起原故來，九個人忙細細的告訴了他。孫行者聽了，把腳一跺，嘆了一口氣道：『這原故幸虧遇見我！等着閻王來了，他也不得知道。』九個人聽了，就求說：『大聖發個慈悲，我們就好了！』孫行者笑道：『卻也不難：那日你們妯娌十個托生時，可巧我到閻王那裏去，因爲撒了一泡尿在地下，你那個小嬸兒便吃了。你們如今要伶俐嘴乖，有的是尿，便撒泡你們吃就是了。』」

說畢，大家都笑起來。鳳姐兒笑道：「好的呀！幸而我們都是夯嘴夯腮的！不然，也就吃了猴兒尿了！」尤氏婁氏都笑向李紈道：「咱們這裏頭誰是吃過猴兒尿的，別裝沒事人兒！」薛姨媽笑道：「笑話兒在對景就發笑。」

說着，又擊起鼓來。小丫頭子們祇要聽鳳姐兒的笑話，便悄悄的和女先兒說明，以咳嗽爲記。須臾傳至兩遍，剛到了鳳姐兒手裏，小丫頭子們故意咳嗽，女先兒便住了。衆人齊笑道：「這可拿住他了！快吃了酒，說一個好的罷。別太逗人笑的腸子疼！」

鳳姐兒想一想，笑道：「一家子也是過正月節，合家掌燈吃酒，真真的熱鬧非常。祖婆婆、太婆婆、媳婦、孫子媳婦、重孫子媳婦、親孫子媳婦、侄孫子、重孫子、灰孫子、滴裏搭拉的孫子、孫女兒、外孫女兒、姨表孫女兒、姑表孫女兒……噯喲喲！真好熱鬧……」衆人聽他說着，已經笑了，都說：「聽這數貧嘴的！又不知要編派那一個呢！」尤氏笑道：「你要招我，我可撕你的嘴！」鳳姐兒起身拍手笑道：「人家這裏費力，你們緊着混，我就不說了。」賈母笑道：「你說你的，底下怎麽樣？」鳳姐兒想了一想，笑道：「底下就團團的坐了一屋子，吃了一夜酒，就散了。」

衆人見他正言厲色的說了，也都再無有別話，怔怔的還等往下說，祇覺他冰冷無

紅樓夢‧元宵夜宴

味的就住了。湘雲看了他半日。鳳姐兒笑道：「再說一個過正月節的：幾個人拿着房子大的炮仗往城外放去，引了上萬的人跟着瞧去。有一個性急的人等不得，就偷着拿香點着了。祇見『噗哧』的一聲，衆人哄然一笑，都散了。這擡炮仗的人抱怨賣炮仗的捍的不結實，沒等放就散了。」湘雲道：「難道本人沒聽見！」鳳姐兒道：「本人原是個聾子。」衆人聽說，想了一回，不覺失聲都大笑起來。又想着先前那個沒完的，問他道：「先那一個到底怎麽樣？也該說完了。」鳳姐兒將桌子一拍，道：「好羅唆！到了第二日是十六日，年也完了，節也完了，我看人忙着收東西還鬧不清，那裏還知道底下的事了？」衆人聽說，復又笑起。

鳳姐兒笑道：「外頭已經四更多了，依我說：「老祖宗也乏了，咱們也該『聾子放炮仗——散了』罷？」尤氏等用絹子握着嘴，笑的前仰後合，指他說道：「這個東西真會數貧嘴！」賈母笑道：「真真這鳳丫頭，越發煉貧了！」一面說，一面吩咐道：「他提起炮仗來，咱們也把煙火放了，解解酒。」

賈蓉聽了，忙出去，帶着小廝們，就在院子內安下屏架，將煙火設吊齊備。這煙火俱系各處進貢之物，雖不甚大，卻極精致，各色故事俱全，夾着各色的花炮。黛玉稟氣虛弱，不禁「劈拍」之聲，賈母便摟他在懷內。薛姨媽便摟湘雲，湘雲笑道：「我不怕。」寶釵笑道：「他專愛自己放大炮仗，還怕這個呢！」王夫人便將寶玉摟入懷內。鳳姐笑道：「我們是沒人疼的！」尤氏笑道：「有我呢，我摟着你。你這會子又撒嬌兒了，聽見放炮仗，就像『吃了蜜蜂兒屎』的，今兒又輕狂了。」鳳姐兒笑道：「等散了，咱們園子裏放去。我比小廝們還放的好呢。」

說話之間，外面一色色的放了又放。又有許多「滿天星」、「九龍入雲」、「平地一聲雷」、「飛天十響」之類的零星小炮仗。放罷，然後又命小戲子打了一回「蓮花落」，撒得滿臺的錢，那些孩子們滿臺的搶錢取樂。

上湯時，賈母說：「夜長，不覺得有些餓了。」鳳姐忙回說：「有預備的鴨子肉粥。」賈母道：「我吃些清淡的罷。」鳳姐兒忙道：「也有棗兒熬的粳米粥，預備太太們吃齋的。」賈母道：「倒是這個還罷了。」說着，已經撤去殘席，內外另設各種精緻小菜。大家隨意吃了些，用過漱口茶，方散。

十七日一早，又過寧府行禮，伺候掩了祠門，收過影像，方回來。此日便是薛姨媽家請吃年酒。賈母連日覺得身上乏了，坐了半日，回來了。自十八日以後，親友來請或來赴席的，賈母一概不會，有邢夫人、王夫人、鳳姐三人料理。連寶玉衹除王子騰家去了，餘者亦皆不去，衹說是賈母留下解悶。

（節自《紅樓夢》第五十三、五十四回）

《榮國府元宵開夜宴》在《紅樓夢》裏包括了兩回文字，即第五十三回《寧國府除夕祭宗祠，榮國府元宵開夜宴》和第五十四回《史太君破陳腐舊套，王熙鳳效劇彩斑衣》。作者從臘月裏進行過年的準備工作寫起，一直寫到元宵節過後各家請吃年酒，其中重點描寫的是除夕和元宵節。其所以放在緊接着的兩回來寫，一則因爲舊時的春節本來就是從除夕一直過到正月十五，這個期間被視作當然的假日，大戶人家尤其如此；二則作者可以乘此機會再掃描一下寧榮二府，除夕祭宗祠是安排在寧國府(他們是長房，宗祠就建立在他們府內)，元宵開夜宴是安排在榮國府(設宴的主人是賈母，她是榮國公賈代善的夫人)。前者是祭祀大典，莊嚴肅穆；而後者卻是家宴，聽戲、聽說書、講笑話和放煙火，歡樂喧笑，氣氛與前迥然不同，形成了鮮明對比。

在第五十三回中，作者在寫「除夕祭宗祠」之前，先寫了除夕前的準備工作。他把賈蓉領回皇上頒發的春祭恩賞和烏進孝繳租兩件事聯結起來，一前一後，相互映照，確有畫龍點睛之妙。一般讀者看了《紅樓夢》裏所描寫的賈府大排場，如寧國府辦秦可卿的喪事、榮國府修造「天上人間諸景備」的大觀園以及日常生活之奢侈，對他們的經濟來源在此之前是一無所知的，心中每每存在疑團。直到第五十三回，才找到了答案。

寧國府的一家之主賈珍，很關心春祭恩賞的頒發。他對妻子尤氏說：「咱們家雖不等這幾兩銀子使，多少是皇上天恩。早關了來，給那邊老太太送過去，置辦祖宗的供，上領皇上的恩，下則是托祖宗的福。咱們那怕用一萬兩銀子供祖宗，到底不如這個有體面，又是沾恩錫福。除咱們這麼一兩家之外，那些世襲窮官兒家，要不仗着這銀子，拿什麼上供過年！眞正皇恩浩蕩，想的周到。」正在這時，賈蓉捧着一個小黃布口袋進來，說是從光祿寺庫上領來的。黃布口袋上有印，就是「皇恩永錫」四個大字。那一邊又有禮部祠祭司的印記，又寫得一行小字：「寧國公賈演、榮國公賈源，恩賜永遠春祭賞共二分，淨折銀若干兩……」這麼一個小黃布口袋，能裝多少銀子呢？何況還是寧榮二府的兩份合在一起。賈珍心裏很清楚，他衹強調這個東西「體面」，是皇上的賞賜，他們家是「不等這幾兩銀子使」的。

其實，賈珍所最關心的還是烏莊頭的到來。烏莊頭是寧國府在關外田莊的經理人，寧國府通過他來榨取那些租佃土地的農民，同時他自己也上下其手，從中牟利。每逢年底，他都要帶領浩浩蕩蕩的車隊進京，向主子繳租。賈珍早已等得不耐煩了，所以一聽到他到，便脫口而出：「這個老砍頭的！今兒才來！」急切之情，溢於言表。對烏莊頭的姍姍來遲，一方面恨恨不已，一方面又感到欣慰。作者寫道：「賈蓉接過稟帖和賬目，忙展開捧着，賈珍倒背着兩手，向賈蓉手內看去。那紅稟上寫着：『門下莊頭烏進孝叩請爺爺奶奶萬福金安，並公子小姐金安。新春大喜大福，榮貴平安，加官進祿，萬事如意。』賈珍笑道：『莊家人有些意思。』賈蓉也忙笑道：『別看文法，衹取個吉利兒罷。』一面忙展開單子看時，衹見上面寫着：『大鹿三十隻，獐子五十隻，狍子五十隻……』」賈珍和賈蓉都一樣焦急，忙着看那賬目。他們固然對稟帖上的彩頭話感到高興，可是更有興趣的是賬目的內容。賬目上共有四十二項，分別列舉了交納各種物資的數量；在當時，每一項都要另起行書寫(如「大鹿三十隻」爲一行，「獐子五十隻」又另起一行)，整個賬單如同一張長的手卷，必須展開來看。作者的描寫是精細的。

曹雪芹在這裏開了一張長長的賬單。其中交納的品種五花八門，從大鹿、熊掌直到雜色粱穀，僅是下用常米就有一千石。還有出賣粱穀牲口各項之銀，共折銀二千五百兩。這個單子透露了賈府的經濟來源是剝削農民：既有正租，又有附加地租；既有常用糧，又有折變糧；既有實物租，又有貨幣租……花樣百出。他們通過莊頭來搜括田莊上農民的收成，來維持他們的大排場和虛體面。作者寫賈珍看了賬單，猶嫌太少，指出烏莊頭今年又來打擂臺，烏莊頭連忙申訴：「今年年成實在不好。從三月下雨，接連着直到八月，竟沒有一連晴過五六日；九月一場碗大的雹子，方近二三百里地方，連人帶房並牲口糧食，打傷了上千上萬的，所以才這樣。」這還是荒歉之年的收入，如果遇到豐年，不問可知，那就搜刮得更兇了。作者這裏開一張賬單，是爲了回答賈府經濟來源的問題，並且隱含着對農民辛勤勞動而處境悲苦的同情及對貴族豪門奢侈浪費的抗議，有其深刻的用意。

作者寫賈珍、賈蓉和烏進孝的對話，特別精彩。賈珍先是寒暄了一番，接着提出了「你走了幾日」的問題，言下之意是責怪他來得太遲，表示自己的不滿。烏進孝馬上作了解釋：「今年雪大，外頭都是四五尺深的雪，前日忽然一暖一化，路上竟難走的很，耽擱了幾日。雖走了一個月零兩日，日子有限，怕爺心焦，可不趕着來了！」這種解釋確也合情入理，無懈可擊。於是賈珍又提出了另一種更大的不滿，他說：「我說呢，怎麽今兒纔來！我纔看那單子上，今年你這老貨又來打擂臺來了。」烏進孝報告了今年的災情，訴了一番苦，末了還指天誓曰：「小的並不敢說謊。」但是主子對他管轄下的奴才並不信任。賈珍不相信災情眞是如許嚴重，懷疑這個烏莊頭藉口荒歉而中飽私囊，可一時又抓不到眞憑實據，衹好一口咬定他是「打擂臺」，存心與主子作對，並發了一通脾氣：「我算定你至少也有五千銀子來，這够做什麽的？如今你們一共衹剩了八九個莊子，今年倒有兩處報了旱潦，你們又打擂臺，眞眞是叫別過年了！」他原來的估計是五千兩，如今衹交來了二千五百兩，剛够半數，怎不叫他失望得很！待烏進孝講自己兄弟現管着榮國府的八處莊地，比這裏多幾倍，也衹是交這些東西，不過多二三千兩銀子而已，這才使賈珍稍爲心平氣和下來。

話題轉到了榮國府，這幾年裏他們添了許多花錢的事，一定不可免是要花的，卻又不添些銀子產業。賈珍講：「這一二年裏賠了許多。不和你們要，找誰去？」倒是一針見血，一語破的。烏進孝以他有限的經驗，對此感到迷惑不解：「那府裏如今雖添了事，有去有來。娘娘和萬歲爺豈不賞呢？」賈蓉等人，被他幼稚的提問惹笑了，不無鄙夷之意，又不得不解釋一番，以正視聽：「你們山坳海沿子上的人，那裏知道這道理？娘娘難道把皇上的庫給我們不成？她心裏縱有這心，她不能作主。豈有不賞之理，按時按節，不過是些彩緞、古董、玩意兒。就是賞，也不過一百兩金子，纔值一千兩多銀子，够什麼？這二年，那一年不賠出幾千銀子來？頭一年，省親連蓋花園子，你算算那一注共花了多少，就知道了。再二年，再省一回親，祇怕就精窮了！」接着，賈珍用「黃柏木作了磬槌子——外頭體面裏頭苦」這樣一句俏皮話，對他們貴族之家作出了結論。我們仔細體味，他們父子的牢騷話裏實包含着臣下對皇帝的怨懟與不滿，和先前領取小黃布口袋時所說的頌揚皇恩的話，恰成鮮明的對照。

榮國府在經濟上陷入了困境，賈珍和賈蓉是採取什麼態度呢？作者寫得精細：「賈蓉又笑向賈珍道：『果真那府裏窮了，前兒我聽見二嬸娘和鴛鴦悄悄商議，要偷老太太的東西去當銀子呢。』」賈蓉的笑，實是幸災樂禍，表現得相當露骨，而他的父親賈珍和他不一樣，到底老練和深沉一些。作者又寫到：「賈珍笑道：『那又是鳳姑娘的鬼，那裏就窮到如此？他必定是見去路大了，實在賠得很了，不知又要省那一項的錢，先設出這法子來，使人知道，說窮到如此了。我心裏卻有個算盤，還不至此田地。』」鳳姐一向以「弄鬼」出名，賈珍懷疑她又在施展手段：在他看來，事情未必如此簡單，其中還大有文章。

作者通過寫烏進孝的賬單、寫賈珍父子與烏進孝之間的對話，揭示了莊園主和農民的矛盾、主子和莊頭的矛盾以及封建家族內部骨肉之間的矛盾，發人深省。

除夕祭宗祠一段，作者通過薛寶琴這個人物的眼中所見，寫出了宗祠內的布置陳設及祭祀典禮中的繁文縟節。「左昭右穆，男東女西」，「鴉雀無聞，祇聽鏗鏘叮當，金鈴玉珮微微搖曳之聲，並起跪靴履颯沓之響」，一切籠罩在莊重嚴肅的氣氛之中。但是這個「百足之蟲，死而不僵」的封建大家族，其形式與內容太不相稱了，二者之間有着尖銳的矛盾。我們知道，賈珍與他的兒媳秦可卿關係曖昧；賈赦年過花甲，還圖謀奪取他母親身邊的丫環作小老婆；賈璉與鳳姐大打出手；賈環把一盞油汪汪的蠟燈向寶玉的臉上推去；賈珍父子對榮國府的困窘，隔岸觀火，幸災樂禍……這都是客觀的現實，是用任何虛僞的儀式所掩蓋不了的。妄圖用表面的和諧來掩蓋內部的分崩離析，豈不顯得滑稽嗎？

看來，在第五十三回寫除夕祭宗祠，也是作者常用的「皴染法」，爲後文作一鋪墊。到第七十五回《開夜宴異兆發悲音，賞中秋新詞得佳讖》，作者寫次年的中秋前夕，賈珍也開家宴，吹簫唱曲，令人魄醉魂飛，「忽聽那邊牆下有人長嘆之聲。大家明明聽見，都悚然疑畏起來。賈珍忙厲聲叱咤，問：『誰在那裏？』連問幾聲，沒有人答應。尤氏道：『必是牆外邊家裏人也未可知。』賈珍道：『胡說。這牆四面皆無下人的房子，況且那邊又緊靠着祠堂，焉得有人。』一語未了，衹聽得一陣風聲，竟過牆去了。恍惚聞得祠堂內隔扇開闔之聲。衹覺得風氣森森，比先更覺涼颯起來，月色慘淡，也不似先前明朗。衆人都覺毛髮倒豎。賈珍酒已嚇醒了一半……」這一段寫得十分精彩，再度寫到了宗祠。一聲悲嘆，一陣風聲，隱約傳來祠堂內隔扇開闔之聲，使賈珍等人極爲驚恐。由於作者善於渲染氣氛，使得讀者也如身歷其境，感到不寒而慄。就在這一回裏，發生此事之前，作者特別寫到了探春，她很有感慨的說：「咱們倒是一家子親骨肉呢？一個個不像烏眼鷄，恨不得你吃了我，我吃了你！」這個巧妙的比喻形象地揭示了封建大族內部的傾軋和鬥爭，作者以之爲「開夜宴異兆發悲音」的前奏，有其深刻的用意。第七十五回和第五十三回正是遙相呼應。

和「除夕祭宗祠」的氣氛全然不同，「元宵開夜宴」是一次熱鬧的團聚，有演戲，有說書，有擊鼓傳花，有講笑話，還有放煙火，歡聲和笑語洋洋乎盈耳。上次元宵節是元春省親的日子，作者筆下的中心人物是元春，應製賦詩的寶玉、黛玉和寶釵也受到了作者的重視。「春燈謎」的雅集是安排在元宵節後，由元春從宮中派人送出一盞紅紗燈而引起正文(第二十二回《聽曲文寶玉悟禪機，製燈謎賈政悲讖語》)。而此次元宵節專寫開夜宴，作者筆下的中心人物是賈母和鳳姐。雖然「春燈謎」的雅集是安排在元宵節前，但早在頭一年十月裏，受賈母之命，衆姊妹就在惜春的住處暖香塢裏製作來年所用的燈謎，新來的薛寶琴還作了十首懷古詩，以各省古蹟爲題，暗隱十件俗物(第五十回《蘆雪庵爭聯卽景詩，暖香塢雅製春燈謎》及第五十一回《薛小妹新編懷古詩，胡庸醫亂用虎狼藥》)。這都是作者的巧妙構思，故意翻新，使其錯落有致，以避免有所重複。

最值得注意的是賈母在聽女先生說一段新書《鳳求鸞》時所發的議論。故事說的是殘唐五代之際，有位相府公子王熙鳳，上京趕考，途中遇見大雨，到一個莊上躲避，恰好是在世交李鄉紳家。李家的小姐芳名雛鸞，琴棋書畫，無所不通……女先生正說到這裏，便被賈母急忙打住。賈母說：「怪道叫做《鳳求鸞》。不用說了，我已經猜着了：自然是王熙鳳要求這雛鸞小姐爲妻了。」又說：「這些書就是一套子，左不過是些佳人才子，最沒趣兒。把人家女兒說的這麽壞，還說是『佳人』！編的連影兒也沒有了。開口都是鄉紳門第，父親不是尙書，就是宰相。一個小姐，必是愛如珍寶。這小姐必是通文知禮，無所不曉，竟是個『絕代佳人』，衹見了一個清俊男人，不管是親是友，想起他的『終身大事』來，父母也忘了，書也忘了，鬼不成鬼，賊不成賊，那一點兒像佳人……比如一個男人家，滿腹的文章，去作賊，難道那王法看他是個才子，就不入賊情一案了不成？可知那編書的是自己堵自己的嘴。再者，卽說是世宦書香大家子的小姐，又知禮讀書，連夫人都知書識禮的，就是告老還家，自然奶媽子丫頭伏侍小姐的人也不少，怎麽這些書上，凡有這樣的事，就衹小姐和緊跟的一個丫頭知道？你們想想，那些人都是管什麽的！可是前言不答後語了不是？」

賈母的一席話，打中了歌頌才子佳人作品「陳腐舊套」的要害之處，難怪衆人點頭稱善。我們讀到這裏，自然聯想起第一回中青埂峯下那塊石頭對空空道人所說的話：「至若佳人才子等書，則又千部共出一套，且其中終不能不涉於淫濫，以致滿紙潘安子建，西子文君，不過作者要寫出自己的那首情詩豔賦來，故假擬出男女二人名姓，又必旁出一小人，其間撥亂，亦如劇中之小丑然，且鬟婢開口，卽者也之乎，非文卽理，故逐一看去，悉皆自相矛盾，大不近情理之說。」這一段話，有力地批評了當時流行的才子佳人小說，顯然是代表了作者的觀點。作者在第五十四回中通過賈母的抨擊，是再一次「皴染」。

當然，賈母的話裏也流露了她的封建思想。她認爲，一個少女想起自己的終身大事，忘了父母，忘了書禮，便鬼不成鬼，賊不成賊，算不得是佳人了。話雖是這麽講，但她後來點了兩齣戲：一齣《尋夢》，出自《牡丹亭》；一齣《惠明下書》，出自《西廂記》，而這兩部書都是反對封建禮法、主張婚姻自主的膾炙人口之作。可見，她的言行是有矛盾的。衹是，當時在場的寶玉和黛玉，聽了這番話，有什麽樣的感想呢？會不會在精神上受到威脅？這些，作者並未寫出，衹好讓讀者自己來猜度了。

戚蓼生序本《石頭記》(簡稱「戚本」)在第五十四回末了有一段脂批：「讀此回者凡三變。不喜讀者徒贊其如何演戲，如何行令，如何掛花燈，如何放炮竹，目眩耳聾，接應不暇。少解讀者贊其坐次有倫，巡酒有度，從演戲渡至女先，從女先渡至鳳姐，從鳳姐渡至行令，從行令渡至放花炮，脫卸下來，井然秩然，一絲不亂。會讀者須另有卓識，單着眼史太君一席話，將普天下不近理之奇文，不近情之妙作，一齊抹倒。是作者借他人酒杯，消自己塊壘，畫一幅行樂圖，鑄一面菱花鏡，爲全部總評。噫！作者已逝，聖嘆云亡，愚不自諒，輒擬數語，知我罪我，其聽之矣。」這個批者態度謙虛，卻很有見識，他的這個意見可供我們閱讀時參考。

鳳姐一向是個活躍的人物，在擊鼓傳花的場面上表現得尤爲突出。先是賈母講了一個「一家養了十個兒子，娶了十房媳婦」的笑話，嘲笑那第十個媳婦伶俐嘴乖，成日家說那九個不孝順，是因爲喝了孫行者的一泡尿。目標當然是針對鳳姐。鳳姐爲了擺脫窘境，聽完笑話便搶先說：「好的呀！幸而我們都夯嘴夯腮的！不然，也就吃了猴兒尿了。」她假裝糊塗，且把自己和大家混在一起，歸入「夯嘴夯腮」之列。由於佔先了一步，別人也不好明白地點出她來。輪到她來講笑話，本想編排賈母，才開個頭，猛然意識到這樣作未免太露骨，便一下子煞住了，草草收兵，這也表現了她機警過人。最後，她還講了一個「聾子放炮仗」的笑話，一則因爲時已夜深，四更天了，賈母年事已高，當感困乏，她便迎合賈母的需要，以此結束這次歡快的家宴。二則大家的注意力已集中到她身上，時間再延長下去，可能受到圍攻，對她不利，於是打出了這張牌，逗得全場大笑，及時收篷轉舵，也正是釜底抽薪之計。

榮國府的元宵家宴，雖然歡快，其中也隱隱約約透出了悲涼的氣息。先是大家正在高興，作者筆鋒一轉，寫到寶玉中途退席，回至園內，進了怡紅院，正巧聽到襲人和鴛鴦在一塊兒說話，兩人共訴死去親娘之苦，鴛鴦還發出了嘆聲(須知她是在賈赦逼婚不從之後死去母親的)，這不正是悲涼之音嗎？再者，鳳姐所講的「聾子放炮仗——散了」那個笑話，也會使人想到「天下未有不散的筵席」。戚序本《石頭記》第五十五回有一條回前評語：「此回接上文，恰似黃鐘大呂後，轉出羽調商聲，別有清涼滋味。」脂評在這裏雖是指的第五十五回《辱親女愚妾爭閑氣，欺幼主刁奴蓄險心》，其實就在第五十四回《史太君破陳腐舊套，王熙鳳效戲彩斑衣》裏，如前所述，就已經暗中透出清涼滋味。如果說，「除夕祭宗祠」是在莊嚴中顯得可笑，那麼，「元宵開夜宴」也可說是在歡樂中已露出悲涼了。

（陳毓羆）

尤二姐之死

曹雪芹

正值賈母和園裏姐妹們說笑解悶兒，忽見鳳姐帶了一個絕標致的小媳婦兒進來，忙覷着眼瞧說：「這是誰家的孩子？好可憐見兒的！」鳳姐上來笑道：「老祖宗細細的看看，好不好？」說着，忙拉二姐兒說：「這是太婆婆了，快磕頭。」二姐兒忙行了大禮。鳳姐又指着衆姐妹說，這是某人某人，「太太瞧過，回來好見禮。」二姐兒聽了，祇得又從新故意的問過，垂頭站在傍邊。

賈母上下瞧了瞧，仰着臉，想了想，因又笑問：「這孩子我倒像那裏見過他，好眼熟啊！」鳳姐忙又笑說：「老祖宗且別講那些，祇說比我俊不俊。」賈母又帶上眼鏡，命鴛鴦琥珀：「把那孩子拉過來，我瞧瞧肉皮兒。」衆人都抿着嘴兒笑，推他上去。賈母細瞧了一遍，又命琥珀：「拿出他的手來我瞧瞧。」賈母瞧畢，摘下眼鏡來，笑說道：「很齊全。我看比你還俊呢！」

鳳姐聽說，笑着，忙跪下將尤氏那邊所編之話，一五一十，細細的說了一遍，「少不得老祖宗發慈心，先許他進來住，一年後再圓房兒。」賈母聽了道：「這有什麼不是？既你這樣賢良，很好，衹是一年後才圓得房。」

鳳姐聽了，叩頭起來，又求賈母：「着兩個女人，一同帶去見太太們，說是老祖宗的主意。」賈母依允，遂使二人帶去，見了邢夫人等。王夫人正因他風聲不雅，深爲憂慮；見他今行此事，豈有不樂之理？於是尤二姐自此見了天日，挪到廂房居住。

鳳姐一面使人暗暗調唆張華，衹叫他要原妻，這裏還有許多陪送外，還給他銀子安家過活。張華原無膽無心告賈家的，後來又見賈蓉打發了人對詞，那人原說的：「張華先退了親，我們原是親戚，接到家裏住着是真，并無强娶之說。皆因張華拖欠我們的債務，追索不給，方誣賴小的主兒。」那察院都和賈王兩處有瓜葛，況又受了賄，衹說張華無賴，以窮訛詐，狀子也不收，打了一頓趕出來。慶兒在外，替張華打點，也沒打重，又調唆張華，說：「這親原是你家定的，你衹要親事，官必還斷給你。」於是又告。王信那邊又透了消息與察院。察院便批：「張華借欠賈宅之銀，令其限内按數交還；其所定之親，仍令其有力時娶回。」又傳了他父親來，當堂批準。他父親亦系慶兒說明，樂得人財兩得，便去賈家領人。

鳳姐一面嚇的來回賈母說，如此這般：「都是珍大嫂子幹事不明，那家并沒退準，惹人告了。如此官斷。」賈母聽了，忙喚尤氏過來，說他做事不妥：「既你妹子從小與人指腹爲婚，又沒退斷，叫人告了，這是什麼事？」尤氏聽了，衹得說：「他連銀子都收了，怎麼沒準？」鳳姐在旁說：「張華的口供上現說沒見銀子，也沒見人去。他老子又說：『原是親家說過一次，并沒應準；親家死了，你們就接進去做二房。』如此沒對證的話，衹好由他去混說。幸而璉二爺不在家，不曾圓房，這還無妨；衹是人已來了，怎好送回去？豈不傷臉？」賈母道：「又沒圓房，沒的強佔人家有夫之人，名聲也不好，不如送給他去。那裏尋不出好人來？」尤二姐聽了，又回賈母說：「我母親實在某年、某月、某日，給了他二十兩銀子退準的。他因窮急了告，又翻了口。我姐姐原沒錯辦。」賈母聽了，便說：「可見刁民難惹。既這樣，鳳丫頭去料理料理。」

鳳姐聽了，無法，祇得應着回來，祇命人去找賈蓉。賈蓉深知鳳姐之意——若要使張華領回，成何體統？便回了賈珍，暗暗遣人去說張華：「你如今既有許多銀子，何必定要原人？若祇管執定主意，豈不怕爺們一怒，尋出一個由頭，你死無葬身之地！你有了銀子，回家去，什麼好人尋不出來？你若走呢，還賞你些路費。」張華聽了，心中想了一想：「這倒是好主意！」和父母商議已定，約共也得了有百金，父子次日起了五更，便回原籍去了。

賈蓉打聽的真了，來回了賈母鳳姐，說：「張華父子妄告不實，懼罪逃走，官府亦知此情，也不追究，大事完畢。」

鳳姐聽了，心中一想：「若必定着張華帶回二姐兒去，未免賈璉回來，再花幾個錢包佔住，不怕張華不依；還是二姐兒不去，自己拉絆着還妥當，且再作道理。祇是張華此去，不知何往，倘或他再將此事告訴了別人，或日後再尋出這由頭來翻案，豈不是自己害了自己？原先不該如此把刀靶兒遞給外人哪！」因此，後悔不迭。復又想了一個主意出來，悄命旺兒遣人尋着了他，或訛他做賊，和他打官司，將他治死，或暗使人算計，務將張華治死，方剪草除根，保住自己的名聲。

旺兒領命出來，回家細想：「人已走了完事，何必如此大做？人命關天，非同兒戲。我且哄過他去，再作道理。」因此在外躲了幾日，回來告訴鳳姐，祇說「張華因有幾兩銀子在身上，逃去第三日，在京口地界，五更天，已被截路打悶棍的打死了。他老子唬死在店房，在那裏驗屍掩埋。」鳳姐聽了不信，說：「你要撒謊，我再使人打聽出來，敲你的牙！」自此，方丢過不究。鳳姐和尤二姐和美非常，竟比親姊妹還勝幾倍。

那賈璉一日事畢回來，先到了新房中，已經靜悄悄的關鎖，衹有一個看房子的老頭兒。賈璉問起原故，老頭子細說原委，賈璉衹在鐙中跌足。少不得來見賈赦和邢夫人，將所完之事回明。賈赦十分歡喜，說他中用，賞了他一百兩銀子，又將房中一個十七歲的丫鬟名喚秋桐賞他爲妾。賈璉叩頭領去，喜之不盡。見了賈母合家衆人，回來見了鳳姐，未免臉上有些愧色。誰知鳳姐反不似往日容顏，同尤二姐一同出來，敘了寒溫。賈璉將秋桐之事說了，未免臉上有些得意驕矜之色。

鳳姐聽了，忙命兩個媳婦坐車到那邊接了來。心中一刺未除，又平空添了一刺，說不得且吞聲忍氣，將好顏面換出來遮飾。一面又命擺酒接風，一面帶了秋桐來見賈母與王夫人等。賈璉心中也暗暗的納罕。

且說鳳姐在家，外面待尤二姐自不必說的，衹是心中又懷别意，無人處，衹和尤二姐說：「妹妹的名聲很不好聽，連老太太、太太們都知道了，說妹妹在家做女孩兒就不乾淨，又和姐夫來往太密，『沒人要的，你揀了來。還不休了，再尋好的！』我聽見這話氣的什麽兒似的。後來打聽是誰說的，又察不出來。日久天長，這些奴才們跟前，怎麽說嘴呢？我反弄了個魚頭來拆！」說了兩遍，自己先「氣病了」，茶飯也不吃。除了平兒，衆丫頭媳婦無不言三語四，指桑說槐，暗相譏刺。

且說秋桐自以爲系賈赦所賜，無人僭他的，連鳳姐平兒皆不放在眼裏，豈容那先奸後娶、沒人擡舉的婦女？鳳姐聽了暗樂。自從裝病，便不和尤二姐吃飯，每日衹命人端了菜飯到他房中去吃。那茶飯都系不堪之物。平兒看不過，自己拿錢出來弄菜給他吃；或是有時衹說和他園中逛逛，在園中廚内另做了湯水給他吃。也無人敢回鳳姐。衹有秋桐碰見了，便去說舌，告訴鳳姐說：「奶奶名聲，生是平兒弄壞了的。這樣好菜好飯，浪着不吃，卻往園裏去偷吃。」鳳姐聽了，罵平兒說：「人家養猫會拿耗子，我的猫倒咬鷄！」平兒不敢多說，自此也就遠着了，又暗恨秋桐。

園中姊妹一干人暗爲二姐耽心。雖都不敢多言，卻也可憐。每常無人處，說起話來，二姐便淌眼抹淚，又不敢抱怨鳳姐兒——因無一點壞形。

賈璉來家時，見了鳳姐賢良，也便不留心。況素昔見賈赦姬妾丫鬟最多，賈璉每懷不軌之心，祇未敢下手；今日天緣湊巧，竟把秋桐賞了他，真是一對烈火乾柴，如膠投漆，燕爾新婚，連日那裏拆得開？賈璉在二姐身上之心，也漸漸淡了，祇有秋桐一人是命。

鳳姐雖恨秋桐，且喜借他先可發脫二姐，用「借刀殺人」之法，「坐山觀虎鬥」，等秋桐殺了尤二姐，自已再殺秋桐。主意已定，沒人處，常又私勸秋桐說：「你年輕不知事。他現是二房奶奶，你爺心坎兒上的人，我還讓他三分，你去硬碰他，豈不是自尋其死？」

那秋桐聽了這話，越發惱了，天天大口亂罵，說：「奶奶是軟弱人，那等賢惠，我卻做不來！奶奶把素日的威風，怎麽都沒了？奶奶寬洪大量，我卻眼裏揉不下沙子去。讓我和這娼婦做一回，他纔知道呢！」鳳姐兒在屋裏，祇裝不敢出聲兒。氣的尤二姐在房裏哭泣，連飯也不吃，又不敢告訴賈璉。次日，賈母見他眼睛紅紅的腫了，問他，又不敢說。

秋桐正是抓乖賣俏之時，他便悄悄的告訴賈母王夫人等說：「他專會作死，好好的，成天喪聲嚎氣。背地裏咒二奶奶和我早死了，好和二爺一心一計的過。」賈母聽了，便說：「人太生嬌俏了，可知心就嫉妒了。鳳丫頭倒好意待他，他倒這樣爭鋒吃醋，可知是個賤骨頭！」因此，漸次便不大喜歡，衆人見賈母不喜，不免又往上踐踏起來。弄得這尤二姐要死不能，要生不得。還是虧了平兒時常背着鳳姐與他排解。

那尤二姐原是「花爲腸肚，雪作肌膚」的人，如何經得這般折磨？不過受了一月的暗氣，便懨懨得了一病，四肢懶動，茶飯不進，漸次黃瘦下去。夜來合上眼，衹見他妹妹手捧鴛鴦寶劍，前來說：「姐姐！你爲人一生心癡意軟，終吃了這虧！休信那妒婦花言巧語，外作賢良，內藏奸滑。他發狠定要弄你一死方罷。若妹子在世，斷不肯令你進來；就是進來，亦不容他這樣。此亦系理數應然：衹因你前生淫奔不才，使人家喪倫敗行，故有此報。你速依我，將此劍斬了那妒婦，一同回至警幻案下，聽其發落。不然，你白白的喪命，也無人憐惜的！」尤二姐哭道：「妹妹，我一生品行既虧，今日之報，既系當然，何必又去殺人作孽？」三姐兒聽了，長嘆而去。

這二姐驚醒，卻是一夢。等賈璉來看時，因無人在側，便哭着和賈璉說：「我這病不能好了！我來了半年，腹中已有身孕，但不能預知男女。倘老天可憐，生下來還可；若不然，我的命還不能保，何況於他！」賈璉亦哭說：「你衹管放心，我請名人來醫治。」於是出去，即刻請醫生。

誰知王太醫此時也病了，又謀幹了軍前效力，回來好討蔭封的。小廝們走去，便仍舊請了那年給晴雯看病的太醫胡君榮來。診視了，說是經水不調，全要大補。賈璉便說：「已是三月庚信不行，又常嘔酸，恐是胎氣。」胡君榮聽了，復又命老婆子請出手來，再看了半日，說：「若論胎氣，肝脈自應洪大；然木盛則生火，經水不調，亦皆因肝木所致。醫生要大膽，須得請奶奶將金面略露一露，醫生觀看氣色，方敢下藥。」賈璉無法，衹得命將帳子掀起一縫。尤二姐露出臉來。胡君榮一見，早已魂飛天外，那裏還能辨氣色？一時掩了帳子，賈璉陪他出來，問是如何。胡太醫道：「不是胎氣，衹是瘀血凝結。如今祇以下瘀通經要緊。」於是寫了一方，作辭而去。

賈璉令人送了藥禮，抓了藥來，調服下去。祇半夜光景，尤二姐腹痛不止，誰知竟將一個已成形的男胎打下來了。於是血行不止，二姐就昏迷過去。賈璉聞知，大罵胡君榮。一面遣人再去請醫調治，一面命人去找胡君榮。胡君榮聽了，早已捲包逃走。

這裏太醫便說：「本來血氣虧弱，受胎以來，想是着了些氣惱，鬱結於中。這位先生誤用虎狼之劑，如今大人元氣，十傷八九，一時難保就愈。煎丸二藥幷行，還要一些閑言閑事不聞，庶可望好。」說畢而去——也開了個煎藥方子幷調元散鬱的丸藥方子，去了。急的賈璉便查：「誰請的姓胡的來！」一時查出，便打了個半死。

鳳姐比賈璉更急十倍，祇說：「咱們命中無子！好容易有了一個，遇見這樣沒本事的大夫來！」於是天地前燒香禮拜，自己通誠禱告，說：「我情願有病，祇求尤氏妹子身體大愈，再得懷胎，生一男子，我願吃常齋念佛！」賈璉衆人見了，無不稱贊。

賈璉與秋桐在一處。鳳姐又做湯做水的着人送與二姐，又叫人出去算命打卦。偏算命的回來又說：「系屬兔的陰人沖犯了。」大家算將起來，祇有秋桐一人屬兔兒，說他衝的。

秋桐見賈璉請醫調治，打人罵狗，爲二姐十分盡心，他心中早浸了一缸醋在內了；今又聽見如此，說他衝了，鳳姐兒又勸他說：「你暫且別處躲幾日再來。」秋桐便氣得哭罵道：「理那起餓不死的雜種，混嚼舌根！我和他『井水不犯河水』，怎麽就衝了他？好個『愛八哥兒』！在外頭什麽人不見？偏來了就衝了！我還要問問他呢：到底是那裏來的孩子？他不過哄我們那個棉花耳朵的爺罷了，縱有孩子，也不知張姓王姓的！奶奶希罕那雜種羔子，我不喜歡！誰不會養？一年半載養一個，倒還是一點攙雜沒有的呢！」衆人又要笑，又不敢笑。可巧邢夫人過來請安，秋桐便告訴邢夫人說：「二爺二奶奶要攆我回去，我沒了安身之處，太太好歹開恩！」邢夫人聽說，便數落了鳳姐兒一陣，又罵賈璉：「不知好歹的種子！憑他怎麼樣，是老爺給的，爲個外來的攆他，連老子都沒了！」說着，賭氣去了。

秋桐更又得意，越發走到窗戶根底下，大罵起來。尤二姐聽了，不免更添煩惱。晚間，賈璉在秋桐房中歇了，鳳姐已睡，平兒過尤二姐那邊來勸慰了一番，尤二姐哭訴了一回。平兒又囑咐了幾句，夜已深了，方去安息。

這裏尤二姐心中自思：「病已成勢，日無所養，反有所傷，料定必不能好。況胎已經打下，無甚懸心，何必受這些零氣？不如一死，倒還乾淨。常聽見人說金子可以墜死人，豈不比上吊自刎又乾淨。」想畢，扎掙起來，打開箱子，便找出一塊金，也不知多重。哭了一回，外邊將近五更天氣，那二姐咬牙狠命，便吞入口中，幾次直脖，方咽了下去。於是趕忙將衣裳首飾穿戴齊整，上炕躺下。當下人不知，鬼不覺。

到第二日早晨，丫鬟媳婦們見他不叫人，樂得自己梳洗。鳳姐秋桐都上去了。平兒看不過，說丫頭們：「就衹配沒人心的打着罵着使，也罷了！一個病人，也不知可憐可憐。他雖好性兒，你們也該拿出個樣兒來，别太過逾了，『牆倒衆人推』！」丫鬟聽了，急推房門進來看時，卻穿戴的齊齊整整，死在炕上，於是方嚇慌了，喊叫起來。平兒進來瞧見，不禁大哭。衆人雖素昔懼怕鳳姐，然想二姐兒實在溫和憐下，如今死去，誰不傷心落淚！衹不敢與鳳姐看見。

當下合宅皆知。賈璉進來，摟屍大哭不止。鳳姐也假意哭道：「狠心的妹妹！你怎麼丢下我去了？辜負了我的心！」尤氏賈蓉等也都來哭了一場，勸住賈璉。賈璉便回了王夫人，討了梨香院，停放五日，挪到鐵檻寺去。王夫人依允。賈璉忙命人去往梨香院收拾停靈，將二姐兒擡上去，用衾單蓋了，八個小廝和八個婦女圍隨，擡往梨香院來。

那裏已請下天文生，擇定明日寅時入殮大吉；五日出不得，七日方可。賈璉道：「竟是七日。因家叔家兄皆在外，小喪不敢久停。」天文生應諾，寫了殃榜而去。寶玉一早過來，陪哭一場。衆族人也都來了。賈璉忙進去找鳳姐，要銀子治辦喪事。

鳳姐兒見擡了出去，推有病，回：「老太太、太太說我病着，忌三房，不許我去，我因此也不出來穿孝。」且往大觀園中來，繞過羣山，至北界牆根下，往外聽了一言半語，回來又回賈母說，如此這般。賈母道：「信他胡說！誰家癆病死的孩子不燒了？也認真開喪破土起來！既是二房一場，也是夫妻情分，停五七日，擡出來，或一燒，或亂葬埂上埋了完事。」鳳姐笑道：「可是這話，我又不敢勸他。」

正說着，丫鬟來請鳳姐，說：「二爺在家，等着奶奶拿銀子呢。」鳳姐兒衹得來了，便問他：「什麽銀子？家裏近日艱難，你還不知道？咱們的月例一月趕不上一月。昨兒我把兩個金項圈當了三百銀，使剩了還有二十幾兩，你要就拿去。」說着，便命平兒拿出來，遞給賈璉，指着賈母有話，又去了。恨的賈璉無話可說，衹得開了尤氏箱籠，去拿自己體己。及開了箱櫃，一點無存，衹有些折簪爛花，并幾件半新不舊的綢絹衣裳，都是尤二姐素日穿的。不禁又傷心哭了。想着他死的不分明，又不敢說。衹得自己用個包袱，一齊包了，也不用小廝丫鬟來拿，自己提着來燒。

平兒又是傷心，又是好笑，忙將二百兩一包碎銀子偷出來，悄遞與賈璉，說：「你別言語才好。你要哭，外頭有多少哭不得？又跑了這裏來點眼！」賈璉便說道：「你說的是。」接了銀子，又將一條汗巾遞與平兒，說：「這是他家常繫的，你好生替我收着，做個念心兒！」平兒衹得接了，自己收去。

賈璉收了銀子，命人買板進來，連夜趕造，一面分派了人口守靈。晚上自己也不進去，衹在這裏伴宿。放了七日，想着二姐舊情，雖不大敢作聲勢，卻也不免請些僧道超度亡靈。

（節自《紅樓夢》第六十九回）

鳳姐是一位私慾太旺的貴婦，她的財慾、權慾、情慾膨脹起來，毀滅了人家，最終也將毀滅自己。她出身在金陵王家，雖不怎麽知書，封建貴族之禮大體上還是明曉的。當慾望吞沒了她靈魂中一切可稱做人性的善，驅使她攫取她想要得到的東西的時候，她仍然不能不顧及她的貴婦身分和體面，因而她不能明火執杖地幹壞事，衹能採取隱蔽的不見形跡的手段。所以鳳姐是以「陰毒」著稱的。賈璉偷娶了尤二姐，在寧榮街後二里遠近的小花巷內買了二十餘間房的一個院子，逍遙自在地尋歡作樂。賈璉的心腹小廝興兒告誡尤二姐，千萬不要去見鳳姐，他說鳳姐「嘴甜心苦，兩面三刀，上頭一臉笑，腳下使絆子，明是一盆火，暗是一把刀」，像尤二姐這樣斯文良善人，哪裏是她的對手？興兒的話毫不誇張，可惜心癡意軟的尤二姐並沒有聽到心裏去。鳳姐終於聽到了風聲，於是訊家僮、賺尤娘、鬧寧府，牢牢地控制住了尤二姐，剩下來的就衹是如何吃掉手中的獵物。

《弄小巧用借劍殺人，覺大限吞生金自逝》生動地描寫了鳳姐如何治死了尤二姐。鳳姐不肯直接地加害於尤二姐，她希望幹了壞事還落得一個美名。尤其是在她名聲不好、處境不妙的時候，她本不宜再幹此事，但她的私慾驅使她不能不幹，因此她特別注意裝作賢惠，不露痕跡。

她起先企圖借賈母之手處治尤二姐，於是把尤二姐打扮一番送上給賈母看，要賈母「衹說比我俊不俊」，賈母戴上眼鏡仔細瞧了一番說：「我看比你還俊呢！」鳳姐接着便要求賈母承認尤二姐的二房地位，先住進府來，一年後再圓房。賈母讚她賢良，近來爲她風聲不雅深爲憂慮的王夫人見她如此行事也大爲高興。美名有了，她暗中的活動便加緊進行。她唆使尤二姐的原未婚夫張華告賈璉強佔有夫之婦，她準備以此推動賈母把尤二姐攆出去。賈母的意思果然是要打發尤二姐出去。但羔羊一般的尤二姐在情急之際，斗膽爲自己辯解了幾句，說這項婚事早已退掉，賈母的態度又緩和下來，而與賈璉一氣的賈珍、賈蓉又暗暗軟硬兼施地趕張華離開了京城。鳳姐此計未成。

不料賈璉從外地辦事回來，賈赦誇他辦事有功，賞了一個十七歲的丫鬟秋桐。鳳姐見了，無異於一刺未除又平空添了一刺，可是她靈機一動，何不借秋桐之手殺了尤二姐，等尤二姐死後再殺秋桐？於是，她一方面把尤二姐封閉起來，以一種知己的面孔對尤二姐實施精神摧殘：

> 妹妹的名聲很不好聽，連老太太、太太們都知道了，說妹妹在家做女孩兒就不乾淨，又和姐夫來往太密，「沒人要的，你揀了來，還不休了，再尋好的！」我聽見這話氣的什麼兒似的。後來打聽是誰說的，又察不出來。日久天長，這些奴才們跟前，怎樣說嘴呢？我反弄了個魚頭來拆！

這些似是而非、無以辯白的譏諷、誹謗和威脅最能刺傷人的自尊和壓迫人的感情，尤二姐的精神逐漸崩潰下去。另一方面，鳳姐又唆使秋桐公開出戰。她的唆使很巧妙也很有成效，她用的是激將法，對秋桐說：「你年輕不知事。他現是二房奶奶，你爺心坎兒上的人，我還讓他三分，你去硬碰他，豈不是自尋其死？」淺薄兇悍的秋桐自然按捺不住，一面破口大罵尤二姐，一面還要去賈母王夫人處誣告尤二姐爭風吃醋。尤二姐漸次病倒，又被胡庸醫把胎裏的男孩打了下來，這時她已經完全絕望了。鳳姐抓住這個時機，又編造流言說秋桐是屬兔的陰人衝了尤二姐的胎氣，挑動秋桐把更不堪的髒話潑到尤二姐頭上，尤二姐終於吞金自盡了。

爲了逼迫尤二姐自殺，鳳姐調動了上自賈母、王夫人、邢夫人，下至秋桐以及尤二姐周圍的丫頭僕婦，甚至調動了賈璉。她讓秋桐與賈璉安度新婚，一方面是要利用秋桐，另一方面也是要疏遠賈璉與尤二姐的關係。鳳姐所以能夠調動賈家這麼多人，除了她的高明手腕之外，不可忽視社會觀念和宗法制度所起的重要作用。鳳姐首先抓住賈母，借重賈母的地位施加影響。而尤二姐出身寒微，且在二房的位置，地位本來就較脆弱。一夫多妻制決定了賈璉不可能把感情專注在她尤二姐一人身上，尤二姐也就可能得不到丈夫的保護。更爲嚴重的是尤二姐在品行上有污點（在封建觀念看來），社會輿論很容易被調動起來譴責她。尤二姐是鳳姐陰謀的犧牲品，同時也是封建社會的犧牲品。

作爲鳳姐對立面的尤二姐，是一個心癡意軟、怯懦柔弱的人。她的性格裏寓有悲劇性矛盾。她生在平民百姓之家，祇因生得頗有姿色，便自然不免有點虛榮心，不能安於家庭寒素的生活，隨着母親寄食在姐夫賈珍家，因追慕榮華富貴，便很隨便的失身於賈珍，暗自怨恨父母錯誤地把自己許配給張華這樣沒有出息的窮鬼，退了婚，又很隨便地嫁給賈璉做二房。她明知自己德行有虧，卻幻想着社會能够諒解她、容納她，她明知鳳姐虎狼成性，卻幻想用自己的溫順善良來博得鳳姐的慈悲，她的險惡處境與她的天真願望存在着可怕的距離。此外，她的行爲已經有違倫理道德，但她卻不能像鳳姐、秋桐那樣毫無自譴之心，反而時時用倫理道德來折磨自己，自慚自卑，沒有勇氣爭取自己應該得到的東西。她因此祇是任憑命運的擺布，像一條失去了舵和帆的小舟，在大海裏漂流，一個浪頭打過來，它就沉了下去。

如果把尤二姐的悲劇放在賈氏家族內部矛盾的背景上來分析，則不難看到尤二姐還是家族內部爭權奪利的犧牲品。這一點，尤二姐至死也沒有意識到。賈珍、賈蓉把尤二姐嫁給賈璉，也許還想繼續保持與她的曖昧關係，但寧府的老爺奶奶們有一個意圖則是明確的，就是要讓尤二姐有朝一日取代鳳姐。賈蓉作媒時對尤老娘說：「今鳳姐身子有病，已是不能好的了，暫且買了房子在外面住着，過個一年半載，祇等鳳姐一死，便接了二姨進去作正室。」鳳姐的頭腦是極清醒的，特別是在她的地位已經下降的時候，所以她聞訊後就到寧府扭住尤氏大鬧一場，一針見血地指出：「你們做這圈套要擠我出去」。鳳姐兇惡地把尤二姐一步一步逼上死地，除了嫉妒之外，權慾和財慾也是重要的動因。

曹雪芹的確不愧是大手筆，在這一回裏，通過一個事件，寫了許多人和極複雜的人事關係。當事人鳳姐、尤二姐且不說，其他的如處在鳳姐尤二姐矛盾夾縫之中的平兒，她既要忠於主子鳳姐，又由衷地同情尤二姐，她的矛盾心理刻畫得十分生動。又如作爲鳳姐刀劍的秋桐，她的潑野粗俗，也描畫得維妙維肖。如賈璉的好色薄情，也得到充分表現。這個事件彷彿是蛛網的中心，各種線索都匯集在這裏，又都從這裏輻射出去。從這個事件，我們可以追溯到過去的種種原因，也可以想象到種種並非盡合當事人願望的後果。比如鳳姐，她逼死了尤二姐，以爲十分周密，滴水不漏，其實給她自己留下了許多隱患。她把刀把授與了張華，爲張華日後翻案提供了由頭。她逼死尤二姐以爲人不知鬼不覺，其實除了平兒，賈珍、賈蓉、尤氏不會不知道，寶玉、黛玉一干人早已暗爲尤二姐擔心，當時不說，衹是不便多事罷了。尤二姐在時，周圍僕婦丫頭跟着鳳姐作踐她，她一旦死了，這些人又想起她的好處，同情之心油然而生，這對於鳳姐也是很不利的。總之，尤二姐是被殺死了，但事情並沒有完結。「機關算盡太聰明，反誤了卿卿性命」，從這一回的描寫裏，讀者可以隱隱約約地感到，鳳姐的結局將是很不美妙的。

（石昌渝）

抄檢大觀園

曹雪芹

話說平兒聽迎春說了，正自好笑，忽見寶玉也來了。原來管廚房柳家媳婦的妹子也因放頭開賭得了不是。因這園中有素和柳家的不好的，便又告出柳家的來，說和他妹子是伙計，賺了平分。因此鳳姐要治柳家之罪。那柳家的聽得此言，便慌了手腳；因思素與怡紅院的人最爲深厚，故走來悄悄的央求晴雯芳官等人，轉告訴了寶玉。寶玉因思內中迎春的嬤嬤也現有此罪，不若來約同迎春去討情，比自己獨去單爲柳家的說情又更妥當，故此前來。忽見許多人在此，見他來時，都問道：「你的病可好了？跑來做什麽？」寶玉不便說出討情一事，衹說：「來看二姐姐。」當下衆人也不在意，且說些閑話。

平兒便出去辦「累金鳳」一事。那玉柱兒媳婦緊跟在後，口内百般央求，衹說：「姑娘好歹口内超生，我橫竪去贖了來。」平兒笑道：「你遲也贖，早也贖，『既有今日，何必當初』！你的意思『得過就過』，既這麽樣，我也不好意思告訴人，趁早兒取了來，交給我，一字不提。」玉柱兒媳婦聽說，方放下心來，就拜謝，又說：「姑娘自去貴幹，趕晚贖了來，先回了姑娘，再送去，如何？」平兒道：「趕晚不來，可別怨我！」說畢，二人方分路各自散了。

平兒到房，鳳姐問他：「三姑娘叫你做什麽？」平兒笑道：「三姑娘怕奶奶生氣，叫我勸着奶奶些，問奶奶這兩天可吃些什麽？」鳳姐笑道：「倒是他還惦記我。剛才又出來了一件事：有人來告柳二媳婦和他妹子通同開局，凡妹子所爲，都是他作主。我想你素日肯勸我多一事不如少一事，自己保養保養也是好的。我因聽不進去，果然應了，先把太太得罪了，而且反賺了一場病。如今我也看破了，隨他們鬧去罷！橫竪還有許多人呢！我白操一會子心，倒惹的萬人咒駡，不如且自家養養病。就是病好了，我也會做好好先生，得樂且樂，得笑且笑，一概是非都憑他們去罷：所以我衹答應着『知道了』。」平兒笑道：「奶奶果然如此，那就是我們的造化了！」

一語未了，衹見賈璉進來，拍手嘆氣道：「好好的又生事！前兒我和鴛鴦借當，那邊太太怎麽知道了？剛才太太叫過我去，叫我不管那裏先借二百銀子，做八月十五節下使用。我回沒處借，太太就說：『你沒有錢就有地方挪移，我白和你商量，你就搪塞我！你就沒地方兒！前兒一千銀子的當是那裏的？連老太太的東西你都有神通弄出來，這會二百銀子你就這樣難。虧我沒和別人說去！』我想太太分明不短，何苦來又尋事奈何人！」

鳳姐兒道：「那日并沒個外人，誰走了這個消息？」平兒聽了，也細想那日有誰在此，想了半日，笑道：「是了！那日說話時沒人，就祇晚上送東西來的時候兒，老太太那邊傻大姐的娘可巧來送漿洗衣裳，他在下房裏坐了一會子，看見一大箱子東西，自然要問，必是丫頭們不知道，說出來了，也未可知。」因此便喚了幾個小丫頭來問：「那日誰告訴傻大姐的娘了？」衆小丫頭慌了，都跪下賭神發誓說：「自來也沒敢多說一句話。有人凡問什麼，都答應不知道，這事如何敢說！」

鳳姐詳情度理，說：「他們必不敢多說一句話，倒別委屈了他們。如今把這事靠後，且把太太打發了去要緊。寧可咱們短些，別又討沒意思。」因叫平兒：「把我的金首飾再去押二百銀子來，送去完事。」賈璉道：「索性多押二百，咱們也要使呢。」鳳姐道：「很不必，我沒處使。這不知還指那一項贖呢！」平兒拿了去，吩咐旺兒媳婦領去，不一時，拿了銀子來，賈璉親自送去，不在話下。

這裏鳳姐和平兒猜疑走風的人：「反叫鴛鴦受累，豈不是咱們之過！」正在胡想，人報：「太太來了。」鳳姐聽了咤異，不知何事，遂與平兒等忙迎出來。祇見王夫人氣色更變，祇帶一個貼己小丫頭走來，一語不發，走至裏間坐下。鳳姐忙捧茶，因陪笑問道：「太太今日高興，到這裏逛逛？」王夫人喝命：「平兒出去！」平兒見了這般，不知怎麼了，忙應了一聲，帶着衆小丫頭一齊出去，在房門外站住。一面將房門掩了，自己坐在臺階上；所有的人一個不許進去。

鳳姐也着了慌，不知有何事。祇見王夫人含着淚，從袖裏扔出一個香袋來，說：「你瞧！」鳳姐忙拾起一看，見是十錦春意香袋，也嚇了一跳，忙問：「太太從那裏得來？」王夫人見問，越發淚如雨下，顫聲說道：「我從那裏得來？我天天坐在井裏！想你是個細心人，所以我才偷空兒；誰知你也和我一樣！這樣東西，大天白日，明擺在園裏山石上，被老太太的丫頭拾着，不虧你婆婆看見，早已送到老太太跟前去了！我且問你：這個東西如何丢在那裏？」

鳳姐聽得，也更了顏色，忙問：「太太怎麽知道是我的？」王夫人又哭又嘆道：「你反問我？你想，一家子除了你們小夫小妻，餘者老婆子們，要這個何用？女孩子們是從那裏得來？自然是那璉兒不長進下流種子那裏弄來的！你們又和氣，當作一件玩意兒；年輕的人，兒女閨房私意是有的，你還和我賴！幸而園內上下人還不解事，尚未揀得，倘或丫頭們揀着，你姊妹看見，這還了得！不然，有那小丫頭們揀着出去，説是園内揀的，外人知道，這性命臉面要也不要？」

鳳姐聽説，又急又愧，登時紫脹了面皮，便挨着炕沿雙膝跪下，也含淚訴道：「太太説的固然有理，我也不敢辯；但我并無這樣東西；其中還要求太太細想：這香袋兒是外頭仿着内工繡的，連穗子一概都是市賣的東西，我雖年輕不尊重，也不肯要這樣東西。再者，這也不是常帶着的，我縱然有，也衹好在私處擱着，焉肯在身上常帶，各處逛去？況且又在園裏去，個個姊妹，我們都肯拉拉扯扯，倘或露出來，不但在姊妹前看見，就是奴才看見，我有什麽意思？三則論主子内，我是年輕媳婦；算起來，奴才比我更年輕的又不止一個了，況且他們也常在園走動，焉知不是他們掉的？再者，除我常在園裏，還有那邊太太常帶過幾個小姨娘來，嫣紅翠雲那幾個人，也都是年輕的人，他們更該有這個了。還有那邊珍大嫂子，他也不算很老，也常帶過佩鳳他們來，又焉知又不是他們的？況且園内丫頭也多，保不住都是正經的。或者年紀大些的，知道了人事，一刻查問不到，偷出去了，或借着因由，合二門上小廝兒們打牙撂嘴兒，外頭得了來的，也未可知。不但我沒此事，就連平兒，我也可以下保的：太太請細想。」

王夫人聽了這一夕話，很近情理，因嘆道：「你起來。我也知道你是大家子的姑娘出身，不至這樣輕薄，不過我氣激你的話。但衹如今，且怎麼處？你婆婆才打發人封了這個給我瞧，把我氣了個死！」鳳姐道：「太太快別生氣。若被衆人覺察了，保不定老太太不知道！且平心靜氣，暗暗訪察，纔能得個實在；縱然訪不着，外人也不能知道。如今惟有趁着賭錢的因由革了許多人這空兒，把周瑞媳婦旺兒媳婦等四五個貼近不能走話的人，安插在園裏，以查賭爲由。再如今他們的丫頭也太多了，保不住人大心大，生事作耗，等鬧出來，反悔之不及。如今若無故裁革，不但姑娘們委屈，就連太太和我也過不去。不如趁着這個機會，以後凡年紀大些的，或有些咬牙難纏的，拿個錯兒攆出去，配了人：一則保的住沒有別事，二則也可省些用度。太太想我這話如何？」王夫人嘆道：「你說的何嘗不是！但從公細想，你這幾個姊妹，每人衹有兩三個丫頭像人，餘者竟是小鬼兒似的，如今再去了，不但我心裏不忍，衹怕老太太未必就依。雖然艱難，也還窮不至此。我雖沒受過大榮華，比你們是強些，如今寧可省我些，別委屈了他們。你如今且叫人傳周瑞家的等人進來，就吩咐他們快快暗訪這事要緊！」鳳姐即喚平兒進來，吩咐出去。

一時，周瑞家的與吳興家的、鄭華家的、來旺家的、來喜家的現在五家陪房進來。王夫人正嫌人少，不能勘察，忽見邢夫人的陪房王善保家的走來，正是方才是他送香袋來的。王夫人向來看視邢夫人之得力心腹人等，原無二意，今見他來打聽此事，便向他說：「你去回了太太，也進園來照管照管，比別人强些。」

王善保家的因素日進園去，那些丫鬟們不大趨奉他，他心裏不自在，要尋他們的故事又尋不着，恰好生出這件事來，以爲得了把柄；又聽王夫人委託他，正碰在心坎上，道：「這個容易。不是奴才多話，論理這事該早嚴緊些的。太太也不大往園裏去，這些女孩子們，一個個倒像受了誥封似的，他們就成了千金小姐了。鬧下天來，誰敢哼一聲兒！不然，就調唆姑娘們，說欺負了姑娘們了，誰還耽得起！」王夫人點頭道：「跟姑娘們的丫頭比別的姣貴些，這也是常情。」王善保家的道：「別的還罷了，太太不知，頭一個是寶玉屋裏的晴雯那丫頭，仗着他的模樣兒比別人標致些，又長了一張巧嘴，天天打扮的像個西施樣子，在人跟前能說慣道，抓尖要强；一句話不投機，他就立起兩隻眼睛來駡人。妖妖調調，大不成個體統！」

王夫人聽了這話，猛然觸動往事，便問鳳姐道：「上次我們跟了老太太進園逛去，有一個水蛇腰，削肩膀兒，眉眼又有些像你林妹妹的，正在那裏駡小丫頭；我心裏很看不上那狂樣子。因同老太太走，我不曾說他；後來要問是誰，偏又忘了。今日對了檻兒。這丫頭想必就是他了？」鳳姐道：「若論這些丫頭們，共總比起來，都沒晴雯長得好。論舉止言語，他原輕薄些。方才太太說的倒很像他，我也忘了那日的事，不敢混說。」

王善保家的便道：「不用這樣，此刻不難叫了他來，太太瞧瞧。」王夫人道：「寶玉屋裏常見我的，衹有襲人麝月，這兩個，笨笨的倒好。要有這個，他自然不敢來見我呀！我一生最嫌這樣的人；且又出來這個事。好好的寶玉，倘或叫這蹄子勾引壞了，那還了得！」因叫自己的丫頭來，吩咐他道：「你去，衹說我有話問他，留下襲人麝月伏侍寶玉，不必來；有一個晴雯最伶俐，叫他即刻快來。你不許和他說什麽！」小丫頭答應了，走入怡紅院，正值晴雯身上不好，睡中覺才起來，發悶呢，聽如此說，衹得跟了他來。

素日晴雯不敢出頭，因連日不自在，并沒十分妝飾，自爲無礙。及到了鳳姐房中，王夫人一見他釵嚲鬢鬆，衫垂帶褪，大有春睡捧心之態；而且形容面貌恰是上月的那人，不覺勾起方才的火來。王夫人便冷笑道：「好個美人兒！真像個『病西施』了！你天天作這輕狂樣兒給誰看！你幹的事，打量我不知道呢！我且放着你，自然明兒揭你的皮！寶玉今日可好些？」

晴雯一聽如此說，心內大異，便知有人暗算了他，雖然着惱，祇不敢作聲——他本是個聰明過頂的人，見問寶玉可好些，他便不肯以實話答應，忙跪下回道：「我不大到寶玉房裏去，又不常和寶玉在一處，好歹我不能知；那都是襲人和麝月兩個人的事，太太問他們。」王夫人道：「這就該打嘴！你難道是死人？要你們做什麼？」晴雯道：「我原是跟老太太的人，因老太太說園裏空大，人少，寶玉害怕，所以撥了我去外間屋裏上夜，不過看屋子。我原回過我笨，不能伏侍，老太太罵了我，『又不叫你管他的事，要伶俐的做什麼？』我聽了，不敢不去，才去的。不過十天半月之內，寶玉叫着了，答應幾句話，就散了。至於寶玉的飲食起居，上一層有老奶奶老媽媽們，下一層有襲人、麝月、秋紋幾個人。我閑着還要做老太太屋裏的針綫，所以寶玉的事，竟不曾留心。太太既怪，從此後我留心就是了。」

王夫人信以爲實了，忙說：「阿彌陀佛！你不近寶玉，是我的造化；竟不勞你費心！既是老太太給寶玉的，我明兒回了老太太，再攆你。」因向王善保家的道：「你們進去，好生防他幾日，不許他在寶玉屋裏睡覺，等我回過老太太，再處治他。」喝聲：「出去！站在這裏，我看不上這浪樣兒！誰許你這麼花紅柳綠的妝扮！」晴雯祇得出來，這氣非同小可，一出門，便拿絹子握着臉，一頭走，一頭哭，直哭到園內去。

這裏王夫人向鳳姐等自怨道：「這幾年我越發精神短了，照顧不到。這樣妖精似的東西，竟沒看見！祇怕這樣的還有，明日倒得查查。」鳳姐見王夫人盛怒之際，又因王善保家的是邢夫人的耳目，常時調唆的邢夫人生事，縱有千百樣言語，此刻也不敢說，祇低頭答應着。王善保家的道：「太太且請息怒。這些事小，祇交與奴才。如今要查這個是極容易的。等到晚上園門關了的時節，内外不通風，我們竟給他們個冷不防，帶着人到各處丫頭們房裏搜尋。想來誰有這個，斷不單有這個，自然還有别的；那時翻出别的來，自然這個也是他的了。」王夫人道：「這話倒是。若不如此，斷乎不能明白。」因問鳳姐：「如何？」鳳姐祇得答應説：「太太説是，就行罷了。」王夫人道：「這主意很是。不然一年也查不出來！」

於是大家商議已定，至晚飯後，待賈母安寢了，寶釵等入園時，王家的便請了鳳姐一并進園，喝命將角門皆上鎖，便從上夜的婆子處來抄揀起，不過抄揀些多餘攢下蠟燭燈油等物。王善保家的道：「這也是贓，不許動的，等明日回過太太再動。」於是先就到怡紅院中，喝命關門。

當下寶玉正因晴雯不自在，忽見這一干人來，不知爲何，直撲了丫頭們的房門去，因迎出鳳姐來，問是何故。鳳姐道：「丢了一件要緊的東西，因大家混賴，恐怕有丫頭們偷了，所以大家都查一查，去疑兒。」一面説，一面坐下吃茶。

王家的等搜了一回，又細問：「這幾個箱子是誰的？」都叫本人來親自打開。襲人因見晴雯這樣，必有異事，又見這番抄揀，祇得自己先出來打開了箱子并匣子，任其搜揀一番，不過平常通用之物。隨放下，又搜别人的。挨次都一一搜過，到晴雯的箱子，因問：「是誰的？怎麽不打開叫搜？」

襲人方欲替晴雯開時，祇見晴雯挽着頭髮闖進來，「嘟啷」一聲，將箱子掀開，兩手提着底子，往地下一倒，將所有之物盡都倒出來。王善保家的也覺沒趣兒，便紫脹了臉，説道：「姑娘，你别生氣。我們并非私自就來的，原是奉太太的命來搜察；你們叫翻呢，我們就翻一翻，不叫翻，我們還許回太太去呢。那用急的這個樣子！」晴雯聽了

紅樓夢・抄檢大觀園

這話，越發火上澆油，便指着他的臉說道：「你說你是太太打發來的，我還是老太太打發來的呢！太太那邊的人我也都見過，就祇沒看見你這麼個有頭有臉大管事的奶奶！」

鳳姐見晴雯說話鋒利尖酸，心中甚喜，卻礙着邢夫人的臉，忙喝住晴雯。那王善保家的又羞又氣，剛要還言，鳳姐道：「媽媽，你也不必和他們一般見識，你且細細搜你的；咱們還到各處走走呢。再遲了，走了風，我可擔不起。」王善保家的祇得咬咬牙，且忍了這口氣，細細的看了一看，也無甚私弊之物，回了鳳姐，要別處去，鳳姐道：「你可細細的查；若這一番查不出來，難回話的。」衆人都道：「盡都細翻了，沒有什麽差錯東西；雖有幾樣男人物件，都是小孩子的東西，想是寶玉的舊物，沒甚關係的。」

鳳姐聽了，笑道：「既如此，咱們就走，再瞧別處去。」說着，一徑出來，向王善保家的道：「我有一句話，不知是不是：要抄揀祇抄揀咱們家的人，薛大姑娘屋裏，斷乎抄揀不得的。」王善保家的笑道：「這個自然，豈有抄起親戚家來的！」鳳姐點頭道：「我也這樣說呢。」一頭說，一頭到了瀟湘館內。

黛玉已睡了，忽報這些人來，不知爲甚事，才要起來，祇見鳳姐已走進來，忙按住他不叫起來，祇說：「睡着罷，我們就走的。」這邊且說些閑話。

那王善保家的帶了衆人，到了丫鬟房中，也一一開箱倒籠抄揀了一番，因從紫鵑房中搜出兩副寶玉往常換下來的寄名符兒，一副束帶上的帔帶，兩個荷包幷扇套，套內有扇子，打開看時，皆是寶玉往日手內曾拿過的。王善保家的自爲得了意，遂忙請鳳姐過來驗視，又說：「這些東西從那裏來的？」鳳姐笑道：「寶玉和他們從小兒在一處混了幾年，這自然是寶玉的舊東西。況且這符兒和扇子，都是老太太和太太常見的；媽媽不信，咱們祇管拿了去。」王家的忙笑道：「二奶奶既知道就是了。」鳳姐道：「這也不是什麼稀罕事，撂下再往別處去是正經。」紫鵑笑道：「直到如今，我們兩下裏的賬也算不清，要問這一個，連我也忘了是那年月日有的了。」

這裏鳳姐和王善保家的又到探春院內。誰知早有人報與探春了。探春也就猜着必有原故，所以引出這等醜態來。遂命衆丫鬟秉燭開門而待。一時衆人來了，探春故問：「何事？」鳳姐笑道：「因丟了一件東西，連日訪察不出人來，恐怕旁人賴這些女孩子們，所以大家搜一搜，使人去疑兒。倒是洗淨他們的好法子。」探春笑道：「我們的丫頭，自然都是些賊，我就是頭一個窩主。既如此，先來搜我的箱櫃，他們所偷了來的，都交給我藏着呢。」說着，便命丫鬟們把箱一齊打開，將鏡奩、妝盒、衾袱、衣包若大若小之物，一齊打開，請鳳姐去抄閱。鳳姐陪笑道：「我不過是奉太太的命來，妹妹別錯怪了我。」因命丫鬟們：「快快給姑娘關上。」

平兒豐兒等先忙着替侍書等關的關，收的收。探春道：「我的東西，倒許你們搜閱；要想搜我的丫頭，這可不能！我原比衆人歹毒，凡丫頭所有的東西，我都知道，都在我這裏間收着：一針一綫，他們也沒得收藏。要搜，所以祇來搜我。你們不依，祇管去回太太，祇說我違背了太太，該怎麼處治，我去自領。你們別忙，自然你們抄的日子有呢！你們今日早起不是議論甄家，自己盼着好好的抄家，果然今日真抄了！咱們也漸漸的來了！可知這樣大族人家，若從外頭殺來，一時是殺不死的。這可是古人說的，『百足之蟲，死而不僵』，必須先從家裏自殺自滅起來，才能一敗塗地呢！」說着，不覺流下淚來。

鳳姐祇看着衆媳婦們。周瑞家的便道：「既是女孩子的東西全在這裏，奶奶且請到別處去罷，也讓姑娘好安寢。」鳳姐便起身告辭。探春道：「可細細搜明白了！若明日再來，我就不依了。」鳳姐笑道：「既然丫頭們的東西都在這裏，就不必搜了。」探春冷笑道：「你果然倒乖！連我的包袱都打開了，還說沒翻！明日敢說我護着丫頭們，不許你們翻了！你趁早說明，若還要翻，不妨再翻一遍。」鳳姐知道探春素日與衆不同的，衹得陪笑道：「已經連你的東西都搜察明白了。」探春又問衆人：「你們也都搜明白了沒有？」周瑞家的等都陪笑說：「都明白了。」

那王善保家的本是個心內沒成算的人，素日雖聞探春的名，他想衆人沒眼色、沒胆量罷了，那裏一個姑娘就這樣利害起來？況且又是庶出，他敢怎麽着？自己又仗着是邢夫人的陪房，連王夫人尚另眼相待，何况別人？衹當是探春認真單惱鳳姐，與他們無干，他便要趁勢作臉，因越衆向前，拉起探春的衣襟，故意一掀，嘻嘻的笑道：「連姑娘身上我都翻了，果然沒有什麽？」鳳姐見他這樣，忙說：「媽媽走罷，別瘋瘋癲癲的——」

一語未了，衹聽「啪」的一聲，王家的臉上早着了探春一巴掌。探春登時大怒，指着王家的問道：「你是什麽東西，敢來拉扯我的衣裳！我不過看着太太的面上，你又有幾歲年紀，叫你一聲『媽媽』；你就狗仗人勢，天天作耗，在我們跟前逞臉。如今越發了不得了！你索性望我動手動腳的了！你打量我是和你們姑娘那麽好性兒，由着你們欺負，你就錯了主意了！你來搜檢東西我不惱，你不該拿我取笑兒！」說着，便親自要解鈕子，拉着鳳姐兒細細的翻，「省得叫你們奴才來翻我！」

鳳姐平兒等都忙與探春理裙整袂，口內喝着王善保家的說：「媽媽吃兩口酒，就瘋瘋癲癲起來，前兒把太太也衝撞了。快出去，別再討臉了！」又忙勸探春：「好姑娘，別生氣。他算什麽，姑娘氣着倒值多了。」探春冷笑道：「我但凡有氣，早一頭碰死了！不然，怎麽許奴才來我身上搜賊贓呢！明兒一早，先回過老太太、太太，再過去給大娘賠禮。該怎麽着，我去領！」

那王善保家的討了個沒臉，趕忙躲出窗外，衹說：「罷了，罷了！這也是頭一遭挨打！我明兒回了太太，仍回老娘家去罷！這個老命還要他做什麼！」探春喝命丫鬟：「你們聽着他說話，還等我和他拌嘴去不成？」侍書聽說，便出去說道：「媽媽，你知點道理兒，省一句兒罷。你果然回老娘家去，倒是我們的造化了；衹怕你舍不得去！你去了，叫誰討主子的好兒，調唆着察考姑娘、折磨我們呢？」鳳姐笑道：「好丫頭！真是有其主必有其僕。」探春冷笑道：「我們做賊的人，嘴裏都有三言兩語的；就衹不會背地裏調唆主子！」平兒忙也陪笑解勸，一面又拉了侍書進來。周瑞家的等人勸了一番，鳳姐直待伏侍探春睡下，方帶着人往對過暖香塢來。

彼時李紈猶病在牀上，他與惜春是緊鄰，又和探春相近，故順路先到這兩處。因李紈才吃了藥睡着，不好驚動，衹到丫鬟們房中，一一的搜了一遍，也沒有什麼東西；遂到惜春房中來。因惜春年少，尚未識事，嚇的不知當有什麼事故，鳳姐少不得安慰他。誰知竟在入畫箱中尋出一大包銀錁子來，約共三四十個。爲察奸情，反得賊贓。又有一副玉帶版子，并一包男人的靴襪等物。鳳姐也黃了臉，因問：「是那裏來的？」入畫衹得跪下哭訴真情，說：「這是珍大爺賞我哥哥的。因我們老子娘都在南方，如今衹跟着叔叔過日子；我叔叔嬸子衹要喝酒賭錢，我哥哥怕交給他們又花了，所以每常得了，悄悄的煩老媽媽帶進來，叫我收着的。」

惜春膽小，見了這個，也害怕說：「我竟不知道，這還了得！二嫂子要打他，好歹帶他出去打罷，我聽不慣的。」鳳姐笑道：「若果真呢，也倒可恕；衹是不該私自傳送進來。這個可以傳遞，怕什麼不可傳遞？這倒是傳遞人的不是了。若這話不真，倘是偷來的，你可就別想活了。」入畫跪哭道：「我不敢撒謊，奶奶衹管明日問我們奶奶和大爺去，若說不是賞的，就拿我和我哥哥一同打死無怨。」鳳姐道：「這個自然要問的。

祇是真賞的，也有不是，誰許你私自傳送東西呢？你且說是誰接的，我就饒你。下次萬萬不可。」惜春道：「嫂子別饒他，這裏人多，要不管了他，那些大的聽見了，又不知怎麼樣呢。嫂子要依他，我也不依！」鳳姐道：「素日我看他還使得。誰沒一個錯！祇這一次，二次再犯，兩罪俱罰。但不知傳遞是誰？」惜春道：「若說傳遞，再無別人，必是後門上的老張媽。他常和這些丫頭們鬼鬼祟祟的，這些丫頭們也都肯照顧他。」

鳳姐聽說，便命人記下，將東西且交給周瑞家的暫且拿着，等明日對明再議。誰知那老張媽原和王善保家有親，近因王善保家的在邢夫人跟前作了心腹人，便把親戚和伴兒們都看不到眼裏了。後來張家的氣不平，鬥了兩次口，彼此都不說話了。如今王家的聽見是他傳遞，碰在他心坎兒上，更兼剛才挨了探春的打，受了侍書的氣，沒處發泄，聽見張家的這事，因攛掇鳳姐道：「這傳東西的事關係更大。想來那些東西，自然也是傳遞進來的。奶奶倒不可不問！」鳳姐兒道：「我知道，不用你說。」於是別了惜春，方往迎春房內去。

迎春已經睡着了，丫鬟們也才要睡，衆人扣門，半日才開。鳳姐吩咐：「不必驚動姑娘。」遂往丫鬟們房裏來。因司棋是王善保家的外孫女兒，鳳姐要看王家的可藏私不藏，遂留神看他搜檢。先從別人箱子搜起，皆無別物；及到了司棋箱中，隨意掏了一回，王善保家的說：「也沒有什麼東西。」才要關箱時，周瑞家的道：「這是什麼話？有沒有，總要一樣看看，才公道。」說着，便伸手掣出一雙男子的綿襪并一雙緞鞋，又有一個小包袱。打開看時，裏面是一個同心如意，并一個字帖兒。一總遞給鳳姐。鳳姐因理家久了，每每看帖看賬，也頗識得幾個字了。那帖是大紅雙喜箋，便看上面寫道：

> 上月你來家後，父母已覺察了。但姑娘未出閣，尚不能完你我心願。若園內可以相見，你可託張媽給一信。若得在園內一見，倒比來家好說話。千萬，千萬！再所賜

紅樓夢・抄檢大觀園

香珠二串，今已查收。外特寄香袋一個，略表我心。千萬收好！表弟潘又安具。

鳳姐看了，不由的笑將起來。那王善保家的素日并不知道他姑表姊弟有這一節風流故事，見了這鞋襪，心內已有些毛病；又見有一紅帖，鳳姐看着笑，他便說道：「必是他們寫的賬不成字，所以奶奶見笑。」鳳姐笑道：「正是這個賬竟算不過來！你是司棋的老娘，他表弟也該姓王，怎麼又姓潘呢？」王善保家的見問的奇怪，祇得勉強告道：「司棋的姑媽給了潘家，所以他姑表弟兄姓潘。上次逃走了的潘又安，就是他。」鳳姐笑道：「這就是了。」因說：「我唸給你聽聽。」說着，從頭唸了一遍，大家都嚇一跳。

這王家的一心祇要拿人的錯兒，不想反拿住了他外孫女兒，又氣又臊。周瑞家的四人聽見鳳姐兒唸了，都吐舌頭，搖頭兒。周瑞家的道：「王大媽聽見了！這是明明白白，再沒得話說了！這如今怎麼樣呢？」

王家的祇恨無地縫兒可鑽。鳳姐祇瞅着他，抿着嘴兒嘻嘻的笑，向周瑞家的道：「這倒也好。不用他老娘操一點心兒，鴉雀不聞，就給他們弄了個好女婿來了。」周瑞家的也笑着湊趣兒，王家的無處煞氣，祇好打着自己的臉罵道：「老不死的娼婦，怎麼造下孽了？說嘴打嘴，現世現報！」衆人見他如此，要笑又不敢笑，也有趁願的，也有心中感動報應不爽的。

鳳姐見司棋低頭不語，也并無畏懼慚愧之意，倒覺可異。料此時夜深，且不必盤問，祇怕他夜間自尋短志，遂喚兩個婆子監守，且帶了人，拿了贓證，回來歇息，等待明日料理。誰知夜裏下面淋血不止，次日便覺身體十分軟弱起來，遂掌不住，請醫診視；開方立案，說要保重而去。老嬤嬤們拿了方子，回過王夫人，不免又添一番愁悶，遂將司棋之事暫且擱起。

可巧這日尤氏來看鳳姐，坐了一回，又看李紈等。忽見惜春遣人來請，尤氏到他房中，惜春便將昨夜之事細細告訴了，又命人將入畫的東西一概要來與尤氏過目。尤氏道：「實是你哥哥賞他哥哥的，衹不該私自傳送，如今官鹽反成了私鹽了。」因罵入畫：「糊塗東西！」惜春道：「你們管教不嚴，反罵丫頭。這些姊妹，獨我的丫頭沒臉，我如何去見人！昨兒叫鳳姐姐帶了他去，又不肯；今日嫂子來的恰好，快帶了他去。或打，或殺，或賣，我一概不管。」入畫聽說，跪地哀求，百般苦告。尤氏和奶媽等人也都十分解說：「他不過一時糊塗，下次再不敢的。看他從小兒伏侍一場。」

誰知惜春年幼，天性孤僻，任人怎說，衹是咬定牙，斷乎不肯留着。更又說道：「不但不要入畫，如今我也大了，連我也不便往你們那邊去了。況且近日聞得多少議論，我若再去，連我也編派。」尤氏道：「誰敢議論什麼？又有什麼可議論的？姑娘是誰？我們是誰？姑娘既聽見人議論我們，就該問着他才是。」惜春冷笑道：「你這話問着我倒好！我一個姑娘家，衹好躲是非的，我反尋是非，成個什麼人了！況且古人說的，『善惡生死，父子不能有所勖助』，何況你我二人之間。我衹能保住自己就夠了。以後你們有事，好歹別累我。」

尤氏聽了，又氣又好笑，因向地下衆人道：「怪道人人都說四姑娘年輕糊塗，我衹不信。你們聽這些話，無原無故，又沒輕重，真真的叫人寒心。」衆人都勸說道：「姑娘年輕，奶奶自然該吃些虧的。」惜春冷笑道：「我雖年輕，這話卻不年輕。你們不看書，不識字，所以都是呆子；倒說我糊塗。」尤氏道：「你是狀元，第一個才子！我們糊塗人，不如你明白！」惜春道：「據你這話就不明白。狀元難道沒有糊塗的！可知你們這些人都是世俗之見，那裏眼裏識的出真假、心裏分的出好歹來？你們要看真人，總在最初一步的心上看起，才能明白呢！」尤氏笑道：「好，好！纔是才子，這會子又做大和尚，講起參悟來了。」惜春道：「我也不是什麽參悟。我看如今人一概也都是入畫一般，沒有什麽大說頭兒！」尤氏道：「可知你真是個心冷嘴冷的人。」惜春道：「怎麽我不冷！我清清白白的一個人，爲什麽叫你們帶累壞了？」

尤氏心内原有病，怕說這些話；聽說有人議論，已是心中羞惱，衹是今日惜春份上，不好發作，忍耐了大半天。今見惜春又說這話，因按捺不住，便問道：「怎麽就帶累了你？你的丫頭的不是，無故說我；我倒忍了這半日，你倒越發得了意，衹管說這些話。你是千金小姐，我們以後就不親近你，仔細帶累了小姐的美名兒！卽刻就叫人將入畫帶了過去。」說着，便賭氣起身去了。惜春道：「你這一去了，若果然不來，倒也省了口舌是非，大家倒還乾淨。」尤氏聽了，越發生氣，但終久他是姑娘，任憑怎麽樣，也不好和他認真的拌起嘴來，衹得索性忍了這口氣，便也不答言，一徑往前邊去了。

（《紅樓夢》第七十四回）

曹雪芹在《紅樓夢》中把封建階級走向滅亡的步驟描寫得清晰而深刻，顯示了一種必然性。以「繡春囊」爲導火線的抄檢大觀園事件，把榮國府中王、邢家族長期以來爭權奪利的鬥爭表面化了，尖銳地表現了賈府衰敗的形勢。這封建階級自相廝殺的一幕，典型地概括了封建末世統治階級内部矛盾重重、分崩離析的社會現象，揭示了封建制度必然滅亡的内在原因。曹雪芹的深刻之處，在於他描寫這一事件時，把衰敗的陰影投射在統治階級内部人物的心靈上，把他們在特殊情勢下「無可奈何花落去」的沒落之感，寫得形式多樣而細微精當，表現了作家善畫靈魂的高超技巧。

邢夫人把丫頭儍大姐在大觀園裏拾到的繡春囊送給王夫人，這是既含否定王夫人、鳳姐當權又帶着看你們如何辦的逼人之舉。王夫人面臨挑戰，決定連夜抄檢大觀園，她此舉的主要出發點和更直接的原因是爲了她的兒子寶玉。寶玉是榮國府的接班人，是她在榮府保持當權地位的重要支柱。因此，當她感到統治權受到威脅時，首先、也是本能地想到的是兒子。「好好的寶玉，倘或叫這蹄子勾引壞了，那還了得！」這話表現了王夫人此時的心理活動。她要親自出馬清寶玉之側，消除女奴對叛逆兒子的影響，這是有關大局「還了得」的重要事。但她又不承認寶玉已受影響，矢口不提寶玉的叛逆言行，還要在「寶玉」前面冠以「好好的」三字，以示教子有方，以示兒子完全可當合格的接班人。王夫人這種既怕兒子受影響，要積極清除影響，而又不願承認兒子已受影響的複雜心理，表現了她此時對寶玉的格外珍視。這種珍視是爲了要在激烈錯綜的財產權力之爭中，保住自己的優勢和統治權。被賈母稱爲「老實得可憐」的王夫人，在這場自殺自滅的鬥爭中敏感得很，而且還善於抓住對她來說最重要的關鍵。

面臨賈府衰敗的王夫人不僅敏感，還果斷幹練。抄檢前，她親自審問晴雯，態度蠻橫，一改「活菩薩」、「善人」的假像，露出了殺氣騰騰的劊子手的眞面目。她一向不大過問家務事，熱衷於吃齋念佛，顯得很超脫。但在抄檢後，帶人到怡紅院搜丫頭的東西，讓人把「病得四五日水米不沾牙」的晴雯從炕上拉下來，趕出大觀園。同時，驅逐四兒、芳官。王夫人對這些有反抗性的女奴是窮追不捨，表現了異乎尋常的幹練精明。

但她的這番討伐沒有奏效，相反，晴雯之死，反而使寶玉拉大了和封建家庭的離心力，促使了他叛逆性格的進一步發展。

作者以反常寫正常。抄檢大觀園中的王夫人，在撕去僞裝的令人悚驚的面目中所露出的階級本性，是這樣的刺眼和引人深思。

抄檢中的鳳姐，表現了性格變化與不變的辯證統一。鳳姐實操管家大權，處在賈府種種矛盾的中心，她對賈家經濟枯竭、統治鬆弛、內部矛盾激化等等衰象，了解得比別人更早也更清楚。這個不通文墨的「粗人」創作的唯一的一句詩「一夜北風緊」，反映了她已預感到大禍必將來臨的不安心理。面臨衰象已很明顯的形勢，這個脂粉隊裏的英雄，既不甘示弱，又發出了無能爲力的哀嘆。到抄檢大觀園時，她已無協理寧國府時的那種大展才幹的勃勃雄心，衹求維持現狀。她對王夫人所提的建議都是很實際的：在關於如何查清繡春囊問題上，她主張「暗暗訪察，纔能得個實在；縱然訪不着，外人也不能知道。」在維持統治、鎮壓奴隸上，她主張「趁着這個機會，以後凡年紀大些的，或有些咬牙難纏的，拿個錯兒攆出去，配了人。」這樣做，「保的住沒有別事。」這種建議，頗有不求有功、但求無過的味道，是何等的正視現實。她還強調這樣打發丫頭，也是爲了「省些用度」。一向講排場要威風的鳳姐也重視節省開支了。鳳姐這種面對現實的心理，是賈府衰敗形勢在她性格上所引起的變化。在反映賈府的衰象上，鳳姐是最靈敏的溫度計。

在抄檢大觀園中，鳳姐處於被攻擊而又不便還擊的被動地位。這個《紅樓夢》中最活躍的人物，一反常態，消極旁觀。她唯一的主動行爲是提出「薛大姑娘屋裏，斷乎抄檢不得」，卻又領着人去抄同是親戚的黛玉的住屋。因爲這時賈母親寶釵疏黛玉的傾向已十分明顯，機靈的鳳姐在百忙中也不會忘了看人下菜碟的。鳳姐還是鳳姐，她那巧於奉承、善於機變的個性是不會變的。抄檢中，她抓住王善保家的躍躍欲試、一逞威風的心理，處處讓她出頭做惡人，碰釘子，自己甘當配角，坐山觀虎鬥。晴雯對王善保家的反擊，探春打王善保家的一記耳光，都令她十分高興。她在喝止晴雯後對王善保家的說：「再遲了，走了風，我可擔不起。」這抓住時機的報復做得十分得體。她對斥問抄檢原因的探春陪笑道：「我不過是奉太太的命來，妹妹別錯怪了我。」小心翼翼地躲開了玫瑰花刺，何等的機靈。她對打王善保家的探春說道：「好姑娘，別生氣。他算什麼，姑娘氣着倒值多了。」這種名爲勸慰實是火上加油的煽動，使探春把一腔怒火都轉向了王善保家的，這又是何等的陰險！當查了司棋的東西，她唸完潘又安給司棋的信後，興奮異常，恢復了活躍的常態。她瞅着王善保家的抿着嘴嘻嘻地笑，向周瑞家的道：「這倒也好，……鴉雀不聞，就給他們弄了個好女婿來了。」這種開玩笑的挖苦，把司棋家幾代人的臉面都撕了個乾淨，刺激得王善保家的自打嘴巴自罵自，這又是何等的毒辣。

面對現實的鳳姐雖已大減雌威，有了消極色彩，但「鳳辣子」仍然辣味十足，「鬼聰明的鳳丫頭」依然揭鬼有術。鳳姐，始終是一羣互相瞪視撲打的烏眼鷄中一隻會打善鬥的「好鷄」。性格的變化和一貫性就是這樣統一在面臨衰敗的鳳姐身上。抄檢引起了探春小姐的極大反感，把她心靈上的雙重陰影勾勒得又深又濃。這位賈府小姐中的佼佼者，有才幹，有心計，能決斷，頗有政治家的風度。探春是維護封建統治的改良派，想象男子一樣有番作爲，她對賈府沒落的趨勢，有清楚的了解。在理家期間，她興利除弊，不徇私情，爲改變賈府現狀竭盡了全部聰明才智。「補天」失敗後，她繼續關注着賈府的形勢，她了解大觀園值夜班婆子聚賭的全部情況，還告訴大嫂子和管事的人們，「戒飭過幾次」，並第一個把這情況向賈母作了匯報。是她，衹用了「少不得替你們分解分解」這樣淡淡的一句話，把在懦小姐迎春房中偷當首飾又鬧事者的氣焰打了下去。探春懂得個人和階級間的利害關係，她補天，不是爲了個人，而是爲「公」，是爲了維護賈府的整體利益，她是她所處的那個時期自己階級利益的代表，這是她和鳳姐的不同點。鳳姐也看到了賈府的衰敗，但她卻利用賈府的現有條件來充實自己的私房。正因爲這樣，探春身上有一股逼人的正氣，令鳳姐敬畏，對她另眼看待。也正因爲這樣，當探春看到甄家被抄，自己家庭內又自相殘殺時，她是格外的痛心疾首。她流着眼淚所發的那段議論，基於清醒認識，充滿了對本階級沒落命運的深深憂慮，的確是字字句句從肺腑中流出。由於對本階級愛得深，也就痛得切。一貫冷靜的探春在抄檢人員面前氣惱、悲憤，不能自已。這是對本階級的一種深深的失望，一種恨鐵不成鋼的無可奈何之感。對待抄檢，小姐探春的反感和丫頭晴雯的反抗是如此不同，曹雪芹區別得清清楚楚。

好勝的探春爲無法選擇的庶出地位而深感痛苦，封建的正統觀念給了她巨大的精神壓力。她異常敏感，唯恐遭人小看，處處都要維護做主子的尊嚴。她那一記響亮的耳光，其實是爲了嚴格主奴之間的界限，强調小姐的身份，維護主子的尊嚴。庶出地位給探春婚姻前景可能帶來的影響，鳳姐在和平兒的閑談中，表示了同情和惋惜。對此，當事人探春自己理所當然會有更多的權衡、比較和擔憂。當探春爲本階級不可避免的沒落而擔憂時，她必然會考慮到庶出身分給她前途帶來的加倍不幸。這恐怕就是她給王善保家的那記耳光分外響亮的一個原因吧。作者把探春心靈上異常濃黑的雙重陰影雕刻得入木三分。在賈府勢敗後，果然，這個「才自清明志自高，生於末世運偏消」的小姐，落了個隻身遠嫁海疆的悲劇結局。

家庭和階級衰敗的陰影同樣籠罩着年輕的惜春，她的人生信條是「我衹能保住自己就够了」。爲了自己的臉面，她冷酷無情，堅持要把無辜的入畫攆走。賈府被抄後，遁跡空門就成了她保全自己的唯一選擇。

曹雪芹在抄檢大觀園這一事件中，把有關人物的本能活動具體化了，並達到了人物性格一貫性與階段性的統一、性格變化與穩定的一致。人物心理狀態是典型的，又具有明確而新鮮的色調，心態得到了多向的擴展延伸，表現出豐富感和層次感。他把人物在「衰敗」這個特定情境下意識流動的複雜狀態，描繪得可感可觸，耐得住咀嚼、品味。曹雪芹是眞正的藝術巨匠。（姚晶華）

紅樓夢・黛玉焚稿斷癡情

黛玉焚稿斷癡情

曹雪芹

一日，黛玉早飯後，帶着紫鵑到賈母這邊來，一則請安，二則也爲自己散散悶。出了瀟湘館，走了幾步，忽然想起忘了手絹子來，因叫紫鵑回去取來，自己卻慢慢的走着等他。剛走到沁芳橋那邊山石背後當日同寶玉葬花之處，忽聽一個人嗚嗚咽咽在那裏哭。黛玉煞住腳聽時，又聽不出是誰的聲音，也聽不出哭的叨叨的是些什麼話，心裏甚是疑惑；便慢慢的走去。及到了跟前，卻見一個濃眉大眼的丫頭在那裏哭呢。

黛玉未見他時，還祇疑府裏這些大丫頭有什麼說不出的心事，所以來這裏發泄發泄；及至見了這個丫頭，卻又好笑，因想到：「這種蠢貨，有什麼情種！自然是那屋裏作粗活的丫頭，受了大女孩子的氣了。」細瞧了一瞧，卻不認得。

那丫頭見黛玉來了，便也不敢再哭，站起來拭眼淚。黛玉問道：「你好好的爲什麼在這裏傷心？」那丫頭聽了這話，又流淚道：「林姑娘，你評評這個理：他們說話，我又不知道，我就說錯了一句話，我姐姐也不犯就打我呀！」黛玉聽了，不懂他說的是什麼，因笑問道：「你姐姐是那一個？」那丫頭道：「就是珍珠姐姐。」黛玉聽了，才知他是賈母屋裏的。因又問：「你叫什麼？」那丫頭道：「我叫傻大姐兒。」黛玉笑了一笑，又問：「你姐姐爲什麼打你？你說錯了什麼話了？」那丫頭道：「爲什麼呢！就是爲我們寶二爺娶寶姑娘的事情！」

黛玉聽了這句話，如同一個疾雷，心頭亂跳，略定了定神，便叫這丫頭：「你跟了我這裏來。」那丫頭跟着黛玉到那畸角兒上葬桃花的去處，那裏背靜，黛玉因問道：「寶二爺娶寶姑娘，他爲什麼打你呢？」傻大姐道：「我們老太太和太太、二奶奶商量了，因爲我們老爺要起身，說：就趕着往姨太太商量，把寶姑娘娶過來罷。頭一宗，給寶二爺沖什麼喜；第二宗——」說到這裏，又瞅着黛玉笑了一笑，才說道：「趕着辦了，還要給林姑娘說婆婆家呢。」

黛玉已經聽呆了。這丫頭祇管說道：「我又不知道他們怎麼商量的，不叫人吵嚷，怕寶姑娘聽見害臊。我白和寶二爺屋裏的襲人姐姐說了一句：『咱們明兒更熱鬧了，又是寶姑娘，又是寶二奶奶，這可怎麼叫呢？』林姑娘，你說我這話害着珍珠姐姐什麼了嗎？他走過來就打了我一個嘴巴，說我混說，不遵上頭的話，要攆出我去！我知道上頭爲什麼不叫言語呢？你們又沒告訴我，就打我！」說着，又哭起來。

那黛玉此時心裏，竟是油兒、醬兒、糖兒、醋兒倒在一處的一般，甜、苦、酸、咸，竟說不上什麼味兒來了。停了一會兒，顫巍巍的說道：「你别混說了。你再混說，叫人聽見，又要打你了。你去罷。」說着，自己轉身要回瀟湘館去。那身子竟有千百斤重的，兩隻脚卻像踩着棉花一般，早已軟了。祇得一步一步慢慢的走將來。走了半天，

紅樓夢・黛玉焚稿斷癡情

還沒到沁芳橋畔。原來腳下軟了，走的慢，且又迷迷癡癡，信着腳兒從那邊繞過來，更添了兩箭地的路。這時剛到沁芳橋畔，卻又不知不覺的順着堤往回裏走起來。

紫鵑取了絹子來，不見黛玉。正在那裏看時，衹見黛玉顏色雪白，身子恍恍蕩蕩的，眼睛也直直的，在那裏東轉西轉。又見一個丫頭往前頭走了，離的遠，也看不出是那一個來。心中驚疑不定，衹得趕過來，輕輕的問道：「姑娘，怎麽又回去？是要往那裏去？」黛玉也衹模糊聽見，隨口應道：「我問問寶玉去。」紫鵑聽了，摸不着頭腦，衹得攙着他到賈母這邊來。

黛玉走到賈母門口，心裏似覺明晰，回頭看見紫鵑攙着自己，便站住了，問道：「你作什麽來的？」紫鵑陪笑道：「我找了絹子來了。頭裏見姑娘在橋那邊呢，我趕着過去問姑娘，姑娘沒理會。」黛玉笑道：「我打量你來瞧寶二爺來了呢，不然，怎麽往這裏走呢？」

紫鵑見他心裏迷惑，便知黛玉必是聽見那丫頭什麽話來，惟有點頭微笑而已。衹是心裏怕他見了寶玉，那一個已經是瘋瘋傻傻，這一個又這樣恍恍惚惚，一時說出些不大體統的話來，那時如何是好？心裏雖如此想，卻也不敢違拗，衹得攙他進去。

那黛玉卻又奇怪，這時不是先前那樣軟了，也不用紫鵑打簾子，自己掀起簾子進來。卻是寂然無聲：因賈母在屋裏歇中覺，丫頭們也有脫滑兒玩去的，也有打盹的，也有在那裏伺候老太太的。倒是襲人聽見簾子響，從屋裏出來一看，見是黛玉，便讓道：「姑娘，屋裏坐罷。」黛玉笑着道：「寶二爺在家麽？」襲人不知底裏，剛要答言，衹見紫鵑在黛玉身後和他努嘴兒，指着黛玉，又搖搖手兒。襲人不解何意，也不敢言語。黛玉卻也不理會，自己走進房來。看見寶玉在那裏坐着，也不起來讓坐，衹瞅着嘻嘻的傻笑。黛玉自己坐下，卻也瞅着寶玉笑。兩個人也不問好，也不說話，也無推讓，衹管

紅樓夢・黛玉焚稿斷癡情

對着臉傻笑起來。

襲人看見這番光景，心裏大不得主意，祇是沒法兒。忽然聽着黛玉說道：「寶玉，你爲什麼病了？」寶玉笑道：「我爲林姑娘病了。」襲人紫鵑兩個嚇得面目改色，連忙用言語來岔。兩個卻又不答言，仍舊傻笑起來。襲人見了這樣，知道黛玉此時心中迷惑，和寶玉一樣。因悄和紫鵑說道：「姑娘纔好了，我叫秋紋妹妹同着你攙回姑娘，歇歇去罷。」因回頭向秋紋道：「你和紫鵑姐姐送林姑娘去罷。你可別混說話。」秋紋笑着，也不言語，便來同着紫鵑攙起黛玉。那黛玉也就站起來，瞅着寶玉祇管笑，祇管點頭兒。紫鵑又催道：「姑娘，回家去歇歇罷。」黛玉道：「可不是！我這就是回去的時候兒了。」說着，便回身笑着出來了，仍舊不用丫頭們攙扶，自己卻走得比往常飛快。紫鵑秋紋後面趕忙跟着走。

黛玉出了賈母院門，祇管一直走去，紫鵑連忙攙住，叫道：「姑娘，往這麼來。」黛玉仍是笑着，隨了往瀟湘館來。離門口不遠，紫鵑道：「阿彌陀佛！可到了家了！」祇這一句話沒說完，祇見黛玉身子往前一栽，「哇」的一聲，一口血直吐出來……

幾乎暈倒，虧了紫鵑還同着秋紋，兩個人攙扶着黛玉到屋裏來。那時秋紋去後，紫鵑雪雁守着，見他漸漸蘇醒過來，問紫鵑道：「你們守着哭什麼？」紫鵑見他說話明白，倒放了心了，因說：「姑娘剛才打老太太那邊回來，身上覺着不大好，唬的我們沒了主意，所以哭了。」黛玉笑道：「我那裏就能够死呢！」這一句話沒完，又喘成一處。

原來黛玉因今日聽得寶玉寶釵的事情，這本是他數年的心病，一時急怒，所以迷惑了本性。及至回來吐了這一口血，心中卻漸漸的明白過來，把頭裏的事一字也不記得。這會子見紫鵑哭了，方模糊想起傻大姐的話來。此時反不傷心，惟求速死，以完此債。

紅樓夢·黛玉焚稿斷癡情

這裏紫鵑雪雁衹得守着，想要告訴人去，怕又像上回招的鳳姐說他們失驚打怪。那知秋紋回去神色慌張，正值賈母睡起中覺來，看見這般光景，便問：「怎麽了？」秋紋嚇的連忙把剛才的事回了一遍。賈母大驚，說：「這還了得！」連忙着人叫了王夫人鳳姐過來，告訴了他婆媳兩個。鳳姐道：「我都囑咐了，這是什麽人走了風了呢？這不更是一件難事了嗎！」賈母道：「且別管那些，先瞧瞧去，是怎麽樣了。」說着，便起身帶着王夫人鳳姐等過來看視。見黛玉顏色如雪，并無一點血色，神氣昏沉，氣息微細，半日又咳嗽了一陣，丫頭遞了痰盂，吐出都是痰中帶血的。大家都慌了。衹見黛玉微微睜眼，看見賈母在他旁邊，便喘吁吁的說道：「老太太！你白疼了我了！」

賈母一聞此言，十分難受，便道：「好孩子，你養着罷！不怕的！」黛玉微微一笑，把眼又閉上了。外面丫頭進來回鳳姐道：「大夫來了。」於是大家略避。王大夫同着賈璉進來，診了脈，說道：「尚不妨事。這是鬱氣傷肝，肝不藏血，所以神氣不定。如今要用斂陰止血的藥，方可望好。」王大夫說完，同着賈璉出去開方取藥去了。

賈母看黛玉神氣不好，便出來告訴鳳姐等道：「我看這孩子的病，不是我咒他，衹怕難好！你們也該替他預備預備，衝一衝，或者好了，豈不是大家省心？就是怎麽樣，也不至臨時忙亂。咱們家裏這兩天正有事呢。」鳳姐兒答應了。賈母又問了紫鵑一回，到底不知是那個說的。賈母心裏衹是納悶，因說：「孩子們從小兒在一處兒玩，好些是有的。如今大了，懂的人事，就該要分別些，才是做女孩兒的本份，我纔心裏疼他。若是他心裏有別的想頭，成了什麽人了呢！我可是白疼了他了！你們說了，我倒有些不放心。」因回到房中，又叫襲人來問。

襲人仍將前日回王夫人的話并方纔黛玉的光景述了一遍。賈母道：「我方纔看他卻還不至糊塗。這個理我就不明白了！咱們這種人家，別的事自然沒有的，這心病也是斷斷有不得的！林丫頭若不是這個病呢，我憑着花多少錢都使得；就是這個病，不但治不好，我也沒心腸了！」鳳姐道：「林妹妹的事，老太太倒不必張羅，横竪有他二哥哥天天同着大夫瞧；倒是姑媽那邊的事要緊。今兒早起，聽見說，房子不差什麽就妥當了。竟是老太太、太太到姑媽那邊去，我也跟了去商量商量。就衹一件：姑媽家裏有寶妹妹在那裏，難以說話，不如索性請姑媽晚上過來，咱們一夜都說結了，就好辦了。」賈母王夫人都道：「你說的是。今兒晚了，明兒飯後，咱們娘兒們就過去。」說着，賈母用了晚飯，鳳姐同王夫人各自歸房不提。

且說次日鳳姐吃了早飯過來，便要試試寶玉，走進屋裏說道：「寶兄弟大喜！老爺已擇了吉日，要給你娶親了！你喜歡不喜歡？」寶玉聽了，衹管瞅着鳳姐笑，微微的點點頭兒。鳳姐笑道：「給你娶林妹妹過來，好不好？」寶玉卻大笑起來。鳳姐看着，也斷不透他是明白，是糊塗，因又問道：「老爺說：你好了就給你娶林妹妹呢；若還是這麽傻，就不給你娶了。」寶玉忽然正色道：「我不傻，你纔傻呢！」說着，便站起來說：「我去瞧瞧林妹妹，叫他放心。」鳳姐忙扶住了，說：「林妹妹早知道了。他如今要做新媳婦了，自然害羞，不肯見你的。」寶玉道：「娶過來，他到底是見我不見？」鳳姐又好笑，又着忙，心裏想：「襲人的話不差。提到林妹妹，雖說仍舊說些瘋話，卻覺得明白些。若真明白了，將來不是林姑娘，打破了這個燈虎兒，那饑荒纔難打呢！」便忍笑說道：「你好好兒的便見你；若是瘋瘋癲癲的，他就不見你了。」寶玉說道：「我有一個心，前兒已交給林妹妹了。他要過來，横竪給我帶來，還放在我肚子裏頭。」

鳳姐聽着竟是瘋話，便出來看着賈母笑。賈母聽了又是笑，又是疼，說道：「我早聽見了。如今且不用理他，叫襲人好好的安慰他，咱們走罷。」說着，王夫人也來。

大家到了薛姨媽那裏，祇說：「惦記着這邊的事，來瞧瞧。」薛姨媽感激不盡，說些薛蟠的話。喝了茶，薛姨媽要叫人告訴寶釵，鳳姐連忙攔住，說：「姑媽不必告訴寶妹妹。」又向薛姨媽陪笑說道：「老太太此來，一則爲瞧姑媽，二則也有句要緊的話，特請姑媽到那邊商議。」薛姨媽聽了，點點頭兒說：「是了。」於是大家又說些閑話，便回來了。

當晚，薛姨媽果然過來，見過了賈母，到王夫人屋裏來，不免說起王子騰來，大家落了一回淚。薛姨媽便問道：「剛才我到老太太那裏，寶哥兒出來請安，還好好兒的，不過略瘦些，怎麽你們說得很利害？」鳳姐便道：「其實也不怎麽，這祇是老太太懸心。目今老爺又要起身外任去，不知幾年纔來。老太太的意思：頭一件叫老爺看着寶兄弟成了家，也放心；二則也給寶兄弟衝衝喜，借大妹妹的金鎖壓壓邪氣，祇怕就好了。」

薛姨媽心裏也願意，祇慮着寶釵委屈，說道：「也使得，祇是大家還要從長計較計較才好。」王夫人便按着鳳姐的話和薛姨媽說，祇說：「姨太太這會子家裏沒人，不如把妝奩一概蠲免，明日就打發蝌兒告訴蟠兒，一面這裏過門，一面給他變法兒撕擄官事。」并不提寶玉的心事。又說：「姨太太既作了親，娶過來，早好一天，大家早放一天心。」

正說着，祇見賈母差鴛鴦過來候信。薛姨媽雖恐寶釵委屈，然也沒法兒，又見這般光景，祇得滿口應承。鴛鴦回去回了賈母，賈母也甚喜歡，又叫鴛鴦過來求薛姨媽和寶釵說明原故，不叫他受委屈。薛姨媽也答應了。便議定鳳姐夫婦作媒人。大家散了，王夫人姊妹不免又敍了半夜的話兒。

次日，薛姨媽回家，將這邊的話細細的告訴了寶釵，還說：「我已經應承了。」寶釵始則低頭不語，後來便自垂淚。薛姨媽用好言勸慰，解釋了好些話。寶釵自回房內，寶琴隨去解悶。薛姨媽又告訴了薛蝌，叫他：「明日起身，一則打聽審詳的事，一則告訴你哥哥一個信兒。你即便回來。」

薛蝌去了四日，便回來回復薛姨媽道：「哥哥的事，上司已經準了誤殺，一過堂就要題本了，叫咱們預備贖罪的銀子。妹妹的事，說：『媽媽做主很好的。趕着辦又省了好些銀子。叫媽媽不用等我。該怎麽着就怎麽辦罷。』」

薛姨媽聽了，一則薛蟠可以回家，二則完了寶釵的事，心裏安頓了好些，便是看着寶釵心裏好像不願意似的，「雖是這樣，他是女兒家，素來也孝順守禮的人，知我應了，他也沒得說的。」便叫薛蝌：「辦泥金庚帖，填上八字，即叫人送到璉二爺那邊去，還問了過禮的日子來，你好預備。本來咱們不驚動親友。哥哥的朋友，是你說的，都是混賬人；親戚呢，就是賈王兩家。如今賈家是男家，王家無人在京裏。史姑娘放定的事，他家沒有來請咱們，咱們也不用通知。倒是把張德輝請了來，托他照料些，他上幾歲年紀的人，到底懂事。」薛蝌領命，叫人送帖過去。

次日，賈璉過來見了薛姨媽，請了安，便說：「明日就是上好的日子。今日過來回姨太太，就是明日過禮罷。祇求姨太太不要挑飭就是了。」說着，捧過通書來。薛姨媽也謙遜了幾句，點頭應允。賈璉趕着回去，回明賈政。賈政便道：「你回老太太說，既不叫親友們知道，諸事寧可簡便些。若是東西上，請老太太瞧了就是了，不必告訴我。」賈璉答應，進內將話回明賈母。

這裏王夫人叫了鳳姐命人將過禮的物件都送與賈母過目，并叫襲人告訴寶玉。那寶玉又嘻嘻的笑道：「這裏送到園裏，回來園裏又送到這裏，咱們的人送，咱們的人收，何苦來呢？」賈母王夫人聽了，都喜歡道：「說他糊塗，他今日怎麽這麽明白呢？」

紅樓夢·黛玉焚稿斷癡情

鴛鴦等忍不住好笑，衹得上來一件一件的點明給賈母瞧，說：「這是金項圈，這是金珠首飾，共八十件。這是妝蟒四十匹。這是各色綢緞一百二十匹。這是四季的衣服，共一百二十件。外面也沒有預備羊酒，這是折羊酒的銀子。」

賈母看了，都說好，輕輕的與鳳姐說道：「你去告訴姨太太，說：不是虛禮，求姨太太等蟠兒出來，慢慢的叫人給他妹妹做來就是了。那好日子的被褥，還是咱們這裏代辦了罷。」鳳姐答應出來，叫賈璉先過去。又叫周瑞旺兒等，吩咐他們：「不必走大門，衹從園裏從前開的便門內送去。我也就過去。這門離瀟湘館還遠，倘別處的人見了，囑咐他們不用在瀟湘館裏提起。」衆人答應着，送禮而去。

寶玉認以爲真，心裏大樂，精神便覺的好些，衹是語言總有些瘋傻。那過禮的回來，都不提名說姓，因此上下人等雖都知道，衹因鳳姐吩咐，都不敢走漏風聲。

且說黛玉雖然服藥，這病日重一日。紫鵑等在旁苦勸，說道：「事情到了這個份兒，不得不說了。姑娘的心事，我們也都知道。至於意外之事，是再沒有的。姑娘不信，衹拿寶玉的身子說起，這樣大病，怎麼做得親呢？姑娘別聽瞎話，自己安心保重纔好。」黛玉微笑一笑，也不答言，又咳嗽數聲，吐出好些血來。紫鵑等看去，衹有一息奄奄，明知勸不過來，惟有守着流淚。天天三四趟去告訴賈母，鴛鴦測度賈母近日比前疼黛玉的心差了些，所以不常去回。況賈母這幾日的心都在寶釵寶玉身上，不見黛玉的信兒，也不大提起，衹請太醫調治罷了。

黛玉向來病着，自賈母起直到姊妹們的下人，常來問候；今見賈府中上下人等都不過來，連一個問的人都沒有，睜開眼，衹有紫鵑一人，自料萬無生理，因掙扎着向紫鵑說道：「妹妹！你是我最知心的！雖是老太太派你伏侍我，這幾年，我拿你就當作我的親妹妹——」說到這裏，氣又接不上來。紫鵑聽了，一陣心酸，早哭得說不出話來。

遲了半日，黛玉又一面喘，一面說道：「紫鵑妹妹！我躺着不受用，你扶起我來靠着坐坐纔好。」紫鵑道：「姑娘的身上不大好，起來又要抖摟着了。」黛玉聽了，閉上眼不言語了。一時，又要起來，紫鵑沒法，衹得同雪雁把他扶起，兩邊用軟枕靠住，自己卻倚在旁邊。黛玉那裏坐得住？下身自覺硌的疼，狠命的掌着。叫過雪雁來道：「我的詩本子……」說着，又喘。

雪雁料是要他前日所理的詩稿，因找來送到黛玉跟前。黛玉點點頭兒，又擡眼看那箱子。雪雁不解，衹是發怔。黛玉氣的兩眼直瞪，又咳嗽起來，又吐了一口血。雪雁連忙回身取了水來，黛玉漱了，吐在盂內。紫鵑用絹子給他拭了嘴，黛玉便拿那絹子指着箱子，又喘成一處，說不上來，閉了眼。紫鵑道：「姑娘歪歪兒罷。」黛玉又搖搖頭兒。

紫鵑料是要絹子，便叫雪雁開箱，拿出一塊白綾絹子來。黛玉瞧了，撂在一邊，使勁說道：「有字的！」紫鵑這纔明白過來要那塊題詩的舊帕，衹得叫雪雁拿出來，遞給黛玉。紫鵑勸道：「姑娘歇歇兒罷，何苦又勞神？等好了再瞧瞧罷。」衹見黛玉接到手裏也不瞧，扎掙着伸出那隻手來，狠命的撕那絹子，卻是衹有打顫的份兒，那裏撕得動？紫鵑早已知他是恨寶玉，卻也不敢說破，衹說：「姑娘，何苦自己又生氣！」黛玉微微的點頭，便掖在袖裏。說叫：「點燈。」

雪雁答應，連忙點上燈來。黛玉瞧瞧，又閉上眼坐着，喘了一會子，又道：「籠上火盆。」紫鵑打量他冷，因說道：「姑娘躺下，多蓋一件罷。那炭氣衹怕耽不住。」黛玉又搖頭兒。雪雁衹得籠上，擱在地下火盆架上。黛玉點頭，意思叫挪到炕上來。雪雁衹得端上來，出去拿那張火盆炕桌。

那黛玉卻又把身子欠起，紫鵑衹得兩隻手來扶着他。黛玉這纔將方纔的絹子拿在手

紅樓夢・黛玉焚稿斷癡情

中，瞅着那火，點點頭兒，往上一撂。紫鵑唬了一跳，欲要搶時，兩隻手卻不敢動。雪雁又出去拿火盆桌子，此時那絹子已經燒着了。紫鵑勸道：「姑娘！這是怎麽說呢！」黛玉衹作不聞，回手又把那詩稿拿起來，瞧了瞧，又撂下了。紫鵑怕他也要燒，連忙將身倚住黛玉，騰出手來拿時，黛玉又早拾起，撂在火上。此時紫鵑卻搆不着，乾急。雪雁正拿進桌子來，看見黛玉一撂，不知何物，趕忙搶時，那紙沾火就着，如何能够少待，早已烘烘的着了。雪雁也顧不得燒手，從火裏抓起來，撂在地下亂踹，卻已燒得所餘無幾了。

那黛玉把眼一閉，往後一仰，幾乎不曾把紫鵑壓倒。紫鵑連忙叫雪雁上來，將黛玉扶着放倒，心裏突突的亂跳。欲要叫人時，天又晚了；欲不叫人時，自己同着雪雁和鸚哥等幾個小丫頭，又怕一時有什麽原故。好容易熬了一夜，到了次日早起，覺黛玉又緩過一點兒來。飯後，忽然又嗽又吐，又緊起來。

紫鵑看着不好了，連忙將雪雁等都叫進來看守，自己卻來回賈母。那知到了賈母上房，靜悄悄的，衹有兩三個老媽媽和幾個做粗活的丫頭在那裏看屋子呢。紫鵑因問道：「老太太呢？」那些人都說：「不知道。」紫鵑聽這話咤異，遂到寶玉屋裏去看，竟也無人。遂問屋裏的丫頭，也說不知。

紫鵑已知八九，「但這些人怎麽竟這樣狠毒冷淡！」又想到黛玉這幾天竟連一個人問的也沒有，越想越悲，索性激起一腔悶氣來，一扭身，便出來了。自己想了一想：「今日倒要看看寶玉是何形狀。看他見了我怎麽樣過的去！那一年我說了一句謊話，他就急病了，今日竟公然做出這件事來！可知天下男子之心真真是冰寒雪冷，令人切齒的！」一面走，一面想，早已來到怡紅院。衹見院門虛掩，裏面卻又寂靜的很，紫鵑忽然想到：「他要娶親，自然是有新屋子的，但不知他這新屋子在何處？」

紅樓夢·黛玉焚稿斷癡情

正在那裏徘徊瞻顧，看見墨雨飛跑，紫鵑便叫住他。墨雨過來笑嘻嘻的道：「姐姐到這裏做什麽？」紫鵑道：「我聽見寶二爺娶親，我要來看看熱鬧兒，誰知不在這裏。也不知是幾兒？」墨雨悄悄的道：「我這話，祇告訴姐姐，你可別告訴雪雁。他們上頭吩咐了，連你們都不叫知道呢。就是今日夜裏娶。那裏是在這裏？老爺派璉二爺另收拾了房子了。」說着，又問：「姐姐有什麽事麽？」紫鵑道：「沒什麽事，你去罷。」墨雨仍舊飛跑去了。

紫鵑自己發了一回呆，忽然想起黛玉來，這時候還不知是死是活，因兩淚汪汪，咬着牙，發狠道：「寶玉！我看他明兒死了，你算是躲的過，不見了！你過了你那如心如意的事兒，拿什麽臉來見我！」一面哭一面走，嗚嗚咽咽的，自回去了。還未到瀟湘館，祇見兩個小丫頭在門裏往外探頭探腦的，一眼看見紫鵑，那一個便嚷道：「那不是紫鵑姐姐來了嗎！」紫鵑知道不好了，連忙擺手兒不叫嚷，趕忙進來看時，祇見黛玉肝火上炎，兩顴紅赤。紫鵑覺得不妥，叫了黛玉的奶媽王奶奶來，一看，他便大哭起來。

這紫鵑因王奶媽有些年紀，可以仗個膽兒，誰知竟是個沒主意的人，反倒把紫鵑弄的心裏七上八下。忽然想起一個人來，便命小丫頭急忙去請。你道是誰。原來紫鵑想起李宮裁是個孀居，今日寶玉結親，他自然迴避；況且園中諸事，向系李紈料理，所以打發人去請他。

李紈正在那裏給賈蘭改詩，冒冒失失的見一個丫頭進來回說：「大奶奶！祇怕林姑娘不好了！那裏都哭呢。」李紈聽了，嚇了一大跳，也不及問了，連忙站起身來便走。素雲碧月跟着。一頭走着，一頭落淚，想着：「姐妹在一處一場，更兼他那容貌才情，真是寡二少雙，惟有青女素娥可以彷彿一二，竟這樣小小的年紀就作了北邙鄉女！偏偏鳳姐想出一條偷梁換柱之計，自己也不好過瀟湘館來，竟未能少盡姊妹之情，真真可憐

紅樓夢・黛玉焚稿斷癡情

可嘆！」一頭想着，已走到瀟湘館的門口。裏面卻又寂然無聲，李紈倒着起忙來：「想來必是已死，都哭過了，那衣衾裝裹未知妥當了沒有？」連忙三步兩步走進屋子來。裏間門口一個小丫頭已經看見，便說：「大奶奶來了！」紫鵑忙往外走，和李紈走了個對面。李紈忙問：「怎麽樣？」紫鵑欲說話時，惟有喉中哽咽的份兒，卻一字說不出，那眼淚一似斷綫珍珠一般，衹將一隻手回過去指着黛玉。

李紈看了紫鵑這般光景，更覺心酸，也不再問，連忙走過來看時，那黛玉已不能言。李紈輕輕叫了兩聲。黛玉卻還微微的開眼，似有知識之狀，但隻眼皮嘴唇微有動意，口內尚有出入之息，卻要一句話、一點淚，也沒有了。

李紈回身，見紫鵑不在跟前，便問雪雁。雪雁道：「他在外頭屋裏呢。」李紈連忙出來，衹見紫鵑在外間空牀上躺着，顏色青黃，閉了眼，衹管流淚，那鼻涕眼淚把一個砌花錦邊的褥子已濕了碗大的一片。李紈連忙喚他，那紫鵑才慢慢的睜開眼，欠起身來。李紈道：「傻丫頭！這是什麼時候，且衹顧哭你的！林姑娘的衣衾，還不拿出來給他換上，還等多早晚呢？難道他個女孩兒家，你還叫他失身露體，精着來，光着去嗎？」紫鵑聽了這句話，一發止不住痛哭起來。李紈一面也哭，一面着急，一面拭淚，一面拍着紫鵑的肩膀說：「好孩子！你把我的心都哭亂了！快着收拾他的東西罷，再遲一會子就了不得了！」

正鬧着，外邊一個人慌慌張張跑進來，倒把李紈唬了一跳。看時，卻是平兒，跑進來，看見這樣，衹是呆磕磕的發怔。李紈道：「你這會子不在那邊，做什麽來了？」說着，林之孝家的也進來了。平兒道：「奶奶不放心，叫來瞧瞧。既有大奶奶在這裏，我們奶奶就衹顧那一頭兒了。」李紈點點頭兒。平兒道：「我也見見林姑娘。」說着，一面往裏走，一面早已流下淚來。

紅樓夢・黛玉焚稿斷
癡情

這裏李紈因和林之孝家的道：「你來的正好，快出去瞧瞧去，告訴管事的預備林姑娘的後事。妥當了，叫他來回我，不用到那邊去。」林之孝家的答應了，還站着。李紈道：「還有什麼話呢？」林之孝家的道：「剛才二奶奶和老太太商量了，那邊用紫鵑姑娘使喚使喚呢。」李紈還未答言，祇見紫鵑道：「林奶奶，你先請罷！等着人死了，我們自然是出去的，那裏用這麼——」說到這裏，卻又不好說了，因又改說道：「況且我們在這裏守着病人，身上也不潔淨。林姑娘還有氣兒呢，不時的叫我。」李紈在旁解說道：「當真的，林姑娘和這丫頭也是前世的緣法兒！倒是雪雁是他南邊帶來的，他倒不理會；惟有紫鵑，我看他兩個一時也離不開。」

林之孝家的頭裏聽了紫鵑的話，未免不受用；被李紈這一番話，卻也沒有說的了。又見紫鵑哭的淚人一般，祇好瞅着他微微的笑，說道：「紫鵑姑娘這些閑話倒不要緊，祇是你卻說得，我可怎麼回老太太呢？況且這話是告訴得二奶奶的嗎？」正說着，平兒擦着眼淚出來道：「告訴二奶奶什麼事？」林之孝家的將方纔的話說了一遍。平兒低了一回頭，說：「這麼着罷，就叫雪姑娘去罷。」李紈道：「他使得嗎？」平兒走到李紈耳邊說了幾句。李紈點點頭兒道：「既是這麼着，就叫雪雁過去也是一樣的。」林之孝家的因問平兒道：「雪姑娘使得嗎？」平兒道：「使得，都是一樣。」林家的道：「那麼着，姑娘就快叫雪姑娘跟了我去。我先回了老太太和二奶奶。這可是大奶奶和姑娘的主意，回來姑娘再各自回二奶奶去。」李紈道：「是了，你這麼大年紀，連這麼點子事還不耽呢！」林家的笑道：「不是不耽：頭一宗，這件事，老太太和二奶奶辦事，我們都不能很明白；再者，又有大奶奶和平姑娘呢。」

說着，平兒已叫了雪雁出來。原來雪雁因這幾日黛玉嫌他小孩子家懂得什麼，便也把心冷淡了；況且聽是老太太和二奶奶叫，也不敢不去，連忙收拾了頭。平兒叫他換了

紅樓夢·黛玉焚稿斷癡情

新鮮衣服，跟着林家的去了。隨後平兒又和李紈說了幾句話。李紈又囑咐平兒打那麼催着林家的叫他男人快辦了來。

平兒答應着出來，轉了個彎子，看見林家的帶着雪雁在前頭走呢，趕忙叫住道：「我帶了他去罷。你先告訴林大爺辦林姑娘的東西去罷。奶奶那裏我替回就是了。」那林家的答應着去了。這裏平兒帶了雪雁到了新房子裏回明了，自去辦事。

卻說雪雁看見這個光景，想起他家姑娘，也未免傷心，祇是在賈母鳳姐跟前不敢露出，因又想道：「也不知用我作什麼？我且瞧瞧。寶玉一日家和我們姑娘的蜜裏調油，這時候總不見面了，也不知是真病假病。祇怕是怕我們姑娘惱，假說丟了玉，裝出傻子樣兒來，叫那一位寒了心，他好娶寶姑娘的意思。我索性看看他，看他見了我傻不傻。難道今兒還裝傻麼？」一面想着，已溜到裏間房子門口，偷偷兒的瞧。

這時寶玉雖因失玉昏憒，但祇聽見娶了黛玉爲妻，真乃是從古至今、天上人間、第一件暢心滿意的事了，那身子頓覺健旺起來，祇不過不似從前那般靈透，所以鳳姐的妙計，百發百中，巴不得就見黛玉。盼到今日完姻，真樂的手舞足蹈，雖有幾句傻話，卻與病時光景大相懸絕了。雪雁看了，又是生氣，又是傷心，他那裏曉得寶玉的心事？便各自走開。

這裏寶玉便叫襲人快快給他裝新，坐在王夫人屋裏，看見鳳姐尤氏忙忙碌碌，再盼不到吉時，祇管問襲人道：「林妹妹打園裏來，爲什麼這麼費事，還不來？」襲人忍着笑道：「等好時辰呢。」又聽見鳳姐和王夫人說道：「雖然有服，外頭不用鼓樂，咱們家的規矩要拜堂的，冷清清的使不的。我傳了家裏學過音樂管過戲的那些女人來，吹打着熱鬧些。」王夫人點頭說：「使得」。

一時，大轎從大門進來，家裏細樂迎出去，十二對宮燈排着進來，倒也新鮮雅致。儐相請了新人出轎，寶玉見喜娘披着紅，扶着新人，幪着蓋頭。下首扶新人的，你道是誰？原來就是雪雁。寶玉看見雪雁，猶想：「因何紫鵑不來，倒是他呢？」又想道：「是了，雪雁原是他南邊家裏帶來的；紫鵑是我們家的，自然不必帶來。」因此，見了雪雁竟如見了黛玉的一般歡喜。儐相喝禮，拜了天地，請出賈母受了四拜，後請賈政夫婦等，登堂行禮畢，送入洞房。還有坐帳等事，俱是按本府舊例，不必細說。賈政原爲賈母作主，不敢違拗，不信衝喜之說。那知今日寶玉居然像個好人，賈政見了，倒也喜歡。

那新人坐了帳就要揭蓋頭的。鳳姐早已防備，請了賈母王夫人等進去照應。寶玉此時到底有些傻氣，便走到新人跟前說道：「妹妹，身上好了？好些天不見了。蓋着這勞什子做什麼？」欲待要揭去，反把賈母急出一身冷汗來。寶玉又轉念一想道：「林妹妹是愛生氣的，不可造次了。」又歇了一歇，仍是按捺不住，祇得上前揭了蓋頭；喜娘接去。雪雁走開，鶯兒上來伺候。寶玉睜眼一看，好像是寶釵，心中不信，自己一手持燈，一手擦眼一看，可不是寶釵麼！祇見他盛妝豔服，豐肩愞體，鬟低鬢軃，眼瞤息微。論雅淡，似荷粉露垂！看嬌羞，真是杏花煙潤了。

寶玉發了一回怔，又見鶯兒立在傍邊，不見了雪雁。此時心無主意，自己反以爲是夢中了，呆呆的祇管站着。衆人接過燈去，扶着坐下，兩眼直視，半語全無。賈母恐他病發，親自過來招呼着。鳳姐尤氏請了寶釵進入裏間坐下。寶釵此時自然是低頭不語。

寶玉定了一回神，見賈母王夫人坐在那邊，便輕輕的叫襲人道：「我是在那裏呢？這不是做夢麽？」襲人道：「你今日好日子，什麽夢不夢的混說！老爺可在外頭呢！」寶玉悄悄的拿手指着道：「坐在那裏的這一位美人兒是誰？」襲人握了自己的嘴，笑的說不出話來，半日纔說道：「那是新娶的二奶奶。」衆人也都回過頭去，忍

紅樓夢·黛玉焚稿斷癡情

不住的笑。寶玉又道：「好糊塗！你說『二奶奶』，到底是誰？」襲人道：「寶姑娘。」寶玉道：「林姑娘呢？」襲人道：「老爺作主娶的是寶姑娘，怎麼混說起林姑娘來？」寶玉道：「我纔剛看見林姑娘了麽，還有雪雁呢。怎麽說沒有？你們這都是做什麽玩呢？」鳳姐便走上來，輕輕的說道：「寶姑娘在屋裏坐着呢，別混說。回來得罪了他，老太太不依的。」

寶玉聽了，這會子糊塗的更利害了。本來原有昏憒的病，加以今夜神出鬼沒，更叫他不得主意，便也不顧別的，口口聲聲衹要找林妹妹去。賈母等上前安慰，無奈他衹是不懂。又有寶釵在內，又不好明說。知寶玉舊病復發，也不講明，衹得滿屋裏點起安息香來，定住他的神魂，扶他睡下。衆人鴉雀無聞。停了片時，寶玉便昏沉睡去，賈母等纔得略略放心，衹好坐以待旦，叫鳳姐去請寶釵安歇。寶釵置若罔聞，也便和衣在内暫歇。賈政在外，未知內裏原由，衹就方纔眼見的光景想來，心下倒放寬了。恰是明日就是起程的吉日，略歇了一歇，衆人賀喜送行。賈母見寶玉睡着，也回房去暫歇。

次早，賈政辭了宗祠，過來拜別賈母，稟稱：「不孝遠離，惟願老太太順時頤養。兒子一到任所，卽修稟請安，不必掛念。寶玉的事，已經依了老太太完結，衹求老太太訓誨。」賈母恐賈政在路不放心，并不將寶玉復病的話說起，衹說：「我有一句話：寶玉昨夜完姻，并不是同房，今日你起身，必該叫他遠送纔是。但他因病衝喜，如今纔好些，又是昨日一天勞乏，出來恐怕着了風。故此問你：你叫他送呢，卽刻去叫他；你若疼他，就叫人帶了他來你見見，叫他給你磕個頭就算了。」賈政道：「叫他送什麽？衹要他從此以後認真唸書，比送我還喜歡呢。」賈母聽了，又放了一條心。便叫賈政坐着，叫鴛鴦去，如此如此，帶了寶玉，叫襲人跟着來。

鴛鴦去了不多一會，果然寶玉來了，仍是叫他行禮他便行禮。衹可喜此時寶玉見了父親，神志略斂些，片時清楚，也沒什麼大差。賈政吩咐了幾句，寶玉答應了。賈政叫人扶他回去了，自己回到王夫人房中，又切實的叫王夫人管教兒子，「斷不可如前驕縱。明年鄉試，務必叫他下場。」王夫人一一的聽了，也沒提起別的，即忙命人攙扶着寶釵過來，行了新婦送行之禮，也不出房。其餘內眷俱送至二門而回。賈珍等也受了一番訓飭。大家舉酒送行，一班子弟及晚輩親友直送至十里長亭而別。

……

話說寶玉見了賈政，回至房中，更覺頭昏腦悶，懶怠動彈，連飯也沒吃，便昏沉睡去。仍舊延醫診治，服藥不效，索性連人也認不明白了。大家扶着他坐起來，還是像個好人。一連鬧了幾天。那日恰是回九之期，說是若不過去，薛姨媽臉上過不去；若說去呢，寶玉這般光景，明知是爲黛玉而起，欲要告訴明白，又恐氣急生變。寶釵是新媳婦，又難勸慰，必得姨媽過來纔好。若不回九，姨媽嗔怪。便與王夫人鳳姐商議道：「我看寶玉竟是魂不守舍，起動是不怕的。用兩乘小轎，叫人扶着，從園裏過去，應了回九的吉期；以後請姨媽過來安慰寶釵，咱們一心一計的調治寶玉，可不兩全？」王夫人答應了，即刻預備。幸虧寶釵是新媳婦，寶玉是個瘋傻的，由人掇弄過去了，寶釵也明知其事，心裏衹怨母親辦得糊塗，事已至此，不肯多言。獨有薛姨媽看見寶玉這般光景，心裏懊悔，衹得草草完事。

回家，寶玉越加沉重，次日連起坐都不能了；日重一日，甚至湯水不進。薛姨媽等忙了手脚，各處遍請名醫，皆不識病源。衹有城外破寺中住着個窮醫姓畢別號知庵的，診得病源是悲喜激射，冷暖失調，飲食失時，憂忿滯中，正氣壅閉：此內傷外感之症。於是度量用藥。至晚服了，二更後，果然省些人事，便要喝水。賈母王夫人等纔放了心，請了薛姨媽帶了寶釵，都到賈母那裏，暫且歇息。

紅樓夢·黛玉焚稿斷癡情

寶玉片時清楚，自料難保，見諸人散後，房中衹有襲人，因喚襲人至跟前，拉着手哭道：「我問你：寶姐姐怎麽來的？我記得老爺給我娶了林妹妹過來，怎麽叫寶姐姐趕出去了？他爲什麽霸佔住在這裏？我要說呢，又恐怕得罪了他。你們聽見林妹妹哭的怎麽樣了？」襲人不敢明說，衹得說道：「林姑娘病着呢。」寶玉又道：「我瞧瞧他去。」說着，要起來，那知連日飲食不進，身子豈能動轉，便哭道：「我要死了！我有一句心裏的話，衹求你回明老太太：橫豎林妹妹也是要死的，我如今也不能保，兩處兩個病人，都要死的！死了越發難張羅，不如騰一處空房子，趁早把我和林妹妹兩個擡在那裏，活着也好一處醫治、伏侍，死了也好一處停放。你依我這話，不枉了幾年的情份。」襲人聽了這些話，又急，又笑，又痛。

寶釵恰好同着鶯兒過來，也聽見了，便說道：「你放着病不保養，何苦說這些不吉利的話呢？老太太纔安慰了些，你又生出事來。老太太一生疼你一個，如今八十多歲的人了，雖不圖你的誥封，將來你成了人，老太太也看着樂一天，也不枉了老人家的苦心。太太更是不必說了，一生的心血精神，撫養了你這一個兒子，若是半途死了，太太將來怎麽樣呢？我雖是薄命，也不至於此：據此三件看來，你就要死，那天也不容你死的，所以你是不能死的。衹管安穩着養個四五天後，風邪散了，太和正氣一足，自然這些邪病都沒有了。」寶玉聽了，竟是無言可答，半晌，方纔嘻嘻的笑道：「你是好些時不和我說話了。這會子說這些大道理的話給誰聽？」寶釵聽了這話，便又說道：「實告訴你說罷：那兩日你不知人事的時候，林妹妹已經亡故了。」寶玉忽然坐起，大聲咤異道：「果真死了嗎？」寶釵道：「果真死了。豈有紅口白舌咒人死的呢！老太太、太太知道你姐妹和睦，你聽見他死了，自然你也要死，所以不肯告訴你。」

寶玉聽了，不禁放聲大哭，倒在牀上，忽然眼前漆黑，辨不出方向，心中正自恍惚，衹見眼前好像有人走來。寶玉茫然問道：「借問此是何處？」那人道：「此陰司泉路。你壽未終，何故至此？」寶玉道：「適聞有一故人已死，遂尋訪至此，不覺迷途。」那人道：「故人是誰？」寶玉道：「姑蘇林黛玉。」那人冷笑道：「林黛玉生不同人，死不同鬼，無魂無魄，何處尋訪？凡人魂魄，聚而成形，散而爲氣，生前聚之，死則散焉。常人尚無可尋訪，何況林黛玉呢？汝快回去罷。」寶玉聽了，呆了半晌，道：「既云死者散也，又如何有這個『陰司』呢？」那人冷笑道：「那『陰司』說有便有，說無就無。皆爲世俗溺於生死之說，設言以警世，便道上天深怒愚人——或不守份安常；或生祿未終，自行夭折；或嗜淫慾，尚氣逞兇，無故自殞者：特設此地獄，囚其魂魄，受無邊的苦，以償生前之罪。汝尋黛玉，是無故自陷也。且黛玉已歸太虛幻境，汝若有心尋訪，潛心修養，自然有時相見；如不安生，即以自行夭折之罪，囚禁陰司，除父母之外，圖一見黛玉，終不能矣。」那人說畢，袖中取出一石，向寶玉心口擲來。寶玉聽了這話，又被這石子打着心窩，嚇的即欲回家，衹恨迷了道路。正在躊躇，忽聽那邊有人喚他。回首看時，不是別人，正是賈母、王夫人、寶釵、襲人等圍繞哭泣叫着，自己仍舊躺在牀上。見案上紅燈，窗前皓月，依然錦繡叢中，繁華世界。定神一想，原來竟是一場大夢。渾身冷汗，覺得心內清爽。仔細一想，真正無可奈何，不過長嘆數聲。

起初寶釵早知黛玉已死，因賈母等不許衆人告訴寶玉知道，恐添病難治，自己卻深知寶玉之病實因黛玉而起，失玉次之，故趁勢說明，使其一痛決絕，神魂一歸，庶可療治。賈母王夫人等不知寶釵的用意，深怪他造次，後來見寶玉醒了過來，方纔放心，立刻到外書房請了畢大夫進來診視。那大夫進來診了脈，便道：「奇怪！這回脈氣沉靜，神安鬱散，明日進調理的藥，就可以望好了。」說着出去。衆人各自安心散去。

襲人起初深怨寶釵不該告訴，惟是口中不好說出。鶯兒背地也說寶釵道：「姑娘忒性急了。」寶釵道：「你知道什麽！好歹横竪有我呢。」那寶釵任人誹謗，并不介意，衹窺察寶玉心病，暗下針砭。

一日，寶玉漸覺神志安定。雖一時想起黛玉，尚有糊塗。更有襲人緩緩的將「老爺選定的寶姑娘爲人和厚，嫌林姑娘秉性古怪，原恐早夭。老太太恐你不知好歹，病中着急，所以叫雪雁過來哄你」的話，時常勸解。寶玉終是心酸落淚。欲待尋死，又想着夢中之言，又恐老太太、太太生氣，又不得撩開。又想黛玉已死，寶釵又是第一等人物，方信「金石姻緣」有定，自己也解了好些。寶釵看來不妨大事，於是自己心也安了，衹在賈母王夫人等前盡行過家庭之禮後，便設法以釋寶玉之憂。寶玉雖不能時常坐起，亦常見寶釵坐在牀前，禁不住生來舊病。寶釵每以正言解勸，以「養身要緊，你我既爲夫婦，豈在一時」之語安慰他。那寶玉心裏雖不順遂，無奈日裏賈母王夫人及薛姨媽等輪流相伴，夜間寶釵獨去安寢，賈母又派人服侍，衹得安心静養。又見寶釵舉動溫柔，就也漸漸的將愛慕黛玉的心腸略移在寶釵身上。此是後話。

卻説寶玉成家的那一日，黛玉白日已經昏暈過去，卻心頭口中一絲微氣不斷，把個李紈和紫鵑哭的死去活來。到了晚間，黛玉卻又緩過來了，微微睜開眼，似有要水要湯的光景。此時雪雁已去，衹有紫鵑和李紈在旁。紫鵑便端了一盞桂圓湯和梨汁，用小銀匙灌了兩三匙。黛玉閉着眼，静養了一會子，覺得心裏似明似暗的。此時李紈見黛玉略緩，明知是迴光反照的光景，卻料着還有一半天耐頭，自己回到稻香村，料理了一回事情。

這裏黛玉睜開眼一看，衹有紫鵑和奶媽并幾個小丫頭在那裏，便一手攥了紫鵑的手，使着勁説道：「我是不中用的人了！你伏侍我幾年，我原指望咱們兩個總在一處，不想我……」説着，又喘了一會子，閉了眼歇着。紫鵑見他攥着不肯鬆手，自己也不敢挪動。看他的光景，比早半天好些，衹當還可以回轉，聽了這話，又寒了半截。半天，黛玉又說道：「妹妹！我這裏并沒親人，我的身子是乾淨的，你好歹叫他們送我回去！」說到這裏，又閉了眼不言語了。那手卻漸漸緊了，喘成一處，衹是出氣大，入氣小，已經促疾的很了。

紫鵑忙了，連忙叫人請李紈，可巧探春來了。紫鵑見了，忙悄悄的說道：「三姑娘！瞧瞧林姑娘罷！」說着，淚如雨下。探春過來，摸了摸黛玉的手，已經涼了，連目光也都散了。探春紫鵑正哭着叫人端水來給黛玉擦洗，李紈趕忙進來了。三個人纔見了，不及說話。剛擦着，猛聽黛玉直聲叫道：「寶玉！寶玉！你好……」說到「好」字，便渾身冷汗，不作聲了。紫鵑等急忙扶住，那汗愈出，身子便漸漸的冷了。探春李紈叫人亂着攏頭穿衣，衹見黛玉兩眼一翻，嗚呼！

香魂一縷隨風散，愁緒三更入夢遙！

當時黛玉氣絕，正是寶玉娶寶釵的這個時辰，紫鵑等都大哭起來。李紈探春想他素日的可疼，今日更加可憐，便也傷心痛哭。因瀟湘館離新房子甚遠，所以那邊并沒聽見。一時，大家痛哭了一陣，衹聽得遠遠一陣音樂之聲，側耳一聽，卻又沒有了。探春李紈走出院外再聽時，惟有竹梢風動，月影移墻，好不淒涼冷淡。

（節自《紅樓夢》第九十六、九十七、九十八回）

在此賞析的是《紅樓夢》第九十七回，對此恐紅學界會有人反對，因爲九十七回已屬後四十回，不少人持有異議，認爲這部分並非曹雪芹原作，乃是程、高之流的續作，他們很不客氣地稱它爲狗尾續貂，如在續貂的「狗尾」中找出一回來推崇一番，未免小題大作！然而，後四十回是原作還是續作，後四十回究竟寫得如何，乃至於對林黛玉之死，死因是什麽等等均有不同意見。但它們不是我們這篇文章所要探討的問題。從審美的角度來說，《紅樓夢》在一、二百年流行中，眞正產生巨大影響的是百二十回的全書。而關於林黛玉之死

紅樓夢·黛玉焚稿斷癡情

的描寫，就集中在這百二十回本的後四十回中。它確實寫得淒楚動人，感人肺腑，贏得了無數讀者的眼淚，值得人們玩味。著名紅學家蔣和森先生說得好：「《紅樓夢》的續補者高鶚（還應當算上程偉元），大致上遵循曹雪芹的原旨，增加了後四十回。兩百多年以來，廣大讀者對於續補者所付出的勞動，普遍加以承認，並且受到其中某些描寫的感動，應該說這不是偶然的……尤其在愛情悲劇的處理上，表現了相當出色的藝術才能。」（《紅樓夢論稿》）

關於林黛玉之死的描寫，在全書中大約佔了三回，上推至九十六回：「瞞消息鳳姐設奇謀，洩機關顰兒迷本性」，下捎至九十八回：「苦絳珠魂歸離恨天，病神瑛淚灑相思地」。「黛玉焚稿斷癡情」這一回則居其中。這三回是寶玉黛玉戀愛悲劇的急遽變化和惡性發展。這裏有緊張激烈的思想、性格衝突，而這種衝突的形式，很帶有戲劇性。這裏所謂的戲劇性，並非全指人們均能感覺到的，即所謂把一喪、一嫁的悲喜關係放到同一個時間來處理。而是指這段小小悲劇的高潮集中了社會、家庭、個人的矛盾的惡性發展，它自成起迄，它把諸多人物引上了場，像是不同角色登上了戲劇舞臺，各自作了一番新的自我表演，卻又把他們放在一定的場面中進行調度，構成一定的搭配關係，又有着他們自己行止的線路，還有精練、生動，內涵豐富，又有突出的個性化的語言——那語言完全可被稱爲戲劇語言：不論是對白、道白還是獨白，都扣人心弦，滲透着思想、性格的巨大的美的力量。還有精彩的行爲、動作的細節描述，以及爲角色服務得極好的道具安排等等。形成了眞正的無可比擬的悲劇美。

例如九十七回，黛玉在聽了傻大姐兒告訴她勾魂銷魄的消息之後，如被疾雷所擊，喪神失魄，恍恍惚惚、迷迷癡癡地回到了自己的瀟湘館門口，紫鵑說了一句：「阿彌陀佛！可到了家了！」這句話未了，黛玉身子一栽，「哇」的一聲，一口血直吐出來，幾乎暈倒。還是紫鵑和秋紋攙扶着她進到屋裏。把這消息告訴了賈母，賈母衹是吩咐王夫人和鳳姐一起來瞧一瞧，沒有動什麼感情，與黛玉初來時形成鮮明的對比：那時見着這外孫女兒，抱着摟入懷裏「心肝兒肉」地叫個不迭，還大哭大慟起來。賈母這次見着這顏色如雪，並無一點血色，神氣昏沉，氣息微細，痰中帶血的親骨肉，沒有什麼大的表示。還是讓黛玉先開口說「老太

紅樓夢·黛玉焚稿斷癡情

太，你白疼了我了！」賈母纔勸慰式的說了一句「好孩子，你養着罷，不怕的。」眞是精彩得無以復加的對白。黛玉的這些話似懺悔、似埋怨、似忿懣不平的抗爭，又似訣別之辭，而賈母的話十分符合此時、此地、此情、此景的內心感情。她是主持策劃這次掉包計的主謀。她決心已下，寧願犧牲這唯一的苦命的外孫女兒，去換取保全她和一家的命根子寶玉，一則要他起死回生，二則要他回心轉意——從沉湎於情愛生活中，回到那仕宦經濟之途上來。因此，她衹有敷衍性的勸慰黛玉罷了。再待她看到黛玉的神氣，她橫下一條心囑咐鳳姐準備後事。紫鵑也都感受到了：「這些人怎麼竟這樣狠毒冷淡！」是的，什麼骨肉之情，一切以實際利益爲轉移的社會，衹能是這樣去炮製一齣令人齒冷的人間悲劇！這裏所描述的那些語言，够我們琢磨、品味的。眞是虧得作者想得出來！

黛玉雖服藥，病則日重一日，儘管紫鵑等人不斷勸慰，仍無濟於事。全家忙着給寶玉娶親去了，大大冷落了黛玉一個人。她自料萬無生理，掙扎着起來徹底了卻情緣，她把紫鵑看成是最親的手足，對紫鵑說了一些最貼己的話。

紫鵑的勸慰是發自肺腑的。而且她在一旁守着流淚。這場描寫也是催人淚下的。在黛玉身邊有紫鵑、雪雁、鸚哥等幾個丫頭，但作者很有分寸地描寫出她們與黛玉的關係。顯然紫鵑最爲貼己、最爲知心，她能知道黛玉想要的絹子是題了詩的舊帕，也是她纔知道黛玉要焚毀的還有詩稿。在緊張、忙亂中，是她知道去回稟賈母，看情況不妙，急中生智想把李紈請來的也是她。鳳姐之流施行偷梁換柱毒計，想找紫鵑去伺奉新婦薛寶釵，以瞞過寶玉的耳目，她卻斷然拒絕前往。她說的一番話眞是有情有義，很見性格。她告訴林之孝家的說：「林奶奶，你先請罷！等着人死了，我們自然是出去的，那裏用這麼」，「況且我們在這裏守着病人，身上也不潔淨。林姑娘還有氣兒呢，不時的叫我。」把人家硬是攆了回去。這樣，一位膽大心細、體貼入微、情誼深長的少女形象便躍然紙上。從紫鵑形象襯映出黛玉爲人的另一方面，絕不是衹有尖利刻薄、心窄、偏狹的一面。又從紫鵑形象襯映出雪雁的簡單、幼稚、小孩子氣。然而，這種思想、性格和人物關係上的區別，在書中衹用了極少量的語言，把這些有層次、有分寸地表現出來。

在黛玉彌留之際，黛玉曾三次喚喊紫鵑「妹妹！」說一些從不見她說過的動情動容的話。眞如《論語》所云：「鳥之將死，其鳴也哀；人之將死，其言也善。」這回中對黛玉之死的描寫，生動眞實無比，感人至深。在她告別塵世，了卻情緣上用了三個道具，卽絹子、詩稿和一盆爐火，構思絕妙，沁人胸臆。焚稿斷癡情這段情節，是這樣利用道具和進行一系列細節描寫完成的：她比比劃劃地要了那塊題詩的舊帕，並氣喘噓噓地又說要點燈，又說要籠上火盆。把那火盆挪到炕上來。

那黛玉卻又把身子欠起，紫鵑衹得兩隻手來扶着他。黛玉這纔將方纔的絹子拿在手中，瞅着那火，點點頭兒，往上一撂。紫鵑唬了一跳，欲要搶時，兩隻手卻不敢動。雪雁又出去拿火盆桌子，此時那絹子已經燒着了。紫鵑勸道：「姑娘！這是怎麼說呢！」黛玉衹作不聞，回手又把那詩稿拿起來，瞧了瞧又撂下了。紫鵑怕他也要燒，連忙將身倚住黛玉，騰出手來拿時，黛玉又早拾起，撂在火上。此時紫鵑卻搆不着，乾急。雪雁正拿進桌子來，看見黛玉一撂，不知何物，趕忙搶時，那紙沾火就着，如何能够少待，早已烘烘的着了。雪雁也顧不得燒手，從火裏抓起來，撂在地下亂踹，卻已燒得所餘無幾了。

紅樓夢・黛玉焚稿斷癡情

林黛玉對自己的愛情已完全絕望，對寶玉由愛轉恨，決意把過去愛情的記錄——手絹、詩稿一起焚燒乾淨，表示從此徹底棄絕。這段描寫中寫了三個人物一系列具體行動的細節，並構成了動作的衝突。林黛玉主意已定，無法挽回，紫鵑與黛玉貼近，了解她的心思，並關心她的命運，生怕她糟蹋自己、毀了自己，便努力勸阻制止，雪雁則不大懂得其中的底細，衹做了些「奴僕」應做的事。這三個人的思想感情和相互間關係並不用什麼特別描述去完成，衹是通過行動細節的描寫，清楚地體現出來。尤其是兩次焚燒中的極複雜的內

紅樓夢·黛玉焚稿斷癡情

心變化，卻在細小的動作中可以看得一清二楚。第一次焚絹子時，她「瞅着那火，點點頭兒，往上一撂」，把當時黛玉的百感交集，又愁、又怨、又恨、又悔，既不能講什麽，也不想講什麽，又無須講些什麽……化成自怨自艾的「點點頭兒」的細節，全部表達進去。當絹子焚盡，再焚詩稿時，衹是拿起它「瞧了瞧，又撂下了」，終於「撂在火上」。看來，也許她視詩稿的感情分量比絹子要重，因此，她稍有一個間隙、一個停頓，但畢竟態度十分堅決，沒什麽可再留戀的，於是，下了決心統統燒掉。這些行動細節，勝過多少語言的形容、多餘的描述！雖然是借助行動的描寫，卻有多麽强的形象可視性！那是建立在對生活熟悉和把握的基礎上，也是建立在駕馭形象藝術精到的功夫的基礎上。到這裏，不能不使我們想起漢樂府中有一首題爲《有所思》的詩：

> 有所思，乃在大海南。……聞君有他心，拉雜摧燒之，摧燒之，當風揚其灰。從今以往，勿復相思！相思與君絶！

這和黛玉焚毁的愛情信物大不一樣。但那種感情十分相近。氣急之後的舉動完全一致。這也算一種無聲的反抗吧！她們都這樣執著於自己的愛，又都這麽直截了當地表達自己的恨。黛玉的惱怒是自己看錯了對象。她並不知道寶玉在瘋顛迷失——他在稍有鎮靜的情況下，想到的仍是和她的相愛。這樣，纔更增加了悲劇的控訴力量。焚稿斷癡情之後，黛玉已耗盡了自己的力氣和精神，再也不能有什麽舉動了。衹是在她回光返照之時，掙扎着道出了一番遺言。以至於直聲叫喊：「寶玉，寶玉，你好……」黛玉以她乾淨的身子，帶着她乾淨的心靈，離開了那污濁的塵世，然而，作爲動人的藝術形象，黛玉卻以她那獨特的語言、動作，永遠活在審美者的心靈中，並在那裏獲得永生。

最後，不能不作一段補充，來作全文的結束，我們認爲作者確確實實是偉大的作家、創作的大手筆，敢於筆酣墨暢地去寫黛玉之死，構思如此精巧，下筆如此別致，硬是用大喜慶反襯大悲痛，以迎娶之喜來襯夭亡之悲。以樂襯哀，倍增其哀，以哀襯樂，反得其悲，使喜事呈現出諷嘲、戲謔的氛圍。一邊是人來人往、熙熙攘攘、忙忙碌碌，成了衆人注目的中心場所；一邊是冷冷清清、淒淒慘慘、張羅後事，成了被人遺忘的角落。那邊是笙簫管笛不絕於耳，這邊是一把眼淚一把鼻涕的失聲痛哭。人物場景的對比、聲音的強烈襯照，把截然不同的生活畫面寫得這樣有聲有色，令人難忘、震撼人心。硬是把木石前盟了結之時，推到金玉良緣完成之辰。林黛玉固然已形同槁木，無力動彈，而薛寶釵則呆若木鷄，是一具活着的玩偶。這又形成了特具的嘲諷。金玉良緣是喜，抑乎悲？對此，作者寫得淋漓盡致，卻又雋永、含蓄，留給讀者以豐富的想象、玩味的餘地。

（李厚基）

清忠譜・鬧詔

李 玉

（貼，青衣，小帽上）苦差合縣有，惟我獨充當。自家吳縣青帶便是。北京校尉來捉周鄉官，該應吳縣承值。校尉坐在西察院，本縣老爺要撥人去聽差，這些大阿哥，都叮囑了書房裏，不開名字進去。竟拿我新着役、苦惱子公人，點去承值，關在西察院內。那些校尉動不動叫差人。叫差人要長要短，偶然遲了，輕則靴尖亂踢，重則皮鞭亂打。一個錢也沒處去賺，倒受了無數的打罵！方纔擴了一肚子燒酒，如今在裏邊吆吆喝喝，又走出來了。不免躲在廂房，聽他說些什麼。〔暗下〕〔付扮差官，丑、小生扮二校，喝上〕

【梨花兒】（付）**駕上差來天也塌。推托窮官沒錢刮，惱得咱家心性發，**嗏！**拿到京中活打殺。**李老爺呢？（小生）李老爺睡在那裏。（付）請快出來。（校向內介）張老爺請李老爺。（淨內應介）來了！（淨扮差官上）

【前腔】（淨）**久慣拿人手段滑，這番差事差了瞎。自家幹兒不設法，**嗏！**一把松香便決撒。**（付）李老爺，咱們奉了駕帖，差千差萬，到處拿人，不知賺了多少銀子。如今差到蘇州，又拿一個吏部。自古道：上說天堂，下說蘇、杭。豈不曉得蘇州是個富饒的所在？況且吏部是個美官，值不得拿萬把銀子，送與咱們？開口說是個窮官，一個錢也沒有，你道惱也不惱！難道咱們三千七百里路來到這裏，白白回去了不成？（淨）可笑那毛一鷺，做了咱家的官兒，咱們到來，他也該竭力設法，怎麼丟咱們住在冷屋裏邊，自己來也不來？哥呵！若是周順昌弄不出，咱們定要倒毛一鷺的包哩！（付）李老爺說的是！差人那裏？（連叫介）（丑）差人！差人！（貼走出跪介）老爺有何吩咐？（付）差你在這裏伺候，臉面子也不見，不知躲在那裏？（淨）連連叫喚，纔走出來，要你這裏做什麼！（付）李老爺不要與他說，祇是打便了。（淨）拿皮鞭來！（貼磕頭介）小的在這裏伺候，求老爺饒打。（付）你快去與毛一鷺說：俺老爺們，奉了皇爺的聖旨，廠爺的鈞旨，到此拿人，你做那一家的官兒，不值得在犯官身上弄萬把銀子送俺們！若有銀子，快快擡來，若沒有銀子，咱們也不要周順昌了。咱們自上去，教他自己送周順昌到京便了。快去說！就來回覆。（貼）小的是個縣差，怎敢去見都老爺？怎敢把許多言語去稟？（淨、付大怒介）哇！你這狗頭不走麼？（貼拜介）小的委實不敢說。（付）要你這狗頭何用？（將皮鞭亂打介）（淨亂踢介）（貼在地亂滾，叫痛哀求介）（付）這樣狗攮的，不中用。（貼爬下）（付向丑介）你照方才的言語，快去與毛一鷺說！俺們立刻等回話。（內衆聲喧喊介）（丑望介）呀！門外人山人海，想是來看開讀的。這般挨擠，如何走得！（付又與小生說介）你把皮鞭打開了路，送他出去便了。（向淨介）咱家到裏邊喝杯涼酒。少不得毛一鷺定然自來回覆。（淨）有理。（付）祇等飛廉傳信去，（淨）管教貫索就擒來。（同下）（小生）咄！百姓們閃開，閃開！咱家奉旨來拿犯官，什麼好看！什麼好看！（丑）閃開，閃開！讓咱走路！（將皮鞭亂打下）（旦、貼扮二皂喝

上〕〔外，黑三髯、冠帶，扮寇太守上〕

【西地錦】〔外〕民憤雷呼轅下，淚飛血灑塵沙。〔內衆亂喊介〕周吏部第一清廉鄉宦，地方仰賴，衆百姓專候太老爺做主，鼎言救援哩！〔大哭介〕〔末，短胡髯，冠帶，扮陳知縣急上〕〔向內搖手介〕衆百姓休得啼哭！休得啼哭！上司自有公平話。且從容，莫用喧嘩。〔內衆又喊介〕陳老爺是周鄉宦第一門生，益發坐視不得的呢！爺爺嗄！〔又哭介〕〔末見外介〕老大人，衆百姓執香號泣者，塞巷塡街，哀聲震地，這卻怎麼處？〔外〕足見周老先生平日深得人心，所以致此。貴縣且去吩咐士民中一二老成的上前講話。〔末〕是！〔向內介〕衆百姓聽着！寇太爺吩咐，士民中老成的，止喚一二人上前講話。〔小生、老旦，扮生員上〕〔作倉惶狀介〕〔小生〕生……生……生員王節。〔老旦〕生……生員劉羽儀。〔小生、老旦〕老……老……老公祖，老……老……老父母在上。周……周……周銓部居官侃侃，居鄉表表。如此品行，卓然千古。驀罹奇冤，實實萬姓怨恫。老公祖，老父母，在地方親炙高風，若無一言主持公道，何以安慰民心？〔淨急上跪介〕青天爺爺阿！周鄉宦若果得罪朝廷，小的們情願入京代死。〔丑喊上〕不是這樣講，不是這樣講！讓我來說。青天爺爺阿！今日若是眞正聖旨來拿周鄉宦，就寃枉了周鄉宦，小的們也不敢說了。今日是魏太監假傳聖旨，殺害忠良，衆百姓其實不服。就殺盡了滿城百姓，再不放周鄉宦去的。〔大哭介〕〔內齊聲號哭介〕〔外〕衆百姓聽着！這椿事，非府縣所能主張。少刻都老爺到了，你百姓齊聲叩求，本府與吳縣自然極力周旋。〔內齊聲應介〕太爺是眞正青天了。〔內敲鑼、喝道聲介〕〔淨、丑〕都老爺來了！列位，大家上前號哭去！〔喊介〕〔小生、老旦〕全賴老公祖、老父母鼎力挽回。〔外、末〕自然，自然！〔小生、老下〕〔外、末在場角伺候，打躬迎接介〕〔內喊介〕〔付，胡髯、冠帶，扮毛撫臺，歪戴紗帽，脫帶撒袍，衆百姓亂擁上〕〔衆喊介〕求憲天爺爺做主，出疏保留周鄉宦呢！〔外、末喝退衆上介〕〔付作大怒，亂喘亂喘大叫介〕反了，反了！有這等事！皇上拿人，百姓抗拒，地方大變了，大變了！罷了，罷了！做官不成了！〔外、末跪介〕老大人請息怒。周宦深得民心，也是平日正氣所感。或者有一線可生之路，還望老大人挽回。〔付大怒介〕咳！逆黨聚衆，抗提欽犯，叛逆顯然了。有什麼挽回？有什麼挽回？〔作怒狀，冷笑介〕

【風入松】呼羣鼓噪鬧官衙，聖旨公然不怕。你府縣有地方干係，可曉得官旗是那一家差來的？天家緹騎魂驚唬，〔作手勢介〕若抗拒，一齊搭咤。〔外、末拱介〕是！〔付低說介〕且住了！逆了朝廷，還好彌縫。今日逆了廠公，〔皺眉介〕咦，比着抗聖旨，題目倍加。頭顱上，怎好戴烏紗！〔内衆又亂喊介〕憲天爺爺，若不題疏力救周鄉宦，衆百姓情願一個個死在憲天臺下。〔外、末又跪介〕老大人，卑職不敢多言。民情洶洶如此，還求老大人一言撫慰才是。〔付〕撫慰些什麼來？撫慰些什麼來？拿幾個進來打罷了！〔外、末又跪介〕老大人息怒。衆百姓呵，

【前腔】〔外、末〕哭聲震地慘嗟呀！卑職呵，不敢施威喝打。倘一言激變難禁架，定弄出禍來天大。〔末又跪介〕老大人若無一言撫慰，就是周宦在外，卑職也不敢解進轅門。〔付〕爲何？〔末〕人兒擁，紛如亂麻，就有幾皂隸，也難拿。〔付沉思介〕嗄！也罷！既如此，快去傳諭百姓且散。若要保留周宦，且具一公呈進來，或者另有商量。〔外、末起介〕是！領命！〔即下〕〔付〕哈哈哈！好個呆官兒。苦苦要本院保留，這本兒怎麼樣寫？怎麼樣寫？且待犯官進來，再作道理。〔向内叫介〕張爺那裏？李爺那裏？〔叫下〕〔小生扮校尉上，扯住付立定介〕毛老爺，不要亂叫。我們的心事，怎麼樣了？到京去，還要咱們在廠爺面前講些好話的哩！〔付〕知道了！知道了！自然從厚。〔攜手下〕〔生青衣、小帽，旦、貼扮皂押上〕〔生〕平生盡忠孝，今日任風波。〔淨、丑、末擁上〕周老爺且慢。我們衆百姓已稟過都爺，出疏保留了。〔生拱謝介〕列位素昧平生，多蒙過愛。我周順昌自矢無他，料到京師，決不殞命。列位請回。〔淨、丑、末〕當今魏太監弄權，有天無日，決不放周爺去的。〔哭，唱〕

【前腔】〔淨、丑、末〕權璫勢焰把人撾，到口便成肉鮓。周老爺呵，死生交界應非耍，怎容向鬼門占卦？〔老旦、小生急上〕周老先生，好了！好了！晚生輩三學朋友，已具公呈保留，臺駕且回尊府。晚生輩靜候撫公批允便了。〔生〕多謝諸兄盛情。咳！諸兄，小弟與兄俱讀聖書，君命召，駕且不俟。今日奉旨來提，敢不趨赴。順昌此去，有日還蘇，再與諸兄相聚，萬分有幸了。〔小生、老旦〕老先

生說出此言，晚生輩愈覺心痛了。〔大哭介〕〔淨、丑、末，各抱生哭介〕〔小生、老旦〕老先生，你看被逮諸君，那一個保全的？還是不去的是。投坑阱都成浪花，見那個得還家。〔生〕列位休得悲哀。我周順昌呵，

【前腔】〔生〕打成草稿在唇牙，指佞庭前拚駡。疊成滿腹東林話，苦掙着正人聲價。諸兄日後將我周順昌呵，姑蘇志休教謬誇。我衹是完臣節，死非差。〔外扮中軍上〕都老爺吩咐開讀且緩，傳請周爺快進商議。〔淨、丑、小生、老旦、末〕有何商量？〔外〕列位且具公呈，自然要議妥出本的。〔衆〕出本保留，是士民公事，何消周爺自議？不要聽他！〔生〕列位還是放學生進去的是。〔衆〕不妨，料沒後門走了。〔外扶生入介〕〔內〕吩咐掩門。〔內付掩門介〕〔衆〕奇怪！爲何掩門起來？列位，大家守定大門，聽着裏邊聲息便了。〔作互相窺聽介〕〔內唸詔介〕跪聽開讀。〔衆驚介〕列位，不是了！爲何開讀起來？〔又聽介〕〔內高聲喊介〕犯官上刑具。〔衆怒介〕益發不是了！列位，拚着性命，大家打進去！〔打門介〕〔付扮差官執械上〕咄！砍頭的，皇帝也不怕；敢來搶犯人麼？叫手下拿幾個來，一併解京去砍頭！

【前腔】〔付〕妖民結黨起波查，倡亂蘇城獨霸。搶咱欽犯思逆駕，擒將去千刀萬剮。〔衆〕咳！你傳假聖，思量嚇咱！〔拍胸介〕我衆好漢，怎饒他！〔付〕嗄！你這般狗頭，這等放肆，都拿來砍！都拿來砍！〔作拔刀介〕〔淨〕你這狗頭，不知死活！可曉得蘇州第一個好漢顏佩韋麼？〔末〕可曉得眞正楊家將楊念如麼？〔丑、旦、貼〕可曉得十三太保周老男、馬傑、沈揚麼？〔付〕眞正是一班強盜！殺！殺！殺！〔將刀砍介〕〔淨〕衆兄弟，大家動手！〔打倒付介〕〔付奔進介〕〔衆趕入打介〕天花板上還有一個。〔衆打進打出三次介〕〔二旦扛一個死屍上〕打得好快活！這樣不經打的，把屍骸拋在城腳下餵狗便了。〔下〕〔外扮寇太守扶生上〕〔生〕老公祖，此番大鬧，我周順昌倒無生路了。怎麼處？怎麼處？〔外〕老先生休慮。且到本府衙內，再有商量。〔扶生下〕〔末扮陳知縣扶付上〕〔付〕這等放肆。快走！快走！各執事不知那裏去了，怎麼處？〔末〕執事都在前面。衹得步行前去。知縣

護送老大人。〔付〕走，走，走！〔同末下〕〔淨、丑、旦、貼內大喊。衆復上〕還有幾個狗頭，再去打！再去打！〔作趕入介〕〔卽出介〕一個人也不見了，官府也去了，連周鄉宦也不知那裏去了。怎麽處？快尋，快尋。〔各奔介〕

【前腔】〔合〕兇徒打得盡成殂，倒地翻天無那。逋逃沒影眞奇詫，空察院止堪養馬。周鄉宦，深藏那家？細詳察，覓根芽。〔共奔下〕

（《清忠譜》第十一齣）

前人常常文史不分，例如吳梅村爲李玉的《清忠譜》作序，稱讚這部傳奇「事俱按實，其言亦雅馴，雖云塡詞，目之信史可也」。吳梅村名氣大，他的話也成了對《清忠譜》的定評。其實戲劇與歷史性質有別，不宜於用同樣的標準來衡量。《清忠譜》距離「信史」相當遠。我們把第十一齣《鬧詔》與有關史實仔細對照，就會發現，李玉對生活素材進行了大幅度的加工改造。這種改造，纔使劇本成爲完美的藝術品。

明末天啓年間，太監魏忠賢等人把持朝政，廣大人民陷入水深火熱之中。一六二六年三月，錦衣衛逮捕蘇州著名東林黨人周順昌，在當地激起了一場民變。據史書記載，從三月十五日至十八日，羣衆請願活動持續四天之久。官府本來預定三月十八日在西察院開讀詔書，但數萬羣衆聚集在西察院外，「呼號之聲如奔雷瀉川」（《明季北略》），錦衣衛的校尉持械行兇，羣衆紛紛用傘柄還擊，當場打死校尉一名，其餘校尉和官員狼狽逃竄，詔書未能開讀。這就是歷史上的眞實情況。李玉怎樣描述這一事件呢？他把四天的請願活動壓縮爲一天，而且創造出一段曲折的情節，以表現官府與羣衆的矛盾的演變。《鬧詔》這齣戲共包括三場。第一場比較短，主要寫差官校尉們從北京來到蘇州，作威作福，拚命勒索錢財，這就爲後面激怒羣衆埋下了伏筆。第二場寫蘇州知府和吳縣知縣都同情周順昌，他們先會見羣衆代表顏佩韋、周文元等，然後向應天巡撫毛一鷺轉達羣衆的呼聲，要求毛一鷺給皇帝上疏，辨明周順昌無罪。毛一鷺屬於魏忠賢一黨，據史書記載，他當時嚇得汗流滿面，連一句話也說不出來。劇本卻沒有按照歷史寫，而是讓他玩弄陰謀詭計，一面假意接受羣衆的公呈，一面傳諭羣衆解散。這場戲進一步爲後面矛盾的總爆發作了鋪墊。第三場是整齣戲的重點，開頭先寫羣衆保護周順昌，阻止衆皂隸把周順昌帶進西察院。然後寫毛一鷺欺騙羣衆，假稱遲期開讀詔書，衹是請周順昌到西察院議事。但周順昌剛走進西察院，毛一鷺卽下令關閉大門，背着羣衆開讀詔書，並且給周順昌戴上刑具。守候在門外的羣衆識破了毛一鷺的騙局，一齊打門，差官校尉持刀傷人，顔佩韋等奮力反抗，於是一場流血衝突全面展開。由上可見，李玉對歷史記載作了許多更動，增添了大量細節。這樣一來，敵對雙方的較量，就形成了一個盤旋上升的過程，從而增強了演出的效果。

《鬧詔》採用間接描寫與直接描寫相結合的手法，以表現轟轟烈烈的羣衆請願活動。第一場和第二場並沒有安排羣衆隊伍出場，而是把羣衆請願作爲構成故事背景的重要因素，置於幕後，先讓差官校尉和本地官員依次出場。這些人的政治面貌不同，對待羣衆的態度也不相同。例如差官校尉依仗其主子魏忠賢撐腰，勢焰熏天，有恃無恐，妄圖用暴力鎮壓羣衆。蘇州知府和吳縣知縣都與羣衆的意見一致，但他們官卑職小，不敢自作主張，衹能周旋於其他各派勢力之間。應天巡撫毛一鷺心狠手辣，老奸巨滑，陰一套陽一套，自以爲得計，沒料到如意算盤落空，幾乎丟掉性命。以上這種寫法，既刻畫了各類人物的性格，又通過羣衆請願在他們身上發生的影響，間接顯示了羣衆的力量。另外，後臺傳來的時起時伏的呼喊聲，也給觀衆造成一種印象，似乎有成千上萬人在行動。第三場則讓一部分羣衆走上前臺，並直接描寫羣衆與官府的對抗。像顔佩韋、楊念如、周老男、馬傑、沈揚等，都是頂天立地的英雄漢，差官校尉則不堪一擊，紛紛逃散。結尾處衆人齊唱：「兇徒打得盡成粗，倒地翻天無那。逋逃沒影眞奇詫，空察院止堪養馬。」這些曲辭，熱烈歌頌了羣衆的正義行動，而且流露出嘲弄封建官府的幽默的情趣。

明代的文人傳奇往往片面注重曲辭和音律，李玉卻從舞臺演出的實際需要出發，盡量使唱唸做打得到均衡發展。《鬧詔》是較長的一齣戲，也不過用了九支曲子。但作者適當增加唸白的比重，其數量相當於曲辭的幾倍，伴隨着唱唸的身段動作非常豐富，而且前臺與後臺經常互相呼應，製造出一種「山雨欲來風滿樓」的緊張氣氛。第三場末尾安排了大規模的武打，憤怒的羣衆衝開西察院大門，連續打進打出三次，還把打死的校尉扛下臺去。這一段武打，角色上場和下場很頻繁，但有條不紊，動作的節奏鮮明而強烈，舞臺調度也進行了精心的設計，因而形成一個驚心動魄的高潮。在我國戲曲史上，正面展現市民暴動的壯闊場景，這還是破天荒的一次。

後代的京劇《五人義》，又名《大鬧蘇州城》，就是根據《清忠譜》的《義憤》、《鬧詔》等齣改編的，著名武生楊小樓曾經演出，頗受觀衆歡迎。

（周兆新）

長生殿·密誓

洪　昇

【越調引子·浪淘沙】（貼扮織女，引二仙女上）雲護玉梭兒，巧織機絲。天宮原不着相思，報道今宵逢七夕，忽憶年時。

（鵲橋仙）「纖雲弄巧，飛星傳信，銀漢秋光暗度。金風玉露一相逢，便勝卻人間無數。　柔腸似水，佳期如夢，遙指鵲橋前路。兩情若是久長時，又豈在朝朝暮暮。」吾乃織女是也。蒙上帝玉敕，與牛郎結爲天上夫婦。年年七夕，渡河相見。今乃下界天寶十載，七月七夕。你看明河無浪，烏鵲將填，不免暫撤機絲，整妝而

待。〔內細樂扮烏鵲上，繞場飛介〕〔前場設一橋，烏鵲飛止橋兩邊介〕〔三仙女〕鵲橋已駕，請娘娘渡河。〔貼起行介〕

【越調過曲·山桃紅】〔下山虎頭〕俺這裏乍拋錦字，暫駕香輜。〔合〕趁碧落無雲滓，新涼暮颸，〔作上橋介〕踩上這橋影參差，俯映着河光淨泚。〔小桃紅〕更喜殺新月纖，華露滋，低繞着烏鵲雙飛翅也，〔下山虎尾〕陡覺的銀漢秋生別樣姿。〔做過橋介〕〔二仙女〕啟娘娘，已渡過河來了。〔貼〕星河之下，隱隱望見香煙一簇，搖颺騰空，卻是何處？〔仙女〕是唐天子的貴妃楊玉環，在宮中乞巧哩。〔貼〕生受他一片誠心，不免同了牛郎，到彼一看。〔合〕天上留佳會，年年在斯，卻笑他人世情緣頃刻時。〔齊下〕

【商調過曲·二郎神】〔二內侍挑燈，引生上〕秋光靜，碧沉沉輕煙送暝。雨過梧桐微做冷，銀河婉轉，纖雲點綴雙星。〔內作笑聲，生聽介〕順着風兒還細聽，歡笑隔花陰樹影。內侍，是那裏這般笑語？〔內侍問介〕萬歲爺問，那裏這般笑語？〔內〕是楊娘娘到長生殿去乞巧哩。〔內侍回介〕楊娘娘到長生殿去乞巧，故此笑語。〔生〕內侍每不要傳報，待朕悄悄前去。撤紅燈，待悄向龍墀覷個分明。〔虛下〕

【前腔】〔換頭〕〔旦引老旦、貼同二宮女各捧香盒、紈扇、瓶花、化生金盆上〕宮庭，金爐篆靄，燭光掩映。米大蜘蛛廝抱定，金盤種豆，花枝招颭銀瓶。〔老旦、貼〕已到長生殿中，巧筵齊備，請娘娘拈香。〔作將瓶花、化生盆設桌上，老旦捧香盒，旦拈香介〕妾身楊玉環，虔爇心香，拜告雙星，伏祈鑒祐。願釵盒情緣長久訂，〔拜介〕莫使做秋風扇冷。〔生潛上窺介〕覷娉婷，祇見他拜倒在瑤階，暗祝聲聲。〔老旦、貼作見生介〕呀，萬歲爺到了。〔旦急轉，拜生介〕〔生扶起介〕妃子在此，作何勾當？〔旦〕今乃七夕之期，陳設瓜果，特向天孫乞巧。〔生笑介〕妃子巧奪天工，何須更乞。〔旦〕惶愧。

〔生、旦各坐介〕〔老旦、貼同二宮女暗下〕〔生〕妃子，朕想牽牛、織女隔斷銀河，一年才會得一度，這相思真非容易也。

【集賢賓】秋空夜永碧漢清，甫靈駕逢迎，奈天賜佳期剛半頃，耳邊廂容易鷄鳴。雲寒露冷，又趲上經年孤另。〔旦〕陛下言及雙星別恨，使妾淒然。祇可惜人間不知天上的事。如打聽，決為了相思成病。

〔做淚介〕〔生〕呀，妃子爲何掉下淚來？〔旦〕妾想牛郎織女，雖則一年一見，卻是地久天長。祇恐陛下與妾的恩情，不能够似他長遠。〔生〕妃子說那裏話！

【黃鶯兒】仙偶縱長生，論塵緣也不恁爭。百年好佔風流勝，逢時對景，增歡助情，怪伊底事翻悲哽？〔移坐近旦低介〕問雙星，朝朝暮暮，爭似我和卿！

〔旦〕臣妾受恩深重，今夜有句話兒，……〔住介〕〔生〕妃子有話，但說不妨。〔旦對生嗚咽介〕妾蒙陛下寵眷，六宮無比。祇怕日久恩疏，不免白頭之嘆！

【鶯簇一金羅】〔黃鶯兒〕提起便心疼，唸寒微侍掖庭，更衣傍輦多榮幸。〔簇御林〕瞬息間，怕花老春無剩，〔一封書〕寵難憑。〔牽生衣泣介〕論恩情，〔金鳳釵〕若得一個久長時死也應；若得一個到頭時死也瞑。〔皂羅袍〕抵多少平陽歌舞，恩移愛更；長門孤寂，魂銷淚零：斷腸枉泣紅顏命！

〔生舉袖與旦拭淚介〕妃子，休要傷感。朕與你的恩情，豈是等閑可比。

【簇御林】休心慮，免淚零，怕移時，有變更。〔執旦手介〕做酥兒拌蜜膠黏定，總不離須臾頃。〔合〕話綿藤，花迷月暗，分不得影和形。

〔旦〕既蒙陛下如此情濃，趁此雙星之下，乞賜盟約，以堅終始。〔生〕朕和你焚香設誓去。〔攜旦行介〕

【琥珀貓兒墜】〔合〕香肩斜靠，攜手下階行。一片明河當殿橫，〔旦〕羅衣陡覺夜涼生。〔生〕惟應，和你悄語低言，海誓山盟。

〔生上香揖同旦福介〕雙星在上，我李隆基與楊玉環，〔旦合〕情重恩深，願世世生生，共爲夫婦，永不相離。有渝此盟，雙星鑒之。〔生又揖介〕在天願爲比翼鳥，〔旦拜介〕在地願爲連理枝。〔合〕天長地久有時盡，此誓綿綿無絕期。

〔旦拜謝生介〕深感陛下情重，今夕之盟，妾死生守之矣。〔生攜旦介〕

【尾聲】長生殿裏盟私訂。〔旦〕問今夜有誰折證？〔生指介〕是這銀漢橋邊，雙雙牛、女星。〔同下〕

【越調過曲・山桃紅】〔小生扮牽牛，雲巾、仙衣，同貼引仙女上〕衹見他誓盟密矢，拜禱孜孜，兩下情無二，口同一辭。〔小生〕天孫，你看唐天子與楊玉環，好不恩愛也！悄相偎，倚着香肩，沒些縫見。我與你既締天上良緣，當作情場管領。況他又向我等設盟，須索與他保護。見了他戀比翼，慕并枝，願生生世世情真至也，合令他長作人間風月司。〔貼〕衹是他兩人劫難將至，免不得生離死別。若果後來不背今盟，決當爲之綰合。〔小生〕天孫言之有理。你看夜色將闌，且回斗牛宮去。〔攜貼行介〕〔合〕天上留佳會，年年在斯，卻笑他人世情緣頃刻時！

何用人間歲月催，羅鄴　星橋橫過鵲飛回。李商隱
莫言天上稀相見，李郢　沒得心情送巧來。羅隱

《長生殿》是敷演唐明皇李隆基和貴妃楊玉環的愛情故事，而《密誓》第二十二齣則表現了李、楊愛情

達到了高潮。

這齣戲描寫得如此纏綿悱惻、細膩動人，使愛情散發着迷人的溫馨。當楊貴妃和唐明皇共同發出「願世世生生，共爲夫妻，永不分離」的盟誓時，其境界和莎士比亞在《愛的徒勞》中描寫的愛情相倣，它「像以阿波羅金發爲絃的天琴一般和諧悅耳，當愛情發言的時候，就像諸神的合唱，使整個的天界陶醉在仙樂之中」。這樣處理李、楊愛情，是洪昇不同於他人的獨特創造。

這種獨特的創造，當然與洪昇對李、楊愛情的獨特認識密切相連。他對傳統中一些文學作品對李、楊關係過多涉穢深致不滿，因此類似這種描寫在《長生殿》中基本上芟除乾淨，使李、楊愛情在很大程度上得到了「淨化」。洪昇懂得，「情之所鍾，在帝王家罕有」。本來，封建帝王妃嬪成羣，並無愛情可言。但是，在唐明皇李隆基身上，「罕有」的事發生了，他最終鍾情於一人——楊玉環，這是李、楊愛情的特殊之處。然而，這種特殊的帝王愛情畢竟也是愛情，那就是表現男女雙方的真心傾慕和相愛。他認爲：「今古情場，問誰個真心到底？但果有精誠不散，終成連理。」正因爲洪昇能在特殊的帝王愛情中寫出了「精誠不散」的感情活動，所以，《密誓》這齣戲同樣產生了令人陶醉的愛情溫暖。

對於楊玉環來說，《密誓》這齣戲栩栩如生地表現了她對愛情深沉而大膽的追求。這正是她經過多少曲折的鬥爭後如願以償的宿歸。《密誓》這齣戲使楊玉環形象生機勃勃，旖旎動人。

鍾情的人總是千方百計尋找表現自己感情強度和深度的方法，開拓通往心愛對象心扉的道路。何況楊玉環面對的是可以有佳麗三千的皇帝，其任務更加艱巨。儘管洪昇在表現楊玉環這方面的感情活動時是有層次、有節奏，步步深入的，但有一種基本方式卻始終貫穿其中，那就是向鍾情的對象傾訴，傷感地傾訴，誠摯地傾訴，大膽地傾訴，扣人心絃地傾訴。它是焦灼而迷人的呼喚。當唐明皇問楊玉環爲何落淚時，她馬上傾訴了緣由：「妾想牛郎織女，雖則一年一見，卻是地久天長。祇恐陛下與妾的恩情，不能够似他長遠。」如果聯繫前面《倖恩》、《獻髮》等，這種擔心並非多餘。一旦唐明皇否定會發生這種情況時，楊玉環緊接着傾訴自己的擔心和要求：「祇怕日久恩疏，不免白頭之嘆」，她寧願「若得一個久長時死也應，若得一個到頭時死也瞑」。愛情從來就是對屈從和奴役的否定。楊玉環的請求，實際上包孕最基本的平等內涵，也就是兩個人都應承擔維護感情的義務。在楊玉環這種深沉而熱烈的追求下，唐明皇表示「朕與你的恩情，豈是等閑可比」。楊玉環抓住這良機，立刻發出扣人心絃的傾吐：「既蒙陛下如此情濃，趁此雙星之下，乞賜盟約，以堅終始。」愛情往往有着神奇的力量，使追求者增強信心，堅定意志，培育主動進攻的精神。一次又一次知心的傾吐，使他們的感情得到迅速的交流，終使愛情發出耀眼的火花：唐明皇興奮地說——朕與你焚香設誓去！

《密誓》這齣戲繪聲繪色地表現了唐明皇這位多情的皇帝給予楊玉環深沉而熾熱的愛情追求以溫暖的回報。

洪昇在表現唐明皇給楊玉環愛情以溫暖回報時，有一個精神不斷昇華、情感逐漸熾熱的過程。這個過程大致可分爲三個階段：由衷讚嘆——傾注柔情——竭力親昵。當唐明皇發現「娉婷」的楊玉環「拜倒在瑤階暗祝聲聲」的乞巧時，馬上笑道：「妃子巧奪天工，何須更乞？」這是唐明皇對楊玉環由衷的讚美，是對他心愛對象的高度評價。如果聯繫前面的情節——那楊玉環夢中入月宮聞得仙樂，醒來後就製成《霓裳羽衣譜》的過人才智，這讚美實有一定的理性內容。接着，當楊玉環擔心有「白頭之嘆」時，唐明皇馬上傾注了最大的柔情：「百年好佔風流勝，逢時對景，增歡助情」，「問雙星，朝朝暮暮，爭似我和卿！」柔情可以編織五彩繽紛的光帶，使戀人相互依賴產生種種奇妙的幻景。柔情創造了愛情的磁場，愛情總是與粗野背道而馳。在這種情況下，唐明皇拉着楊玉環的手，表示要「做酥兒拌蜜膠黏定，總不離須臾頃」，致使「花迷月暗，分不得影和形」，他們「香肩斜靠」，極其親昵。這種親昵態度，使感情進一步沸騰並昇華。難怪他們要「焚香設誓」，永不分離。

《密誓》這齣愛情高潮戲是《長生殿》的關鍵，起着承上啓下的作用。它既是楊玉環多年追求愛情的必然歸宿，又是唐明皇今後長年思念愛人的感情基礎，因此，《密誓》在結構上起着雙重的藝術功能。

毫無疑義，《長生殿》的貫穿線索是李、楊愛情。但李楊愛情是在「安史之亂」前後這個大背景下進行的，所以他們的愛情充滿着曲折和痛苦。這裏有作者的譴責，但更多的是同情。因此，洪昇很重視在《密誓》

這齣戲裏對相戀情緒的濃墨渲染。這不僅創造了迷人的愛情氣氛，而且有潛在的結構作用。相戀的愛情與其說是一味的卿卿我我，倒不如說伴隨有自然性嫉妒和痛苦性熬煎的愛情更值得留戀。如果聯繫着楊玉環「江采苹，江采苹！非是我容你不得，祇怕我容得了你，你就容不得我」的痛苦呼喊，就能充分理解楊玉環爲什麽在《密誓》戲中一再悲嘆、流淚。這並非是虛飾，而是感情的噴射！它形象地體現了前面楊玉環爲了爭奪愛情那種酸甜苦辣的奮鬥過程。同樣，情侶的相戀與其說整日香肩斜靠，還不如戀人因喪失心愛對象而不斷地懺悔、思念更有力量。如果聯繫着唐明皇「似我回腸恨難平」，「好一似刀裁了肺腑，火烙了肝腸」，「把哭不盡的衷情，和你夢兒裏再細講」等淒慘哀嘆，也能充分認識爲什麽在《密誓》裏唐明皇對楊玉環開誠相見地傾吐柔情。這也不是套語，而是感情的流露！它生動地體現着後面唐明皇爲什麽反覆懷念楊玉環的補償過程。由此可見，整個戲的波瀾起伏都與《密誓》有着有機的聯繫，顯然，《密誓》這齣戲是《長生殿》的關節點。

《密誓》這齣戲是安排在七月七日牛郎織女在天河相會的夜晚。如果說，愛情彷彿是在理性和非理性迷離交錯的小徑上作富有浪漫色彩的、神話般的漫遊，那麽，洪昇這樣的巧妙安排，使愛情漫遊更富有迷人的魅力。

據《荆楚歲時記》載：「七月七日爲牽牛織女聚會之夜。是夕，人家婦女結彩縷，穿七孔針，或以金銀鍮石爲針，陳瓜果於庭中以乞巧。」看起來，這古老的神話、民間的習俗是那樣幽異離奇，但是在其背後，有着象徵性的投影和折光，反映着民族的社會心理，說明人們嚮往愛情、熱愛生活。就在這濃郁的民俗氣氛中，唐明皇和楊玉環互相傾吐愛慕的衷情，其見證人祇有「銀漢橋雙雙牛女星」。而天上的牛郎織女也看到了長生殿上唐明皇、楊玉環焚香設誓的恩愛感情。儘管他們劫難將至，但也能爲他們月宮再度相逢出力。這樣，使天上、地下有機融爲一體，使「戀比翼，慕並枝」升騰起浪漫、想象的翅膀，爲愛情高奏令人心醉的頌歌。這是《密誓》又一成功之處。

（尹恭弘）

長生殿・驚變

洪昇

〔丑上〕玉樓天半起笙歌，風送宮嬪笑語和。月殿影開聞夜漏，水晶簾捲近秋河。咱家高力士，奉萬歲爺之命，着咱在御花園中安排小宴。要與貴妃娘娘同來遊賞，祇得在此伺候。〔生、旦乘輦，老旦、貼隨後，二內侍引，行上〕

【北中呂粉蝶兒】天淡雲閒，列長空數行新雁。御園中秋色斕斑：柳添黃，蘋減綠，紅蓮脫瓣。一抹雕闌，噴清香桂花初綻。

〔到介〕〔丑〕請萬歲爺娘娘下輦。〔生、旦下輦介〕〔丑同內侍暗下〕〔生〕妃子，朕與你散步一回者。〔旦〕陛下請。〔生攜旦手介〕〔旦〕

【南泣顏回】攜手向花間，暫把幽懷同散。涼生亭下，風荷映水翩翻。愛桐陰靜悄，碧沉沉并繞回廊看。戀香巢秋燕依人，睡銀塘鴛鴦蘸眼。

〔生〕高力士，將酒過來，朕與娘娘小飲數盃。〔丑〕宴已排在亭上，請萬歲爺娘娘上宴。〔旦作把盞，生止住介〕妃子坐了。

【北石榴花】不勞你玉纖纖高捧禮儀煩，祇待借小飲對眉山。俺與你淺斟低唱互更番，三杯兩盞，遣興消閒。妃子，今日雖是小宴，倒也清雅。迴避了御廚中，迴避了御廚中烹龍炰鳳堆盤案，咿咿啞啞樂聲催趲。祇幾味脆生生，祇幾味脆生生蔬和果清肴饌，雅稱你仙肌玉骨美人餐。

妃子，朕與你清遊小飲，那些梨園舊曲，都不耐煩聽他。記得那年在沉香亭上賞牡丹，召翰林李白草《清平調》三章，令李龜年度成新譜，其詞甚佳。不知妃子還記得麼？〔旦〕妾還記得。〔生〕妃子可爲朕歌之，朕當親倚玉笛以和。〔旦〕領旨。〔老旦進玉笛，生吹介〕〔旦按板介〕

【南泣顏回】花繁，穠豔想容顏。雲想衣裳光璨，新妝誰似，可憐飛燕嬌懶。名花國色，笑微微常得君王看。向春風解釋春愁，沉香亭同倚闌干。

〔生〕妙哉，李白錦心，妃子繡口，真雙絕矣。宮娥，取巨觴來，朕與妃子對飲。〔老旦、貼送酒介〕〔生〕

【北鬧鵪鶉】暢好是喜孜孜駐拍停歌，喜孜孜駐拍停歌，笑吟吟傳杯送盞。

妃子乾一杯，〔作照乾介〕不須他絮煩煩射覆藏鈎，鬧紛紛彈絲弄板。〔又作照杯介〕妃子，再乾一杯。〔旦〕妾不能飲了。〔生〕宮娥每，跪勸。〔老旦、貼〕領旨。〔跪旦介〕娘娘，請上這一杯。〔旦勉飲介〕〔老旦、貼作連勸介〕〔生〕我這裏無語持觴仔細看，早子見花一朵上腮間。〔旦作醉介〕妾真醉矣。〔生〕一會價軟咍咍柳嚲花欹，軟咍咍柳嚲花欹，困騰騰鶯嬌燕懶。

妃子醉了，宮娥每，扶娘娘上輦進宮去者。〔老旦、貼〕領旨。〔作扶旦起介〕〔旦作醉態呼介〕萬歲！〔老旦、貼扶旦行〕〔旦作醉態介〕

【南撲燈蛾】態懨懨輕雲軟四肢，影蒙蒙空花亂雙眼，嬌怯怯柳腰扶難起，困沉沉強擡嬌腕，軟設設金蓮倒褪，亂鬆鬆香肩嚲雲鬟，美甘甘思尋鳳枕，步遲遲倩宮娥攙入繡幃間。

〔老旦、貼扶旦下〕〔丑同內侍暗上〕〔內擊鼓介〕〔生驚介〕何處鼓聲驟發？〔副淨急上〕「漁陽鼙鼓動地來，驚破霓裳羽衣曲。」〔問丑介〕萬歲爺在那裏？〔丑〕在御花園內。〔副淨〕軍情緊急，不免徑入。〔進見介〕陛下，不好了。安祿山起兵造反，殺過潼關，不日就到長安了。〔生大驚介〕守關將士何在？〔副淨〕哥舒翰兵敗，已降賊了。〔生〕

【北上小樓】呀，你道失機的哥舒翰……稱兵的安祿山，赤緊的離了漁陽，陷了東京，破了潼關。唬得人膽戰心搖，唬得人膽戰心搖，腸慌腹熱，魂飛魄散，早驚破月明花粲。

卿有何策，可退賊兵？〔副淨〕當日臣曾再三啟奏，祿山必反，陛下不聽，今日果應臣言。事起倉卒，怎生抵敵？不若權時幸蜀，以待天下勤王。〔生〕依卿所奏。快傳旨，諸王百官，即時隨駕幸蜀便了。〔副淨〕領旨。〔急下〕〔生〕高力士，快些整備軍馬。傳旨令右龍武將軍陳元禮，統領羽林軍士三千扈駕前行。〔丑〕領旨。〔下〕〔內侍〕請萬歲爺回宮。〔生轉行嘆介〕唉，正爾歡娛，不想忽有此變，怎生是了也！

【南撲燈蛾】穩穩的宮庭宴安，擾擾的邊廷造反。鼕鼕的鼙鼓喧，騰騰的烽火黫。的溜撲碌臣民兒逃散，黑漫漫乾坤覆翻，磣磕磕社稷摧殘，磣磕磕社稷摧殘。當不得蕭蕭颯颯西風送晚，黯黯的一輪落日冷長安。

〔向內問介〕宮娥每，楊娘娘可曾安寢？〔老旦、貼內應介〕已睡熟了。〔生〕不要驚他，且待明早五鼓同行。〔泣介〕天哪，寡人不幸，遭此播遷，累他玉貌花容，驅馳道路。好不痛心也！

【南尾聲】在深宮兀自嬌慵慣，怎樣支吾蜀道難！〔哭介〕我那妃子呵，愁殺你玉軟花柔，要將途路趲。

宮殿參差落照間，盧綸　漁陽烽火照函關。吳融
遏雲聲絕悲風起，胡曾　何處黃雲是隴山。武元衡

《長生殿》是清代傳奇的傑作，《驚變》是其中著名的一折。數百年來，那「天高雲淡」的旋律是那樣膾炙人口，傳唱不衰；那驟然而起的漁陽鼙鼓又引起人們多麽強烈的驚動和深思。

讀《驚變》，我們一下子就被那優美的曲辭吸引住了。隨着作家的筆，舞臺演員的表演，我們由上而下，從遠而近，彷彿看到碧天的閒雲，南歸的新雁，斑爛的秋色，甚至聞到桂花噴出的清香。寫出了環境，作者又把筆寫到了場上的人物。衹見唐明皇、楊貴妃閒行遣興，並立回廊，看着依人的秋燕，耀眼的鴛鴦，流露出含蓄的欣羨之情。〔粉蝶兒〕、〔泣顏回〕兩支短曲，情境交融，文字精練形象。作者像握着一支彩筆，寫意地描繪出了秋天最富於特徵的圖像和色彩，又襯托出一代帝王貴妃閒適、瀟灑、愛戀的形象，富於抒情和表現力。

正如大家所知道的，這幅令人讚嘆不絕的秋色圖基本上是由元雜劇作家白樸勾勒的。《梧桐雨》第二折〔粉蝶兒〕這樣唱道：「天淡雲閒，列長空數行征雁。御園中夏景初殘；柳添黃，荷減翠，秋蓮脱瓣。坐近幽闌，噴清香玉簪初綻。」二者相比，除了「夏景初殘」「玉簪初綻」所表現的季候略早一些，白樸所有的精美文字都被洪昇擷取到自己的作品中來了，這是洪昇對前人優秀遺產的繼承。可是，作爲雜劇，白樸要以四折的篇幅把漫長的歷史輪廓都加以點染，卻太簡練而不足勝任了，所以《梧桐雨》寫出〔粉蝶兒〕之後，緊接着是管絃齊列、酒光泛溢的豪宴，是進荔枝、舞翠盤的熱鬧繁花，它凝重的意藴很快被御宴中的急絃繁管衝散了。《驚變》則不然，這時正處在全劇的轉折關頭，昔日的繁華即將瓦解冰消，玉隕魂消，聞鈴、哭像接踵而至。小宴上雖也有歌有舞，但已是末日的回光返照。作爲戲劇情境的過渡，讓《驚變》籠罩上蕭疏、衰颯的氛霧，不僅自然、巧妙，而且表現了作家戲劇美創造的才能。因此，作者不僅摒棄了華筵麗景，而且把安祿山入關、唐明皇幸蜀這本來發生在天寶十五年（七五六）六月盛夏的事情，放到「秋色斑爛」的時候，這樣既在〔粉蝶兒〕曲中加強了淡淡閒雲、綠減黃添的色調，〔泣顏回〕曲，又帶出人物的幽懷，靜悄的桐蔭，依人的秋燕，一種憂悶、離索之情，在秋景的襯托下傾注到了觀衆的心頭。在「驚變」即將發生之時，洪昇繼承創作這種曲辭就不單是追求它的文學性，而是使優美的文辭貼切地爲戲劇情景服務，使詩情成爲戲劇美的有機部分了。

《驚變》的長處不單在於詩情，更表現爲精心結撰的關目。它是全劇中的第二十四齣，處於全劇劇情大轉折的地位。前半部作品展開的戲劇矛盾要在這裏暴發，後半部作品的興亡之感、悲傷悔恨之情將在這裏開始，承前啓後，舉足輕重。這裏，我們看到作者用了主要的篇幅來描寫一次花園小宴，通過它，把牽動着尖鋭複雜的社會矛盾的李楊愛情引向頂端，然後一聲鼙鼓，急轉直下：腐敗朝廷，膽戰心驚，張皇失措，落得個乾坤翻覆，社稷摧殘，「黯黯的一輪落日冷長安」的結局。作者用了強烈的情境對比的方法，使觀衆驚動、思索，形成了既引人入勝又包含着深刻歷史意藴的戲劇性。

李、楊愛情是《長生殿》的情節主綫，從《定情》開始，他們的愛情矛盾，經歷了無數的波折起伏，到《密誓》，已經「悄語低言，海誓山盟」，有了一點眞情。到了《驚變》的小宴，作者則把它渲染成一種非常融洽、纏綿繾綣的柔情蜜意；攜手閒行，畫廊並遶，在閒適寧靜的小宴上，他們忘掉了束縛身心的禮法，擺脱了製造隔閡的禮儀，終於廢除了擎杯送酒的繁文縟節，抛開了烹龍炰鳳的金饌玉食，迴避了咿咿啞啞的嘈雜樂聲。杯盤裏衹有幾樣脆生生的素蔬和清肴，他們兩兩相對，淺斟低唱，傳杯遞盞，處於一種較爲清雅、密切、不拘禮節的情調之中。這使此前所描寫的愛情矛盾有了歸向。愛情本身也更爲淨化、深化和理想化。這種小宴情調，很容易接通觀衆的理解和同情心理。觀衆看到他們幾經波折、幾經痛苦剛建立的一種融洽、密切的情感就要破滅，無疑會在心理上引起劇烈的驚動。

然而，《長生殿》所描寫的李楊愛情究竟是有其獨特方式和内容的帝王、寵妃的愛情，「釵金情緣」的始末與當時的政治鬥爭、社會矛盾始終糾結在一起。因此，儘管在表面上他們的愛情被理想化了，它總是帶着風流昏瞶的天子和恃寵驕縱的貴妃之間一種特定的人物性格和關係的印記。所以，一場清雅的小宴，再度變成以往驕縱奢侈宫闈生活的縮影：穠豔的容顔，光璨的新妝，君王笑對名花國色，貴妃則如燕嬌鶯懶。一曲〔泣顔回〕把李白的〔清平調〕詩三首濃縮、傳神地帶到劇中，有濃郁的諷喻意味。隨着曼舞輕歌，又見美酒如注，奢侈無度，杯盤狼藉之時，楊玉環四肢輕軟，亂眼空花，雲鬟横斜，沉醉帷間，整個場景是一片昏天黑地。這又把唐明皇、楊貴妃昏瞶縱恣的風流罪惡推上了高潮。劇情已到了二十四折，觀衆看到這種情景的再現，就會與《賄權》、《疑讖》、《權鬨》、《進果》等齣所表現的朝政廢弛、奸臣作惡、藩鎮跋扈、人民蒙難聯繫在一起，使小宴又成爲整個時代尖鋭廣泛的社會矛盾和鬥爭的承載點。這時漁陽鼓聲突然而至，這不僅預示着「逞侈心，而窮人欲，禍敗隨之」的李楊愛情悲劇的開始，而且標誌着唐帝國由盛轉衰的歷史大轉折，這深刻的歷史教訓無疑加強了驚心動魄的力量。

據歷史記載，安祿山反叛的消息唐明皇是斷有所聞，而且曾採取過一些防患措施，祇是在措施失敗後纔決定逃跑的。但是，戲劇所要求的並不是歷史細節的嚴格眞實，而是在不違背歷史本質的前提下去追求藝術感染力。作者在這裏把「安史之亂」的消息放在花天酒地的時候突然傳來，產生了更大的戲劇性。因爲突然，唐明皇魂飛魄散，猝不及防，聽了楊國忠一句「幸蜀」的話便決定逃跑，社稷蒼生不在意中，卻說出「愁殺你玉軟花枝要將途路趲」的昏話，這也就更突出了唐明皇淫靡昏聵的性格。

洪昇對聲律之學有精深的造詣，曲家稱他：「措詞協律，精嚴變化，有未易窺測者」（徐麟序）。「句精字妍，罔不諧叶」（吳舒鳧序）。這方面的成就在《驚變》中也表現得十分突出。這齣戲在宮調上用了南北合套的形式，大冠生唐明皇唱北曲，閨門旦楊玉環唱南曲，音樂上有鮮明的對比性，又有和諧的統一性。在戲中，作者又選取了〔石榴花〕、〔鬥鵪鶉〕、〔上小樓〕、〔撲燈蛾〕一類有較多的襯字重句的曲牌，添句幫唱，又用了很多重疊詞增強語言音響。例如〔石榴花〕中「迴避了」兩句，「祇幾味」兩句的重複；〔鬥鵪鶉〕從「喜孜孜」到「困騰騰」、〔撲燈蛾〕從「態懨懨」到「步遲遲」的數串疊字，〔上小樓〕中的許多襯字，都既使音響變得明快強烈，又幫助襯托出人物在一定情境下的思想感情。它們的音樂美在昆曲中得到了最充分的體現，因此它的演唱對觀衆始終是一種精美的藝術享受。

（江巨榮）

桃花扇・卻奩（癸未三月）

桃花扇・卻奩（癸未三月）

孔尚任

〔雜扮保兒掇馬桶上〕龜尿龜尿，撒出小龜；鱉血鱉血，變成小鱉。龜尿鱉血，看不分別，鱉血龜尿，說不清白。看不分別，混了親爹；說不清白，混了親伯。〔笑介〕胡鬧，胡鬧！昨日香姐上頭，亂了半夜；今日早起，又要刷馬桶，倒溺壺，忙個不了。那些孤老、婊子，還不知摟到幾時哩。〔刷馬桶介〕

【夜行船】〔末〕人宿平康深柳巷，驚好夢門外花郎。繡户未開，簾鈎纔響，春阻十層紗帳。

下官楊文驄，早來與侯兄道喜。你看院門深閉，侍婢無聲，想是高眠未起。〔喚介〕保兒，你到新人窗外，說我早來道喜。〔雜〕昨夜睡遲了，今日未必起來哩。老爺請回，明日再來罷。〔末笑介〕胡說！快快去問。〔小旦內問介〕保兒！來的是那一個？〔雜〕是楊老爺道喜來了。〔小旦忙上〕倚枕春宵短，敲門好事多。〔見介〕多謝老爺，成了孩兒一世姻緣。〔末〕好說。〔問介〕新人起來不曾？〔小旦〕昨晚睡遲，都還未起哩。〔讓坐介〕老爺請坐，待我去催他。〔末〕不必，不必。〔小旦下〕

【步步嬌】〔末〕兒女濃情如花釀，美滿無他想，黑甜共一鄉。可也虧了俺幫襯，珠翠輝煌，羅綺飄蕩，件件助新妝，懸出風流榜。

〔小旦上〕好笑，好笑！兩個在那裏交扣丁香，并照菱花，梳洗才完，穿戴未畢。請老爺同到洞房，喚他出來，好飲扶頭卯酒。〔末〕驚卻好夢，得罪不淺。〔同下〕〔生、旦豔妝上〕

【沈醉東風】（生、旦）這雲情接着雨況，剛搔了心窩奇癢，誰攬起睡鴛鴦。被翻紅浪，喜匆匆滿懷歡暢。枕上餘香，帕上餘香，消魂滋味，才從夢裏嘗。

（末、小旦上）（末）果然起來了，恭喜，恭喜！（一揖，坐介）（末）昨晚催妝拙句，可還說的入情麽。（生揖介）多謝！（笑介）妙是妙極了，衹有一件。（末）那一件？（生）香君雖小，還該藏之金屋。（看袖介）小生衫袖，如何着得下？（俱笑介）（末）夜來定情，必有佳作。（生）草草塞責，不敢請教。（末）詩在那裏？（旦）詩在扇頭。（旦向袖中取出扇介）（末接看介）是一柄白紗宮扇。（嗅介）香的有趣。（吟詩介）妙，妙！衹有香君不愧此詩。（付旦介）還收好了。（旦收扇介）

【園林好】（末）正芬芳桃香李香，都題在宮紗扇上；怕遇着狂風吹蕩，須緊緊袖中藏，須緊緊袖中藏。

（末看旦介）你看香君上頭之後，更覺豔麗了。（向生介）世兄有福，消此尤物。（生）香君天姿國色，今日插了幾朵珠翠，穿了一套綺羅，十分花貌，又添二分，果然可愛。（小旦）這都虧了楊老爺幫襯哩。

【江兒水】送到纏頭錦，百寶箱，珠圍翠繞流蘇帳，銀燭籠紗通宵亮，金杯勸酒合席唱。今日又早早來看，恰似親生自養，陪了妝奩，又早敲門來望。

（旦）俺看楊老爺，雖是馬督撫至親，卻也拮据作客，爲何輕擲金錢，來填煙花之窟？在奴家受之有愧，在老爺施之無名；今日問個明白，以便圖報。（生）香君問得有理，小弟與楊兄萍水相交，昨日承情太厚，也覺不安。（末）既蒙問及，小弟衹得實告了。這些妝奩酒席，約費二百餘金，皆出懷寧之手。（生）那個懷寧？（末）曾做過光祿的阮圓海。（生）是那皖人阮大鋮麽？（末）正是。（生）他爲何這樣周旋？（末）不過欲納交足下之意。

【五供養】（末）羡你風流雅望，東洛才名，西漢文章。逢迎隨處有，

桃花扇・卻奩（癸未三月）

争看坐車郎。秦淮妙處，暫尋個佳人相傍，也要些鴛鴦被、芙蓉妝；你道是誰的，是那南鄰大阮，嫁衣全忙。

〔生〕阮圓老原是敝年伯，小弟鄙其爲人，絕之已久。他今日無故用情，令人不解。〔末〕圓老有一段苦衷，欲見白於足下。〔生〕請教。〔末〕圓老當日曾遊趙夢白之門，原是吾輩。後來結交魏黨，衹爲救護東林，不料魏黨一敗，東林反與之水火。近日復社諸生，倡論攻擊，大肆毆辱，豈非操同室之戈乎？圓老故交雖多，因其形跡可疑，亦無人代爲分辯。每日向天大哭，說道：「同類相殘，傷心慘目，非河南侯君，不能救我。」所以今日諄諄納交。〔生〕原來如此，俺看圓海情辭迫切，亦覺可憐。就便真是魏黨，悔過來歸，亦不可絕之太甚，況罪有可原乎。定生、次尾，皆我至交，明日相見，即爲分解。〔末〕果然如此，吾黨之幸也。〔旦怒介〕官人是何說話，阮大鋮趨附權奸，廉恥喪盡，婦人女子，無不唾罵。他人攻之，官人救之，官人自處於何等也？

【川撥棹】不思想，把話兒輕易講。要與他消釋災殃，要與他消釋災殃，也提防旁人短長。官人之意，不過因他助妝奩，便要狥私廢公；那知道這幾件釵釧衣裙，原放不到我香君眼裏。〔拔簪脫衣介〕脫裙衫，窮不妨；布荊人，名自香。

〔末〕阿呀！香君氣性，忒也剛烈。〔小旦〕把好好東西，都丟一地，可惜，可惜！〔拾介〕〔生〕好，好，好！這等見識，我倒不如，真乃侯生畏友也。〔向末介〕老兄休怪，弟非不領教，但恐爲女子所笑耳。

【前腔】〔生〕平康巷，他能將名節講；偏是咱學校朝堂，偏是咱學校朝堂，混賢奸不問青黃。那些社友平日重俺侯生者，也衹爲這點義氣；我若依附奸邪，那時羣起來攻，自救不暇，焉能救人乎。節和名，非泛常；重和輕，須審詳。

〔末〕圓老一段好意，也還不可激烈。〔生〕我雖至愚，亦不肯從井救人。〔末〕既然如此，小弟告辭了。〔生〕這些箱籠，原是阮家之物，香君不用，留之無益，還求取去罷。〔末〕正是「多情反被無情惱，乘興而來興盡還。」〔下〕〔旦惱介〕〔生看旦介〕俺看香君天姿國色，摘了幾朵珠翠，脫去一套綺羅，十分容貌，又添十分，

桃花扇·卻奩（癸未三月）

更覺可愛。〔小旦〕雖如此說，捨了許多東西，到底可惜。

【尾聲】金珠到手輕輕放，慣成了嬌癡模樣，辜負俺辛勤做老娘。

〔生〕些須東西，何足掛念，小生照樣賠來。〔小旦〕這等才好。

〔小旦〕花錢粉鈔費商量，〔旦〕裙布釵荊也不妨，

〔生〕祇有湘君能解佩，〔旦〕風標不學世時妝

《卻奩》是清初傳奇《桃花扇》的第七齣。這是一場非常重要的戲，它不僅爲我們初步塑造了一個「脫裙衫，窮不妨；布荆人，名自香」的節操高尚的青年婦女的形象；更重要的它還是全劇的鎖鑰，由此開啓、演繹了「桃花扇底送南朝」的全部史劇。

這場戲的故事是，明朝末年進步團體復社的重要人物侯方域與復社諸友，在南京痛打落水狗魏閹餘黨阮大鋮。阮大鋮爲東山再起，企圖拉侯方域從井救人，通過楊龍友進行鑽營，趁侯方域梳櫳秦淮名妓李香君之際，幫襯了二百餘金的妝奩。侯方域爲物所動，爲巧言令色所惑，答應爲阮大鋮開脫；是李香君當場喝破陰謀，銳說大義，脫卻羅衫，重着布衣，教育侯方域跳出阮、楊設的圈套，保持了復社清流的名節。

這個故事的意義是重要的，它生動地反映了當時秦淮歌妓與復社文人的關係，不衹在才華上、容貌上互相傾慕，還在政治態度上互相影響，這在以前的兒女風情戲裏是少有的。這種人物關係，爲作者借生、旦排場，寫國家興亡，奠定了有力的基礎。

寫戲要寫人物。「卻奩」通過對妝奩的不同態度，刻畫了四種人物。楊龍友，是個不好不壞、亦好亦壞的中間人物，他既是權奸馬士英的親戚、魏閹餘黨阮大鋮的朋友，又與復社清流特別是侯方域有交往，他熱心爲朋友，也希望從中爲自己找條出路，因而來往穿梭，兩面逢迎，但卻不背後害人。因此，在香君卻奩之後，他祇道其激烈，無趣而退，當時既不告密，日後也不報復，他就是這麼一種人！生活

桃花扇·卻奩（癸未三月）

中是有的。侯方域成了「逢迎隨處有，爭看坐車郎」的佼佼者，被阮大鋮看中，贈妝奩拉他下水，他自己又有知識分子的妥協性，幾乎上了大當，是香君使他免於這場失節敗名的災禍。李貞麗是香君的養娘，本是青樓老人，衹知錢物，無政治是非，雖知妝奩來得不義，但總覺失之可惜，直到侯方域表示再賠妝奩，方才意足。李香君是作者要寫的重點人物，她有思想，敢做爲。是她提出「楊老爺，雖是馬督撫至親，卻也拮据作客，爲何輕擲金錢，來塡煙花之窟？在奴家受之有愧，在老爺施之無名」的問題，逼得楊龍友衹得道出眞情。是她批評侯方域見利忘義，妥協投降，輕易把話講。是她自脫羅裙，拋卻以政治交易爲條件換來的雖然豐厚但卻骯髒的妝奩，表現了其高風亮節。當她聽到侯方域要爲阮大鋮分解時，剛烈之性便爆發了。

（旦怒介）官人是何說話，阮大鋮趨附權奸，廉恥喪盡，婦人女子，無人唾駡。他人攻之，官人救之，官人自處於何等也？

〔川撥棹〕不思想，把話兒輕易講。要與他消釋災殃，也提防旁人短長。官人之意，不過因他助俺妝奩，便要狥私廢公；那知道這幾件釵釧衣裙，原不放到我香君眼裏。（拔簪脫衣介）

脫裙衫，窮不妨；布荊人，名自香。

香君的義烈行動，直接教育了侯方域，使他連聲讚嘆：「好，好，好！這等見識，我倒不如，眞乃侯生畏友也。」

〔前腔〕平康巷，他能將名節講；偏是咱學校朝堂，偏是咱學校朝堂，混賢奸不問青黃。

那些社友平日重俺侯生者，也祇爲這點義氣；我若依附奸邪，那時羣起來攻，自救不暇，焉能救人乎。節和名，非泛常；重和輕，須審詳。

桃花扇・卻奩（癸未三月）

香君的卻奩義舉，挽救了侯方域的失節辱名。楊龍友在「圓老一段好意，也還不可激烈」的說詞遭到拒絕後，祇好悻悻地道聲「多情反被無情惱，乘興而來興盡還」，而灰溜溜地走了。不問政治的李貞麗，祇看到「捨了許多東西，倒底可惜」。對妝奩的不同態度，畫出了四副臉譜，而「香君天姿國色，摘了幾朵珠翠，脫去一套綺羅，十分容貌，又添十分，更覺可愛」了，心靈美，行爲美，更顯得她的容貌美，這個人物便從內心到外表成了美的化身，布衣荊釵，更裝點了她的天然美！

結構嚴謹，是《桃花扇》重大藝術特色之一。無論是情節結構，還是場次結構，這個戲都是無懈可擊的。《卻奩》一場安排得尤好。這齣戲安排在第七齣，相當於現代大型戲曲劇目的第二場，是戲的眼睛，是繫疙瘩的地方。它用卻奩這一典型事件，交代了全劇的社會背景與歷史背景，結集了當時存在的各種矛盾，爲後面的離合之情、興亡之感，理出了頭緒，繫成了疙瘩，伏下了戲。具體來講，就是從這齣戲開始，愛情與政治鬥爭掛上了鈎，李香君從此參與了明末以來的東林、復社與魏閹奸黨的生死搏鬥，成了侯方域的知音與「畏友」。後來寫二人共罹國難，借他們的悲歡離合之情，寫出了南明興亡的過程與原因，以及在桃花扇底送了南朝的結局。這種「借離合之情，寫興亡之感」的藝術構思，是非常巧妙的，既符合當時傳奇戲劇需要生、旦排場的要求，又表達了國家興亡的重大主題，達到了「南朝興亡，遂繫之桃花扇底」的目的要求。而這一切，都是從「卻奩」開始的，所以「卻奩」是全劇的鎖鑰。就情節結構來講，把「卻奩」這樣典型的、激烈的、富有戲劇性的重大情節，盡早地安排出來，是非常恰當的。它的爆發炸開了全劇的局面，使一切都進入了矛盾衝突，進入了戲，使得四十四齣長篇大戲都活起來，克服了明清傳奇結構散緩、拖沓冗長的通病。

「卻奩」的藝術表現形式，雖有小疵，總起來看是值得稱道的。語言方面，開戲後的插科打

桃花扇・卻奩（癸未三月）

諢，是下流的，應批判；楊龍友的曲詞太濃豔，因爲是新婚後的場面，還可諒解。戲劇衝突展開後，正面人物出戲的地方，語言還是十分當行、本色的，如卻奩時香君的唱詞就很好。全場戲共用了八支曲子，都能入口成歌，詞意明亮，曲牌亦多常見者。收場有四句詩，叫落場詩，一般稱下場詩；傳奇每齣和全劇的末了，都有一首下場詩，彷佛元雜劇中的題目正名。但雜劇是由坐間代唱，此則由扮演者自唱。若一齣中有四人唱，則每人各唱一句；本齣是三人唱，由主要人物李香君多唱一句。「卻奩」還用了插科打諢，這也是戲劇必不可少的表現形式。徐渭《南詞敍錄》說：「諢者，於唱白之際，出一可笑之語，以誘坐客，如水之渾渾也，切忌鄉音。」李漁說：「插科打諢，塡詞之末技也。然欲雅俗同歡，智愚同賞，則當全在此處留神。文字佳，情節佳，而科諢不佳，非特俗人怕看，即雅人韻士，亦有瞌睡之時。」王驥德說：「曲冷不鬧場處，得淨丑間插一科，可博人哄堂，亦是戲劇眼目。」可見插科打諢是很重要的戲劇手段，《桃花扇》中時有所用，衹是「卻奩」一齣用得并不出色。

「卻奩」的規模，屬小場子，塡詞衹用了八曲，但這不能說明它不重要；相反，這正說明作者會寫戲。因爲凡有經驗的編劇者，都知道大型劇目中第二場的重要，但這場又決不能大，猶如花之蓓蕾，含苞待放，還不到全展開的時候，但內涵必須充實，到完全開放的時候纔能放出異彩。「卻奩」正是這樣寫的，它衹是把矛盾集結，扣子繫緊，爲後面的「守樓」、「罵筵」等重頭戲設下包袱。

總之，「卻奩」是一齣好戲，一齣值得研究的戲。它爲我們塑造了一個「布荆人，名自香」的青年婦女的形象，如果把它搞成一個折子戲，不但藝術上站得住，就思想教益來講，也有一定的現實意義。

（劉加林）

桃花扇・罵筵（乙酉正月）

桃花扇・罵筵（乙酉正月）

孔尚任

【縷縷金】（副淨扮阮大鋮吉服上）風流代，又遭逢，六朝金粉樣，我偏通。管領煙花，銜名供奉。簇新新帽烏襯袍紅，皂皮靴綠縫，皂皮靴綠縫。

（笑介）我阮大鋮，虧了貴陽相公破格提挈，又取在內庭供奉；今日到任回來，好不榮耀。且喜今上性喜文墨，把王鐸補了內閣大學士，錢謙益補了禮部尚書。區區不才，同在文學侍從之班；天顏日近，知無不言。前日進了四種傳奇，聖心大悅，立刻傳旨，命禮部採選宮人，要將《燕子箋》被之聲歌，爲中興一代之樂。我想這本傳奇，精深奧妙，倘被俗手教壞，豈不損我文名。因而乘機啓奏：「生口不如熟口，清客強似教手。」聖上從諫如流，就命廣搜舊院，大羅秦淮，拿了清客妓女數十餘人，交與禮部揀選。前日驗他色藝，都祇平常；還有幾個有名的，都是楊龍友舊交，求情免選，下官祇得勾去。昨見貴陽相公說道：「教演新戲是聖上心事，難道不選好的，倒選壞的不成。」祇得又去傳他，尚未到來。今乃乙酉新年人日佳節，下官約同龍友，移樽賞心亭；邀俺貴陽師相，飲酒看雪。早已吩咐把新選的妓女，帶到席前驗看。正是：花柳笙歌隋事業，談諧裙屐晉風流。（下）

【黃鶯兒】（老旦扮卞玉京道妝背包急上）家住蕊珠宮，恨無端業海風，把人輕向煙花送。喉尖唱腫，裙腰舞鬆，一生魂在巫山洞。俺卞玉京，今日爲何這般打扮，衹因朝廷搜拿歌妓，逼俺斷了塵心。昨夜別過姊妹，換上道妝，飄然出院，但不知那裏好去投師。望城東雲山滿眼，仙界路無窮。

〔飄颻下〕〔副淨、外淨扮丁繼之、沈公憲、張燕築三清客上〕

【皂羅袍】〔副淨〕正把秦淮簫弄，看名花好月，亂上簾櫳。鳳紙簽名喚樂工，南朝天子春心動。我丁繼之年過六旬，歌板久抛；前日托過楊老爺，免我前往，怎的今日又傳起來了。〔外、淨〕俺兩個也都是免過的，不知又傳，有何話說。〔副淨拱介〕兩位老弟，大家商量，我們一班清客，感動皇爺，召去教歌，也不是容易的。〔外、淨〕正是。〔副淨〕二位青年上進，該去走走，我老漢多病年衰，也不望甚麽際遇了。今日我要躲過，求二位遮蓋一二。〔外〕這有何妨，太公釣魚，願者上鉤。〔淨〕是是！難道你犯了王法，定要拿去審問不成。〔副淨〕既然如此，我老漢就回去了。〔回行介〕急忙回首，青青遠峯；逍遙尋路，森森亂松。〔頓足介〕若不離了塵埃，怎能免得牽絆。〔袖出道巾，黃縧換介〕〔轉頭呼介〕二位看俺打扮罷，道人醒了揚州夢。

〔搖擺下〕〔外〕咦！他竟出家去了，好狠心也。〔淨〕我們且坐廊下曬暖，待他姊妹到來，同去禮部過堂。〔坐地介〕〔小旦扮寇白門，丑扮鄭妥娘，雜扮差役跟上〕〔小旦〕桃片隨風不結子。〔丑〕柳綿浮水又成萍。〔望介〕你看老沈老張不約俺一聲兒，先到廊下向暖，我們走去，打他個耳刮子。〔相見，諢介〕〔外問雜介〕又傳我們到那裏去？〔雜〕傳你們到禮部過堂，送入內庭教戲。〔外〕前日免過俺們了。〔雜〕內閣大老爺不依，定要借重你們幾個老清客哩。〔淨〕是那幾個？〔雜〕待我瞧瞧票子。〔取票看介〕丁繼之、沈公憲、張燕築。〔問介〕那姓丁的如何不見？〔外〕他出家去了。〔雜〕既出了家，沒處尋他，待我回官罷！〔向淨、外介〕你們到了的，竟往禮部過堂去。〔淨〕等他姊妹們到齊着。〔雜〕今日老爺們秦淮賞雪，吩咐帶着女客，席上驗看哩。〔外、淨〕既是這等，我們先去了。正是：傳歌留樂府，擫笛傍宮牆。〔下〕〔雜看票問小旦介〕你是寇白門麽？〔小旦〕是。〔雜問丑介〕你是下玉京麽？〔丑〕不是，我是老妥。〔雜〕是鄭妥娘了。〔問介〕那卞玉京呢？〔丑〕他出家去了。〔雜〕咦！怎麽出家的都配成對兒。〔問介〕後邊還有一個腳小走不上來的，想是李貞麗了？〔小旦〕不是，李貞麗從良去了！〔雜〕我方才拉他下樓，他說是李貞麗，怎的又不是？〔丑〕想是他女兒頂名替來的。〔雜〕母子總是一般，祇少不了數兒就好了。〔望介〕他早趕上來也。

【忒忒令】〔旦〕下紅樓殘臘雪濃，過紫陌早春泥凍；不慣行走，腳兒十分痛。傳鳳詔，選蛾眉，把絲鞭，騎驕馬；催花使亂擁。

奴家香君，被捉下樓，叫去學歌，是俺煙花本等，祇有這點志氣，就死不磨。〔雜喊介〕快些走動！〔旦到介〕〔小旦〕你也下樓了，屈尊，屈尊。〔丑〕我們造化，就得服侍皇帝了。〔旦〕情願奉讓罷。〔同行介〕〔雜〕前面是賞心亭了，內閣馬老爺，光祿阮老爺，兵部楊老爺，少刻即到。你們各人整理伺候。〔雜同小旦、丑下〕〔旦私語介〕難得他們湊來一處，正好吐俺胸中之氣。

【前腔】趙文華陪着嚴嵩，抹粉臉席前趨奉；醜腔惡態，演出眞鳴鳳。俺做個女禰衡，撾漁陽，聲聲罵；看他懂不懂。

〔淨扮馬士英，副淨扮阮大鋮，末扮楊文驄，外、小生扮從人喝道上〕〔旦避下〕〔副淨〕瓊瑤樓閣朱微抹。〔末〕金碧峯巒粉細勾。〔淨〕好一派雪景也。〔副淨〕這座賞心亭，原是看雪之所。〔淨〕怎麼原是看雪之所？〔副淨〕宋真宗曾出周昉雪圖，賜與丁謂。說道：「卿到金陵，可選一絕景處張之。」因建此亭。〔淨看壁介〕這壁上單條，想是周昉雪圖了。〔末〕非也。這是畫友藍瑛新來見贈的。〔淨〕妙妙！你看雪壓鍾山，正對圖畫，賞心勝地，無過此亭矣。〔末吩咐介〕就把爐、榼、游具，擺設起來。〔外、小生設席坐介〕〔副淨向淨介〕荒亭草具，恃愛高攀，着實得罪了。〔淨〕說那裏話。可笑一班小人，奉承權貴，費千金盛設，十分醜態，一無所取，徒傳笑柄。〔副淨〕晚生今日掃雪烹茶，清談攀教，顯得老師相高懷雅量，晚生輩也免了幾筆粉抹。〔淨〕呵呀！那戲場粉筆，最是利害，一抹上臉，再洗不掉，雖有孝子慈孫，都不肯認做祖父的。〔末〕雖然利害，卻也公道，原以儆戒無忌憚之小人，非爲我輩而設。〔淨〕據學生看來，都吃了奉承的虧。〔末〕爲何？〔淨〕你看前輩分宜相公嚴嵩，何嘗不是一個文人，現今《鳴鳳記》裏抹了花臉，着實醜看。豈非趙文華輩奉承壞了。〔副淨打恭介〕是是！老師相是不喜奉承的，晚生惟有心悅誠服而已。〔末〕請酒！〔同舉杯介〕〔副淨問外介〕選的妓女，可曾叫到了麼？〔外稟

桃花扇・罵筵（乙酉正月）

介〕叫到了。〔雜領衆妓叩頭介〕〔淨細看介〕〔吩咐介〕今日雅集，用不着他們，叫他禮部過堂去罷。〔副淨〕特令到此伺候酒席的。〔淨〕留下那個年小的罷。〔衆下〕〔淨問介〕他喚什麼名字？〔雜稟介〕李貞麗。〔淨笑介〕麗而未必貞也。〔笑向副淨介〕我們扮過陶學士了，再扮一折黨太尉何如？〔副淨〕妙妙！〔喚介〕貞麗過來斟酒唱曲。〔旦搖頭介〕〔淨〕爲何搖頭？〔旦〕不會。〔淨〕呵呀！樣樣不會，怎稱名妓。〔旦〕原非名妓。〔掩淚介〕〔淨〕你有甚心事，容你說來。

【江兒水】〔旦〕妾的心中事，亂似蓬，幾番要向君王控。拆散夫妻驚魂迸，割開母子鮮血湧，比那流賊還猛。做啞裝聾，罵着不知惶恐。

〔淨〕原來有這些心事。〔副淨〕這個女子卻也苦了。〔末〕今日老爺們在此行樂，不必衹是訴冤了。〔旦〕楊老爺知道的，奴家冤苦，也值當不的一訴。

【五供養】堂堂列公，半邊南朝，望你崢嶸。出身希貴寵，創業選聲容，後庭花又添幾種，把俺胡撮弄，對寒風雪海冰山，苦陪觴詠。

〔淨怒介〕哇！這妮子胡言亂道，該打嘴了。〔副淨〕聞得李貞麗，原是張天如、夏彝仲輩品題之妓，自然是放肆的。該打該打！〔末〕看他年紀甚小，未必是那個李貞麗。〔旦恨介〕便是他待怎的！

【玉交枝】東林伯仲，俺青樓皆知敬重。乾兒義子從新用，絕不了魏家種。〔副淨〕好大膽，罵的是那個，快快採去丢在雪中。〔外採旦推倒介〕〔旦〕冰肌雪腸原自同，鐵心石腹何愁凍。〔副淨〕這奴才，當着内閣大老爺，這般放肆，叫我們都開罪了。可恨可恨！〔下席踢旦介〕〔末起拉介〕〔淨〕罷罷！這樣奴才，何難處死，衹怕妨了俺宰相之度。〔末〕是是！丞相之尊，娼女之賤，天地懸絕，何足介意。〔副淨〕也罷！啓過老師相，送入内庭，揀着極苦的脚色，叫他去當。〔淨〕這也該的。〔末〕着人拉去罷！〔雜拉旦介〕〔旦〕奴家已拚一死。吐不盡鵑血滿胸，吐不盡鵑血滿胸。

〔拉旦下〕〔淨〕好好一個雅集，被這奴才攪亂壞了。可笑，可笑！〔副淨、末連三揖介〕得罪，得罪！望乞海涵，另日竭誠罷。〔淨〕興盡宜回春雪棹。〔副淨〕客羞應斬美人頭。〔淨、副淨從人喝道下〕〔末弔場介〕可笑香君纔下樓來，偏撞兩個冤對，這場是非免不了的，若無下官遮蓋，香君性命也有些不妥哩。罷罷！選入內庭，倒也省了幾日懸掛，衹是媚香樓無人看守，如何是好？〔想介〕有了，畫友藍瑛托俺尋寓，就接他暫住樓上，待香君出來，再作商量。

賞心亭上雪初融，煮鶴燒琴宴鉅公，
惱殺秦淮歌舞伴，不同西子入吳宮。

在我國古典戲曲寶庫中，歷史悲劇《桃花扇》恰如一顆璀燦的明珠，放射出奪目的光彩。它以哀惋悲壯的旋律，低吟着李香君和侯方域的悲歡離合，痛訴着南明王朝的興亡盛衰。李香君藝術形象的成功塑造，更使這部歷史悲劇成爲我國古典戲曲的壓卷之作。

《桃花扇》是以明崇禎十六年到南明福王二年（一六四三——一六四五）這段歷史爲題材寫成的。崇禎十七年（一六四四）四月，清兵入關，明王朝衹剩下南部中國的半壁河山。是年五月，鳳陽（今安徽鳳陽）總督馬士英勾結四鎮，擁立明朝福王朱由崧，在南京（今江蘇南京）建立南明王朝。當時，民族矛盾非常尖銳，階級矛盾愈演愈烈，荒淫殘暴的南明王朝僅支撐一年便土崩瓦解。孔尚任自稱：「《桃花扇》一劇，皆南朝新事，父老猶有存者。場上歌舞，局外指點，知三百年之基業，隳於何人？敗於何事？消於何年？歇於何地？不獨令觀者感慨涕零，亦可懲創人心，爲末世之一救矣。」（《桃花扇小引》）作者以侯方域和李香君的愛情故事爲線索，在舞臺上展現了當時錯綜複雜的社會矛盾，生動而形象地揭示了南明王朝必然崩潰的歷史原因。

《桃花扇》原評：「借血點作桃花，千古新奇之事，既新矣奇矣，安得不傳。既傳矣，遂將離合興亡之故付於鮮血數點中。」在得以表現南明王朝社會矛盾的紛繁事件中，孔尚任獨具慧眼，選取了充滿時代氣息的桃花扇故事，使之成爲觀察南明社會的窗口。《桃花扇》敍述復社文人侯方

桃花扇·罵筵（乙酉正月）

域到南京應江南鄉試，落第後寓居莫愁湖畔，與秦淮名妓李香君結識。他倆有着反對閹黨的共同政治見解，彼此由傾心愛慕到結爲終身伴侶。成親之日，方域贈香君以宮扇作爲定情之物。在魏黨餘孽馬士英、阮大鋮的迫害下，香君和方域天各一方。香君矢志守節，當馬、阮蓄謀強搶她做新任漕撫田仰之妾時，她誓死不從，以頭撞地，血濺宮扇。楊龍友借宮扇上的幾點血痕，添些枝葉，畫成了折枝桃花。這便是「桃花扇」的來歷。南明亡後，香君和方域相會於棲霞山白雲庵。面臨國破家亡，他們割斷了「花月情根」，分頭「修真學道」去了。《桃花扇》「借離合之情，寫興亡之感」，在李香君和侯方域的愛情糾葛中，貫穿着復社文人和魏忠賢餘黨的鬥爭。它繼承了《鳴鳳記》直接描寫當代政治鬥爭的優良傳統，又巧妙地繫男女離合之情和國家興亡之事於桃花扇底，完成了「桃花扇底送南朝」的創作意圖。

《罵筵》是《桃花扇》中最爲精彩的一齣（第二十四齣）。在清兵南下，國家危如累卵之際，南明王朝卻沉湎於紙醉金迷之中。福王屍位誤國，昏聵荒淫；權奸馬士英、阮大鋮把持朝政，作威作福。復社文人和閹黨進行着不懈的鬥爭。李香君則在《罵筵》的尖銳戲劇衝突中表現出富貴不能淫、威武不能屈的英雄膽魄，煥發出這一藝術形象特具的奇光異彩。

《罵筵》一開場，由阮大鋮上臺亮相，他的一大段唱白，交代了故事的背景：福王草草登基，馬士英、阮大鋮等奸賊把持朝政，爲一享「昇平」之樂，在賞心亭下大擺宴席，下令徵歌選色，單要搜拿秦淮名妓，入內庭學戲。這爲矛盾衝突的發展作了鋪墊。同行的一幫清客妓女，有的爲了躲避入選，狠心遁入了空門，如卞玉京、丁繼之；有的麻木不仁，竟暗自慶幸，認爲服侍皇帝是自己的「造化」，如鄭妥娘、寇白門。其中唯有李香君，「衹有這點志氣，就死不磨」，她一上場就帶着一身凜然正氣，一心想的是「難得他們湊來一處，正好吐俺胸中之氣」。她立志要「做個女禰衡，撾漁陽，聲聲罵」。戲劇矛盾衝突一浪高過一浪，當李香君直面馬士英、阮大鋮，當堂痛罵，字字句句如尖刀利刃刺向這幫奸臣邪黨的心臟時，戲劇的矛盾衝突發展到了最高峯，李香君嫉惡如仇的正義個性也得

桃花扇・罵筵（乙酉正月）

到了最強烈的體現：

〔五供養〕堂堂列公，半邊南朝，望你崢嶸。出身希貴寵，創業選聲容，後庭花又添幾種。把俺胡撮弄，對寒風雪海冰山，苦陪觴詠。

〔玉交枝〕東林伯仲，俺青樓皆知敬重。乾兒義子從新用，絕不了魏家種。冰肌雪腸原自同，鐵心石腹何愁凍。吐不盡鵑血滿胸，吐不盡鵑血滿胸。

李香君剛腸烈火，把內心鬱積的愛憎憤怒，一古腦兒噴射出來：大膽表白了對東林黨人和復社文人的敬慕之情，揭示了〈後庭花〉重奏的亡國趨勢，表明了自己拚死和奸黨鬥爭的決心。

香君罵筵，不是偶然的，其來有自。阮大鋮爲了收買復社文人，曾出資促成了李香君和侯方域的結合；同時，也是由於阮大鋮收買不成而加以陷害，纔生生拆散了李、侯的燕爾新婚。李、侯的愛情結合，雖有才貌相吸引的兒女私情成分，但更主要的是基於共同的政治主張與追求。李香君敬重復社文人，復社文人也親切地稱她爲「老社嫂」。香君和方域的結合，就肩負起反對閹黨的新使命。《罵筵》之前的《卻奩》和《守樓》都表現出香君獨立天壤的巾幗卓識。

《卻奩》一齣中，楊龍友送來妝奩，侯方域慨然收允。李香君則機智地詢問：「俺看楊老爺，雖是馬督撫至親，卻爲拮据作客，爲何輕擲金錢，來填煙花之窟？在奴家受之有愧，在老爺施之無名，今日問個明白，以便圖報。」即刻「拔簪脫衣」，楊龍友不得不嘆「香君氣性，忒也剛烈」，掃興而回。自詡清高的侯方域深受感動，引以爲「畏友」。《卻奩》第一次表明了香君和閹黨勢不兩立的政治立場，展示出她清正高尚的節操。馬、阮之流的不斷迫害和威逼，使香君在政治鬥爭的漩渦中越捲越深，而她的個性也在鬥爭中磨煉得愈發堅強。《守樓》一場突出反映了她鬥爭的堅定性。她痛恨奸黨：「欺負俺賤煙花薄命飄颻，倚着那丞相府忒驕傲。」「滿樓霜月夜迢迢，天明恨不消」正是她這種心情的寫照。

桃花扇・罵筵（乙酉正月）

當馬士英硬要搶親時，香君一方面據理力爭，表明和侯方域舉案齊眉、盟誓不移的深情厚意，另一方面又毫不掩飾地表明對魏黨的憎惡：「阮、田同是魏黨，阮家妝奩尙且不受，倒去跟着田仰麼？」語雖平常，氣概不凡。正因爲香君仇似海，恨無邊，纔能在福王挑選優伶之時，置個人生死於度外，痛快淋漓地憤怒控訴了南明權貴的罪行。

梁啓超曾稱《桃花扇》爲「一部哭聲淚痕之書」（《飲冰室詩話》）。李香君的罵筵雖令人拍手稱快，其實它也浸透着青樓妓女的斑斑血淚，寄寓着人民羣衆的亡國之恨。

在《桃花扇》之前，我國文學史上已經出現了一系列生動感人的妓女形象，如唐人小說的李娃、霍小玉，元雜劇中的趙盼兒，明代擬話本中的杜十娘，等等。李香君在忠貞、善良、機敏等方面雖和她們一脈相承，然而香君更具有自己的獨特之處。她帶有濃重的政治色彩，是我國古典戲曲作品中第一個融愛情追求和政治鬥爭於一體的煙花妓女形象。妓女罵丞相，歷史上何曾見過？香君罵筵，愧煞多少文臣武將！撇開香君作爲女性的特定因素，她也就成了敢於同權貴鬥爭的仁人志士的化身，因爲她的鬥爭，代表着復社文人和閹黨的鬥爭。《罵筵》完成了李香君藝術形象的塑造，成爲《桃花扇》的點睛之處；矛盾的雙方在《罵筵》中直接展開了最激烈的面對面的鬥爭，使這齣戲成爲《桃花扇》全劇情節衝突的高潮。它在全劇中最典型、深刻地表達了「借離合之情、寫興亡之感」的主題，數百年來，爲讀者與觀衆贊頌不已。

《罵筵》塑造李香君不同凡響的正義性格，首先是將她置於各具特色的人物羣像之中，進行鮮明的對比。李香君和馬阮之流代表着截然相反的兩種審美格調，作者通過矛盾雙方的審美觀照，達到弱化馬阮和強化李香君的目的。《罵筵》中賞心亭看雪時馬阮的一番對話，最能暴露這兩個奸賊的虛僞、卑劣。馬士英一面對於阮大鋮的拍馬奉承感到愜意，一面卻裝腔作勢痛斥阿諛奉承之人，說：「可笑一班小人，奉承權貴，費千金盛設，十分醜態，一無可取，徒傳笑柄。」阮大鋮立即打恭作揖說：「是是！老師相是不喜奉承的，晚生惟有心悅誠服而已。」這裏就像用戲場粉筆爲馬阮開了大白臉，

桃花扇·罵筵（乙酉正月）

頓時醜態畢現。朝廷中充斥着這幫衣冠禽獸，國家曷能不亡？南明王朝的亡國之音，正是從統治階級內部響起。孔尚任的高明之處還在於，在刻畫同一階層的人物時，沒有簡單地將其性格雷同化，而是在不同的精神狀態中表現出人物的不同個性。面對着朝廷選優，卞玉京和丁繼之一逃了之，消極抵抗；鄭妥娘和寇白門渾渾噩噩，甘心順從；香君則大義凜然，痛斥奸黨。在人物形象的鮮明對比中，香君的形象更加光彩照人。香君置身於黑暗和泥淖之中，方顯現出其光明和潔淨；屹立於平庸和軟弱之外，更顯出其卓絕和剛強。

作者除進行人物形象的鮮明比照外，還爲香君的出場選擇與渲染了自然環境。李香君「下紅樓殘臘雪濃，過紫陌早春泥凍」，她一出場，凜冽的寒冬襯托出肅殺的政治氣候；同時，寒冬的自然環境也便於香君即景抒情，選取適合表現自己剛強性格的景物，并賦予強烈的感情色彩。「冰肌雪腸原自同，鐵心石腹何愁凍」，自然貼切地喻指出香君誓死不和閹黨同流合污的堅強意志。在主客觀有機統一的整體中也體現出作者的美學思想。

香君在《罵筵》中的唱白都和其身分、性格相符合。「趙文華陪着嚴嵩，抹粉臉席前趨奉；醜腔惡態，演出真《鳴鳳》。」這比喻既巧妙，又符合李香君作爲秦淮歌妓的身份。其他人物的唱詞和賓白也同樣如此。阮大鋮上場時「簇新新帽烏襯袍紅，皂皮靴綠縫」的唱詞和一番道白，活靈活現地表現出這個奸臣得意忘形的神氣。馬士英在賞雪時聽到李貞麗的名字，隨即獰笑道：「麗而未必貞也。」短短一句話就把他邪惡的內心世界暴露無遺。楊龍友是馬士英的妹夫，禮部主事；同時又是香君母親李貞麗的舊好，對香君的容貌和伎藝十分欣賞，因此他的賓白就表現出首鼠兩端、世故圓滑的特點。既揭示其依附權貴的心理，又顯示其與馬阮的區別所在。

《罵筵》充滿濃郁的詩情畫意，煉字圓潤、妥貼傳神、詞意明亮。卞玉京唱詞「恨無端業海風，把人輕向煙花送。喉尖唱腫，裙腰舞鬆，一生魂在巫山洞」中，一個「輕」字，寫出了婦女在封建社會輕賤如草莽的悲慘地位；「魂」、「腫」、「鬆」三字，道出了歌妓一生的斑斑血淚。詞意明亮，是孔尚任對自己提出的要求：「一首成一首之文章，一句成一句之文章。」（《凡例》）《罵筵》的詞曲，悲惋沉重而又清麗動人，語言風格和人物情緒、戲劇氣氛和諧一致。其激昂鏗鏘的格調，與悲劇的主題思想在聲情上緊緊扣合。

「一曲歌同易水悲。」（《守樓》）《桃花扇》爲何能使勾欄爭唱、唏噓而散？因爲它勾起了人們的亡國之痛！《罵筵》這首悲壯的千古絕唱，可以當長歌，可以代痛哭，幾百年來它一直撥動着歷史和人類的沉重心絃。

（吳翠芬　張明）

新雷

張維屏

造物無言卻有情，每於寒盡覺春生。千紅萬紫安排着，祇待新雷第一聲。

按照通常的說法，詩和哲學的關係是疏遠的。但是，本詩卻和一個古老的哲學問題緊密相連。

我們生活在一個豐富、複雜的世界上。它變化萬千而又整齊不紊。不是嗎？凜冽的寒冬之後，必然繼之以明媚的春色；火熱的盛夏剛過，豐碩的金秋又接踵而來。歲歲如此，從無例外，彷彿有一種不聲不響的力量在主宰着。這種力量，古人稱之爲「天」，或稱之爲「造物」。孔子說過：「天何言哉！四時行焉，百物生焉。」商、周以來的傳統觀念是，天像人間的帝王一樣具有喜怒哀樂，可以口吐綸音，發令行政，孔子認爲天不講話，自然是一種進步。

本詩的作者從孔子的名言落筆，但是，卻并不是爲了回答哲學問題。

詩人爲嚴冬所苦。冰封雪蓋，萬物潛藏。蕭條的大地使人寂寞，呼嘯的朔風使人瑟縮。然而詩人懂得四時遷代的規律，從寒盡之處覺察到了春之萌動。他滿懷喜悦地告訴人們：造物是多情的，眼前雖然冷落單調，但是，花團錦簇的美妙世界已經安排就緒，衹須一聲震人心絃的新雷，它就會光彩煥發，突然閃現在你的面前。

一首好詩，常常是鮮明和含蓄的統一——景與境力求鮮明，情與意力求含蓄；既使人神與物遊，浮想聯翩，又使人探之彌深，引之彌長。本詩正如此。

春天是色彩斑斕的。詩人寫春天，衹用了「千紅萬紫」四字，立刻就讓你感到了春的豔麗、妖嬈、多姿多彩和廣袤無邊。

春之雷與夏之雷不同。春雷清脆洪亮，夏雷粗豪猛烈。詩人寫春雷，衹用了一個「新」字，準確地傳達了春雷的氣質和神韻。

色彩、聲音都是構成形象的要素。本詩通過對二者有特徵的表現，創造了鮮明的形象，使人有如在目前、如在耳際的感覺。它不是繪畫，卻喚起了人們的視覺印象；它不是聲響，卻喚起了人們的聽覺印象。

數量也是構成形象的要素。中國古詩歷來重視數量的表現。「欸乃一聲山水綠」、「竹外桃花三兩枝」、「七八個星天外，兩三點雨山前」……都是表現數量極爲成功的典型，本詩在這一點上也很有特色。它以「千」狀紅，以「萬」狀紫，以「一」狀雷聲，不僅加強了形象的明晰度，而且也通過數字大小兩極的對照，突出了新雷的神奇力量。

詩言志。創造形象並不是目的，在形象之內、之外，詩人總要傳達給讀者一些什麽，也總要留一些什麽讓讀者去體察、思考、補充。它可能是一種思想，也可能是一種情緒，甚至衹是一種氣氛。由於它是借助於特定形象來傳達的，因此具有確定性。由於它存在於形象之內、之外，讀者的體察、玩味又常常帶着個人的特點，因此又具有不確定性。在這一點上，古來一些優秀的、膾炙人口的名句大都如此。例如「沉舟側畔千帆過」、「山雨欲來風滿樓」等，它們的意境幷不能由讀者任意構想，然而千百年來的吟詠者又都可以用自己的理解去豐富它。本詩主旨在於寫迎春的喜悅和期待，這是很顯然的。然而，我們如果把「千紅萬紫」理解爲一種光明、美好的局面，把「新雷」理解爲一種使萬物昭蘇、震奮的力量，那末，這首詩的內蘊豈不是更豐富、更深刻了嗎？

郭沫若有一首題爲《日中文化交流協會成立十五周年紀念》的詩：

漫天飛雪迓春回，嶺上梅花映日開。一自高丘傳號角，千紅萬紫進軍來。

這首詩明顯地受了它的影響，可看作是對《新雷》意境的一種開掘。

詩幷不排斥知識、學問、思想、哲理以至歷史，然而詩歌藝術的主要特徵畢竟在於意境。唐宋以後，中國詩歌發展中滋生着一種以議論爲詩或以書卷爲詩的風氣。詩人們獺祭典故，大掉書袋，把詩作爲展覽學問、知識的手段，或者把詩寫成有韻的政論。這些做法，忽視了詩的特徵，因而也就難以寫出感人的作品。本詩作者生活在一個以書卷、學問爲詩的時代，然而卻能不囿於風氣。《新雷》一詩雖然也掉了書袋，但不露痕跡。全詩的藝術力量主要建築在鮮明而有深度的意境與新穎、獨特的構思之中，這是難能可貴的。

本詩語言淺近、凝煉，富於表現力。「安排着」一詞，是地道的口語。在張維屏（一七八〇——一八五九）以前的文人詩中還很難見到。作者以之入詩，顯示了一種勇氣與魄力。

（楊天石）

三元里

張維屏

三元里前聲若雷，千衆萬衆同時來。因義生憤憤生勇，鄉民合力強徒摧。
家室田廬須保衛，不待鼓聲羣作氣。婦女齊心亦健兒，犂鋤在手皆兵器。
鄉分遠近旗斑斕，什隊百隊沿谿山。衆夷相視忽變色，黑旗死仗難生還。
夷兵所恃惟槍炮，人心合處天心到。晴空驟雨忽傾盆，兇夷無所施其暴。
豈特火器無所施，夷足不慣行滑泥：下者田塍苦躑躅，高者岡阜愁顛擠。
中有夷酋貌尤醜，象皮作甲裹身厚。一戈已椿長狄喉，十日猶懸郅支首。
紛然欲遁無雙翅，殲厥渠魁真易事。不解何由巨網開，枯魚竟得悠然逝。
魏絳和戎且解憂，風人慷慨賦同仇。如何全盛金甌日，卻類金繒歲幣謀？

在中國近代史上，三元里人民的抗英鬥爭是光輝的一頁。一八四一年五月，正當清政府委派的靖逆將軍奕山向英軍求降，與侵略者簽訂喪權辱國的《廣州和約》，議定七日內向英軍繳納「贖城費」六百萬元等賣國條款時，廣州城北郊三元里附近一百零三鄉的人民卻自發奮起，集衆抗英，給驕橫的侵略者以沉重打擊，顯示了中國人民的偉大力量，揭開了中國近代史上人民羣衆大規模武裝反抗外來侵略鬥爭的序幕。

三元里人民英勇壯烈的抗英鬥爭本身就是一部可歌可泣的史詩，值得大書特書。它也確曾激發了詩人們

三元里

的創作熱情，使他們競相用詩筆記下了這一震撼人心的歷史場面。在同一題材的詩篇中，老詩人張維屏所作的七古長詩《三元里》最爲傑出。

張維屏一八三六年辭官後，即退隱於廣州近郊花地，終日讀書、吟詩，過着不問政事的生活。但鴉片戰爭這場空前的歷史大變動打破了詩人內心的平靜。敵寇近在肘腋，派來抗敵的清廷要員又腐敗無能，令詩人憂心如焚，痛憤不已。於是，在他的詩中出現了激昂的音調，唱出了時代的最強音。

「三元里前聲若雷，千衆萬衆同時來。」劈頭兩句詩即有先聲奪人之勢。在三元里一帶匯集了成千上萬的老百姓，羣情激憤，發出了雷霆般的怒吼。一八四一年五月三十日，由侵華陸軍司令卧烏古率領的數百名侵略軍，在三元里村外的牛欄岡被憤怒的村民圍住，人們從四面八方潮水般湧來參戰，「同時來」正寫出了當時真實的情景。反侵略的鬥爭是正義的事業。「因義生憤憤生勇，鄉民合力強徒摧。」對侵略軍的滿腔義憤激生出無比的勇敢。面對着同心協力、無所畏懼、踴躍向前的村民，再強大、頑固的敵人也抵擋不住。何況鄉親們是爲了保衛自己的家園不受侵略者的蹂躪，在戰鬥中更是勇氣百倍，一往無前。「家室田廬須保衛」，說出了一個最普通的自衛反擊的道理，因而是「不待鼓聲羣作氣」。「一鼓作氣」本是成語，出自《左傳》：「夫戰，勇氣也。一鼓作氣。」古代打仗時，擂鼓可激勵士氣。這裏卻反其意而用之，說不須擂鼓，人們已是鬥志高昂。自五月二十七日《廣州和約》簽訂後，人民對滿清官吏與軍隊的投降行爲無比痛恨，對他們已不抱任何希望，而把保家衛國的責任自己擔當起來。牛欄岡戰役便充分體現出人民這一高度的覺悟。除直接上陣殺敵的青壯年男子外，婦女們也自動組織起來。她們不但吶喊助威，而且送水送飯到前線。「婦女齊心亦健兒」，是以婦女爲代表，再現了當時不分男女老幼，同仇敵愾配合作戰的壯觀景象。參加戰鬥的大多數是農民，他們熱愛和平，希望在自己的田園裏安定地勞動、生活。然而一旦侵略者逼到了家門口，他們也不畏強敵，平時用來從事和平生產的勞動工具，此時便用作殺敵的武器。儘管實際上鄉民們手中的兵器并非全是「犂鋤」，還有不少大刀、長矛，但詩人祇寫「犂鋤在手皆兵器」，是爲了強調說明這些圍殲侵略軍的羣衆原本是和平的居民。而使用這樣落後的武器，與攜帶現代化武器的侵略軍搏鬥，三元里人民該具有何等巨大的勇氣！被詩人攝取入詩的這個鏡頭，反映出三元里人民抗英鬥爭以及近代中國人民反侵略鬥爭所具有的悲壯色彩。牛欄岡之戰也是一次有準備、有統一部署的戰鬥。在此之前，英軍到三元里一帶騷擾，激起民憤，附近一百零三鄉的人民隨即聯合起來，共同擬定了協同作戰的計劃。到這一天，「鄉分遠近旗斑爛，什隊百隊沿谿山」。前來參戰的各鄉隊伍以色彩不同的旗幟爲標誌，從四面八方匯集攏來，分進合擊，把侵略軍團團圍住。「衆夷相視忽變色，黑旗死仗難生還。」這兩句詩後原有詩人的自註：「夷打死仗則用黑旗。適有執神廟七星旗者，夷驚曰：『打死仗者至矣。』」這面嚇得敵人喪魂落膽、以爲必死無疑的黑旗，正是三元里人民從村北三元古廟（即北帝廟）中取來作令旗的三星旗。旗爲三角形，黑底白邊，三顆白色星相連。當時約定「旗進人進，旗退人退」，「打死無怨」。

以上一段詩從各個角度描繪了交戰前的場面：詩人忽而縱覽全景，忽而細描局部；不僅繪聲（「聲若雷」），而且繪色（「旗斑爛」），既有聲勢浩大的正面描寫，又通過侵略者的眼睛和心理從反面映襯。鄉民們「因義生憤憤生勇」、「不待鼓聲羣作氣」，與英軍的驚恐、怕死也形成了鮮明的對比。這樣充分的鋪敍，祇是爲了表明：正義在反抗侵略的人民一邊，勝利必將屬於他們。

以上主要寫了「人和」的因素。中國古代作戰很講究天時、地利與人和，如果三者齊備，必能克敵致勝。牛欄岡戰鬥恰恰集中了全部有利條件。因而，長詩第二段便再從「天時」與「地利」兩方面展開，集中描述交戰的經過。並且，前面着重從我方寫，此段着重寫敵方。

「夷兵所恃惟槍炮，人心合處天心到。晴空驟雨忽傾盆，兇夷無所施其暴。」侵略軍所倚仗的是先進的武器，但當日下午一點鐘左右，原來燥熱、晴朗的天氣，忽然烏雲密布，雷電交加，下起傾盆暴雨。敵軍的槍炮全部濕透，不能施放，完全喪失了戰鬥力。而且「豈特火器無所施，夷足不慣行滑泥：下者田塍苦躑躅，高者岡阜愁顛擠」。此處「顛擠」應作「顛隮」，意爲墜落。英軍士兵都穿着笨重的牛皮鞋，牛欄岡一帶卻全是水田，又是丘陵地帶，下雨後泥濘溜滑，侵略者寸步難行。被圍困的英軍，在田壟間的拔不出腳，行走困難；在高岡上的立腳不穩，害怕跌下。寥寥幾句，活畫出侵略軍的狼狽不堪。數萬羣衆將英軍包圍後，短兵相接、分割殲敵。本來，漫山遍野追殺敵人的戰鬥場面也是很好的詩材，然而詩人卻放棄了全局把握，單單把焦點對準英軍少校畢霞，通過這個侵略軍重要頭目的被擊斃，以一個典型事例，概括表現了戰鬥的經過與所取得的勝利。「中有夷酋貌尤醜，象皮作甲裹身厚。一戈已椿長狄喉，十日猶懸郅支首。」英人高鼻深目，在對敵人充滿仇恨與憎惡的中國村民看來，他們一個個相貌醜陋。而對畢霞這個侵略軍軍官，詩人更以漫畫筆法加以描述。所謂「象皮作甲」，不過是極言其防護之嚴密。儘管如此，他還是難逃一死。據傳，在戰鬥中，鄉民顏浩長奮勇向前，用長矛把畢霞刺死，其首級也被人割下。詩人敍述此事，借用了古代史書中擊殺異族首領的兩個典故：《左傳》文公十一年：「獲長狄僑如，富父終甥椿其喉以戈，殺之。」長狄是古代中國北方的一個少數民族，其首領僑如被魯國武士富父終甥以戈直搗其喉殺死。又，《漢書・陳湯傳》記：漢元帝時，西域都護甘延壽與副校尉陳湯等攻入康居國，殺死匈奴郅支單于，懸首於長安十日。兩件史事用在這裏都十分貼切，不僅如實地傳寫出當時的戰況，而且顯示出人民痛殲侵略者的自豪感與對敵人的刻骨憎恨。

被包圍的敵軍已成瓮中之鱉，欲逃無路。全殲敵人、擒其主帥已是易如反掌。據當時人記載，被圍在牛欄岡的英軍「方舍命突圍出，無奈人如山積，圍開復合，各棄其鳥槍，徒手延頸待戮，乞命之聲震山谷」（梁廷楠《夷氛聞記》）。這部分敵人基本被殲滅。而逃回四方炮臺的英軍，包括司令臥烏古與英政府在華全權代表義律，也被隨後趕到的各鄉義軍四面圍住。形勢大好。然而，戰局竟不可思議地發生了變化。詩人酣暢淋漓的筆墨至此一頓，發出了沉重的嘆息。

從「紛然欲遁無雙翅，殲厥渠魁真易事」轉入第三段。「不解何由巨網開，枯魚竟得悠然逝？」原來網開一面，送即將乾死的涸轍之魚重回水中，任其安然自在游走的人，正是廣州知府余保純。英軍被圍後，第二天，臥烏古遣人威脅余保純，要他救助。余保純害怕和議破產，遂帶人到陣前，用恐嚇、欺騙的辦法將村民驅散，爲侵略軍解了圍，使前功盡棄。詩人自然是知道此事的，然而明知故問，假作不知，一方面是由於時代的原因，不敢直接指斥滿清官員，另一方面是出於藝術上的考慮，要遵守儒家「怨而不怒」、「溫柔敦厚」的詩教，於是把正面的譴責化作委婉的嘲諷，而詩人的氣憤與痛心已是溢於言表。詩人有感於現實，不禁回顧歷史：「魏絳和戎且解憂，風人慷慨賦同仇。」和與戰歷來是兩條不同的方策。前者以春秋時期晉國大夫魏絳爲代表，在山戎請和時，他權衡利害，力主和戎。他認爲，晉悼公剛剛受到諸侯擁戴，不應因伐戎削弱自己的力量，而且和戎也可增加晉國的威望，使邊境地區人民能够安居樂業。根據當時情況，和戎確是正確的主張。但詩人反對和議的態度在這句詩中仍明顯表露出來。他用了一個「且」字，説明他把和議看作下策，並不贊成。在此前提下，他纔承認，魏絳和戎還是於晉國有利的。詩人更傾向於戰，因而讚揚《詩經》中《無衣》一篇的作者——因爲他在詩中唱出了「修我戈矛，與子同仇」這樣慷慨激昂的聲音，鼓勵秦國戰士同心同力抗擊西戎的侵擾。特別是由於張維屏本人與《無衣》作者身份相同，都是「風人」，即詩人，所以在這句詩中，也傾注進張維屏本人的一腔激憤。總之，無論是和是戰，都應以國家利益不受損害爲先決條件。反觀現實，詩人感到極度的困惑，無法理解眼前的事實：「如何全盛金甌日，卻類金繒歲幣謀？」張維屏認爲，當時國勢強盛，國土完整，國家鞏固，與魏絳和戎時晉國的情況不同，本來應該堅決抗擊侵略，並一定會獲得勝利。然而清廷遣派的官員在十分有利的時機，卻斷送了馬上就要到手的勝利成果，反而像歷史上遭人恥笑、每年向敵國大量輸送金帛的孱弱宋室一樣，與敵人簽訂屈辱的和約。詩句反映出詩人對投降行徑的強烈不滿，尤其對訂立賠款乞和的《廣州和約》表示出極大的義憤。

在這段詩中，詩人憤怒地譴責了奕山、余保純等人的賣國、縱敵行爲，並尖鋭地揭示出投降派是導致整個戰爭失敗的罪魁禍首。

《三元里》是一首長篇紀事詩。我們以史證詩，可以清楚地看出，詩人雖未親臨前線，但確實掌握了大量有關材料，所以，整首詩幾乎句句有據可查。顯然，張維屏是自覺繼承了中國詩歌中的「詩史」傳統，以詩記史，用詩歌的形式爲後代人留下了當時鬥爭的真實記錄。而「詩史」傳統又並非意味着單純客觀的記述，像中國古代的歷史著作一樣，它還要發揮「史鑒」的作用。《三元里》一詩也不例外。詩人在詩中也嚴肅地爲後代人提供了歷史的教訓：對於外來侵略衹有抵抗到底，放縱敵人便會後患無窮。

三元里人民抗英鬥爭所具有的史詩性質，固然爲詩人的創作提供了便利。但這是一場有數萬人參加的戰鬥，如何駕馭題材、剪裁材料，卻還要費一番匠心。詩人採取了詳略結合的鋪敍手法，在描繪氣勢宏大的羣衆鬥爭場面時用足了筆墨，飽含激情，而寫英軍的狼狽相則相對簡略，充滿鄙視。他從衆多被殲的敵人中，單單挑出軍銜最高的畢霞詳述，正符合「擒賊先擒王」的古訓，並足以代表整個戰鬥的輝煌戰果。詩歌在描寫角度上也有變化：前面正面表現了牛欄岡之戰的經過；後面敍余保純爲英軍解圍，則改用旁敲側擊。角度的轉換正準確地透示出詩人的心情從興奮到失望的轉變。

由於這首詩既描寫了人民抗英鬥爭的悲壯場景，又表露了詩人的悲憤情懷，因而形成一種雄渾的格調，具有磅礴的氣勢，感情激越、沉痛。全詩一氣呵成，最後以反問句結束，猶如急流的河水突然被關在閘內，還在不斷衝擊，要破閘而出，奔流向前，顯示出一股羈勒不住的力量。張維屏詩素以「伉爽高華」、「沈鬱頓挫」（林昌彝《射鷹樓詩話》卷二），爲人稱讚，此詩成於六十歲以後，詩人已入暮年，但作詩恰是老當益壯，風格更趨蒼勁，詩味愈加醇厚。因此，《三元里》長詩創作的成功，不僅得力於時代的刺激，也與詩人深厚的藝術功力分不開。

（夏曉虹）

蝶戀花

周　濟

柳絮年年三月暮，斷送鶯花，十里湖邊路。萬轉千回無落處，隨儂祇恁低低去。

滿眼頹垣攲病樹，縱有餘英，不直封姨妒。煙裏黃沙遮不住，河流日夜東南注。

蝶戀花

詠春詞在千百年來的詞壇上恐不下千首；藉詠春而寄詞人之情感的作品，也實屬不少。但像周濟這首《蝶戀花》那樣，既有寄託，又令人不易品味寄託之旨，於含蓄曲折中微露端倪者，怕並不多見——尤其在清代詞壇上。

清代詞壇上，繼主張偏重藝術技巧的「浙西派」之後出現的「常州派」，似與「浙西派」異軍對壘，比較注重思想內容，提倡詞作要有寄託、要「意內言外」、要表現作者的真實思想感情，不應陳陳相因、無病呻吟——這也是周濟在他的《詞辨》、《介存齋論詞雜著》與《宋四家詞選目錄序論》等著作中所主張並闡發的。

周濟，字保緒，一字介存，號未齋，晚號止庵，江蘇荆溪（今宜興）人，生於一七八一年，卒於一八三九年。他是「常州派」的重要詞論家，所作詞基本上體現了他自己的論詞主張：「詞非寄託不入，專寄託不出」；因而清人譚獻在《篋中詞》中說他：「此道（指寄託之說）遂與於著作之林，與詩賦文筆同其正變也。」

我們試看周濟的《蝶戀花》詞。

寫春，自然應抓住點春之物。周濟此詞一開首即注意了抓住形象物——柳絮，以柳絮象徵春之降臨。應該說，以柳絮詠春的手法並非新創，在周濟之前的詞人恐已用之爲濫了；然而周濟匠心獨運之處在於居然突兀地出現了「年年三月暮」：從自然現象上看，這顯然是無可置疑的規律，並不稀見；不過，作者在開首即以此引發，自顯出其不同凡響處——確是見春景而發感，然又非尋常詠春，言外之意是「年年歲歲如此」，這就有耐人咀嚼之餘地了。

接下二句，交代了所見春景的背景地點——「十里湖邊路」。這本是人們賞春悅目的最佳地，大概也是作者觀賞春景的實際地點。問題在於「鶯花」上——詞人繼「柳絮」後又引出了春的第二個典型象徵物。由「柳絮」，人們自然會想象出它的形象：隨風飄蕩；而「鶯花」，人們不會一下子聯想到它的「飛」。詞人兩個動詞的運用在這兒起了作用：「斷送」，無疑使人們與飄舞的柳絮可作同類聯想——隨風而落。

柳絮與鶯花的描寫並非是虛空的，除了點明春之外，兩物均內在地維繫於緊接着的兩句：「萬轉千回無落處，隨儂衹恁低低去。」其中關鍵之詞爲「儂」：柳絮、鶯花因「儂」而「萬轉千回」，又因「儂」而衹得如此地低低落下去。可見，春風（儂）是作者所要描畫的中心物，柳絮因春風而飄舞，鶯花隨春風而飛落。上半闋以春風一以貫之，既畫出了春景之圖，又將畫面上的典型物有機聯貫。透過詞面，我們仔細品味，似隱隱有春光流逝之感；這種感覺雖並不分明，卻已浮生——這是詞人通過上半闋的描畫讓讀者微可把握的寄託之意，衹是並不顯豁。

下半闋的景致似乎與上半闋異中有同。異者，上半闋中展現的景物，畢竟有令人賞心悅目之處，而下半闋一開始即是一種令人不忍一睹之景象：「滿眼頹垣敧病樹」。「頹」者，傾倒也。儼然與上半闋如出二轍，一幅凄涼景致映入眼簾。然而，也有同者：眼前春光流逝，卻並不意味來日春景不再現。「病樹」一詞豈非劉禹錫詩句「病樹前頭萬木春」之借用？衹是此意甚不易辨，衹能視作有所寄託而未必寄託之意。但是有一點可以斷言：至少含有「年年三月暮」的成分——即今春之逝去，必有來春之再臨。

作者始終不曾忘卻春風，緊扣上半闋的春風，接着又出現了春風：「封姨」，此乃傳說中的風神。《博異志》有載，唐代處士崔元徽月夜遇數美人，其中有封家十八姨，崔因諸女之請立旛，但風至時，苑外花飛木折，而苑中花卻毫無損傷，崔方曉封姨乃風神。作者借此喻春風。眼前雖有未飛落之楊花，但畢竟不值封姨妒忌，倘一起妒，怕也會「低低去」。

詞人在上、下半闋均寫了春風後，末尾引出了關鍵的結語，這是頗值得人們體會的旨意之句。

「煙裏黃沙遮不住，河流日夜東南注。」大自然的陽春煙景，年年歲歲出現，又年年歲歲逝去，黃沙自然難以遮住。言外之意，歲月的流逝與復現，本是自然規律，不以人們主觀意志爲轉移；正如大江河流，它永遠不停息地向着東南方向流注。我們由此即聯想到了宋人辛棄疾的詞句：「青山遮不住，畢竟東流去。」其寓意雖不盡相合，然句式自有可相印之處；又聯想到了《論語》中的孔子之語：「逝者如斯夫，不舍晝夜。」

時光的流逝，乃自然界的客觀規律，流逝的永遠流逝了，人們的主觀能力是無法阻擋與挽留的。作者是否在此蘊涵了孔子的這種哲理思想呢？詞旨含蓄而又耐人尋味。

抒寫春感，這是古代詩詞作家們最多涉及的題材；而在抒寫之中，因作者旨意不同而呈多種形式與色彩。周濟的這首《蝶戀花》，應屬頗有寓意、有一定寄託而言辭頗隱晦者。他曾在《宋四家詞選目錄序論》中講到寄託的「入」與「出」：「入」，即要「一物一事，引而伸之，觸類多通」；「出」，則「賦情獨深，逐境必寤，醞釀日久，冥發妄中，雖鋪敘平淡，摹繢淺近，而萬感橫集，五中無主……」對照《蝶戀花》詞，我們大致能體會出，他的寄託「出入」說，在該詞中是有比較典型的體現。

不過，作爲偏重思想內容的「常州派」代表，雖然主張重視思想內容，但於貫徹「寄託說」時，使思想內容顯得隱晦難解畢竟是一種矛盾。這也是我們讀此詞時所不得不予以指出的。

（徐志嘯）

出嘉峪關感賦（之一）

林則徐

嚴關百尺界天西，萬里征人駐馬蹄。飛閣遙連秦樹直，繚垣斜壓隴雲低。

天山巉峭摩肩立，瀚海蒼茫入望迷。誰道崤函千古險？回看祇見一丸泥。

林則徐（一七八五—一八五〇），字無撫，一字少穆，福建侯官（今福建省福州市）人。林則徐是近代偉

出嘉峪關感賦（之一）

大的愛國主義者，著名的民族英雄。他領導了聞名於世的禁煙運動，並在鴉片戰爭中打擊了英國侵略者，捍衛了中華民族的利益和尊嚴，深受中國人民的尊敬和愛戴。但卻受到清政府投降派的打擊，一八四〇年九月被革職問罪，一八四一年六月被充軍伊犂。從火熱的反侵略鬥爭的前線上，硬被撤職查辦，眼見得抗英鬥爭節節失利，林則徐心憂如焚。他在赴伊犂的途中，仍念念不忘抵禦外侮。他抱着憂國之憤，寫下了許多激動人心的詩篇和書信，批判投降派的賣國罪行，表達自己的抗戰主張和愛國思想。

《出嘉峪關感賦》共四首，這裏選第一首。這是一八四二年十月林則徐遣戍伊犂途經嘉峪關時所作。嘉峪關，在今甘肅省嘉峪關市西、嘉峪山西麓，依山而建，居高憑險，是當時西北交通要道。「感賦」，有感而作詩。

「嚴關百尺界天西，萬里征人駐馬蹄。」「嚴關」，險峻的關塞。「界」，隔斷。嘉峪關以西就是塞外了。「天西」，極遠的西方，指新疆。「萬里征人」，作者自指。這兩句意思是：險峻的嘉峪關是西部的一個重要關隘，萬里征途中我在這裏停留。正是嘉峪關的雄偉，吸引了這位愛國者，使他忘卻了旅途的遙遠和辛苦，不由得在此停留歇息，盡情欣賞這壯麗的關山，緩解長途顛簸的勞頓和寂寞。這兩句初步寫出了嘉峪關之美和作者對它之愛。

「飛閣遙連秦樹直，繚垣斜壓隴雲低。」「飛閣」，高聳的樓閣，指嘉峪關的建築。「秦」，陝西地區古稱秦。「繚垣」，曲折蜿蜒的城牆，指長城。「隴」，甘肅地區古稱隴。「秦」、「隴」二字，在此可理解爲互文。這兩句是說，高聳的嘉峪關和陝甘一帶直立的樹木遙遙相連，盤繞在高山上的萬里長城把陝甘一帶的雲煙都壓低在它的下方。嘉峪關的高峻、長城的雄偉，作者衹用了十四個字，就把它們活脫脫地展現了出來。

「天山巉峭摩肩立，瀚海蒼茫入望迷。」「巉峭」，山勢高峻峭拔的樣子。「摩肩立」，比喻天山峯巒層疊，好像並肩而立。「瀚海」，這裏是專有名詞，與天山相對偶；指內蒙、新疆一帶的大戈壁沙漠，因其浩瀚如海，故名瀚海。「入望迷」，一望無邊，令人迷失方向。詩人進一步描繪說：「高峻的天山羣峯聳立，又像與嘉峪關並肩而立；蒼茫的翰海沙浪滾滾，一望無際。這兩句與上兩句緊相呼應，寫出作者站在嘉峪關上，極目遠望，往東看是陝甘地帶直立的林木，蜿蜒的長城盤繞在雲煙之上；往西看是千百里外巉峭的天山，浩瀚如海的沙漠蒼蒼茫茫。高聳的嘉峪關雄視千里，無邊的景色盡收眼底。作者以浪漫主義手法，展開宏偉的想象和誇張的描寫，出色地表現了嘉峪關莊嚴雄偉的形象，同時也很好地顯示了作者在被流放途中的樂觀豪邁的博大胸懷。

爲了更好地描寫嘉峪關的險要地位，作者又把它和「崤函之固」作了比較：「誰道崤函千古險？回看祇見一丸泥。」「崤函」，崤山和函谷關的合稱。崤山邊的函谷關，在今河南省靈寶縣西南，地勢險要，自古聞名。「一丸泥」，因爲函谷關在山谷中，古人說祇要用一丸泥就可以封住函谷關，形容它易守難攻、非常險要。作者指出，回頭東望險要的崤山和函谷關，衹不過像是一丸泥而已。本來是非常險要的函谷關，在嘉峪關面前，卻小得像是一丸泥，哪裏還算得上千古雄關呢？通過這一襯托，進一步寫出了嘉峪關的高大險要，氣象非凡。

這首寫景詩，出色地運用誇張的手法，歌頌了嘉峪關的雄偉，表達了赤誠的愛國之心和不減當年的壯志豪情。

（馮國華）

塞外雜詠（之一）

林則徐

天山萬笏聳瓊瑤，導我西行伴寂寥。我與山靈相對笑，滿頭晴雪共難消。

塞外雜詠（之一）

《塞外雜詠》也是一組寫景詩，是一八四二年作者赴伊犁途中所作。原詩八首，這裏選一首。

「天山萬笏聳瓊瑤，導我西行伴寂寥。」「萬笏」，比喻天山的羣峯像許多聳立的笏板一樣。「笏」，古代大臣上朝見皇帝時手中所拿的狹長形的板子，有的用象牙製成。「瓊瑤」，美玉。詩人歌唱道，天山羣峯林立，像成千上萬的笏板聳立着；天山白雪皚皚，又像許多高聳入雲的美玉一般。巨大的天山，成了我西行的嚮導；壯麗的天山陪伴我，解除了旅途的寂寞。這兩句詩，描寫了天山的雄偉壯麗和作者對天山的無限深情。第一句連用兩個比喻，前者（「萬笏」）比喻天山的巨大，後者（「瓊瑤」）比喻天山的壯麗。第二句連寫了天山對作者的兩個作用：一爲「導我西行」，一爲解我「寂寞」；從而反映出作者對天山的深情。天山山脈東西綿亘三千多里，出甘肅到伊犁，一路上都經過天山地區，天山就成了沿途的天然標誌，像嚮導一樣起了引路的作用。作者也確有寂寞之感，但不僅僅是由於遭到遣戍、遠離家鄉親人而引起，也不僅是由於路途漫漫、滿目荒涼而引起。作者有詩云：「苟利國家生死以，豈因禍福避趨之！」試想，作爲一位偉大 的愛國者，本應堅守在海防前線，然而卻身向西行，一步一遠，並且時有抗英失敗的消息傳來，心中該是多麽難受啊！應當說，這是作者寂寞苦悶的主要原因。在這漫長的旅途中，何以解除寂寞苦悶呢？唯有天山的美景。所有這些，自然引起作者對天山的無限深情。而對天山的深情，也正是對祖國的深情。

「我與山靈相對笑，滿頭晴雪共難消。」「山靈」，山神。把天山比作神靈，賦予生命，也是詩人對天山深情的表現。詩人繼續歌唱道：我與天山之神相對而笑起來，我們彼此都是滿頭銀雪（白髮和雪峯）難以消除啊！當時，作者已經五十七歲了，已經滿頭白髮。作爲清王朝獨當一面的封疆大吏，作爲有大功於國家民族的仁人志士，在年近花甲之時，以垂老之身，遭到充軍伊犁的極不公正的待遇，離鄉背井，無法實現報國之志，作者當然不無憤懣寂寞之感。然而非常可貴的是，作者卻不甘寂寞，不怕旅途的艱險，不消沉，不頹喪，因而纔能發現天山的壯麗，唱出熱情的讚美之歌。由此可見，作者的心胸是何等開闊，意志是何等堅強。雖是一首絕句，字裏行間卻洋溢着作者對祖國山河的熱愛，充滿了豪邁樂觀、積極進取的精神。作者到伊犁後，仍

然勵精圖治，大量墾田，興修水利，關心邊防，這些事跡可做本詩的很好的註腳。（馮國華）

詠史

龔自珍

金粉東南十五州，萬重恩怨屬名流。牢盆狎客操全算，團扇才人踞上游。避席畏聞文字獄，著書都爲稻粱謀。田橫五百人安在，難道歸來盡列侯？

讀了龔自珍的著名七律詩《詠史》後，不能不首先想到這位以「文筆橫霸」（李慈銘：《越縵堂詩話》卷中）擅長的詩人的不凡風骨。劉勰《文心雕龍》論述「風骨」時有這麼兩句話：「深乎風者，述情必顯。」「結言端直，則文骨成焉。」意思是說，作爲表現於作品外貌的思想、感情的「風」要鮮明、生動，作爲語言、文辭的「骨」要雄健、凝煉。合起來說，它表現爲激動人心的氣魄：從創作主體說，它體現了詩人的氣度和骨格；從創作客體說，它體現了形象的巨大感染力；從讀者的藝術再創造說，它體現了崇高意境在鑒賞過程中引起的強烈共鳴。《詠史》一詩的風骨兼具這三方面的特點，而它的主要關鍵，則是「風」與「骨」的高度融和，形成了浩渺嚴峻的個性風格。

龔自珍的浩渺不限於這一首詩，也不限於一部分詩，他的整個詩的風格和爲人就是「汪洋如萬頃波」的。清人譚獻說他的詩「迭宕曠邈」（《復堂日記》卷二），說明他的詩意境汪洋，胸襟浩蕩。這和他「博通

詠史

羣籍，餘事爲詩」（徐世昌：《晚晴簃詩匯》卷一三五）有關，也和他處於那一個天崩地解的巨大轉折時代，看飽了四海翻騰的時代怒濤，從而擴大了生活視野有關。他的著名的政論性散文《尊隱》，包羅了上下古今的歷史興衰的轉化，刻畫了莊嚴與醜惡兩個集團的對立；他的《己亥雜詩》是那麼恢弘壯闊的一幅封建「衰世」圖的長卷；他的《小遊仙詩》十五首表面寫的是道家生活，但其中卻蘊藏着多少晚清最高軍事機構的形形色色！一句話，他是一位深深懂得體察大千世界的奇觀，並善於捕捉其流動變幻，從而熔鑄成爲奇妙意象的人。他寫的《詠史》詩不止這一首，蒿目時艱，察今探古，經世致用，原就是他的一貫主張。但從這一位敢於正視現實、揭露現實、鞭撻現實的詩人說來，這首《詠史》詩特別顯出「曠邈」的奇趣。

詩的開頭就顯得氣勢磅礴。「金粉東南十五州」，說明早有「六朝金粉」之稱的長江下游一帶，本是繁華富庶的地區。然而在這樣的大好河山下，人情世俗是怎樣的呢？作者首先點出上層人物之間慣於勾心鬥角，翻雲覆雨，造成了多少恩恩怨怨。「萬重恩怨」，可以說是一語破的。他們的醜態極多，根本原因是由於「士不知恥」（《明良論二》）。但如果細加分析，也還有不同類型，那就是頸、腹二聯所指的四句。「牢盆狎客」指封建大官僚門下的寵犬式門客；「團扇才人」指那些像東晉重臣王導之孫王珉一類的貴族子弟，整天手搖白團扇，談玄說佛，對國政茫然無知。一個是慣於興風作浪，一個是阻塞賢路，尸位素餐。面對着這樣的一些人物，詩人的憤慨是可想而知的。雖屬「狎客」，卻總攬全局大權；雖屬「才人」，卻身居要津。一「操」、一「踞」，固然是客觀的準確描繪，但卻都充溢着詩人強烈的主觀感情色彩，既有鄙視之意，也有憎惡之情。再還有一種人，雖說不屬於「狎客」、「才人」之流，但卻明哲保身。他們被清代的一起又一起的文字獄嚇破了膽，鑽入故紙堆中，遠離現實，一聽文字獄就談虎色變。他們的文字生涯，也衹不過是爲了養家糊口而已。對於這樣的一種人，詩人雖說不像對「狎客」、「才人」那樣地鄙視，但卻不禁感慨繫之。這和他一貫傾心於「更法」、「改圖」，「慷慨論天下事」，是截然不同的兩種人生道路。

「田横五百人安在，難道歸來盡列侯？」這結尾可以說是詩人筆下對晚清士氣腐敗頹唐的總結，也是鬱勃之氣的升華。按《史記》所載，田横、田榮均秦末人，曾佔據齊地，自立爲齊王。劉邦統一天下後，招其投降，並許其封爲「列侯」，但田橫不甘臣伏，和隨從們在走向洛陽的途中慨然自刎了。留在海島上的田橫部下五百餘人，聽到消息後，也都全部自殺。詩人用了這個富於壯烈情調的典故，對以上形形色色的東南名流進行了刻骨嘲諷，還故意發爲疑問：當年田橫手下有那麼多堅貞不屈的義士，可是今天的金粉東南呢？難道你們都眞的被收買成「列侯」而竟然噤若寒蟬，連一個有骨氣的人也不敢站出來了嗎？

作爲一位眼光敏銳、時代感極強的詩人，在龔自珍的詩文中，對朝政腐敗的批判眞是太多了。但在他看來，最最使他痛心疾首的是「士氣」「凌替」。儘管這首詩字面上衹是寫東南地區，但實際卻是對整個儒林的高度概括。

晚清一班無恥、無聊的文人，無奇不有，但經過詩人深刻的透視，卻能「擒賊擒王」，首先突出了他們當中的上層人物——「名流」，尤其是名流集中之地的「東南」，尤其是他們之間的恩恩怨怨，那麼，「天下之廉恥」被「震盪摧鋤」（《古史鉤沉論一》）殆盡之日，恰恰是「忽忽中原暮靄生」（《雜詩十四首》）之時，這道理也就不言而喻了。

從詩人憂憤的深廣來說，這首詩的意境是曠逸的；從詩人的指斥多方來說，這首詩的視角是曠逸的；從詩人對「名流們」的共同癥結一擊即中來說，這首詩所能產生的心靈共鳴也是曠逸的。

藝術風格的曠逸，對《詠史》說來，不是微雲出岫、清風遠引，而是濃摯憂惻的哀國憂民的感情，是「天風浪浪」（司空圖：《詩品·豪放》），是劉勰所說的「蔚彼風力」（《文心雕龍·風骨》），也大體近似西方的「崇高」的美，即康德所說的「無限」廣大和「無限」威力。

浪浪天風，一般說來是陽剛之美，從境界說來是縱橫恣放，從筆力說來是雄健勁拔，從感情波瀾說來是變化從心、無所不有，但落實到具體作家、作品的風格之中，畢竟各有不同。就說同是龔自珍的詩歌吧，他的構思隨着大千世界所引起的神明變化而表現爲奇奇幻幻的天風浪浪之聲，也是各有千萬不同的音籟的。他的《行路易》的情調，光怪陸離，有頓有挫，既像對知友談玄，又像對蒼天傾訴。《西郊落花歌》的「風」，卻又吹得很猛，理想的翅膀飛得很高，浮想很痛快，東飄西蕩，矯若游龍。如果說前一首詩是寓憤懣於滑稽突梯，以錯落之筆取勝，那麽，後一首詩則是用一種渲染着理想色彩的絕妙圖景，傳寫出宇宙和歷史中一切莊嚴美麗事物的結晶體。誠然，它們都反映了詩人的狂放不羈和嶔奇磊落的性格，然而畢竟各有所側重：前詩主要是多角度的自我解剖，後詩是藴涵着社會美的對一種自然美的正面抒寫，所以在筆力遒健和凝煉上，都不同於《詠史》這一首七律。也由於體製不同，《詠史》詩不像《行路易》那樣魚龍曼衍、無法有法，它的法度謹嚴恰恰是藝術境界中「兀傲」（黎庶昌評龔文語）風格的端嚴的反映。在批判士氣的同時，人們儼然看到這一位不同俗流的詩人巋然屹立。他無愧於「金粉東南十五州」，無愧於田横義士。

正因爲他有錚錚骨力的文辭，他的曠逸風情纔有可能獲得相應的載體，如雷如霆，如長風出谷，汪洋恣肆中見出剛勁遒煉。

「文章忘忌諱，才氣極縱横。」這是龔自珍友人梁章鉅讚美他的詩句。「極縱横」可見其浪浪之「風」，「忘忌諱」可見其錚錚之骨。總之，《詠史》詩正是符合劉勰所極稱的「才鋒峻立」的饒有風骨之作。

（吴調公）

秋心（其一）

龔自珍

秋心如海復如潮，但有秋魂不可招。漠漠鬱金香在臂，亭亭古玉珮當腰。

氣寒西北何人劍，聲滿東南幾處簫。斗大明星爛無數，長天一月墜林梢。

秋心（其一）

《秋心》寫於道光六年（一八二六）秋，是一首積鬱甚深的傷悼之作。這一年，龔自珍赴京會試第五次落第，而謝階樹、陳沆等好友多人又相繼去世，詩人傷悼亡友，聯想自己仕途的坎坷，不禁悒鬱惆悵，遂作《秋心》三首，這是其中的一首。

「秋心」者，在中國古典詩歌中，往往是借肅殺的秋氣來形容心情的悲愁，寓愁思愁怨於秋風秋雨之間。但龔自珍這首《秋心》，以「秋心如海復如潮」二句憑空起勢，無所依托，直寫詩人悲愴已極的心境。然而，率直卻並不簡單，其中蘊涵着至少三個情感層次，在一波三折的回旋裏，將詩人愁腸百轉的哀情推向縱深。首先，當詩人在蕭疏清寂的秋夜孤獨佇立，對月思人，諸友俱亡，已令他黯然神傷，倍感淒涼，心底湧起無限惆悵。繼而，內心陡起第二層波瀾——儘管故人墳上已衰草萋萋，詩人卻要改變這一無情的事實——他幻想着像遠古習俗那樣擺酒設祭、仰天招魂，以深摯的友情感天動地，使亡友們重回人間。這一波瀾衹是轉瞬即逝，直跌谷底，隨之激起第三層波瀾——無情的秋色喻示着一切都不可挽回了，故人此去，便是永別，他們的音容笑貌，今生今世再也不得相見了，惟有「花隨流水滔滔去，潮拍心岸寂寞回」。於是，最初的傷悼，經由徒然的抗拒，復轉爲更爲悲涼的巨大心理體驗，既難以承受又不可排遣。值得注意的是，詩人於秋景之外寫秋心，把無形的秋心外化爲有形的大海，從無聲的靜夜聯想到潮聲的拍擊，儘管不着一字寫秋景，秋所暗示給人們的悲涼深意——那種生離死別而又無可奈何的永恆悲哀，卻更爲濃重而內在地透露出來。同時，詩人內心與外界環境動與靜的巨大反差，「秋心」所凝聚的情感力度，都在海洋般的巨大體積與氣勢中凸显出來，並爲全詩奠定下慷慨悲涼的基調。

按通常的發展脈絡，傷悼之情的深入，往往導向對諸多感人往事的回憶。然而《秋心》三四兩句，又是以高度概括的筆法，借一個美好動人的藝術形象，集中於對亡友品行的讚美和追懷。「鬱金香」，一種香料名，詩人借此喻朋友品德的美好。他曾作《賦得香》詩：「我有香一段，煎熬刳斫成。德堅能不死，心苦惜無名。」「古玉珮」，古人以玉石琢成的衣飾，古代詩人常用來比喻人物品質的高潔。《詩經·小雅·白駒》云：「生芻一束，其人如玉。」詩人似乎在寬慰自己：儘管亡友們一去不返，他們美好的品德，卻像芬芳的花

秋心（其一）

草、溫馨的美玉，仍舊彌留在人間。詩人狂潮般的哀慟似乎趨向和緩；實際上，由悼友觸發的甚深積鬱，猶如海底暗流一樣，正在意蘊深層裏潛流——身佩香草美玉的高潔形象，明顯見出兩千年前偉大詩人屈原的身影；他在千古絕唱《離騷》中，正是以花草冠佩來比拟自己品格的芳潔：「高余冠之岌岌兮，長余佩之陸離，芳與澤其雜糅兮，惟昭質其猶未虧。」龔自珍向來推崇屈原，曾稱譽他「鬱鬱文詞宗，芳馨聞上帝」；其詩歌藝術風格與楚騷的淵源關係，也歷來爲文學史家所肯定。不過，在這裏，香草美玉的譬喻，絕非一般的用典，而是直接取其悲劇精神——鬱鬱早死的朋友們，儘管人格如此完美，理想如此高尚，在那樣黑暗污濁的社會裏，不也正像屈原一樣玉石俱焚，歸於毁滅嗎？由此可見，在香草美玉的借喻中，詩人是在以屈原的悲劇形象暗喻朋友，更喻自己，喻一代困厄窮途的民族英才。其《紀夢七首》中「我有靈均淚」一句，恰恰點出他對屈原的理解與熱愛，是基於與屈原相似的共同遭際和心境。這樣的聯想、這樣的底蘊，當然不會平息心底的大潮，它衹能給全詩悲慨的基調，帶入《離騷》式的主旋律。

把握住詩人情感的深層內涵，就不難理解五、六兩句：詩人懷才不遇的憤懣，正如屈原一樣，迅速上升爲對整個國事的強烈關注。「西北」與「東南」，按一般情況，可以解釋爲泛指中國整個疆土。此種互文見義的手法，在以對仗爲重要藝術特點的中國古代詩歌裏屢見不鮮。此處「東南」，主要爲對偶之用，但是「西北」二字，則確有特指。龔自珍一生對西北歷史地理及邊事極爲關注，曾做過深入的研究，提出過很有價值的建議。李鴻章《黑龍江略序》也曾有公平的議論：「古今雄偉非常之端，往往創於書生憂患之所得，龔氏自珍議西域置行省於道光朝，而卒大施設於今日。」而一八二六年又正值西北情勢岌岌可危：在帝俄策動和支持下，張格爾叛亂分裂集團打敗清廷軍隊，氣焰十分囂張。「氣寒西北」即特指此事。「劍」與「簫」，又是一組相對出現的意象，也是龔詩中經常吟詠的對象。一般說來，「簫心」寄寓着某種憂思哀怨，時常與象徵豪情壯志的「劍氣」相對舉。詩人身置京城靜謐的秋夜，心繫局勢瀕危的遙遠邊塞，他彷彿見到繚亂的烽火已燒紅西北，刀光血影寒氣逼人。然而，又有誰臨危受命，躍馬出征？又有誰慨然談笑，仗劍報國？極目所至，整個中國都處於「人畜悲痛、鬼神思變置」（龔自珍語）的絕望境地，哪裏不是民怨沸騰如嗚咽的簫聲令人心碎呢？

秋心（其一）

這二句的重點，顯然落在「何人劍」三字上：一聲悲憤的反問，昭示出全詩的眞正主旨。秋心所繫，已從悼友的哀戚、個人的失意，上升爲對整個國家民族命運的焦灼憂慮，全篇的境界，也頓時爲之闊大雄深。

最後兩句，風格有所變化，直寫胸襟的筆勢，收爲含蓄的比興。詩人諷刺那些平庸昏聵的大小官僚，像「斗大明星」一樣充斥官府，不計其數；而眞正的民族棟材，雖是光明磊落、光彩照人，卻衹能像長天落月，墜入林梢，悄聲無息。這二句，與其說是諷刺，與其說是對無人仗劍報國的回答，毋寧說是更爲激烈的抨擊，更爲悲愴的控訴；在似抑實揚的寫法中，將詩人自我抒情形象推至眼前：國運已衰、悲風驟至，詩人「仰天長嘯，壯懷激烈」，然而，萬馬齊喑，萬籟無聲，有志不得伸展，有才不得其用，他惟有擲劍荒野、扼腕痛息，萬千種愁緒，都衹能化爲難言的酸楚在暗夜裏淤積。

讀罷全詩，令人頗生感慨，龔氏此時已近中年，且歷盡磨難，滿腹愁怨，如其好友孔憲彝所稱「哀樂中年倍感增」。可是，「秋心」所示，了無「卻道：『天涼好個秋』」的壓抑與灑脫：既已困頓潦倒，偏要心繫天下；雖然歷盡磨難，仍是喑嗚叱咤。這種知其不可而爲之的入世態度，正是來自於晚清時代所特有的「憂患意識」，來自詩人執著的愛國主義精神。因此，《秋心》無論悼友、悲己，總是與傷時憂國緊密交織，不僅突破傷悼詩的題材範圍，也遠遠超越「懷才不遇」的一般性主題，獨具一種迴腸盪氣、撩動人心的內在力量。與此相應，這首詩儘管才氣縱橫，於悲涼之中透出「一片豪邁之氣」，頗有些李白詩風的蹤跡；但究其風格實質，正如前所分析的，更近於楚騷之聲。晚清時代，正像詩人所形容的「彈丸累到十枚時」，一觸即潰，其詩筆落處，縱然狂馳迅擊，也仍會顯出封建衰世的印記。所以，一般說來，龔氏詩文爲亂世文學的預兆。這一基本特點，也正是我們在欣賞這首詩時所應加以了解和把握的。

（郭小聰）

秋心（其三）

秋心（其三）

龔自珍

我所思兮在何處？胸中靈氣欲成雲。槎通碧漢無多路，土蝕寒花又此墳。
某山某水迷姓氏，一釵一佩斷知聞。起看歷歷樓臺外，窈窕秋星或是君。

龔自珍是近代啓蒙時期的一位偉大詩人。《秋心》三首作於道光六年（一八二六），他三十五歲之時。這年春天，他和魏源一同參加禮部會試，一同落第。這是他第五次會試失敗。同年夏天，他的好友謝階樹、陳沆相繼逝世，他爲此作《二哀詩》；西北輿地學家程同文逝世後，他也極爲傷悼，哭祭於城西古寺，爲賦三律。宦海沉淪，故人星散雲逝，使他心潮澎湃，不能自已。懷着這種淒涼寂寞的感情，作者寫下了《秋心》三首，悼念亡友，也是自傷淪落。三首詩各有不同側重。《秋心》其一，直抒緬懷亡友的哀思。詩末一聯，用「斗大明星爛無數，長天一月墜林梢」之句，傾吐了內心的憤懣和不平。那些金玉其外，敗絮其中的庸官俗吏充斥朝中，如同「斗大明星」燦然夜空，志得意滿；而有才華的志士，卻如「長天一月」，悄然無聲，墜落林梢。《秋心》其二，着重抒寫憤世嫉俗之情，用「《天問》有靈難置對，《陰符》無效勿虛陳」之句，表達了對統治者的憎恨和決絕。《秋心》其三，感情更爲深沉，表現了一個孤軍奮鬥的戰士對於人生的沉思。

這是一首「聲情沉烈，惻悱遒上，如萬玉哀鳴」（《己亥雜詩》程金鳳女士跋尾）之作。它主要抒寫對於理想的追求和幻滅。但是，心靈中理想的光焰是不會熄滅的。這首詩用象徵主義的手法，表現了對於一個縹緲的、可望而不可即的美好夢想的憧憬，一種熱烈、執著而又痛苦的追求。

章太炎曾經批評龔自珍：「所賦不出佩蘭贈芍之辭，所擬不離鳴鳩啼鴂之狀。」（《別錄·箴新黨論》）章氏原意雖爲貶詞，但卻也大體道出了龔自珍藝術手法的淵源所自。他繼承了我國古典詩歌的比興傳統，並發展爲一種象徵主義的手法，在詩歌創作中加以廣泛的運用，體現了龔自珍所特有的一種朦朧的美學情趣。他的《神思銘》說：「夫心靈之香，較溫於蘭蕙；神明之媚，絕嫮乎裙裾。殊吟窈呻，魂舒魄慘，殆有離故實、絕言語者焉。」可見他所極力捕捉的是那超乎象外的「心靈之香」、「神明之媚」；他所刻意追求的是「離故實、絕言語」，衹可意會、難以言傳的藝術境界。

《秋心》其三帶有濃重的比興象徵的意味，運用冷熱相間的色調、虛實交融的技法，構成迷離惝恍、縱橫飄忽的騷體境界，這是《秋心》其三的藝術魅力所在。

首聯以《天問》式的突兀凌空而來。「我所思兮在何處」，表現出一種熱切的期待、渴望，透露了一個迎着黑暗勢力搏擊奮進、熱烈追求光明的詩人內心的焦灼。詩筆鋒棱飛動，使讀者的腦海中頓然浮現出一個「拔劍四顧心茫然」的詩人形象。此句統攝全詩，通篇所寫——追求、幻滅、彷徨，以至重新燃起希望，都是回環詠嘆這一主題，表現了詩人那種碧落黃泉，上下求索的執著。「胸中靈氣欲成雲」。「靈氣」，指胸中的靈香鬱伊之氣。《己亥雜詩》一九五：「冰雪無痕靈氣杳，女仙不賦降壇詩」，可見「靈氣」是指創作靈感，實際即是指「情」，也就是詩人胸中激盪澎湃、來何洶湧、去尚纏綿、無以名物的「幽光狂慧」，是他的那種蟠天際地、萬恨沉埋的「劍氣」、「簫心」。「欲成雲」，用雲的屯聚、紛紜，以形容感情鬱結、思緒紛亂。他的《觀心》詩：「幽緒不可食，新詩如亂雲。魯陽戈縱挽，萬慮亦紛紛。」用意略似。這句說，激情受到壓抑，胸懷鬱塞，塊磊難平。

頷聯用大起大落的手法，描寫理想的幻滅，跌宕起伏，搖曳多姿，熾熱的激情與冷酷的現實形成鮮明對比。

秋心（其三）

「槎通碧漢無多路」，「槎」，木排。「碧漢」，天河。晉張華《博物志》記載一個民間故事：有海邊居民，見年年八月，海上有浮槎去來，不失期。此人乘槎去，泛至天河，又隨槎回海邊。後人又把這個故事和漢張騫的事牽合，傳說張騫奉命出使西域，尋找黃河源頭，曾乘天河飄來的浮槎泛至牽牛宿畔。這個民間傳說帶有古老而迷人的神話色彩。後人引用這個典故，多用來表示水月鏡花、虛願成空的幻想。杜甫《秋興》其二：「聽猿實下三聲淚，奉使虛隨八月槎。」這裏，「槎通碧漢」，自然是一個令人心馳神往的綺麗的夢，然而作者接下來卻筆勢一折，「無多路」，徒然令人自嗟自傷而已。一般看法以爲：此系指龔自珍五次會試失敗，考軍機章京又告失敗的事，暗示登上政治舞臺渺無希望。這種說法雖然言之有據，但是未免失之太實，過於膠滯，詩意當在若虛若實、有意無意之間求之。與其說詩人是在直陳其事，敍說自己困頓場屋的遭遇，毋寧說是表現了詩人對於人生機緣和命運的思索——想要到達理想的彼岸卻又無路可走。

「土蝕寒花又此墳」，這是一幅陰冷的圖畫。「槎通碧漢」，象徵理想之瑰奇高邈；「土蝕寒花」，摹寫現實之冷峻嚴酷。「寒花」，比擬被摧折而凋謝的人才。龔自珍是有一種落花身世之感的。他的《減字木蘭花》詞，就是寫他偶檢叢紙，得花瓣一包，原來是十年之前，在京師憫忠寺賞海棠花時撿拾的落花花瓣，意想不到的是自己竟將這「狼藉殘紅」珍藏十年之久，目睹當年故物，不禁泫然淚下，寫道：「……十年千里，風痕雨點斕斑裏。莫怪憐他，身世依然是落花。」此詞雖然傷感，但是畢竟還帶着青春的色澤，而「土蝕寒花」句，則色調更爲慘淡。又是一座新墳出現了，長逝者就像寒風中瑟縮萎謝的花兒，在泥土中腐爛，化爲烏有。這是寫有才華的志士一個又一個相繼寂寞地離開了人間。這不僅僅是哀悼亡友溘然長逝，沉埋九泉，而且是從哲理的深度揭示了一個永恆的文學主題——生與死。他寫的是朋友的今天，也就是自己的明天，是自己的黯淡命運的前景。一種濃重的悲涼、慘淡的氣氛滲入讀者的心扉，彷彿一道深淵橫亘在人們面前，使人們目擊了一個可怕的字眼——死亡！

頸聯寫幻滅之餘的求索，是在雲漢難期、寒花埋恨的痛苦中的希冀。筆調空靈蘊藉，於淒迷惝恍的意境中透露了詩人內心的苦悶與彷徨。

秋心（其三）

「某山某水迷姓氏」，這是對於「秋水伊人」的渴念，在不知名的「某山某水」之間，也許可以尋覓到自己的風塵知己，然而，蓬山何處，水逝雲飛，伊人的姓氏卻迷失湮沒，欲覓無蹤。對照他的《琴歌》：「美人沉沉，山川滿心。落月逝矣，如之何勿思矣？」「美人沉沉，山川滿心。吁嗟幽離，無人可思。」《自春徂秋，偶有所觸拉雜書之，漫不詮次，得十五首》其八：「晨誦《白駒》詩，相思在空谷。」都是滲透着詩人的一種纏綿固結、不能自拔的思慕與渴求。此聯上句是虛擬之辭，雲情煙想，空濛迷幻；下句實有所指。「一釵一佩斷知聞」，「釵」，喻女性；「佩」，喻男性。「一」，極言其少。僅有的靈犀暗通的摯友——其中包括女性，也已音書斷絕，飄萍轉蓬，天各一方。證之他的《贈伯恬》詩：「從此周郎閉門臥，落花三月斷知聞。」都寫的是人生睽離。側身天地，茫茫六合，攘攘塵海，自己竟然一身畸零，孑然孤立。「人其無朋，孤往何索兮。」（《銘座詩》）這是龔自珍的痛苦的心聲。

以手法論，頸聯是欲揚先抑，灰暗的色調，陰冷的氛圍，都是爲了反襯烘托下文，顯示那閃爍的星光帶給人們的一絲亮色。宛似絕壁枯藤、横崖雲斷，然而意想不到的是奇峯突起，蔚爲異觀。

尾聯所寫的是理想光焰的復明，在一片迷惘之中終於找到了那一顆照亮心扉、永不隕落的明星。「起看歷歷樓臺外，窈窕秋星或是君。」在茫茫暗夜，仰望蒼穹，透過層層樓閣，極目夜空深處，有一顆深沉而美麗的秋星，那也許就是意中的伊人吧？詩的涵意是超乎象外的。「窈窕秋星」究竟何指？是亡友？是自己思慕的戀人？還是祇是一個朦朧的夢想？秋星是美麗的，但是它阻隔在「歷歷樓臺」之外，在那遙遠的、高不可測的夜空深處。與其說是實有所指，毋寧說是一個渺茫的、永遠可望而不可即的美好夢想：你對它熱切地期待、追求，但是逼上前去，它又倏忽遠逝了。它使人迷戀，又使人悵惘。

尾聯可以與龔自珍的《神思銘》相對照：「黯黯長空，樓疏萬重。樓中有燈，有人亭亭。未通一言，化爲春星。……峨峨雲王，清清水仙……。」在黯黯長空中幻化出來的奇境：彷彿蓬萊仙山中的樓臺殿閣，一個雲山縹緲的美好所在，從疏窗中透出的燈光可以看到有一美人亭亭而立，但是未通一言，已化爲一顆明亮的春星，令人不禁產生「明明如月，何時可掇」的遐想，倏忽之間，那似乎近在咫尺的美人就化爲碧海青天中的一顆閃爍的明星。它是雲中王，是水中仙，飄渺於雲海蒼茫之際，迷離於煙水空濛之中。這與《秋心》其三相彷彿，同樣是寫龔自珍心靈深處的一個美好的憧憬，委婉深沉，空濛淡宕。這就是龔自珍用象徵主義的手法所構成的一種朦朧美。

全詩以疑問始，又以疑問終，如神龍游空，首尾相銜，極盡迴環詠嘆之妙。張爾田的《定盦文集跋》稱龔自珍詩「語極俶詭，意蘊沉悲」，是爲得其神髓。

（林薇）

西郊落花歌

龔自珍

出豐宜門一里，海棠大十圍者八九十本。花時車馬太盛，未嘗過也。三月二十六日，大風；明日風少定，則偕金禮部（應城）、汪孝廉（譚）、朱上舍（祖轂）、家弟（自谷）出城飲而有此作。

西郊落花天下奇，古來但賦傷春詩。西郊車馬一朝盡，定盦先生沽酒來賞之。先生探春人不覺，先生送春人又嗤。呼朋亦得三四子，出城失色神皆癡。如錢塘潮夜澎湃，如昆陽戰晨披靡，如八萬四千天女洗臉罷，齊向此地傾胭脂。奇龍怪鳳愛漂泊，琴高之鯉何反欲上天爲？玉皇宮中空若洗，三十六界無一青蛾眉。又如先生平生之憂患，恍惚怪誕百出無窮期。先生讀書盡三藏，最喜維摩卷裏多清詞。又聞淨土落花深四寸，冥目觀賞尤神馳。西方淨國未可到，下筆綺語何漓漓！安得樹有不盡之花更雨新好者，三百六十日長是落花時。

古來吟詠落花之作，多爲悽惋感傷的寄託。那「狼藉殘紅」的自然景觀，似乎原本就具有令人憐惜的特質。窮愁鬱結的騷人墨客依這指向，更不斷地將索寞流逝的人際身世之感投射其中。於是在這大自然單薄而豔麗的棄兒身上，竟積澱了那許多憂愁遲暮的嘆息，終於演化爲低徊往復的陰柔之美典型的象徵物。從孟浩然的「夜來風雨聲，花落知多少？」（《春曉》）到李煜的「流水落花春去也，天上人間。」（《浪淘沙》）乃至豪放詞人辛棄疾的「惜春長怕花開早，更何況、落紅無數？」（《摸魚兒》）均概莫能外。而同是吟詠落花，定盦先生的這篇歌行卻別發奇想，於紛謝委頓的落紅之中昇華出一個奇麗無比、又衝蕩着陽剛之氣的藝術境界。它不是對歷史審美積澱的復加，而是以充滿浪漫精神的詩心，對這傳統觀照對象獨異的感知和開掘。

這首詩作於道光七年（一八二七）。道光六年春，作者第五次赴京參加會試。雖經考官之一的劉逢祿極力推薦，但終又落第。一個洞徹了「衰世」的種種弊端，不肯溷跡流俗，潔身自好，無休止地對社會、官場作毫不留情的揭露抨擊，而又言行「怪誕」、放蕩不羈的「狂士」，縱然身懷經世之才，卻難以爲當道所容納，在那個時代並非怪事。明曉了這一層，自然不難理解作者何以在詩前小序中有「花時車馬太盛，未嘗過也」之語，而專門待海棠花敗殘搖落時節纔去觀賞，並爲之縱筆作歌。

以落第之身觀賞落花，該是一番怎樣哀感頑豔的滋味？詩一開篇卻出人意表：「西郊落花天下奇」。着一「奇」字，立刻掃蕩了暮春所特有的悽惋感傷氛圍，恰如劈空突起，迥異於以往描寫落花的格調。緊接着宕開一步：「古來但賦傷春詩」。「但賦」兩字不獨一筆抹倒了「古來」的「傷春」之作，而且暗示出自己的描寫落花是要另闢蹊徑。聯繫上句，看來詩人的着眼點在一「奇」字。開篇兩句一立一破，奠定了全詩的基調，具有總括通篇的作用，出手已見不凡。

以下六句約同於詩前小序意思，寫前來觀賞落花的情況、心情及初見落花的反應。既因「花時車馬太盛，未嘗過也」，所以待達官貴人們去後才「沽酒來賞」。自號「定盦先生」，觀落花特別標明是「賞」，語句間分明透着一種恥於趨炎附勢，清高自傲的氣骨。「賞」又關合了首句的「奇」——因爲「奇」纔值得一「賞」。在「車馬一朝盡」之後來「探春」，當然會「人不覺」的。但作者把「賞」落花稱爲「探春」，可見在他看來，春光不僅存在於鮮花盛開之時，而且也包含在落花的奇景當中。在一般人眼裏，落花時節已是「匆匆春又歸去」了。「不覺」也正暗蓄着不被理解的意思。「探春」不被理解，那麼就依常理，叫作「送春」吧。然而作者夙有「詭怪」、「狂士」之稱，如今偏偏又不合時宜地去「送春」，這「乖戾」之舉想必又會遭到譏嘲。「不覺」、「又嗤」二句十分曲折地道出了自己不被社會容納的艱難處境和鬱憤心情，以及獨立不羈的性格特徵。但是，「呼朋亦得三四子」。「亦得」，說明畢竟還有志趣相投者在，對整體上處於孤獨感中的詩人無疑是一種慰藉和緩解。「出城」後作者仍未着筆落花，而先描繪了觀者的表情變化：首則；「失色」，繼而「神癡」。一個「皆」字，強調了同行者莫不如此。初見落花，竟使人面色頓變，如醉如癡；那落花之奇，也就不言而喻了。以觀者瞬間表情的動態反應虛寫落花，在藝術手法上叫作「烘雲托月」；同時也造成一種盤馬彎弓、引而待發的情勢，牽動着讀者的意緒，爲下文張目。

那落花魅力如此之大，究竟奇妙到何種程度呢？經過上句的渲染鋪墊，下面作者飛馳神奇的想象，用一連串比喻構成驚警獨特的形象，淋漓盡致地描繪落花的奇觀，使全詩進入「神癡」境界。

首先三個明喻一氣呵成，驟然直瀉，狀落花的整體奇觀：萬花紛瀉如同錢塘江潮水夜間怒漲，洶湧奔騰；如同昆陽大戰[1]，敵人在一個早晨望風潰敗，不可遏止；又如同無數的天女洗罷粉臉，向下傾倒豔麗的胭

[1] 昆陽戰：昆陽，故城在今河南省葉縣境內。公元二十三年，劉秀爲了解除王莽軍隊對昆陽的包圍，率不足萬人與王莽軍四十餘萬決戰，大破對方，成爲歷史上以弱勝強的著名戰役。《資治通鑑》卷三十九記載這次戰鬥最激烈的場面說：「城中亦鼓噪而出，中外合勢，震呼動天地。莽兵大潰，走者相騰踐，伏屍百餘里。會大雷風，屋瓦皆飛，雨下如注，嗤川盛溢，虎豹皆股戰，士卒赴水溺死者以萬數，水爲不流。」

脂水，漫天紅遍。前兩者不僅寫出了落花過程壯闊的場面和浩蕩的氣勢，而且通過感覺的轉移，彷彿從本無聲息的落花中聽到震天的潮聲和戰鼓，增添了無限的活力；後者則在此基礎上，突出了視覺上的豔麗色彩。三個比喻取自各殊、互不連屬，卻在詩人意象裏復沓疊出，交織成場面恢弘、聲勢磅礴、色彩眩目而又迷蒙渾茫的藝術境界。眞是奇思妙想，難以方矩。

次後四句轉爲暗喻。「奇龍怪鳳」和「琴高之鯉」都借指落花，描繪落花在空中搖落翻騰的景象。「龍」、「鳳」本爲傳說中能够飛騰的動物，所以說「愛漂泊」。「龍」曰「奇」，「鳳」曰「怪」，離奇地寫出了落花飛舞飄逸、倏忽萬變的姿態。「琴高之鯉」[1]用古代琴高乘鯉魚升天的故事。但這裏作者衹取其表面形象而已。鯉魚本應入水，現在卻何以升天？這是用怪訝的語氣曲折道出花本應落在地下，但在風的吹拂中，向天空翻飛飄蕩的狀況。作者已然完全沉浸在幻想的世界裏，似乎不知何爲落花、何爲傳說了。下面詩人的視線從空中轉到海棠林，又從海棠林轉到地面。「玉皇宮中」喻指海棠林。整個林中花已落盡，恰如天宮裏的所有嬪娥宮女從天而降，所以說「空若洗」。「三十六界」[2]指地面，古代婦女用近青的黛色畫眉，「青娥眉」衹取青色的意思。全句是說，海棠花層層疊疊覆蓋了地面，滿眼衹見一片緋紅，一點草的青色都沒有了。

從萬花紛謝，到空中漫卷，到鋪滿地面，是一個完整的過程。詩人經過一番幻想中的神馳，思緒也漸漸

---

[1] 琴高之鯉：琴高，人名。唐陸廣微《吴地記》：「郡人丁法海與琴高友善。……二人同行田畔，忽見一大鯉魚，高可丈餘，一角兩足雙翼，舞於高田。法海試上魚背，靜然不動，良久遂下，請高登魚背，魚乃舉翼飛騰，衝天而去。」宋梅聖俞《宣州雜詩》：「古有琴高者，騎魚上碧天。」

[2] 三十六界：指三十六郡。秦始皇統一天下後，將全國分爲三十六郡。詩裏相對於「玉皇宮中」用以借指廣闊的地面。

收攏，回到自身。這時，他想到自己生平種種遭際，不禁萬感交集，如這落花，恍恍惚惚，離奇怪誕，百般變化，無窮無盡。眼前的花雖落盡，但那衆芳搖曳的場景卻始終在腦際縈繞，正與詩人無休止的憂患獲得意象上的溝通。如果就藝術手法看，前面的比喻還是以各類形象狀落花形象的話，那麽這兩句以「憂患」喻落花，則是以虛寫實，以無形寫有形。「憂患」雖然看不見、摸不着，但那曲折縈回、恍惚百出的意致，卻並不難感知。

全詩到此已申足「西郊落花」之「奇」。下面四句是進一步的聯想。由於詩人急欲擺脱眼前落花勾致的「憂患」，思緒又飛升到佛經典籍裏與落花有關記載所構成的理想境界。「三藏」、「維摩卷」都是佛經典籍的名稱。「天女散女」的故事就出自後者。詩人遍讀「三藏」，之所以最喜愛「維摩卷」裏的清辭麗句，正是因爲它記載的優美傳説能使詩人從現實的精神縲紲中得到解脱。下句的「淨土」指佛國。佛教認爲，佛國是清淨之土。佛經《瓔珞經·普稱品》裏有關於佛國中落花厚積的描述。詩人胸次怡蕩，半醉半曛，陶然於没有塵世污濁的「淨土落花」，更加神意馳放。這裏，反映了他對理想境界的嚮往追求。

然而，幻想祇能使人得到片刻的寧靜，卻難以求獲永遠的解脱。「西方淨國未可到」一句，又從幻想拉回現實。儘管遺憾，卻無可奈何，但又並不甘心，故此用綺麗的詩句揮灑淋漓地把落花描繪得何其壯闊美好，以抒洩激宕而又縈曲的情懷。這不僅是詩人心態的曲折反映，也是對全詩思緒的清醒陳述。

既然落花是那樣地壯闊奇麗，那樣地與詩人昂揚而又孤憤的情懷相對應、相溝通、相容納，結尾對落花的奮力一呼，也就十分自然了：「安得樹有不盡之花更雨新好者，三百六十日長是落花時」。渴望更多的新花好花紛瀉下來，使那奇妙的景觀，一年四季，無窮無盡地存在下去。這無疑是對一種激昂洶湧的理想境界的呼喚，對摧毁「萬馬齊喑」沉悶局面的「風雷」的呼喚。全詩在這驚世駭俗的呼喚中戛然而止。別有振聾發聵的力量在。

這篇豪放的歌行不以構思的精巧圓潤與描寫的曲致畢肖見長，而是以縱橫飄忽的情感流瀉、千姿百態的形象組合，以及錯綜變幻的藝術技法中表現出來的對落花反傳統的獨特藝術感受取勝。首句「奇」字所奠定的基調，作爲「情感結構線」，把落花觸發的種種思緒和幻想畫面流動地串接起來，構成全篇。舉凡自然景觀、歷史戰役、神話傳說，乃至佛經故事交匯並湧，它們如此地奇詭馳突，大跌大宕，然而又都統一於詩人對落花形象的這種獨特感受。這感受來自於詩人獨立不羈的傲兀性格，來自於對社會黑暗壓抑的無比憤怒，來自於對浩盪風雷的殷殷切盼。與其說詩人描寫了落花，實在不如說他是把自己整個人生遭際導致的心靈動盪投注於落花。因此，詩人豐富强烈的主觀思想感情决定性地支配着對落花獨異感受的激發，支配着對想象幻想的驅動，支配着對形象結構的選擇運用，就成爲本詩綜合藝術思維過程最突出的特徵，也正是龔自珍浪漫主義詩風的典型體現。

(魯歌　魏中林)

夢中作四截句(其二)

龔自珍

黄金華髮兩飄蕭，六九童心尚未消。叱起海紅簾底月，四廂花影怒於潮。

這是一首紀夢的詩。「截句」，即絶句。龔自珍最喜言夢。他生值封建社會的衰世，敏鋭地感受着「日之將夕，悲風驟至」(《尊隱》)的時代氣氛，渴望揮戈回日，力挽狂瀾。然而他所面臨的現實卻是「人間無地署無愁」(本詩其一)，「魯戈如麻天不管」(本詩其三)，雄心壯志盡付東流。這不能不使他胸中充滿鬱勃不平

夢中作四截句(其二)

之氣。夢，是被壓抑的感情的宣洩。這首《夢中作四截句》其二，實際就是他的那種「障海使西流，揮日還於東」(《自春徂秋、偶有所觸、拉雜書之、漫不詮次、得十五首》其一)的理想在寂寞中的燃燒，是他的人格美的自我觀照，帶着一種狂飆式的激情噴薄而發。

詩作寫於道光七年(一八二七)，作者三十六歲時。「黃金華髮兩飄蕭」，首句自述平生，以鬱怒橫逸之筆出之。黃金揮盡，歲月蹉跎。龔自珍生長於官宦世家，當年他的父親出任蘇松太兵備道，一時東南名士多集其門下，龔自珍以貴公子的身分與衆賓客酬應往還，儼然以陳思王自命。他的《懷沈五錫東、莊四綬甲》詩：「沈生飄零莊生廢，笑比陳王喪應劉。」曾經極盡富貴風流。然而他生性豪放揮霍，中年以後淪於貧困。「黃金脫手贈椎埋，屠狗無悰百計乖。」(《己亥雜詩》九四)昔日清貴俊賞的「雛鳳」，竟然毛羽摧敗，日聞債主剝啄之聲，「如禦十萬敵」(《與吳虹生書》八)，飽嘗了世態炎涼。更加令人不堪回首的是：年華虛擲，一事無成，兩鬢如霜就是憂患生涯留下的刻痕。「飄蕭」，飄動兼有稀疏零落之意。杜甫《義鶻行》：「飄蕭覺素髮，凜欲衝儒冠。」元好問《感興》：「功名惟有鬢飄蕭。」都是形容華髮衰顏。着一「兩」字，感慨倍增，長歌浩嘆，黃金、歲月都已飄零殆盡。這句概括了他一身潦倒、半世蹉跎的坎坷遭際。

二句由抑而揚，振起全篇，如鶴唳九霄，悠揚雲表。「六九童心尚未消。」「六九」，指陰陽。中國古代《周易》，畫「—」以像陽，稱「九」；畫「- -」以像陰，稱「六」。「☰」爲乾卦，自下而上數，稱初九、九二、九三、九四、九五、上九；「☷」爲坤卦，自下而上數，稱初六、六二、六三、六四、六五、上六。《周易》朱熹註：「陽爻爲九」，「六，陰爻之名。」所以「六九」即代表陰陽。宋人詩中每有言及，韓維《新植西軒》詩：「問吾何所爲?卦象觀六九。」王十朋《宋孝先示讀〈自寬集〉，復用前韻》詩：「牀頭《周易》深且神，毋惜往來論六九。」龔自珍詩採用六九陰陽之義，以指宇宙，大自然，亦即造化，造物者。「六九童心」即指與生俱來之童心，自然之童心。在這「頹波難挽」的時代，似乎一切都在沉淪，而祇有自己的一顆純眞的童心卻還沒有消泯，放出奇光異彩。這是一種發現自我、肯定自我的狂喜，猶如一道劃破夜空的

夢中作四截句(其二)

閃電，照徹茫茫黑暗，使人們在一片昏晦的衰敗景象中捕捉到了青春的旋律，生命的躍動。龔自珍亦喜言「童心」，「覓我童心廿六年」(《午夢初覺，悵然詩成》)，「童心來復夢中身」(《己亥雜詩》一百七十)，因爲「童心」是他張揚個性、抨擊黑暗的一片靈臺淨土。謳歌「童心」，尋求自我，是一種朦朧的覺醒，表現了詩人對於一場震撼天地的風暴雷霆的渴求。詩人還有這樣的豪言快語：「道焰十丈，不敵童心一車。」(《太常仙蝶歌》)

三、四兩句，「叱起海紅簾底月，四廂花影怒於潮。」論者或謂：「把橘紅色的簾子掀起，月光猛射進來，於是四周的花影像怒潮一樣在室中蕩漾。」或謂：「月，不是輕盈上升，而是陡然升起。花，不是婆娑飄拂，而是怒氣如潮。」這些說法，都是把月光花影解作眼前實有之景，恐怕全失詩旨。三、四句是寫夢境，月落天昏，全無所見，就在「童心來復夢中身」的一刹那間，詩人心中漾出的奇譎瑰麗之景，純是虛擬幻化之境，它實際上是童心的祖露和噴薄。

「叱起」，主語是詩人自身。「海紅」，橘紅色，因「海紅柑」(一種柑橘)而得名。深夜昏黑，實本無月，而詩人竟天眞地想叱起一輪明月，使照徹花叢；透過海紅簾波，園中四廂花影宛如大海中怒潮之洶湧澎湃！瑰美的色彩，跳躍的節奏，洋溢其中的是一股壓抑不住、噴薄而出的蓬勃旺盛的青春活力以及一顆天眞爛漫的童心。這表現了一種新的美學情趣。我國古代的詩人詞客不知寫了多少吟詠夜月花影的篇章，留下無數清詞麗句：張先《天仙子》：「雲破月來花弄影」，歐陽修《蝶戀花》：「寂寞起來褰繡幌，月明正在梨花上」……筆調大都是那麼輕盈柔美，風流旖旎，像龔自珍所寫的這樣英華內涵、晶光四射的壯美形象，是不多見的。

這首詩可以與他的《三別好》詩相比較：「不教明月沉天去，卻有江濤動地來。」詩人內心的風暴雷霆，竟然能使皎皎月輪高懸中天，照徹澄宇，不讓它沉沒到碧海青天的夜幕中去；竟然能使江濤澎湃，奔騰不息！《夢中作四截句》其二與此極爲相似，二者都有挽狂瀾於既倒之意，寄託着詩人對於石破天驚的社會變革的憧憬。其手法、格調也是一樣的，都是詩人在狂放恣肆地表現自我，充滿了浪漫主義精神，預示着近代思想啓蒙狂飆的到來。

(林薇)

己亥雜詩(之一)

龔自珍

浩蕩離愁白日斜，吟鞭東指卽天涯。落紅不是無情物，化作春泥更護花。

道光十九年己亥(一八三九)，龔自珍出京都禮部，辭官南歸。正值暮春時節，雜花生樹，落英滿眼，日暮風起，狼藉殘紅。點點飛花，忽然惹起了一股濃濃的別離之情，於是，他情不自禁地揮動馬鞭唱出這首歌。

《己亥雜詩》三百十五首，是龔自珍己亥年所作七絕組詩的總名稱，其中包括對往事的回憶，與親朋的交往，對政治的評論，對改革的渴望。而對具體某一首，實際上卻是「無題」詩或「寓意」詩，卽詩人不願把眞意在詩題裏點明，而是寓意詩中，那麽，蘊含在這首詩裏的眞意是什麽呢？

——是離愁；是離愁引起的深深的思索。是崇高的獻身精神，是如同玫瑰花瓣釀出的瑰麗境界。且讓我們仔細地咀嚼品嘗：

龔自珍告別京都了。「予不攜眷屬傔從，雇兩車，以一車自載，一車載文集百卷出都。」回首望城闕，旌旗晚明滅，一陣陣濃鬱的離情別緒突然湧上心頭：「浩蕩離愁白日斜。」別離愁緒已經充塞天地，浩浩難禁，何況正值夕陽西墜，日暮搖落之際，詩人此時的心緒，我們便可想而知了。如果借用詞組結構方式分析其中的意蘊，以「離愁」爲中心詞的話，那麽，「浩蕩」是「離愁」的定語，而「白日斜」則是「離愁」的補語了。在我國古典詩歌中，詩人們常常喜歡用落日作爲自然現象和象徵韶光易逝的雙重手法來顯示相思之烈或別離之苦。「攜手上河梁，遊子暮何之」(《古詩》)；「浮雲游子意，落日故人情」(李白《送友人》)；「念去去，千里煙波，暮靄沉沉楚天闊」(柳永《雨霖鈴》)；「斜陽卻在，煙柳斷腸處」(辛棄疾《摸魚兒》)。然而，日既西斜，暮靄已生，此時縱有滿腔離情也不得不匆匆趕路，於是抽響馬鞭——「吟鞭東指卽天涯」，馬鞭舉處，前面便是離京師越來越遠的海角天涯了。元人馬致遠的〔天淨沙〕寫秋思：「枯藤老樹昏鴉，小橋流水人家。古道西風瘦馬。夕陽西下，斷腸人在天涯。」龔自珍以「浩蕩」修飾離愁，以「白日斜」烘托離愁，以「天涯」映襯離愁，這種多層次的描寫方法和馬致遠的「夕陽西下，斷腸人在天涯」有異曲同工之妙。祇不過龔自珍的「吟鞭東指即天涯」，沒有直接說自己是「斷腸人」罷了，而斷腸之意，讀者是能從字裏行間感覺出來的。

按理說，龔自珍不滿於死氣沉沉的禮部衙門生活，毅然辭去禮部主事之職，準備回家鄉杭州幹一番事業，隻身出都，有的祇是對舊勢力的決裂之感和憎惡之情。一隻囚在籠中的雄鷹一旦重盤大野，獲得自由的天空，沖天飛鳴之際，也許會擔心彈機和矰繳，但爲什麽竟會產生浩蕩的離愁呢？唐詩人劉皂《旅次朔方》云：「無端更渡桑乾水，卻望並州是故鄉。」說由於遷謫到更遠的地方，因此連客舍地也成爲故鄉了。不同之處在於，龔自珍雖說是浙江仁和(今杭州)人，但因爲小時候在北京住過，又在禮部和其他機構做了十餘年京官，京城早已成了他的第二故鄉。雖然龔自珍是主動要求辭職，但辭職卻是因爲沉淪下僚，生活拮據，事出無奈，客觀上是被迫離京出都的。因此，「浩蕩離愁」中，多少含有仕途蹭蹬，不爲世用的感嘆和在政治上、思想上的孤獨感。兼之龔自珍當時與妓女靈簫關係十分密切，《己亥雜詩》十分之一的主題都與靈簫有關，其中一首說自己正墮入「紅似相思綠似愁」的情場裏，雖說靈簫並不在京師，但在這種情況下，與過去的生活告別，纏綿悱惻、依依不捨的「離愁」當然也就難排難遣。可見，龔自珍的「離愁」內涵是豐富、複雜和多方面的。難怪他既說「浩蕩」，又以「白日斜」烘托，繼而以斷腸人自居而傷情天涯了。

日暮，已足使遊子黯然傷情，何況是暮春時節的日暮？片片飛花，撩起了詩人的離愁。撩起的，有黯淡的宦情，有悱惻的相思，有對親人故土的憶念，有對自己隻身出都的天涯飄泊之感。事業未竟，歲月蹉跎，青春已逝，紅日西沉，今番出都，也許不再回還，落花飄飛不是也不再返回故枝嗎？作爲描摹落花的能手，詩人愛「探春」，更愛「送春」，愛花開，也許更愛看花落，他曾在《西郊落花歌》中說紛飛的海棠花是到人間飄泊逗留的奇龍怪鳳，把大風中海棠紛謝的奇景比作「如錢塘潮夜澎湃；如昆陽戰晨披靡；如八萬四千天女洗臉罷，齊向此地傾胭脂」。「又聞淨土落花深四寸，冥目觀想尤神馳」，想象「安得樹有不盡之花更雨新好者，三百六十日長是落花時」。他對落花作過那麼多美妙的比喻，而如今，詩人突然感到自己像一片飄飛的落花了。是的，辭別京都，也許如同落花辭別枝頭。詩人乘馬車出都，一路情不能已，對着無邊的落花，展開了豐富的想象：飄零的花兒，你們還會回來嗎？明年故枝上盛開的，還是你們嗎？不是了。明年的花開在新的春天，孕育在另一個五彩繽紛的懷抱裏，是屬於未來的花。而今年的春天已經過去，你們衹屬於過去凋謝了的記憶，衹能在暮春的晚風裏墜落。多麼可惡，東君！多可咒詛，那無情風雨！官場的傾軋，沉重的氛圍，窒息的人性，拮據的生活，詩人把自己的身世與落花完全融爲一體了。

點點柳絮和着紛紅的花瓣似乎隨「吟鞭」揚起，有的飛過馬頭，有的沾上衣襟，有的落在地上任人馬踐踏，車輪碾過，化作紅粉香泥。突然，詩人的思緒被夕陽下染得火紅的花瓣點燃了——「落紅不是無情物」！這裏的「落紅」兩字，在全詩中地位十分重要。它上承「浩蕩離愁」，提醒讀者，詩人的離愁不僅有「浩蕩」修飾，「白日斜」烘托，「天涯」映襯，還被動態的、時時拂面而過的「落紅」撩起。這一筆是隱藏在詩內的，因此，「落紅」既是對前面離愁內涵的補充，而作爲轉折，它又使整首詩從離愁中解脱出來，轉入下層，爲全詩主題昇華作了鋪墊。是的，落花決不是無情的廢物，自己辭去禮部主事之職，正是爲了到家鄉主掌書院，聚徒講學，把自己的學業和思想傳給生徒，以變革的熱情和對未來的憧憬啓迪他們，爲國爲民盡自己的最後一點力量。花落歸根，化爲春泥，不正可以孕育新的春天，色彩、芬芳，不正可以獻給後之來者嗎？詩人從大自然生生不息的規律中得到啓發。大自然裏花開花落，本來風雨由之，無感情可言，落紅說不上是「有情物」還是「無情物」，是詩人把自己的身世與落花完全結合起來，把感情移向落花，才使落花也具有人的感情，從而變成有情物了。落花有情，表現在哪裏？去釀造新的彩色的世界——「化作春泥更護花」。至此，詩人終於把飛花般紛亂的思緒捉住，從愁思中擺脫出來，帶着時代的使命感，上升到一種莊嚴神聖的境界。「化作春泥更護花」，這是飛花的獨白，也是詩人與腐敗的官場決裂，向黑暗的勢力抗爭的莊嚴而神聖的宣誓。爲了國家和黎民百姓，爲了似錦繁花，不惜獻身化爲春泥。

古代詩人描寫落花，一種是怨啼鳥，怪東風，嘆年華，面對落花，噓唏感嘆。「流水落花春去也，天上人間」（李煜《浪淘沙》）；「花自飄零水自流，一種相思，兩處閑愁」（李清照《一剪梅》）；《紅樓夢》中林黛玉葬花詞：「儂今葬花人笑癡，他年葬儂知是誰？」杜牧《金谷園》甚至把落花比作墮樓美人：「繁華事散逐香塵，流水無情草自春；日暮東風怨啼鳥，落花猶似墮樓人。」把風吹花落悄無聲的自然景象與美人墮樓聯繫在一起，以粉紅的花瓣從枝頭飄落比擬紅粉佳人墮樓，寓有美人如花，紅顔薄命，美好的事物殞於一旦的感嘆，諷刺了石崇「金谷園」繁華事散，好景不長的可悲結局，而把花落比作美人墮樓，則未免淒楚蕭殺，充滿濃鬱的感傷之情了。另一種把落花作爲自然景物來描寫，其中不乏昂揚向上的精神。「時有落花至，遠隨流水香」（劉慎虛《闕題》）；「春城無處不飛花」（韓翃《寒食》）；「花落春仍在」（俞樾試帖詩），孟浩然的《春曉》「夜來風雨聲，花落知多少」也衹見童子的渾樸天眞和爛漫之趣，而無傷春惜花之情。有的充滿勃勃生機，有的在颯衰中現出昂奮。但是，無論是「春城無處不飛花」，還是「花落春仍在」，比起龔自珍的「落紅不是無情物，化作春泥更護花」來，境界上總不免略遜一籌。

從結構上看，全詩分前後兩部分，前兩句爲第一部分，後兩句爲第二部分。在第一部分裏，詩人以天涯、日暮、落花寫出一片浩蕩的離愁，以落花自況，寄寓自己的身世之感；第二部分以落花爲過渡，從落花——春泥展開聯想，把自己變革現實的熱情和不甘寂寞消沉的意志移情落花，然後代落花立言，向春天宣誓，傾吐了深曲的旨意。至此，詩中的離愁已變成崇高的獻身精神，天涯、日暮、落花，已和春泥孕育的未來高度融爲一體。從而表達了自己對美好事物的追求和對春天的憧憬，把讀者帶進一種瑰麗的、霞光黯黯的境界。

願化作春泥，去充實春天的生命，去滋潤未來的花，如花的未來。

（曹旭）

己亥雜詩（之二）

龔自珍

九州生氣恃風雷，萬馬齊喑究可哀。我勸天公重抖擻，不拘一格降人材。

這首詩是《己亥雜詩》這部大型組詩裏最爲引人注目的一首。詩的下面有段小註：「過鎮江，見賽玉皇及風神、雷神者，禱詞萬數。道士乞撰青詞。」其實，有誰相信這是一首應道士之請而寫作的獻給天神的祝文呢！龔自珍在這裏不過是即景生情，借題發揮罷了。因爲詩人通過多年的親身經歷和觀察，痛切地感到當時的社會危機已經到了岌岌乎不可終日的境地。但是，「秋氣不驚堂內燕，夕陽還戀路旁鴉」(龔自珍：《逆旅題壁，次周伯恬原韻》)，清王朝的統治者們卻仍然在那裏倒行逆施，窒息生機，扼殺人才，使本已難於救藥的衰世，向着更深的泥潭裏跌落下去。特別是，龔自珍這次出都南返，途中目睹了民間疾苦，世上瘡痍，感慨尤多，在《己亥雜詩》前半的百餘首詩以及散文《己亥六月重過揚州記》等作品中，作了深沉的抒發。現在，當由揚州小事勾留後並抵達鎮江的時候，看到盛大的祭禱玉皇、風神、雷神的活動，他不禁浮想聯翩，由民間的向天神乞福，進而聯想到國家的前途和命運，發出強烈的怒吼。他憤慨於清王朝專制統治下的死氣沉沉、令人窒息悲憤的「萬馬齊喑」的政治局面，渴望借助於風雷的力量，狂馳迅擊，掃蕩一切污濁，使九州大地出現生機。他更希望象徵性的老天爺，能够振作精神，打破一切桎梏，讓所有有作爲的人材大量地湧現出來，借以挽救這個社會。這是龔自珍畢生渴望變革、要求變革願望的集中體現，也是那個歷史時代的最強音。當然，由於時代的局限，龔自珍所渴望的風雷，並不一定是指人民的革命風暴；但是，在風雨如磐的日子裏，他最先爲社會變革而吶喊呼號，確實不失爲歷史大轉折時代的鐘鼓，在當時起着發聵振聾的積極作用。

如果從藝術角度去考察，這首絕句在龔詩中是頗具代表性的。龔自珍歷來重視詩歌的作用，自覺地把詩歌作爲對社會、對歷史進行「著議」和「評論」的一種形式。他在介紹自己的創作時，曾經反覆地說過：「貴人相訊勞相護，莫作人間清議看」(《雜詩，己卯自春徂夏，在京師作，得十有四首》之八)；「安得上言依漢制，詩成侍史佐評論」(《夜直》)。因此，他的詩，同他的「詆排專制」(梁啓超：《清代學術概論》)、犀利精辟的政論散文一樣，一般都具有敢於直面現實，譏切時政的特色。但是，他並不簡單地在作品裏放言高論，一瀉無餘，無視文學作品自身的特殊要求。相反，他能發揮自己作爲思想家、歷史學家、又兼文學家的特長，巧妙地將深廣的歷史內容和眼前的現實生活緊緊地聯繫起來，通過具體的形象，讓讀者從藝術感染中得到啓迪，發爲思考。這首詩之所以引起人們特別注目，也就是因爲詩人嫻熟自如地運用七絕這種短小的體裁，將自己長期以來對現實生活的批判，對歷史教訓和社會發展趨勢的探求，以及對人民願望和要求的理解，融會貫通，精心提煉，然後轉化爲「風雷」這一具體生動的藝術形象，對清王朝統治下的「萬馬齊喑」的政治局面，進行了強有力的揭露和批判，並對變革社會的力量進行了熱情的呼喚。這一點，無疑是非常成功的；同時，也爲爾後資產階級改良派和革命派的詩人們提供了十分有益的經驗。

(孫文光)

十月廿夜，大風不寐，起而書懷

十月廿夜，大風不寐，起而書懷

龔自珍

西山風伯驕不仁，虓如醉虎馳如輪；排關絕塞忽大至，一夕炭價高千緡。城南有客夜兀兀，不風尚且淒心神。家書前夕至，憶我人海之一鱗。此時慈母擁燈坐，姑倡婦和雙勞人。寒鼓四下夢我至，謂我久不同艱辛。書中隱約不盡道，惚恍懸揣如聞呻。我方九流百氏談宴罷，酒醒炯炯神明真。貴人一夕下飛語，絕似風伯驕無垠。平生進退兩顛簸，詰屈內訟知緣因。側身天地本孤絕，矧乃氣悍心肝淳！欹斜謔浪震四坐，即此難免羣公瞋。名高謗作勿自例，願以自訟上慰平生親。縱有噫氣自填咽，敢學大塊舒輪囷？起書此語燈焰死，狸奴瑟縮偎幬茵。安得眼前可歸竟歸矣，風酥雨膩江南春。

龔自珍，是我國近代史開始時期的一位著名思想家和文學家。他生活的時代，正是清王朝風雨飄搖、危機四伏的時候，既面臨着資本主義列強的侵略，又存在着錯綜複雜的階級矛盾。龔自珍作爲一個開明的、愛國的地主階級知識分子，敢於正視現實，揭露、批判腐朽沒落的封建制度，提倡改革，在晚清思想界產生過巨大影響。他的詩也不同凡響，與當時的政治鬥爭緊密聯繫着，既是他鬥爭生活的反映，又是他進行鬥爭的武器，充滿着戰鬥的氣息。他的這首抒情長詩通過自身遭遇，控訴了腐朽勢力對人才的摧殘，抒發了自己的抑鬱不平

十月廿夜，大風不寐，起而書懷

之氣。

這首詩作於道光二年(一八二二)。三年以前，也就是嘉慶二十四年(一八一九)，作者滿懷着政治抱負到北京參加會試，但接連不中，這年已經是第三次落第了。兩年前，他雖然已經得了個內閣中書的職務，但充其量不過是一個掌管書寫文書的小官，很難有所作爲。處在思想禁錮的高壓之下，置身爾虞我詐的官場之中，作者備受壓抑，曾經發誓戒詩。但是，倔強的性格，內心的不平，畢竟難以按捺，所以隨後便自行破戒了。這首詩便是破戒後不久的作品。作者通過自身的經歷，深切覺察到自己的思想行爲不爲統治者所容，感受到統治者對一切正直之士的排擠與摧殘，於是，一腔憤懣之氣，發而爲詩。

全詩可以分四段。第一段是開頭六句。這一段緊扣題意，寫風勢兇猛，天氣大寒，深夜獨自愁苦，難以入眠。西山，在北京西郊。風伯，神話中的風神。驕不仁，驕橫而不仁慈。虓，老虎吼叫的聲音。虓如醉虎，是說像狂醉的老虎一樣咆哮，寫風聲之大，風勢之猛。馳如輪，是說像車輪一樣飛馳，寫風速之快。這開頭兩句把大風的聲音、速度、氣勢，形象生動地表現了出來，令人膽寒。「排關絕塞忽大至」，是說大風破開關門，橫闖塞口，突然兇猛而來。「一夕炭價高千緡」一句，通過炭價猛漲寫天氣忽然變得很冷。緡，本爲串銅錢的繩子，這裏指一貫錢，每一千個銅錢爲一貫。千緡，虛指錢數之多。「城南有客夜兀兀，不風尚且淒心神」兩句，是說自己客居北京城南，身遭冷遇，即使不刮風，心境已够淒苦的了，更何況遇上這大風天氣。兀兀，極端辛勞的樣子，這裏寫愁苦的形狀。「淒心神」三個字是伏筆，有着豐富的內容，但含而不露，造成懸念，這就領起了第二段。

第二段共八句(自「家書前夕至」至「惚恍懸揣如聞呻」)。這一段由接到思念自己的家信，想象此時此刻遠在家鄉的慈母與賢妻對自己牽掛念叨的情景。「人海之一鱗」，是說自己像茫茫人海中的一條小魚，形象地寫出飄零、孤獨的處境。「姑倡婦和雙勞人」，姑，兒媳對婆母的稱呼；婦，媳婦，婆母對兒媳的稱呼，姑、婦這裏指自己的母親和妻子。勞人，即憂苦之人。「寒鼓四下夢我至，謂我久不同艱辛」，這兩句是說，寒夜更鼓敲了四下，已是四更時分，母親和妻子夢見我回到家中，一齊埋怨自己離家太久，不與家人同艱難、共辛苦。「書中隱約不盡道，惚恍懸揣如聞呻」，這兩句又歸結到家信，是說信裏的話，隱隱約約沒有說完，但仔細想象揣度，又彷彿能聽到憂慮不已的嘆息聲。就親人來說，怕盡寫艱難處境與相思之情會引起對方的不安；就自己來說，卻能從隱約之詞中，體味出親人的處境和深情。作者以細膩的筆觸，寫出了家人之間的心心相印，從而更反襯了官場的冷漠無情。

第三段包括十四句(自「我方九流百氏談宴罷」至「敢學大塊舒輪囷」)這一段是這首詩的中心內容，構成全詩的主體。其中反覆寫了自己與達官貴人的矛盾，申述了個人身遭迫害的根本原因。

「我方九流百氏談宴罷，酒醒炯炯神明眞」兩句，首先標明自己對封建正統思想有所叛逆。九流百氏，也就是諸子百家。炯炯，目光明亮有神的樣子。神明，即神志眼神。眞，眞切、清晰。這兩句是說，自己在宴席上剛剛談罷諸子百家，酒醒之後，心明眼亮，這纔意識到席上標榜諸子百家，有違統治者獨尊儒家的旨意，言語有失，恐怕將有不測。我們知道，自漢朝起，儒家思想被歷代封建統治者奉爲正統思想，成爲他們的精神支柱，成爲統治人民的精神枷鎖。經宋代理學家的加工改造，儒家最終變成儒教，主宰宋、元、明、清幾代，更加神聖不可侵犯。作者敢於衝擊儒家的淩駕一切的正統地位，標榜諸子百家，正是離經叛道、思想解放的突出表現。這一方面，在龔自珍的詩文中有充分的反映。應該指出，這決不限於學術上的異端思想，實際是在一定程度上對封建正統思想的挑戰，作者深知這種異端思想會給自己招致憂患。

「貴人一夕下飛語，絕似風伯驕無垠」兩句，是說達官貴人陷害自己的流言蜚語，活像兇殘的風伯一樣驕橫無極。這一比喻成爲全詩想象構思的紐結，將自然環境的嚴酷與政治處境的險惡溝通起來。

「平生進退兩顛簸，詰屈內訟知緣因。」進退，指出仕和退隱。兩顛簸，是說兩種處境都坎坷不平，進退維谷，沒有出路。詰屈，曲折，這裏是左右、反覆的意思。內訟，自我反省、責備，實際上是反語，作者並不認爲自己有什麼差錯。從這兩句開始轉入分析自己遭難的原因。

「側身天地本孤絕，矧乃氣悍心肝淳！欹斜謔浪震四坐，即此難免羣公瞋」四句，進一步申述進退兩難的緣由。側身，就是置身。天地，指人世間。孤絕，是說自己傲岸不羣，對權貴不阿諛奉承，因而勢單無援。

十月廿夜，大風不寐，起而書懷

矧，況且。氣悍，性情爽直。心肝淳，心地純樸，指不善於違心地周旋應酬。欹斜，這裏指思想行爲違背了中庸之道。譃浪，放肆戲謔，這裏指蔑視權貴，嘲笑譏諷。震四坐，震驚四周在座的人。羣公，指達官貴人。瞋，怒目而視。概括起來，這四句是說，自己離經叛道、傲視權貴的思想本來就不容於世，更何況生性耿直、心地單純，公開場合常常放浪不羈，恣意譏諷，使衆人震驚，這些難免不觸怒那些達官貴人。龔自珍的朋友王藝孫在一封信中這樣規勸過他：「至於詩中傷時之語，罵坐之言，涉目皆是，此大不可也。……甚至上關朝廷，下及冠蓋，口不擇言，動與世迕，足下將持是安歸乎？足下病一世人樂爲鄉愿，夫愿願不可爲，怪魁亦不可爲也。鄉愿猶足以自存，怪魁將何所自處？」(見張祖廉《定盦先生年譜外紀》)所謂「上關朝廷，下及冠蓋，口不擇言，動與世迕」，正體現了龔自珍敢於批判現實、不畏朝廷權貴的鬥爭精神。至於「怪魁」，即大怪物，那是作者在世俗眼目中的形象，這恰恰是他叛逆性格的寫照。而正是這種鬥爭精神、叛逆性格，纔招來了禍患。

「名高謗作勿自例，願以自訟上慰平生親。縱有噫氣自填咽，敢學大塊舒輪囷」四句，是說自己招致誹謗是因爲思想行爲不容於當世，並不像有的人因名氣大而遭妒忌，所以願反省自責，明哲保身，以慰母親的牽掛。縱使有不平之氣自己吞咽，哪敢學大地那樣肆意舒發不平之氣刮起大風？這裏又引眼下的大風爲喻。大塊，即大地。噫氣，本爲舒暢壅塞之氣，這裏用爲名詞，指壓仰欲伸的不平之氣。輪囷，屈曲盤繞的樣子，本形容樹木盤根錯節，這裏形容胸中鬱結不伸之氣。這四句的語氣值得體味，所謂「自訟」，並非眞認爲有錯而自責，衹是爲了寬慰母親的牽掛而已。後兩句也是反語，表面說要忍氣吞聲，不敢任性，其實是說非像大地舒氣爲風那樣，不足以抒發胸中不平之氣。

最後一段爲結尾四句。這又歸結到眼前自然環境與政治環境的險惡，表現出與權貴決絕的強烈願望。前兩句從側面着筆，既表現處境之惡，又表現天氣之冷，使人不禁心寒膽戰。大意說寒風之夜不能安睡，起身作詩言懷，寫了如上的話，倍感寒氣襲人，連燈光都昏昏欲滅，猫兒也蜷縮身軀，緊偎着牀帳和褥子。貍奴，就是猫。幬，帳子，這裏指牀帳。茵，褥子。後兩句寫險惡的處境更激起對溫暖家鄉的思念，但是欲歸而不得，

十月廿夜，大風不寐，起而書懷

祇有嚮往而已。末句更從感受上典型地寫出了江南濃郁的春意：風酥，是說風軟醉人；雨膩，是說雨潤沁腑。展現出一番美好迷人的天地，與嚴寒冷酷的現實情景構成鮮明的對比，有力地襯托着作者對黑暗現實憎惡、批判的堅決態度。

這首詩思想深刻，反映了作者與醉生夢死、頑固腐朽的達官貴人的尖鋭矛盾。藝術成就也很高，堪稱一首感時抒懷的佳作。作者面對的現實環境有兩個：一個是寒風凛冽的冬天夜晚，一個是嚴若冰霜的上層社會。他以深刻的感受爲基礎，通過自然的聯想，巧妙地把兩者互相比喻，交錯描寫，形象妥貼，渾然一體。

作者很懂得藝術上的辯證法，在描寫上出色地運用了反襯手法，在抒情上成功地運用了反語、曲筆。用反襯的如：「城南有客夜兀兀，不風尚且淒心神」，以「不風」反襯「大風」；「此時慈母擁燈坐，姑倡婦和雙勞人」到「貴人一夕下飛語，絶似風伯驕無垠」這十句，以家人對自己的親切關懷，反襯達官貴人對自己的排擠迫害；「起書此語燈焰死，貍奴瑟縮偎幬茵。安得眼前可歸竟歸矣，風酥雨膩江南春」，以故鄉的溫暖反襯現實處境的嚴酷，等等。這些都收到相反相成的效果。至於反語、曲筆，我們在前面分析「名高謗作勿自例，願以自訟上慰平生親。縱有噫氣自填咽，敢學大塊舒輪囷」這四句時，已作過説明。

這首詩的風格是含蓄的。龔自珍曾寫過這樣的詩句：「高吟肺腑走風雷。」（《三別好詩》）當我們吟味作者這首詩時，雖然讀不到大聲疾呼的詞句，卻眞切聽到了翻騰在他心底的滚滚風雷。

（孫欽善）

湘月

龔自珍

壬申夏，泛舟西湖，述懷有賦，時予別杭州蓋十五年矣。

天風吹我，墮湖山一角，果然清麗。曾是東華生小客，回首蒼茫無際。屠狗功名，雕龍文卷，豈是平生意？鄉親蘇小，定應笑我非計！　才見一抹斜陽，半堤香草，頓惹清愁起。羅襪音塵何處覓？渺渺予懷孤寄。怨去吹簫，狂來說劍，兩樣消魂味。兩般春夢，櫓聲盪入雲水。

這是龔自珍在嘉慶十七年（一八一二）二十一歲時寫的一首述懷詞。

這首詞歷來被認爲是龔詞的代表作，最能體現龔自珍的思想和藝術風貌。在當時，曾引起過強烈的反響。龔自珍在詞末自註云：「是詞出，歙洪子駿題詞序曰：『龔子璱人近詞有曰：怨去吹簫，狂來說劍二語，是難兼得，未曾有也。爰塡《金縷曲》贈之。』其佳句云：『結客從軍雙絕技，不在古人之下，更生小會騎飛馬。如此邯鄲輕俠子，豈吳頭楚尾行吟者？』其下半闋佳句云：『一櫂蘭舟迴細雨，中有詞腔姚冶，忽頓挫淋漓如話。俠骨幽情簫與劍，問簫心劍態誰能畫？且付與，山靈詫。』餘不錄。越十年，吳山人文徵爲作《簫心劍態圖》……。」

但是，有的人對於這首詞以及作者這段「自註」，似未深解，認爲它表現的是一種身世牢落及無可奈何情緒，這顯然是值得商榷的。這首詞，倘從字面看，它確乎寫了一些「清愁」、「春夢」之類的話，但究其內核，寫的卻是「俠骨幽情」，和自己的理想抱負，表示了強烈的追求和堅定的信念。

我們知道，龔自珍的一生，從總體上說，是在坎坷不平中度過的。他的性格，也正如他所云：「我生受之天，哀樂恆過人」（《寒月吟》），對國家命運及個人身世，有着特殊的敏感和深沉的憂戚。不過，寫作此詞時，應當說是他一生中比較愜意的一段時光。他剛剛在皇都北京度過了十年的讀書生活。充任武英殿校錄之後，正隨侍出任徽州知府的父親來到了江南。是年四月，他又完婚於蘇州。接着便偕夫人雙雙返回到闊別十年的故鄉杭州探望。這期間，無論在仕途上和個人生活上，他都不會遭遇過什麼大的挫折，因而，也就不會有什麼牢落失意的情緒。恰恰相反，這時的龔自珍，猶如初生之犢，無所畏懼，對個人的抱負、前途，厚自期許，大有「風發雲逝，不可一世之概」（段玉裁：《懷人館詞序》）。這裏，就讓我們從這首詞的具體描寫來看吧：

「天風吹我，墮湖山一角，果然清麗。」開頭這幾句，突兀寫來，頗有氣勢。意謂老天爺讓我降生在湖山清麗、風景絕佳的杭州，不是沒有道理的。其中隱然含有地靈人傑和自己身手不凡之意。李白詩云：「天生我材必有用」，「天風吹我」四字，似由此化來。

「曾是東華生小客，回首蒼茫無際。」這兩句是說，自己小的時候曾經客居京城，現在回顧起來不禁感慨叢生，思緒萬千。「東華」，即北京紫禁城的東華門，此代指京城。「生小」，猶言小時。「蒼茫」，亦作「滄茫」，曠遠迷茫貌。

「屠狗功名，雕龍文卷，豈是平生意？」這是對上文「回首蒼茫無際」的具體說明。大意是說：平生大志，並不在於追求功名與文名，而是有更遠大的抱負在。「屠狗功名」謂屠狗者得功名。「雕龍文卷」指對文章的精雕細琢。

「鄉親蘇小，定應笑我非計。」這兩句作爲上半闋收束，將詞意更推進一層。意思是說，如果我以功名與文名爲重，沒有遠大的理想抱負，那末，作爲杭州鄉親的蘇小小，她也一定會譏笑我的打算是不高明的，是缺乏遠見的。「鄉親蘇小，」出自唐王建詩：「錢塘蘇小是鄉親。」蘇小小，傳說爲古代錢塘名妓。原西湖西泠橋畔有蘇小小墓。

以上爲詞的上闋，龔自珍概括地回顧和總結了二十歲前的經歷，並昭示自己具有匡時濟世的宏大願望，語氣極爲沉着和自信。但是，自幼熟諳歷史掌故的他，對理想與現實的矛盾，卻又有着清醒的認識。於是，在詞的下半闋裏，詞人着重抒寫了對理想的追求和嚮往。

「才見一抹斜陽，半堤芳草，頓惹清愁起。」前兩句，詞人以生花的妙筆，描繪出一幅詩意盎然的西湖圖畫，令人爲之陶醉。但，第三句，筆鋒陡然一轉，詞人從眼前所見的景物中，觸目生情，引逗出「清愁」，引逗出對自己前途的思索。這三句，既是下闋的領起，又是全詞的過渡。天然渾成，不見痕跡，充分顯示了作者的才情與功力。

然而，讀者們急切地期望了解，詞人所謂的「清愁」，究竟是指的什麼呢？是指失意的牢愁嗎？不是。是指對理想的無望嗎？也不是。詞人緊接着借用傳統的美人香草手法，含蓄而又形象地告訴我們：「羅襪音塵何處覓？渺渺予懷孤寄。」

這兩句，分別從曹植的《洛神賦》和屈原的《九歌·湘夫人》中詞意借來。大意是說，呵，我所要追求的理想境界，到底去哪兒才能尋找到呢？何況我又是孤單一人，難以找到同調！「羅襪音塵」，本謂美人的步履輕盈，此代指理想境界。「渺渺予懷」，指宏大的抱負。

這裏，很容易使人聯想起魯迅在《題〈彷徨〉》一詩中的著名詩句：「兩間餘一卒，荷戟獨彷徨」；聯想起魯迅戰鬥時的處境與龔自珍當時的處境有着某些相似之處。不過，與其說這兩句詞表現了詞人孤身苦鬥和探索的激憤情緒，毋寧說，它表現了詞人「目無餘子」的超拔流俗風度，在矜持中流露出倔強的自信。正因爲如此，洪子駿才熱情地稱贊他：「如此邯鄲輕俠子，豈吳頭楚尾行吟者？」

然後，詞人又進一步用自己的習慣語言去進行描述：「怨去吹簫，狂來說劍，兩樣消魂味。」這幾句詞，擲地作金石聲，生動地刻畫了古代志士前所未有的美好形象及其博大襟懷。在我國，古代多少傑出的作家們，不乏有以「簫」或「劍」，用來象徵自己的「哀怨」或「壯志」，但是，以「簫」與「劍」同時並舉，而且又賦予更深的涵義和新義的，龔自珍卻是第一人。在他的詩詞中，我們常常可見「簫」、「劍」並舉的例子。比如：「一簫一劍平生意」（《漫感》），「少年擊劍更吹簫」（《已亥雜詩》），「氣寒西北何人劍，聲滿東南幾處簫」（《秋心三首》），「來何洶湧須揮劍，去尚纏綿可付簫」（《又懺心一首》），「按劍因誰怒，尋簫思不堪」（《紀夢》），「才也縱横，淚也縱横，雙負簫心與劍名」（《醜奴兒令》）等等。這些句子，由於寫作時間的不一，在具體運用「簫」或「劍」的概念時，或許有某些細微的區别，但是，從主體上考察，龔自珍心目中的「劍」，顯然已非一般所泛指的「豪情壯志」，它將他畢生所倡導和追求的開一代風氣的嶄新內容緊緊地聯繫在一起；他心目中的「簫」，也顯然非是一般所指的「凄惋哀怨」，而是飽含着詞人憂國憂民的情愫。這首詞所説的「怨去吹簫，狂來説劍，兩樣消魂味」，則分明是詞人將「簫」與「劍」兩者無間地融鑄在一起，確切地表示自己對於理想的追求，已經達到了意往神馳以至於忘情的地步。這是全詞的關鍵，值得我們反覆去體會。

當然，要使自己渴望變革、開一代風氣的理想化爲現實，絕不會是一帆風順的。龔自珍在現實生活中，已經預感到腐敗而又嚴峻的社會不會容忍他輕易地有所作爲，因此，他在全詞的結拍處，面對清麗的湖山，意味深長地引吭悲歌：「兩般春夢，櫓聲盪入雲水」，含不盡之情於言外。過了兩年，龔自珍再度泛舟西湖，又賦《湘月》一闋，有句云：「湘雲如夢，記前年此地，垂楊繫馬。」「平生沈俊如儂，前賢倘作，有臂和誰把？問取山靈渾不語，且自徘徊其下。」可以看作是這首詞的續篇和註腳。

（孫文光）

浪淘沙

龔自珍

書願

雲外起朱樓，縹緲清幽。笛聲叫破五湖秋。整我圖書三萬軸，同上蘭舟。　鏡檻與香篝，雅憺溫柔。替儂好好上簾鈎。湖水湖風涼不管，看汝梳頭。

這是龔自珍在二十六七歲時寫的一首詞。當時，龔自珍由於在科場上的連年失意，痛感現實社會的黑暗窳敗以及自己的政治抱負不能實現，因此，寫這首詞，藉以表示自己的另一種理想和寄託。詞題「書願」，便是極爲醒豁的說明。

全詞以「雲外起朱樓」句領起，意味深長。這「雲外朱樓」，實即「空中樓閣」，在現實中本是不存在的。但是，作爲作者意中追求的理想境界，卻又似乎是一個已經出現了的詩意盎然的客觀存在。不是嗎？詞人在縹緲清幽的環境裏，倚樓弄笛，傾訴衷腸，然後整頓圖書，攜帶自己心愛的女子，泛舟太湖，在湖水湖風中看她梳洗打扮，流連忘返。這是一幅多麼美好的超然物外、「雅憺溫柔」的景象呀，它讓人們不禁聯想起當年越國大夫范蠡激流勇退，攜帶美人西施泛舟五湖的故事，那種情境與此時此刻的詞人心境是多麼相似！

是的，龔自珍在同時寫作的《題紅蕙花詩冊尾》中就說過：「花有家鄉儂替管，五湖添個泛舟人」，並

浪淘沙·書願

自註曰：「余固有買宅洞庭之想。」明確地表示了曾有隱居的想法，足見寫作此詞確是緣情而發。不過，令人索解的是，龔自珍是中國近代史上傑出的啓蒙思想家，尤其是在血氣方剛的青年時期，怎麼竟會萌生出消極退隱的思想呢？這又是耐人尋味的。

原來，龔自珍在寫作這首詞的前幾年，曾以敏銳的眼光和無畏勇氣，先後撰寫了《明良四論》和《乙丙之際著議》等多篇戰鬥性極強的政論文，深刻地揭露和批判了社會現實的黑暗，企圖引起清王朝統治者的注意和警悟，但是，他的意見一直得不到理解和重視，在科舉上又屢遭挫折，因此，便很自然地產生了這種消極思想，並在文學創作中表現出來。這種情況，既反映了一位思想家在歷史轉折時期思想發展的艱辛曲折的歷程，同時也反映了理想與現實的矛盾。其中，包含有消極成分和積極因素。因爲，這幻想的「雲外朱樓」，在當時是不可能出現的，而作家卻繪聲繪色地描畫出來，這不分明是與黑暗的現實社會作了鮮明的映照嗎？

這首詞的藝術表現頗爲講究。它清新嫵媚，樸素自然：在語言上，沒有刻意地去雕字鏤句；在構思上，也沒有賣弄地炫怪逞奇。全詞衹是平平淡淡地寫來，猶如描製一幅單線平塗的畫圖，將詞中雅儋溫柔的境界，栩栩傳情地托現出來。這情景，恰似《滄浪詩話》所云「不着一字，盡得風流」，衹不過它並不完全是「羚羊掛角，無跡可求」罷了。龔自珍的外祖父段玉裁在評論他早年詞作時說：「銀盌盛雪，明月藏鷺，中有異境。」（《懷人館詞序》）讀一讀這首詞，我們是會會心地表示贊同的。

不衹如此，通過對這首詞的欣賞，我們似乎還可以了解龔詞的總的面貌。我們知道，清代詞，在中國詞史上是佔有很重要的地位的。它遠承兩宋，超軼元明，素有「詞學中興」之譽。但是，在有清的兩百多年中，詞的藝術也經歷了曲折的發展過程。在其前期，朱彝尊等人標榜的「浙派」，推崇北宋，使詞流於飣餖堆垛之歧途。在其中後期，張惠言等人標榜的「常州派」，企圖矯正「浙派」之失，尊崇詞體，規撫南宋，則又陷入過分追求寄託，詞意晦澀之弊。龔自珍生當「常州詞派」形成之際，並且與常州詞人多有往還，但是，他的不主故常、銳意變革的文學主張，指引着自己在詞的創作上，從不受「浙派」或「常州派」的拘囿。儘管他對自己的詞作很不滿意，謙稱：「不能古雅不幽靈，氣體難躋作者庭。悔殺流傳遺下女，自障紈扇過旗亭」。

（《己亥雜詩》）然而，他有自己的追求：既推重詞體，講究寄託，同時又注重技巧，不傍門户。在學習兩宋詞人方面，兼收並蓄，轉益多師，務求創作出有自己特色的作品。因而，晚清著名詞學家譚獻説他的詞：「意欲合周（邦彦）辛（棄疾）而一之，奇作也。」（《復堂詞話》）實在是很有見地的。

（孫文光）

病梅館記

龔自珍

江寧之龍蟠，蘇州之鄧尉，杭州之西谿，皆産梅。或曰：梅以曲爲美，直則無姿；以欹爲美，正則無景；以疏爲美，密則無態。固也。此文人畫士心知其意，未可明詔大號，以繩天下之梅也；又不可以使天下之民，斫直、删密、鋤正，以殀梅、病梅爲業以求錢也。梅之欹、之疏、之曲，又非蠢蠢求錢之民能以其智力爲也。有以文人畫士孤癖之隱明告鬻梅者，斫其正，養其旁條，删其密，夭其稚枝，鋤其直，遏其生氣，以求重價。而江浙之梅皆病。文人畫士之禍之烈至此哉！

予購三百盆，皆病者，無一完者。既泣之三日，乃誓療之，縱之，順之。毁其盆，悉埋於地，解其棕縛，以五年爲期，必復之全之。予本非文人畫士，甘受詬厲。闢病梅之館以貯之。嗚呼！安得使予多暇日，又多閒田，以廣貯江寧、杭州、蘇州之病梅，窮

病梅館記

予生之光陰以療梅也哉！

龔自珍生活在清統治者行將崩潰的腐朽沒落時期，作爲晚清資產階級改良主義的先驅者，他目擊封建社會末世「萬馬齊喑」的黑暗和腐朽，發出了「不拘一格降人才」的呼聲。著名的寓言式短文《病梅館記》，以非常巧妙的比喻，揭露了清朝統治者殘酷摧殘人才的罪行，表達了作者惜才、愛才、護才的思想感情。從文章的字面上來看，句句寫梅，字字寫梅，可是透過字裏行間，我們分明看到作者其實是句句寫人，字字議政。文章隱晦曲折，託物言志，寓意深刻，用心良苦，閱讀時要多加注意。

文中的「梅」，顯然並非自然界中的梅花，而是一種具有象徵意義的東西了，「梅」是社會上進步的革新派的代表；而「文人畫士」則是比喻那些封建頑固派。多少年來，那些詩人畫家，都認爲梅花要長得彎彎曲曲纔算美，筆直便不見豐姿；認爲梅花要枝條長得橫逸纔算美，直挺挺的就不算好景致；認爲梅花要修剪得稀疏纔算美，枝條茂密就不算好姿態。作者認爲，由於這些文人畫士用這樣的標準來要求種植梅花，致使江浙兩省的梅花都是斷幹折枝，奇形怪狀，都是病態之梅！他們這種陰謀詭計又不敢公開號召，衹能暗底裏施展，多麼可惡！他們通過某些小人去設法砍掉梅花的正枝，保養斜條，删剪密枝，弄斷嫩條，去掉端正的，抑制梅花的生機，手段那麼毒辣、卑鄙！面對着這種病梅，作者大聲斥責：「文人畫士之禍之烈至此哉！」

清朝統治者爲了維持自己的反動統治，殘酷地摧殘人才，對知識分子實行高壓政策，千方百計用八股取士的科舉制度來束縛知識分子，對那些正直、敢於革新、大有作爲的進步知識分子，大加圍剿，甚至殺戮，他們要把知識分子培養成他們的奴才或鷹犬。

龔自珍對此堅決反對。他一反傳統觀念，偏偏要反其道而行之，他買了三百盆病梅：開闢一個「病梅館」，專門來療治這些病梅，他要「療之，縱之，順之」，即治療它們，解放它們，讓它們順其自然地生長。他首先要砸爛那些花盆，把梅花全部移植到土地上，解開扎縛梅的繩線，準備花五年的時間，使得病梅恢復健康，回歸本性。這是作者嶄新的美學思想，他一反歷來定見，主張改梅花的病態美爲天然美，是一種大膽的革新思潮的反映，表現了作者對社會進步力量的大力支持，對革新精神的大力鼓勵。作者深知，自己這樣做，一定會遭到非議和攻擊，但他有充分的思想準備，甘願受文人畫士的譏諷責罵，這充分表現了作者不怕挫折、奮力改革現實社會的堅強決心和不拔的毅力。

我們讀《病梅館記》，思想上感到很壓抑，這是清朝黑暗現實在作品中再現所產生的重壓，也是作者藝術功力深厚和思想尖鋭深沉的反映。文章處處寫梅，以梅喻人，切譏時政，潑辣奇悍，前一部分揭露和抨擊了統治者摧殘和壓抑新生力量的罪惡，後一部分表達了作者改革現狀的決心和行動。全文熔記叙、議論和抒情於一爐，含蓄雋永，令人深思。文章結尾作者感嘆道：「嗚呼！安得使予多暇日，又多閒田，以廣貯江寧、杭州、蘇州之病梅，窮予生之光陰以療梅也哉！」字裏行間我們分明看到了作者的心情和處境是那樣的矛盾！他要改革現狀，但他沒有權勢，既無「多暇日」，又無「多閒田」，焉能「廣貯」病梅加以療治呢？這種哀嘆之中充滿了對現實的不滿和無可奈何的心情，顯然是時代和階級的局限所造成的。

《病梅館記》又作《療梅記》，表面寫的是作者反對用人工的辦法使梅花呈現矯揉造作的病態美，主張恢復梅花的自然美，自己決定採取具體措施來療治病梅，其實言在此意在彼，目的是針砭時弊，痛斥八股取士、摧殘人才的罪惡，爲受壓制的知識分子伸張正義，這種託物寄意的藝術構思，精粹犀鋭的言詞，表現了作者作爲偉大的思想家和文學家的氣魄和膽略，及其獨特的藝術匠心。

（方伯榮）

天臺石梁雨後觀瀑歌

魏源

雁湫之瀑煙蒼蒼，中條之瀑雷硠硠，匡廬之瀑浩浩如河江。惟有天臺之瀑不奇在瀑奇石梁：如人側臥一肱張，力能撑開八萬四千丈，放出青霄九道銀河霜。我來正值連朝雨，兩崖偪束風愈怒。松濤一湧千萬重，奔泉衝奪游人路。重崗四合如重城，震電萬車爭殷轔。山頭草木思他徙，但有虎嘯蒼龍吟。須臾雨盡月華濕，月瀑更較雨瀑謐。千山萬山惟一音，耳畔衆響皆休息。靜中疑是曲江濤，此則雲垂彼海立。我曾觀潮更觀瀑，浩氣胸中兩儀塞。不以目視以耳聽，齋心三月鈞天瑟。造物貺我良不慳，所至江山縱奇特。山僧掉頭笑：「休道雨瀑月瀑，那如冰瀑妙，破玉裂瓊凝不流，黑光中綫空明窈。層冰積壓忽一摧，天崩地坼空晴昊，前冰已裂後冰乘，一日玉山百頽倒。是時樵牧無聲游屐絕，老僧扶杖窮幽討。山中勝不傳山外，武陵難向漁郎道！」語罷月落山茫茫，但覺石梁之下煙蒼蒼，雷硠硠，挾以風雨浩浩如河江！

魏源（一七九四——一八五七），字默深，湖南邵陽金潭鄉（今屬隆回縣）人。出生在一個官宦家庭。其父魏拜魯，歷任江蘇嘉定、吳江等地巡檢，寶山水利主簿等職。魏源從小聰穎，愛讀詩書。道光二年（一八二二）中舉，道光二十四年（一八四四）中進士。曾作過興化、高郵等地知縣、知州。魏源是中國近代

天臺石梁雨後觀瀑歌

史上著名的愛國思想家，對後來的維新運動產生過積極影響。他與龔自珍、林則徐、包世臣等相友善，同屬主張「通經致用」的今文學派。他和林則徐齊名，被人們譽爲近代中國睜眼看世界的一位先驅者。他的一方印章刻有「默好深湛之思」六字，這就是他取字「默深」的本意。著有《聖武記》、《海國圖志》、《古微堂集》、《古微堂詩集》、《清夜齋詩稿》等。

魏源的詩文成就卓著，對近代文學產生過積極的影響。現存他的詩作近八百首，大部分是描寫自然景色的山水詩，自稱是「應笑十詩九山水」，反映了他對祖國山河的熱愛和奔放豪邁的思想感情。這首《天臺石梁雨後觀瀑歌》及《三湘櫂歌》均爲他的山水詩代表作。

《天臺石梁雨後觀瀑歌》收於《古微堂詩集》，詩無年月，約作於道光二十七年（一八四七），魏源五十四歲時（李瑚：《魏源詩文繫年》）。這年魏源曾去浙江遊歷，寫下不少歌詠浙江風景名勝的詩作，除這首《觀瀑歌》之外，還有《雁蕩吟》、《天目山囊雲歌》、《四明雪竇寺四首》、《天臺山雜詩五首》、《天童寺夜宿》等均爲同一時期之作。

天臺，山名，在浙江省天臺縣北，爲浙江名勝。石梁，阻攔障水的石堰。歌，歌行，表明是一首古體詩。詩題中交代了遊覽地點，天臺石梁；特定的環境，雨後；觀賞景物的重點，瀑布，以及詩歌的體裁。這首詩寫得氣勢磅礴，淋漓恣肆，一瀉千里，筆酣墨濃。全詩共四十四句，三百餘字，古詩韻隨意轉，共六韻，但二、三段實寫雨瀑一事，故可分成五段。

從開始到「放出青霄九道銀河霜」，先以對比的手法，總寫天臺瀑布與衆不同的特點，這是第一段。作者性喜遊歷，爲了研究考察祖國的山川形勢和水利資源，他自述曾「芒鞋踏九州」、「我行半天下」。正因爲作者所到名山大川極多，這就爲此詩開頭進行比較提供了生活依據。雁湫：指浙江省東南部雁蕩山的瀑布。雁蕩山懸崖奇峯，森然列峙，著名勝跡有靈峯、雁湖，大、小龍湫。湫，指水潭。雁湫，即雁蕩山龍湫瀑布。煙蒼蒼，意爲煙霧迷漫、莽莽蒼蒼，此句着重寫出雁湫瀑布的意境氛圍，以及詩人的感受。中條，指山西省永濟縣東南的中條山，其中天柱峯有著名的王官谷雙瀑。硠，水石相撞擊的聲音。雷硠硠，形容瀑布飛瀉，滾石相擊，聲如雷鳴。此句着重寫中條瀑布的氣勢音響，使人如聞其聲，訴諸聽覺印象。匡廬，廬山，在江西省北部。相傳周代有匡氏兄弟在這裏結廬隱居，故又稱「匡廬」。浩浩如河江是說廬山的瀑布水勢澎湃，浩浩蕩蕩，如同黃河長江。李白《望廬山瀑布》：「日照香爐生紫煙，遙看瀑布掛前川。飛流直下三千尺，疑是銀河落九天。」極言廬山瀑布的雄偉壯觀。此處寫「匡廬之瀑浩浩如河江」，既不落前人窠臼，又有與太白詩異曲同工之妙。以上寫雁湫、中條、匡廬三處的瀑布，目的是作爲鋪墊，以突出描寫謳歌的主體，即天臺瀑布的奇特之處不在瀑布本身，而在形成瀑布的攔水堰石梁。作者以擬人的手法抒發了奇妙的想象，石梁如同一位巨人側臥姿式，伸出一條臂膀，臂力之大，竟能把天臺山撐開八萬四千丈，朝着青天放射出九道銀河似的潔白寒霜。此處暗用「疑是銀河落九天」之典。讀到這裏，我們不能不欽佩作者想象力的豐富，概括景物特徵能力的高明。清人郭嵩燾在《魏默深先生古微堂詩集敍》中說：「人知其以經濟名世，不知其能詩，而先生之詩顧最夥。遊出詩，山水草木之奇麗，雲煙之變幻，滃然噴起於紙上，奇情詭趣，奔赴交會。」（《魏源集》第八四六頁，中華書局一九七九年第一版）這首詩的起首一段，確實是做到了「滃然噴起於紙上」，使我們對天臺石梁瀑布的奇情詭趣，先有了一個總的認識。

第二段從「我來正值連朝雨」到「但有虎嘯蒼龍吟」，寫天臺石梁雨瀑的驚心動魄。作者來觀瀑的時節正值陰雨連綿，山崖高聳，狂風怒號。雨中觀瀑，是要有些勇氣，冒些風險的。「松濤一湧千萬重，奔泉衝奪遊人路」，就是形容遊人的危險處境。風捲松濤，其勢排山倒海，激起白浪千萬重，山泉奔瀉而下，幾乎淹沒了遊人行進的道路。「重崗四合如重城，震雹萬車爭殷轔」，重城，層層城牆。震雹，霹靂。殷，雷聲隆隆，轔，車輪滾滾聲。這兩句完全運用比喻，寫出崗巒重疊，四方環抱，如同層層城牆，瀑聲如同隆隆雷鳴，滾滾車聲，交相爭鳴的氣勢。在這種震懾人心的氣氛裏，作者別開生面地設想山上的野草樹木都打算遷往他處，這裏衹留下猛虎的咆哮和蒼龍的長吟。此段通過直接描寫眼前景色，又運用想象、比喻等修辭手段，表現出雨助瀑威，撼人心魄的壯觀。

等三段從「須臾雨盡月華濕」到「所至江山縱奇特」。此段寫雨過雲飛，皎月當空，恬靜安謐的月瀑。

須臾，一會兒。謐，安靜。「須臾」以下四句是寫不大功夫雨霽風住，月光似乎還帶有些許濕意，月光照映下的瀑布較之雨中的瀑布顯得靜寂安謐，千山萬山之中衹有飛瀑一種聲音，耳畔各種各樣的聲音全都停息。驟雨初歇，萬籟俱寂，靜中產生聯想和比較。曲江濤，指錢塘江潮水。浙江江流曲折，又稱曲江，其下游即著名的錢塘江。海立，宋人馬永卿《嬾眞子》一書中記有「東坡詩立字」，「紹興六年夏，僕與年兄何元章會於錢塘江上。余因舉東坡詩云：『天外黑風吹海立，浙東風雨過江來。』元章云：立字最爲有力，乃水湧起之貌。老杜《三大禮賦》云：『九天之雲下垂，四海之水欲立。』東坡之意蓋出於此。或者妄易『立』爲『至』，衹可一笑。」可見，「海立」的「立」字，既形象又有力，魏源此詩中的「此則雲垂彼海立」，蓋出於蘇軾的「天外黑風吹海立」。作者看到眼前天臺瀑布，聯想起以前觀賞過的錢塘大潮，兩處均爲浙地景色，且又都是天下奇觀。但天臺瀑布如同垂天之雲，而錢塘大潮則如海壁立。作者能够飽覽奇景，不由得要感謝造物主的恩賜。於是由寫景轉爲抒情，詩境深宕一層。兩極，天地。《易·繫辭》：「是故易有太極，是生兩儀。」「齋心」，集中思慮，排除雜念，古人祭祀前，要齋戒三日，淨心凝慮。鈞天瑟，鈞天，古代神話中的天中央。瑟，指音樂。鈞天瑟，即鈞天廣樂，指神話傳說中的天上音樂。《史記·趙世家》載，趙簡子病，數日始醒，自云：去天帝所居，「與百神游於鈞天」，得見「廣樂九奏萬舞」，「其聲動人心」。「我曾觀潮更觀瀑」以下四句的意思是作者自敍過去曾經觀看過海潮，如今又領略了瀑布的壯觀，激蕩起來的胸中浩然之氣簡直可以充塞天地之間。用不着憑眼睛觀看衹需側耳諦聽，肅穆寧靜地欣賞這如同上天仙界的美妙音樂。這裏暗用「子在齊聞韶，三月不知肉味」典。意即看到眼前美景如同聽到韶樂，簡直可以三月不食肉了。此段最後兩句：「造物貺我良不慳，所至江山縱奇特」。造物，指天。古人認爲天創造了萬物，故稱天爲造物。貺，贈送，賜給。良，確實，眞。慳，吝嗇。良不慳，眞眞地不吝嗇。縱，縱情。這兩句是作者感謝大自然贈給人們的實在太多了，所到之處各地江山都縱情地顯示出奇特的景色，給人以美的享受。

第四段由「山僧掉頭笑」到「武陵難向漁郎道」。此段是借山僧之口道出遠勝雨瀑、月瀑的冰瀑奇姿，並以「山中勝不傳山外」的警語，說明衹有不怕風霜冰雪，敢於登攀險阻的人，纔能欣賞到無限風光的自然美景。「山僧掉頭笑」，情態逼眞，寫出陪同作者遊山的老僧，經年累月常住山中，因而對石梁瀑布在各種不同季節和天象下的變相一一領略無遺，他掉轉頭來，表示與作者一前一後的位置，一個笑字，道出且莫見月瀑便嘆爲觀止，還有更奇妙的冰瀑。妙在何處？連用八句加以勾畫。「破玉裂瓊凝不流」是說冰瀑的色澤如同破裂的美玉瓊瑤，原因是冬季天寒，瀑布凝聚成冰，不再流動。「黑光中綫空明窈」，黑光中線，形容冰瀑的裂縫。窈，深遠幽暗而又美麗貌。明窈，此處作名詞解，指明亮而又幽深美麗的冰瀑。這句是說晶瑩的冰瀑迸開一道黑色縫隙，幽深莫測，奇妙無比。「層冰積壓忽一摧」是由靜景轉變爲動態，層層積壓的冰塊忽然間一下折斷，「天崩地坼空晴昊」，坼，裂開。昊，形容天空廣闊明亮的樣子。此句是說冰層斷裂時如同天崩地裂，轟然巨響，而後卻呈現出陽光普照的萬里晴空，極言冰瀑變幻萬千，美不勝收。「前冰已裂後冰乘，一日玉山百頹倒」，乘，乘機跟上，此言冰塊崩散接連不斷。玉山，指冰塊堆積起來的冰山。語出《世說新語·容止》：「山公曰：『嵇叔夜之爲人也，……其醉也，傀俄若玉山之將崩。』」頹，倒塌。此言一天之中白玉般的冰山上百次的坍倒，堆而復坍，坍而又堆，如此循環不已，故言「百頹倒」。「是時樵牧無聲游屐絕，老僧扶杖窮幽討。」游屐，《宋書·謝靈運傳》記載，東晉詩人謝靈運游山時穿的一種特製木屐，上山則去其前齒，下山則去其後齒。遊屐卽指這一類木屐。這裏借代遊人。窮，盡。幽，指山中深幽之處。討，探尋。這兩句是說當冰山反覆坍塌之時，樵夫牧童無聲，遊人絕跡，祗有老僧手扶禪杖偏要把人跡罕至的幽深勝景探尋。這位老僧雖年長力衰，但他這種不畏艱險探幽尋勝的精神倒是十分難能可貴的。這一段最後兩句「山中勝不傳山外，武陵難向漁郎道！」武陵，古郡名，今湖南省常德地區。晉代陶淵明著《桃花源記》，引處卽用這一故事。作者自比漁郎，而將老僧比做桃花源中的隱士。意思是山中勝景難以言說，祗有親歷其境，才能欣賞到天臺瑰麗奇絕的美景。這兩句看似尋常，實則頗富哲理，意蘊深刻，給人很大啓發。天下事，如不親躬履踐，很難體味到其中的佳處。遊山賞景如此，其它方面均可類推，故可作警語看。

第五段用四句收束全詩。「語罷月落山茫茫」是說老僧說罷月已西沉，山色蒼茫，以示時間推移，已至深夜。「但覺」三句妙在既照應了開端，又概括了天臺瀑布不僅奇在石梁，而且兼有雁湫、中條、匡廬三處之瀑的特點，言外之意此處可稱得上是天下第一瀑了。

這首詩在寫作上頗具功力。首先是它的獨創性。李東陽說：「詩貴不經人道。」俄國著名作家屠格涅夫也強調「自己的聲音」，卽文學創作中要表現出區別於其他作家的藝術個性。天臺瀑布這一客觀景色經魏源寫入詩中，就帶有明顯的作者的主觀感情色彩。這說明山水詩畢竟是詩人頭腦的產物，而詩人的頭腦又不同於照相機，不可能作純粹直觀的反映。山水詩中的自然景色，歸根到底，總是作者的思想感情的一種象徵，一種反映，一種寄託，一種抒發。這種主觀的感受正是構成獨特性的基礎。

其次是它的層次感。這首詩除開頭、結尾一起一收外，主要寫了雨瀑、月瀑、冰瀑三種境界。如同現代電影中的蒙太奇。詩人使用了多側面多角度的特寫鏡頭將石梁瀑布在不同天象與季節中的變化極有層次地描繪出來。同一自然景物在不同的條件下，可以呈現出迥然不同的風貌。魏源善於捕捉大自然千姿百態的變境，而又順理成章地妥爲安排的本領，實在令人贊賞。

第三是詩筆雄健，詩境多變。魏源的山水詩是走宋詩寫實的一路。宋詩筆路的長處在於內容豐實，刻畫淋漓，但往往容易流於平直淺露。魏源學宋詩而又力避宋詩短處，有所突破。這首詩很講究用字煉句，像一開始就以「煙蒼蒼」、「雷硠硠」、「浩浩如河江」造成繪聲繪色的開闊氣象，以下像「銀河霜」的「霜」字，「雨瀑謐」的「謐」字，「彼海立」的「立」字，均十分形象有力，極普通的字詞，由於使用得當，毫無淺易之感，足見作者的匠心所在。同時他還吸收文章波瀾的義理，注意使詩境多變，由雨瀑而月瀑再冰瀑，一詩而「三變局」，使人產生「山重水複疑無路，柳暗花明又一村」的感覺。全詩均用陪襯之筆，雨瀑實衹兩句，主要寫風勢，月瀑則以觀潮爲襯，最美乃冰瀑，卻從傳聞得之，用放恣之筆而有意曲折之。第五段應第一段，但第一段是陪筆，末段則言天臺瀑實兼衆美而有之，語重而意義不同。整首詩的意境一波三折，層瀾跌宕，掃卻平板呆滯，非大手筆難以爲之。這種寫法很像木華《海賦》，於海之上下四旁求之。林昌彝在《射鷹樓詩話》中評魏源詩：「詩筆雄浩奔軼而復堅蒼遒勁，直入唐賢之室。近代與顧亭林爲近。……道州何子貞師謂默深詩如雷電倏忽，金石爭鳴，包孕時感，揮灑萬有。」此誠爲切論，值得認眞體會。

（諸天寅）

三湘櫂歌

魏　源

蒸湘

楚水入洞庭者三：曰蒸湘，曰資湘，曰沅湘，故有「三湘」之名。洞庭即湘水之尾，故君山曰湘山也。資湘亦名瀟湘，今資江發源武岡上游之夫夷水，土人尚曰瀟溪，其地曰瀟地。見《寶慶府志》。《水經註》不言瀟水，而柳宗元別指永州一水爲瀟，遂以蒸湘爲瀟湘，而三湘僅存其二矣。予生長三湘，溯洄雲水，爰爲櫂歌三章，以正其失，且寄湖山鄉國之思。

溪山雨後湘煙起，楊柳愁殺鷺鷗喜。櫂歌一聲天地綠，回首浯溪已十里。雨前方恨湘水平，雨後又嫌湘水奔。濃於酒更碧於雲，熨不能平翦不分。水復山重行未盡，壓來七十二峯影。篙篙打碎碧玉屏，家家汲得桃花井。

先說一下《三湘櫂歌》這三首七言古詩的寫作時間。《魏源詩文選註》（湖南人民出版社，一九八〇年三月第一版）認爲「約作於一八三〇年前後魏源考察湖南水利遍歷湘江、資江、沅江時」。《魏源詩文繫年》

（中華書局，一九七九年三月第一版）認爲約作於一八四七年（道光二十七年）。因詩題自註中提到的《寶慶府志》，纂修於道光二十五年（一八四五），完成於二十六年（一八四六），註云「見《寶慶府志》」，故詩當作於二十六年以後。註又云：「溯洄雲水」。雲水在廣東樂昌縣，一八四七年魏源曾到廣東，故此詩大約作於自湘入粵途中。按以上二說，當以後者爲是，卽此詩是魏源晚年五十四歲時的作品。

再說此詩的題目，他在題後自註中解釋道：「楚水入洞庭者三：曰蒸湘（卽湘江），曰資湘（卽資江），曰沅湘（卽沅江），故有三湘之名。」楚水，泛指古楚地的河流。古代詩文中的三湘，多泛指今洞庭湖南北，湘江流域一帶。《湖南通志》卷十三：「湘猶相也，言有所合。至永州與瀟水合曰瀟湘，至衡陽與烝水合曰烝湘（卽蒸湘），至沅江與沅水合曰沅湘。會衆流以達洞庭。」自註中說：「資湘亦名瀟湘，今資江發源武岡上游之夫夷水，土人尙曰瀟溪，其地曰蕭地。」可見三湘卽指蒸、資、沅三江。櫂，劃水行船，櫂歌，船夫行船劃槳時所唱之歌。詩題標明櫂歌，表示此詩帶有濃厚的民歌情調。

作者在自註中說明作此詩的目的，一是「《水經註》不言瀟水，而柳宗元別指永州（今湖南零陵縣）一水爲瀟，遂以蒸湘爲瀟湘，而三湘僅存其二矣。予生長三湘，溯洄（逆曲流而上曰溯洄）雲水（在廣東樂昌縣），爰（於是）爲櫂歌三章，以正其失（糾正《水經註》和柳宗元的失誤）」；二是「且寄湖山鄉國之思」，卽用以寄託對故鄉秀麗山河的思念。

《蒸湘》爲《三湘櫂歌》的第一首。這首詩的描寫重點是雨後湘江的美景。詩共十二句，可分三層。前四句爲第一層，溪山，指溪州（湘江邊縣治）之山，亦卽浯溪旁的山坡。湘煙，指湘江水面上的雲氣。鷺鷗、指鷺鶿和水鷗兩種水鳥。開頭兩句是說雨後溪邊山坡上升起層層霧氣，楊柳低垂像是發愁，鷺鷗卻滿心歡喜，盡情嬉戲。第一句點明特定的氣象：雨後；寫景的地點：溪山、湘水。雨後時節，遠山近水，煙霧籠罩，連成一片。第二句「楊柳愁殺鷺鷗喜」均爲以物擬人法，卽賦與江邊的動植物以人的感情，以增強表達上的生動性。爲什麼寫楊柳愁殺？這與古代的折柳傷別有關。詩人看到江邊的楊柳，自然聯想到折柳送別，而詩人自己也是路過此地，卽將「溯洄雲水」，乍來卽別，湖山鄉國之思怎能不使人愁殺？所以寫的是楊柳之愁，實則

三湘櫂歌·蒸湘

是傳達作者之愁。同樣鷺鷗之喜也是作者之喜，卽作者看到雨後新浴的鷗鷺嬉游江邊，一派生機，遂化愁爲喜。一愁一喜，透露出詩人內心的情緒。三、四句：「櫂歌一聲天地綠」，顯然是從柳宗元《漁翁》詩：「欸乃（象聲詞，形容搖櫓唱歌的聲音）一聲山水綠」演化而來。「回首浯溪已十里」，浯溪，源出湖南省祁陽縣西南的松山，北流匯入湘江。唐代詩人元結家居溪畔，爲之命名曰浯溪，並築離臺、浯亭。此言舟行飛速，轉眼已經離開原來所在的浯溪十里之遙。第一層既寫出眼前景，又傳出心中情，融情入景，繪聲（櫂歌）繪色（煙、綠），有靜（楊柳）有動（鷗鷺、舟行），動靜結合，勾畫出一幅氣象開闊、充滿生機的圖景。

第二層中間四句，寫下雨前後對湘水的感情變化。「方恨」與「又嫌」連用，表明時間的連續而又短暫。「雨前方恨湘水平」，是說下雨之前正惱恨湘水波平浪靜，所乘之船行進速度緩慢；「雨後又嫌湘水奔」是說下雨之後又嫌湘水突然變得洶湧澎湃，船隨浪湧，奔騰向前。一個「嫌」字，道出船行急速，使詩人無法細細欣賞兩岸風光。「濃於酒更碧於雲」是說湘水的質感如酒，顏色青綠勝過彩雲。「熨不能平翦不分」，指波浪洶湧，此起彼伏，用熨斗也熨不平，用剪刀也剪不斷。浪高流急之勢，一總託出。此層着重表現雨後湘水波濤洶湧，船行加速。

第三層最後四句進一步寫湘水的美豔。「水復山重行未盡」，言一路上江流迴轉，山巒重迭，行程似乎沒有盡頭。「壓來七十二峯影」，「壓來」，壓過來，聲勢令人有壓迫之感。「七十二峯」，湖南衡山有祝融、天柱、回雁、紫蓋等七十二峯。詩人用浪漫主義手法，把衡山七十二峯招來。沿岸層巒迭嶂，倒影入江，沉重如壓。「篙篙打碎碧玉屏」，寫船工劃行，每篙入水，都像打碎一座碧玉畫屏。碧玉屏，極言湘水之澄碧。「家家汲得桃花井」，汲，提取井水；桃花井，指桃花汛的江水。桃花汛，農曆二三月桃花盛開季節，江水猛漲，稱爲桃花汛。此句是說沿岸家家戶戶從江邊挑水，像是從桃花汛期井裏汲取。

這首詩在寫法上有值得注意的幾點：一、運用相反相成手法：一愁一喜，先平後奔，詩境富於變化；二、用比喻，不止是靜比（酒、雲），而且善用動比（熨、翦），貼切而新鮮；三、襯筆：寫水前八句已透，末四句乃以山襯之。綠水青山，情趣盎然。全詩把雨後湘水的美景，鮮明濃鬱地呈現在人們眼前。詩中意境，奇峭雄拔、氣勢磅礴，形象飛動。其感情脈絡爲先愁後喜，化愁爲喜，喜悦之情，溢於言表，使讀者受到強烈感染。詩中體現出作者個性鮮明的獨特風格，豪邁奔放，雄奇警動。正像作者評陳沆詩所説：「風神瀟灑，天骨開張。」如同一首激越高亢的奏鳴曲。

（諸天寅）

三湘櫂歌

魏　源

沅湘

是落葉耶是紅雨，瀟瀟瑟瑟打窗戶。一更兩更三更雨，如聽離騷二十五。漁翁家住桃源曲，江水一年香一度。江碧不如村酒淥，女兒每被桃花妒。東風飄出五溪裏，流到湖邊舟不止，隔煙呼人問磯沚。洞庭春漲水連天，遠岸青山欲上船，江空月落舟茫然。

《沅湘》爲《三湘櫂歌》的第三首。全詩十四句，可分四層，重點是寫桃花。第一層爲前四句，「是落葉耶是紅雨」，耶，表示疑問語氣，紅雨，指落花。李賀《將進酒》：「桃花亂落如紅雨」。首句先設問，説明桃花之繁多，風雨之夕，落英繽紛，敲窗蕭瑟有聲。離騷二十五，據《漢書·藝文志》統計，屈原賦共二十五篇。「一更兩更三更雨，如聽離騷二十五」，此句是説風雨延續時間之長，由黄昏而至夜半，雨聲如泣如訴，有如聆聽哀婉淒苦的二十五篇屈原辭賦。此層先渲染夜雨連綿，落紅無數，雨打船艙，使人不禁有幽愁暗恨萌生。

「漁翁家住桃源曲，江水一年香一度。江碧不如村酒渌，女兒每被桃花妒。」這四句是第二層。這層詩境陡然一轉，引出家住桃源深處的老漁翁以及美豔超絕、致使桃花生妒的漁家少女。「江水一年香一度」，是說每當暮春三月，盛開的桃花使一江春水都變得芬芳撲鼻，沁人心脾。「江碧不如村酒渌」是說江水雖然碧綠澄澈，但比不上村酒清冽透明。渌，清澈。作者運用浪漫主義的藝術筆觸，通過豐富的想象，把沅江景色同傳說中的桃源仙境結合起來。漁翁熱情款待，貌美絕倫的漁家女兒殷勤勸酒，於是昨夜聽雨時的愁緒一掃而空。酒足飯飽，繼續上路。

第三層共三句：「東風飄出五溪裏，流到湖邊舟不止，隔煙呼人問磯沚。」此層言作者順流而下，駛向洞庭湖邊。五溪，據《水經註》卷三十七，武陵有五溪：雄溪、樠溪、酉溪、潕溪、辰溪，在今湖南省竹浮縣東，屬沅江上游。磯，水邊突出的石岸；沚，水中小塊陸地。磯沚，指水中能夠泊船的地方。這三句的意思是船乘東風，順流而下，很快飄出了五溪裏，直到湖邊船仍不能停住，隔着濃重的霧氣急忙尋人打聽可有泊船的沙洲？這幾句充分寫出風大水急，船行順流不能自已之勢。

最後三句是第四層：「洞庭春漲水連天，遠岸青山欲上船，江空月落舟茫然。」這層又歸夜景。洞庭湖水春潮急漲，波濤洶湧，天水相連。船隨波湧，起伏不定，以致詩人產生遠岸青山一晃一晃像要登船而上之感，這句詩把洞庭湖兩岸青山簡直寫活了！結句是說江中空曠無物，月落西沉之時，衹有詩人所乘之舟還渺茫不知駛向何方。一種空靈寂寞之感烘托而出。

閱讀這首詩時，有兩點值得注意：一、魏源詩多以古雅遒邁見長，此詩獨平淡淺顯似民歌，尤其是前四句。全詩語言明白如話，韻律和諧，不僅可觀，而且可讀，朗朗上口，音樂感很強。這說明魏源確實從民歌中吸取了藝術營養。他這種比較解放的詩風，對晚清維新派的詩歌革命不能不帶來一定的影響。二、末二層各三句爲一層，也是作法上的變化，顯得節奏不平板。三句一氣一般來說是比較緊促的，如岑參的邊塞詩；但這裏三句一層卻寫得紆徐舒展，在古詩的原有規格中，通過情調的使轉而讓讀者感到從容不迫。也就是把形式和內容的矛盾統一起來了。

《蒸湘》和《沅湘》這兩首詩全用白描手法，意境明快，生氣盎然，而且具有民歌的清新、樸實氣息，使人感到十分親切。清代吳喬在《圍爐詩話》中說：「詩以情爲主，景爲賓，景物無自主，惟情所化，情哀則景哀，情樂則景樂。」意卽詩人筆下的景物是隨着感情的變化而呈現出不同的面貌。這兩首詩中所寫的雨後湘江江景和沅江桃花的豔麗景象，都表現出作者對祖國山河的熱愛、喜悅之情，景由情化，情景交融，纔使詩作具有誘人的藝術魅力。

最後引一段郁達夫的話作結：「大抵山水佳處，總是自然景物的美點發揮得最完美，最深刻的地方，孔夫子到了川上，就覺悟到了他的棲棲一代，獵官求仕之非，太史公遊覽了名山大川，然後纔死心塌地去發憤而著書，從知我們平時所感受不到的自然的威力，到了山高水長的風景聚處，就會如同電光石火一樣，閃耀到我們的性靈上來；古人的講學讀書，以及修眞求道必須要入深山傍大水去結廬的理由，想來也就在想利用這一點山水所給與人的自然的威力。」（《閑書·山水及自然景物的欣賞》）魏源之耽於遊覽名山大川，認爲「世間尤物醉人性，色聲光景忘往還」，其原因殆在於去感受山水所給與人的自然的威力。

（諸天寅）

湘江舟行（之二）

魏　源

亂山呑行舟，前檣忽然沒。誰知曲折處，萬竹鎖屋闥。全身浸綠雲，清峯慰吾渴。

湘江舟行（之二）

人咳鷗鷺起，淨碧上眉髮。近水山例青，湘山青獨活。無雲翠濛濛，煙林盡如潑。遙青一峯顯，近青一峯滅。眼底青甫過，意中青鬱勃。匯作無底潭，遙空碧藍闊。十載畫瀟湘，不稱瀟湘月。今朝船窗底，飽覽千峭岸。他年載畫船，鷗鷺無汝缺。

湘山如染，湘水如奔，亂山夾水，飛動雄奇。讀魏源《湘江舟行》，彷彿隨詩人乘小舟行駛在一條翡翠的河流上，眼前展開了一幅幅境界飛動的綠色長卷。

湘江，發源於廣西，縱貫湖南省境，由南而北，注入洞庭湖，兩岸平野坦蕩，青山逶迤，景色十分宜人。可詩人截取了自然景色中最有表現力的鏡頭，概括提煉集中，硬毫健筆，着力描摹，一開始，便以一種突兀、驚險、攝人心魄的氣勢籠罩全篇，給人以雄奇飛動的強烈印象：「亂山吞行舟，前檣忽然沒。」描繪羣山，用一「亂」字，回旋萬馬，本已氣勢非凡，水在亂山中奔流，其湍急之勢已可想見，再著一「吞」字，亂山夾水，大山「吞」舟，更是咄咄逼人，頓時使人避閃不及，生驚駭咋舌之嘆。衹見萬峯攢天處，水勢奔湧曲折，舟隨峯巒隱現，山隨峽谷迴旋，才與前面的船隻銜尾而行，忽然一個曲折，兩峯閉闔，已不見前面船隻蹤影，彷彿連同帆檣都給大山一口吞去。一個「沒」字，寫盡了這種情勢。

同樣寫山、水、舟之間的關係，李白的《早發白帝城》：「朝辭白帝彩雲間，千里江陵一日還。兩岸猿聲啼不住，輕舟已過萬重山。」意在使山、水、舟之間形成大與小，動與靜，粗獷與細膩的對比，用山之巍峨，舟之迅疾，表現自己流放夜郎中途獲釋的愉快心情；而魏源的《湘江舟行》寫山、水、舟之間的關係，意在描寫湘山之奇詭絕倫，湘水之湍急清冽。寫法上，李詩寫「舟」「過」「山」，魏詩寫「山」「吞」「舟」；李詩關鍵的字詞是「過」，通過萬重山一晃而過，寫出長江三峽一瀉千里的浩蕩水勢；魏詩的關鍵字詞是「吞」，寫盡湘山之奇崛，湘水之曲折，流急灘險。兩者都十分奇絕。其中這一「吞」一「沒」，飛動、雄奇皆有之，堪稱神來之筆，可與李白的詩篇相媲美。

「誰知曲折處，萬竹鎖屋闥」，闥者，門也。山峻水險，但詩人並沒有忘記山麓水濱景色的描繪，就在

湘江舟行（之二）

曲折的水濱，萬竿翠竹正簇擁着隱隱露出脊背的房舍。如果說，魏源的山水詩筆法與韓愈相似，喜歡以奇崛險僻的字詞，表現大自然雄偉和充滿力度的美，那麼，《湘江舟行》中的用色則是魏源的獨創風格——即在綠色的基調上，表現出深淺、濃淡、遠近、虛實等多種層次的色相，或綠得濃重，或綠得透明，或綠得鮮活，或綠得淡遠。你看，「全身浸綠雲，清峯慰吾渴」，用「綠」字形容自然界的「雲」，這一修飾奇特而又合理。這裏的「綠雲」，與「碧雲天，黃花地」中的「碧雲」不同，所謂「綠雲」實際上是「白雲」，是纏繞在山腰，彌漫在江面輕紗般透明的雲霧，由於青山碧水的映染變成「綠雲」，小舟駛進輕紗般透明的雲霧之中，舟中人當然就會產生「全身浸綠雲」的感覺了。「清峯慰吾渴」一句是利用通感的寫法，青青的山峯，本來是視覺印象，可詩人把它轉換成味覺印象，秀色可餐，用看一眼便可以清心解渴的味覺印象極寫湘山之「清」，這種手法確是十分高妙的。

透明的綠霧輕籠着江面，江岸亂山如削，四無人聲，境界雄奇而闊大，因爲身置亂山峽谷之中，人的咳嗽聲都能引起山鳴谷應，發出很大的聲響。爲什麼一灘鷗鷺突然驚飛？是因爲——「人咳鷗鷺起」。舟行江中，青山送迎，整個畫面都在移動，而鷗鷺紛飛，則是在動態的大布景上的飛動，可謂「動中之動」。向江面俯視，由於湘山湘水的映染，不僅白雲變成綠雲，更「淨碧上眉髮」，連船上人的臉龐和鬚眉都給染綠了。

也許會有人說：「近水山例青」，近水的山巒大都一派青翠，本也不足爲奇。這裏蕩開一句，爲的是寫湘山與衆不同——「湘山青獨活」。因爲湘山不同於一般近水山巒，青得格外鮮活逗人，所以「無雲翠濛濛，煙林盡如潑」。著一「活」字、「潑」字，而湘山青翠欲滴的鮮活之態則閉目可以想見，山容水貌，境界全出。

雖然湘山鮮活欲滴，青翠逼人，同是一片青青翠色，然而，近處的山峯和遠處的山巒在色彩上卻有濃淡之分和深淺之別，並不完全相同。同是一片青翠，同樣使用一個「青」字，如何區分這種色調上的微妙差別呢？這裏，詩人利用漢字字詞特有的高度組合能力，創造性地用「遙青」和「近青」加以描摹概括。我們完全可以設想，近處的山峯與碧綠的湘水互相映襯，青翠的色塊十分濃鬱，化也化不開，而遠處的山峯衹是淡淡的

湘江舟行（之二）

一筆，並逐漸融入青蒼的天色之中。更值得注意的是，詩人並未孤立靜止地加以區分描畫，而始終是把色彩放在動態中表現：「遙青一峯顯，近青一峯滅」，通過「遙青」、「近青」的「顯」、「滅」，寫出綠色基調上色彩的豐富性和層次的變化，給人以轉眼看山山不定，色彩在飛動中變幻的奇妙的藝術效果。

「眼底青甫過，意中青鬱勃。匯作無底潭，遙空碧藍闊」，「甫」是「剛纔」的意思。舟行山逝，雖然眼前逼人的翠色消失了，然而心胸裏卻灌滿了濃鬱青翠的山色，彷彿人的整個心身和靈魂都浸沒在一片透明的綠色之中，匯成了無底的深潭。看！舟過巍巍夾峙的峯巒了，千山過後天遠大，山峯漸漸隱退，頭頂的天空才顯得格外蔚藍，格外遼闊。

不身臨其境，不飽覽湘山翠色，描畫不出瀟湘月的眞正色彩，這是「十載畫瀟湘，不稱瀟湘月」的原因。「瀑近春風濕，松多曉日青」（趙師秀《桐柏觀》），從曉日變青中可以想象，既然白雲染成綠雲，淨碧染綠鬢眉，瀟湘月的眞正色彩就決不會是通常所見的昏黃或銀盤般的錚亮皓潔，也許祇是青青的一輪。多麼幸運！「今朝船窗底，飽覽千巘崒。」山川之美，足以陶冶之心，詩人想到「他年載畫船，鷗鷺無汝缺」，「無汝缺」是「無缺汝」的倒置，「汝」，指鷗鷺。以想象能隱居此地，確是心滿意足。詩人想象那時候便可以摒棄世慮，與江邊鷗鷺爲伴，終老此身了。

綜觀全詩，我們可以看出，詩人十分善於選擇各種富於表現力的字詞，充分發揮漢字字詞的彈性、暗示和組合能力，在我們眼前展開了一軸奇詭飛動的山水長卷：寫山勢，則吞行舟，沒檣櫓；寫山色，則遙青近青，峯顯峯滅；寫湘水，則淨碧之色上眉髮；寫近水湘山，則青而獨活。整首詩中，寫山川形勢奇詭飛動的字詞有「亂」、「吞」、「沒」、「鎖」、「浸」、「顯」、「滅」等；寫色彩的有「綠」、「清」、「碧」、「青」、「翠」、「碧藍」等；寫色彩變幻的有「活」、「潑」、「遙青」、「近青」、「意中青」等，詩人實在是語言和色彩的大師。其他如通感的運用，主觀色彩的描繪，瀟湘月改變色調的暗示，都彷彿是印象派畫師的結構，收到出人意表、攝人心魄的藝術效果。

魏源是湖南邵陽人，是喝慣湘水，看慣湘山，在湘山湘水搖籃裏長大的近代著名詩人。除寫了不少反映鴉片戰爭時期尖銳複雜的社會矛盾，充滿愛國主義激情的政治詩外，還擅長山水詩。自稱「昔人所欠將余俟，應笑十詩九山水」，以爲描摹，吟詠祖國的自然山水是他義不容辭的職責。從這個意義上說，詩人數百首山水詩，大都抒發了對祖國壯麗山河的摯愛，是詩人愛國主義感情的又一表現形式，而這首《湘江舟行》，除了是對大自然的禮贊外，更是對故鄉山水的一支深情的頌歌。

（曹旭）

江城子

西林春

記夢

煙籠寒水月籠沙，泛靈槎，訪仙家，一路清溪，雙槳破煙劃。才過小橋風景變，明月下，見梅花。　梅花萬樹影交加，山之涯，水之涯，影塔湖天，韶秀總堪誇。我欲遍游香雪海，驚夢醒，怨啼鴉。

西林春（卽顧太清），爲晚清著名女詞人。生於嘉慶四年（一七九九），卒於光緒三年（一八七七）。滿洲鑲藍旗人。字梅仙，號太清，姓西林覺羅氏，因祖父鄂昌在胡中藻詩鈔獄得罪賜死，所以她在嫁清皇室貝勒奕繪爲側室時，報姓名爲顧太清。常自署名太清春，晚年也自署太清老人椿。著有詩集《天游閣集》、詞集

江城子・記夢

《東海漁歌》。她精於詩詞書畫，尤以詞的造詣爲高。時人論及滿族詞人，有「男中成容若，女中太清春」之語。這裏講的《江城子・記夢》，即是太清詞中一篇有代表性的佳作。

人皆有夢，古往今來，記夢的詩詞多矣，太清則在這個常見的題材領域中，顯示出她過人的才華和創造的個性。首先她找到了自己獨特的視角——以實境爲夢境的描述手法。太清最大限度發揮詞的抒情而又保持敍事的特性，偏於向記述方面開掘。她不從夢中之時的沉醉着眼，而從夢醒之後的記述觀照全篇，使整首詞着重一個「記」字，除了篇末「驚夢醒」之外，未提一夢字，全爲對眞實景象的記述，這樣就可以充分發揮作者描繪的特長，讓自己在美麗夢境的描述裏任情地馳騁想象。詞人所要抒發的感情與懷抱，完全隱含在這夢境的描繪之中，確然達到了不著一字而盡得風流的藝術效果。

整首詞是對一段十分美好的夢境的記述性描繪。夢境中美的情緒的流動和作者採用的歡快流暢而又富於動感的筆調顯得非常和諧。太清用靈動的彩筆，爲人們展現了具體鮮明而又生機勃勃的江南水鄉月夜的美好景色：在朦朧如煙的月色之下，一葉急劃的輕舟，駛過清清的溪水，經過常見的古風小橋，突然，一下子風景全變了；在明亮的月光下，一片梅林，萬樹梅花，一路行去，眞如入仙境了。這梅花連着「山之涯，水之涯」，又倒映出月夜的影塔湖天，眞是一片使人心醉的秀麗的江南風光啊！詩人在這萬樹梅花中欲捨舟上岸尋覓「遍游香雪海」，盡覽勝境，以使心靈得到更大的享受，但是，正在這尋求更大的慾望而未得之時，美好的一切卻忽然失去了。一聲鴉啼，把一場好夢驚醒了，「驚夢醒，怨啼鴉」，這一「驚」一「怨」，結得突兀，用意卻頗深遠。

作者沒有採取慣常上闋寫景、下闋抒情的塡詞手法，通篇衹是一個失卻了的好夢的記錄，可是在這滿帶感情的筆調描繪的夢境圖畫中，不難體味到作者深層的內心世界充滿着對於美的追求與嚮往。夢隨心成，夢境即心境，現實人生中無法實現的缺憾，常使人在夢中得到補足。按照清王朝規定，宗室非王命不得出京師，奕繪、太清夫婦既然不能隨意暢遊大江南北，衹能把江南韶光秀色託諸夢境之中了。在繪製這一夢境時，詞人又着重以盛開的梅花點綴江南山水景色。對於象徵高尚、純潔的梅花，表字梅仙的太清，自然是十分喜愛，這裏酣暢淋漓地描繪出萬樹梅花的仙姿，更加深刻地表現了她對美的渴求。詞中夢魂世界的尋覓正是詞人心靈世界追求的一種藝術外化。

近代詞評家況周頤論太清詞：「佳處在氣格，不在字句，當於全體大段求之，不能以一二闋爲論定，一聲一字爲工拙。」這話是有道理的。所謂氣格，大體上指作者全篇中流蕩的氣勢與格調，《江城子・記夢》明顯地體現出格調和氣勢的整體美。整首詞寫由夢境到驚醒的情感流動過程，自然暢快，氣勢緊迫。開頭一句「煙籠寒水月籠沙」，逕直把唐人杜牧的名句放在這裏，卻無蹈襲之嫌，倒是用得恰到好處，它點明了夢境的時間與地點，又說明這夢境在詩人心中是多麽熟悉，嚮往已久了，看去平淡，卻一下子把讀者引入熟稔的意境。作者緊緊抓住江南月夜襲向心靈的一縷迷人的感受，引起對恍若仙境的美好景色的追求，與下面詩人自由揮灑出的詩句渾爲一體，有利於渲染出一種新穎、生動的意境。實寫的景是江南水鄉的月色，迷蒙着一片煙霧；作者夢境中江南水鄉的月色，更籠罩着一層迷蒙的煙霧，這就使全首詞似寫實景，又在夢中，浸透着一種朦朧的夢幻美。如此以唐詩名句固定了全詞所寫的夢境時空與氣氛之後，作者便勢如急流，心摹手追，以動寫靜，用一連串動的情景來寫夢中尋覓的景象：清溪泛舟，雙槳破煙，小橋流水，山邊水涯，萬樹梅花，塔影湖天。夢中暢遊急促歡快，夢中景色瞬息變幻，作者在夢中尋覓的心情也就表現得十分酣暢而有氣勢。上闋中「泛靈槎，訪仙家，一路清溪，雙槳破煙劃。纔過小橋風景變，明月下，見梅花」，連續用了幾個動詞，眼明手快，遣詞精當，勾勒出的夢中圖畫，富有移步換影的流動感，如同在眞景中暢遊一般。這種快暢的筆觸構成了太清詞特有的流動的氣勢與格調。到了下闋，則轉爲以靜觀方式爲主。她終於看到了久已渴望的江南梅花的景色，因爲是在月光之下，纔有「梅花萬樹影交加」這種特有的景致。梅花是那樣的多，以致連山接水，無邊無涯，加之那水中倒映的塔影與天色，更增添了水鄉月夜的韻美。「香雪海」，進一步點明萬樹梅花那令人心醉的美色與香氣，作者突然唱出一句自己的心聲：「我欲遍游香雪海！」這一呼聲與上闋暢遊之情呼應，充滿豪氣，筆入高潮，卻戛然而止，緊接着作者用「驚夢醒，怨啼鴉」轉折，使這一更大的慾望帶來終篇時更大的失望。全首詞可謂行之於所當行，止之於所當止，有一種一氣呵成、氣勢逼人之感。

江城子·記夢

太清既工詩詞，又善書畫，對於中國詩詞講究詩情畫意的傳統當有精深的理解。這一首《江城子·記夢》實在是一幅畫夢圖。她選用了朦朧素淡的水墨筆法做爲整幅畫夢圖的基本色調，採用「煙籠寒水月籠沙」這一現成詩句，簡練地點染出了這一江南月夜的氣氛和背景，然後接着描繪在這一大背景下乘小舟訪仙家路上所見的美景，畫中心是着意點染的月下梅花的景象。沒有敷施美豔的色彩，卻更顯出江南景色的秀美，天然、清澈、高潔。畫面的色調與作者感情的基調是融洽一致的。這首詞寫的是夢境，作者十分注意動與靜的處理，採取了靜中有動，以動寫靜的方法。整個夢境的畫面，充滿了一種朦朧恬靜感，但爲表現夢中尋覓之情，沒有全以靜觀方式寫自己對江南景色的透視，而是記敍了乘舟訪景的過程，這樣就可以盡量在畫面中發揮詩詞的特長，用一連串動作記下了「訪仙家」的鏡頭，既增加了畫面的動感，又增強了詞的抒情詩意，而這種畫面的動感又都籠罩在夜夢的無聲之中，顯得靜謐、柔美，最後一句用「啼鴉」，打破了無聲而寧靜的夢，這有聲的鴉啼，更襯出全首詞夢境的寧靜美。這些都表現了作者詩畫結合的匠心，她以畫爲詩，用繪畫的方法增加了作品意象的具體性和意境的深遠。而同時又寓情於畫，使意象具有某種暗示性，作者的無限情懷盡在這幅畫夢圖中，讀者可以從中領悟到這位滿族女詞人的深沉幽遠的心境。

這首詞全用生活口語，樸質無華，卻不淺露，並能做到情文並茂，或直引前人原句，或選人們諳熟的詞語典故，或取常見的句式，作者無不運用自如，將這些置於她尋夢的框架之中，顯得十分自然、貼切，體現出一種和諧的音樂美，給人以親切感和新穎感。

（張菊玲）

海行雜感（其七）

海行雜感（其七）

黃遵憲

星星世界徧諸天，不計三千與大千。倘亦乘槎中有客，回頭望我地球圓。

光緒八年（一八八二），黃遵憲奉命由清廷駐日使館參贊調任駐美國舊金山總領事。他於正月十八日乘輪船離開日本，二月十二日到達美國，在漫長的旅途中，借詩遣懷，寫下了《海行雜感》絕句一十六首。這組詩，最初刊登在《新民彙報》第二十七號上，後來收入《人境廬詩草》時，作者删去了其中的兩首。「星星世界徧諸天」，在他删定後的這十四首詩中是第七首。《海行雜感》，一詩寫一事，從不同角度表現了作者對海行生活的獨特感受，雖然用的是舊體裁舊形式，但「理想」閎遠，「意境獨辟」，代表着當時詩歌創作中的新傾向。

「吟到中華以外天」是黃遵憲詩歌的一大特色。多年的外交生涯，使作者置身於「中華」以外的廣闊天地，接觸到種種的新事物，改變了傳統的舊觀念，其中也包括對無際空間的新鮮感覺。於是，他的作品便極大地擴展了詩歌描寫的生活領域。《海行雜感》就是一組以新事物、新觀念、新感受爲審美對象的新的詩篇。其中有三分之一的作品突出地表現了作者在海行途中對茫茫空際的審美感受。他不僅用「天風」「滄波」，船行，鷗飛，這一類海行環境中的特有事物寫出了海天蒼茫的壯闊景象，而且能改鑄佛香，巧用傳說，把無邊無際的宇宙空間和由此而生的無窮遐想，凝聚在僅有四句的小詩之中。「星星世界徧諸天」。「星星世界」是指夜行中看到的繁星閃爍的浩浩天宇。「諸天」，本來是佛家的專用術語，指「三界」中受人間以上勝妙果報的處所。佛家把生死輪回，因緣果報的範圍稱爲「界內」；「界內」又分三個不同的等級；曰「慾界」、「色界」、「無色界」。而「慾界」又分天界、人間、地獄三個等級不同的處所。人在「三界」中，由於「因」、「緣」不同，得到的「果」、「報」也不同。自「慾界」中人間之上的勝妙果報的處所就稱爲「天」了。其中包括「慾界」的六天，「色界」的十八天，「無色界」的四天，總名「諸天」。黃遵憲在這裏使用「諸天」一詞，當然不是取佛家的內涵，而是表達他對星空產生的無窮感和神秘感。「不計三千與大千」，這又是借用佛家語來描述夜海航行的特殊情景。白天船行於大海，四顧茫茫，衹有長風與羣鷗爲伴，到了夜晚衹見滄滄沉沉，星空四垂，更找不到任何標記說明此時船在何處了。「三千」、「大千」在古印度的傳說中是一個意思。原來是說以須彌山爲中心，同一日月所照的廣大範圍是一個小世界，一千個小世界合起來稱爲「小千世界」，一千個小千世界合起來稱爲「中千世界」，一千個中千世界合起來稱爲「大千世界」。因爲大千世界中包括小千、中千、大千三種意義的「千」，所以又稱爲「三千大千世界」，簡稱爲「三千世界」。佛教沿用了這個說法，以三千大千世界爲佛所教化的範圍。在「不計三千與大千」這句詩中，並不拘泥於「三千」、「大千」的原意，而是意在表現船行速度很快，而乘客又無從計其行程、判別方位的特定情景。正如他在另一首詩中所寫的那樣：「家書瑣屑寫從頭，身在茫茫一葉舟。紙尾衹填某日發，計程難說到何州。」但二者的藝術特點不同，一是借用佛典着重寫作者主觀上的迷茫之感，一是把生活細節典型化，以陸行與航行作了鮮明的對比。後面的兩句詩「倘亦乘槎中有客，回頭望我地球圓」。作者又把迷茫無際的空間感作了無限的延伸。「乘槎」這個典故出於晉人張華的《博物志》：「舊說天河與海通，近世有人居海渚者，年二八月，有浮槎去來不失期，乃多賫糧乘槎而去。忽忽不覺晝夜，奄至一處，有城郭狀，屋舍甚嚴，遙望宮中多織婦，見一丈夫牽牛渚次飲之。人問此是何處？答曰：君還至蜀，訪嚴君平則知之。因還如期。後至蜀問君平。曰：某年月日，有客星犯牽牛宿。計年月，正是此人到天河時也。」「槎」是用竹木編成的筏。乘槎浮海而漫遊銀河，遇到了牛郎，這個奇麗的傳說，大約是古人對宇宙航行所作的幼稚的幻想，也表現了古代天人相通的宇宙觀念。黃遵憲運用這一典故不僅寫出了夜海航行中，見到星空低垂，海天一氣而產生的對空間的錯覺，而「回頭望我地球圓」則又以近代的科學知識、宇宙觀念，把古老的傳說改鑄爲富有近代特徵的美妙遐想。

梁啓超在《飲冰室詩話》中說：「近世詩人能熔鑄新理想，以入舊風格者，當推黃公度」、「公度之詩，獨闢境界卓然自立於二十世紀詩界中，羣推爲大家」。他所說的「理想」不僅是指社會理想，而是泛指一切新思想、新觀念、新事物、新學說，而所謂「舊風格」則是說他採用的基本上還是傳統的體裁形式、文學語言。《海行雜感》這組詩就集中地體現了這一特點。其中不僅開闢了前所未有的新境界，而且在佛理、傳說與科學知識的結合方面，也爲後來的「詩界革命」開了先河。

（黃保真）

哀旅順

黃遵憲

海水一泓煙九點，壯哉此地實天險。炮臺屹立如虎闞，紅衣大將威望儼。
下有窪池列巨艦，晴天雷轟夜電閃。最高峯頭縱遠覽，龍旗百丈迎風颭。
長城萬里此爲塹，鯨鵬相摩圖一啖。昂頭側睨何眈眈，伸手欲攫終不敢。
謂海可填山易撼，萬鬼聚謀無此膽。一朝瓦解成劫灰，聞道敵軍蹈背來。

旅順，又名旅順口，位於遼東半島南端。晚清時代，洋務派首領李鴻章曾在此經營十六年、耗銀數千萬

哀旅順

兩，建設北洋海師，號稱「北洋精華」，使旅順港成爲重要的海軍要塞。光緒二十年（一八九四），日軍發動對華戰爭，十一月初佔領大連灣，二十一日炮轟旅順港。「貪鄙庸劣」的守軍首領龔照璵，在李鴻章失敗主義路線指導下，先期逃往天津，致使旅順港不數日便淪於日軍之手。此詩卽黃遵憲爲紀念旅順失守而作。

詩人寫這首詩時，並不在旅順，但他平時繫心國事，關注旅順存亡，對旅順的軍事設施十分了解。一方面熟悉旅順，一方面遠在他鄉，所以下筆之際，就不肯在時空上平行推進地描述旅順實景，而是想象與實景相互更替，交叉寫來。詩的順序是：先以恢宏的想象導出實景的描繪，然後再進入想象，最後又回到現實，揭示出事件的本質。

開頭兩句，詩人展開了想象的翅膀，用如椽巨筆勾畫出一幅無比闊大的境界：「海水一泓煙九點，壯哉此地實天險」。詩人似乎站在渺遠的天外，遙望中華大地，發現了一泓海水中的旅順要塞。於是詩人馬上肯定說，這地方憑靠它的優越地勢，堪稱天險。這實際是詩人站在全國範圍內，對旅順港重要地位的總的評價。「煙九點」，卽九點煙。中國古代地分九州，古人嘗以九點煙指中國國土。如李賀《夢天》：「遙望齊州九點煙，一泓海水杯中瀉。」此處黃遵憲化用李賀詩句，寫出了旅順雄踞北海、屏障中國的險要地勢。

接下來，詩人像導遊者一樣，向讀者具體介紹旅順港的強大軍事設施和威武的軍營景象。先把鏡頭對準岸上：「炮臺屹立如虎闞，紅衣大將威望儼。」當時旅順軍港有海岸炮臺十三座，陸路炮臺九座，駐軍三十餘營。所以詩人說「炮臺屹立如虎闞」，炮臺像猛虎雄視着海疆一樣，給人以威猛的感覺。紅衣大將，本是一種大炮的名稱。史載，清太宗天聰五年（一六三二），紅衣大炮造成，命名爲「天佑助威大將軍」。旅順港當時除四尊中國造大炮外，又有德國造大炮七、八十尊。詩人用紅衣大將代指這些大炮，表示了讚美之意。這兩句寫出了旅順港炮臺與大炮的神威。接着鏡頭搖向海中：「下有窪池列巨艦，晴天雷轟夜電閃。」海上有巨艦擺列，將士們緊張操練，晝夜炮聲震天電閃雷鳴。岸上、海中的軍事設施寫畢，接着登高縱覽，描述旅順港軍營的壯觀氣象：「最高峯頭縱遠覽，龍旗百丈迎風颭。」縱遠覽，就是縱目遠看。龍旗，是繡有蛟龍圖案的旗幟，常作帝王的儀衛之用。這裏用龍旗代指軍旗，含有精良的王師之意。詩人用富有象徵意義的百丈龍旗迎風招展來誇飾軍威，寫出了旅順守軍的不凡氣象。

對旅順軍港的實地描繪結束後，轉而寫旅順在保衛海疆中的巨大作用。「長城萬里此爲塹，鯨鵬相摩圖一啖。昂頭側睨何眈眈，伸手欲攫終不敢。」「鯨鵬」，比喻帝國主義列強。「側睨」，是斜眼相看。「眈眈」，有虎視眈眈之意。這四句，是詩人懷着極高的熱情，對旅順的禮贊，並對它寄予了滿懷希望。詩的大意是說，旅順猶如祖國萬里長城上的前沿壕塹，軍事地位十分重要，所以帝國主義列強才對它交相進逼，妄圖將它吞食。衹是由於它地勢險要，軍備精良，纔一時不敢冒然進犯。他們雖然昂着頭，斜着眼，虎視眈眈地盯着旅順，總想伸手掠奪，但終於未敢輕舉妄動。這是詩人的心聲。也是全國人民的心聲，大家都爲有旅順這樣的海軍要塞而驕傲。詩人對旅順港的禮贊，實際是對丟失旅順的腐敗無能的當權者的控訴。詩人在最後四句裏，把旅順的軍威推向高潮後，陡然折轉，寫出了它傾刻之間土崩瓦解的結局。卒章顯其志，終於把自己的憤怒與哀痛傾瀉出來。

「謂海可填山易撼，萬鬼聚謀無此膽。一朝瓦解成劫灰，聞道敵軍蹈背來。」「萬鬼」，同上文的「鯨鵬」，指帝國主義列強。「劫灰」，是佛家語，世界毀滅時大火的餘灰。一般也稱兵燹之餘曰劫灰。這四句大意是，原以爲自己的力量非常強大，海可填，山可撼，旅順守軍卻不能動搖；列強徒然聚謀，是沒有膽量進犯的。可哪曾料到，當敵人襲來時，旅順港竟在朝夕之間土崩瓦解，淪於敵手了。「聞道敵軍蹈背來」的「聞道」二字，有弦外之音。「聞道」，卽聽說。聽誰所說？當然是聽當權者所說。本來大連灣與旅順港的失守，都是守軍統帥逃跑所致，但爲了掩蓋罪行，他們編造了敵人背後襲來，猝不及防的謊言，以欺騙天下視聽。詩人用「聞道」二字巧妙地戳穿了這一騙人的伎倆。

詩題「哀旅順」卻通篇不用哀字，反而以大量筆墨寫旅順之堅不可摧。全詩十六句，用十四句極寫旅順港形勢之險要，軍備之精良，飽含樂觀情緒。當把這種樂觀情緒推向最高峯時，筆鋒陡轉：旅順港衹在朝夕之間便全線崩潰，落入敵手，使情緒一下子跌到零點以下。其折轉之勢猶如高山墜石，震人心絃。原來那一步步推向高峯的樂觀情緒，不過是悲哀結局的陪襯而已。其譴責與嘲諷之意不言自明。

（崔承運）

點絳唇

王鵬運

餞春

抛盡榆錢，依然難買春光駐。餞春無語，腸斷春歸路。　春去能來，人去能來否？長亭暮，亂山無數，祇有鵑聲苦。

王鵬運，號半塘，是清末一個「抗疏言事，直聲震中外」的御史，又是一個以與朱孝臧、劉伯崇合寫《庚子秋詞》而聞名的富有愛國精神的詞人。朱孝臧在《半塘詞·序》中說：「予謂君詞於迴腸蕩氣中仍不掩其獨往獨來之概。君乃大以爲知言。」寓「獨往獨來之概」於「迴腸蕩氣中」，確是半塘詞的一個重要特點。這首詞也體現了這個特點。

這首詞完全沒有用什麼典實，而用一般人都能理解並欣賞的語言寫成；但一般人卻不一定能探知其底蘊。一起，便有特色。「榆錢」，《本草》說：「榆白者名枌，其木甚高大。未生葉時，枝條間先生榆莢，形狀似錢而小，色白成串，俗呼榆錢。」以往很多詩人都曾寫到它。庾信詩：「桃花顏色好如馬，榆莢新開巧似錢」。皮日休《桃花賦》：「近榆錢兮妝翠靨，映楊柳兮顰愁眉。」孔平仲詩：「春盡榆錢堆狹路，曉陰花雨作輕寒。」僧道潛詩：「兒童賭罷榆錢去，狼藉春風漫不收。」前面三人，或祇點明它像錢，或祇說到它可與桃花相映襯；或衹說到它散落於春盡之時，可藉知時令，都無足多取。道潛的詩，比較有特色，把它看成兒童戲賭之物，以其狼藉滿地，妝點春風無禁，然亦不如半塘這麽用來得寓意深婉。他用爲買春之物，取其春盡始放而落這一特點，說是人們一次又一次抛盡了它，從來也買不到春光一日，春還是去了，以發其留春無計之感。惜春之情，立卽從筆端灑滿紙上。晏殊有句：「無可奈何花落去！」本來，花落春盡，這是自然界的正常現象，但卻勾起了詞人的無限傷感。正因爲留春無計，所以「餞春無語」。衹有在人們想象春光從而歸去的芳草地上，低回往復，忍受着無限愴痛。這究竟爲什麽？作者沒有說清楚。我們讀到這裏，也許還衹是由於詞裏濃烈的感傷情緒所霑染而感到一種莫名其妙的難過，而不知作者這種情緒所由來。讀到下半闋，就清楚了。原來，詞人把它和人生聯繫起來。詞人處在國運的晚春階段，不能不帶着無限的痛苦思索着自己生活的道路和歸宿。杜甫《曲江》句云：「一片花飛減卻春，風飄萬點正愁人。」一片春花飛落，詩人感情的海洋都要激起浪花，何況「風飄萬點」，以至榆錢抛盡呢？面對滿地狼藉的榆莢，從痛苦的思索裏詞人發出了這樣一問：「春去能來，人去能來否？」上句爲肯定語，下句則爲否定語。當然，這「人去」，如指一時一地別其友人來說，答案應該是不定的。可能不來，也可能來；而就人的一生說，則走過的任何一步都是不能追回的。晏殊不是說「一向年光有限身，等閑離別易銷魂」？時間無限而生命有限，年光不過一瞬，所以「等閑離別」也「易銷魂」。那麽，這有限的生命究竟如何利用呢？這就成了一個十分嚴肅而耐人思考的問題。作者正是帶着這個問題陷入了沉思。他似乎沒有得出答案。眼前出現了這樣一個畫面：長亭日暮，蒼茫中的山峯，恍如羣驥爭奔，無法數清它究竟有多少。衹聽得從這一片蒼茫中傳來一聲聲鵑啼，那麽凄苦，令人腸斷。人們狀鵑語爲「不如歸去」。此時此際，在詞人聽來，也正似苦苦勸他歸去！這裏的長亭，不是人們離別之所，而是人生過往之地。直道難行，自以歸去爲得計。作者實際行事亦如此。辛棄疾《菩薩蠻·書江西造口壁》的下半闋云：「青山遮不住，畢竟東流去。江晚正愁余，山深聞鷓鴣。」大勢滔滔，國步維艱。人們狀鷓鴣聲，不是謂爲「行不得也」嗎？以辛詞與此詞比較，則辛詞爲直抒，此詞爲曲達。正因爲「行不得也」，纔「不如歸去」。歸去，乃不得已。這是其痛苦所在！這樣說來，王詞更透過辛詞之意進寫了一層。此中，正有其蕩氣迴腸者在，亦有其獨來獨往者在！

朱孝臧謂半塘詞「導源碧山，復歷稼軒、夢窗，以還清眞之渾化」。所謂渾化，就是自然高妙，不期工而自工。半塘所創詞格達到或接近這個境界，蓋源於處境近碧山，心志類稼軒，關懷國運民瘼之情激蕩胸間，不得不發；而詞功，在夢窗、清眞之間，亦足以發其情。這首詞，把春放在去而能來之間，而將人則置之來而竟去、浩然不返之地，相對寫來，以抒其迴蕩之情，鬱勃之氣。不着一奇語，而自有其奇處。所謂「看似尋常最奇崛」者，也許就是我們所要追求的一種很高的詞境吧！

（彭　靖）

遣興（其一）

陳三立

九天蒼翮影寒門，肯掛炊煙榛棘村。正有江湖魚未膾，可堪簾几鵲來喧！嘯歌還了區中事，呼吸憑回紙上魂。我自成虧喻非指，篁牀篘絭爲誰存。

陳三立（一八五二——一九三七），字伯嚴，號散原，江西義寧（今修水）人。光緒十五年乙丑（一八八九）進士，官吏部主事。他出身仕宦家庭，其父陳寶箴爲清末改良運動中著名維新派人士。光緒二十一年（一八九五）陳寶箴任湖南巡撫，創辦新政，提倡新學，三立輔助左右，多所籌劃。光緒二十四年（一八九八）變法維新失敗，陳寶箴父子以「招引奸邪」罪，同被清王朝革職，永不得錄用。陳氏父子從新

遣興（其一）

潮流中退出後，回到南昌，隱居崝廬，以詩自娛。光緒二十六年（一九〇〇），陳寶箴病逝，三立離家漫遊江南。辛亥革命後，三立以遺老自居。晚年值日寇入侵，不受僞滿利誘拉攏，尙有愛國之志。著有《散原精舍詩》、《續集》和《別集》。

《遣興》共二首，這裏選的是其中的第一首。這首七律詩作於光緒二十七年（一九〇一）冬，作者時在南京。詩題遣興，是表示詩人寄情詩酒，抒發懷抱，聊以自娛之意。戊戌變法失敗後，詩人被革職罷官，斷送了在仕途上的發展；庚子（一九〇〇）事變後，陳寶箴遽逝，詩人又罹喪父之憂。可見此詩寫於詩人身處逆境之時，所以詩中雖有強作曠達之語，但終難免流露出一種無可奈何的頹唐傷感之情。

起首兩句是詩人自陳在京城居官時曾有鯤鵬之志，頗思施展濟世拯民的宏圖，然而世事驟變，祇得退隱避匿鄉居，豈是自己心甘情願索居荒村，與草木爲伍？「九天」，九重之天，古人認爲天之最高處，此處借指京城首都。「蒼」，蒼鳥，雄鷹。「翮」，指翅膀，「蒼翮」，雄鷹振翮高飛。「影」，此處名詞作動詞用，人影於暗處則消失，故有躲避、隱匿之意。「寒門」，寒微的門第，此處指詩人自己的寓所。下句直承上句，「肯掛」，乃是問話口氣，暗含並非心甘情願，是寧肯、豈願掛之意。「榛棘」，雜亂叢生的草木。陳三立做詩善於起句，這首詩的首聯造語不凡，奇絕突兀，以九天蒼翮與避匿荒村形成強烈對比，「肯掛」一個問句更反映出作者壯志未酬，想有作爲而不得的苦悶，極盡內心複雜矛盾的感情。

頷聯二句用蒓羹鱸膾典，聊作自我寬慰。意思是說早就應該急流勇退，歸隱鄉里。「正有」句，語本《晉書·張翰傳》：「翰因見秋風起，乃思吳中菰菜、蒓羹、鱸魚膾，曰：『人生貴得適志，何能羈宦數千里以要名爵乎！』遂命駕而歸。」又見《世說新語·識鑒》。「江湖」，指歸隱之處。這句是表示作者雖遭貶謫，但對朝廷毫無怨誹之心，在做京官時，已有回鄉蒓鱸之思。下句，「可堪」，豈堪，哪堪。「鵲喧」（喜鵲鳴叫聲）有二意：行人至，喜事來。此言既無知己到來，又無喜事可言，故不堪鵲喧。這句是說詩人當窗憑几而坐，喜鵲不停地在窗前枝頭鳴叫，自己毫無喜慶可言，越聽越覺得心煩意亂。頷聯第二句又用問話口氣，宣洩出詩人回鄉後的心緒不寧。

遣興（其一）

頸聯二句進一步申述內心的曲折矛盾。「嘯歌」，長吟高歌。「了」，了結，解脫。「區中事」，心中事，指內心的懷抱、志向。此句借用黃庭堅《登快閣》一詩中「癡兒了卻公家事」之意。《晉書·傳咸傳》：「夏侯駿弟濟素與咸善，與咸書曰：『江海之流混混，故能成其深廣也。天下大器非可稍了，而應觀每事欲了。生子癡，了官事，官事未易了也，了事正作癡，復爲快耳。』」「嘯歌還了區中事」意爲衹以嘯歌了卻國家大事。是牢騷語，用來抒發其不滿現實的感慨。下句「呼吸」，指視息、養生。暗用莊子吐故納新之意，意謂精神命脈全在紙上（文字、詩歌），衹能靠創新作來返己之魂。「憑回」，借以喚回。「紙上魂」，暗用杜甫《彭衙行》：「剪紙招我魂。」古時風俗，剪白紙條貼在門外，用來給路上受到驚吓的人招魂。

尾聯二句以莊子齊物理論作結，收束全詩。「成虧」、「喻非指」、「筐牀芻豢」均出於《莊子·齊物論》。原句是：「果且有成與虧乎哉？果且無成與虧乎哉？」「以指喻指之非指，不若以非指喻指之非指也；以馬喻馬之非馬，不若以非馬喻馬之非馬也。」「麗之姬，艾封人之子也，晉國之始得之，涕泣霑襟；及其至王之所，與王同筐牀（平穩舒適的牀），食芻豢（牛羊、猪等美味的食品），而後悔其泣也。」衆所周知，莊子哲學的核心是絕對相對主義的出世思想，而《齊物論》又是闡述莊周思想很有代表性的一篇。哲學上的絕對相對主義是屬於唯心主義範疇的思想體系，它抹煞真實的客觀標準，不承認客觀的是非、美醜、成虧，此物與彼物之間質的差異性。這種彼亦一是非，此亦一是非的無是非觀，很能贏得一部分舊時代失意知識分子思想上的共鳴。陳三立在這首詩中即表示了對莊周這種觀點的服膺，所謂「我自成虧」，意即成即是虧，虧即是成，成虧得失無計於心。「喻非指」是莊子的一段有名的詭辯，如何理解這段話的含義，過去人們認爲最大的難點就是對「指」字的解釋。這主要是受兩方面的影響。一是這個詞亦見於《墨子·經》和《公孫龍子》，因此很多學者都把「指」字講成概念、共相或觀念等這一類抽象的詞義；二是「指」字在《莊子·齊物論》中出現的次數最多，句子也最難講，很容易鑽進牛角尖而繞不出來。其實這裏的「指」即「手指」之義。「以指喻指之非指，不若以非指喻指之非指」，可解釋爲：以大拇指來解說大拇指不是手指，不如以非大拇指（即手指）來解說大拇指不是手指。「以馬喻馬之非馬，不若以非馬喻馬之非馬也。」這裏「馬」的同一符號型式共出現六

遣興（其一）

次，但在不同的文字系統中，意指並不相同，其中有四個「馬」字是指白馬而略去了「白」字。意思是說「以白馬解說白馬不是馬，不如以非白馬來解說白馬不是馬。」如果用符號來代替，意思可能清楚些。即：從A的觀點來解說A不是B，不如從B的觀點來解說A不是B。A代「此」或自我，B代「彼」或他人。莊子的意思無非是說：從「此」的一方作衡量的起點，不如反過來從「彼」的一方作衡量的起點，從這樣的觀點來看，天地就是「一指」（「天地一指也」），萬物就是「一馬」（「萬物一馬也」）。這段話的關鍵是講世界上並沒有一個統一的是非標準，因而也就不必斤斤計較什麼成敗得失，一切都要曠達圓通一些。陳三立對此心領神會，十分欣賞。最後一句進一步用古代美女麗姬（艾地守疆人之女）嫁給晉獻公前後的感情變化，來說明自己並不追求和羨慕優裕的物質生活享受。「筐牀」謂居無求安，「芻豢」謂食無求飽。「爲誰存」以設問語氣言爲誰設置。全句是舒適的牀，美味佳肴究竟爲誰存設之意。絃外之音爲自甘清苦，絕不貪圖榮華富貴。對筐牀芻豢的鄙棄正好同首句的「影寒門」遙相呼應，首尾貫通，渾然一體，含不盡之意於言外。此詩三用問句。一是不甘引退；二是嫌世俗干擾；三是笑那些追逐安逸富貴者。使用問句的形式不僅使詩境波瀾迭生，而且激起讀者思考，耐人尋味，極大地增強了此詩的表現力。

這首詩從題目上看，似乎是抒情遣興之作，但從思想內容上看，嚴格地說，它是一首帶有很強議論色彩的哲理詩。作者在談自己的人生態度、處世哲學的字裏行間，時時透露出時代動盪不安的氣息，在貌似曠達超脫的抒懷中，使人能够感受到他內心深處的隱憂與沉痛。作爲清代末年同光體一派的一員健將，陳三立的詩多爲憂傷時事之作，於此詩即可見一斑。陳三立詩先學韓愈，後學黃山谷。講求「巉刻」，避俗就熟，力求生澀，好用奇字深典，喜造僻詞拗句。這首詩中的「肯掛炊煙」、「呼吸憑回」、「我自成虧喻非指，筐牀芻豢爲誰存」等詞句均含意深奧，生澀費解，很難一目了然。

陳三立在清末詩壇上占有很重要的地位。昔敖陶孫、洪北江均曾有詩評之作，類皆取數語比擬巧似之，頗稱雋永。民國初年上海陳甘簃主編的《青鶴雜志》上刊有無名氏的《詩人詩與女性美》一稿，內稱：「陳散原如姬姒徽音，化行南國」，是稱讚陳三立的詩端莊雅正，傳達出德音嘉訊。清末詩壇領袖人物梁啓超、陳衍對陳三立詩都十分推崇，梁啓超説：「其詩不用新異之語，而境界自與時流異，醲深俊微，吾謂於唐宋人集中罕見倫比。」陳衍則說「散原爲詩，不肯作一習見語，於當代能詩巨公，嘗云某也紗帽氣，某也館閣氣，蓋其惡俗惡熟者至矣。少時學昌黎，學山谷，後則直逼薛浪語（季宣），並與其鄉高伯足（心夔）極相似。然其佳處，可以泣鬼神訴眞宰者，未嘗不在文從字順中也。」（見《近代詩鈔》第十五冊）這些評論都有助於我們了解陳三立詩的特點。

（諸天寅）

祝英臺近

文廷式

剪鮫綃，傳燕語，黯黯碧雲暮。愁望春歸，春到更無緒。園林紅紫千千，放教狼藉，休但怨、連番風雨。　謝橋路，十載重約鈿車，驚心舊游誤。玉佩塵生，此恨奈何許！倚樓極目天涯，天涯盡處，算祇有濛濛飛絮。

文廷式在清末是一個頗有可取的人物。他在甲午戰爭中是主戰的，曾疏劾李鴻章畏葸；在戊戌變法運動中是支持變法的，政變失敗曾遭到以慈禧爲代表的清王朝的嚴重迫害。他的詞亦如其人，是較爲超拔、勁挺的。他曾批評朱竹垞所選《詞綜》：「意旨枯寂。後人繼之，尤爲冗漫。」說他「以二窗爲祖禰，視辛劉若仇讎」。他以爲這是「巨謬」。他認爲「曹珂雪有俊爽之致，蔣鹿潭有深沉之思。成容若學陽春之作而筆意稍輕；張皋文縣子瞻之心而才思未逮」。而皆許爲「斐然作者」。他的詞，力圖把「俊爽之致」與「深沉之思」結合起來。振其筆力，欲邁納蘭；驅其才思，勉追子瞻。雖未能至，要亦成就斐然。

此詞，玩其意，可能作於戊戌政變失敗以後。文廷式曾以爲「詞者，遠繼風騷，近沿樂府」，並非「小道」。此亦心抱繁憂，而託以兒女之辭。葉恭綽謂「與稼軒《寶釵分》，同爲感時之作」，不爲無見。

詞以偶語起，舒緩地一步一步地引入意之所向。「鮫綃」，「燕語」，靜與動對出，無聲與有聲對出，而皆爲傳情之物。承以「碧雲暮」，又着以「黯黯」二字，與作者的愁苦心情相映襯。這是一層。愁裏，希望春歸，以爲這會帶來某種愉快。這又是一層。春到了，卻是「更無緒」。這是第三層。爲什麽「春到更無緒」？園林紅紫萬千，終歸零落，狼藉滿地。這是第四層。至此，轉爲對紅紫的慰藉語：「放教狼藉」（放，縱；教，使），不要怨那接二連三的風雨，要亦命薄所致。這是第五層。這裏，以不怨爲怨，其怨更深。這種怨，聯繫作者身世來看，當不衹是個人之怨。總此五層，層與層間，都爲折進。百轉千迴，肝腸寸斷。

換頭，又一大折。「謝橋」，出晏幾道句：「夢魂慣得無拘檢，又踏楊花過謝橋。」「十載」兩句，當出杜牧：「十年一覺揚州夢，贏得青樓薄幸名。」在杜牧，是「十年一覺」；在作者，則是十載一驚。「鈿車」，出白居易《春來詩》：「金谷踏花香騎入，曲江碾草鈿車行。」皆託遊冶之事，寫飄泊、零落之感。觀「驚心舊游誤」之句，當有所指。或射戊戌變法事，或指過去與李鴻章的一段關係。詞人遇難言之隱，往往借此以達。其源乃出《離騷》。「玉佩塵生」，承「舊游誤」而來。繼以「此恨奈何許」之句，由驚而恨，思緒萬端。幽憂怨悱，當非綺羅香澤之情所能限。於歇拍觀之，尤爲明顯。「倚樓」句，出晏殊句：「獨上高樓，望盡天涯路。」境界爲之一闊。下着一勾連句：「天涯盡處」，引出一個「濛濛飛絮」的畫面。賀鑄句：「試問閑愁都幾許？一川煙草，滿城風絮……」其境似之。這「濛濛飛絮」，既是實景，又是詞人愁苦的寫照。詞至此，戛然而止，給讀者留下了一個廣闊的想象中的天地。以景結情，往往如此。王國維論詞倡境界之說，以爲眞景物與眞感情構成眞境界。如果說，這詞裏有一眞境界，亦由其眼前的眞景物與眞感情結合而成。

晏殊有句：「滿目山河空念遠，落花風雨更傷春。」吳梅在《詞學通論》中以爲這兩句比起晏氏「無可

鷓鴣天·九日豐宜門外過裴邨別業

奈何花落去，似曾相識燕歸來」之句來，勝過十倍，而世人卻不知賞。對比，且不作比較分析。文氏此詞歇拍，實可說由晏氏「滿目山河」之句形象地推衍而出。而詞的上下闋，可分別以「落花風雨更傷春」與「滿目山河空念遠」來概括。然文氏又有其出新之處。這就在於，對紅紫狼藉，不說「更傷春」，而反說「休但怨、連番風雨」。以不怨爲怨，不傷爲傷。極目河山，不說「空念遠」，而但說「天涯盡處，算衹有濛濛飛絮」，變直抒爲曲達。其寓意遂較晏詞爲深，讀者於此所得亦可能較晏詞爲豐，推陳出新，這在藝術創造上確是一條重要規律。

（彭靖）

鷓鴣天

朱孝臧

九日豐宜門外過裴邨別業

野水斜橋又一時，愁心空訴故鷗知。淒迷南郭垂鞭過，清苦西峯側帽窺。　新雪涕，舊絃詩，愔愔門館蝶來稀。紅萸白菊渾無恙，衹是風前有所思。

朱孝臧，號彊邨，是清末一個集詞學大成的詞人。此詞，龍榆生謂「爲劉光第被禍後作」。劉光第爲「戊戌六君子」之一，以政變失敗被害。讀此詞，可知作者與劉氏交誼之篤，與戊戌黨人關係之深。

鷓鴣天・九日豐宜門外過裴邨別業

詞的題目，已經點明：時間爲重九日；地點則爲豐宜門外裴邨別業。裴邨別業爲劉光第舊居。劉氏生前，作者當常過其地；死後重經，自易勾起舊情。何況，劉氏死於變法失敗。其痛憤之情，自更不可遏。而詞，卻以淒婉出之。自來以詩詞寫出陽之痛者頗多，然而像這樣意激而辭婉者卻很少。

詞的上半闋寫豐宜門外，下半闋則寫裴邨別業。寫作者所經、所見、所感、所思。一起，出豐宜門，「野水斜橋」這一頗有特色的景物出現在眼前。景不殊而時異情異，故云「又一時」。這不但指一人的存亡，一地的變化，而且指國運的更替。「人之云亡，邦國殄瘁。」詞人至此，自不免愁緒滿懷。然無可告訴，衹有訴之「故鷗」（鷗而云故，無非寄其物在人亡之痛）。鷗爲無知之物，明知訴之無益，而竟欲訴之，足見痛憤之深，思一發爲快，不可遏制。「淒迷」句，承「野水」句而來。作者《木蘭花慢・送陳伯弢之官江左》句云：「莫上吳臺北望，斜煙亂水淒迷。」「清苦西峯」，語出姜夔《點絳唇・丁未冬過吳淞作》句：「數峯清苦，商略黃昏雨。」水色淒迷，山意清苦，都是作者感情投射的結果。「垂鞭過」，言不忍速去；「側帽窺」，言不忍諦視（「側帽」，語出《北史・獨孤信傳》，而用法大別）。總此四語，由近而遠，由淡而濃，主客並寫，山水雜呈，構成了一個無限淒楚的境界。而以「清苦西峯」與「淒迷南郭」對，以「側帽窺」與「垂鞭過」對，造語極工，而使人忘其工。極不易到。

換頭六字，宕開一筆。由新而舊，由今而昔。「雪」與「絃」，均以名詞爲動詞對出。今日之「雪涕」，乃爲愴懷舊日之「絃詩」。人琴俱杳，痛非尋常。「愔愔」句，折轉。「愔愔」，深靜、沉寂之意。蔡琰《胡笳》：「空斷腸兮思愔愔。」柳惲《長門怨》：「玉壺夜愔愔，應門重且深。」正因爲再也無人把痛心國事、慷慨激昂的詩篇在這裏譜入絃絲，所以這個「門館」也就衹剩下一片死寂了。加之園林頹敗，花木凋零，不但人跡不到，蝶也少見了。剩下幾株紅萸白菊，算是依然全都無恙。它們搖曳風前，似乎想到了些什麽。但究竟想了些什麽，作者沒有說，也不必說。聰明的讀者完全可以想象得之。杜甫五律《春望》句云：「國破山河在，城春草木深。感時花濺淚，恨別鳥驚心。」《鏡銓》引溫公詩話云：「古人爲詩，貴於意在言外，使人思而得之。近世惟杜子美最得詩人之體。如此言『山河在』，明無餘物矣；『草木深』，明無人矣。

花鳥平時可娛之物，見之而泣，聞之而悲，則時可知矣。」這種手法，可以一語概括：「寫此以見彼。」彊邨爲詞，借鑒於杜詩者甚多。此處亦然，但出語更爲淒婉，也更切詞旨。用萸菊，以點九日，取紅白，則以其色之豔反襯其思之苦。亦王船山所謂以樂景寫哀者。「有所思」，與上半闋空訴鷗道遙相映照。一動一靜，一爲作者欲訴之物，一爲恍若欲語作者，以答其重訪之物。所取不同，寫法亦異，而卻交互爲用，相映成趣。足見詞筆之精與密。

朱彊邨一方面忠於清王朝，辛亥革命後猶以遺老自居；另一方面，他對戊戌政變的失敗抱着極大痛憤。於此，他亦深知這個王朝之不可挽救。因而陷入了無限的矛盾、痛苦中，無法自拔。其絕筆詞《鷓鴣天·辛未長至口占》有句云：「可哀惟有人間世，不結他生未了因。」人們明知沒有什麼來生，但還希望其有；而朱氏連希望也不願存，其矛盾、痛苦之不可解就可知了。這首詞，也是這種矛盾、痛苦的產物。但以爲追念劉光第這樣的變法維新人物而作，其積極可取之處明顯地較其他許多詞爲多。而其藝術上的成熟，比起他同時和以往許多詞人來更有值得我們借鑒者。

（彭靖）

出都留別諸公（其二）

康有爲

天龍作騎萬靈從，獨立飛來縹緲峯。懷抱芳馨蘭一握，縱横宙合霧千重。眼中戰國成爭鹿，海內人才孰臥龍？撫劍長號歸去也，千山風雨嘯青鋒。

出都留別諸公（其二）

詩前有小序曰：「吾以諸生上書請變法，開國未有，羣疑交集，乃行。」說明了寫這首詩的原因。光緒十五年（一八八九），康有爲在北京應順天鄉試，以布衣身分向光緒皇帝上書，提出「變成法」、「通下情」、「愼左右」三條變法綱領。書稿在北京傳開後，京城上下引起了很大震動，可以說是資產階級改良運動的第一聲號炮。可惜這次上書，由於頑固派的阻撓，並未上達於光緒皇帝手中，而康有爲也遭到了頑固派勢力的中傷與攻擊。爲此康有爲離開京都到廣州來從事變法維新理論的研究。在離京之前，詩人寫了《出都留別諸公》五首，這是第二首。

「天龍作騎萬靈從，獨立飛來縹緲峯。」「萬靈」，卽衆神。「縹緲峯」，指杭州靈隱寺前飛來峯，此峯相傳從天外飛來，故稱飛來峯。這兩句出語不凡，想象大膽，形象奇特，有濃厚的浪漫色彩，頗具屈原《離騷》、《九歌》的風格。屈原詩中多次出現駕飛龍、率衆神遨遊天宇的場面。如《離騷》：「駕八龍之婉婉兮，載雲旗之委蛇。」《九歌·東君》：「駕龍輈兮乘雷，載雲旗兮委蛇。」《九歌·湘夫人》：「九嶷繽兮並迎，靈之來兮如雲。」康有爲化用屈原的詩句，開篇就說自己乘坐天龍，率領諸神，往來於天地之間，儼然一個超塵拔俗的天神形象。第二句「獨立飛來縹緲峯」緊承第一句，有天馬行空，獨往獨來之意。神奇的人物獨立於神奇的峯巓，益顯其脫俗與超拔。這一聯，詩人用浪漫的手法，借助奇特的想象和瑰麗的語言，在開闊宏偉的意境中，塑造了一個高大神奇的自我形象。

「懷抱芳馨蘭一握，縱橫宙合霧千重。」「蘭一握」，卽蘭草一束。蘭草是芳香高潔之物，屈原詩中多以蘭蕙象徵自己人格的高潔。「懷抱芳馨蘭一握」句，給詩增添了不凡的意趣，也賦予了詩人神奇的自我形象以芳潔的內質。「宙合」，卽天下。「縱橫宙合」，在這裏是環顧世界的意思。這句是說，當詩人獨立於飛來峯上，放眼環宇的時候，所見茫茫的世界籠罩着千重迷霧。它說明一個獨立於世的偉大改革者，眼前面臨的是一片昏亂的政治狀況。「霧千重」，形象地描繪出腐敗清廷統治下的整個國家的政治形勢。詩人自詡爲超塵脫俗的神明，本想通過變法把國家引上富強之路，同時又十分清醒地看到了朝廷的腐敗、政治的昏亂及前進道路上的險阻。雖然如此，詩人並沒有被迷霧所困惑，而是更加堅定了改革政治的決心。

「眼中戰國成爭鹿、海內人才孰臥龍？」「戰國」，本是我國周代末年諸侯國連年爭戰的時代的名稱，按照《史記·六國年表》，是自周元王元年（前四七五）至秦始皇二十六年（前二二一）統一中國的一段時間。這裏借指帝國主義列強。「爭鹿」，舊時比喻羣雄並起，爭奪天下。《晉書·石勒載記下》：「朕若逢高皇（指漢高祖劉邦），當北面而事之，與韓、彭競鞭而爭先耳；脫遇光武（指漢光武帝劉秀），當並驅於中原，未知鹿死誰手。」魏徵《述懷》詩也有「中原還逐鹿，投筆事戎軒」的句子。這裏的「爭鹿」，是指列強對中國的瓜分。自一八四〇年鴉片戰爭以來，帝國主義列強用軍艦和大炮打開了中國的大門，紛紛侵入中國，劃分勢力範圍，控制中國的政治與經濟命脈，中國被瓜分的危險已經迫在眉睫。「眼中戰國成爭鹿」，正是對這個現實的形象概括。說明詩人對國勢的危局看得清清楚楚。那麽，由誰來收拾這一局面呢？靠代表封建專制勢力的慈禧一伙頑固派嗎？不行！靠對外妥協乞和的李鴻章、張之洞爲代表的洋務派嗎？不行！靠朝廷中的「帝黨」、權臣嗎？也不行！那麽，到底誰才能挽救國家於危難之中呢？作者認爲衹有像臥龍先生那樣眞正的人才，方能當此重任。而當代的臥龍先生又在哪裏呢？這一聯，是詩人對能夠掃除濁霧、制止「逐鹿」的英雄的呼喚，同時又有以臥龍自況之意。

「撫劍長號歸去也，千山風雨嘯青鋒。」古人常以劍鳴寄託壯懷。曹植《鰕䱇篇》：「撫劍而雷音，猛氣縱橫浮。」陸游《三月十七日夜醉中作》：「逆胡未滅心未平，孤劍牀頭鏗有聲。」康有爲這兩句詩與曹植《鰕䱇篇》頗有相似之處，它們都暗用了《莊子·說劍》之意：「諸侯之劍，以知勇士爲鋒，以清廉士爲鍔，以賢良士爲脊……此劍一用，如雷霆之震也。」康有爲以諸侯之劍作比，表明自己有經天緯地之才和治國平天下的遠大抱負。這兩句詩，筆力雄豪，感情激越，形象灑脫，意境闊遠而莊偉。滿懷政治激情的詩人，拔劍一揮，長呼「歸去」，在千山萬壑中掀起了暴風驟雨；風雨之聲和着呼嘯的劍鳴，響震在山川大地之間。這是多麽驚人的雄偉氣魄！它預示了詩人此去將有非凡之舉，他偉大的理想和心願，也終將在寶劍的嘯鳴聲中傳遍天下。

這首詩通篇貫穿一股豪氣。詩題中的「留別」二字，不是惜別，而是一種英雄氣。篇末「撫劍長號歸去也」的「歸去」二字，不是退避，而是爲準備報國慷慨離去。所以臨別時留給諸公的不是兒女情長，而是告慰，是鼓勵，是一紙宣言。詩中不但毫無嘆惋之意，而且以屈原自況，以臥龍自比，含有「當今之世舍我其誰」之概。末句「千山風雨嘯青鋒」，預示自己將來定能大有作爲。劍是斬去濁霧、逐鹿爭雄的武器，以劍寫志，並且是嘯鳴風雨之劍，具有一種震撼人心的力量，其豪情壯志溢於言表。

這首詩以表達現實情感爲主體，卻把它交織到幻想之中，使全詩充滿積極浪漫主義精神。它明顯地繼承了屈原的《離騷》、《九歌》的藝術傳統。一開篇便塑造了一個神奇的愛國者形象，他驅使天龍與諸神，懷抱芳潔的蘭草，登臨縹緲的峯巔，放眼世界，胸中蕩起萬頃波濤，詩人把對醜惡現實的憎恨和對光明未來的憧憬，化入到縹緲的幻境之中，在幻境中抒發自己對祖國的愛戀之情，表露追求美好未來的理想與情懷，從而自由地顯示出自己無限廣闊的精神世界和竭誠報國的偉大心胸。浪漫的手法使豪放的感情與宏偉的氣魄得到了淋漓盡致的表現，使詩人的理想與抱負得到了深刻的表達，從而深化了現實主義的思想主題。（崔承運）

蘇武慢

況周頤

寒夜聞角

愁入雲遙，寒禁霜重，紅燭淚深人倦。情高轉抑，思往難回，淒咽不成清變。風

蘇武慢·寒夜聞角

際斷時，迢遞天涯，但聞更點。枉教人回首，少年絲竹，玉容歌管。憑作出百緒淒涼，淒涼惟有，花冷月閒庭院。珠簾繡幕，可有人聽？聽也可曾腸斷？除卻塞鴻，遮莫城烏，替人驚慣。料南枝明月，應減紅香一半。

況周頤與王鵬運、朱孝臧、鄭文焯被稱爲清末四大詞人。其詞以感情眞摯勝。其長調，王國維以爲「在清眞、梅溪間，而沉痛過之」。而此詞，則「境似清眞，集中他作，不能過之」。不爲無見。

此詞依調以偶語起，寫聞之者其人其境，節奏舒緩、凝重，語含悲感，而用法頗新。愁雲、寒霜，在詩詞裏都是常用語。但在「愁」與「雲」之間用一「入」字，而於其後又補一「遙」字；在「寒」與「霜」之間用一「禁」字，而於其後則補一「重」字。於是，愁可目覩，寒有重量。而繼以「紅燭淚深人倦」，在詞人，由愁深、寒重而精神頹倦，面前紅燭恍惚替人垂淚；而讀者，則由想象中的如雲愁海，感覺上的寒不禁霜，進而在視覺上出現了一個極端倦於生活的詞人形象，淚如燭積。然而，還沒有聽到角聲呢！現在，角聲進入人們的聽覺了。其調由高昂而沉抑，然後悠然長往，勢莫能回。這裏，作者並沒有正面摹寫，而衹從自己情思的反映上落墨；而後則從主客統一上下筆。淒咽而不成清朗、疏越之聲，這是角聲的實狀，也是詞人的感覺。總十四字，寫聲與意，共爲四層。言簡義富，很不易到。下寫其變。風送聲遠，但聞近處更點。蓋亦不忍再聞。這正如白居易《琵琶行》句所云：「此時無聲勝有聲。」讀之眞令人黯然。過拍，通過回憶，來一今昔對比。這亦是人們情感的自然發展。樂極生悲，悲極思樂，交織着人們的心靈歷程。昔人有句：「摒除絲竹入中年。」中年更事日多，不免傷於哀樂。由少年入中年，在古人，正意味着離歡樂而入愁苦。「少年絲竹」，原不知愁苦爲何物，加以「玉容歌管」，更極其樂。然於現在，則徒然留於記憶中而已。着一「枉」字，可知追之不及之苦。王船山曾說：「以哀景寫樂，以樂景寫哀，一倍增其哀樂。」此處正是以樂景寫哀，倍增其哀！宋人周邦彥詞也往往採用這種手法，但寫到蕙風這樣沉痛的，確亦不多。

換頭頗奇。本謂其吹出千萬種淒涼音調，但不說吹而說「作」，好像故意惹人愁怨。一字之易，輕重判然。但又說「憑作出」，意思是聽憑去作吧！這已逗起「珠簾繡幕」以下數語，卻先來這樣一個勾連句：「……淒涼惟有」，以見真能諦聽，聽而腸斷，即充分領受其淒涼意味的，衹有「花冷月閒庭院」中的詞人！詞裏衹寫到庭院而未及人，而實則其人已見。花月，本是人所喜愛的；而現在，一則「冷」，可見這「庭院」中人無心護惜；一則「閒」，足見無心玩賞。那麽，其人之別有懷抱可知。然後，出以「珠簾繡幕」中人，復用勾連句，問其可曾聽到，聽到又可曾腸斷。答案都是否定的。這就和「月冷花閒庭院」中人形成十分鮮明的對比。葉恭綽謂「珠簾繡幕」三句，「乃蘷翁最得意之筆」。作者自賞如此，但在我們看來，如果沒有「憑作出……」三句與其相襯，則此三句亦將減色。衹有如此，方見衆醉獨醒之意。蕙風論詞，倡「重大拙」之旨，不以輕巧、纖細取勝，而如葉遐庵所謂「寄興淵微，沉思獨往」。於此亦可見。「除卻……」三句，緊承「珠簾繡幕」三語而來。「塞鴻」，言其遠者；「城烏」，舉其近者。語出溫庭筠《菩薩蠻》詞。「遮莫」，唐方言，盡敎之意，與「除卻」交互爲用。「替人」的人，即指「珠簾繡幕」中人，言儘管「塞鴻」、「城烏」聞角聲而爲他們驚起、示警，且已成慣常；而他們則塞耳不聞，或聞而不驚。醉生夢死，恍如燕巢危幕，不知傾覆之禍將臨。可恥亦可哀。於此，可見詞人所憂者深矣。至此，詞筆急轉直下，以無知草木，亦以聞角聲而損香褪色作結。此歇拍，用一「料」字領起，以見草木之無知而有知，乃詞人推想中事。人之痲木，視草木而不如，至可悲矣。此爲個人招禍事小，陷國家於傾覆則事大。詞人所悲，蓋在此而不在彼。言「南枝」，或示北警，當有所指。「紅香」，語甚新。以紅代濃，香亦有色。不衹可聞，亦且可見。「一半」，爲料斷語，自不能鑿實。當然，這種料斷，亦出奇想。而語含譏刺，不待言矣。然亦不失「怨而不怒」之旨。

詞人寫聲，有各種寫法。如果衹是直接描摹，筆墨馳騁的天地畢竟有限。如果從人的聽覺、感覺、推想、料斷上去寫，境界就會開闊得多。此詞，沒有一語正面描寫角聲，純從「聽」字着筆。種種淒涼情緒，都從「聽」字翻出。人聽物聽，好像整個天地都爲此角聲所籠罩，而人，衹有居於「花冷月閒庭院」中者，一發即聞，聞而能思，能知其味；處於「珠簾繡幕」中者，則充耳不聞，百喚莫醒。而國家命運卻又掌握在這些人的手裏！昔人句云：「匹夫未敢忘憂國」，但又有什麽用呢？這樣一首字數不多的詞，作者用多種手法，從較多的角度、方面寫來，筆鋒縱橫揮斥，語亦有色有聲，用以構成一個含蘊着無限淒涼情緒的意境。而其核心，則在來日大難之憂！

（彭靖）

晨登衡嶽祝融峯（其一）

譚嗣同

身高殊不覺，四顧乃無峯。但有浮雲度，時時一蕩胸。地沉星盡沒，天躍日初熔。

半勺洞庭水，秋寒欲起龍。

譚嗣同（一八六五——一八九八）是近代中國資產階級政治改革運動中出現的思想家、活動家，也是近代中國資產階級文學運動——詩界革命、文界革命的鼓吹者、推動者。嗣同字復生、號壯飛，又號華相衆生、東海褰冥氏、通眉生、通眉苾蒭、寥天一閣主等，湖南瀏陽人。他出身於封建官僚家庭，父繼洵，官湖北巡撫。雖然從小受的是正統封建教育，但他治經好「今文學」，並把王夫之、龔自珍、魏源等進步思想家作爲學習的榜樣。他的思想在資產階級維新派中最爲激進，而對當時中國的政治腐敗，人民苦難，民族危機的了解也較康、梁等活動家更深切、具體。所以他始終懷着拚死的決心從事變法維新運動，直到最後，爲鼓舞後人，以圖將來，而甘灑熱血。他的詩歌創作上的成就，雖然不是其短暫一生中創建的主要業績，但也生動地抒寫了一個愛國志士、進步思想家的胸懷。這在暮氣沉沉的晚清詩壇上，無疑是一聲發人警醒的嘹亮號角。其著作今編爲

晨登衡嶽祝融峯（其一）

《譚嗣同全集》。

上面的這首古體詩寫於一八九一年。譚氏在《三十自紀》中寫道：「（光緒）十七年秋，歸湖南，抵長沙，遊衡嶽，冬返。」可見其衡嶽之遊，已在晚秋季節了。時序已是晚秋，登嶽又在早晨，這是我們賞析此詩的出發點。「身高殊不覺，四顧乃無峯。」開頭兩句，凌空着墨，高處寫起，正如國畫家寫蒼山雲海圖，不畫羣山，不着片雲，衹用淡墨點染獨出雲表的幾處峯巒，就已經讓人覺得雲煙滿紙，羣山潛蹤，不必言高，而高在其中了。祝融峯在湖南衡山縣西北，是南嶽衡山的主峯。相傳祝融是古帝顓頊氏的後裔，做帝嚳高辛氏的火官，其功績是「以火施化」——大概是他推廣了以火炊食的方法，所以被時人稱爲祝融（「融」有以火加熱，炊氣上升的意思，後引申爲火），被後人尊爲火神。他死後，葬在「衡山之陽」，因此衡山的主峯也就以他命名了。宋代理學家朱熹的詩句：「濁酒三杯豪氣發，朗吟飛下祝融峯」，就是寫的這裏。朱熹用「飛下」形容自己醉意朦朧中對峯勢高峻的特殊感受。而譚嗣同，則是寫自己一大早登上祝融峯巔時看到的宏偉景觀。此時雖然天色已明，但滿山依然雲霧繚繞，就連遠近景物的輪廓還難以分辨。獨立絕頂，四顧蒼茫，但見亂雲飛渡，不時地有團團雲氣撲面而來，它好像是在滌除胸中的積憤憂思，讓人覺得襟懷高潔，神清氣朗。接着「地沉星盡沒，天躍日初熔」兩句，則是寫清晨光影的迅速變化。初來峯頂時，天色方明，還看得見疏星閃爍，滿眼雲霧蒸騰，似乎長空大地混爲一體。但是，隨着時間的推移，天光大亮，已經可以清晰辨認出山下的大地了。「地沉」二字非常傳神地寫出了從渾淪一氣到天地初分的過程。而隨着天地間光線的變強，原來依稀可見的幾點疏星，也隱沒得無影無蹤了。這時天似乎變得高起來，而殷紅的太陽，也好像一躍而起，把金色的光芒灑滿人間，他這樣寫景，的確抓住了清晨景物光影變換的突出特點，而給人以如身臨其境的審美感受，如果與杜甫《同諸公登慈恩寺塔》相比較的話，更可以看出二者有異曲同工之妙。杜詩寫的是秋日黃昏，登高望遠，正當紅日西沉，霎時間，收斂了萬道餘輝，大地突然變暗了。「秦山忽破碎，涇渭不可求。俯視但一氣，焉能辨皇州。」本來遠處羣山，歷歷在目，忽然間就衹能分辨出幾座高峯的互不連屬的模糊身影了；本來涇、渭二水，一清一濁，格外分明，這時也完全消失在蒼茫暮色裏了。而俯視長安，正是天色乍晚，華燈未上，在炊煙霧靄籠罩之下，但見昏混茫茫，一氣包舉，再也無法看清那富貴繁華的「皇州」景象了。他這樣寫視野之內的一切景觀，都隨着光線由明轉暗而一下子改變了固有的風姿。正好表達了詩人對安史之亂前夕的唐帝國前程暗淡的深沉憂思。譚嗣同處身於中國資產階級政治改革思潮蓬勃興起的時代，雖然政治腐敗日甚，民族災難正深，但對於一個立志爲國獻身的青年來說，內心卻充滿了樂觀向上的激情。因此，晨登祝融峯，在天地間由暗轉明之際，自然風物沉、升、沒、現的瞬息變化，正與作者此時的心理狀態兩相湊泊。所以能夠把它敏鋭地攝入詩中，使之成了具有高度審美價值的情感的載體。

最後兩句，可以説是全詩的點睛之筆。「半勺洞庭水」，還是側寫祝融峯的高峻。如果説杜甫《望嶽》詩，以「會當凌絶頂，一覽衆山小」狀泰山之高；那麽這裏寫祝融峯上俯視洞庭，直如半勺清水，則更加强烈地反襯出此峯之高了。接着，由洞庭水引出了「秋寒欲起龍」一句。這句裏的「起龍」，語義雙關。就典故本身而言，它出自《吴越備史》。原文是：「臨安大旱，宰君命道士東方氏起龍祈雨。對曰：茅山前池中有之，然不可起，起必大異，遂止。」大約人們認爲久旱不雨是因爲行雲布雨的龍睡懶覺的緣故，因而請道士施法術讓他飛騰起來，履行職責。這是「起龍」的原意。後來引申爲下雨。「秋寒欲起龍」這句詩字面上的意思是説詩人從祝融峯上，俯視洞庭，衹見煙波迷濛，好像是要下雨的樣子。但是，「起」者，「興」也。而「興龍」按照傳統説法，則是改朝換代，歷史變革的代稱。三年後，譚氏在《莽蒼蒼齋詩補遺序》中，則非常明確地指出當時的歷史特點是「天發殺機，龍蛇起陸」。因此，「起龍」在這裏又可以理解爲譚嗣同晨登祝融峯，由眼前景物引起的思緒：山河壯麗，激人奮起，災難深重的祖國大地上，一場新的歷史變革快要來臨；於是在這首遊覽寫景之作中，寄寓了自己對現實的深刻感受，對未來的美好憧憬。這樣回頭來再看此詩前四句中刻畫的祝融峯那高峻孤出、獨立雲表的宏偉形象，也近乎是抒情主人公的自我寫照了。

（黄保真）

有感

譚嗣同

世間無物抵春愁，合向蒼冥一哭休。四萬萬人齊下淚，天涯何處是神州。

甲午戰爭，中國慘敗。一八九五年四月七日，清廷議和全權大臣李鴻章同日本首相伊藤博文，在日本簽訂了喪權辱國的《馬關條約》。譚嗣同聞訊，悲憤填膺，寫下了這首七絕《有感》。詩中抒寫了一個愛國志士對腐敗無能的清政府的憤恨、譴責之情，和他對祖國命運、民族存亡的深沉憂思。

第一句中的「春愁」，決不是文人雅士，才子佳人，對月傷懷，望花流淚那種奢侈性的苦痛。「春」點出了《馬關條約》簽訂的時間，而由它引起的茫茫愁緒，襲上心頭，讓人覺得世間沒有什麽東西可以抵擋，沒有什麽方法可以排遣，也許昊昊蒼穹能容納得下如此深廣的幽憤，就衹應當對冥冥長天大哭一場了。這句詩把作者極度悲苦而又無可告訴的心情表現得淋漓盡致。正如他在《上歐陽中鵠書》中所指出的：「近日所見，無一不可駭可慟，直不勝言」，「及睹見和議款約，竟忍以四百兆人民之身家性命，一舉而棄之」，更令人「悲憤至於無可如何。」「四百兆」即「四萬萬」，這是當時中國人口的總數。腐朽的清王朝，竟然視之爲「儻來之物」——無意中撿來的東西，爲圖自全，棄若敝屣。被出賣的人民怎麽能不懷着對出賣者的腐心切齒之恨而愴然淚下呢？但更深、更廣的則是詩人對祖國未來，民族興亡的憂思。「天涯何處是神州？」這是作者在問，也是人民在問；是問蒼天、問人民、也是問自己。神州大地，本來是中華民族世世代代勞動生息的地方，而今「生死命脈」，「盡授之於人，非惟國也，將合含生之類，無一家一人之不亡」。所以已經無處尋找中華民族自爲主人的「神州」了。這是一層意思。譚嗣同認爲，「今日之亂，古事無可比擬。古所稱夷禍，猶是同洲同種之人，偶見爲內外耳；今則別是一種，橫來吞噬，又各有本國，特視此爲外府，爲魚肉」。所以這次淪喪是眞正的「陸沉」，神州大地名存實亡了！「天涯何處是神州」，還包含着另外一層意思，就是探求「救敗之道」，挽救民族危亡，把失去的「神州」奪回來！這裏表達的情感是憤激而不是哀挽，更不是絕望。此後的事實證明，譚嗣同「經此創巨痛深，乃始屏棄一切，專致精思」。一八九六年著《仁學》一書，他不僅系統地闡述了初步的資產階級民主主義的政治理論，而且滿懷愛國激情發出了「衝決利祿」、「衝決俗學」、「衝決君主」、「衝決倫常」、「衝決佛法」等等一切「綱羅」的震天撼地的呼喊！爲了救國，他立下了不惜「殺身滅族」的鋼鐵誓言，認爲當時的中國，「能鬧到新舊兩黨流血遍地，方有希望，不然，卽眞亡種矣！」

「天涯何處是神州」？譚嗣同終於找到了救國的道路，並以年輕的生命殉了自己的理想。但是，譚氏一生從一個因「遍遭倫常之厄」而「私懷墨子摩頂放踵之志」的利他主義者，轉變爲具有初步資產階級民主主義思想的愛國思想家，其轉折、飛躍的關鍵，就在於中日甲午戰爭失敗和《馬關條約》簽訂給予他的強烈刺激。《有感》這首詩，眞實地記錄了他在思想轉折關頭的內心經歷，因而具有特殊的思想意義和歷史價值。

（黄保真）

望海潮

譚嗣同

自題小影

曾經滄海，又來沙漠，四千里外關河。骨相空談，腸輪自轉，回頭十八年過。春夢醒來波。對春帆細雨，獨自吟哦。惟有瓶花，數枝相伴不須多。　寒江才脫漁簑。剩風塵面貌，自看如何？鑒不因人，形還問影，豈緣醉後顏酡？拔劍欲高歌。有幾根俠骨，禁得揉搓。忽說此人是我，睜眼細瞧科。

譚嗣同是中國近代史上一位帶有濃重悲劇色彩的英雄人物。他在維新變法鬥爭中堪稱中流砥柱；維新變法失敗後，他面對着反動封建勢力的血腥屠刀，引頸就義，在刑場上，發出「有心殺賊，無力回天。死得其所，快哉快哉」的豪邁英勇的慨嘆！

譚嗣同，湖南瀏陽人。其父譚繼洵官至湖北巡撫。出身於這樣顯貴的封建官僚家庭的貴公子，一生卻走着要衝決封建網羅的封建叛逆者的道路。還在少年時代，譚嗣同就立志「束髮遠行遊，轉戰在四方」（《河梁吟》），「壯懷消不盡，馬首向臨洮」（《角聲》），透露出要爲國效力，從戎作戰的情懷。他性格慷慨，胸懷磊落，任俠好義，嫉惡如仇。面對着備受帝國主義侵略，民族危機日益深重的祖國，他提出「救亡保命」的

望海潮・自題小影

口號，要爲「天地立心，爲生民立命」（《上歐陽瓣彊師書》第二），要以「殺身滅族」來喚起國人的覺醒。他的《仁學》，是他反對封建專制，反對外國侵略的思想的結晶，是黑夜沉沉的舊中國響起的一聲振聾發聵的春雷。他在南學會慷慨陳詞，呼籲變法，充滿着強烈的愛國的壯志豪情。他的詩文，更是他上下求索，探求救國之道的思想的形象反映。他在短暫的一生中，以一個思想家、政治家的胸襟，爲拯救危難中的祖國奔走呼號，「諸夷環伺，間不容發」，「凡百積弊，難以遍舉」等文句，表現出對外禍的深切憂慮，對現狀的強烈不滿；他以一個愛國詩人的思緒，揮筆賦詩，抒發慷慨救國的戰鬥情懷。中日戰爭失敗後，詩人更是寢食不安，「繞屋彷徨，未知所出」，詩緒如大江奔流，奔突而出，一篇篇激勵人心的詩章，成爲時代的號角，成爲當時開始覺醒的資產階級知識分子的共同心聲。

《望海潮》是譚嗣同表現少年心緒的詞作，也是他現存文稿中唯一的一首詞，見於《石菊影廬筆識・思篇》。在《思篇》中，詩人坦率地說：「性不喜詞，以其靡也。」大約是詞作少有留世的主要原因吧。但《望海潮》卻像他的詩一樣，表現出粗獷雄渾的風情格調，沒有靡靡的兒女柔情。詞一開篇，就回首往事，追思行跡，頗有横空出世的氣勢。「曾經滄海，又來沙漠，四千里外關河。」這裏有地域的變動，有時空的延伸，也有心境的不同感受。山河寥廓，關裏關外，四千里行程，景色殊異，感慨良多，也爲全詞憂傷奮起定下基調。滄海，卽大海，這裏借指關內。沙漠，借指風沙彌漫的關外。譚嗣同出生於北京，也在北京度過了他的童年。十三歲時，他取道天津，經山東煙臺，從海路到上海。這次是他首次離家遠遊。到達上海，易舟溯江而上，經江蘇、安徽、江西，入湖北，再從湖北泛舟洞庭，溯湘江至長沙，然後經陸路回到故鄉瀏陽。次年春天，又離開故鄉，水陸兼程，從襄陽，經洛陽，入函谷、潼關、經陝西抵達甘肅他父親的任所。當時譚嗣同的父親在甘肅任鞏、秦、階道道臺。從此，他身居關外，幾度往返於甘肅、湖南之間。譚嗣同在甘肅前後十二年，過着一種浪漫的、無拘無束的生活。他經常在寒風怒號的寒冬臘月，率騎隊遠遊，踐冰踏雪，馳騁於渺無人煙的沙漠和峯巒巖谷之中。有一次他率領騎隊，連續奔馳七天，行程一千六百里，「載飢載渴，斧冰作糜」，回到住地，譚嗣同的雙腿已擦得血肉模糊，褲襠都染紅了（《與沈小沂書》一）。但是，「骨相空談，腸輪自轉，回頭十八年過」。詩人並不滿足於任俠騎射的生活。從關山變異，進而感嘆時光流逝，碌碌無爲，憂傷情調益顯深濃。骨相，原指人的體形和狀貌，古人常以骨相推論人的命性。腸輪，古人常以車輪轉動比喻人的腸臟的蠕動。這幾句意思是說：空談命性，飽食終日，已虛度了十八個春秋。這裏有自慚，更多的是對未來時光的追求。

「春夢醒來波。對春帆細雨，獨自吟哦。」春夢，春日之夢。古人有以春夢比喻美好的追求，也有比喻世事無常，繁華易逝。這裏用的是前義，指詩人的抱負。他在同年寫的《述懷》詩就曾以黄鵠白鶴自況，說：「黄鵠翥雲漢，白鶴鳴九皋。嗟彼燕雀羣，安能測其高。……瀏瀏飄天風，雲路將翔翺。高飛語衆鳥，飲啄非吾曹。」當然，《望海潮》是詩人十八歲時寫的詞，正當年少氣盛，雖然有救國大志，但目標含糊，並不像他後來對世事的審察的深刻，能看到人民的啼飢號寒，看到了帝國主義侵凌給國家民族的深重災難，發出「蒼生病矣」的呼號。但字裏行間，卻表現譚嗣同這位任俠熱腸的貴公子對理想的熱切企求和呼喚，而面對春帆細雨，獨自吟哦，又顯示出他不肯隨俗沉浮，要獨自思索的驚人冷靜的思維。他需要的不是名利場中的奉承和追逐，而是志同道合者相互的理解和支持。「惟有瓶花，數枝相伴不須多」，正是這種心境、企求的形象寫照。

如果說詞的上闋是對自己十八年歲月的反思，那麼，詞的下闋則從小照中顯出自己對理想的執著追求和自勉自勵的情思。唐代詩人柳宗元在《江雪》詩中，借寒江獨釣的描繪，顯露出宦途失意的悒鬱心情和孤高傲岸的氣格，成爲千古絶唱。「寒江才脱漁簑」，也表現了同樣的意境與思緒。年輕的詩人、寒江獨釣，才脱漁簑，留下了風塵僕僕的容顏氣韻。「剩風塵面貌，自看如何。」這不是詩人孤芳自賞，而是對自己的冷峻的審視，更顯出自己獨立思索的心境和虛擲時光的惆悵與自慚。

「鑒不因人，形還問影，豈緣醉後顔酡？」鑒即鏡。小照猶如鏡中身影，影是客觀實體的眞實反映，不因人的意願愛惡而改變。影不離形，形見於影。爲什麼今天的容顏與小照不同？詩人自問自答：難道容顔煥發是因爲醉後臉色發紅了麽？不。「拔劍欲高歌。有幾根俠骨，禁得揉搓。」容顔光彩照人，來源於豪情壯志，舞劍高歌，渾身俠骨，經得起锤打鍛煉。一個要有一番作爲的血氣少年形象，活脱脱地呈現出來。譚嗣同正是由於少年時代就有這種要爲國效力的抱負，隨着後來閱歷的加深，時代的召喚，纔終於有可能溶進爲國家獨立、爲民族振興的愛國思想，成爲中國近代史上一位深受國人敬仰的愛國烈士。從這個意義上說，這首詞無疑具有研究詩人思想發展的彌足珍貴的認識價值。

「忽說此人是我，睜眼細瞧科。」這是詞的結句。這裏詩人用了古典劇作中用於表現表演動作的習慣用語，以俏皮輕鬆的情調，體現出不要蹉跎時光的積極主題，也完成了詩人自我的少年形象任俠好義、抱負遠大的多棱角性格的塑造。

譚嗣同在《三十自紀》中曾說過，他作詩喜「拔起千仞，高唱入雲」的氣勢和「血湧筋粗，百脈騰沸」的情調。《望海潮》雖是他少 年時的作品，粗獷雄渾的詞風已可見端倪，而詞中着意刻畫的詩人自我的形象，更具有感人的藝術力量。詩人自己說此詞「微有氣骨」，當不是過譽之詞。

（鍾賢培）

獄中贈鄒容

章炳麟

鄒容吾小弟，披髮下瀛洲。快剪刀除辮，乾牛肉作餱。英雄一入獄，天地亦悲秋。
臨命須摻手，乾坤祇兩頭。

這首詩是章太炎在上海英租界巡捕房監所寫的。章氏的入獄，是由於當時震驚中外的「蘇報案」。《蘇報》於一九〇三年五月十五日發表章氏爲鄒容《革命軍》所作的序，六月二十九日發表章氏《駁康有爲論革命書》的主要部分。而《革命軍》和《駁康有爲論革命書》，則代表着當時革命運動的高潮。於是，滿清政府勾結英美租界當局製造了查封《蘇報》，逮捕章、鄒等人的反革命鎮壓事件。事件發生後的二十餘日，卽七月二十二日，章氏寫了這首詩。最早由他的弟子許壽裳從朋友處抄來，連同另兩首《獄中聞湘人楊度被捕有感》，發表於《浙江潮》第七期。從此，這首詩很快傳開，不但成爲膾炙人口的名作，而且成爲鼓舞革命鬥志的宣傳品；至今讀之，仍會感到它激盪人心的力量。

詩的頭一句：「鄒容吾小弟」，表現了章、鄒二人極爲親密的友誼。一個浙江餘杭人，一個四川巴縣人；一個三十六歲，一個才十九歲，差距如此之大，然而在革命道路上，志同道合，卻結成了「異姓骨肉」。五字中，包含着無限深情。次句「披髮下瀛洲」，寫的是鄒容到日本去的行動，而進行這一行動的人的形象，則用「披髮」二字突現出來。因爲那時滿清統治下，去日本的留學生，都還拖着辮子，而鄒容卻不然，可以想見他披着頭髮，在留學生中多麼顯眼！接着：「快剪刀除辮，乾牛肉作餱」兩句，則寫鄒容的剛強性格和艱苦的生活作風。「剪刀」「除辮」，一般解者，都引用鄒容在日本曾強制剪掉留學生監督姚文甫的辮子一事作註。其實文義不通。這裏顯然是指鄒容本人剪掉自己的辮子，和「披髮」所指是一回事。但二句是從不同角度上寫的：「披髮」句，是從外形上寫，寫的是鄒容在別人眼中的形象，「除辮」句，則是從鄒容的內心寫，寫他如何以除去辮子的行動，勇敢地和滿清政權對立。「蘇報案」起，上海《申報》報導第一次審訊時說：章「長毛毿毿披兩肩，衣不中不西，似僧人袈裟」；鄒「剪髮」、「西服」云云。足見鄒容早已「除辮」，其「除辮」的時間，當在他初到日本之時。章在一九〇〇年唐才常招集「國會」時，他卽時剪掉辮子，以示和改良派的決裂。《申報》說他「長髮披兩肩」，也正是除辮後的形象，可作「披髮」二字的確解。故鄒所以「披髮」，正因除去辮子之故。《阿Q正傳》的「假洋鬼子」也這樣披着髮。可見早期「除辮」後的人們，大都散髮披肩的，如果把散髮再剪短，那就是《申報》所說鄒容「剪髮、西服」的形象了。「快剪刀」句，既突出了鄒容的性格，而「乾牛肉」句，更補寫了他的生活。當時到日本留學的中國學生，逐年增加，以至達到數千人

獄中贈鄒容

之衆，其中不少革命志士，但像鄒容那樣勇敢、堅強、無所顧忌的人，還是不多的。然其實不妥。從宋玉以來，秋之可悲，已被騷人寫盡。秋天的那種肅殺之氣，引人悲苦，千古所同。但「蘇報案」，發生於盛夏，何以卻說「悲秋」？原因就在於「英雄」「入獄」。既是英雄，就應該爲國爲民作出一番事業，現在卻不但不能有所作爲，反遭縲紲之辱！這種是非顛倒，善惡倒置，簡直令人感到陰陽錯亂，炎夏之熱已變爲三秋之冷，遂使天地也不能不爲之興悲！這種悲，不是對個人、對少數人、對一般人的感情，而是關切着國家、民族興衰、存亡之大故！最後兩句「臨命須摻手，乾坤祇兩頭」，表明爲革命犧牲的決心。是年九月二十一日《江蘇》第六期刊有署名「中央」（卽黃宗仰）的幾首詩，其中《再寄太炎、威丹（鄒容字）》的最後幾句：「神州男兒氣何壯？義如山嶽死鴻毛。自投夷獄經百日，兩顆頭顱爭一刀！」正是此詩的註腳。這裏所謂「自投」，指的是他們被捕時，章挺身而出，鄒自動投案。章氏爲什麼會挺身而出呢？不少論者多不理解。其實，章氏認爲：革命是正義事業，理直氣壯；又沒有犯租界上的法，當然無所畏懼。這以前，他曾六次被追捕，都躲避了，祇有這一次不躲避。因爲前六次都是受別人牽連，自己不應負責；這一次是自己要反滿、要革命，所以勇敢地承擔起一切責任。當他認識到對反動勢力已無理可講時，便下決心以一死殉革命。他深知古今中外革命沒有不流血的，從而視死如歸，正體現着一個眞正革命者的坦蕩胸懷（章氏的這種思想，見《獄中答新聞記者》和其他一些文章）。所以在生死關頭，他既不搶天呼地，也不怨天尤人，更不悲愴嘆惋；反用極平淡的語言，用極平靜的口氣，表明要和自己的戰友攜手同行，甘願用兩個頭顱來伸張天地正氣！這十個字，是這首抒情詩的最高峯。而這種境界，不是像他那樣完全獻身於革命的人，不是把國家、民族的命運擔在自己肩上的人，是不可能有的。因之，這首詩的樸素、眞摯、豪邁，也就不是一般詩人所可企及。

一九三六年章氏去世後，魯迅在《關於太炎先生二三事》的紀念文章中，引了此詩和另一首《獄中聞沈禹希見殺》，說：先生「獄中所作詩」，「並不難懂」，「這使我感動，也至今沒有忘記」。許壽裳在《章炳麟》一書中，也引此兩詩說：「獄中有詩，稱心而言，不加修飾」，「先生之詩，不加修飾，彌見性眞」。他二人所言，很能說明這首詩的藝術特色和感人力量。但我以爲還不够。清人劉熙載說：「詩可數年不作，不可一作不眞。」（《藝概・詩概》）章氏不是詩人，全部遺詩，不足二百首，而其最大特點、就是「眞」。另一清人葉燮論詩，強調一個「識」字。認爲「惟有識，則是非明；是非明，則取舍定，不但不隨人腳跟，並亦不隨古人腳跟」。「識明膽張，任其發宣而無所於怯。」（《原詩》）章氏的詩之所以能獨往獨來，扣人心弦，正在於他觀察社會事物的卓識。惟其如此，故浩然之氣，充塞於他的詩中。王國維評李後主詞是所謂「以血書者」，章氏的詩，卻不祗是以血寫，而是以生命來寫的。《獄中贈鄒容》，可以說是他全部詩作的範例。

（姚奠中）

少年中國說（節錄）

梁啓超

日本人之稱我中國也，一則曰老大帝國，再則曰老大帝國。是語也，蓋襲譯歐西人之言也。嗚呼！我中國其果老大矣乎？梁啓超曰：惡！是何言！是何言！吾心目中有一少年中國在。

欲言國之老少，請先言人之老少。老年人常思既往，少年人常思將來。惟思既往也，故生留戀心；惟思將來也，故生希望心。惟留戀也故保守，惟希望也故進取。惟保守也故永舊，惟進取也故日新。惟思既往也，事事皆其所已經者，故惟知照例；惟思將來也，事事皆其所未經者，故常敢破格。老年人常多憂慮，少年人常好行樂。惟多憂也，故灰心；惟行樂也，故盛氣。惟灰心也，故怯懦；惟盛氣也，故豪壯。惟怯懦也，故苟且；惟豪壯也，故冒險。惟苟且也，故能滅世界；惟冒險也，故能造世界。老年人常厭事，少年人常喜事。惟厭事也，故覺一切事無可爲者；惟好事也，故常覺一切事無不可爲者。老年人如夕照，少年人如朝陽。老年人如瘠牛，少年人如乳虎。老年人如僧，少年人如俠。老年人如字典，少年人如戲文。老年人如鴉片煙，少年人如潑蘭地酒。老年人如別行星之隕石，少年人如大海洋之珊瑚島。老年人如埃及沙漠之金字塔，少年人如西伯利亞之鐵路。老年人如秋後之柳，少年人如春前之草。老年人如死海之潴爲澤，少年人如長江之初發源。此老年與少年性格不同之大略也。梁啓超曰：人固有之，國亦宜然。

梁啓超曰：傷哉，老大也！潯陽江頭琵琶婦，當明月繞船，楓葉瑟瑟，衾寒於鐵，似夢非夢之時，追想洛陽塵中春花秋月之佳趣。西宮南內，白髮宮娥，一燈如穗，三五對坐，談開元天寶間遺事，譜霓裳羽衣曲。青門種瓜人，左對孺人，顧弄孺子，憶侯門似海，珠履雜遝之盛事。拿破侖之流於厄蔑，阿剌飛之幽於錫蘭，與三兩監守吏，或過訪之好事者，道當年短刀匹馬，馳騁中原，席捲歐洲，血戰海樓，一聲叱咤，萬國震恐之豐功偉烈，初而拍案，繼而撫髀，終而攬鏡。嗚呼，面皴齒盡，白髮盈把，頹然老矣！若是者，舍幽鬱之外無心事，舍悲慘之外無天地，舍頹唐之外無日月，舍嘆息之外無音聲，舍待死之外無事業，美人豪傑且然，而況於尋常碌碌者邪？生平親友，皆在墟墓；起居飲食，待命於人。今日且過，遑知他日？今年且過，遑恤明年？普天下灰心短氣之事，未有甚於老大者。於此人也，而欲望以拏雲之手段，回天之事功，挾山超海之意氣，能乎不能？

嗚呼！我中國其果老大矣乎？立乎今日以指疇昔，唐虞三代，若何之郅治；秦皇

少年中國說（節錄）

漢武，若何之雄傑；漢唐來之文學，若何之隆盛；康乾間之武功，若何之烜赫。歷史家所鋪敘，詞章家所謳歌，何一非我國民少年時代、良辰美景賞心樂事之陳跡哉！而今頹然老矣，昨日割五城，明日割十城，處處雀鼠盡，夜夜鷄犬驚。十八省之土地財產，已爲人懷中之肉；四百兆之父兄子弟，已爲人註籍之奴。豈所謂「老大嫁作商人婦」者耶？嗚呼！「憑君莫話當年事，憔悴韶光不忍看！」楚囚相對，岌岌顧影，人命危淺，朝不慮夕。國爲待死之國，一國之民爲待死之民，萬事付之奈何，一切憑人作弄，亦何足怪。

梁啓超曰：我中國其果老大矣乎？是今日全地球之一大問題也。如其老大也，則是中國爲過去之國，即地球上昔本有此國，而今漸漸滅，他日之命運殆將盡也。如其非老大也，則是中國爲未來之國，即地球上昔未現此國，而今漸發達，他日之前程且方長也。欲斷今日之中國爲老大耶，爲少年耶？則不可不先明國字之意義。夫國也者，何物也？有土地，有人民，以居於其土地之人民，而治其所居土地之事，自制法律而自守之；有主權，有服從，人人皆主權者，人人皆服從者，夫如是，斯謂之完全成立之國。地球上之有完全成立之國也，自百年以來也。完全成立者，壯年之事也。未能完全成立而漸進於完全成立者，少年之事也。故吾得一言以斷之曰：歐洲列邦在今日爲壯年國，而我中國在今日爲少年國……

龔自珍氏之集有詩一章，題曰：《能令公少年行》。吾嘗愛讀之，而有味乎其用意之所存。我國民而自謂其國之老也，斯果老大矣；我國民而自知其國之少年也，斯乃少年矣。西諺有之曰：「有三歲之翁，有百歲之童。」然則國之老少，又無定形，而實隨國民之心力以爲消長者也。吾見乎瑪志尼之能令國少年也，吾又見乎我國之官吏士民能令國老大也。吾爲此懼。夫以如此壯麗濃郁翩翩絕世之少年中國，而使歐西日本人謂我

少年中國說（節錄）

爲老大者，何也？則以握國權者，皆老朽之人也。非哦幾十年八股，非寫幾十年白摺，非當幾十年差，非捱幾十年俸，非遞幾十年手本，非唱幾十年喏，非磕幾十年頭，非請幾十年安，則必不能得一官，進一職。其內任卿貳以上，外任監司以上者，百人之中，其五官不備者，殆九十六七人也。非眼盲，則耳聾，非手顫，則足跛，否則半身不遂也。彼其一身，飲食、步履、視聽、言語，尚且不能自了，須三四人在左右扶之捉之，乃能度日，於此而乃欲責之以國事，是何異立無數木偶而使之治天下也！且彼輩者，自其少壯之時，既已不知亞細亞、歐羅巴爲何處地方，漢祖唐宗是那朝皇帝，猶嫌其頑鈍腐敗之未臻其極，又必搓磨之，陶冶之，待其腦髓已涸，血管已塞，氣息奄奄，與鬼爲鄰之時，然後將我二萬里山河，四萬萬人命，一舉而畀於其手。嗚呼！老大帝國，誠哉其老大也！而彼輩者，積其數十年之八股、白摺、當差、捱俸、手本、唱諾、磕頭、請安，千辛萬苦，千苦萬辛，乃始得此紅頂花翎之服色，中堂大人之名號，乃出其全副精神，竭其畢生力量，以保持之。如彼乞兒拾金一錠，雖轟雷盤旋其頂上，而兩手猶緊抱其荷包，他事非所顧也，非所知也，非所聞也。於此而告之以亡國也，瓜分也，彼烏從而聽之，烏從而信之。即使果亡矣，果分矣，而吾今年既七十矣，八十矣，但求其一兩年內，洋人不來，強盜不起，我已快活過了一世矣。若不得已，則割三頭兩省之土地，奉申賀敬，以換我幾個衙門；賣三幾百萬之人民作僕爲奴，以贖我一條老命，有何不可？有何難辦？嗚呼！今以所謂老后、老臣、老將、老吏者，其修身齊家治國平天下之手段，皆具於是矣。西風一夜催人老，凋盡朱顏白盡頭。使走無常當醫生，攜催命符以祝壽。嗟呼痛哉！以此爲國，是安得不老且死，且吾恐其未及歲而殤也。

梁啓超曰：造成今日之老大中國者，則中國老朽之冤業也，製出將來之少年中國者，則中國少年之責任也。彼老朽者何足道，彼與此世界作別之日不遠矣，而我少年乃

少年中國說（節錄）

新來與世界爲緣。如僦屋者然，彼明日將遷居他方，而我今日始入此室處。將遷居者，不愛護其窗櫳，不潔治其庭廡，俗人恆情，亦何足怪。若我少年者，前程浩浩，後顧茫茫，中國而爲牛爲馬爲奴爲隶，則烹臠箠鞭之慘酷，惟我少年當之；中國如稱霸宇內，主盟地球，則指揮顧盼之尊榮，惟我少年享之；於彼氣息奄奄與鬼爲鄰者何與焉？彼而漠然置之，猶可言也；我而漠然置之，不可言也。使舉國之少年而果爲少年也，則吾中國爲未來之國，其進步未可量也。使舉國之少年而亦爲老大也，則吾中國爲過去之國，其澌亡可翹足而待也。故今日之責任，不在他人，而全在我少年。少年智則國智，少年富則國富，少年强則國强，少年獨立則國獨立，少年自由則國自由，少年進步則國進步，少年勝於歐洲，則國勝於歐洲，少年雄於地球，則國雄於地球。紅日初升，其道大光。河出伏流，一瀉汪洋。潛龍騰淵，鱗爪飛揚。乳虎嘯谷，百獸震惶。鷹隼試翼，風塵吸張。奇花初胎，矞矞皇皇。干將發硎，有作其芒。天戴其蒼，地履其黄。縱有千古，横有八荒。前途似海，來日方長。美哉我少年中國，與天不老！壯哉我中國少年，與國無疆！

在中國近代資產階級文學運動中，梁啓超是理論變革的旗手，衝鋒陷陣的主將。特別是在「文界革命」領域裏，他所建立的業績是最大、最久的。梁啓超（一八七三——一九二九）字卓如，號任公，別署飲冰室主人、新民子、少年中國之少年、哀時客、憲民等，廣東新會人。他是清末舉人，康有爲的弟子，資產階級變法維新運動中的傑出宣傳家、活動家。變法失敗後，逃往日本，先後主編《清議報》、《新民叢報》、《新小說》等，鼓吹君主立憲，介紹西方文化，繼續指導資產階級文學運動。他在辛亥革命後回國，初任袁世凱政府司法總長，後來同蔡鍔一起組織反袁，一九一九年遊歷歐洲，返國後專力於著述、講學，直到去世。其著作後人編爲《飲冰室合集》。

少年中國說（節錄）

梁啓超一生寫作了大量散文，創造了新的文學語言，形成了新穎獨特的風格。在《清代學術概論》中，他曾對自己這方面的成就作過一段簡要的概括。他說：「至是自解放，務爲平易暢達，時雜以俚語、韻語及外國語法，縱筆所至不檢束。學者竟效之，號『新文體』；老輩則痛恨，詆爲『野狐』。然其文條理明晰，筆鋒常帶情感，對於讀者別有一種魔力焉。」事實確也如此。《少年中國說》這篇爲人傳誦的著名政論，可以說是他的新文體、新風格、新語言的突出代表。

新的思想內容決定了新的文體形式。《少年中國說》這篇政論，其鮮明的特點首先表現爲它的強烈批判性。此文以主要篇幅用於對中國這個「老大帝國」逐層進行解剖。其中心扣住一個「老」字。而在備述「老大帝國」的種種「老大」現象之後，特別去着力揭示當時那些手握「國權」的「老朽之人」的卑微的人格，空虛的靈魂，尸位護權的自私心理。他認爲，一個國家的「老」、「少」，主要表現在靈魂、精神的「老」、「少」，而國家精神的「老」「少」，又主要取決於「握國權者」其人如何。他說，西歐、日本之所以稱中國爲「老大帝國」，首先「則以握國者，皆老朽之人也」。而這些人本來就無德無能，「自其少壯之時」，就不知亞洲、歐洲爲何地，漢祖、唐宗爲何人，再加上封建倫理、官場傾軋的「搓磨」、「陶冶」、「腦髓已涸」，「血管已塞」，「氣息奄奄，與鬼爲鄰」。其肉體已非盲則聾，非跛則癱，「步履」須左右扶掖，「言語」更「不能自了」，而將「二萬里山河，四萬萬人命」，交於其手，國家精神怎能不老，民族氣血怎能不衰！更嚴重的是那些所謂「老后、老臣、老將、老吏」們，在極端自私心理的支配下幹出來種種坑害民族、貽誤國家的行爲。在中國古代散文作家中，很少有人以冷靜、客觀的心理分析見長，而梁啓超在這裏幾乎是借用了歐洲小說家描摹人物心理的手法，對那些手握國柄而又老朽不堪的人的心理狀態作了無情的解剖。他說這些人，「積數十年之八股、白摺、當差、捱俸、手本、唱喏、磕頭、請安、千辛萬苦」，才弄到「紅頂花翎」，「中堂名號」，自然要「出其全副精神」、「以保持之」。這些人，「既七十矣，八十矣」，「今日且過」，管它明日；「今年且過」，管它明年！爲自己能够「快活」地了結餘生，自然甘願「割三頭兩省之地」，「換我幾個衙門」；「賣三幾百萬人民」、「贖我一條老命」！「以此爲國，安得不老且死」！這眞是入木三分的精彩刻畫！梁啓超以「老」爲中心，對清帝國所作的系統批判，確實抓住了封建政體的痼疾。但是，他對於「少年中國」的本質、特點、精神、追求的描述卻是朦朧的、浮淺的，而把一切希望不加分析地寄託於中國新起的一代少年，也是片面的進化論觀點。他對於少年中國的未來，於字裏行間，雖然充滿了熾熱的情感，但他到底也沒能指出一條奔赴未來的可行之路。

《少年中國說》的另一特點是其形象的豐富性。形象性是中國古代政論文的優良傳統，在歷史上早就有賈誼《過秦論》那樣的傳誦千古的名篇。梁啓超的散文則把傳統散文創造出的意象體系，大大地擴展了、豐富了。其寫「老」則不僅用「夕照」，用「瘠牛」、用「秋柳」、用「隕石」，用潯陽江頭的琵琶婦，西宮南內的白髮女等等民族的、傳統的、爲人熟知的形象，作多側面的揭示，而且大量地運用了新時代、新生活、新知識、新事物提供的豐富形象。諸如「死海」、「金字塔」、「西伯利亞大鐵路」，拿破侖的流放，阿剌飛（或譯阿拉比帕沙）的幽囚，瑪志尼的革命等等，自然而然地把讀者的目光引向中華帝國之外的廣闊世界。讓人在不知不覺中領悟到要使古老的民族恢復青春，就必須以歐洲爲師。更值得讚賞的是，梁啓超使用豐富的形象，不僅圍繞着一個思想中心，而且在衆多的形象之中也是有主有從，突出了中心形象。這個中心形象就是手「握國權」的「老朽之人」。如果沒有這個中心形象，前面的形象雖然豐富，但難免雜亂，有了這個中心形象，前面豐富的形象就與之共同構成了有機的整體，集中地爲批判、揭露腐敗的清廷服務了。

「筆鋒常帶情感」是梁啓超「新文體」的又一特色。而他寫政論文，也往往以抒情之筆出之。《少年中國說》通篇就不是用冷靜的分析、嚴密的邏輯逐層論證，而似乎是順着情感的奔流，縱筆而成。一落筆，「欲言國之老少，請言人之老少」。就像久遭禁錮的情感的火山，突然爆發，一氣用了十個排句，將「老年人」與「少年人」的兩種生理狀況、心理特徵、精神狀態、思想方法，反覆地進行對比分析。開頭是兩個長句，長句中又包括幾個短句，分述相關相異的幾層意思，氣勢稍緩；但越往後，句式越短，節奏越快，奔騰直瀉，一發難收。開頭好像是火山的熔巖滾滾外溢，而往後則是短促的、猛烈的、勢不可擋的連續噴發了。以後的幾大段情感的節奏漸趨平緩，而情感的力度卻伴隨着論題的開展而加強、而深化了。最後以一段四言韻語作結，把情感再次推向高潮。但這不同於開頭那久遭禁錮後的情感爆發，而像江水出峽後的汪洋恣肆，其中充滿了對「少年中國」的未來的熱切追求，美好嚮往，讓人覺得天空海闊前程無量，文雖終而情未盡，悠遠綿長，耐人回味。

《少年中國說》文學語言上的獨創性，在梁啓超的散文作品中也很有代表性。就詞匯來說，這裏有「俚語」如「贖我一條老命」，「走無常當醫生」之類，有韻語如末段「紅日初升，其道大光。河出伏流，一瀉汪洋……」；有外國語法，如「夫國也者，何物也?有土地，有人民……」一段。這三者，細辨似有不同，但又共同構成一篇文章如有機整體，達到了水乳交融的境地。這不能不說是對中國傳統的文學語言的重大改革。中國傳統的文學語言在西漢以前基本上是口語型的，也就是說當時的書面語基本上是規範化的口語，「言」與「文」大體一致。兩漢以後，書面語脫離了口語，而逐漸變成一種人爲的文字型的文學語言了。它的極端形態就是駢儷文。唐宋古文運動使接近自然語勢的單行散體，恢復了在敍事、議論、寫景、抒情之文中的統治地位，但在公私文翰，科場應制等領域，依然爲駢體留下生存的空隙，而且也沒有從根本上解決「言」、「文」一致的問題。宋、元以後，白話文學雖然越來越興旺發達，但卻祇能佔領「不登大雅之堂」的小說、戲劇領域，而作爲文學正宗的「古文」的寫作，還是繼續排斥口語。待到梁啓超的「新文體」出世，古典散文中的千年禁地就被一舉攻克了。在他使用的散文語言中，不僅大量地吸取了口語的精華，而且還融進了外來詞語和外國語法。這無疑是對中國古代散文使用的詞彙系統進行了一次深刻的變革。而梁氏的文章之所以能够做到「平易暢達」，挾帶情感，對於讀者別有一種魔力，也正同他所創造的新的詞彙系統的表現力不可分割。這個新的詞彙系統，雖然還沒有實現「言」、「文」一致的歷史要求，還保持着舊有的文字型文學語言的基本形態，因而對文學創造使用的詞匯繫統進行的變革，還很不徹底;但是，在中國散文和中國文學語言演化更革的歷史上，它無疑是從文言文轉變爲白話文，從文字型文學語言復歸於口語型文學語言的過渡形態。它適應了歷史本身對文學語言變革提出的要求，所以難怪梁啓超的「新文體」一出現，學者競相倣效，而使「文界革命」成爲不可阻擋的歷史潮流了。由此可見，在中國近代歷史上，梁啓超不僅是傳播西方資產階級學術文化的卓越的宣傳家，而且是賦予新的資產階級思想以新的語言文字形式的傑出的文學家。這篇《少年中國說》，不妨作爲鼎中一臠，推薦給當代讀者去細細品味。（黃保真）

早梅疊韻

寧調元

姹紫嫣紅恥效顰，獨從末路見精神。溪山深處蒼崖下，數點開來不借春。

獨標粲粲高格，開在百花之先，任是溪山深處，不以無人不芳。寧調元筆下所描繪的，正是這樣一枝貞骨淩霜、高風跨俗的早梅。

梅花自古是芬芳、雅潔的象徵。有人愛它色彩的絢爛：「姑射仙人煉玉砂，丹光晴貫洞中霞；無端半夜東風起，化作江南第一花」（丁鶴年《紅梅》）；有人愛它清香馥郁：「我家洗硯池邊樹，朵朵花開淡墨痕；不要人誇顔色好，祇留清氣滿乾坤」（王冕《墨梅》）；有人愛它姿影橫斜：「山月縞中庭，幽人酒初醒；不是怯清寒，愁踏梅花影」（陸游《梅花絶句》），而寧調元這首詠梅詩卻從「早」字入手，含蓄蘊藉，寄託深遠，且讓我們細細品賞。

「姹紫嫣紅恥效顰」，首句起調突如其來，初讀之下，分不清是詩人對早梅的贊頌還是以梅花作爲第一人稱的獨白。姹是美麗的意思，嫣是美好的樣子，「姹紫」與「嫣紅」連在一起，這裏指春風豔陽下競相開放的百花，湯顯祖《牡丹亭・驚夢》：「原來姹紫嫣紅開遍，似這般都付與斷井頹垣。」效顰，源出《莊子・天運》篇：西施因有心病常常蹙眉，更顯得楚楚動人，醜女東施學西施蹙眉愈顯其醜，故里人都望而卻走。「姹紫嫣紅恥效顰」卽恥於像百花那樣互相效顰，這句說，在一派駘蕩的春光裏，衆芳鬥豔，蜂飛蝶舞，熙熙攘攘，十分繁盛，芬芳的色彩和熱鬧的場面令人羨慕，然而，這一切對於自標高格、冰清玉潔的梅花來說，卻是未足一顧的，在梅花的眼裏，那些盛開的百花不過是相互效顰罷了，梅花是恥於效顰的，它不願在春光裏和這些芸芸衆生爭先恐後地開成一堆，更不願降低格調，學着它的同類，帶着一臉脂粉氣混跡於充滿庸俗情趣的苑圃中。既恥於效顰，不與百花爲伍，獨標高格，卓然不羣，它就必須自持，獨守孤貞，不媚春陽，走與衆芳不同的道路。卽所謂「末路」。

「獨從末路見精神」，見者，顯現也。末路而見出精神，正是要在霜打雪欺之中呈一段高格、在寒凝大地之際發數朵春華。這裏「末路」有兩層意思：一是在開花時間上，二是在所處環境裏。從時間上看，早梅寒冬蓄蕊，臘月發花，開在嚴寒的冰窟。既不像柳葉的小船，載着百鳥的歌聲，遊弋在綠色的港灣，也不像百花開在熙和陽春，領受雨露的沐浴和東君的恩賜，可謂是「末路」。從所處環境看，寧調元筆下的梅花，不是開在綺春閣前，沉香亭畔，更不是開在桃花塢裏、牡丹園中，而是開在「溪山深處」。溪山盡處，千仞蒼崖，亦可謂「末路」了。

「溪山深處蒼崖下」一句作爲轉折，它不僅上承前面起、承兩句，爲「末路」作了補充和具體說明，而且還爲早梅安排了一個山水幽深、撲朔迷離的境界，爲讀者留下大量想象回旋的餘地——在幽峭冷寂的山澗水窮處，傍着蒼崖，一枝早梅搖曳着，迎着臘月的朔風綻開了。我們彷彿嗅到隔着遠水、透過林木送來的不絕如縷的幽香。同時聯想起姜夔的「梅花竹裏無人見，一夜吹香過石橋」（《除夜自石湖歸苕溪二首》）以及戴復古的「冰池照影何順月，雪岸聞香不見花」（《梅》），不過姜夔、戴復古重在寫梅花的幽姿和清芬，而寧調元則側重在揭示梅花孤高的品格，所不同之處在此。

溪山深處，千仞蒼崖之下，早梅花開。開了多少——「數點」。

「數點」，這兩個字下得妥貼而又精妙。唐僧齊己寫了一首《早梅》詩，請教當時著名的詩人鄭谷。鄭谷看了其中「前邨深雪裏，昨夜數枝開」後，以爲既寫早梅，數枝開已不算早，不如改「數枝開」爲「一枝開」，齊己大嘆服，後人遂稱之爲「一字師」。鄭谷言之不虛，風雪之中，老梅著花，總有一枝先開，先開者方爲早。「一枝開」不僅切《早梅》詩題，亦得三分風神柳韻。但是，如果寧調元也來一句「數枝開來不借春」或「一枝開來不借春」，則入了齊己詠早梅舊套，詩貴自創新意，自出機杼，故詩人巧妙地用了「數點」二字，其實，細心的讀者立刻就會發現，「數點開」與「一枝開」在意義上有某種內在的聯繫，齊己的「一枝開」很可能是一枝上的數點開，而寧調元的「數點」，則可能是開在一枝之上。這樣一來，既避免了雷同，又深得早梅旨意。

第四句「數點開來不借春」，「借」是憑借、依靠的意思，不願開在春風裏，當然是因爲恥於「效顰」，開而不憑借春風，更因爲有異於衆芳，自標高格的末路精神。「花倚春風不是梅」（方回《小至日書》），不借春風，我自能開，豈但能開，且以我之開引來浩蕩的春光，讓身後的姹紫嫣紅們來效顰吧！

從布局謀篇看，爲突出早梅的高格和「末路」精神，詩人捨去了梅花的其他諸如色彩、幽姿、清芬等特徵，集中筆墨極寫其「早」。古代詠梅詩中不乏寫早梅的，但大多以美人高士爲喻，以風雪黄昏興寄。有以枝頭白雪比擬點染的，如唐人張渭的《早梅》：「一樹寒梅白玉條，回臨村路傍溪橋。不知近水花先發，疑是經冬雪未消。」宋人王安石的《早梅》：「牆角數枝梅，淩寒獨自開。遙知不是雪，爲有暗香來。」有以高士美人爲喻的，如明人高啓的《梅花》：「雪滿山中高士臥，月明林下美人來。」黄山谷以爲林和靖的《梅花》：「雪後園林才半樹，水邊籬落忽横枝」不及「疏影横斜水清淺，暗香浮動月黄昏」清雋有味，陳衍在《宋詩精華錄》中卻以爲兩者不可比擬，「暗香」句寫盛開之梅，「雪後」一聯從「前邨深雪裏，昨夜一枝開」來，寫盡早梅精神，爲詠梅佳作。然而，無論是「雪未消」、「不是雪」，還是「雪滿山中」、「雪後園林」、「前邨深雪」，都是把梅花與風雪聯繫在一起，或以「風雪」襯托烘染，或借助於其他布景道具。而寧調元這首《早梅疊韻》卻既未涉及風雪，又未著「經冬」、「凌寒」等表明節氣直言其早的詞語，而用「不借春」三字

早梅疊韻

暗示。春天還沒有到，東風還沒有吹，數點寒梅已經在溪山深處的蒼崖之下昂揚抖擻地綻開了。這一開，衝風冒雪，開在春先。此句以宋人宋無的《墨梅》「枝頭兩三蕊，開不假東風」句變化而來，卻更凝煉，通篇更渾成，寄託也更深。把梅花開之早與人格化的秉性聯繫在一起，比起明寫「經冬」、「凌寒」來，則別有一番深遠的意蘊。

通觀全詩，如果把這首《早梅疊韻》中的梅花祇作尋常花草看，與一般的題詠等量齊觀，那就錯了。自然界的花花草草本無所謂感情和精神，「又送王孫去，萋萋滿別情」（白居易《古原草》），「草木有本心」，「自有歲寒心」（張九齡《感遇》），都是詩人主觀感情的表露和自我品格的歌頌。這首詩中獨從末路顯現的早梅精神，同樣是詩人自我品格和革命精神的體現。作爲晚清革命文學團體南社的骨幹和中堅，寧調元少年時代就懷有大志，以天下爲己任，很早就參加了中興會和同盟會，曾創辦《洞庭波》雜志，提倡民族民主革命，生性耿直，疾惡如仇，痛恨保皇黨人。據鄭逸梅《南社叢談》載：「洪醉出門，遇不相識的途人，瞋目對之曰：『你是不是梁啓超？』隨手以革囊擲其頭。萍醴之役，義師失敗，刻意治學，賦詩朗頌，幾忘其爲囚人。後出獄赴燕京主辦《帝國日報》，大言壯論，依舊無所顧慮」，討袁開始，他「電湘督譚延闓，勸其獨立。北廷得訊，密令名捕，他泰然不稍示怯」，不久在漢口被捕，就義於武昌抱冰堂，爲反對竊國大盜袁世凱的專制，爲中華民族的前途獻出了自己的生命。因此，詩人本身就是一枝在凍雲靉靆、萬花紛謝之際報春的早梅。「獨從末路」所顯示的孤貞高格，正是詩人對險惡政治環境的蔑視和人格的寫照。表達了詩人不屈不撓的鬥爭誓言和決心。

詩人運用類比想象，通過物性或精神屬性上的某些相似點，用生活形象暗示抒情形象，表達詩人的主觀感情，這就是所謂「託物寄興」。在這首詩中，詩人以梅自喻，隱身早梅形象之中。而與創作相反，由表及裏，抓住虛實關係，透過生活形象去開掘、發現詩歌中的抒情形象，領會詩人在詩中深藏的旨意，正是我們分析鑒賞這類詩歌所必須遵循的方法。

（曹旭）

寶刀歌

秋瑾

漢家宮闕斜陽裏，五千餘年古國死。一睡沉沉數百年，大家不識做奴恥。憶昔我祖名軒轅，發祥根據在崑崙；闢地黃河及長江，大刀霍霍定中原。痛哭梅山可奈何？帝城荊棘埋銅駝。幾番回首京華望，亡國悲歌涕淚多。北上聯軍八國衆，把我江山又贈送。白鬼西來作警鐘，漢人驚破奴才夢。主人贈我金錯刀，我今得此心雄豪。赤鐵主義當今日，百萬頭顱等一毛。沐日浴月百寶光，輕生七尺何昂藏？誓將死裏求生路，世界和平賴武裝。不觀荊軻作秦客，圖窮匕首見盈尺。殿前一擊雖不中，已奪專制魔王魄。我欲隻手援祖國，奴種流傳遍禹域。心死人人奈爾何？援筆作此《寶刀歌》。寶刀之歌壯肝膽，死國靈魂喚起多。寶刀俠骨誰與儔？平生了了舊恩仇。莫嫌尺鐵非英物，救國奇功賴爾收。願從茲以天地爲爐、陰陽爲炭兮，鐵聚六洲；鑄造出千柄萬柄寶刀兮，澄清神州。上繼我祖黃帝赫赫之威名兮，一洗數千數百年國史之奇羞！

《寶刀歌》是近代傑出的女革命家和女詩人秋瑾的名作之一。一九〇四年，秋瑾爲了尋求救國的道路，毅然忍痛與剛滿七周歲的兒子和尚在襁褓的女兒作別，隻身東渡日本留學。從詩中「幾番回首京華望」看，這首詩大約寫於一九〇四年（光緒三十年）夏曆五月秋瑾離開北京赴日時。

寶刀歌

《寶刀歌》通過歌頌寶刀抒發她的愛國激情和革命思想。同一主題的詩篇，在她的作品中尚有《劍歌》、《寶劍歌》和《紅毛刀歌》。這幾首歌行體的長詩寫得雄麗悲壯，聲情並茂，「有上下千古、慷慨悲歌之致」（吳芝瑛：《記秋女俠遺事》），是秋瑾詩歌中富有代表性和個性色彩的華章。它們不僅具有豐富的思想意義，而且也有相當高的審美價值。《寶刀歌》就是其中最膾炙人口的一篇。

「漢家宮闕斜陽裏，五千餘年古國死。一睡沉沉數百年，大家不識做奴恥。」詩一開頭，作者便以深邃的目光和痛苦的思索，把人們引向一個廣闊的歷史空間，詩人站在歷史批判家的高度嚴肅地審視着祖國五千年的歷史。五千年的文明古國（漢族的天下）已經危亡，人們尚沉睡在黑暗之中，不知做奴隸的恥辱。「憶昔」數句，通過歷史的回顧，詩人希圖以漢族祖先開發中原的業績，喚起人們的民族意識和愛國情感的覺醒，鼓舞人們投身拯救祖國危亡的戰鬥行列。

鴉片戰爭後，帝國主義的魔爪伸入中國的領土，他們到處橫行霸道，燒殺淫掠，無所不爲，中國人民呻吟在帝國主義和封建主義的雙重壓迫之下，過着牛馬不如的奴隸生活。秋瑾在詩中寫道：「幾番回首京華望，亡國悲歌涕淚多。北上聯軍八國衆，把我江山又贈送。」這幾句詩沉痛地概括反映了近代中國，特別是一九〇〇年庚子事變以來中國被列強瓜分的歷史。清王朝的封建統治者在「寧贈友邦，毋與家奴」的賣國思想指導下，對外國侵略者採取妥協投降的政策，把中國大好河山拱手讓給帝國主義。面對祖國危亡的現實，我們的女詩人，一方面大聲疾呼：「瓜分慘禍依眉睫」（《感時》），「豆剖瓜分，都爲吾故土」（《如此江山·蕭齋謝女吟愁賦》）；另一方面，又以憤慨昂揚的調子，飽滿的戰鬥激情，號召人民起來戰鬥。「赤鐵主義當今日，百萬頭顱等一毛。……誓將死裏求生路，世界和平賴武裝。」在祇有強權而無公理的帝國主義對外擴張的時代，祇有依靠「寶刀」（武裝）才能救中國，祇有拿起武器與帝國主義及其走狗清王朝進行戰鬥，才能拯救祖國危亡，這是中國人民從被人欺侮的苦難中總結出來的歷史經驗。秋瑾在當時還沒有東渡留學，也沒有參加光復會和同盟會，還不是一個資產階級民主主義革命家，但已能認識到這一點，是十分可貴的。詩人如此的卓識遠見，反映了其作爲中國婦女的一位先覺者所具有的思想高度。我們可以參照她在同類題材的詩作中所表達

寶刀歌

的政治見解進行分析，如「世無平權衹強權，……公理不恃恃赤鐵」（《寶劍歌》）；「紅毛紅毛爾休驕，爾器誠利吾寧拋。自強在人不在器，區區一刀爲足豪。」（《紅毛刀歌》）可以看出詩人一方面認識到武器的重要，另方面又領悟到決定歷史命運的是活的人而不是死的鐵。這些閃光的思想，出自本世紀初的一位女子，着實令人敬佩。

無可諱言，這首詩中也表現了作者的一些思想弱點，如種族主義和個人英雄主義情緒。「我欲隻手援祖國，奴種流傳遍禹域。心死人人奈爾何？」輕視人民羣衆的力量，是資產階級革命家共同的思想弱點。如果說，秋瑾思想中所迸發的閃光的火花是時代的智慧；而她思想中的弱點，也反映了那個時代的局限。這是要從歷史條件加以說明，使人理解，不可以苛求於前人的。

《寶刀歌》通過對寶刀的讚頌，旨在寄託詩人的壯懷。在這首詩中，讚美武器和抒發革命情懷融而爲一，更顯現出詩人精神面貌的風發飛揚，其英雄氣概，躍然紙上：「沐日浴月百寶光，輕生七尺何昂藏？」「寶刀之歌壯肝膽，死國靈魂喚起多。寶刀俠骨孰與儔？平生了了舊恩仇。莫嫌尺鐵非英物，救國奇功賴爾收。」詩是詠寶刀，也是寫人，而在對寶刀的讚美中，我們看到了詩人竭忠報國的革命熱情和大無畏的戰鬥精神。詩中抒情主人公的光輝形象，通過讚頌寶刀也得到了完美的藝術體現。

南社女詩人徐蘊華（字小淑，號雙韻，浙江崇德人）贈其師《送璿卿先生》云：「隱娘俠氣原仙客，良玉英風豈女兒？」這兩句詩不僅道出了秋瑾平生的儀采，而且也可以說明其詩歌的藝術風格。她的詩歌剛健遒勁、渾雄豪放，具有濃鬱的浪漫主義特色。《寶刀歌》正是這種風格的代表作。詩中那種獻身祖國的愛國激情和她對革命理想的熱烈追求，正是她作品中浪漫主義的靈魂；而詩中那種磅礴的氣勢，高昂悲壯的調子，華美宏麗的詞藻，又是這種風格的藝術體現。請看這首詩的結尾：「願從茲以天地爲爐、陰陽爲炭兮，鐵聚六洲；鑄造出千柄萬柄寶刀兮，澄清神州。上繼我祖黃帝赫赫之威名兮，一洗數千數百年國史之奇羞。」詩人正是通過這種浪漫主義的表現手法，抒發了她準備造就人才、組織革命力量，推翻清王朝的強烈的革命願望。氣勢之雄偉，魄力之博大，簡直很難令人相信是出自一個女子的手筆。

《寶刀歌》在藝術表現上也是豐富多彩的。詩中有對歷史的回顧，也有對現實的描寫。在寫實刀時，有敍事，有議論，也有抒情，中間還插入了歷史典故：「不觀荆軻作秦客，圖窮匕首見盈尺。殿前一擊雖不中，已奪專制魔王魄。」這是戰國時著名刺客荆軻的故事，事見《史記·刺客列傳》。作者在詩中寫入這一歷史故事，不僅突出了抒情主人公豪俠的性格和她準備獻身革命的堅強意志，而且也強化了全詩的革命色彩。

秋瑾的長篇名作大多是七古，她的七古奔騰澎湃，一瀉千里，汪洋恣肆，波瀾壯闊，隨着激情的波濤，句式多變化，像這首《寶刀歌》，其結尾部分，在七言中雜有四言、五言，以至八言、十言、十二言的長句，讀起來跌宕回旋，有一種起伏錯落的節奏感，並表現了一種自由化的傾向，接近「五四」初期新詩的形式。

由此可以看出，秋瑾不僅重視詩的內容，而且繼承了「詩界革命」正確的方向，在詩歌形式方面也表現出可貴的探索精神。

（郭延禮）

黃海舟中日人索句并見日俄戰爭地圖

秋　瑾

萬里乘風去復來，隻身東海挾春雷。忍看圖畫移顏色，肯使江山付劫灰！
濁酒不銷憂國淚，救時應仗出羣才。拚將十萬頭顱血，須把乾坤力挽回。

甲午戰爭、庚子賠款以後，秋瑾「目睹帝國主義在中國的猖獗橫行，清朝政府的昏庸腐敗，憂憤填膺，

黄海舟中日人索句并見日俄戰爭地圖

決然以救國爲己任」（王時擇《回憶秋瑾》）。然而，她苦於自己「空負時局憂，無策驅胡虜……其奈勢力孤，羣才不爲助」（《泛東海歌》），於是決心到當時革命志士聚集的日本留學。「海外覓知音」（《鷓鴣天》），「冀得壯士輔」（《泛東海歌》），「熱心喚起百花魂」（《有懷》），以「澄清神州」（《寶刀歌》）。從這一階段她寫的詩詞可以看出：秋瑾女士一九〇四年、一九〇五年兩次東渡日本，是爲了聯繫愛國的志士仁人，共求拯救祖國的眞理，共圖婦女解放之大業。

《黄海舟中日人索句並見日俄戰爭地圖》作於一九〇五年六月十五日第二次東渡日本途中。（據敬鶯《女革命家秋瑾年譜簡編》）

首聯：「萬里乘風去復來，隻身東海挾春雷。」「乘風」，即乘風而行的意思。典出《列子·黄帝篇》：「（列子）乘風而歸」，兼用《宋史·宗慤傳》：宗慤「願乘長風破萬里浪」之典。「去復來」，指第二次東渡。「春雷」，春雷驚羣蟄之意（見《禮記·月令》），此處借指振聾發聵的革命道理。這兩句，以「萬里」之路遙，反襯「隻身」之孤勇。「漫云女子不英雄，萬里乘風獨向東」（《日人石井君索和即用原韻》）可以印證。此聯寫出了秋瑾「釵環典質」，「骨肉分離」赴日留學時，胸懷祖國獨立、婦女解放之革命理想。

頷聯「忍看圖畫移顏色，肯使江山付劫灰」是一工對。「忍看」、「肯使」是「怎忍看」、「豈肯使」的省語。「移顏色」，即中國地圖改變顏色，指中國領土爲列強佔據；「付劫灰」，佛教所謂「劫火」之餘灰。此處指被兵火毁壞後的殘跡。一九〇二年二月，日本和沙皇俄國爲了重新瓜分中國東北和朝鮮，以東北爲主戰場開戰。腐敗反動的清政府竟無恥地宣布「中立」，喪權辱國。秋瑾這次東渡途中，有人指給她看日俄戰爭海戰的地方，在此之前，她又見到了日俄戰爭地圖。此時，她彷彿看到了自己的故土被「豆剖瓜分」（《如此江山》），祖國的大好河山被戰火燒爲灰燼，骨肉同胞遭受塗炭。於是，她以怒不可遏的反詰句式寫出這兩句詩，表現了她反帝愛國的強烈義憤和責無旁貸的使命感。

頸聯「濁酒不銷憂國淚，救時應仗出羣才」是一寬對。秋瑾性格豪俠、剛烈，素善飲酒。然而，這「愁恨感千端」（《昭君怨》）的憂國憂民之淚，是無法用濁酒來消除的。挽救祖國靠什麽？靠誰呢？衹有靠「前

黄海舟中日人索句并見日俄戰爭地圖

仆後繼」的奮鬥，靠出類拔萃的革命人才！

此時的秋瑾，已改組了「共愛會」，重新創立了以「結二萬萬女子之團體」爲目的的「實行共愛會」，先後參加了「三合會」、「光復會」，結識了衆多的反帝愛國的革命者，一掃過去「走遍天涯知者稀」（《劍歌》）的孤獨感，而豪情滿懷，鬥志昂揚。

尾聯：「拚將十萬頭顱血，須把乾坤力挽回。」這兩個警語式的詩句，以堅強的決心和堅定的信念，表現了詩人不惜拋頭顱灑熱血、衆志成城、力挽狂瀾的大無畏精神和胸中自有雄兵百萬的領袖氣概。

偉大的愛國主義女詩人秋瑾的這首七律，詩句明朗，格調高昂，雄健豪放，成功地表現了這位女革命家沸騰的反帝反封建的愛國熱忱和視死如歸的自我犧牲精神。這首詩，與《寶刀歌》一樣，堪稱秋詩的代表作。

秋瑾於一九〇七年六月初六（農曆），因組織武裝暴動失敗，慷慨就義於紹興城内古軒亭口，年僅三十一歲。她以捨身救國的壯烈行爲，譜寫了一首更爲悲天慟地、催人奮進的光輝詩篇。孫中山先生譽她爲「巾幗英雄」。

秋瑾女士曾經説過：「要求男女平權，首先要做到男女平等的義務。」她一生以救國爲己任，身體力行，始終把婦女解放事業與反帝反封建的偉大鬥爭緊密結合，她不但是舊民主主義革命的先驅者，也是近代婦女解放運動的先驅者，如果説，魯迅的遺體，覆蓋上「民族魂」的旗幟是當之無愧的話，那麽，在秋瑾的漢白玉大理石雕像上，應該高懸「中華婦女之魂」的旌旗。

（李怡荃）

滿江紅

秋瑾

小住京華，早又是、中秋佳節。爲籬下黃花開遍，秋容如拭。四面歌殘終破楚，八年風味徒思浙。苦將儂強派作蛾眉，殊未屑！　身不得，男兒列，心卻比，男兒烈。算平生肝膽，因人常熱。俗子胸襟誰識我？英雄末路當磨折。莽紅塵何處覓知音？青衫濕！

這首詞作於光緒二十九年（一九〇三）中秋節居京時。上距中日甲午戰爭約八年，距八國聯軍佔領北京不到二年。兩次喪師辱國，賠款割地，使秋瑾義憤塡膺，報國之心更趨強烈。「値庚子變亂，時事益亟。君居京師，見之，獨慨然太息曰：『人生處世，當匡濟艱危，以吐抱負，寧能米鹽瑣屑終其身乎？』」（徐自華《鑒湖女俠秋君墓表》）但她生活在一個頑固守舊的封建家庭中，丈夫王子芳，字廷鈞，是一個思想腐朽、品質惡劣的紈袴子弟。對他，秋瑾曾斥之曰：「無信義、無情誼、嫖賭、虛言、損人利己、凌侮親戚、夜郎自大、銅臭紈袴之惡習醜態」（秋瑾《致秋譽章書》其五），「子芳之人，行爲禽獸之不若，人之無良，莫此爲甚！」（《致秋譽章書》其三）他施酷虐於秋瑾，「其居心直欲置妹於死地也」（《致秋譽章書》其四）。一九〇三年中秋，也即秋瑾作此詞的那天，兩人發生第一次衝突。據徐自華《爐邊瑣記》載：王子芳原說好要在家宴客，囑秋瑾準備。但到傍晚，就被人拉去逛窰子、吃花酒去了。秋瑾收拾了酒菜，也想出去散心，就第一次着男裝偕小廝去戲園看戲，不料被王發覺，歸來動手打了秋瑾。她一怒之下，就出走阜外，在泰順客棧住下。這件事，秋瑾在給她哥哥秋譽章的信中也提到：「後妹出居泰順棧，則又使其僕婦甘辭誘回」（《致秋譽章書》其五）《滿江紅·小住京華》極有可能是在上述情況下寫成的。詞中流露的對家庭環境的不滿和對女子的讚揚當與此有關。

開頭「小住京華，早又是中秋佳節。爲籬下黃花開遍，秋容如拭」，點明作詞的時間，兼寫秋景。「小住」，是說作者到京不久。按郭延禮《秋瑾年譜》的說法，秋瑾是五月末隨夫到京的，至中秋，衹有四個月左右。「早」，猶本，已。前二句是說，在京居住沒多久，中秋佳節又已來到。「爲」，使。「黃花」，菊花。菊花秋開，秋令在金，故以黃色爲正，因稱黃花。李白《二十九日龍山歌》：「九日龍山歌，黃花笑逐臣。」「拭」，擦抹。後兩句是說，籬笆下到處是盛開的菊花，秋容爲之一新，好像用什麼東西擦過一樣。這裏寫了秋景的美。在這美好的日子裏，作者的心情該是如何呢？下四句「四面歌殘終破楚，八年風味徒思浙。苦將儂強派作蛾眉，殊未屑」，就寫出了她當時的心情。看來，作者無心賞悅這眼前的景色，而倒是由此引發出許多與社會、與人生有關的感觸。這裏用了四面楚歌的典故，旨在描繪險惡的形勢或環境，暗喻列強正在步步進逼，中國前途岌岌可危，而這，正是作者日夜所憂慮的。「八年」，秋瑾於一八九六年結婚，至作此詞時恰爲八年。「風味徒思浙」，徒然地思念故鄉浙江的風味。「四面歌殘終破楚，八年風味徒思浙」，是說在極端艱苦的環境中，我徒然地思念著那久別的故鄉。「徒」字含有失望之意，似由望鄉不見所引起，然細想之，似與室家之累不無關係。秋瑾的婚姻生活，充滿着不幸和痛苦，甚至有與王子芳離婚之意。（見《致秋譽章書》其五）這種痛苦的生活經歷也許是促使她在中秋佳節裏懷念故鄉的一個因素，是她之所以感到失望的一個原因。於是，她的筆觸自然地落到作不作女子這一點上：「苦將儂強派作蛾眉，殊未屑！」「儂」，現代吳語爲第二人稱「你」，但古代是第一人稱「我」。兩句是說，老天苦苦地硬把我派作受人擺弄、任人欺負的女子，實在不甘心。這裏，並不是輕視婦女，而是欲爲婦女爭氣。

上闋由秋景寫到憂國、懷鄉之情，進而寫自己不屑於做以色事人的婦女。下闋則就上闋末尾一句加以引申。寫出自己的襟懷和志向。

「身不得，男兒列，心卻比，男兒烈」，緊承上句，意謂：老天強派我作女子，我自不得入男兒之列。但我身爲女子，卻有一顆比男兒更剛烈的心！類似的意思常見於她的詩文中，如：「漆室空懷憂國恨，難將巾幗易兒鍪」（《杞人憂》），「江南江北愁如許，誰把蛾眉詳細描」（《春柳》四章），「聞道才華衆不如，蛾眉飽讀五車書」（《題瀟湘館二集》）。她還勉勵女界志士：「女兒花發文明好，奴隸根除舊習差」（《贈小淑三疊韻》），「時局如斯危已甚，閨裝願爾換吳鈎」（《柬徐奇塵》），「余日頂香拜祝女子之脱奴隸之範圍，作自由舞臺之女傑、女英雄、女豪傑，其速繼羅蘭、馬尼他、蘇菲亞、批茶、如安而興起焉。余願嘔心滴血以拜求之，祈二萬萬女同胞無負此國民責任也。速振！速振！女界其速振！」（《精衛石·序》）這位女中豪傑，的確壓倒了無數鬚眉。接着的「算平生肝膽，因人常熱」，是上四句的延伸或補充。「因人常熱」，不是爲自己，而是爲別人屢熱。然而，她那女俠的心腸，竟使人難以理解：「俗子胸襟誰識我？英雄末路當磨折。」英雄既不同於凡人，亦難爲凡人所理解，所以總要經歷坎坷曲折，乃至窮途末路。這似乎是英雄注定的命運。末二句：「莽紅塵何處覓知音，青衫濕！」「莽」，廣大貌，「紅塵」，人世間。在廣大的人世間，知音難遇，徒然傷悲而已。這時候的秋瑾正在積極地探索革命的道路，急於尋找志同道合者，可是常因知音難覓而痛苦。一九〇三年，她在《致琴文書》中表達了這種想法：「瑾生不逢時，性難諧俗，身無傲骨，而苦乏媚容，於時世而行古道，處冷地而舉熱腸，必知音之難遇，更同調而無人。」「惟知音渺鍾，未免每興感慨。」同年，她在《偶有所感用魚玄機光威裒三女子韻》中云：「不逢同調嗟何益，得遇知音死亦時。」後來秋瑾終於找到了知音。一九〇四年，她去日本，參加了興中會的外國組織——「三合會」，並由她重組爲響應「拒俄義勇隊」而建立的「共愛會」組織。一九〇五年初歸國省親，六月在上海加入光復會，旋又去日，七月正式加入同盟會。在這前後，接觸了許多志士仁人，無疑，他們就是秋瑾的知音了。

這首詞寫得爽朗豪邁，頗多陽剛之氣，顯示了作者的勃勃雄心和激烈壯懷，基調高昂、樂觀。在寫法上，以抒情爲主，直抒胸臆，略無窒礙。由於運用了對比手法，如將女子和男兒比較，俗子和英雄比較，加以寫了具體的形象，如黃花、肝膽、紅塵、青衫等，使此詞收到了強烈的藝術效果。一些選本和文學史著作，將此詞作爲秋瑾的代表作，乃是非常合適的。

（尹龍元）

淀江道中口占

淀江道中口占

蘇曼殊

孤村隱隱起微煙，處處秧歌競插田。羸馬未須愁遠道，桃花紅欲上吟鞭。

近代詩僧蘇曼殊大師（一八八四——一九一八）以天縱之才發爲小詩，其言情敍事，往往淒咽欲絕；悵觸世態，也每成獨詣，這與其身世畸零不無關係。曼殊上人是他父親與一日本女子的私生兒，其生母河合若子在他出生三個月後即離去，由義母河合仙撫育至六歲，以後隨嫡母歸國。在封建制度的重壓下，曼殊得不到社會的承認，得不到家庭的溫暖。幼年的不幸，使他的心靈受到創傷，他一生憂憤怪癖也大都源於此。

河合仙是一位善良的日本婦女，在曼殊六歲前，她給了詩人充分的母愛，詩人也祇有在這位慈母面前，心理才能得到平衡。這首題爲「淀江道中口占」的七言絕句就是詩人第四次東渡扶桑，往省義母的途中所作。從詩中，我們可以看出詩人即將與養母見面的歡快心情，正是這種歡快心情使詩人更深切地感到了大自然的美。

漫步在原野上的詩人，遙望着一個小小的、籠罩在嵐光中的村莊，聆聽着四野鄉民農忙插秧時歡快的歌聲。面對這令人心曠神怡的春耕圖景，詩人不再爲自己連日的疲頓和路途的漫長而愁煩，因爲那嬌豔欲滴的桃花盛開在他的眼前，花香瀰漫在他的四周，纏繞着他的思緒。在歌聲和鮮花中，詩人吟出了他的詩句，詩句樸素如話，卻天然美妙，它使讀者像作者一樣感到了春天的活力，感到了生活的美好。詩的前兩句勾勒出了一幅美麗的田野圖畫。第三句中的「羸馬」解作瘦弱的馬，指詩人的坐騎，與後一句中的「吟鞭」相呼應，在這首詩裏，「羸馬」也可以理解作詩人的自況，這樣，詩人自己也走進了詩裏。末一句「欲」「上」二字生動地表現出那一片充滿詩人視野，進入他詩境的爛漫花色和明媚的春光。

這首小詩是曼殊即將見到慈母前愉悅心情的流露，也是詩人一生少有的和諧歡快之作。（馮統一）

孤憤

柳亞子

孤憤真防決地維，忍擡醒眼看羣屍。美新已見揚雄頌，勸進還傳阮籍詞。
豈有沐猴能作帝，居然腐鼠亦乘時。宵來忽作亡秦夢，北伐聲中起誓師。

這首詩以「孤憤」名篇。「孤憤」一詞出自《韓非子》一章的篇名。其意指正直、有才能的人不爲世所容，不爲人所理解的悲憤之情。柳亞子這裏借用「孤憤」表達他對袁世凱陰謀稱帝的強烈憤慨，這個「憤」雖也稱之爲「孤憤」，其內涵卻已遠非是他個人的一己之憤，更抒發了全中國全民族之憤。這種爲國爲民而發的孤憤之情，奠定了全詩的基調。

詩以「孤憤」名篇，也以「孤憤」開篇：「孤憤眞防決地維。」劈頭一句，眞如泰山壓頂，字字千鈞，把詩人對袁世凱妄圖稱帝的極端憤怒，寫得酣暢淋漓。人們向以「怒髮衝冠」形容人的憤怒達到極點。怒髮

孤憤

衝冠，確實已經够誇張、够富於表現力的了。然而，柳亞子的孤憤之情卻遠遠不是用「衝冠」所可比擬的，而如同火山奔突，不，還勝似火山奔突，具有一種排江倒海、震撼寰宇的力量。地維，指的是天的四極。古人認爲，地是方的，在東西南北的四邊有四個大柱子支撐着天，以防天坍落。《列子・湯問》載：「共工氏與顓頊爭爲帝，怒而觸不周之山，折天柱，絕地維。」詩人則借共工「折天柱，絕地維」的神話故事，表現自己的孤憤之情已達到衝破天地的地步。這裏的「決」字，準確、傳神地寫出了詩人心中那種衝天的怒氣，而且把這種抽象之情寫得具體可感，好像是長江大河一般，能够衝毀一切。這七個字，確實有很強的感染力，它以極端的誇張、衝天的氣勢，充分地表現了詩人的孤憤之情。

與詩人這種憤怒之心形成鮮明對照的，是那些「羣屍」的醜惡行徑。自從一九一五年八月，袁世凱的美國顧問古德諾在《亞細亞日報》上發表《共和與君主論》，鼓吹在中國實行君主制度，接着，就有胡瑛、孫毓筠、楊度、劉師培、嚴復、李燮和等社會名流組織起「籌安會」，發表宣言，擁護袁世凱當皇帝。這些名流的倒行逆施，更加激怒了詩人：「忍擡醒眼看羣屍。」一個「忍」，一個「醒」，一個「看」，寫得何等憤慨，又何等沉重。這裏有衆人皆醉我獨醒的悲慨，有義憤填膺的怒火，有不能不正視敵人而戰鬥的意志，也有看你還能折騰幾時的冷眼。從這些名流的行徑中，詩人聯想到中國歷史上曾演過的那一幕幕「勸進」的醜劇。接下去，詩人連用二典，對袁世凱及其擁護者加以辛辣的嘲諷，猛烈的抨擊：「美新已見揚雄頌，勸進還傳阮籍詞。」西漢末年，王莽篡位，國號「新」，揚雄上書「劇秦美新」，表示批評秦政，讚美「新朝」，以取悅王莽。其文倣司馬相如《封禪文》。勸進，指魏末司馬昭自爲相國，不久封晉公，加九錫，假裝推辭不受，公卿承意勸進。其辭爲阮籍所草擬。今天，袁世凱等人的行徑不正是歷史醜劇的重演嗎？這幾句，看起來筆力用得很輕，好像是漫不經意寫出的，但這卻是一種舉重若輕的筆法。仔細體味，就會感到它實際上是以近似奚落、挖苦的口吻，傳達了詩人對袁世凱之流的極端輕蔑、極端憎惡之情。

然而，畢竟時代前進了，今天的社會已不再是西漢、魏末之年，歷史的車輪又豈是任何人可以隨心所欲地推向倒轉！詩人憤怒之餘，更以辛辣、尖刻的筆觸嘲弄道：「豈有沐猴能作帝，居然腐鼠亦乘時。」在詩人看來，袁世凱圖謀稱帝，實在猶如「沐猴而冠」的小丑，儘管他自己感到十分光彩，十分得意，而在「醒眼」人眼裏，這實在又滑稽、又荒唐。至於那些擁護袁世凱稱帝、趨炎附勢的社會名流，則不過是一羣「腐鼠」而已。「腐鼠」典出自《莊子·秋水篇》。惠子在梁國作相，莊子去梁國見他，惠子以爲莊子想把自己取而代之，立刻派人搜了三天三夜。莊子得知此事，見到惠子，對他說：南方有一種鵷雛鳥，從南海飛到北海，不是梧桐不停，不是練實不吃，不是醴泉不飲。鴟得到一隻腐鼠，仰頭見到鵷雛，以爲它要奪腐鼠，便「嚇」了它一聲。你現在想拿你的梁國來嚇我嗎？詩人這裏以等而下之的腐鼠來比喻那些社會名流，真是極盡諷刺之能事，說明他們是如何地下賤，如何地無恥。這兩句不僅「沐猴」、「腐鼠」兩個比喻用得形象、辛辣，入木三分，而且兩個副詞「豈有」、「居然」也用得十分醒目，十分富於感情色彩。由於有了這麼兩個副詞，大大加重了詩中所要表露的對「沐猴」、「腐鼠」的鄙夷之情，同時還透露了詩人對竊國大盜的陰謀終將破產的堅定信念。

當然，詩人也深知，批判的武器代替不了武器的批判。所以，最後詩人以「宵來忽作亡秦夢，北伐聲中起誓師」作結，充分表現了他對北伐聲中，必能亡秦的信念。亡秦，指打倒袁世凱。應該說，這最後兩句才是全詩的高潮。它不僅寫出了詩人一己的信心和願望，更寫出了全中國人民的信心和願望。讀着這樣沉着有力的詩句，我們是不難想見袁世凱之流的覆滅和北伐的勝利的。這也正是《孤憤》一詩所要表現的主旨。（徐匋）

老殘游記・白妞説書

白妞說書

劉鶚

話說老殘在漁船上被衆人砸得沉下海去，自知萬無生理，衹好閉着眼睛，聽他怎樣。覺得身體如落葉一般，飄飄蕩蕩，頃刻工夫沉了底了。衹聽耳邊有人叫道：「先生，起來罷！先生，起來罷！天已黑了，飯廳上飯已擺好多時了。」老殘慌忙睜開眼睛，楞了一楞，道：「呀！原來是一夢！」

自從那日起，又過了幾天，老殘向管事的道：「現在天氣漸寒，貴居停的病也不會再發，明年如有委用之處，再來効勞。目下鄙人要往濟南府去看看大明湖的風景。」管事的再三挽留不住，衹好當晚設酒餞行，封了一千兩銀子奉給老殘，算是醫生的酬勞。老殘略道一聲「謝謝」，也就收入箱籠，告辭動身上車去了。一路秋山紅葉，老圃黃花，頗不寂寞。到了濟南府，進得城來，家家泉水，戶戶垂楊，比那江南風景，覺得更爲有趣。到了小布政司街，覓了一家客店，名叫高陞店，將行李卸下，開發了車價酒錢，胡亂吃點晚飯，也就睡了。

次日清晨起來，吃點兒點心，便搖着串鈴滿街踅了一趟，虛應一應故事。午後便步行至鵲華橋邊，雇了一隻小船，盪起雙槳。朝北不遠，便到歷下亭前。下船進去，入了大門，便是一個亭子，油漆已大半剝蝕。亭子上懸了一副對聯，寫的是「歷下此亭古，濟南名士多」，上寫着「杜工部句」，下寫着「道州何紹基書」。亭子旁邊雖有幾間羣房，也沒有什麼意思。復行下船，向西盪去，不甚遠，又到了鐵公祠畔。你道鐵公是誰？就是明初與燕王爲難的那個鐵鉉。後人敬他的忠義，所以至今春秋時節，士人尚不斷的來此進香。

到了鐵公祠前，朝南一望，祇見對面千佛山上，梵宇僧樓，與那蒼松翠柏，高下相間，紅的火紅，白的雪白，青的靛青，綠的碧綠，更有那一株半株的丹楓夾在裏面，彷佛宋人趙千里的一幅大畫，做了一架數十里長的屏風。正在歎賞不絕，忽聽一聲漁唱。低頭看去，誰知那明湖業已澄淨的同鏡子一般。那千佛山的倒影映在湖裏，顯得明明白白。那樓臺樹木，格外光彩，覺得比上頭的一個千佛山還要好看，還要清楚。這湖的南岸，上去便是街市，卻有一層蘆葦，密密遮住。現在正是着花的時候，一片白花映着帶水氣的斜陽，好似一條粉紅絨毯，做了上下兩個山的墊子，實在奇絕。

老殘心裏想道：「如此佳景，爲何沒有什麼遊人？」看了一會兒，回轉身來，看那大門裏面楹柱上有副對聯，寫的是「四面荷花三面柳，一城山色半城湖」，暗暗點頭道：「真正不錯！」進了大門，正面便是鐵公享堂，朝東便是一個荷池。繞着曲折的迴廊，到了荷池東面，就是個圓門。圓門東邊有三間舊房，有個破匾，上題「古水仙祠」四個字。祠前一副破舊對聯，寫的是「一盞寒泉薦秋菊，三更畫船穿藕花」。過了水仙祠，仍舊上了船，盪到歷下亭的後面。兩邊荷葉荷花將船夾住，那荷葉初枯，擦的船嗤嗤價響；那水鳥被人驚起，格格價飛；那已老的蓮蓬，不斷的繃到船窗裏面來。老殘隨手摘了幾個蓮蓬，一面吃着，一面船已到了鵲花橋畔了。

到了鵲花橋，才覺得人煙稠密，也有挑擔子的，也有推小車子的，也有坐二人擡小藍呢轎子的。轎子後面，一個跟班的戴個紅纓帽子，膀子底下夾個護書，拚命價奔，一面用手巾擦汗，一面低着頭跑。街上五六歲的孩子不知避人，被那轎夫無意踢倒一個，他便哇哇的哭起。他的母親趕忙跑來問：「誰碰倒你的？誰碰倒你的？」那個孩子衹是哇哇的哭，並不說話。問了半天，才帶哭說了一句道：「擡轎子的！」他母親擡頭看時，轎子早已跑的有二里多遠了。那婦人牽了孩子，嘴裏不住咭咭咕咕的駡着，就回去了。

老殘從鵲花橋往南，緩緩向小布政司街走去，一擡頭，見那牆上貼了一張黄紙，有一尺長，七八寸寬的光景，居中寫着「說鼓書」三個大字，旁邊一行小字是「二十四日明湖居」。那紙還未十分乾，心知是方才貼的，衹不知道這是什麽事情，别處也沒有見過這樣招子，一路走着，一路盤算。衹聽得耳邊有兩個挑擔子的說道：「明兒白妞說書，我們可以不必做生意，來聽書罷。」又走到街上，聽鋪子裏櫃臺上有人說道：「前次白妞說書是你告假的，明兒的書，應該我告假了。」一路行來，街談巷議，大半都是這話，心裏詫異道：「白妞是何許人？說的是何等樣書？爲甚一紙招貼，便舉國若狂如此？」信步走來，不知不覺已到高陞店口。

進得店去，茶房便來回道：「客人，用什麽夜膳？」老殘一一說過，就順便問道：「你們此地說鼓書是個什麽頑意兒？何以驚動這麽許多的人？」茶房說：「客人，你不知道。這說鼓書本是山東鄉下的土調，用一面鼓，兩片梨花簡，名叫『梨花大鼓』，演說些前人的故事，本也沒甚稀奇。自從王家出了這個白妞黑妞姊妹兩個，這白妞名字叫做王小玉，此人是天生的怪物！他十二三歲時就學會了這說書的本事。他卻嫌這鄉下的調兒沒什麽出奇，他就常到戲園裏看戲，所有什麽西皮、二簧、梆子腔等唱，一聽就會；什麽余三勝、程長庚、張二奎等人的調子，他一聽也就會唱。仗着他的喉嚨，要多高有多高；他的中氣，要多長有多長。他又把那南方的什麽崑腔、小曲，種種的腔調，他都拿來裝在這大鼓書的調兒裏面。不過二三年工夫，創出這個調兒，竟至無論南北高下的人，聽了他唱書，無不神魂顛倒。現在已有招子，明兒就唱。你不信，去聽一聽就知道了。祇是要聽還要早去，他雖是一點鐘開唱，若到十點鐘去，便沒有坐位的。」老殘聽了，也不甚相信。

次日六點鐘起，先到南門內看了舜井，又出南門，到歷山腳下，看看相傳大舜昔日耕田的地方。及至回店，已有九點鐘的光景，趕忙吃了飯，走到明湖居，才不過十點鐘時候。那明湖居本是個大戲園子，戲臺前有一百多張桌子。那知進了園門，園子裏面已經坐的滿滿的了，祇有中間七八張桌子還無人坐，桌子卻都貼着「撫院定」「學院定」等類紅紙條兒。老殘看了半天，無處落脚，祇好袖子裏送了看坐兒的二百個錢，才弄了一張短板凳，在人縫裏坐下。看那戲臺上，祇擺了一張半桌，桌子上放了一面板鼓，鼓上放了兩個鐵片兒，心裏知道這就是所謂梨花簡了，旁邊放了一個三絃子，半桌後面放了兩張椅子，並無一個人在臺上。偌大的個戲臺，空空洞洞，別無他物，看了不覺有些好笑。園子裏面，頂着籃子賣燒餅油條的有一二十個，都是爲那不吃飯來的人買了充飢的。

到了十一點鐘，祇見門口轎子漸漸擁擠，許多官員都着了便衣，帶着家人，陸續進來。不到十二點鐘，前面幾張空桌俱已滿了，不斷還有人來，看坐兒的也祇是搬張短凳，在夾縫中安插。這一羣人來了，彼此招呼，有打千兒的，有作揖的，大半打千兒的多。高談闊論，說笑自如。這十幾張桌子外，看來都是做生意的人，又有些像是本地讀書人的樣子，大家都喊喊喳喳的在那裏說閒話。因爲人太多了，所以說的什麼話都聽不清楚，也不去管他。

到了十二點半鐘，看那臺上，從後臺簾子裏面，出來一個男人，穿了一件藍布長衫，長長的臉兒，一臉疙瘩，彷彿風乾福橘皮似的，甚爲醜陋。但覺得那人氣味到還沉靜，出得臺來，並無一語，就往半桌後面左手一張椅子上坐下，慢慢的將三絃子取來，隨便和了和絃，彈了一兩個小調，人也不甚留神去聽。後來彈了一枝大調，也不知道叫什麽牌子；祇是到後來，全用輪指，那抑揚頓挫，入耳動心，恍若有幾十根絃，幾百個指頭，在那裏彈似的。這時臺下叫好的聲音不絕於耳，卻也壓不下那絃子去。這曲彈罷，就歇了手，旁邊有人送上茶來。

停了數分鐘時，簾子裏面出來一個姑娘，約有十六七歲，長長鴨蛋臉兒，梳了一個抓髻，戴了一副銀耳環，穿了一件藍布外褂兒，一條藍布褲子，都是黑布鑲滾的。雖是粗布衣裳，到十分潔淨。來到半桌後面右手椅子上坐下。那彈絃子的便取了絃子，錚錚鏦鏦彈起。這姑娘便立起身來，左手取了梨花簡，夾在指頭縫裏，便叮叮噹噹的敲，與那絃子聲音相應；右手持了鼓捶子，凝神聽那弦子的節奏。忽羯鼓一聲，歌喉遽發，字字清脆，聲聲婉轉，如新鶯出谷，乳燕歸巢。每句七字，每段數十句，或緩或急，忽高忽低；其中轉腔換調之處，百變不窮，覺一切歌曲腔調俱出其下，以爲觀止矣。

旁坐有兩人，其一人低聲問那人道：「此想必是白妞了罷？」其一人道：「不是。這人叫黑妞，是白妞的妹子。他的調門兒都是白妞教的，若比白妞，還不曉得差多遠呢！他的好處人說得出，白妞的好處人說不出。他的好處人學的到，白妞的好處人學不到。你想，這幾年來，好頑耍的誰不學他們的調兒呢？就是窰子裏的姑娘，也人人都學，祇是頂多有一兩句到黑妞的地步，若白妞的好處，從沒有一個人能及他十分裏的一分的。」說着的時候，黑妞早唱完，後面去了。這時滿園子裏的人，談心的談心，說笑的說笑。賣瓜子、落花生、山裏紅、核桃仁的，高聲喊叫着賣，滿園子裏聽來都是人聲。

劉鶚

正在熱鬧哄哄的時節，衹見那後臺裏，又出來了一位姑娘，年紀約十八九歲，裝束與前一個毫無分別，瓜子臉兒，白淨面皮，相貌不過中人以上之姿，衹覺得秀而不媚，清而不寒，半低着頭出來，立在半桌後面，把梨花簡叮噹了幾聲，煞是奇怪：衹是兩片頑鐵，到他手裏，便有了五音十二律似的。又將鼓捶子輕輕的點了兩下，方擡起頭來，向臺下一盼。那雙眼睛，如秋水，如寒星，如寶珠，如白水銀裏頭養着兩丸黑水銀，左右一顧一看，連那坐在遠遠牆角子裏的人，都覺得王小玉看見我了；那坐得近的，更不必說。就這一眼，滿園子裏便鴉雀無聲，比皇帝出來還要靜悄得多呢，連一根針弔在地下都聽得見響！

王小玉便啓朱脣，發皓齒，唱了幾句書兒。聲音初不甚大，衹覺入耳有說不出來的妙境：五臟六腑裏，像熨斗熨過，無一處不伏貼；三萬六千個毛孔，像吃了人參果，無一個毛孔不暢快。唱了十數句之後，漸漸的越唱越高，忽然拔了一個尖兒，像一線鋼絲抛入天際，不禁暗暗叫絕。那知他於那極高的地方，尚能迴環轉折；幾囀之後，又高一層，接連有三四疊，節節高起。恍如由傲來峯西面，攀登泰山的景象：初看傲來峯削壁千仞，以爲上與天通；及至翻到傲來峯頂，才見扇子崖更在傲來峯上；及至翻到扇子崖，又見南天門更在扇子崖上：愈翻愈險，愈險愈奇。

那王小玉唱到極高的三四疊後，陡然一落，又極力騁其千迴百折的精神，如一條飛蛇在黃山三十六峯半中腰裏盤旋穿插，頃刻之間，周匝數遍。從此以後，愈唱愈低，愈低愈細，那聲音漸漸的就聽不見了。滿園子的人都屏氣凝神，不敢少動。約有兩三分鐘之久，彷彿有一點聲音從地底下發出。這一出之後，忽又揚起，像放那東洋煙火，一個彈子上天，隨化作千百道五色火光，縱橫散亂。這一聲飛起，卽有無限聲音俱來並發。那彈絃子的亦全用輪指，忽大忽小，同他那聲音相和相合，有如花塢春曉，好鳥亂鳴。

老殘游記·白妞說書

耳朵忙不過來，不曉得聽那一聲的爲是。正在撩亂之際，忽聽霍然一聲，人絃俱寂。這時臺下叫好之聲，轟然雷動。

停了一會，鬧聲稍定，祇聽那臺下正座上，有一個少年人，不到三十歲光景，是湖南口音，說道：「當年讀書，見古人形容歌聲的好處，有那『餘音繞梁，三日不絕』的話，我總不懂。空中設想，餘音怎樣會得繞梁呢？又怎會三日不絕呢？及至聽了小玉先生說書，才知古人措辭之妙。每次聽他說書之後，總有好幾天耳朵裏無非都是他的書，無論做什麼事，總不入神，反覺得『三日不絕』，這『三日』二字下得太少，還是孔子『三月不知肉味』，『三月』二字形容得透徹些！」旁邊人都說道：「夢湘先生論得透闢極了！『於我心有戚戚焉』！」

說着，那黑妞又上來說了一段，底下便又是白妞上場。這一段，聞旁邊人說，叫做「黑驢段」。聽了去，不過是一個士子見一個美人，騎了一個黑驢走過去的故事。將形容那美人，先形容那黑驢怎樣怎樣好法，待鋪敘到美人的好處，不過數語，這段書也就完了。其音節全是快板，越說越快。白香山詩云：「大珠小珠落玉盤。」可以盡之。其妙處，在說得極快的時候，聽的人彷彿都趕不上聽，他卻字字清楚，無一字不送到人耳輪深處。這是他的獨到，然比着前一段卻未免遜一籌了。

（《老殘遊記》第二回）

《老殘遊記》是一部思想內容上瑜瑕互見的書。可是，這部書在藝術上的成就卻是出人意料的，它文筆清新生動，描寫細膩深刻，對讀者有很強的吸引力。「白妞說書」就是反映作品的藝術特色，歷來受稱讚的一段。

所謂「白妞說書」就是主人公老殘在濟南聽藝人白妞（王小玉）說大鼓書的一段。作者通過精彩的工筆描繪，出神入化地寫出了白妞說書的聲樂形象。這是古典小說中描寫的美文。說到描寫，一些古典小說常見的毛病就是濫用「賦」的鋪張揚厲的方法，極力鋪陳堆砌，久而久之成了格套，沒有一點貼切形象的感覺。劉鶚則別開生面，一掃陳詞濫調，呈現出新鮮活潑、形象生動的景象。這一片段所用的藝術手法大致有如下幾點：

一、善於運用「烘雲托月」的手法。書未開場，作者就先放下了三段鋪墊文字：一段是「海報」貼出，全城立卽「街談巷議」、「舉國若狂」；一段是茶房的介紹和稱讚，甚至說：「無論南北高下的人，聽了他唱書，無不神魂顛倒」；一段是老殘提前三小時入場，還衹「弄了一張短板凳，在人縫裏坐下」。這三段極度渲染出了當時的盛況，不僅主人公老殘被深深吸引了，就連讀者也迫不及待地想知道個究竟——這是以環境和氣氛來烘托白妞的演唱。下面簾幕拉開，該白妞出場了吧，可作者卻使出「盤馬彎弓故不發」的姿態，讓彈三弦的先來一段墊場。而彈三弦的也很不簡單，一下子就把聽衆吸引住了：

……全用輪指，那抑揚頓挫，入耳動心，恍若有幾十根絃，幾百個指頭，在那裏彈似的。

這時聽衆和讀者都不知不覺漸入佳境，初步領略了這場演出的美妙，儘管主角還沒登場，而配角竟有使「臺下叫好的聲音不絕於耳」的技藝，這就可見主角的技藝又將是何等高超了。——這是臨場的一層襯托。下面「出來一個姑娘」，可能就是白妞，演唱呢，十分高妙：

忽羯鼓一聲，唱喉遽發，字字清脆，聲聲婉轉，如新鶯出谷，乳燕歸巢。每句七字，每段數十句，或緩或急，忽高忽低；其中轉腔換調之處，百變不窮，覺一切歌曲腔調俱出其下，以爲觀止矣。

這人該是白妞了吧，誰知還不是。小說通過兩名觀衆的談論交代出這是白妞的妹子黑妞。「調門兒都是白妞教的，若比白妞，還不曉得差多遠呢！」原來如此！看來這黑妞的一段，又是作者故作波瀾之筆。對白妞來說，則又是一層襯托。黑妞的演唱已經使老殘「以爲觀止」，那麼白妞又該怎樣的更高一籌。即便白妞唱得更好，作者又將如何描寫？眞是越說越玄，越說越令人摸不透，文章的情勢也越奇崛。正如蓄滿了水的水庫，我們已經無法懸想閘門一開將是怎樣的景象了。從安排情節的角度看，這是金聖嘆的所謂「拉輾」的藝術方法。「拉輾」，就是搓拉輾開，意思是，情節的發展不能垂直而下，要波瀾起伏，搖曳之，擒縱之，非把讀者挑逗得焦急萬分不把底牌攤開，這樣，讀者就能從驚、疑、急突然轉化爲喜、快、慰，從而產生一種美感享受。「白妞說書」的層層烘托就有這樣的藝術效果。這一片段最妙不過的地方還在於，作者不僅用環境、氣氛、彈三絃的、黑妞來襯托白妞，而且還以白妞自己來襯托白妞。就是說，作品還以白妞的相貌、臺風和顧盼的眼神爲她的演唱烘托氣氛、開拓意境。在「千呼萬喚」的情勢下，白妞終於出場。要是在一般的作者筆下，白妞必定是一位天上有地上無的美女。可是劉鶚竟反一調寫白妞相貌並不怎麼樣：「瓜子臉兒，白淨面皮，相貌不過中人以上之姿，衹覺得秀而不媚，清而不寒」，我們認眞思索一下，就會覺得作者的描繪恰到好處。如若寫白妞較醜，則有損她的舞臺形象，難以喚起讀者的美感。如若寫白妞特別漂亮，則易產生誤會：白妞是以相貌吸引觀衆。作者這樣寫正是爲演唱開路，有意無意地向讀者表明：白妞吸引人的純是歌喉，不是相貌。下面寫白妞上臺後的姿態也很得體：「半低着頭出來，立在半桌後面，把梨花簡叮噹了幾聲，……又將鼓捶子輕輕的點了兩下，方擡起頭來，向臺下一盼。」從這兒起作者筆墨漸趨濃重。可貴的是，它不是盲無目的地鋪陳，而是處處爲下面的演唱鋪墊：描寫白妞素雅大方的舞臺風度是爲後面聲情激越的表演留有餘地；描寫白妞眼神的飛動和書場的「鴉雀無聲」正是爲了下面的演唱制造情勢和氣氛。一句話，都是爲烘托白妞的聲樂形象服務的。

二、善於運用具體細膩的工筆描繪來凸出事物的形象。工筆描繪就是精雕細刻的描寫方法。它與《水滸傳》裏簡筆寫意式描寫風景的方法完全不同，是一種精確細緻而又形象生動的描寫，是使人產生「筆墨如鏡」、「色香味俱全」之感的描寫。白妞演唱一段的工筆細描實在膾炙人口，它像錄音帶一樣把白妞的演唱詳細地記錄了下來；但是，它和錄音帶又不一樣：它不僅能再現音樂的美，同時還能表現文學的美、語言的美。本來音樂形象就是難以捕捉的，如何運用語言把訴諸聽覺的東西變成用視覺感受的語言形象，這就更加困難。可是，劉鶚卻能化難爲易，把白妞的演唱刻畫得形象生動、維妙維肖。讀者就彷彿聽到了當年演唱的實況，分享到當時聽衆的無窮樂趣。在這一段工筆描寫中，作者主要運用下列三種方法使白妞的演唱顯得十分形象、具體。首先是運用比喻：選用準確、形象的比喻來比擬曲調的高低緩急。比如，他用「像一線鋼絲拋入天際」來比況突發曲聲的高亢激越；用「如一條飛蛇在黄山三十六峯半中腰裏盤旋穿插」來比況曲聲的轉折回環；用「花塢春曉，好鳥亂鳴」來比況曲聲的繚亂衆多……這些新鮮的比喻有的是形象的類比，有的是境界的聯想，有的比喻高昂，有的比喻低迴，淋漓盡致地表現出了白妞演唱的節奏和旋律。看來，劉鶚是一名善用比喻的高手，在演唱之前就曾使用了好些精彩的比喻：他用「風乾福橘皮」來比擬彈三絃的一臉疙瘩，用「新鶯出谷，乳燕歸巢」來比擬黑妞曲聲清脆婉轉。特別絕妙的是，他形容白妞的眼睛竟用了一串疊喻：「如秋水，如寒星，如寶珠，如白水銀裏頭養着兩丸黑水銀」，這樣反覆取喻，寫盡了白妞眼睛的清澈明亮、神采飛動。

其次是運用通感的方法，就是運用感覺借移的辦法來描寫聲樂形象。比如：「聲音初不甚大，祇覺入耳有說不出的妙境：五臟六腑裏像熨斗熨過，無一處不伏貼；三萬六千個毛孔，像吃了人參果，無一個毛孔不暢快。」這是運用感覺的東西來寫聽覺，把美妙動聽的境況寫得那麽具體，那麽活靈活現。再如，「恍如由傲來峯西面，攀登泰山的景象：初看傲來峯削壁千仞，以爲上與天通；及至翻到傲來峯頂，才見扇子崖更在傲來峯上；及至翻到扇子崖，又見南天門更在扇子崖上：愈翻愈險，愈險愈奇。」這一段純粹是以視覺印象來寫聽覺印象，以有形寫無形，生動地寫出了那節節高起、反覆出奇的藝術境界。這種打破界限、動用感覺借移的描寫方法，可以更具體、更形象地反映出難以傳達的音樂的美，增強表達效果。

再次是以情繪聲，就是說作者不僅直接描繪聲音，而且還通過聽衆的感覺和反映間接地描繪聲音。例如，在描繪曲聲突然拔尖高起的時候，夾上一句（老殘）「不禁暗暗叫絕」，在描繪曲聲愈唱愈低、愈低愈細，漸漸隱沒的時候，夾上一句：「滿園子的人都屏氣凝神，不敢少動」。在描繪曲聲俱來並發、異彩紛呈的時候，贅上一句：「耳朵忙不過來，不曉得聽那一聲的爲是」。最後，在描繪曲聲戛然而止的時候，贅上一句：「這時臺下叫好之聲，轟然雷動」。作者這樣夾雜着描寫音樂的效果，不僅形象地點染了現場、情勢和氣氛，而且間接描繪出了曲聲的美妙。

這段工筆描繪正是運用了上述幾種手段，才具體形象地描繪出白妞演唱的聲樂形象，給人以強烈的美的享受。

三、善於運用白描手法。《老殘遊記》的敍景狀物，還特別善於運用白描手法，就是說，作者能够抓住對象的主要特徵，以記實的筆墨、樸素的語言，勾勒出事物的形象。這一點也是它與一般喜歡鋪陳描寫的古典小說相區別的地方。這個特點在「老殘遊大明湖」、「看黃河打冰」等片段中反映得特別充分。在這一片段中也有反映，比如，彈三絃的、黑妞、白妞的肖像描寫都是運用的白描手法，沒有什麽誇飾，也沒有用一大堆套話來形容。這一片段的末尾，白妞又出來說了一段「黑驢段」：

> 其音節全是快板，越說越快。白香山詩云：「大珠小珠落玉盤。」可以盡之。其妙處，在說得極快的時候，聽的人彷彿都趕不上聽，他卻字字清楚，無一字不送到人耳輪深處。

這也是白描文字，沒有濃豔的誇飾，衹是如實地寫出了白妞演唱快而清晰的特點。

從結構上看，演唱是整個片段的高潮部分，高潮以後，作者又寫了兩小段作爲餘波。一段就是剛剛說的「黑驢段」。對於這一段，作者衹是簡略地寫，目的是給人以餘音裊裊的印象。另一段則是寫聽衆的議論，大意是說，這樣動聽的歌聲，用「餘音繞梁，三日不絕」的古話來形容還嫌不够，必定要用孔子的「三月不知肉味」來形容才透徹。從效果看，這段議論不過是作者借這位聽衆的口而交代的總結性的評價。有趣的是，作者還特別點出說這話的聽衆就是當時着名詩人王夢湘。這樣寫，恐怕目的還是爲了增加評論的分量。

總起來說，「白妞說書」可以稱得上晚清小說中的傑出篇章、古典小說描寫音樂的絕唱。作者功力非凡，以清新雋永的散文化的筆法來寫小說，一切如行雲流水一般自然，毫無做作之感，但是一切又那麼細緻深刻、匠心獨運，給人以美不勝收的印象。

（楊子堅）

图书在版编目（CIP）数据

历代名篇赏析集成．明清卷·下／袁行霈主编．—北京：高等教育出版社，2009.2（2017.2重印）

ISBN 978-7-04-023577-7

Ⅰ．历…　Ⅱ．袁…　Ⅲ．古典文学－文学欣赏－中国－明清时代　Ⅳ．I206.2

中国版本图书馆 CIP 数据核字（2008）第 036826 号

策划编辑　迟宝东　　责任编辑　迟宝东
书籍设计　刘晓翔　　版式设计　刘晓翔
责任校对　俞声佳　　责任印制　尤　静

出版发行　高等教育出版社
社　　址　北京市西城区德外大街 4 号
邮政编码　100120
印　　刷　北京佳信达欣艺术印刷有限公司
开　　本　787 × 1092　1/16
印　　张　38.75
字　　数　620 000
购书热线　010-58581118
咨询电话　400-810-0598
网　　址　http://www.hep.edu.cn
　　　　　http://www.hep.com.cn
网上订购　http://www.landraco.com
　　　　　http://www.landraco.com.cn
版　　次　2009 年 2 月第 1 版
印　　次　2017年2月第4次印刷
总 定 价　75.00 元

本书如有缺页、倒页、脱页等质量问题，请到所购图书销售部门联系调换。

物料号　23577-001